안종배 저

스마트시대

콘 | 텐 | 츠 | 마 | 케 | 팅 | 론

CONTENTS MARKETING

박영사

머리말

세 명의 소녀가 장미를 팔고 있었다. 한 소녀는 "장미꽃 한 송이 사세요" 또 한 소녀는 "사랑 한 송이 들여가세요" 또 다른 소녀는 "장동건이 고소영에게 사랑 고백할 때 준 장미꽃입니다"라고 말하였다. 첫 번째 소녀보다 두 번째 소녀가 더 많은 장미를 팔았고, 세 번째 소녀가 두 번째보다 더 많은 장미를 팔았다. 이는 제품을 팔 때보다 의미를, 의미보다는 이야기, 즉 콘텐츠를 연계할 때 더욱 효과적임을 보여준다.

바야흐로 스마트시대가 도래하였다. 스마트폰, 스마트 태블릿PC, 스마트TV는 일반화되고 있고 냉장고와 세탁기, 에어컨 같은 생활가전도 스마트화되고 있다. 우리는 언제 어디서나 원하는 서비스와 콘텐츠를 제공하는 스마트미디어에 의해 스마트라이프를 향유하게 되었다.

미래학자 롤프 옌센은 정보화사회의 태양이 지고, 이야기, 즉 콘텐츠 중심의 '드림 소사이어티'가 도래했다고 진단하고 있다. 〈새로운 미래가 온다〉의 저자 다니엘 핑크도 미래의 비즈니스 트렌드 중 가장 중요한 것이 스토리가 있는 디자인, 즉 콘텐츠라고 역설하고 있다. 이제 스토리텔링을 기초로 한 콘텐츠가 우리의 삶과 기업의 비즈니스와 고객과의 소통을 위한 마케팅에서 그 중요성이 강화되고 있다.

국내 콘텐츠산업 규모는 80조 원을 넘을 만큼 계속 성장하고 있고, 최근 K-POP 열풍과 게임, 영화, 그리고 캐릭터와 출판까지 다양한 콘텐츠 장르의 세계 진출이 가속화되고 있다. 이로 인해 콘텐츠의 소비 활성화와 성공적인 해외 진출을 위한 콘텐츠 마케팅의 중요성이 대두되고 있다. 또한 영화와 방송, 그리고 애니메이션, 캐릭터와 게임을 포함한 대부분의 콘텐츠 장르가 기업이나 기관의 마케팅 툴로서 역할을 하여 고객과의 소통을 원활히 하고 공감을 일으켜 그 효과를 높여주고 있다. 이로 인해 콘텐츠를 활용한 마케팅이 향후 더욱 발전할 것으로 전망되고 있다.

이처럼 콘텐츠 자체의 소비 활성화를 위한 마케팅 방안과 콘텐츠를 효과적으로 활용하는 마케팅 방안에 대한 사회적 필요성이 증대되고 있고, 이러한 역량을 갖춘 인재의 양성이 점차 중요해지고 있다.

이에 저자는 5년 전부터 미디어의 디지털화와 스마트화에 따른 콘텐츠 마케팅에 대한 연구를 계속 해왔고 이에 관한 교육을 지속해 왔다. 이러한 결과로 2008년엔 일반인들이 쉽게 콘텐츠 마케팅에 대해 이해하고 흥미를 느낄 수 있도록 〈나비효과 콘텐츠 마케팅〉을 출간하였고, 2011년엔 '한국 콘텐츠진흥원'의 사이버아카데미에 '분야별로 배우는 콘텐츠 마케팅' 강좌를 개설하였다.

이러한 지난 5년 간의 '콘텐츠 마케팅' 관련 연구와 교육을 근간으로 하여 이 분야의 전문 역량을 함양하는 데 도움을 줄 수 있는 전문서를 이번에 발간하게 되었다. 본서는 마케팅의 개념과 스토리텔링 마케팅 그리고 콘텐츠 산업과 콘텐츠 마케팅의 특성을 이해하도록 1, 2장이 구성되었다.

그리고 3장부터 15장까지 13개의 콘텐츠 장르에 대한 콘텐츠 마케팅 방안과 사례를 담고 있다. 즉 영화콘텐츠, 방송영상 콘텐츠, 게임콘텐츠, 캐릭터콘텐츠, 애니메이션 콘텐츠, 음악콘텐츠, 관광콘텐츠, 교육콘텐츠, 연예(스타)콘텐츠, 이미지 콘텐츠, 스포츠 콘텐츠, 뉴스콘텐츠, 그리고 디지털출판 콘텐츠의 시장과 특성에 대한 이해와 마케팅전략 및 마케팅 성공사례 및 활용 방안에 대한 내용으로 구성되어 있다.

본서는 기본적으로 〈콘텐츠 마케팅〉관련 전문 역량을 높이기 위한 강좌의 교재로서 적합하게 구성되었으며, 또한 한국 콘텐츠진흥원의 사이버아카데미에 개설된 '분야별로 배우는 콘텐츠 마케팅' 강좌를 수강하거나 이 분야의 이해를 높이고자 하는 분들을 위해 사례 중심으로 쉽고 재미있게 서술되었다. 본서가 이제 막 시작되는 〈콘텐츠 마케팅〉의 인력양성에 도움이 되어 국내 콘텐츠 산업의 활성화와 글로벌화에 기여할 수 있기를 바란다.

본서가 출판되기까지 많은 분들이 함께 하였다. 먼저 이 책에 직·간접으로 소개된 수많은 콘텐츠 관련 전문가와 기고자들에게 감사의 말씀을 전한다. 그리고 본서가 출간될 수 있도록 지속적인 격려와 배려를 해주신 박영사의 안종만 회장님께 감사드린다. 〈콘텐츠 마케팅〉의 중요성을 함께 공감하고 국내뿐만 아니라 세계 최초로 이 분야 최고의 전문서적을 출간하겠다는 안종만 회장님의 용기 있는 결단이 있었기에 본서는 빛을 볼 수 있었다.

끝으로 본서를 항상 기도로 후원해주는 아내 금선 왕비, 사랑하는 딸 나혜 공주, 멋진 아들 준범 왕자 그리고 못난 아들을 끝까지 지켜주시는 어머님께 바친다.

2012. 2. 1. 북한산 정상의 흰눈을 바라보며

저자 **안종배 교수**(daniel@cleancontents.org)

차 례

제 1 장 마케팅 개념과 스토리텔링 마케팅

1. 마케팅의 이해 ······ 3

마케팅의 개념 3

마케팅관리 전략의 체계 5

2. 스토리텔링 마케팅전략 ······ 12

3. 마케팅커뮤니케이션의 이해 ······ 29

마케팅커뮤니케이션의 개념과 종류 29

통합 마케팅커뮤니케이션의 개념과 방법 35

통합 마케팅커뮤니케이션의 성공사례 39

제 2 장 콘텐츠 산업과 콘텐츠 마케팅

1. 콘텐츠와 문화콘텐츠의 개념과 분류 ······ 49

콘텐츠의 개념과 분류 49

문화콘텐츠의 개념과 분류 50

2. 콘텐츠 산업 환경과 문화콘텐츠 산업 ······ 51

콘텐츠 산업 환경 변화 51

문화산업과 문화콘텐츠 산업의 개념과 분류 52

문화콘텐츠 산업의 특성과 효과 54

3. 콘텐츠 마케팅의 개념 ······ 57

4. 콘텐츠 마케팅의 전략 ······ 59
콘텐츠 마케팅전략에 영향을 미치는 요소 59
콘텐츠 마케팅전략 60
콘텐츠 마케팅관리 64

5. 일반마케팅과 콘텐츠 마케팅의 비교 ······ 65
일반마케팅과 콘텐츠 마케팅의 차이점과 유사점 65
콘텐츠 산업의 가치사슬(Value Chain) 체계 67
콘텐츠 마케팅의 유통 프로세스 68

6. 콘텐츠 마케팅 성공사례 ······ 69
해리포터 콘텐츠 마케팅 사례 69
미키마우스 콘텐츠 마케팅 사례 72
캐릭터 뿌까 콘텐츠 마케팅 사례 75

제 3 장 영화콘텐츠 마케팅

1. 영화콘텐츠의 정의와 영화산업 현황 ······ 81
영화콘텐츠의 정의 81
국내 영화산업 현황 82

2. 영화콘텐츠 마케팅의 개념과 특징 ······ 84
영화콘텐츠 마케팅의 개념 84
영화콘텐츠 마케팅의 특징 86

3. 영화콘텐츠 마케팅의 환경과 트렌드 ······ 88

4. 영화콘텐츠 마케팅의 프로세스 ······ 93

5. 영화콘텐츠 마케팅의 종류 ······ 102

6. 영화콘텐츠 마케팅의 사례 ······ 112
써니(Sunny) 112
쿵푸팬더2 113
워낭소리 115
투사부일체 117
괴 물 118
타 짜 119

미녀는 괴로워 121
우리들의 행복한 시간 123

제 4 장 방송영상 콘텐츠 마케팅

1. 방송영상 콘텐츠 산업의 환경 변화 ······ 129
디지털방송 시대의 개막 129
방송 패러다임의 변화 130
국내 디지털방송과 방송콘텐츠 시장규모 132

2. 디지털방송의 종류 ······ 135
디지털방송 플랫폼의 종류 135
스마트TV 특성과 전망 136
방송의 변화 142

3. 방송영상 콘텐츠 유통의 흐름 ······ 143
방송영상 콘텐츠 유통의 주체 143
방송영상 콘텐츠 제작 유통의 기본 흐름 관리 144

4. 방송영상 콘텐츠 마케팅전략과 종류 ······ 149
방송영상 콘텐츠 가치사슬 변화에 따른 유통채널 관리 필요 149
방송영상 콘텐츠에 대한 수용자의 변화에 대응하는 마케팅 전개 필요 151
글로벌시장을 대상으로 온·오프라인 방송영상 콘텐츠 마켓플레이스 마케팅 필요 153
방송영상 콘텐츠 소비 활성화를 위한 홍보마케팅의 종류 155

5. 방송영상 콘텐츠 마케팅 성공사례 ······ 156
한국 방송 산업의 중심, 드라마 콘텐츠 156
드라마 콘텐츠 성공사례 〈대장금〉 158
소셜미디어를 활용한 방송영상 콘텐츠 마케팅 사례 159

제 5 장 게임콘텐츠 마케팅

1. 게임산업의 정의와 특징 ······ 171
   - 게임의 정의와 게임산업의 특징 171
   - 게임의 분류 및 온라인·모바일게임의 급성장 172
2. 게임산업의 전망 및 시장규모 ······ 174
   - 게임산업의 전망 174
   - 국내 게임산업 현황과 규모 175
   - 세계 게임산업의 현황과 규모 179
   - 글로벌 온라인 게임시장 전망 189
3. 게임콘텐츠 마케팅 과정과 고려요소 ······ 190
4. 게임콘텐츠 활용한 마케팅 종류와 방안 ······ 191
   - 게임 제휴마케팅 192
   - 게임 PPL 195
   - Advergaming 197
   - 홈페이지 배너를 통한 게임 마케팅 방안 198
   - 게임단 운영 및 게임대회 후원 198
5. 게임콘텐츠의 광고마케팅 사례 ······ 200
   - 소셜미디어를 활용한 게임 마케팅 203
   - SNS 이용한 게임 마케팅의 효과적인 방안 210

제 6 장 캐릭터콘텐츠 마케팅

1. 캐릭터의 개념 정의와 마케팅 특징 ······ 217
   - 캐릭터의 개념 정의 217
   - 캐릭터 마케팅의 특징 219
2. 캐릭터산업의 전망과 종류 ······ 222
   - 캐릭터산업의 전망 222
   - 캐릭터콘텐츠 산업의 종류 226
   - 캐릭터산업의 응용분야 227

3. 캐릭터콘텐츠 마케팅의 전략 ······ 228
캐릭터콘텐츠 마케팅전략 단계 228
캐릭터콘텐츠 사용목적별 마케팅전략 232

4. 캐릭터콘텐츠 마케팅의 성공사례 ······ 238
엉뚱한 매력의 마시마로 238
다양한 캐릭터가 주는 판타지, 포켓몬스터 240
여성의 감성을 붙잡는 헬로 키티 243
아이들의 대통령, 뽀로로 245

5. 캐릭터콘텐츠를 활용한 광고 마케팅전략 ······ 251
캐릭터를 마케팅에 활용하는 전략 251

6. 캐릭터콘텐츠를 기업 마케팅에 활용한 사례 ······ 259
산도깨비의 캐릭터 마케팅 259
국내 식음료 업계의 캐릭터 마케팅 260
대우건설 "정대우" 캐릭터 마케팅 사례 261
노동부의 "무대리" 캐릭터 마케팅 사례 263

제 7 장 애니메이션 콘텐츠 마케팅

1. 애니메이션의 정의와 전망 ······ 269
애니메이션의 정의 269
애니메이션의 전망 270

2. 애니메이션 산업의 구조 및 현황 ······ 274
애니메이션 산업의 구조 274
애니메이션 산업의 현황 275

3. 애니메이션 콘텐츠 마케팅전략과 활동 ······ 280
애니메이션 콘텐츠의 마케팅전략 280
애니메이션을 활용한 마케팅 활동 283

4. 애니메이션 콘텐츠 마케팅의 사례 ······ 289
〈슈렉〉 289
〈포켓몬스터〉 291
MBC 창작 애니메이션 〈장금이의 꿈〉 293

5. 애니메이션 기법 활용한 광고 ······ 295
TV광고 애니메이션의 특징 295
TV광고에 활용된 애니메이션 효과 296
애니메이션 기법에 따른 광고 종류 297
애니메이션을 이용한 현대자동차 마케팅 사례 302

제 8 장 음악콘텐츠 마케팅

1. 음악산업의 개요와 마케팅의 정의 ······ 307
음악산업의 개요 307
음악 마케팅의 정의 309

2. 음악산업의 현황 및 변화 ······ 312
음악산업의 현황 312
음악콘텐츠 산업의 변화 318

3. 음악콘텐츠 마케팅 성공사례 ······ 321
음악콘텐츠 해외 마케팅 사례 321
음악콘텐츠 국내 마케팅 사례 322

4. 음악콘텐츠와 광고마케팅 ······ 328
광고에서 음악콘텐츠의 역할 328
광고에 사용되는 음악콘텐츠의 종류 331

5. 음악콘텐츠를 광고마케팅에 활용한 사례 ······ 332

제 9 장 관광콘텐츠 마케팅

1. 관광콘텐츠의 중요성 ······ 339
관광콘텐츠의 중요성 339
관광마케팅의 전망 339

2. 관광마케팅의 정의와 특성 ······ 340
관광마케팅의 정의 340

관광마케팅의 특성 341
관광마케팅의 특성 극복을 위한 대안 343

3. 관광마케팅의 Marketing Mix(8P's) ····· 345
Product(상품) 346
Price(가격) 346
Promotion(촉진) 347
Place(유통 경로와 입지) 347
Packaging & Programming(포장과 프로그래밍) 348
People(종업원) 348
Partnership(파트너십) 349

4. 관광콘텐츠의 온라인/모바일 마케팅 ····· 349
관광 인터넷 사이트의 효과적 구축 및 운용 방안 350
여행산업과 인터넷 비즈니스 352

5. 관광콘텐츠의 마케팅 사례 ····· 358
관광콘텐츠의 온라인 마케팅 사례 358
지역축제 관광마케팅 사례 360
테마파크의 관광마케팅 367

제10장 교육콘텐츠 마케팅

1. 교육콘텐츠의 의미와 정의 ····· 379
교육콘텐츠의 의미 379
교육콘텐츠의 특징 382

2. e-러닝의 이해와 현황 ····· 384
e-러닝의 효과 및 학습모델 384
e-러닝의 현황 388

3. 에듀테인먼트 이해와 마케팅 ····· 393
에듀테인먼트 콘텐츠의 이해 393
에듀테인먼트의 마케팅 방법 395
에듀테인먼트의 광고마케팅 방법 404

4. 교육시장에 따른 교육콘텐츠 마케팅 ··· 408
초중고등 교육시장 408
대학교육시장 409
기업교육시장 410
외국어교육시장 411

5. e-러닝의 성공 마케팅전략과 성공 사례 ··· 412
효과적인 마케팅전략 412
성공사례 414

6. 교육콘텐츠 시장의 미래 ··· 421

제11장 연예(스타)콘텐츠 마케팅

1. 연예콘텐츠의 정의 ··· 427

2. 연예콘텐츠 산업의 현황과 전망 ··· 428
국내 연예콘텐츠 시장 현황 428
한류의 현황 431

3. 연예인 및 연예산업의 특징 ··· 432
연예인의 특성 432
스타의 정의 435
스타시스템의 정의와 특성 440
연예매니지먼트 산업 446
스타시스템과 연예매니지먼트 산업 관계 450

4. 연예(스타) 마케팅의 방법과 사례 ··· 455
스타마케팅이란? 455
게임시장의 스타마케팅 455
프랜차이즈 업계의 스타마케팅 457
모바일 스타마케팅 459
오픈마켓의 스타마케팅 460

5. 연예(스타)콘텐츠 활용한 광고마케팅 성공사례 ··· 461
빈폴의 지드래곤 스타마케팅 461

롯데면세점의 한류스타마케팅 463
뮤지컬계의 스타마케팅 464
다니엘 헤니 효과 466
SNS와 스타마케팅 468

제12장 이미지 콘텐츠 마케팅

1. 이미지 콘텐츠의 정의와 종류 ······ 475
이미지 콘텐츠의 정의 475
이미지 콘텐츠의 종류 476

2. 이미지 콘텐츠 산업의 현황과 전망 ······ 479
이미지 콘텐츠 산업의 현황 479
이미지 콘텐츠 산업의 전망 480

3. 이미지 콘텐츠 인터넷광고에서 활용하는 방법 ······ 481

4. 이미지 콘텐츠를 활용한 인터넷 광고마케팅 방법과 사례 ······ 482

5. 이미지 콘텐츠를 활용한 마케팅의 사례 ······ 489
이미지 콘텐츠를 활용한 스타마케팅 사례 489
싸이월드 이미지 콘텐츠의 마케팅 사례 489
게임캐릭터를 활용한 이미지 콘텐츠의 마케팅 사례 491
이미지 소스와 멀티미디어 콘텐츠 유통 493

제13장 스포츠 콘텐츠 마케팅

1. 스포츠 콘텐츠 마케팅의 정의와 개념 ······ 499
스포츠 콘텐츠 마케팅의 정의 499
스포츠 콘텐츠 마케팅의 개념 502

2. 스포츠 마케팅의 전망과 현황 ······ 503
스포츠 마케팅의 성격 503
스포츠 마케팅의 전망 506
국내 스포츠 마케팅 현황 513

3. 스포츠 콘텐츠 마케팅의 전략 ······ 516
스포츠 콘텐츠 마케팅 4P전략 516
스포츠 마케팅 대행사의 유형 520

4. 스포츠 제품의 의의와 유통 ······ 521
스포츠 제품의 특성과 구성요소 521
스포츠 제품의 유통경로의 특성 523

5. 스포츠 마케팅의 국내외 사례 ······ 525
스포츠 마케팅의 해외 사례 525
스포츠 마케팅의 국내 사례 532

6. 스포츠 마케팅 활성화 필요성과 평창 동계올림픽 기대효과 전망 ······ 538

제14장 뉴스콘텐츠 마케팅

1. 뉴스콘텐츠의 정의 ······ 547

2. 뉴스콘텐츠 산업의 현황과 전망 ······ 548
뉴스콘텐츠 산업의 현황 548
뉴스산업의 전망 549
뉴스콘텐츠 시장규모 550

3. 뉴스콘텐츠의 마케팅 특성 ······ 554
온라인 미디어와 오프라인 미디어의 결합 555

4. 뉴스콘텐츠의 마케팅전략 ······ 556

5. 뉴스콘텐츠의 마케팅 활용과 성공사례 ······ 561
신문(각 언론사 웹사이트) 561
'뉴스코리아'의 디지털 뉴스 저작권 신탁사업 562
아웃도어 인터넷 TV 개발 — 부산일보 터치뉴스 564
포털 활용한 콘텐츠 비즈니스 — 한겨레 '노드 프로젝트' 566
뉴스콘텐츠 '물류센터' 구축 569
인터넷방송, 오프라인 방송 사이트 활용 571
전문 뉴스콘텐츠 사이트 성공사례 573

제15장 디지털출판 콘텐츠 마케팅

1. 디지털출판의 개념 정의와 마케팅 특징 ······ 581
디지털출판의 개념 정의 581
디지털출판의 특징 584
디지털출판시장의 현황 588

2. 국내외 디지털출판시장 분석 및 전망 ······ 592
세계 출판시장 규모 분석 및 전망 592
세계 출판시장 권역별 규모 분석 597
국내 출판시장 규모 현황 599
국내 출판시장 규모 전망 604

3. 디지털출판 콘텐츠 마케팅의 전략 ······ 609
디지털출판 콘텐츠 마케팅이란 609
디지털출판마케팅 관련 업체 613

4. 채널에 따른 디지털출판 콘텐츠 마케팅 사례 ······ 615
독립출판과 마케팅 사례 615
포털의 출판 만화시장 진출 사례 616
입소문 마케팅 사례 617
iPad와 신문/잡지 마케팅 619
인터넷방송 활용 출판마케팅, 나우콤 — 북21 622

5. 디지털출판 콘텐츠 마케팅 성공사례 ······ 623
아마존 Kindle의 성공을 통해 본 전자책 사업 623
각종 북 스토어, 북 어플, 전자책 사례 630

참고문헌 ······ 636

색 인 ······ 642

1. 마케팅 개념과 스토리텔링 마케팅

학습목표, 탐구할 문제

1 마케팅의 이해

2 스토리텔링 마케팅전략

3 마케팅커뮤니케이션의 이해

학습정리

스토리텔링 마케팅

AD-Movie(뉴트로지나)

학습목표

1. 마케팅의 기본개념을 이해하고 마케팅관리 프로세스에 따라 계획을 수립하고 실행할 수 있다.
2. 스토리텔링 마케팅, 문화와 마케팅을 접목한 다양한 마케팅 기법을 이해하고 이를 실무에 적용할 수 있다.
3. 마케팅커뮤니케이션, IMC의 개념과 기법을 이해하고 이를 마케팅 실무에 적용할 수 있다.

탐구할 문제

1. 마케팅관리와 마케팅커뮤니케이션은 무엇인가?
2. 스토리텔링 마케팅과 IMC는 어떤 특징과 기법이 있는가?

1 마케팅의 이해

마케팅의 개념

1) 마케팅의 정의

우리는 매일의 생활 속에서 상품과 서비스를 필요로 하며 우리의 욕구와 필요를 충족시키기 위해 상품이나 서비스를 선택하게 된다. 우리 생활에 필요한 상품과 서비스의 선택에 영향을 끼치는 활동이 마케팅이다.

마케팅은 우리 생활의 일부이면서 기업 활동의 주를 이루고 있다. 기업은 고객으로부터 자사의 제품과 서비스가 고객에 의해 선택되기 위해서는 경쟁기업의 제품이나 서비스보다 고객의 필요와 욕구를 더 잘 충족시켜 주고 있다는 사실을 알려야 한다. 이러한 사실을 알리는 활동이 마케팅커뮤니케이션이다.

제품이나 서비스는 기업에 의해 생산된다. 생산의 목적은 소비이다. 생산이 그 목적인 소비를 효과적으로 달성하려면 생산과 소비를 연결시켜주는 활동이 있어야 한다. 이러한 활동을 유통관리 또는 마케팅관리라 부른다.

「마케팅」의 정의는 관점에 따라서 달라질 수 있고, 학자에 따라서 수많은 정의가 소개되었다. 법률적 관점에서는 「마케팅이란 재화나 용역의 소유권의 교환행위」라 하고 있다. 경제적 관점에서 「마케팅이란 시간효용, 장소 효용 및 소유효용의 창조를 취급하는 경제학의 일 분야」 또는 「재화나 용역의 교환을 통해서 인간의 욕망을 충족시키는 기업행위」이다. AMA '마케팅 용어사전'에 의하면 「마케팅이란 개인이나 단체의 욕구 또는 목표를 충족시키기 위한 교환이 이루어지도록 아이디어, 재화 또는 서비스의 개념화, 가격정책, 촉진 및 유통을 계획하고 집행하는, 관리적 과정」이다. 마케팅의 대가인 코틀러(P. Kotler)는 「마케팅이란 개인이나 단체가 가치 있는 제품이나 서비스를 창조하여, 제공하고 교환함으로써 필요와 욕구를 충족시키는 사회적·관리적 과정」이라고 정의하였다.

2) 마케팅과 시장

마케팅이란 market+ing, 즉 '시장 만들기'이다. 시장을 정의(defining)하고 시장을 창출(making)하고 시장의 변화에 대응(responding to)하는 것이 마케팅의 본질이다. 많은 마케팅연구가 시장의 창출과 대응에 초점을 맞추고 있다.

전통적으로 시장이란 수요자와 공급자가 만나서 거래가 성사되는 물리적 장소를 지칭하였다. 거래가 다양화되고 온라인 거래가 유행하면서 이러한 물리적인 정의는 퇴색하고 그 대신 개념적 형태의 시장을 정의하는 것이 경영전략의 수립에 매우 중요해지고 있다. 예를 들어 전략적 관점에서 남대문 시장은 하나의 시장이 아니라 다수의 개념적인 시장(예를 들어, 의류/잡화/전자제품/식품/문화상품 등)이 혼재되어 있는 곳이며, 이마트 분당점 식품매장의 진열대 한 칸에도 개념적으로는 다른 시장이 섞여 있을 수 있다. 마케팅이론에서는 시장을 소비자의 유사한 니즈에 부응하는 제품 또는 서비스의 집합으로 파악하고 있다.

인간은 살아가기 위해 옷, 음식. 주택 등을 필요로 한다. 뿐만 아니라 인간은 휴식, 교육, 오락 등의 서비스에 대해서도 강한 욕구를 가지고 있다. 콘텐츠, 레저, 학습, 놀이 욕구는 문화적 필요에 의한 욕구이다. 새로운 욕구는 마케팅에 의해 창출되기도 한다.

필요(need)는 기본적인 만족의 결핍을 느끼고 있는 상태이다. 인간은 생존을 위해 의·식·주, 안전, 소속감, 존경, 자아실현 등을 필수적으로 갖추어야 하는데, 이 같은 것들이 결핍되었다고 느낄 때 그 사람은 필요(need)를 느끼게 된다. 이 같은 필요는 사회나 마케팅에 의해 만들어지기도 하며, 인간이 생리적으로 갖고 있거나 인간의 조건 그 자체에 의해 생겨나기도 한다.

사람이 갖고 있는 필요들을 만족시킬 수 있는 구체적인 제품이나 서비스에 대한 바람을 욕구(want)라고 한다. 욕구는 문화나 사회에 따라 다르며, 학교, 기업, 가족 등의 사회적 제도나 힘에 의해 형성되고 끊임없이 변화되어 간다. 특정 제품이나 서비스에 대한 욕구가 구매의사와 능력에 의해 뒷받침될 때 그것을 수요(demand)라고 부른다.

마케팅관리 전략의 체계

1) 마케팅관리 프로세스

필립 코틀러는 효과적인 마케팅은 조사(R)로부터 출발한다고 했다. 마케팅 조사를 시작으로 필립 코틀러는 마케팅관리 과정을 다음의 5단계 과정으로 나누었다.

그림 1-1 마케팅관리 프로세스

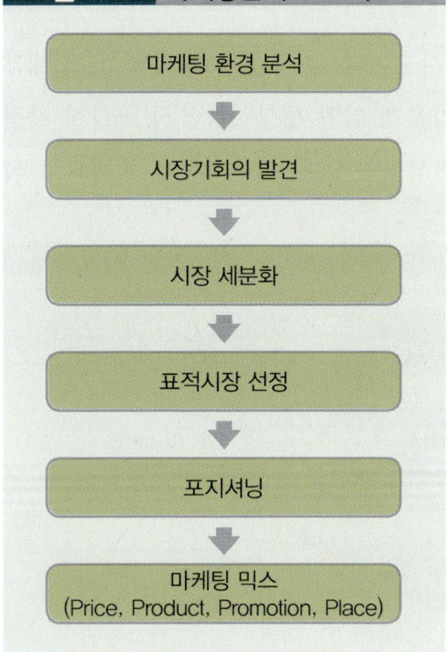

R → STP → MM → I → C

여기서 R은 조사(research)를 말한다. 마케팅 리서치, 시장조사 등으로 불리운다. STP는 시장세분화(Segmentation)와 표적시장 설정(Targeting), 포지셔닝(Positioning)의 약자로서 고객군에 따라 시장을 나누고, 표적시장을 선정하며, 시장에서의 위치를 점하기 위한 활동을 말한다. 시장을 조사하면 각기 다른 욕구를 가진 소비자들로 구성된, 서로 다른 세분시장들(S)이 드러난다. 기업은 자신들이 경쟁자보다 탁월하게 충족시킬 수 있는 세분시장을 설정(T)하는 것이 현명하다. 기업은 각 표적시장별로 상품을 포지셔닝(P)하여, 자사 상품이 경쟁상품과 어떻게 다른가를 알리는 것이다.

기업은 STP를 바탕으로 하여 제품, 가격, 유통, 촉진결정들의 믹스로 구성된 전술적 마케팅 믹스인 MM을 개발한다. MM은 마케팅 믹스이다. 마케팅 믹스는 4P, 즉 Product, Price, Place, Promotion을 적절히 혼합하여 마케팅 자원을 배분하고 실행에 들어가기 위한 전단계이다. I는 실행(Implementation)으로 마케팅 계획에 따른 집행을 의미한다. C는 통제(Control)이다. 마케팅의 실행결과에 대한 피드백을 얻고, 결과를 평가하며, STP 전략이나 마케팅 믹스 전술을 수정 또는 개선하기도 하는 과정이다. 그런 뒤 기업은 마케팅 믹스를 실행(I)한다. 마지막으로 통제 측정치(C)를 사용하여, 결과를 모니터 및 평가하고, STP 전략과 MM 전술을 개선한다.

2) 마케팅의 STP

STP는 기업의 전략적 마케팅 사고이다. 조사를 통해 몇몇 고객 세분시장들이 밝혀지면, 경영자는 그 가운데 어떤 세분시장을 공략할지 결정해야 한다. 기업은 좀 더 뛰어난 경쟁력이 있는 세분시장을 표적으로 삼

그림 1-2 마케팅의 STP

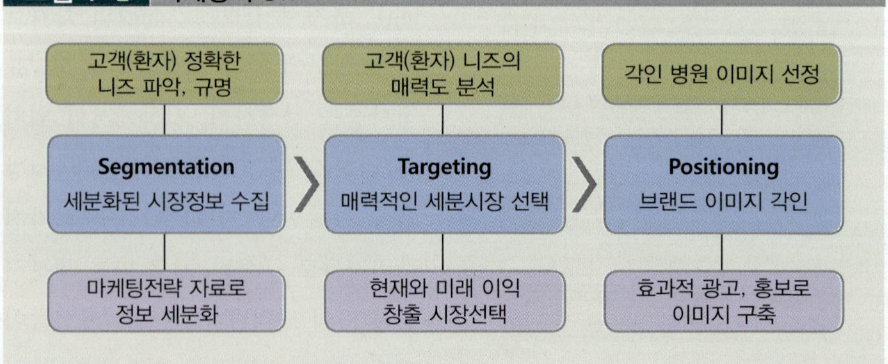

아야 한다. 각 세분시장에서 자신의 경쟁역량과 성공 필요조건들을 비교 검토해 보면 목표시장을 더욱 지혜롭게 선택할 수 있다.

컴퓨터 데이터베이스 기술의 발달로, 좀 더 좁게 고객과 상품, 그리고 촉진활동을 하는 것이 점차적으로 가능해지고 있다. 모든 고객들은 각각 다른 구매습관을 가지고 있다. 그러나 이들을 전부 개개인의 하나로 봐서 마케팅을 할 수는 없다. 따라서 이들을 성별, 종교, 나이, 구매습관, 소득, 심리적 특징 등으로 나눠서 관찰할 수밖에 없다. 그것이 바로 시장세분화가 필요한 이유이다.

현실적으로 이렇게 나눠진 모든 소규모 그룹에 다 맞출 수는 없다. 그 중에서 다른 것들에 비해 좀 더 매력적인 그룹을 찾아서 그 그룹에 집중할 수밖에 없다. 이것이 타기팅이다.

그런 다음 기업은 자신이 제공하는 제품이나 서비스의 핵심혜택들을 표적고객에게 알리기 위하여 자사의 상품을 포지셔닝해야 한다. 포지셔닝이란 상품의 핵심혜택과 차별점을 고객의 마음속에 심기 위한 노력이다.

핵심혜택 이외에도 판매자들은 잠재적 구매자들이 자사브랜드의 상품이나 서비스를 구매해야 하는 추가적인 이유를 제시한다. 어떤 브랜드는 한 개의 중심속성이나 혜택으로만 포지셔닝되지 않고 더욱 충분한 포지셔닝을 수행한다. 충분한 포지셔닝을 가치제안(Value Proposition)이라고 한다. 이것은 "왜 내가 당신 브랜드의 상품을 사야 하는가?"라는 고객의 질문에 대한 답변이다.

STP는 기존의 매스 마케팅, 즉 대량생산과 대중 마케팅 체제의 종언을 고하는 것이라 할 수 있다. 과거와 달리 경쟁제품이 많아졌고 신속하게 진입할 수 있는 시대가 됨에 따라, 매스 마케팅은 종언을 고하게 되고, 마케팅의 목표가 점차 개별 고객을 찾고, 그들과의 장기적 관계를 유지할 수 있도록 고급 데이터베이스 마케팅을 활용하는 것이 목표가 되고 있다.

대중 고객을 작은 그룹으로 쪼개면 쪼갤수록, 회사의 상품을 좀 더 고객의 니즈와 선호에 맞출 수 있다는 것이 STP 전략의 기본 가정이다.

현실적으로는 고객 군을 쪼개고, 거기에 맞춰 상품을 생산 판매하는 것이 비용－효익 측면에서 항상 바람직한 것은 아니다. 즉 어느 정도 선까지 고객을 분류할 것이냐 하는 것이 현실적인 과제가 된다.

3) 마케팅 실행 전략: 4P 믹스

마케팅 프로세스를 효과적으로 진행하려면 핵심적인 4요소를 복합적으로 고려해야만 한다. 이러한 4가지 요소의 혼합(Mix)이 마케팅의 4P Mix이다. 4P Mix는 1960년대 제롬 메카시(Jerome McCarthy) 교수가 제안한 것으로 상품(Product), 가격(Price), 유통경로(Place), 판매촉진(Promotion)의 네 가지이다. 제롬 메카시는 4P Mix를 기업이 통제할 수 있는 마케팅 수단으로 제시했다.

마케팅 수단을 4P로 분류할 경우 다양한 마케팅 수단은 서로 혼재될 수 있다. Product는 상품, 서비스, 포장, 디자인(크기, 색상), 브랜드, 품질 등이다. Price는 정찰제, 할인, 신용, 할부, 무료 등을 말한다. Promotion은 판매촉진, 광고, PR, IMC, 인적판매, 다이렉트 마케팅, 전자상거래 등을 말한다. Place는 유통경로, 구색, 재고, 물류, 운송 등에 대한 것이다.

그림 1-3 4P 믹스

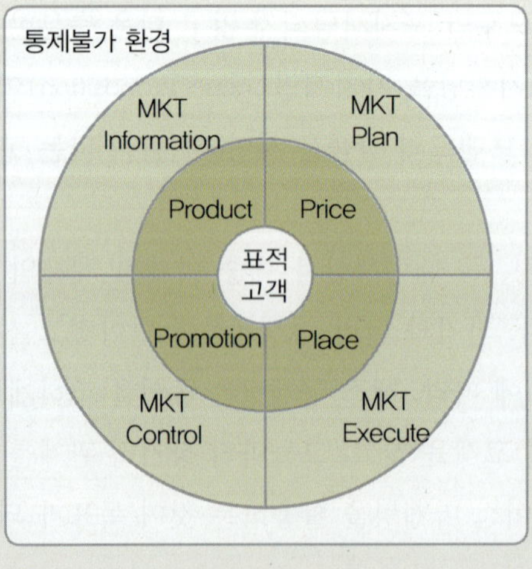

디지털 시대에는 마케팅의 고려요소를 다르게 분류하는 학자들이 있다. 캐나다의 학자인 돈 탭스콧(Tapscott)은 디

지털 환경에 둘러싸여 자란 넷(Net) 세대가 소비 주역으로 등장하는 지금, 마케팅 '4P 전략'은 폐기처분해야 한다고 주장하며, 이를 대체할 마케팅의 'ABCDE'를 제안했다. 장소 불문(Anyplace), 브랜드(Brand), 소비자 체험(Consumer Experience), 최적가격 찾아다니기(Discovery mechanism for price·소비자들과의 대화를 통해서 최적가격을 찾는다는 의미), 고객의 참여(Engagement)이다. 그 외에 고객에 초점을 맞추는 4C이론으로 Customer Benefits(소비자 혜택), Cost to Customer(소비자 기회비용), Convenience(편리성), Communication(커뮤니케이션)이 있다. 감성에 역점을 두는 4E이론은 Evangelist(고객전도사), Enthusiasm(열정), Experience(체험), Exchange(교환)을 말한다.

❶ Product는 고객에게 전달되는 제품과 서비스이다

기업들은 자신의 재화나 서비스를 다른 기업과 차별화하고자 하는데 여기엔 물리적 차별화, 서비스를 통한 차별화로 나눠볼 수 있다. 예를 들어 종이컵처럼 표준화된 제품은 디자인이나 포장, 품질 등으로 차별화를 시도할 수 있다.

물리적 차별화는 형식, 기능, 성능, 품질, 일관성 품질, 내구성, 신뢰성, 수리 용이성, 스타일, 디자인 등의 차별화를 들 수 있다. 예를 들어 Apple의 iPod은 뛰어난 디자인과 기능으로 MP3 플레이어 시장에서 차별화를 시도했다. 서비스 차별화는 주문 용이성, 배달, 설치, 고객훈련, 고객 상담, 유지 및 수리 등으로 차별화를 시도하는 것이다. 예를 들어 아마존(amazon.com)은 인터넷을 통한 도서 구매 서비스(전자상거래)를 시작하여 상당히 편리한 구매 방식을 제공하여 차별화를 시도했다.

제품과 서비스를 개발하려면 우선 고객들의 필요(Needs)와 욕망(Wants)을 파악하고 어떤 것에 기꺼이 값을 치르는지 파악해야 한다. 즉, 시장에 대한 이해와 조사가 필수적이다. 마케팅리서치는 시장을 이해하기 위한 조사이다.

상품은 문화의 산물이다. 문화상품은 문화 자체를 상품화하여 수출하기도 한다.

할리우드 영화나 팝송이 미국 기업과 상품의 세계화에 결정적인 도움이 된 것은 다 아는 사실이고, 영화나 노래에 녹아 있는 미국 문화는 미국인들의 생활방식을 세계 소비자들에게 자연스런 상품의 유입을 가져오게 하였다. 사람들이 맥도널드를 찾는 것은 고기 맛이 좋아서가 아니라 햄버거에 담겨 있는 미국 문화의 이미지나 느낌을 소비하기 위해서이다.

일본 상품도 마찬가지다. 일본 기업들이 기세를 높인 것은 일본 문화가 관심을 모으기 시작한 때와 궤를 같이한다.

80년대 중반 프랑스 푸조자동차는 자국 시장에 밀려오는 일제 오토바이와 힘겨운 싸움을 벌였다. 대통령까지 나서서 프랑스제 오토바이를 사자고 호소했지만 역부족이었다. 혼다는 불티나게 팔렸고 푸조는 혼다 엔진을 사다 쓰는 하청업체로 전락했다. '북두신권' '세일러문' 같은 일본 만화영화를 보며 자란 프랑스 청소년들이 '혼다'를 타며 만화속 주인공이 된 듯한 대리만족감을 얻으려 했다는 게 전문가들의 분석이다. 그리고 닌텐도를 들 수가 있다. 비디오 게임기로 미국시장을 점령한 닌텐도는 1984년 '패미콤'이라는 가정용 게임기를 수출하여 그 해 미국시장의 80%인 3억 달러의 매출을 기록하고 미국에서는 '닌텐도 한다'라는 말이 '전자오락한다'라는 말로 통용될 정도로 전자오락의 대명사가 되었다. 닌텐도는 1996년 주머니(Pocket)와 괴물(Monster)의 합성어인 포켓몬(Pocketmon)을 출시하여 어린이들이 관심을 가질 만한 귀여운 모양의 괴물들을 주인공으로 등장시켰으나 별 반응이 업자, 우선 소학관이라는 아동잡지에 포켓몬이 출연하는 만화를 연재하고, 어린이들을 위한 다양한 이벤트를 개최하여 그 존재를 알렸다.

초기에 게임기 광고를 위해 시작했던 다양한 채널의 마케팅들은 시간이 가면서 포켓몬을 오락기를 넘어서 캐릭터 상품으로 자리잡게 하였고 X-Y-Net 세대를 이어갈 Tweens 세대의 문화로 자리잡게 되었다. 이는 어린이 문화라는 욕구층을 기반으로 여러 가지의 캐릭터와 상황들을 만들어 내고 적극적으로 문화적 상품화를 시도한 좋은 본보기라 할 수 있다. 디자인이나 광고, 브랜드 아이덴티티 구축에서 타깃세대의 문화적 욕구를 적극 반영하는 것은 매우 중요하다. 특히 강력한 소비주체로 급부상한 '신세대'의 문화흐름을 포착하고 문화를 주도해 나가려는 노력도 절실하다.

❷ Price는 제품이나 서비스의 교환 가치이다

기업이 자신의 Product에 대해 책정하는 가치수준이라 할 수 있다. 일반적으로 가격 결정은 소비자가 느끼는 가치와 기업이 제공하는 가치 사이에서 결정된다. 가격을 결정하기에 앞서 목표가 선행되어야 하는데, 이를테면, 이익극대화, 판매량 극대화, 시장점유율 획득, 경쟁자 진입 저지 등이 있다. 기업의 목표에 따라 가격은 달라진다. 공짜마케팅처럼 가격이 촉진수단인 경우도 있다.

❸ Place는 제품이나 서비스를 판매하거나 유통하는 지점을 말한다

고객들이 원하는 장소와 시간에 제품을 제공하는 것이 핵심이다. 대리점 등을 통한 직접 판매방식과 백화점, 할인점 등 유통기관을 이용한 판매방식으로 크게 나눠질 수 있다. 유통경로가 다양하고 효과적으로 운용되면 매출을 올릴 기회가 그만큼 많아진다. 기업은 자사의 제품이 어디서 어떻게 고객들에게 노출되는지에도 관심을 쏟아야 한다. 최고급 와인이 먼지가 뽀얗게 쌓여서 어느 한 구석에서 고객을 기다리고 있지는 않는지, 이슬람 사람들의 주요 거주지인 곳에 돼지고기 판매점을 세우지는 않았는지 점검을 해볼 필요가 있다. 졸업 시즌이 되면 학교 앞에는 꽃을 판매하는 사람들이 줄을 선다. 졸업 날 학교 주변에는 꽃다발이 필요한 사람들이 많을 것이기에 꽃 판매상들은 적시적소에 그들 앞에 나타나는 것이다.

제품에 따라, 가격에 따라, 기업의 추구 방향에 따라 유통경로 및 유통관리는 다르게 이루진다. 기업은 장소의 개념이 아닌 공간의 개념으로 Place를 이해해야 한다.

❹ Promotion은 제품과 기업, 고객 사이의 커뮤니케이션이다

Promotion에는 광고, 판매촉진, PR, IMC, 인적판매, 다이렉트 마케팅 등이 포함된다. 프로모션은 마케팅 활동의 일부분으로 「판매자의 통제하에서 판매자의 제품에 대하여 잠재고객에게 우호적이고 설득적인 정보를 전달하고자 하는 기법(technique)을 포괄하는 것」이다.

프로모션은 암시적 프로모션과 명시적 프로모션으로 나눌 수 있는데 암시적 프로모션은 제품, 유통, 가격에 내재하는 설득적 프로모션이며, 명시적 프로모션은 광고, 인적판매, PR/홍보 그리고 판매촉진 등에 의하여 전달되는 제품에 관한 설득적 프로모션이다.

대표적인 프로모션 활동인 광고(advertising)는 명시된 광고주에 의해 미디어를 매개로, 선택된 시장에 아이디어, 상품, 또는 서비스 등을 관리 가능한 형태로 고지하여 설득하는 커뮤니케이션 활동이다.

인적판매(Personal Sales)는 판매를 목적으로 특정의 잠재고객과의 대화를 통해 이루어진 직접 대면에 의한 커뮤니케이션 활동이다.

홍보(Publicity)는 제품, 서비스, 사업주체에 관한 상업적인 의미가 있는 정보가 공적 미디어를 통해 무료로 게재되거나 상업적 성격을 띤 정보를 TV, 신문, 라디오 등의 미디어에서 무료로 게재해주는 수요 환기 커뮤니케이션 활동이다.

2 스토리텔링 마케팅전략

1) 스토리텔링 종류

문화콘텐츠는 텍스트 콘텐츠(출판·신문·잡지·출판만화), 디지털 이전의 비텍스트 콘텐츠(공예품·미술품·공연), 시청각 콘텐츠(방송·광고·영화·비디오·음반), 디지털 콘텐츠(애니메이션·게임·모바일)로 나눌 수 있는

데, 이들 장르의 원활한 커뮤니케이션과 교섭은 부가가치 창출의 핵심이다. 이러한 소통을 가능하게 하는 수단으로 스토리텔링을 들 수 있다.

스토리텔링은 문학·만화·애니메이션·영화·게임·광고·디자인·홈쇼핑·테마파크·스포츠 등의 이야기 장르를 아우르는 상위 범주라 할 수 있는데, 상위와 하위, 각각의 이야기 장르들은 서로 미학적 영향관계 속에 있다. 여기서 스토리텔링은 서사 형식의 원형질로 존재한다. 따라서 이 각각의 장르들은 스토리텔링이라는 공통점을 지니면서도 매체의 특성 때문에 형식상의 차이를 띠게 된다. 예를 들어 이야기가 종이매체에서 표현될 경우 문학이 되고, 영상매체에서 표현될 경우 영화가 되며, 디지털 매체에서 표현될 경우 게임 등이 되는 것이다.

하나의 스토리텔링은 다른 매체로 옮겨 가면서 매체변주를 하게 되고 새로운 표현방식을 획득하게 된다. 그리고 이러한 현상 자체가 OSMU(One Source Multi Use)를 대변하며 하나의 콘텐츠가 여러 매체의 콘텐츠로 변환되면서 문화상품을 양산하는 문화콘텐츠 산업의 특징을 보여준다.

2) 스토리텔링 마케팅의 정의

스토리텔링 마케팅은 상품에 얽힌 이야기를 가공, 포장해 광고·판촉 등에 활용하는 브랜드 커뮤니케이션 활동이다. 스토리텔링 마케팅은 이야기를 좋아하는 인간의 본성에 기대, 상품의 기능적 특성을 설명하는 광고를 넘어서 감성적이고 이야기가 중심이 되는 스토리텔링 기법을 활용하고 있으며 이것은 사람들과 브랜드의 교감을 유도하는 브랜드 커뮤니케이션 전략이라고 볼 수 있다.

스티브 잡스의 아이폰·아이패드, 자유와 모험을 선망하는 사람들을 위한 오토바이 할리데이비슨 등 유명 기업들도 잘 짜인 스토리를 통해 기업의 브랜드 가치를 높이고 있다. 사람들은 이야기에 매혹되며, 귀를 기울이고, 열광하고, 기꺼이 구매를 결정한다. "사람들은 쓸모 있는 상품보다 자신의 꿈과 감성을 만족시키는 것을 구매하려는 경향이 있다. 사람들을 매혹시키는 것은 상품의 사용가치나 교환가치가 아니라 그 상품에 깃들어 있는 이야기"라고 미래학자 롤프 옌센은 주장했다. 스토리텔링 마케팅은 상품 개발과정 등 브랜드와 관련된 실제 스토리를 여과 없이 보여줄 수도 있고, 아니면 신화·소설·게임 등에 나오는 스토리를 원용해 가공하거나 패러디하여 보여주기도 한다.

이러한 스토리텔링 마케팅은 상품의 기능적 특성을 설명하는 내용 중심 광고나 판촉활동과는 차이가 있다. 상품 자체를 강조하기보다는 상품에 담긴 의미나 개인적인 이야기를 제공함으로써 소비자와 브랜드의 교감을 유도하는 감성 마케팅 활동의 하나로, 딱딱하고 상업적인 광고 메시지보다는 소비자의 입에 쉽게 오르내릴 수 있는 화젯거리를 제공한다.

3) 드림케팅(Dreamketing)과 스토리텔링 마케팅

스토리텔링 마케팅은 이야기를 좋아하는 인간의 본성에 바탕을 두고 있다. 스토리텔링의 능력은 어떤 사람들에게만 부여된 특별한 재능이 아니라 누구나 타고난다고 처음 밝힌 것은 인지심리학자들과 언어학자들이었다.

인지심리학의 선구자로 불리는 제롬 브루너는 1970년대 초반 유아 행동 연구를 통해, 아이들은 말을 배우기도 전에 간단한 이야기를 구성해 자신들의 세상을 만들고 소통한다는 사실을 알아냈다.

브루너는 아기들이 배고플 때 내는 신음소리나 옹알이를 자신들의 생각과 감정을 모두 담아내는 '완결된 이야기'라고 불렀다.

1981년에 브루너는 두 살짜리 여아를 관찰한 또 다른 연구에서 아이들이 흔히 하는 혼잣말은 단순한 웅얼거림이 아니라 '시나리오'와 같이 자신이 그날 무엇을 했는지, 다음 날은 누구와 무엇을 할 것인지에 대해 비교적 상세히 말하는 것이라는 사실을 알아냈다. 이것은 아이들은 이야기를 통해 현실관을 세우고 장차 일어날 일들을 바라보고 걸러낼 '정신의 렌즈'를 형성해간다는 것을 의미했다. 일련의 연구를 통해 브루너는 이와 같이 이야기를 창작하려는 욕구는 언어습득에 선행하며, 아이들의 마음속에는 다른 사람들과 나누고픈 이야기가 이미 들어 있기 때문에, 이것이 동기가 되어 말을 배우게 된다고 주장했다.

드라마 이야기, 연예가 소식, 정치인 이야기, 항간에 떠도는 소문 등 사람들은 흥미로운 이야기에 관심을 기울인다. 상품도 마찬가지다. 사람들은 평범한 목걸이보다는 드라마 속 주인공이 착용했던, 이야기가 있는 목걸이를 더 좋아한다.

미래학자 롤프 옌센(Rolf Jensen)은 "정보화시대가 지나면 소비자에게 꿈과 감성을 제공하는 것이 차별화의 핵심이 되는 드림 소사이어티(Dream Society)가 도래할 것"이라고 한다. 미래에는 이야기와 꿈이 부가가치를 만들며 이를 통해 새로운 시장이 형성된다는 것이다. 이에 대응하기 위해 기업들은 '이야기'와 '꿈'을 마케팅에 접목한 '드림케팅(Dreamketing)'에 주력해야 한다.

이를 위해서는 자사 브랜드를 멋진 스토리로 포장하여 판매하는 스토리텔링 마케팅이 효과적이다. 흥미 있는 이야기가 담긴 상품은 단순히 우수한 품질이나 디자인을 가진 제품보다 더욱 매력적일 수 있다. 즉 상품에 대한 기능을 따분하게 늘어놓기보다 고객의 마음을 읽고 그들이 꿈꾸는 바를 흥미 있는 이야기를 통해 부드럽게 풀어가면 고객에게 다가가기가 쉽다.

스토리텔링 마케팅은 상품 차별화에 매우 유용하다. 온갖 노력 끝에 개발한 상품이라도 이를 사람들의 머릿속에 각인시키기가 점점 더 어려워지고 있다. 브랜드가 범람하고 있는 상황에서 자사만의 차별화 요소를 전달하기 쉽지 않다. 하지만 기업은 브랜드가 가지는 이야기를 통해 경쟁 브랜드와는 다른 아우라(Aura; 고유의 분위기)를 가질 수 있다. 스타벅스가 커피 매장을 집과 직장에 이어 '이야기가 있는 제 3 의 공간'으로 만들고 하나의 라이프스타일로까지 승화시켜 성공을 거두고 있는 것은 마케팅에서의 '이야기의 힘'을 보여주는 대표적인 사례 중 하나다.

명품 구두 페라가모는 '할리우드 여배우들이 신는 멋스럽고 편안한 신발'이라는 이야기로 잘 알려져 있다. 영화 〈7년 만의 외출〉에서 지하철 통풍구에서 마릴린 먼로가 하얀 치맛자락을 날리는 매혹적인 장면을 한 번쯤 보았을 것이다. 평소 페라가모 마니아였던 그녀가 영화 속에서도 자신의 각선미를 살리기 위해 페라가모 구두를 이탈리아에서 급히 공수했다는 이야기를, 페라가모는 지금까지도 광고 메시지에 활용하고 있다.

경제학자인 데어드르 맥클로스키는 1999년 「미국경제평론(*The American Economic Review*)」에서 미국 국민총생산(GNP)의 28%가 '상업적인 목적의 설득'과 관련이 있으며, 설득에서 스토리텔링이 차지하는 비중을 액수로 환산하면 3조 달러 이상이 된다고 추산한 바 있다.

4) 스토리텔링 마케팅 성공전략

❶ 잘 짜인 스토리

근래 국내의 많은 기업들이 스토리텔링 마케팅을 도입하고 있으나 주목할 만한 이야기를 담은 상품은 아직 미흡하다. 셀링 포인트가 느껴지지 않는 이미지 광고, 브랜드 히스토리의 지루한 나열 등 전체적으로 이야기의 호소력이 부족하다. 결국 스토리는 '사건·인물·구성' 등 3박자가 제대로 맞아야 힘을 발휘한다. 잘 짜인 이야기는 사람들에게 ① 동기를 부여하는 열정, ② 청중의 공감대를 이끌어낼 영웅, ③ 영웅이 맞서 싸워야 하는 악당, ④ 영웅을 성장하게 만드는 깨달음의 순간, ⑤ 그리고 앞의 모든 과정을 거친 후 반드시 따르는 영웅과 세상의 변화라는 다섯 가지 요소를 담고 있다. 좋은 이야기는 인생이 "어떻게" 그리고 "왜" 변하는지에 대해 설명한다. 여기 우리의 주인공이 있다. 그의 삶은 대체로 예측가능하고 조화로운 편이다. 언제나 그렇듯이 회사에 가고 밤이면 꼬박꼬박 집으로 돌아간다. 그런던 어느날, 그의 인생의 균형이 무너지는 사건이 발생한다. 이걸 시나리오 작법에서 "발단(inciting incident)"이라고 부른다. 황당한 임무가 떨어지거나, 사장님이 심장마비로 죽거나, 중요한 고객이 계약을 해지하겠다고 통보한다. 이제부터 주인공이 균형을 회복하기 위한 처절한 노력을 펼치는데, 그의 주관적인 기대와 냉혹한 현실은 끊임없이 어긋나기만 한다. 주인공이 더 깊이 파고들거나, 없는 자원을 가지고 최선을 다하거나, 어려운 결정을 내려야 하거나, 리스크를 감수하고 행동에 옮기거나, 결국 진실을 찾아내는 것 모두가 우리가 본 수백 편의 영화들의 스토리라인을 구성하는 기본적인 공식이다. 프로타고니스트와 안태고니스트 사이의 갈등을 효과적으로 구체화하는 것은 그리스 로마의 고전극 이후 가장 오래된 전통일 것이다. 안태고니스트는 내면의 갈등, 두려움, 의혹, 동료/가족과의 다툼, 사회적 폭압, 육체적 공격, 자연재해, 치명적인 질병 등 그 종류를 가리지 않고 다양하며, 한 시나리오엔 복수의 안태고니스트가 등장할 수도 있다.

롤랜드 에머리히의 블록버스터 재난영화도 결국 프로타고니스트와 안태고니스트의 구도에서 벗어나지 않는다.

② 자사 브랜드에 적합한 스토리를 발굴

기업들이 단순한 상품 판매자가 아닌 훌륭한 이야기꾼의 길로 나아간다면 그 브랜드는 더욱 매력적인 모습으로 소비자에게 다가설 수 있게 될 것이다.

기업이 스토리텔링 마케팅을 활용하기 위해서는 먼저 자사 브랜드에 적합한 스토리를 발굴하고 이를 적절히 상품에 녹여내야 한다. 소비자들이 가장 좋아할 수 있고 자사 상품의 독특한 가치를 가장 잘 설명할 수 있는 매력적인 스토리를 만들 필요가 있다. 차별화된 스토리를 통해 소비자의 '매력타점(Sweet Spot; 소비자가 가장 크게 느끼는 심리적 혜택)'을 타격해야 한다. 인터넷 등으로 소비자들의 정보력이 기업을 뛰어넘고 있는 상황에서 '그저 그런 브랜드 이야기'로는 소비자들의 외면을 받기 십상이기 때문이다.

매력적이고 차별화된 스토리 발굴을 위해서는 기업 내외부의 다양한 의견을 수집할 필요가 있다. 비단 마케팅 부서만이 아니라 내부 공모 등을 통해 다른 부서원들도 참여하는 방안을 고려해볼 수 있다.

맥도날드는 브랜드 스토리를 창조하기 위해 디즈니 무대 감독과 작사가·작곡가를 고용해 활용하고 있다. 인간의 내면에 있는 유아성에 호소하기 위해서는 디즈니의 힘을 활용하는 게 효과적이라는 판단에서다.

소비자들로부터 직접 브랜드 스토리와 관련된 아이디어를 얻어내는 것도 좋은 방법이다. 앱솔루트 보드카는 신제품인 바닐라를 출시하기 전에 인터넷상에서 소비자들로부터 브랜드 스토리를 공모하고 이를 실제 광고에 활용해 호응을 얻었다. 바닐라 보드카와 관련해 전개되는 주인공들의 흥미진진한 이야기가 소비자들의 눈길을 사로잡은 것이다.

앱솔루트의 브랜드 스토리로 들어가 보자. "시간은 저녁 7시부터 새벽 3시까지, 장소는 남녀 주인공인 알렉사와 제이슨의 집에서 시작해 레스토랑·바·나이트클럽 등으로 옮겨지고, 결국 두 사람이 만나는 것으로 끝을 맺게 된다. 여기서 제이슨을 클릭하면 소비자들은 제이슨과 세 명의 친구들 간의 이야기를 엿들을 수 있다. 또 알렉사를 클릭하면 알렉사와 네 명의 여자 친구들 간의 이야기를 듣게 된다. 그리고 마지막에는 제이슨과 알렉사의 이야기를 듣게 된다."

소설 〈냉정과 열정 사이〉에서 두 남녀가 각각 남과 여의 입장에서 글을 써 내려가고 있는 것처럼 남과 여가 각각 다른 경로로 자신의 이야기를 풀어냄으로써 이야기를 읽는 사람들의 궁금증을 자아내는 구성이다.

스토리가 사람들의 일상과 동떨어져 있거나 공감하기 힘든 경우에는 오히려 반감을 일으킬 수 있으므로 주의해야 한다. 유명인사 등 성공한 인물보다 평범한 사람의 이야기가 더욱 설득력을 갖는 것은 바로 스토리의 공감 가능성 때문이다.

③ 재미와 경험이 생명

격식에 얽매였던 과거와 달리 요즘엔 '덜 심각하고 더 즐거운 상황'이 대접을 받는다. 지속되는 내수불안과 정치, 사회적 불안 등이 사람들로 하여금 탈일상적인 재미를 찾게 하는 데 일조하고 있다. 스토리텔링 마케팅 역시 이러한 추세를 반영해야 한다. '우리 브랜드는 이래서 좋아'라는 정보를 전달하는 것이 아니라, 진지함을 벗고 때로는 일상적인 것을 약간 비틀 수도 있어야 한다. 그 중심에는 '재미'가 빠질 수 없다. 예컨대 LG생활건강 럭키스타 치약 광고는 '키스 배워서 남 주자'라는 브랜드 스토리를, 젊은 남녀의 솔직한 사랑법을 비유하는 '키스학 입문' 등의 테마로 재미있게 표현하고 있다.

스토리텔링 마케팅이 단순한 정보 전달에 그치지 않기 위해서는 소비자와의 직접적인 커뮤니케이션을 통한 경험을 제공할 수 있어야 한다. 소비자가 느끼는 스토리 경험은 브랜드와 소비자와의 교감 형성에 도움이 된다.

버거킹은 '복종하는 닭(Subservient Chicken)'이라는 홈페이지 개설을 통해 자사 햄버거 스토리의 중심인 '마음대로 조리하세요'라는 메시지를 전달한다. 복종하는 닭 사이트는 스토리 구현에 충실하기 위해 소비자의 체험을 목적으로 하고 있다. 방문자가 '행복' 등 갖가지 단어를 입력하면 복종하는 닭은 그 명령에 따라 다양한 행동을 보여주는데, 이러한 상호작용적 체험은 개설 3주 만에 방문수가 약 1억 4,300만 회에 이를 정도의 선풍적인 인기를 얻었다.

④ 멀티채널의 활용

기업은 브랜드 스토리를 전달하기 위한 수단으로서 보다 다양한 채널을 복합적으로 활용해야 한다. 소비자가 브랜드에 접할 수 있는 접점을 다원화시킴으로써 브랜드 스토리 전파의 효과를 극대화할 수 있기 때문이다.

스토리를 전달할 수 있는 채널은 TV·신문·인터넷·영화·책·기업 역사관·강연·SNS 등 매우 다양하다. 그런데 그동안 기업이 소비자에게 브랜드 스토리를 전달하는 방식을 보면 대부분 TV 중심이거나 또는 TV와 인터넷 등을 별개로 운영하고 있는 면이 적지 않았다.

미국 광고 전문지인 〈*Advertising Age*〉가 스토리텔링 마케팅의 채널 활용현황을 살펴본 결과 응답 기업의 약 65%가 TV 중심이며, 약 20%는 TV와 인터넷 등 다양한 채널 활용 시 유기적인 연결성이 부족했다고 한다. 단순히 TV 광고의 하단에 브랜드의 웹사이트 주소를 보여주는 것만으로는 부족했다는 평가다.

최근 스토리텔링 마케팅의 새로운 채널로 '애드무비(Ad-Movie)'를 주목할 만하다. 애드무비는 TV·인터넷과 영화를 접목한 '광고 영화'인데, 이는 멀티미디어 니즈가 강한 최근 소비자의 성향을 반영한 것으로 브랜드 스토리에 대한 몰입도를 높이는 데 효과적이다. 또한 단순히 TV 광고를 인터넷 사이트에 올린 것이 아니라, 애초에 인터넷과 TV 광고, 옥외광고 등을 티저화하고 인터넷으로 소비자를 유인하는 형식을 취하고 있다. IPTV, 스마트TV의 보급으로 TV에서의 스토리가 있는 콘텐츠광고도 확대될 것이다.

한편 책을 활용한 스토리텔링 마케팅은 디지털 마케팅 시대에서도 그 효과가 떨어지지 않는다. 책은 독자들에게 브랜드 정보를 제공해 줄 뿐만 아니라 브랜드에 대한 호의적인 태도를 형성하는 데 도움이 되고, 책 속의 브랜드 스토리가 끊임없이 인용 및 재생산되면서 브랜드 가치는 생명력을 가질 수 있다.

5 스토리 문화의 창출

스토리텔링 마케팅의 궁극적인 목표는 '스토리 문화'를 창출하는 것이다. 기업은 제품 자체가 아니라 브랜드 스토리가 품고 있는 철학을 강조함으로써 소비 이상의 가치, 즉 '문화'를 만들 수 있어야 한다. 할리데이비슨 오토바이는 반항적이면서도 낭만을 중요시하는 고유의 이야기 문화를 가지고 있는 것으로 유명하다. 사람들이 할리데이비슨을 생각할 때 떠올리는 가죽 재킷과 붉은 두건, HOG(Harley Owners Group)라는 커뮤니티 등은 바로 이야기 문화의 산물이라 할 만하다.

모든 브랜드 스토리가 자연스럽게 문화를 형성할 것이라고 생각하면 오산이다. 우리가 '문화'라고 부르는 생활양식들은 일시적인 열풍에 지나지 않는 유행을 넘어 많은 사람들의 공감대를 이끌어 내어서 살아남은 것들이다. 이러한 스토리 문화를 구축하기 위한 왕도는 따로 없지만 다음과 같은 방안을 고려하여 문화적 기반을 다질 수 있을 것이다.

① 네버엔딩 스토리를 만들어야 한다. 단편적인 일회성 스토리에 머무는 것이 아니라 지속적으로 연계되는 스토리 창출을 통해서 일관된 이미지를 형성할 수 있어야 한다. 미국 인형회사 아메리칸 걸은 새로운 인형을 선보일 때마다 그에 맞는 독특한 스토리를 만들어 어린이들이 그에 맞춰 다양한 옷과 인형을 계속 구매하게끔 한다. 이에 따라 어린이들은 시리즈물로 나오는 브랜드 스토리를 지속적으로 수집한다.

② 소비자의 피드백을 반영해야 한다. 소비자의 피드백이 곧 자사 브랜드를 하나의 문화로 만들 수 있는 바탕이 되고, 피드백의 적극적인 반영은 그들의 공감대를 이끌어 내는 과정이다.

③ 소비자의 문화에 직접 빠져들어야 한다. 타깃 소비자의 라이프스타일을 직접 체험해야 소비자와 교감할 수 있는 살아있는 브랜드 스토리를 만들어낼 수 있다. 익스트림 스포츠 용품업체인 퀵실버의 모든 직원들이 매년 약 1개월 동안 스노보드 동아리들과 합숙을 하며 브랜드 스토리를 적극적으로 전파하고 있다.

⑥ 다양한 분야로 확대

기업은 스토리텔링 마케팅을 일반 소비재뿐만 아니라 애니메이션·게임·출판·디자인·건축 등 다양한 산업에서 활용해 볼 필요가 있다. 얼마 전, 출간 2년 만에 600만 부를 돌파한 만화 한자책 〈마법천자문〉의 인기는 스토리텔링의 위력을 여실히 보여주는 사례이다. 이런 경향은 과학이나 역사 서적에서도 비슷하게 나타나고 있다. 또한 스토리텔링 마케팅의 효과는 관광 등 문화산업에서도 주목할 만하다. 똑같은 남이섬이라 하더라도 '〈겨울연가〉 주인공이 거닐던 남이섬'이면 한 번 더 보고 싶은 것이 사람의 마음이다. 그러므로 지자체 등 문화산업 주체들은 '스토리'와 '체험'이 있는 문화상품을 만들기 위해 노력할 필요가 있다. 최근 한국관광공사도 이러한 추세를 반영해 유명 관광지와 그곳에 얽힌 이야기를 결합한 다양한 한류 상품을 기획했다.

5) 스토리텔링 마케팅 방법과 사례

❶ 팩션을 만든다: 영화 〈드림걸즈〉

〈드림걸즈〉라는 영화는 세 명으로 구성된 흑인 여성보컬 그룹이 좋은 가창력에도 불구하고 제대로 인정을 받지 못하다가 한 음반사의 후원에 힘입어 유명해지는 스토리를 담고 있다. 이 그룹의 음악을 듣는 타깃 고객이 흑인사회에서 백인사회로 바뀌고, 선호하는 음악도 메시지 중심의 노래에서 부드러운 노래로 바뀌게 된다. 또한 고객이 라디오 청취자에서 TV 시청자로 바뀜에 따라 리드싱어가 바뀌고 그룹 내 갈등도 심해진다. 하지만 변신에 성공한 이들 그룹의 인기는 하늘을 찌르며 대성공을 거둔다. 물론 영화 곳곳에 나오는 사랑과 갈등 이야기는 이 영화를 한층 재미있게 만든다.

그런데 이 영화 이야기는 미국에서 1960년대에 실제로 존재했던 그룹 슈프림스(The Supremes)와 톱 가수 다이아나 로스(Diana Ross), 그리고 디트로이트에 본사가 있는 음반사 모타운 레코드(Motown Records) 간의 실제 사실(Fact)에 기반을 두고 만들어졌다. 이처럼 사실에 픽션(Fiction)을 집어넣어 만든 이야기를 '팩션(Faction)'이라 부른다.

사실만을 이야기하는 것이 다큐멘터리, 허구를 동원해 만든 것이 픽션이라면 그 중간쯤에 팩션이 위치한다. 이 세상의 모든 스토리는 모두 이 셋 중의 하나인데, 아마도 이 중에 팩션이 차지하는 비중이 가장 클 것이다.

② 영화를 후원한다: Nokia

2004년에 미국에서 개봉된 영화 중에 〈셀룰러(Cellular)〉라는 영화가 있다. '셀룰러'라는 단어는 휴대폰을 의미한다. 영화 제목부터 그러하니 휴대폰을 중심으로 영화 스토리가 전개된다.

여배우 킴 베이싱어가 고등학교 생물학 여교사인 제시카 마틴으로 나온다. 그녀는 어느 날 갑자기 정체불명의 괴한들에게 납치되어 감금을 당하는데, 그녀가 외부와 통화를 하지 못하도록 괴한들은 감금된 방에 있던 유선전화를 부순다. 하지만 그녀는 부서진 전화의 전화선을 무작위로 접선해 연결되는 전화번호 소지자에게 도움을 받으려 한 끝에 마침내 휴대폰을 가지고 있는 라이언이라는 젊은 남자 대학생과 통화하는 데 성공한다. 그리고 라이언은 경찰과 함께 우여곡절을 거쳐 그녀를 구출하게 된다. 그녀가 어디에

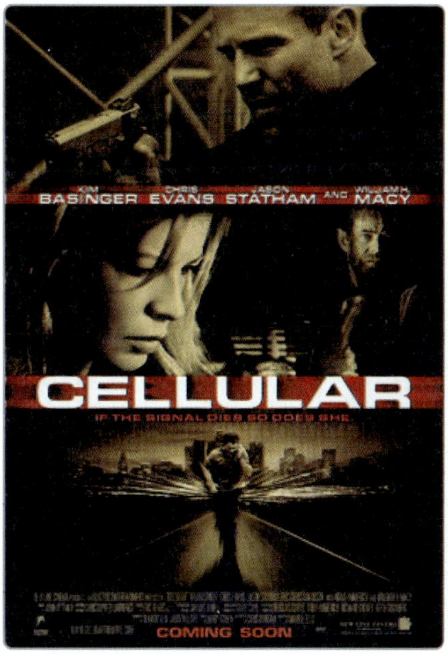

감금되어 있는지 알지 못하기 때문에 라이언이 그녀를 구하러 가는 과정에서 휴대폰으로 전화하는 모습이 자주 나온다.

영화의 메인 스토리가 끝난 다음에 감독·제작자·배우를 소개하는 화면 자막이 노키아 휴대폰의 액정 화면 안에 담겨 나온다. 〈Cellular〉라는 영화는 전 세계 휴대폰 1위 업체인 노키아가 후원했다. 영화 스토리상 휴대폰을 사용하는 장면이 자주 나오지만, 노키아는 지나친 간접광고(PPL)가 관람객의 영화 관람을 방해할 수 있기 때문에 PPL을 하지 않았다. 노키아의 사려 깊은 배려는 소비자를 감동시켰다. 영화를 보는 동안에는 '광고주 노키아'의 존재를 전혀 의식하지 못했다. 영화가 끝나고 나서야 노키아가 광고주였다는 것을 알기 때문에 감동의 정도는 훨씬 강했다.

③ 실존 인물을 활용한다: 제이에스티나

시계로 유명한 로만손은 브리지 주얼리 브랜드인 제이에스티나(J.ESTINA)를 2003년에 출시했는데, 출시 첫 해 매출이 50억원에 달할 정도로 큰 인기를 누렸다. 그 후에도 매출은 매년 급증해 2006년 310억원을 달성, 2006년을 기준으로 하여 우리나라 전체 주얼리 시장의 20~30%를 차지한다. 매장도 55개에 달하는데, 그 중 백화점 매장이 43개에 이른다.

제이에스티나가 인기를 끌게 된 데에는 브랜드 네임에 얽힌 스토리가 큰 역할을 했다. 제이에스티나라는 브랜드 네임은 이탈리아 공주인 Jovanna(조반나)의 이름에서 따온 것이다. 조반나 공주는 이탈리아 사보이 왕가의 셋째 공주로 태어나 훗날 불가리아 보리스

왕의 아내가 된 실존 인물(1907년~2000년)이다. 이탈리아의 공주이자 불가리아의 왕비인 조반나는 제이에스티나의 'Neo-Royalty'라는 브랜드 콘셉트와 일치된다. 그리고 사진만으로도 알 수 있는 그녀의 아름다움 역시 많은 여성들로 하여금 브랜드의 뮤즈에 대한 환상을 가지게 만든다. 조반나는 세상에 많이 알려지지 않은 공주다. 그래서 그녀에 대한 신비로운 이미지까지 만들 수 있었다. 만일 이미 잘 알려진 유럽 황실의 공주를 뮤즈로 했다면 오히려 그 신비로움과 매력은 반감되었을 것이다. 제이에스티나의 모든 제품들은 조반나 공주와 연계된 이야기들을 가지고 있다. 제이에스티나를 대표하며, 가장 기본이 되는 제품인 티아라 컬렉션은 조반나 공주가 쓰는 작은 왕관에서 비롯되었다. 또한 2006년에 런칭된 Princess J.ESTINA는 그녀가 실존했던 공주였음을 알리는 제품 라인으로, 그녀의 모습을 형상화하고 있다. 이처럼 제이에스티나의 모든 제품들은 조반나 공주를 중심으로 이야기를 만들었고, 이러한 브랜드 스토리가 소비자들의 관심을 끄는 데 성공했다.

④ 기존 소설을 활용한다: 키플링

우리나라 백팩의 인기는 브랜드별로 부침을 거듭했다. 초기에 심플하고 중성적인 이미지의 이스트팩(EastPak)과 잔스포츠(JanSports) 가방이 전성기를 누렸다. 그 후 트래디셔널 체크의 루카스(Lucas) 전성시대가 왔고, 그 다음에는 감성적인 컬러의 키플링 시대가 왔다.

벨기에 브랜드인 키플링(Kipling)은 어떻게 2002년부터 가방 시장을 평정하게 되었을까. 우선, 패션 트렌드가 변했다. 다소 중성적인 이미지의 트래디셔널 트렌드가 감성 캐주얼의 세련된 컬러감, 그리고 디테일의 여성성이 강한 트렌드로 바뀌었던 것이다. 이에 부드러운 컬러감과 소재감을 지닌 키플링의 가방 라인이 감성 캐주얼 소비를 막 시작한 많은 여성들의 마음을 사로잡았다. 그러나 키플링이 인기를 끌게 된 데에는 또 다른 중요한 요인이 작용했다. 브랜드 이름 덕분에 스토리텔링 전략이 가능했던 것이다. 유명한 소설 〈정글북(*Jungle Book*)〉을 쓴 사람은 바로 러드야드 키플링(Ludyard Kipling)이다. 키플링이라는 가방 브랜드 네임은 이 작가 이름에서 나왔고, 인도의 정글을 배경으로 한 소설 〈정글북〉에서 다양한 이미지를 빌려왔다. 이러한 스토리를 기반으로 키플링은 브랜드 아이덴티티를 상징적으로 표현하기 위해 소설에 나오는 원숭이 마스코트를 활용하기도 했다. 키플링의 브랜드 유래를 완벽하게 표현하고 있는 원숭이 인형은 모든 가방에 다양한 모습으로 달려나와 많은 이들에게 재미를 더해 주었다.

⑤ 소설을 만든다: 불가리

명품 보석, 시계로 유명한 불가리(BVLGARI)는 유명한 소설가를 섭외해 불가리를 소재로 한 소설을 만들었다. 베스트셀러 작가인 페이 웰던(Fay Weldon)에게 〈불가리 커넥션(*The Bulgari Connection*)〉이라는 소설을 쓰도록 한 것이다. 이 책 표지에는 불가리 목걸이 사진이 나와 있고, 스토리 전개상 불가리 목걸이가 중요한 역할을 담당한다. 기업이나 기업가의 에피소드를 묶은 전기 형태의 책에 그치지 않고 아예 창작 수준의 스토리 북을 만드는 단계에까지 돌입했다.

❻ 와인에 얽힌 이야기: 샤또 딸보, 샤또 마고

와인 세계를 심층적으로 분석해 여기에 재미있는 스토리를 집어넣은 일본 만화 〈신의 물방울〉이 큰 인기를 끌었다. 웰빙 열풍에 힘입어 와인, 특히 레드와인이 건강에 좋다는 소문이 나면서 매장에서 박스 채 사서 와인을 마치 보약 마시듯 하는 사람도 늘고 있다. 그런 가운데 〈신의 물방울〉에 나오는 유명한 와인을 마셔보려고 하는 사람들도 줄을 잇고 있다.

샤또 딸보는 2002년 월드컵 신화를 일구어낸 히딩크 감독 덕으로 큰 인기를 끌었다. 2002년 월드컵 16강 진출을 확정 지은 저녁 히딩크 감독은 인터뷰에서 "오늘밤에는 와인 한 잔 마시고 푹 쉬고 싶다"고 말했다. 그날 히딩크 감독이 마신 와인이 바로 1998년산 샤또 딸보이다. 히딩크 감독은 평소에도 샤또 딸보를 즐겨 마신다고 알려져 축구 마니아들에게 샤또 딸보를 홍보하는 데 톡톡한 역할을 했다.

일본 사람들도 와인을 매우 즐기는데 이 중에 프랑스 보르도 마고 지역에서 나오는 샤또 마고를 매우 좋아한다. 그렇게 된 데에는 역시 스토리가 기여를 했다. 1997년 일본에서 대히트를 친 영화 〈실락원〉에 샤또 마고 와인이 등장했다. 중년의 두 연인이 불륜관계를 맺다가 마침내 호텔에서 동반자살을 하는데 그때 샤또 마고 와인에 독약을 풀어 마시고 자살한다. 이러한 애수에 젖은 스토리가 일본 사람들의 감성을 휘저었고, 이는 다시 샤또 마고 와인에 대한 수요로 연결되었다.

샤또 마고에는 어니스트 헤밍웨이에 얽힌 스토리도 있다. 헤밍웨이는 이 와인을 너무 사랑한 나머지 태어난 손녀에게 마고 헤밍웨이로 이름을 붙여 주었다. 그러나 불행히도 마고 헤밍웨이는 나이 40세경에 자살했다. 이처럼 샤또 마고에는 다양한 이야기가 많이 등장하고 그로 인해 그 인기가 더욱 치솟고 있다.

⑦ 짧은 춤에 스토리를 넣는다: 비보이를 사랑한 발레리나

우리나라 비보이는 세계적으로 그 실력을 인정받고 있다. 이러한 비보이의 활약은 결코 종전처럼 축제나 행사의 초청공연 수준에서 머무르지 않고 더욱 다양한 장르로 나아가고 있다. 발레와 비보잉을 스토리로 엮어 만든 〈비보이를 사랑한 발레리나〉라는 비언어극(Non-Verbal Performance)이 대표적인 예이다. 발레밖에 모르던 소녀가 스트리트 댄서들에게 영감을 받아 서로 앙상블을 이룬다는 내용으로, 2005년에 열렸던 프리즈(Freeze) 비보이 공연에 비해 한층 스토리적인 요소가 강화되었다. 이렇듯 기존의 춤에 스토리적인 요소를 집어넣어 전용극장에서 공연을 하니 국내 관람객은 물론 외국 관광객들도 크게 몰려들었다. 이처럼 스토리의 파워는 강력하다.

미 프로야구팀 보스턴 레드삭스는 팀 간판선수인 베이브 루스의 혁혁한 공과에 힘입어 1918년 월드시리즈를 제패했다. 그런데 보스턴 레드삭스는 팀 간판이었던 그를 뉴욕 양키스에 헐값에 매각한 뒤 86년 간 월드시리즈 우승을 한 번도 하지 못했는데 이를 '밤비노의 저주'라 부른다. 밤비노란 이탈리아어로 베이브 루스를 말한다. 그런데 2004년 레드삭스가 드디어 우승하면서 이 저주가 풀렸다고들 말한다. 이 이야기는 그 사실 여부와 상관없이 신문이나 방송에서 자주 거론되고, 사람들 입에도 자주 오르내린다. '이번 해에는 이 저주가 과연 풀릴까' 하면서 말이다. 이처럼 스토리는 사람들 사이에 화제가 되고, 브랜드에 대한 토크 밸류(Talk Value)를 높여준다. [출처:LGAD]

3 마케팅커뮤니케이션의 이해

마케팅커뮤니케이션의 개념과 종류

1) 마케팅커뮤니케이션의 개념

Rollie Tillman과 Kirkpatrick은 마케팅믹스의 한 수단인 프로모션(promotion)을 "마케팅에 있어서의 설득 커뮤니케이션"(persuasive communication in marketing)이라고 정의한다. 광고는 커머셜 프로모션의 한 형태로서 매스 커뮤니케이션을 통해서 정보를 전달하고 설득하는 것이다. 이러한 관점에서 보면 광고는 "마케팅의 흐름"을 타고 가는 설득 커뮤니케이션이다. 광고는 마케팅커뮤니케이션(marketing communication) 가운데 하나이며, 마케팅커뮤니케이션 가운데서도 유료(有料)로 진행되는 매스 커뮤니케이션이다.

광고의 가장 기본적인 기능은 소비자와 커뮤니케이션하는 것이다. 따라서 광고가 도대체 어떻게 작용하는가(how advertising works)라는 개념을 파악하기 위해서는 커뮤니케이션으로서의 광고의 프레임 워크(Frame Work)를 이해하지 않으면 안 된다.

2) 마케팅커뮤니케이션의 종류

광고는 커뮤니케이션의 한 형태이며 그 중에서도 설득 커뮤니케이션에 속한다. 설득 커뮤니케이션(persuasive communication)이란 어떠한 개인이나 집단 또는 조직이 다른 사람들(수용자)의 태도나 행동을 변용시키기 위해서 주로 언어적 자극(메시지)을 전달하는 과정이다. 광고의 기능으로서 상품 또는 서비스에 관한 정보의 제공을 들어서 광고를 정보적 커뮤니케이션(informative communication)으로 규정하기도 한다.

광고를 마케팅커뮤니케이션으로 볼 때 마케팅 프로모션은 모두 마케팅커뮤니케이션으로 구분이 가능하다. S. Watson Dunn은 "광고는 어떤 방법으로든 광고메시지 가운데 명시된 기업이나 비영리조직 또는 개인이 여러 다양한 미디어를 통해 특정집단의 오디언스에게 정보를 제공하거나 설득하고자 하는 유료의 비대인적 커뮤니케이션이다"라고 정의하고 있다.

광고와 홍보 또는 PR의 차이가 가끔 문제가 되고 있다. 광고와 PR의 차이를 말할 때 광고는 단기적이고 직접적인 입장에서 상품이나 서비스를 파는 데 있으며, PR은 장기적인 입장에서 보다 간접적인 방법을 써서 기업체의 이미지를 높이려는 데 있으며 또한 PR은 소비자와 광고주의 상호이익을 도모하는 데 있다고 한다. 그러나 상품이나 서비스광고가 아닌 기업광고(institutional advertising)는 장기적인 입장에서 간접적인 방법을 사용하여 기업의 이미지를 고양하려는 데 그 목적이 있으며 광고도 소비자와 광고주의 상호이익을 도모하기 위한 것이다.

대인판매활동(personal selling)이란 문자 그대로 판매자가 그 회사의 상품이나 서비스를 사도록 판매자를 설득하는 대인커뮤니케이션(person-to-person communication)의 형태로 볼 수 있다. 광고와 대인판매 및 기타의 판촉활동만의 차이로서는 광고는 비대인적인 매스 커뮤니케이션(non-personal mass communication)인 데 반하여 대인판매와 판촉활동은 대인커뮤니케이션(personal Communication)이라는 점이다.

퍼블리시티 활동(publicity)이란 뉴스제보(news release)를 통하여 매스 미디어로 하여금 자기 회사의 상품이나 서비스에 대한 뉴스와 해설(editorial comments)을 싣게 하여 촉진하는 커뮤니케이션 활동을 말한다.

광고와 퍼블리시티 활동의 차이로는 유료(paid communication)와 무료(notpaid communication)의 차이이다. 영리적 조직인 기업만이 행하는 커머셜 커뮤니케이션으로 생각되었던 종래의 광고는 비영리적 조직인 정부나 정당이 행하는 정치적 커뮤니케이션, 또는 교육기관이나 자선단체가 행하는 사회문화적 커뮤니케이션을 포함하는 넓은 개념으로 확대되었다. 광고활동의 주체로서와 광고주가 기업체뿐만 아니라 정부기관, 대학, 교회, 고아원 등의 비영리단체나 개인에까지 확대된 것이다. 그리하여 정치 광고나 공공광고 등도 광고에 포함된다.

광고는 반드시 유료적인 것은 아니며, 또한 반드시 설득적이기만 한 것도 아니다. Courtland Bovee와 William Arens는 광고를 다음과 같이 정의하였다.

"광고란 확인 가능한 광고주가, 여러 다양한 미디어를 통해, 제품이나 서비스 또는 아이디어에 관하여, 통상적으로 유료이며 사실상 대개는 설득적인 정보의 비대인적인 커뮤니케이션이다."

기타의 판매촉진활동(sales promotion)은 이상의 방법 이외의 쿠폰, 프리미엄, 견본 등을 통한 마케팅커뮤니케이션 활동을 말한다.

3) 디지털 마케팅커뮤니케이션

① 인터넷 마케팅

인터넷 마케팅은 오프라인 마케팅에 비해 가격대비 효율성이 만족스러울 뿐 아니라 정확한 타깃을 설정할 수 있고 직접적인 결과치를 유도해낼 수 있다. 전 세계 수백만 대 이상의 컴퓨터를 연결한 글로벌 네트워크인 인터넷은 세계 각지에 흩어져 있는 사람들이 신속하고 저렴하게 서로 통신하고 같이 일할 수 있도록 함으로써 오늘날 모든 분야에 걸쳐서 과거 18C의 산업혁명과 비견될 만한 변화를 주도하고 있다. 특히 마케팅 영역에서 인터넷은 커뮤니케이션 매체로서의 역할을 수행하며, 마케터는 인터넷을 제품 및 상품 거래의 직접유통에 활용하기도 한다. 인터넷 마케팅은 광고, PR 및 판매촉진 등을 포함하고 있다.

❷ 소셜미디어 마케팅

소셜미디어 마케팅(Social Media Marketing)이란 개방화되고 서로 연결돼 있는 다양한 소셜미디어의 고객 접점을 기반으로 관심사 및 정보공유를 통해 고객의 니즈를 파악하는 한편, 고객과 열려 있는 대화로 지속적인 관계를 형성하는 일련의 커뮤니케이션 활동이다.

기업은 소셜미디어 마케팅을 통해 상품기획적인 측면에서 잠재고객의 니즈를 파악하기 위한 시장조사와 고객의 아이디어를 반영해 신제품을 기획할 수 있다. 또 마케팅 프로모션 측면에서는 개인화된 미디어 플랫폼을 기반으로 고객의 자발적인 참여가 이뤄지는 신규상품 홍보 채널로 활용할 수 있다. 고객 커뮤니케이션 측면에서는 신규고객을 대상으로 기업의 제품 및 서비스에 관한 고객의 이야기를 들어주고, 충성고객 대상으로는 대화를 통해 고객과의 관계를 강화할 수 있다.

소셜미디어 마케팅의 특징으로 '자발성', '실시간성', '연결성'을 들 수 있으며 기존의 일반적인 마케팅과 달리 고객이 주체가 된다. 이들은 자발적으로 블로그 및 트위터 등을 활용해 기업의 제품이나 서비스에 관한 아이디어로 상품 개선에 적극적으로 개입한다. 고객의 자발적인 참여는 기업의 입장에서 막대한 비용을 들이지 않고도 고객들의 숨겨진 니즈를 파악해 신규시장 진출 및 신상품 기획에 활용할 수 있는 정보를 손쉽게 확보할 수 있는 장점이 있다. 때문에 소셜미디어 마케팅에서 고객의 자발적인 참여를 많이 끌어내는 것이 성공의 관건이다.

고객의 자발적인 참여가 확대되면서 기업입장에서 제품에 관한 반응 및 고객의 불만에 얼마나 빠르게 대응하느냐가 고객 관계강화의 핵심 이슈로 떠올랐다. 소셜미디어는 실시간으로 고객의 반응을 수집하고 고객불만 및 부정적인 입소문 등을 청취한 후 고객과의 대화를 통해 즉각적인 문제 해결이 가능하다.

최근 트위터 등의 소셜미디어 및 스마트폰 같은 개인화 미디어들이 시장을 주도하면서 기존 미디어를 완전히 대체할 것이라고 생각하는 사람이 많다. 더불어 마케팅전략차원에서 기존 마케팅과 차별화를 위해 무조건 새롭게 등장하는 뉴미디어를 기반에 둔 인터랙티브 마케팅을 전개해야만 효과가 있다는 주장도 있지만 이는 근시안적인 시각이다. 뉴미디어가 기존 미디어를 대체하는 것이 아니라 각 미디어가 가진 매체적인 특성을 기반으로 유기적으로 상호 보완하면서 현재 '미디어의 확장'이 이뤄지고 있다. 따라서 소셜미디어 마케팅 전개 또한 고객의 온·오프라인의 다양한 커뮤니케이션 채널을 기반으로 '고객'과 그들의 '접점' 및 '가치'를 강화하고 확장해 나갈 수 있는 통합 마케팅커뮤니케이션의 연장선상에서 바라봐야 할 것이다.

❸ 모바일 마케팅

모바일 마케팅은 기존 매스마케팅전략에서 벗어나 개개인에게 차별화된 원투원 마케팅을 전개를 할 수 있으며, 휴대성과 이동성에 따른 고객의 상황을 고려하여 고객접점을 통합적으로 관리할 수 있다.

모바일(Mobile)이라는 단어에서 알 수 있듯이 대부분의 사람들은 24시간 휴대폰을 소지하고 이동하기 때문에 고객의 위치를 쉽게 파악할 수 있다. 고객의 위치정보는 고객의 현재 위치를 말해 주고, 이동에 따른 고객의 상황이 노출되기 때문에 실시간으로 고객의 니즈에 맞는 세일즈 오퍼(Sales Offer)를 제시해 판매를 유도할 수 있다.

이동통신은 가입과 동시에 개인정보가 저장되기 때문에 개인의 고객성향과 모바일 사용패턴에 따른 라이프스타일(Life Style)을 분석하여 원투원 마케팅(One to One Marketing)이 가능하다. 모바일을 활용한 원투원 마케팅의 활용은 고객 성향분석을 토대로 고객의 이동 시점을 관리하는 데 중점을 두고 있다. 이러한 마케팅 접근방식은 기존 통합마케팅커뮤니케이션(Integrated Marketing Communication) 전개시 고객의 마케팅

채널 접점을 통합적으로 관리할 수 있어 고객의 다양한 상황에 맞는 맞춤 마케팅을 실시간으로 전개할 수 있다.

모바일은 고객의 상황에 적극적으로 개입하여 고객의 즉시적인 반응을 유도할 수 있도록 다양한 세일즈오퍼(Sales Offer)를 실시간으로 전개할 수 있다. 고객에게 제공하는 세일즈오퍼는(Sales Offer)는 고객의 개인적인 성향과 라이프스타일을 기반으로 위치추적을 통한 고객의 상황을 고려한 것이기 때문에 높은 타깃 반응을 얻을 수 있다.

모바일은 고객의 연령에 따른 모바일 사용패턴이 다르기 때문에 고객세분화를 통한 마케팅을 효율적으로 전개할 수 있다. 현재 각 이동통신사의 경우 연령별 고객세분화를 통한 다양한 부가서비스를 제공하여 고객과의 지속적인 관계를 유지하고 있다. 고객 세그먼트 마케팅은 무선인터넷을 사용하는 인구인 10대~20대 이용자가 소비할 수 있는 모바일 콘텐츠 및 서비스에 한정되어 있어 실제구매력을 높일 수 있는 제품보다는 신규 브랜드 및 서비스를 알리거나 행사참여를 유도하는 데 성공적으로 쓰이고 있다.

④ 스마트폰앱 마케팅

스마트폰 이용자가 늘면서 기업들이 스마트폰용 응용 소프트웨어(앱)를 이용한 스마트폰앱 마케팅이 활발해지고 있다. 앱 마케팅은 앱으로 정보와 재미를 주면서 기업의 제품과 브랜드를 알리는 마케팅커뮤니케이션이다. 앱의 종류는 게임부터 체조, 화보집까지 다양하며, 무료로 제공돼 손쉽게 이용할 수 있다.

카메라업체 니콘이미징코리아에서 제공하는 사진 촬영의 기본 요소인 구도를 알려주는 'D3100 구도의 달인'은 니콘의 카메라인 D3100의 특징을 소개하면서 예제 사진을 응용한 인물, 풍경, 야경 등 상황별 최적의 구도를 연습해 볼 수 있도록 구성됐다. 설명을 따라하면서 직접 촬영도 해볼 수 있어 사진 구도를 쉽게 익힐 수 있는 점이 장점이다. 복사용지 전문업체 더블에이코리아는 최근 '지구를 지켜라' 앱을 아이폰과 안드로이드폰용으로 내놓았다. 기업 홍보와 함께 환경의 중요성을 일깨우기 위해 제작된 이 앱은 지구 온난화의 주범인 이산화탄소를 제거하는 게임이다. 주류업체 국순당은 아이폰과 안드로이드폰에서 이용할 수 있는 '우리술 이야기' 앱을 내놓았다. 이 앱은 우리 전통 술의 종류와 기원, 막걸리를 맛있게 마시는 방법 등을 소개해 주당들에게 인기가 높다. 미용기기 업체 유닉스헤어도 이용자 사진을 이용해 다양하게 머리 모양을 바꿔보는 게임 형태의 '스타일메이트' 앱을 안드로이드폰 용으로 출시했다.

통합 마케팅커뮤니케이션의 개념과 방법

1) IMC(Integrated Marketing Communications)의 개념

1990년대에 들어오면서 디지털 기술과 통신기술의 발달 인터넷의 보급으로 인해 정보와 가치의 독점력이 소멸되기 시작했다. 따라서 정보나 가치가 외부에서 생겨나기도 하고 또는 기업과 관계없이 제 3 자 집단에 의해 발전되기도 하는 현상들이 나타나게 되었다. 프로슈머나 오픈소스 프로젝트, 동호회, 소비자 단체, 그리고 블로그를 포함하는 각종 온-오프라인 소셜미디어 등이 사례이다.

인터넷의 발달 그리고 교통의 발달로 인한 엄청난 양의 인적 교류와 정보의 흐름은 한 기업이 기술적인 경쟁력 우위를 확보하기 점점 어렵게 한다. 그리고 그 차이 또한 점점 더 좁혀지고 있다. 예를 들어 중국의 경우 거의 무한대인 인적 자원과 풍부한 자원을 가지고 있을 뿐 기술이나 자본은 거의 없다고도 볼 수 있다. 하지만 다른 기업들의 기술과 다른 나라의 자본을 활용하여 비약적 발전을 하고 있다. 과거의 소유의 개념에서 현재는 활용의 개념으로 이동하고 있고 누가 무엇을 가졌는가보다 누가 무엇을 필요한 때 적절히 활용할 수 있는가 하는 것이 더욱 중요한 경영의 기본이 되어가고 있다.

기존의 4P 마케팅 믹스 중 가장 중요한 두 가지인 상품과 가격이 점차로 무력화되고 있다. 따라서 경쟁력의 핵심이 상품의 우수성이나 품질과 성능에서 상품에 부과된 서비스로 전환되고 있고 서비스에 대한 평가와 가치에 대한 만족도는 결국 소비자의 주관적인 판단에 의해 일어나게 된다.

시장의 요구와 소비자 태도의 혁신적 변화이다. 과거의 소비자는 비교적으로 안정된 생활, 소비 패턴을 보여주었기 때문에 기업은 이를 바탕으로 신뢰할 수 있는 예측이 가능했다. 지금은 모든 것이 급속도로 변화하고 있다. 반면 기업은 한번 생산한 상품이나 제공되는 서비스를 어느 정도 기간 동안은 지속시킬 수밖에 없는 구조를 가지고 있다. 어떻게 시장의 요구의 변화를 감지할 것인지 그리고 얼마나 빨리 시장의 요구와 상품(서비스)의 가치 간의 차이를 극복할 수 있는지가 경쟁력이다.

점점 더 미래를 예측할 수 없는 환경과 그에 따른 생존의 위협에서 기업을 지켜줄 수 있는 것이 무엇인지에 대한 기업 스스로의 질문이다. 많은 기업들이 단 한번의 결정적인 실수로 도산하거나 합병되어 역사의 뒷길로 사라져왔다. 반면 IBM, 애플, 소니, 한글과컴퓨터 등의 기업들은 몇 번의 결정적인 판단착오로 도산 직전까지 갔었거나 현재도 위협을 받고 있다. 그들이 지금도 존재하는 가장 설득력 있는 원인은 고객의 신뢰와 믿음 그리고 고객과의 관계이다.

IMC는 미국에서 1980년대 후반부에 부분적인 개념들이 정리되기 시작했고 1990년에 들어오면서 하나의 이론으로 정립되기 시작했다. 그리고 1990년대 후반부로 오면서 글로벌 기업들에 의해 받아들여지기 시작했다. 21세기로 접어들면서 IMC는 인터넷의 영향 일반적으로 받아들여지게 된다.

IMC는 크게 두 가지 범주에서 사용된다. 하나는 단순한 마케팅 도구들의 통합된 실행을 위한 계획과 방법을 의미하기도 하고 또 한 가지는 마케팅 방법론을 넘어선 마케팅 철학이자 시스템을 의미하기도 한다.

❶ The American Marketing Association의 정의

IMC is "a planning process designed to assure that all brand contacts received by a customer or prospect for a product, service, or organization are relevant to that person and consistent over time."

IMC는 고객, 상품이나 서비스 혹은 조직(단체)의 잠재적 소비자와의 모든 브랜드 접점을 당사자에게 적절하고 통일되게 지속되도록 디자인하는 계획의 일련된 과정이다. 고객이나 잠재고객과 지속가능한 의사소통을 하는 일련의 과정이다.

❷ About.com의 정의

A management concept that is designed to make all aspects of marketing communication such as advertising, sales promotion, public relations, and direct marketing work together as a unified force, rather than permitting each to work in isolation.

광고, 세일즈 프로모션, PR, 다이렉트 마케팅 등의 모든 마케팅 수단들이 독자적이지 않게 통일적으로 작용하게 만드는 것이다.

❸ 노스웨스턴대학의 Integrated Marketing Communications 저널

IMC is customer-centric, data-driven method of communicating with consumers. IMC-the management of all organized communications to build positive relationships with customers and other stakeholders-stress marketing to the individual by understanding needs, motivations, attitudes, and behaviors.

IMC는 고객중심 그리고 데이터에 의해 주도되는 소비자와의 의사소통방법이다. 고객과의 좋은 관계형성을 위한 모든 조직된 의사교환에 대한 관리인 IMC는 고객 개개인의 니즈, 동기, 태도와 성향, 그리고 행동양식에 기반한 마케팅에 중점을 둔다.

2) 통합 마케팅커뮤니케이션의 방법

마케팅 관점에 의한 기능적 커뮤니케이션에서는 프로그램 실행에 있어서 광고대행사, 공중관계, 판매촉진, 포장, 직접 마케팅같은 각각의 활동을 세부적, 독자적인 조정전략으로 실시하여 커뮤니케이션상의 중복으로 인한 낭비와 같은 문제점이 제시되었다. 그러나 통합 마케팅커뮤니케이션 모델에서 보면 프로그램 실행에 있어서 광고대행사, 공중관계, 판매촉진, 포장, 직접 마케팅 활동을 통합, 조정함으로써 기업의 커뮤니케이션 목적을 보다 효과적으로 달성할 수 있다.

IMC는 다음과 같은 특징이 있다.

그림 1-4 통합 마케팅커뮤니케이션의 방법

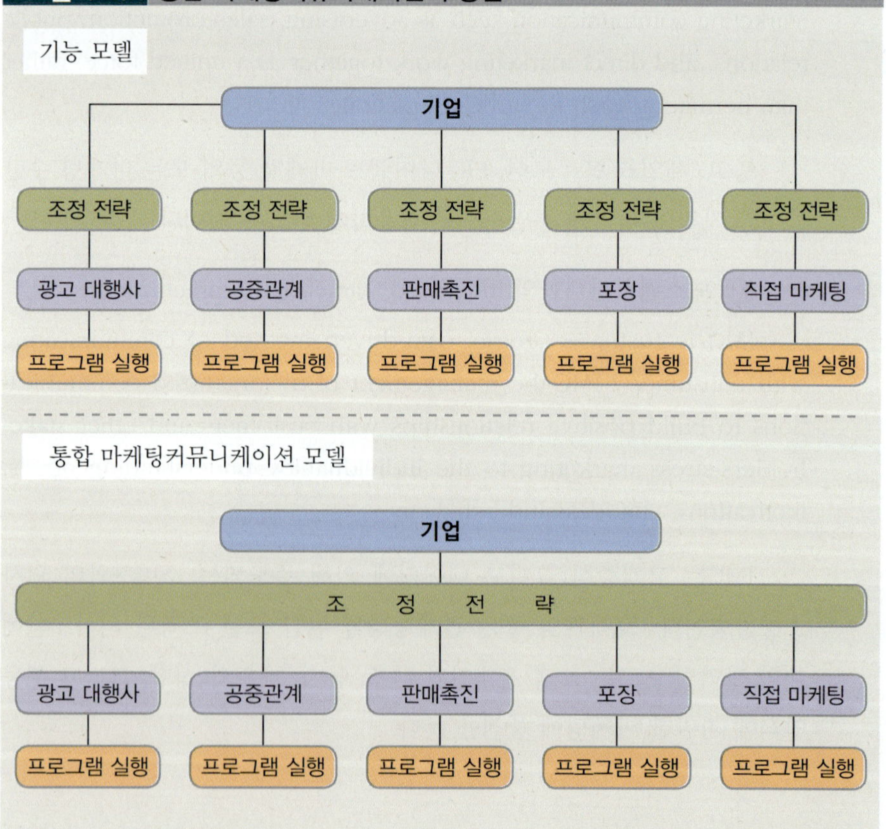

① IMC는 상품이나 가격이 아닌 고객과 가치 중심이다.

② IMC는 다양한 접점들을 최대한 그리고 통합된 전략으로 활용하는 커뮤니케이션을 통해 목적을 달성하고자 한다.

③ IMC는 고객들을 단순한 표적 집단으로 이해하지 않고 개별적인 고객 하나하나와 가치를 교환함으로써 마케팅 목적을 달성하고자 한다.

④ IMC는 인터넷과 휴대전화 등의 통신수단과 데이터베이스 등의 IT 기술을 최대한 활용한다.

⑤ IMC는 광고, 전자메일을 통한 의사소통, 홍보, 웹사이트, 상품의 포장, 판매점의 판촉활동, 이벤트, 스폰서십, 고객센터, 그리고 그 외 고객이나 이해관계자들과 접촉이 일어나는 다양한 접점(Contact Points)들을 관통하는 통합된 전략과 메시지로 브랜드 정체성을 만들고 강화하며, 고객 관계를 형성하고 강화, 유지하는 총체적인 시스템이다.

⑥ IMC는 특정 마케팅 도구에 집착하거나 판매를 촉진시키는 도구가 아닌 브랜드를 매개체로 다양한 접점(Contact Points)을 통해 고객과의 관계를 형성하고 강화하여 더 의미있는 가치를 창조하고 교환하는 프로세스이자 시스템이다. 시장 환경이 어려워질수록, 경쟁이 치열해질수록, 변화에 대한 예측이 어려워질수록 IMC는 기업의 핵심 경영전략으로 더욱 큰 의미를 가지게 되는 것이다.

통합 마케팅커뮤니케이션의 성공사례

1) Xerox의 성공사례

1960년 이후의 Xerox의 아성은 후발 브랜드의 도전으로 시장 점유율이 위축됨으로써 지배적인 위치를 상실하게 되었다. 아울러 경쟁 제품들은 가격 경쟁력에서도 앞섬으로써 Xerox는 장기 전략까지도 수정이 불가피하였다. 이러한 위기의 극복을 위하여 Xerox는 제품의 경쟁력을 강화시키고 고객을 만족시키기 위하여 서비스와 제품의 질적 향상에 대한 투자와 함께 지속적으로 內·外 IMC를 구축·개발하게 되었다.

제품의 질에 중점을 둔 'Leadership Through Quality'를 전개하였고 이를 위해서 'Quality Improvement Team'이라는 IMC 전담팀을 운영하였는데, Quality Improvement Team은 소비자의 기존 태도 변화 및 강화, 직접 반응 유도를 통한 구매 증진을 IMC 목표로 하여 광고의 이전, 다이렉트 마케팅, 세일즈 프로모션, PR 그리고 종업원 간의 커뮤니케이션 등 기능적 커뮤니케이션의 훈련을 전담하여 시기별, 목표별로 구분 운용하였다.

그 결과 제 2 의 혁명이라고 불리는 'Production Publisher'라는 신제품을 개발하여 위기를 극복, 다시 복사기 시장의 지배적인 위치를 차지하게 되었다. Xerox의 사례는 고객지향적인 마케팅 체제의 토대 위에서 소비자를 기업 조직에 두고 기업의 모든 기능을 IMC 전담팀으로 시너지(Synergy) 효과를 발휘하게 한 고객 지향적인 IMC 특징을 보여준다.

2) Saturn의 성공사례

미국의 기존 자동차 메이커의 광고는 제품에 초점을 맞추거나 가격의 이점을 내세우거나 아니면 딜러들이 직접 광고물을 제작하거나 하는 비효율적이고 일관성 없는 메시지를 양산하고 있었다.

이해 반해 GM은 Saturn에 대하여 매우 독특한 커뮤니케이션 접근 방식을 채택하였다. 우선 West Coast 대행사의 Hal Riney를 "커뮤니케이션 파트너"

로 선택하였는데, Riney는 일관성 있는 메시지를 위하여 브로슈어, 소매상 광고, 쇼 룸 디자인 등을 포함하는 Saturn에 관련된 모든 커뮤니케이션을 담당하게 되었다.

Saturn의 정신을 설명해주기 위해 "Spring Hill의 봄"이라는 다큐멘터리를 제작하였으며 또 소매상들을 위해 만들어진 인쇄광고는 가격을 강조하는 여타의 광고들과는 구별되었는데, 크게 실린 자동차 사진, 상당한 양의 흰 여백, 위트 있는 헤드라인, 시리즈 스타일의 광고 등은 Saturn이 주는 Product Image와 일치하였다.

Saturn의 이러한 예는 최고경영자로부터 시작하여 IMC를 효과적으로 실행할 수 있는 광고 대행사를 선정하여 그들로 하여금 마케팅 프로세스를 통합한 IMC를 적용하여 단순히 광고비용의 절감효과뿐만이 아니라 더욱 강력찬 Brand Equity를 만들게 되는 결정적인 계기로 작용하였으며 94년도 미국 자동차 200개 브랜드 중에서 8번째로 잘 팔리는 단일 브랜드가 되었다.

3) UA의 성공사례

미국의 영화배급사인 'United Artist(UA)'사는 액션 어드벤처 영화인 'Tank Girl'을 시장에 론칭하면서 효과를 극대화시키기 위해 전통적인 대중 매체 광고 및 프로모션 전술과 연동한 인터넷 웹사이트와 PC 온라인 서비스를 적극적으로 활용한 마케팅커뮤니케이션을 운용하였다.

먼저, UA는 인터넷 웹사이트에 개설한 'Tank Girl' 홈페이지에서 색상, 그래픽, 그리고 해설자막 등에 관련한 'tone & manner'를 영화와 일치시키려고 시도하였다. 또한 사이트에서 영화 제작 후기에 관련한 정보를 제공하기 위해 "behind-the-scene"을 게재하고 'Tank Girl'의 코믹 원작에 관한 역사, 영화

장면을 담은 비디오 및 오디오 클립을 제공하였다. 아울러 현재 상영하고 있는 극장의 장소 및 주소를 제공하고 타 유명 사이트와 하이퍼링크시킴으로서 영화와 관련된 부가적인 정보를 접할 수 있도록 하였다. 또한 TV, 신문, 잡지에서의 'Tank Girl' 광고에 인터넷 주소를 기재하고 웹사이트 내에서 마련한 에세이 콘테스트 프로모션의 고지 및 이를 이벤트화하였다. 이외에도, 목표소비자 중의 하나인 대학생들에게 봄방학 동안 웹사이트 주소가 인쇄된 'Tank Girl'에 등장하는 의상, 칼, 총과 같은 프로모션 아이템 등을 배포함으로써 웹사이트 방문을 유도하였다. 그리고 미국의 온라인 서비스 회사에서 배우, 제작자, 감독의 인터뷰 기사 및 채팅 코너를 마련하였다.

UA는 모든 매체의 사용보다는 가장 효과적인 매체를 중심으로 지속적으로 소비자 중심의 커뮤니케이션 전략인 '아웃사이드－인(outside-in)' 접근법을 사용하여 뉴 미디어를 활용한 IMC 운용의 성공적인 사례를 보여준다.

4) 패션내의 르페(Lefee)의 사례

코오롱 상사의 이너모드 팀은 내의 시장에서 겉옷 같은 속옷, 속옷 같은 겉옷이 내의시장에서 유행할 것이라는 점을 예측하여 1995년 르페라는 신제품을 출시하였다. 르페의 목표는 브랜드 인지도의 제고에 있었는데 문제는 기존의 수입 브랜드들이 선점하고 있는 브랜드 이미지와 브랜드 로열티를 어떻게 극복하느냐가 관건이었다.

이를 위해 타깃층인 20대 후반의 직장여성과 미시족을 대상으로 한 다양한 커뮤니케이션 전략을 활용하였다. 내의업계 최초로 란제리 패션쇼를 기획하여 제품의 브랜드 이미지의 일관적인 전달에 힘썼으며 패션쇼 전에는 각계 각층의 흥미를 유발하게 하는 기삿거리를 제공하였으며 각 언론들은 이를 특집 기사로 보도하기도 하였다. 행사를 본 많은 여성들의 구전 효과(word of mouth)로 매장을 찾는 고객이 증가하였으며 이를 위해 매장에서 패션쇼 녹화 테입을 상영하여 자사 브랜드를 다시 한번 알리는 기회를 만들었다.

르페의 예는 데이터베이스를 활용하여 주 타깃층을 공략, 획일적인 매스 미디어보다는 PR, 이벤트, 구전 효과 등의 tool을 적절히 믹스하였으며 이러한 IMC 접근법은 신세대를 위한 언더웨어라는 브랜드 인지도를 제고시켰다.

5) JK사의 니조랄(NIZORAL) "비듬균" 캠페인

JK사는 비듬 치료제인 니조랄의 판매를 위하여 대대적인 "비듬균"캠페인을 전개하였다. 슬라이드 프리젠테이션, 외국강사 초청 세미나, 그룹 세미나, 샘플임상 등의 다양한 사전조사가 병행되었으며, TV, 라디오, 신문, 잡지, 그리고 극장, 지하철 등 옥외광고매체 믹스를 활용하였으며 니조랄의 주 타깃층에 적절한 인쇄매체를 통하여 "비듬균" 캠페인을 확대해 나갔다. 그리고 사후에도 딜러 조사, 광고효과조사, 비듬치료제에 대한 구매실태 조사, 니조랄 사용자의 실태조사, 6,000명 대상의 CPR(consumer profile research) 등을 지속적으로 실시했다. 그리고 고객의 데이터베이스 축적을 위해 인쇄매체 광고를 이용 음성정보 전화시스템을 소개하여 JK의 비듬정보를 청취하게 하고 동시에 고객의 다양한 소리와 신상정보를 축적하였다. 그리고 제품

패키지에 들어있는 회신용 엽서를 활용하였다. 이러한 일관적이고 효과적인 캠페인으로 현재까지 비듬치료제 시장에서의 시장 선도자의 위치를 차지하고 있다.

JK사의 "비듬균" 캠페인의 성공 사례를 IMC의 관점에서 살펴보면 첫째, 고객과 약국, 병원들 간의 지속적인 관계마케팅을 수행하였으며, 둘째 기업의 구성원들이 IMC를 이해하고 조직 간의 쌍방적인 커뮤니케이션이 가능하여 각 부서별로 일관적인 협조 및 조정이 가능하였다. 셋째로는 데이터베이스 마케팅의 적절한 사용으로 무분별한 매체의 낭비를 방지하였으며 끝으로 일관성 있는 메시지를 통제하기 위해 제품 관리자에게 권한을 위임하여 효과적이고 성공적인 캠페인을 펼칠 수 있었다.

학습정리

1. 마케팅은 다양한 정의가 가능하다. AMA '마케팅 용어사전'에 의하면 「마케팅이란 개인이나 단체의 욕구 또는 목표를 충족시키기 위한 교환이 이루어지도록 아이디어, 재화 또는 서비스의 개념화, 가격정책, 촉진 및 유통을 계획하고 집행하는, 관리적 과정」이다. 마케팅의 대가인 코틀러(P. Kotler)는 「마케팅이란 개인이나 단체가 가치 있는 제품이나 서비스를 창조하여, 제공하고 교환함으로써 필요와 욕구를 충족시키는 사회적·관리적 과정」이다.

2. 마케팅관리는 기업의 마케팅 활동을 종합적, 체계적, 합리적으로 실시하기 위해 계획, 조직, 실시 및 통제의 각 단계를 관리하는 것이다. 마케팅관리의 주요 대상은 제품계획, 가격설정, 광고, 판매촉진, 판매경로의 설정, 물적 유통 등이다. 마케팅관리는 시장조사, 시장기회의 발견, 표적시장 선정, 포지셔닝과 마케팅 믹스에 대한 계획에서 시작하여 실행, 평가의 과정을 거치는 것이다.

3. STP는 기업의 전략적 마케팅 사고이다. 조사를 통해 몇몇 고객 세분시장들이 밝혀지면, 경영자는 그 가운데 어떤 세분시장을 공략할지 결정해야 한다. 기업은 좀 더 뛰어난 경쟁력이 있는 세분시장을 표적으로 삼아야 한다. 각 세분시장에서 자신의 경쟁역량과 성공 필요조건들을 비교 검토해 보면 목표시장을 더욱 지혜롭게 선택하여 경쟁우위를 점할 수 있다.

4. 마케팅4P믹스는 1960년대 제롬 메카시(Jerome McCarthy) 교수가 제안한 것으로 상품(Product),가격(Price), 유통경로(Place), 판매촉진(Promotion)의 네 가지를 혼합하는 것이다. 4P Mix는 기업이 통제할

수 있는 마케팅 프로세스를 효과적으로 진행하기 위한 마케팅 수단이다.

5. 마케팅커뮤니케이션은 마케팅을 설득 커뮤니케이션으로 접근하는 것이다. 마케팅커뮤니케이션에서 가격은 소비자의 구매를 유도하기 위한 메시지이다.

6. IMC 통합 마케팅커뮤니케이션은 광고, DM, 판매촉진, PR 등 다양한 커뮤니케이션 수단들의 전략적인 역할을 비교, 검토하고, 명료성과 정확성 측면에서 최대의 커뮤니케이션 효과를 거둘 수 있도록 이들을 통합하는 총괄적인 계획의 수립과정이다. IMC는 강력하고 통일된 브랜드 이미지를 구축하고 소비자를 구매행동으로 이끌기 위해 광고와 같은 단일 커뮤니케이션 수단 외에 표적 청중에게 도달하는 데 있어 가장 효과적일 수 있는 인터넷 매체나 접촉수단을 적극적으로 활용한다. 또한 지속적으로 소비자와의 관계구축을 통해 반복구매와 브랜드 애호도를 실현한다.

7. IMC는 고객중심 그리고 데이터에 의해 주도되는 소비자와의 커뮤니케이션방법이다. 고객과의 좋은 관계형성을 위한 모든 조직된 의사교환에 대한 관리인 IMC는 고객 개개인의 니즈, 동기, 태도와 성향, 그리고 행동양식에 기반한 마케팅에 중점을 둔다.

8. 스토리텔링 마케팅은 상품에 얽힌 이야기를 가공, 포장해 광고·판촉 등에 활용하는 브랜드 커뮤니케이션 활동이다. 스토리텔링 마케팅은 이야기를 좋아하는 인간의 본성에 기대, 상품의 기능적 특성을 설명하는 광고를 넘어서 감성적이고 이야기가 중심이 되는 스토리텔링 기법을 활용하고 있으며 이것은 사람들과 브랜드의 교감을 유도하는 브랜드 커뮤니케이션 전략이라고 볼 수 있다.

2. 콘텐츠 산업과 콘텐츠 마케팅

학습목표, 탐구할 문제

1 콘텐츠와 문화콘텐츠의 개념과 분류

2 콘텐츠 산업 환경과 문화콘텐츠 산업

3 콘텐츠 마케팅의 개념

4 콘텐츠 마케팅의 전략

5 일반마케팅과 콘텐츠 마케팅의 비교

6 콘텐츠 마케팅 성공사례

학습정리

콘텐츠OSMU마케팅

원작소설 '해리포터' OSMU(게임)

학습목표

1. 콘텐츠와 문화콘텐츠, 콘텐츠 산업과 문화콘텐츠 산업의 개념을 이해한다.
2. 콘텐츠 마케팅의 개념을 이해하고, 독자적으로 콘텐츠 마케팅전략을 이해다.
3. 기존 마케팅이론과 콘텐츠 마케팅의 차이점, 유사점을 이해한다.
4. 콘텐츠 마케팅 사례를 통해 콘텐츠 마케팅 특성을 이해한다

탐구할 문제

1. 콘텐츠 마케팅은 상품마케팅과 어떤 차이점이 있는가?
2. 성공적인 콘텐츠 마케팅을 위한 전략은 무엇인가?

1 콘텐츠와 문화콘텐츠의 개념과 분류

콘텐츠의 개념과 분류

콘텐츠(Contents)는 라틴어 'Contentum'에서 유래한 것으로 '담겨 있는 것'이라는 의미이다.

법적인 정의로 콘텐츠는 부호, 문자, 음성, 음향 및 영상 등으로 표현된 자료 또는 이들의 결합물로서 출판, 음악, 영화 등의 영상, 사진 등의 화상, 게임, DB 등 광범위한 분야를 포함한다. 콘텐츠는 유형의 상품이 되기 위해서는 반드시 종이(Paper)나 디지털 매체와 결합되어야 하는 특성을 가진다. 콘텐츠는 담겨지는 내용의 성격에 따라 크게 영화, 게임, 방송 등의 문화콘텐츠, 뉴스, 레저관광, 지역정보 등을 담은 지식정보 콘텐츠, 교육적 내용을 담은 교육콘텐츠 등으로 구분할 수 있다.

콘텐츠의 가치는 책, 신문, MP3, DVD 등의 유형물에 있는 것이 아

| 표 2-1 | 콘텐츠의 분류

<table>
<tr><th colspan="3" rowspan="2"></th><th colspan="3">이용 형태</th></tr>
<tr><th>문화콘텐츠</th><th>정보콘텐츠</th><th>교육콘텐츠</th></tr>
<tr><td rowspan="3">기술 적용방식</td><td rowspan="2">디지털콘텐츠</td><td>온라인 콘텐츠</td><td>MP3 음악파일, 전자책 콘텐츠, 그래픽, 온라인용으로 제작 및 편집된 방송프로그램 등의 영상물 등</td><td>웹페이지, 전자메일 등의 형태로 유통되는 교육, 보건, 산업 등 각종 정보콘텐츠, DB콘텐츠 등</td><td>원격강의</td></tr>
<tr><td>오프라인 콘텐츠</td><td>디지털 영화, 디지털 애니메이션, DVD, CD-ROM 타이틀, 음반, CD 등</td><td>디지털로 작성되었으나 온라인에서 유통되지 않은 각종 정보콘텐츠</td><td>교육용 타이틀 및 소프트웨어 등</td></tr>
<tr><td colspan="2">일반 콘텐츠</td><td>영화, 애니메이션, 서적, 그림, 사진 등 디지털화 되지 않은 문화콘텐츠</td><td>디지털화 되지 않은 일반 정보콘텐츠</td><td>디지털화 되지 않은 학교, 학원 등 각종 교육 내용 및 정보</td></tr>
</table>

니라 그 안에 담긴 내용물에 달려 있으며, 소비자가 가치의 반 이상을 결정하는 특성이 있다.

문화콘텐츠의 개념과 분류

상상력, 창의력을 원천으로 하는 문화적 요소가 체화되어 경제적 가치를 창출하는 문화상품(Cultural Commodity)을 문화콘텐츠라 한다. 인간의 상상력, 창조력, 예술성, 학술가치, 생활양식 등 정신적·감성적 가치에 경제적 가치를 부가하면 문화상품, 정보 상품 또는 교육상품이 된다

이야기, 전통문화, 예술, 생활양식 등 문화적 요소는 창의성과 기술을 바탕으로 문화콘텐츠 기술(Culture Technology: CT)로 재구성되며, 문화상품으로 유통되면서 고부가가치를 창출한다. 문화콘텐츠는 내용에 따라 영화, 애니메이션, 출판, e-book, 만화, 게임, 음반, 캐릭터, 방송영상 등으로 분류한다. 콘텐츠간 융복합, 통신과 방송의 융합, 유선과 무선의 융합 등으로 그 경계 및 장르 간의 구분이 모호해지고 있다.

문화콘텐츠는 크게 과정별, 유통매체별 그리고 내용별로 〈그림 2-1〉과 같이 분류할 수 있다.

그림 2-1 문화콘텐츠의 개념

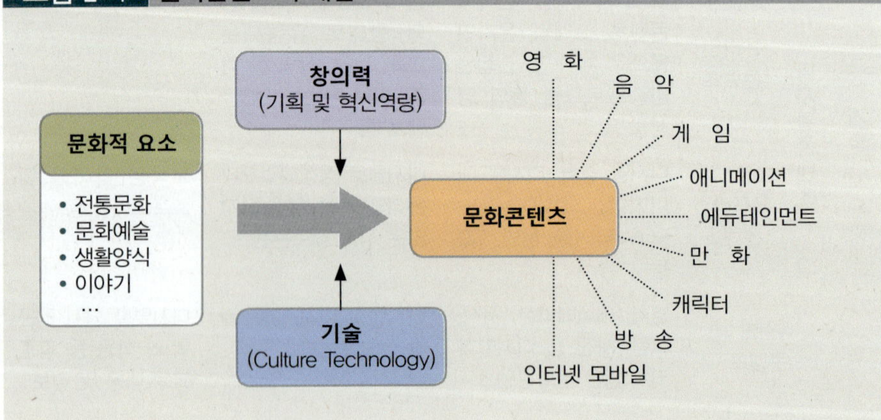

그림 2-2 문화콘텐츠의 분류

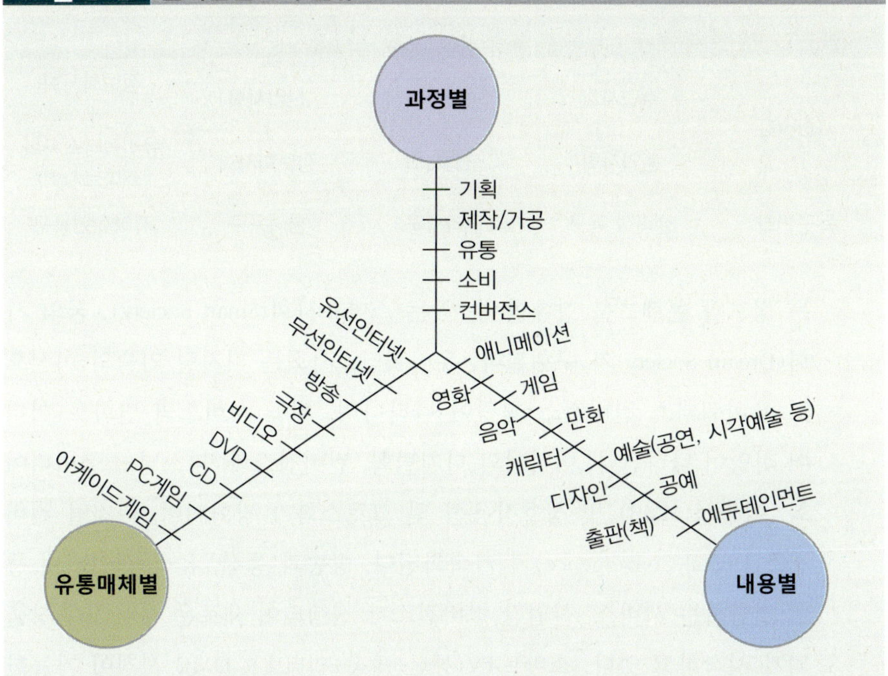

2 콘텐츠 산업 환경과 문화콘텐츠 산업

콘텐츠 산업 환경 변화

Scott Ross 는 「*The Next Wave*」에서 인류사회를 "Manufacturing based Economy → Knowledge based Economy → Content based Economy"로의 변화를 예견했다. 안종배 교수는 인류 사회의 변화를 인류의 핵심 욕구 변화 관점에서 수렵사회 → 농업사회 → 산업사회 → 정보화사회 → 유비쿼터스사회(스마트사회)로 변화하고 있다고 진단한다.

유비쿼터스 사회가 도래하면서 언제 어디서나 어떤 기기로도 원하

| 표 2-2 | 인류욕구변화에 따른 인류사회의 변화(안종배 교수)

구분	농업혁명	산업혁명	인터넷혁명	유비쿼터스혁명
사회변화	수렵사회 ↓ 농업사회	농업사회 ↓ 산업사회	산업사회 ↓ 정보화사회	정보화사회 ↓ 유비쿼터스사회 (스마트사회)
욕구변화	생리적 욕구	편리욕구	참여욕구	자아실현욕구

는 정보와 콘텐츠를 향유할 수 있는 스마트사회(Smart Society), 꿈의 사회(Dream Society)가 구현된다. 유비쿼터스사회는 디지털 기술의 혁신으로 유비쿼터스 컨버전스 혁명이 나타나며, 제공 서비스의 변화로 미디어 혁명이 나타난다. 미디어의 디지털화, 컨버전스화, 퍼스널 소셜미디어화, 이동성(MMB) 및 상호작용성 및 크로스화가 강화되며, 디지털 컨버전스(Digital Convergence)가 가속화된다. 방송과 통신, 유·무선인터넷 등이 결합하는 서비스, 산업간 컨버전스가 진행되어 새로운 서비스가 창출되기 시작하고 있다. 스마트TV(통신+방송+인터넷), DMB 시청이 가능한 텔레메틱스(통신+방송+자동차산업), 태블릿PC(통신+방송+인터넷+컴퓨터) 등 디지털 컨버전스로 인한 새로운 서비스가 계속 창출될 것이다.

서로 다른 정보기술, 유전자기술, 나노기술, 인지과학 기술등의 융복화와, 서비스 및 제품들의 융복합화가 나타나면서, 콘텐츠의 유비쿼터스화가 진행된다. 이에 따라 소비자의 욕구가 변화하는 소비자 혁명이 생긴다. 소비자의 욕구를 충족시키기 위한 새로운 비즈니스가 등장한다. 문화비즈니스 혁명으로 일반상품의 내용성도 소프트(감성)가 중시되는 변화가 나타나게 되어 콘텐츠의 중요성이 대두되고 있다.

문화산업과 문화콘텐츠 산업의 개념과 분류

문화산업은 문화산업진흥기본법 제 2 조 및 시행령 제 2 조의 정의에 따르면 문화상품의 개발, 제작, 생산, 유통, 소비 등과 이와 관련된 서비스를 행하는 산업이다. 문화산업은 '문화상품의 생산·유통·소비와 관련

| 표 2-3 | 기관별 문화산업의 분류

문화산업 기본법	문화체육관광부 (10대 분류)	SIC 8차 개정 특수목적분류	유네스코분류 (11개)	캐나다	호 주
출 판	출판(신문)	출판, 인쇄	인쇄자료 및 문헌	문 학	문 학
음 반	음 반	음 반	음 악	음 악	음 악
미술품 전통공예품	미술품 전통공예품	공예품	시각예술		
공 연	공 연	공 연	공연예술	공연예술	공연예술, 음악과 공연 서비스
영 화 비디오	영화, 비디오 (애니메이션)	영화, 비디오	영 화	(시각예술) 영화, 비디오	영화, 비디오
방 송	방 송	방 송	텔레비전	TV, 라디오	TV, 라디오
광 고	광 고	광고, 사진			
게 임 멀티미디어 콘텐츠	게 임	게 임			
문화재 관련 사업	문화재 관련사업	문화관련사업 (도서관, 박물관)	문화유산	문화재, 박물관, 도서관, 미술관	문화재, 박물관, 도서관, 미술관, 기록물
캐릭터	캐릭터				
		관련교육 서비스업, 건축조경설계, 전문디자인	사회문화활동, 체육활동, 자연환경문화의 일반운영	지역문화활동, 교육, 축제와 문화행정, 체육, 오락, 건강, 자연환경	시각예술(디자인, 건축설계 포함, 지역문화활동, 교육, 축제와 예술행정, 스포츠, 오락, 동식물원)

자료: 문화체육관광부(2011), 산업연구원(2011).

된 사업으로 영상·음반·비디오물·게임물, 출판, 미디어, 문화재, 캐릭터, 디자인, 광고, 공연, 미술품, 전통공예품 관련 산업, 기타 전통의상, 식품 등 대통령령으로 정하는 산업'을 포함한다.

문화산업은 문화의 대량생산과 대량소비에 따른 대중문화의 부정적 측면을 지적하기 위한 도구적 개념으로 사용되어 왔다. 문화콘텐츠 산업은 보다 새로운 개념으로 한 단계 업그레이드된 개념으로 통용된다. 문화기술(CT: Culture Technology)의 발전과 함께 문화콘텐츠 산업은 엔터테인먼트 산업으로서의 특성을 가진다.

문화콘텐츠 산업은 문화콘텐츠의 기획, 제작, 생산, 유통, 소비 등과 이에 관련된 산업을 말한다. 영화, 게임, 애니메이션, 만화, 캐릭터, 음악/공연, 에듀테인먼트, 인터넷/모바일 콘텐츠, 방송 등을 지칭한다. 이러한 분류는 콘텐츠 정의에 따라 달라질 수 있다. 〈표 2-3〉은 문화산업의 구분에 관한 다양한 시각을 보여준다.

문화콘텐츠 산업의 특성과 효과

1) 산업 경제적 측면

문화콘텐츠 산업은 수확체증효과가 높은 산업으로 투입대비 효과가 높다. 서적, 음반, 영화, 캐릭터 등의 문화상품은 적은 한계비용(0)을 지닌 비용체감산업이다. 온라인 게임, VoIP, 휴대폰 등 이용자의 증가는 네크워크 효과를 발생시킨다. 문화콘텐츠 산업은 경제와 산업 연관효과가 높다. 하나의 콘텐츠를 영화, 게임, 음반, 애니메이션, 캐릭터 상품, 장난감, 출판 등의 다양한 방식으로 판매해 부가가치를 극대화시키는 '원소스 멀티유즈(OSMU: One Source Multi Use)'가 가능하다.

문화콘텐츠 산업은 디지털 컨버전스에 의한 신규 비즈니스 모델 창출이 용이한 산업이다. 방송, 통신, 컴퓨터 사업자간 융합서비스 도입으로 신규 시장 창출이 가능하다. 방송 및 통신 사업자의 상호 진출, 유무선 통신사업자의 결합 서비스가 가능하다. Post PC 산업시대에도, 기능별로 특화된 고객지향형 정보단말기인 PC와 인터넷과 통신이 융합된 스마트폰, TV와 통신와 인터넷이 융합된 스마트TV, 휴대폰과 PDA 기능과 인터넷이 융합된 스마트폰 등의 유통채널이 증가한다.

문화콘텐츠 산업은 지역경제에 미치는 긍정적 파급효과가 큰 산업이다. 상당한 고용창출 효과가 있으며, 지식기반 제조업이나 사업서비스업 및 IT 서비스업에 비해 생산 유발효과가 높아 지역경제의 균형발전에 기여한다.

2) 사회 문화적 측면

문화콘텐츠 산업은 해외 시장 진출이 용이하고 국가 브랜드 제고 효과가 있다. 언어, 지리, 인종, 문화 장벽이 낮아 글로벌 시장 진출에 적합하다. 문화콘텐츠 산업과 한류의 연계는 국가 이미지 제고, 상품수출 증대에 기여한 바 있다.

한류(Korean Wave, 韓流)는 중국, 일본, 동남아시아 지역에서 시작되어 유럽과 미주까지 한국의 대중문화가 유행하는 사회문화적 현상을 말한다. 한류 현상이 장르, 지역 및 다양한 계층으로 확산되었다. 즉 드라마, 대중음악에서 시작한 한류가 영화, 게임, 캐릭터, 공연, 클래식 등 문화콘텐츠 전반으로 확산되고 있다.

그림 2-3 한류(Korean Wave, 韓流)의 파급효과

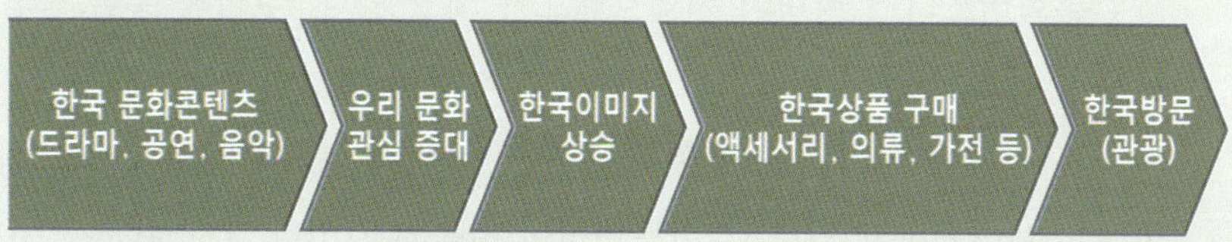

3) 유비쿼터스 시대의 문화콘텐츠 특성 분석

유비쿼터스 혁명으로 정보의 대형화 및 고속화로 초고속 멀티미디어 서비스 관련 기기 및 신제품 수요가 급증한다. 스마트미디어, 컴퓨터 및 인터넷 발전으로 SOHO(Small Office Home Office) 및 개인숍의 증가, 또한 스마트앱과 웹사이트를 통한 개인의 콘텐츠 창작 및 생산이 증가한다. 한편, 영화, 드라마, 애니메이션의 디지털 영상 시장에서의 대형화, 대작화 전략으로 엔터테인먼트 제작 시장의 규모가 증대했다. 전자적, 물질적 공간 네트워크의 확장과 실시간 인포메이션의 자유로운 소통 환경 구축으로 인한 개개인의 콘텐츠 창작 및 생산의 자율성이 극대화되었다

유통 측면에서는 기존 유통체계가 스마트 전자상거래 중심으로 전환되었고 유통, 금융 등이 통합되고 있다. 금융서비스 산업은 업무 자동화, 금융 네트워크 및 유·무선사이버 뱅킹을 실현했다. 유통의 효율성 및 정보의 투명성이 증대했다. 이에 따라 콘텐츠 저작권 제도 확립의 중요성이 대두되었다. 제작시장의 대형화로 인한 콘텐츠 유통분야의 과점화 가능성이 증대하고 있다.

소비적 측면에서는 기술, 서비스 및 제품들의 융합화와 복합화를 통해 새로운 산업, 시장, 서비스가 창출되는 컨버전스 및 유비쿼터스 서비스 환경이 형성되었다. 콘텐츠 소비에 있어서 공간적 특성을 고려한 개인화된 정보와 서비스 제공이 늘고 있다. 소비 패턴의 변화는 궁극적으로 신생활양식(스마트 life)을 창조한다. 홈 엔터테인먼트의 확장으로 콘텐츠 소비가 언제 어디서나 어떤 기기로도(Anytime, Anywhere, Anydevice) 가능하게 된다.

문화비즈니스 혁명이 기업트랜드가 되고 있다. 수직적 통합화와 수평적 다각화에 의해 복합미디어 콘텐츠 시장이 형성되었다. 네트워크 경제가 진전됨에 따라 산업구조도 종래의 하드웨어 중심에서 소프트웨어 중심으로 이동하고 있다. 스마트혁명이 지속되고 있다. 1차원(문자·부호) 세계에서 2차원(화상), 3차원(동영상), 4차원(실감영상)의 세계로 이동하

고 있다

기술혁신의 가속화 및 정보·지식혁명의 확산으로 기술과 감성이 조화된 콘텐츠 개발의 필요성이 증대하고 있다. 기업전략으로 변화에 효율적으로 대응하기 위해 고정관념에서 벗어나 창의적인 생각(Thinking outside the Box)을 할 수 있는 능력의 배양을 지향해야 한다. 이성보다 감성이 중요한 약량으로 부각되면서 재미와 감동을 추구하는 문화산업에 대한 관심이 고조되고, 세계 유수 기업들이 문화시장 선점을 위한 치열한 경쟁에 돌입하고 있다

3 콘텐츠 마케팅의 개념

어느 한 남자가 대낮에 발가벗고 무엇인가 소리치며 달려가고 있었다. 그 남자가 소리친 것은 "유레카, 유레카"였고 그 남자는 고대 희랍인인 아르키메데스였다. 유레카라는 말은 알아냈다는 말이고 아르키메데스는 목욕탕에서 목욕중 부력의 원리를 깨닫고 너무나 기쁜 나머지 자신이 발가벗었다는 것도 잊은 채 유레카라고 외치면서 거리를 달렸던 것이다.

이처럼 무엇인가 새로운 것을 깨닫거나 만들어 냈을 때 인간은 내면 깊은 곳에서 오는 기쁨을 느낀다. 이것은 인간의 본성에 부합되기 때문이다. 성경에 따르면 사람은 하나님의 형상에 따라 하나님의 창조능력을 부여받고 만들어졌다. 창조성은 피조물 중 인간에게만 있는 또한 인간의 가장 본질적인 특성이 되었다. 이러한 인간의 본성인 창조성이 구현될 때 우리는 참 기쁨을 느끼게 되는 것이다.

창조성은 일반적으로 무엇인가 기발하고, 새로운 것을 만들어 내거나 생각해 내는 능력이라는 뜻으로 해석된다. 창조성은 특수한 사람만의 능력이 아니라 기존하는 요소들로부터 적어도 자기 자신들에게는 새롭

고 유용한 결합을 이루어 내는 능력으로서 어느 누구에게나 내재해 있는 인간의 본질적 속성이다. 인간은 어느 누구나 나면서부터 창조본능, 즉 본능적으로 무엇인가 새로운 것을 생각하고 만들고 싶어 하는 본성을 갖고 있다는 의미이다.

이러한 창조성에 의해 인류의 문화는 발전해 왔다. 인류는 불(Fire)과 도구(Tool)를 만들어 내었고 호모사피엔스 시대에는 도구를 활용해 그림을 그리고 조각을 하고 장신구를 만들며 악기를 만들어 연구하기 시작했다. 21세기에 들어오면서 이러한 인간의 창조성이 더욱 빛을 발하기 시작했다. 디지털화와 정보화가 가속화되면서 이전에는 일부 사람들에게만 제한되었던 정보 등을 모든 사람들이 공유할 수 있게 되었고 이를 결합한 새로운 내용물을 창조하는 능력과 그 결과물이 중요한 시대가 도래한 것이다.

21세기에 창조되는 내용물의 중심에 콘텐츠가 있다. 콘텐츠는 문자, 소리, 화상, 영상 등의 형태로 이루어진 정보의 내용물을 지칭한다. 콘텐츠의 영역은 방송, 영상, 게임, 애니메이션, 영화, 음악, 출판, 교육콘텐츠, 지식정보 콘텐츠, 캐릭터, 이미지 등으로 콘텐츠 기술과 문화가 융합된 산업 부분이다. 즉 콘텐츠는 그릇에 담기는 음식물이나 수도관에 흐르는 수돗물처럼 미디어와 콘텐츠 용기에 담기는 핵심내용물로서 콘텐츠 기술에 예술적, 문화적, 산업적 감각이 결합되어 인간의 창조성에 의해 새롭게 창출되는 고부가가치물로서 21세기 핵심 성장 산업이다.

이처럼 중요성이 점차 부각되고 있는 콘텐츠의 마케팅은 해당 콘텐츠의 시장활성화를 도모하는 마케팅과 콘텐츠들을 활용하여 다른 제품이나 서비스의 시장을 활성화시키는 마케팅으로 구분된다. 어쨌든 콘텐츠 마케팅은 콘텐츠 산업의 활성화와 발전을 가져오게 되어 국가경쟁력을 강화시키고 21세기 인간형에 중요한 창조적 본능을 최대한 발휘할 수 있는 기반이 될 것이다. 콘텐츠 산업의 부상으로 창조성의 창조성에 의한, 창조성을 위한 창조 비즈니스와 콘텐츠 마케팅이 중요하게 될 것이다.

4 콘텐츠 마케팅의 전략

콘텐츠 마케팅전략에 영향을 미치는 요소

콘텐츠 마케팅전략의 수립시 고려해야 할 요인들로는 콘텐츠 수요자들의 인구통계적 및 경제적 환경, 콘텐츠를 구현 가능하게 하는 기술적 환경, 콘텐츠 제작 및 유통과 연계된 정치·법적인 환경 그리고 사회문화적인 환경을 기본적으로 파악해야 한다. 또한 이를 근간으로 콘텐츠의 표적소비자들의 특성을 파악하여 이에 가장 부합되는 콘텐츠 내용 및 표현방식, 콘텐츠 가격, 콘텐츠 유통 방식, 그리고 촉진 전략을 분석하여 입안하고 이를 집행하고 피드백하여 통제관리하는 프로세스를 거치게 된다. 이는 일반 마케팅기획에서 환경분석과 유사한 접근이다.

그림 2-4 콘텐츠 마케팅전략입안에 영향을 미치는 환경 요인

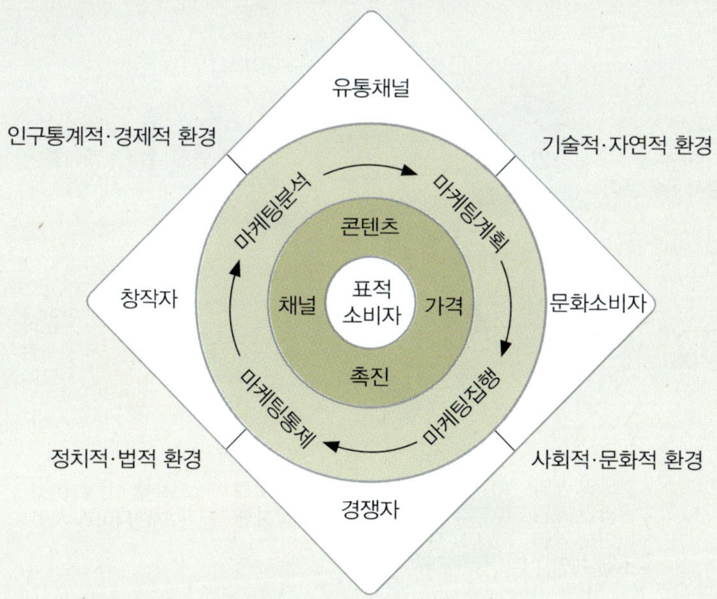

콘텐츠 마케팅전략

콘텐츠 마케팅전략에는 기존의 제품 마케팅전략과 차별화되는 독특한 전략요소가 있다. OSMU전략, COPE전략, 라이선스 전략, 홀리스틱 전략 등 콘텐츠의 특성을 감안한 마케팅전략이 있다. 이들을 살펴보면 다음과 같다.

1) OSMU 콘텐츠 마케팅전략

OSMU 콘텐츠 마케팅전략은 하나의 원천소스(OS:One Source)인 콘텐츠를 다양한 용도로 활용(MU: Multi Use)하여 시너지 효과를 높이고 수익성을 제고하는 콘텐츠 마케팅전략을 말한다. 예를 들어 드라마 대장금을 방송하고 방송 내용과 등장 캐릭터 등을 이용하여 다른 미디어에서

그림 2-5 방송드라마의 OSMU 마케팅전략

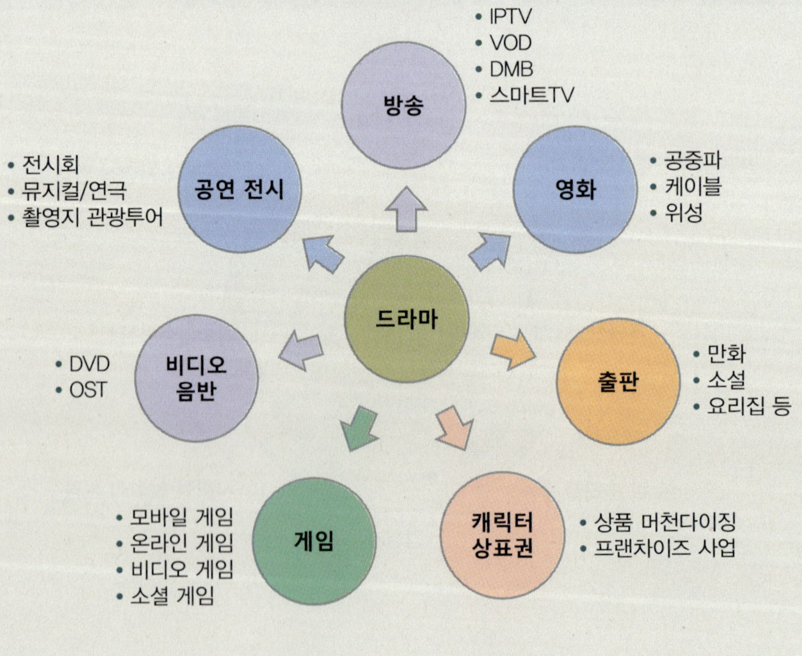

활용하고 게임, 뮤지컬 공연, 캐릭터 상품 등을 출시하여 드라마를 다용도로 활용하면서 방송이 끝난 이후에도 지속적으로 대장금을 상품화해서 마케팅하여 수익을 올리는 것이다.

2) COPE 콘텐츠 마케팅전략

OSMU와 유사한 COPE 마케팅전략은 Create Once, Publish Everywhere의 약어로 한 번 제작한 콘텐츠를 다양한 플랫폼을 통해 유통시키는 마케팅전략을 말한다. 예를 들어 뽀로로 애니메이션을 TV에서 방송하고 같은 콘텐츠를 인터넷과 DMB 및 모바일, IPTV, 스마트TV, 스마트모바일 등 다양한 플랫폼에 맞게 변형하여 유통시킴으로써 수요자가 어떤 플랫폼을 통해서도 원하는 콘텐츠인 뽀로로를 볼 수 있도록 함으로써 시너지효과와 수익을 함께 올리는 마케팅전략이다

그림 2-6 콘텐츠의 COPE 마케팅 유형

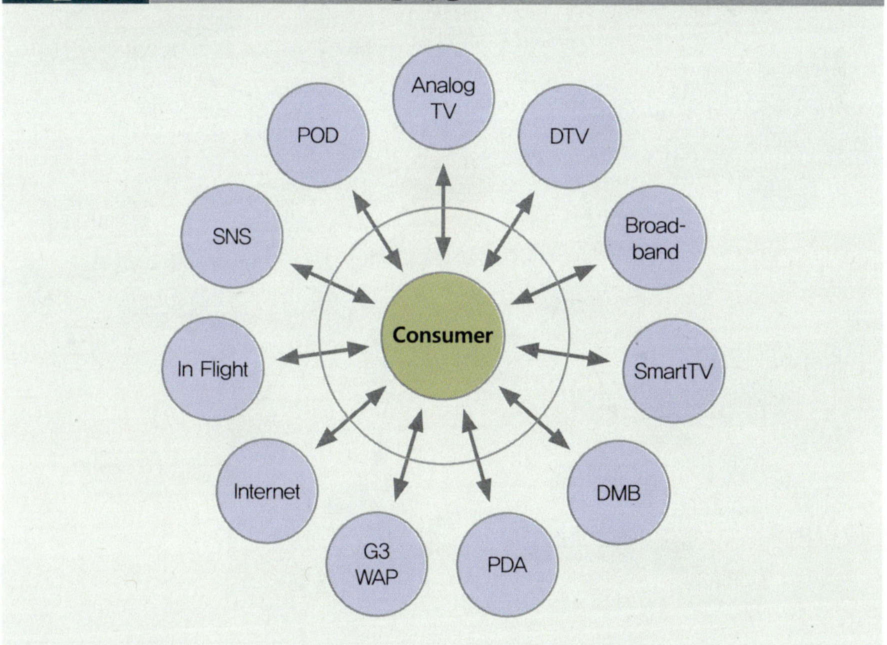

출처: 현대원(2008).

3) 라이선스 확장 콘텐츠 마케팅전략

라이선스 마케팅전략은 제작된 콘텐츠, 콘텐츠의 내용, 등장 캐릭터, OST음악, 콘텐츠 포맷 등에 대한 지적재산권인 저작권을 바탕으로 이에 대한 사용권인 라이선스를 제공함으로써 다양한 형태로 유통되고 상품화하도록 허락해주고 이에 대하여 일정 부분의 로열티 또는 수수료를 받는 마케팅전략이다. 일반적으로 콘텐츠의 저작권 라이선스가 많은 영역으로 확장될수록 수익도 높아질 뿐 아니라 콘텐츠의 인지도와 지명

그림 2-7 콘텐츠의 라이선스 확장 마케팅 방법

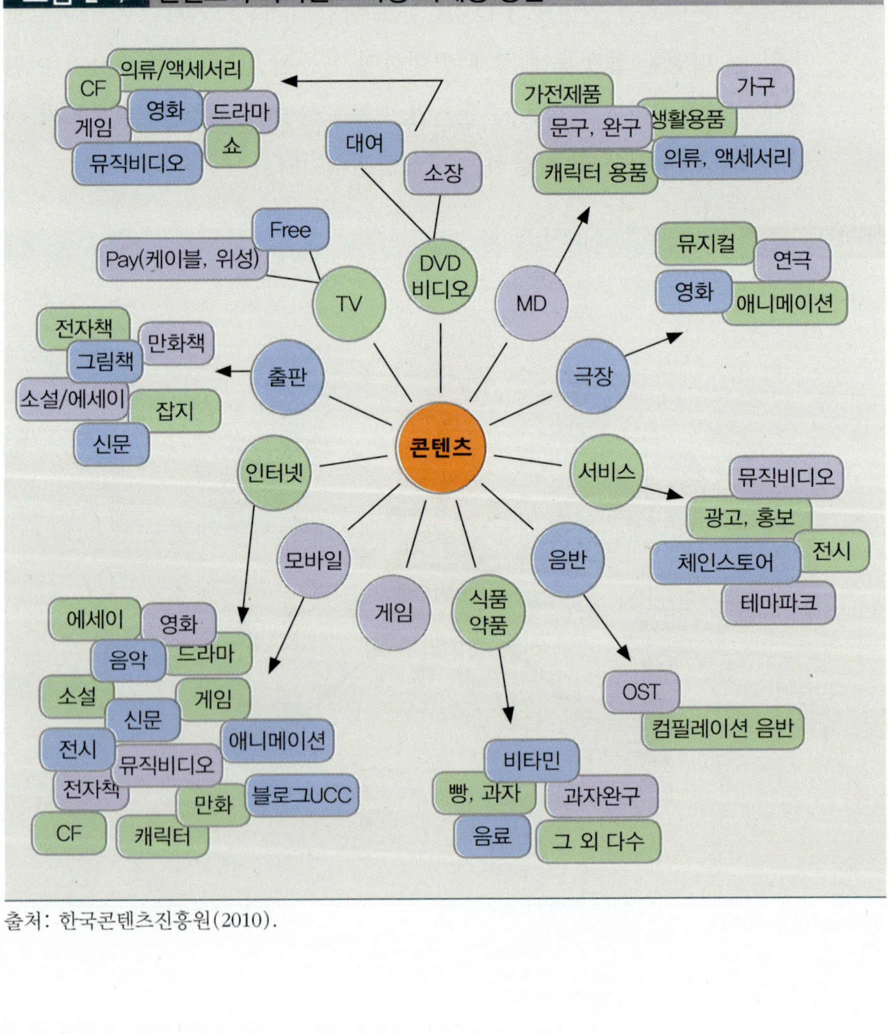

출처: 한국콘텐츠진흥원(2010).

도도 높아지게 된다. 단지 콘텐츠의 이미지에 합당하지 않은 분야나 형태로의 라이선스 확장은 콘텐츠의 이미지를 실추시켜 결국 전체 콘텐츠의 상품 가치를 저하시킬 수도 있으니 이를 주의하여야 할 것이다.

다음 그림과 같이 성공적인 콘텐츠를 라이선스 확장할 수 있는 영역은 다양함을 알 수 있다.

4) 홀리스틱(HMC:Holistic Marketing Communication) 전략

홀리스틱 마케팅인 HMC는 Holistic Marketing Communication을 의미하는 것으로 콘텐츠 마케팅을 전개하여 콘텐츠를 광고하고 홍보함에 있어서 동일한 콘셉과 이미지를 유지하면서 다양한 매체와 방법을 활용하는 총괄적인 마케팅커뮤니케이션 전략이다.

즉 콘텐츠를 수요자에게 알리고 홍보하여 구매토록 유도함에 있어

그림 2-8 홀리스틱 마케팅(HMC) 개념

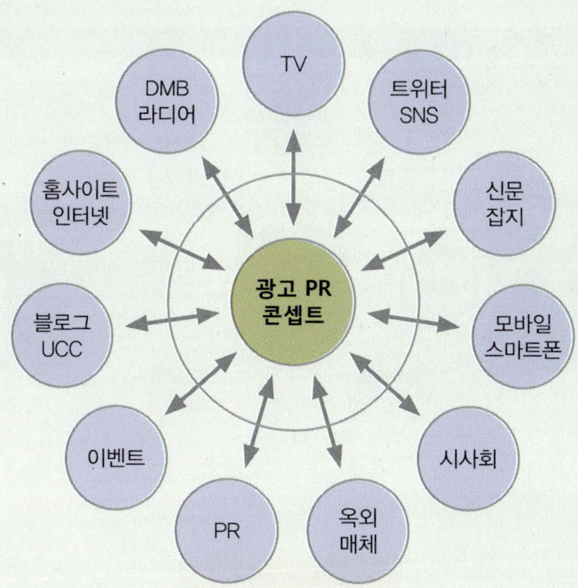

서 전통적인 TV와 신문과 잡지를 통한 광고를 활용할 뿐만 아니라, 이와 통일된 콘셉트와 이미지를 통합적으로 연계하여 인터넷광고, 홈사이트, 스마트모바일, IPTV, 스마트TV, 블로그 그리고 트위터와 소셜미디어 등 디지털미디어광고와 이벤트, 옥외, 기자회견, 시사회, PR 등을 총괄적이고 체계적으로 계획하고 집행함으로써 시너지 효과를 극대화하고 빠른 피드백을 통한 효과를 제고시키는 전략이다.

특히 최근의 소셜미디어와 블로그 등을 포함한 HMC 활동을 통해 콘텐츠에 대한 긍정적인 입소문 마케팅의 성공이 곧 콘텐츠의 성공과 직결되는 많은 사례가 나오고 있다.

콘텐츠 마케팅관리

효과적인 콘텐츠 마케팅이 되기 위해서는 이상에서 살펴본 콘텐츠 마케팅전략 입안시의 고려 요인인 OSMU 전략, COPE 전략, 라이선스 확

그림 2-9 콘텐츠 마케팅관리 체계도

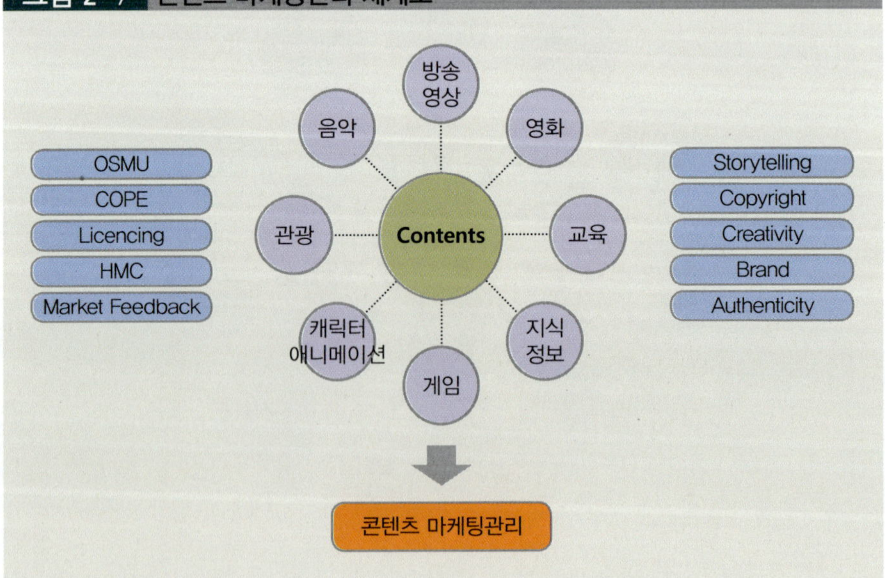

장 전략, 홀리스틱 마케팅전략(HMC)를 적절하게 선택하여, 계획하고 관리해야 한다. 이를 통해 콘텐츠 마케팅은 콘텐츠의 유통과 소비가 최대화되도록 마케팅이 계획되고 집행되고 통제되어야 한다.

또한 각각의 콘텐츠 특성과 표적 수요자 특성에 적합한 최적의 마케팅을 통해 콘텐츠의 품질과 브랜드력을 제고시키려면 체계적이고 지속적인 개별 저작권관리가 요구된다.

5 일반마케팅과 콘텐츠 마케팅의 비교

일반마케팅과 콘텐츠 마케팅의 차이점과 유사점

마케팅 실행 방안을 4P(Product, Price, Place, Promotion)로 분류할 경우 다양한 마케팅 요소는 서로 혼재될 수 있다. 즉 Product는 상품, 서비스, 포장, 디자인(크기, 색상), 브랜드, 품질 등으로 포장, 디자인과 브랜드는 Promotion과 혼재된다.

콘텐츠 마케팅에서 상품(Product)은 콘텐츠이다. 콘텐츠는 스토리텔링 마케팅, 디자인 마케팅, 스타마케팅 등 일반 마케팅에서 마케팅 도구로도 활용된다. Price는 정찰제, 할인, 신용, 할부, 무료 등이 있으며, 가격이 무료인 경우는 판촉전략과 혼재된다. 콘텐츠의 가격정책은 B2B와 B2C가 다르다. B2B는 미디어 등 기업을 대상으로 한 가격이다. 일반 소비자를 대상으로 한 B2C 마케팅에서 가격은 문화정책의 영향을 받는다. Promotion은 판매촉진, 광고, PR, IMC, 인적판매 등을 말한다. 캐릭터 마케팅처럼 콘텐츠는 프로모션의 도구로도 활용된다. 콘텐츠 자체도 프로모션이 필요하다.

Place는 유통경로, 구색, 재고, 물류, 운송, 전자상거래 등을 지칭하

| 표 2-4 | 일반마케팅과 문화마케팅의 4P 차이

마케팅전략의 4P	전통적 마케팅	문화 마케팅
Product(제품)	편익과 기능성 강조	이미지, 판타지, 느낌 강조
Price(가격)	합리적 가격 또는 할인가 적용	문화 프리미엄 부가
Place(장소)	대형, 전문 유통 매장	문화 공간 등으로 탈유통
Promotion(홍보)	미디어 광고, 입소문 등	문화 이벤트, 직접체험 등

- 체험 마케팅: 소비를 총체적으로 체험으로 인식하며, 문화적 자극을 중시
- 감성 마케팅: 고객의 감성, 정서, 낭만, 환상, 직관, 감각 등에 호소
- 매복 마케팅: 이벤트에 편승, 문화이미지 제고

며 콘텐츠 마케팅에서 Place는 윈도우 또는 매체를 말한다. 일반마케팅은 문화콘텐츠를 마케팅 도구로 활용하기도 한다. 광고/홍보 콘텐츠는 일반마케팅을 위한 수단이다.

일반적으로 다음과 같이 일반마케팅 또는 전통적 마케팅과 문화마케팅 또는 콘텐츠 마케팅의 차이점을 구분한다.

또한 일반마케팅에서 4P믹스 전략을 콘텐츠 마케팅에서는 다음과 같은 4C 믹스 전략으로 전환할 수 있다(리버만·에스케이트, 2003). 4C는 콘텐츠 마케팅의 핵심요소이다.

① 콘텐츠(Contents): 실제 소비 가능한 크리에이티브 상품으로서 단순한 아이디어에서 출발하여 소비자가 이용할 수 있는 형태로 완성되어 소비자의 니즈에 맞게 공급될 수 있도록 완벽하게 준비되어 있는 상태로 콘텐츠 상품을 제작 관리하는 것을 말한다.

② 전달통로(Conduit): 상품의 전달 방식으로서 유무선인터넷, 지상파, 케이블, 위성, IPTV, DMB, UHF, VHF, 디지털 전송기(digital transmission), 지역 방송사, 극장 등 콘텐츠를 전달하는 통로를 관리하는 것을 말한다. Channel로도 표현될 수 있다.

③ 소비(Consumption): 소비자들이 실제로 콘텐츠 상품을 접하고 이용하는 단계로 HDTV, DMB, DVD-ROM, PC, 셋톱박스, 웹 TV, 태블릿

PC, 스마트폰, 전자책북, 모바일 단말기, 영사기 등 소비자는 콘텐츠 상품을 직접 소비하는 단말기에 최적화되게 관리하는 것을 말한다.

④ 융합(Convergence): 수많은 미디어와 기술이 서로 조합되어 콘테츠 산업을 통합하고 있다. 방송과 유무선인터넷, 오프라인 콘텐츠 소비 공간 등이 디지털화되면서 서로 융합되어 OSMU, COPE 전략을 잘 활용하는 것을 말한다.

콘텐츠 마케팅은 가장 광범위한 형태로 이 각각의 영역과 유기적으로 연결되어 있다. 궁극적으로 소비자는 무엇을 보고 듣고 읽고 즐기는가, 소비자가 어떻게 콘텐츠 상품을 즐기도록 할 것인가, 어떤 형태로 소비자가 콘텐츠 상품을 소비하도록 할 것인가, 또 콘텐츠 마케팅은 더욱 다양해지는 미디어와 콘텐츠 유통 채널을 집약하고 효율적으로 활용할 것인가 하는 것들을 포함한다.

콘텐츠 산업의 가치사슬(Value Chain) 체계

콘텐츠 마케팅의 전략을 입안하고 집행하기 위해서는 콘텐츠를 통해 고객에게 가치를 제공함에 있어서 부가가치 창출에 직·간접으로 관련된 일련의 활동·기능·프로세스인 콘텐츠 산업 가치사슬을 알 필요가 있다.

콘텐츠 산업의 가치사슬은 크게 세 단계로 나누어져 있다. 1단계는 제작(창작, 기획), 2단계는 배급(패키징, 배급, 도매), 3단계인 서비스 제공(소매, 서비스 제공, 전송)을 통해 소비자인 개인과 기업 정부기관을 통해 소비되는 가치사슬 체계를 가진다.

그림 2-10 콘텐츠 산업의 가치사슬(Value chain) 체계

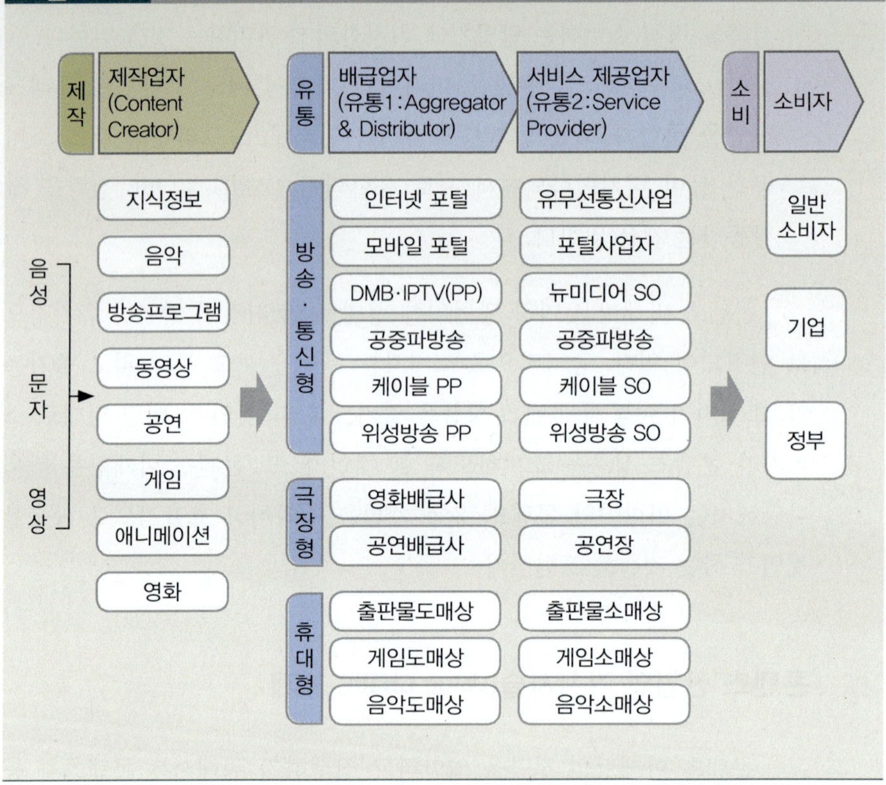

콘텐츠 마케팅의 유통 프로세스

콘텐츠 마케팅의 유통 프로세스는 일반상품의 마케팅과는 구별되는 프로세스를 거친다. 원천 콘텐츠는 인지도가 이미 확보된 원작이 유리하다. 원천 콘텐츠는 유통채널인 매체와 결합하여 거점 콘텐츠가 된다. 거점에서 지명도를 얻은 콘텐츠는 원소스 멀티유즈 전략에 따라 윈도우를 확장한다. 모든 윈도우에서 수익을 얻는 것이 이상적이지만, 주된 수익을 얻는 윈도우가 필요하다.

그림 2-11 콘텐츠 마케팅의 유통 프로세스

원천 콘텐츠	• 인지도를 이미 확보한 원작 • 영화, 캐릭터 등에 대한 파생상품개발 가능성이 높은 소재
거점 콘텐츠	• Media Position: Mass Media = 타깃 확대(영화, TV) • 사업주체 형성: 윈도우 확장을 위한 상품개발 및 대규모 자본투입
윈도우 확장	• 추가수익>(신상품 개발 비용 - 절감할 수 있는 마케팅 비용)
메인 수익 윈도우	• 니즈(needs)의 보편성 • 강력한 트렌드가 지배하는 시장 • 글로벌 단위의 비즈니스 게임

6 콘텐츠 마케팅 성공사례

해리포터 콘텐츠 마케팅 사례

해리포터는 가장 성공적인 콘텐츠 마케팅의 사례 중의 하나라고 할 수 있다. 해리 포터(Harry Potter)는 조앤 K. 롤링이 쓴 판타지 소설로서 이 책의 제목은 주인공인 해리 포터의 이름이다. 《해리 포터》 소설 연작 가운데 첫째 작품인 《해리 포터와 마법사의 돌》은 1997년에 출판되었다. 이 작품이 큰 성공을 거두면서 전 세계적으로 알려지게 되었고, 영화로도 제작되었으며, 비디오 게임과 다양한 상품들이 제작되었다.

이로 인해 해리포터는 2007년 한해 동안 308조 원이라는 천문학적인 매출액을 거두어 들였다. 이는 한국의 반도체 수출 총액보다도 훨씬 많은 규모이다.

그림 2-12 해리포터의 OSMU 콘텐츠 마케팅

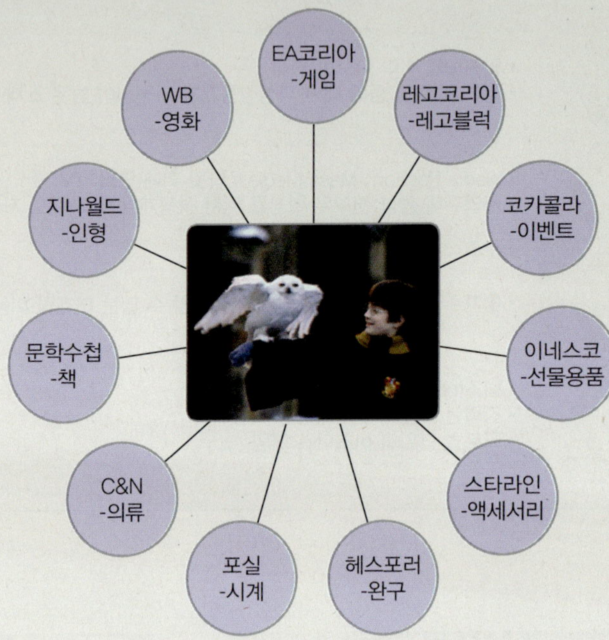

이러한 해리포터 콘텐츠의 엄청난 성공은 탄탄한 원작의 성공을 기반으로 체계적인 마케팅관리에 기인하였다고 해도 과언이 아니다.

한국콘텐츠진흥원의 보고서(심상민, 2010)에 의하면 해리포터는 〈그림 2-13〉과 같이 PI, PR, IR, 글로벌서비스, OSMU를 활용한 총괄적인 콘텐츠마케팅전략과 관리에 의해 막대한 성공을 거두었다고 분석되고 있다.

PI(president image, person image)는 해리포터 콘텐츠의 핵심 이해관계자들의 이미지를 지칭한다. 여기에는 조앤 롤링 작가를 비롯하여 관련 출판기획자, 제작자, 영화감독 등 문화예술 창작자 그룹 개인들의 이미지 관리를 의미하고 해리포터와 같은 극화 주연, 조연 캐릭터 단위 이미지 마케팅도 포괄한다. 아울러 해리포터를 수용하는 이용자 그룹의 개개인 참여 활동 또한 총괄 마케팅 HMC의 첫 스텝인 PI의 P(person)에 해당한다.

그림 2-13 해리포터의 홀리스틱 마케팅(HMC) 체계

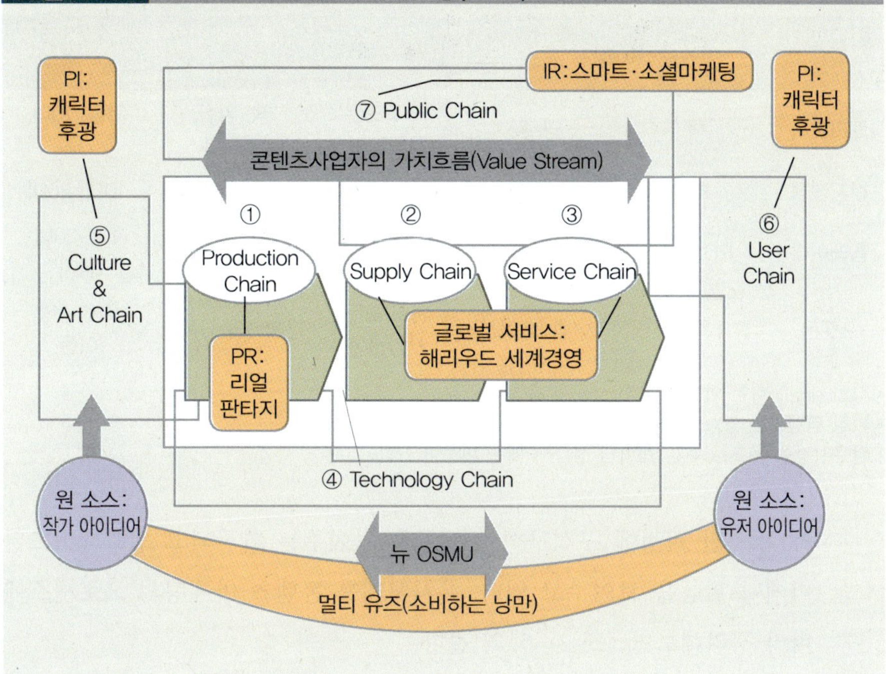

PR(public relations)은 본래 제품을 알리고 다양한 이해관계자 관계를 정립하는 활동을 의미한다. 해리포터의 총괄 마케팅에서는 콘텐츠 제작(production chain) 자체 활동에 집중하는 마케팅 활동을 의미한다.

IR(investor relations)은 역시 기업의 투자자 관계 경영을 지칭한다. 해리포터 콘텐츠 사업자 가치흐름에서는 외곽 지원 영역의 공공, 사회적 차원의 퍼블릭 섹터와 관계 정립으로 다시 정의할 수 있다.

글로벌 서비스는 특별히 세계경영을 뽐낸 해리포터 콘텐츠 마케팅의 주된 특징을 설명해줄 수 있는 부문으로 가치흐름의 공급(supply chain)과 서비스(service chain)에 해당한다.

OSMU(one source multi use)는 가치흐름 모형에서는 문화예술, 제작, 공급, 유통서비스, 이용자, 공공서비스, 기술 부문(technology chain) 등 전체 프로세스에 걸쳐 이루어지게 된다. 실제로 해리포터 콘텐츠 비

| 표 2-5 | 콘텐츠 마케팅 유통 프로세스 성공사례

	원천 콘텐츠	거점 콘텐츠	윈도우 확장 정도	주요 수익 윈도우	메인 타깃
해리포터	책	영화	거의 모든 사업분야	책, 영화, 캐릭터	아동, 10대, 가족
반지전쟁	책	책, 영화	영화, 음반	영화	10대, 20대
툼레이더	PC게임	PC게임	영화, 캐릭터 상품	PC게임, 영화	10~20대 남자
포켓몬	휴대용 게임	TV애니메이션	거의 모든 사업분야	캐릭터 상품	10세 전후 아동

- 성인 대상보다는 아동 대상의 상품이 유리하다.
- 거점 컨텐트는 영화, TV, 애니메이션 등 mass media 형
- 완구시장을 목표로 하는 캐릭터 상품의 매출 비중이 크다.

즈니스 전 과정에 구석구석 관여함을 보여주는 확장되고 업그레이드된 마케팅 활동을 보여주고 있다. 유사사례를 콘텐츠 마케팅의 프로세스에 따라 정리해보면 〈표 2-5〉와 같다.

미키마우스 콘텐츠 마케팅 사례

▲ 최초의 미키마우스

1928년 만화영화 '증기선 윌리'에서 처음 등장한 미키마우스는 언제부턴가 전 세계에서 가장 사랑받는 대표적인 캐릭터가 되었다.

〈그림 2-14〉와 같이 이제 애니메이션뿐만 아니라 출판, 팬시, 교육교재, 의류, 외식 등 다양한 영역에 라이선스를 확장하였고 이를 활용한 문화 이벤트와 레저산업 및 다양한 미디어 플랫폼에 미키마우스를 활용한 마케팅이 활발히 전개되고 있다.

미키마우스는 미키헌법을 기초로 윤리와 기

그림 2-14 미키마우스 사업 라이선스 확장 마케팅

TV극장판 애니메이션/비디오

극장판('28~'04)

- 사업자: 디즈니의 Buena Vista(원작 월트디즈니)
- 내용
  - 최초 미키마우스 주연 애니 증기선 윌리(1928)
  - 극장 장편 애니메이션 판타지아(1940. 11. 13) (1989년 재개봉, 00년에 디지털판으로 재개봉)
  - 04년 '디즈니 삼총사'의 참패 이후 극장애니메이션은 더 이상 제작하지 않음.
- 성과: 1930년대에는 미키마우스를 주인공으로 애니메이션 80편 이상 제작, 00년 이후 다소 주춤

- 인력: 내부인력 육성과 우수 인재 발탁
- 기술: 디지털기술 적용으로 고전물을 새롭게 창조

TV판(~'06)

- 사업자: 디즈니의 Buena Vista
- 내용: 미키마우스는 캐릭터 상품에 대한 수익이 높아 1990년에 나온 소규모 작품인 '미키의 왕자와 거지'가 최근 TV작품, 최근에는 디즈니 하우스 채널에서 3D 애니메이션인 '미키의 클럽하우스' 방영(06. 6)
- 성과: 06년 5월부터 '플레이하우스 디즈니 채널'을 통해 한국을 포함한 전 세계에 방영 중

- 사업자: 세계 직배사, 딜러, 현지 유통/서비스 법인확보
- 제작: 최근에는 에듀테인먼트 콘텐츠물에 대해 집중

홈 비디오(~'05)

- 사업자: 디즈니의 Buena Vista
- 내용: 90년 미키마우스 탄생 75주년 기념으로 순수 비디오판으로 '디즈니 삼총사' 출시. 이와 어린이 영어교육 비디오 'Fun English' 등 교육비디오 꾸준히 출시

캐릭터/MD

라이선스/자체제작 상품('29~)

- 사업자: 라이선스 계약을 맺은 각국의 업체들/디즈니 자체에서 론칭한 브랜드와 상품들(디즈니 본사의 철저한 중앙 통제)
- 내용
  - 최초 미키마우스 학용품이 상품화 시초(1929)
  - 철저한 중앙 통제, 캐릭터들이 상품화시 초기 디자인에 부합하는 매뉴얼 책 적용
  - 80년대는 유행의상 'Mickey & Co.' 론칭, 99년에는 건강음식을 공급하는 Mickey's Kitchen을 개장하는 등 파생 브랜드 지속 창조.
  - 캐릭터 판권을 가진 디즈니, 비디오게임회사, 출판사, 장난감회사 등이 관련 상품화
  - 라이선스 관리: 세계 각국의 현지법인을 통한 라이선스 권리를 관리 30개국
- 성과: 08년 현재, 16,000개의 제품에 대해 라이선스 계약 中

- 사업자: 자체 기획상품은 디즈니社가 직접관장 → 대부분은 국가별 협력업체 자율
- 자본: 라이선스 비와는 별도로 지역과 국가별 별도로 유통서비스 투자비용 충당
- 제작: 국가별로 다양하고 차별화된 캐릭터 포트폴리오 진행(일본처럼 일부 캐릭터 변용 허용)

대표품목

- 의류
- 완구, 전자제품
- 생활용품, 쥬얼리
- 아동, 주니어, 성인의 제품라인

게임/전자제품

게임('90~'08)

- 사업자: 日 세가 中 산다온라인 등 해외 라이선스업체들(Buena Vista)에서 닌텐도DS와 Wii의 전용 게임들을 출시할 예정
- 내용
  - 최초 콘솔게임은 세가의 아이러브 미키마우스: 이상한 성 대모험(1990. 11. 21)
  - 최근 중국 산다온라인에서 미키마우스 캐주얼 게임인 '디즈니 매직보드 온라인' 출시(07. 7)

- 사업자: 디즈니사와 제휴 맺은 게임 퍼블리셔들과 Buena Vista Game
- 기술: 3D그래픽, 차세대 게임기에도 적용(닌텐도 Wii)

전자제품('08)

- 사업자 한국 레인콤(ZENUS)일본 샤프
- 내용: 미키마우스 MP3, 미키마우스 초음파 가습기, 미키마우스를 테마로 한 여성용 핸드폰 단말기(샤프社의 리버 등)
- 성과: 아이리버 미키마우스 MP3 월평균 3~5만 대 가량 판매

이벤트

80th anniversary('08)

- 사업자: 디즈니 각국의 라이선스 업체들
- 내용 (각국의 디즈니랜드)
- 세계 각지 디즈니랜드에서 '미키마우스 구름만들기'와 '미키마우스 퍼레이드' 등 각종 행사를 진행(무자년 쥐띠해와 80주년을 동시에 맞은 한국)
- 어느 나라보다 다양한 행사와 특별상품들을 내놓고 있음
- 월트디즈니 주얼리에서 펄미키 출시, 미키스포츠 탁상시계, 기념 캐릭터 전시 등을 통합 80주년 기념행사

모바일

모바일서비스('08)

- 사업자: 월트디즈니 재팬 소프트 뱅크
- 내용: 샤프에서 출시한 디즈니 모바일의 전용 단말 & 소프트 뱅크의 새로운 요금체계 적용(W화이트/화이트 Family 등)
- 성과: 일본에서 08년 3월 1일부터 서비스 개시. 계약자는 메일 주소 뒷부분 @Disney.ne.jp로 제공함

- 제작/유통: 서비스 론칭 전에 중요 이용계층과 성향 파악(20~30대 여성계층)

출처: 한국콘텐츠진흥원(2010).

▲ 미키마우스의 시대적 변화

본 원칙을 지키면서도 시대적 감각에 맞게 새롭게 변모를 거듭해왔고 이로 인해 풍부한 감정과 현대적 감각에 맞게 업데이트되어 항상 동시대의 사람들이 함께 느끼고 즐길 수 있는 공감되는 캐릭터로 존재하여 왔다.

미키마우스는 미키헌법에서 금지한 술, 담배, 마약 등 비윤리적인 영역을 제외한 모든 영역으로 라이선스를 확장하는 전략을 구사해 왔다.

미키마우스의 마케팅전략은 첫째, 시대에 맞춘 콘텐츠로의 변화를 모색하여 미키마우스를 시대적 변화에 따라 변화시켜 왔다. 둘째, 기본적으로 타깃을 가족으로 잡아 아이들은 신기하고 즐겁게 해주고 어른들도 생각할 수 있는 교훈적 메시지를 담아왔다는 점이다. 셋째, 연관성 있는 분야로의 과감한 사업다각화를 모색하여 남·녀·노·소를 불문하고 좋아하는 캐릭터로서의 미키마우스 가치를 최대한 활용하였다.

이로 인해 연간 매출액이 43조원(380억 달러)을 넘고 미키마우스가 전 세계에서 거두어 들이는 라이선스 수입만 해도 매년 6조 원 이상이 되는 거대 왕국이 되었다.

캐릭터 뿌까 콘텐츠 마케팅 사례

2000년 1월 e카드용 플래시 주인공으로 탄생한 국산 토종 캐릭터인 뿌까는 2001년 하반기부터 본격적으로 "뿌까" 상품화 라이선스 사업을 시작하고 2002년 중국 진출을 시작으로 해외진출의 발판을 마련, 현재 아시아, 유럽, 중남미를 포함한 약 170여 개에서 상품화 사업을 전개하고 있다.

뿌까는 초기에 21세기 인터넷 환경에 적합한 캐릭터와 플래시 애니메이션을 개발하고 이를 인터넷으로 보급하여 입소문 마케팅을 전개하였다. 즉 사랑의 메시지를 슬로건으로 당돌한 여성 캐릭터 "뿌까"와 남자 친구 캐릭터 "가루" 사이에 벌어지는 이야기를 사랑을 테마로 독특하고 재미있게 전개하는 플래시 애니메이션을 시리즈로 인터넷에 배포하여 입소문이 나게 하였다.

특히 뿌까는 디자인적으로 인터넷에 적합하게 검정과 빨강으로 이루어진 심플한 색조화로 시각적인 차별화와 함께 상품화에 용이함을 동시에 얻을 수 있었다

이후 뿌까는 해외지역을 진출하면서 그 지역특성에 맞는 맞춤 마케팅을 전개하였다. 예를 들면 유럽에 진출하면서 유럽의 패션 아이콘과 연계한 상품을 개발하여 진출에 성공하였다. 또한 이미지를 고급화하고 전문숍을 통해서만 유통함으로써 저작권을 보호하면서 고부가가치를 얻게 되었다.

▲ 토종 캐릭터 뿌까

또한 마스터 라이선스 방식으로 현지밀착형

▲ 뿌까 플래시 애니메이션 장면

상품화 및 로열티 수입을 확정하고 다양한 상품화가 가능하게 하였고 다변화 전략과 다양한 콘텐츠의 지속적 개발로 애니메이션과 게임, 패션, 문구, 시계 등 수많은 상품을 개발 제공하여 이슈를 제공함으로써 입소문 마케팅을 계속 강화하였다. '뿌까'는 베네통, 텍스코튼, 맥도날드 등 대륙별 메이저 브랜드들과 파트너십 관계를 맺었다. 브라질에서는 선두 캐릭터였던 일본의 '헬로키티'를 눌렀고 중국에서는 단독 매장을 280개로 늘렸다

이러한 결과 현재 뿌까는 전 세계 200여 개국에서 매출액 5,000억원을 올리고 3,000여 종의 상품 캐릭터를 출시하였고 연간 라이선스 로열티 수입도 300억원 이상을 올리고 있다.

학습정리

1. 교육의 내용물, 정보의 내용물, 매체의 내용물이 콘텐츠이다. 콘텐츠 가운데 문화가 체화된 콘텐츠를 문화콘텐츠라 한다. 영화산업, 방송산업, 출판산업처럼 콘텐츠는 산업화되고 있다. 문화콘텐츠 산업의 핵심은 인간의 상상력, 창의력의 산물인 문화상품이다.

2. 콘텐츠 마케팅은 콘텐츠를 마케팅의 관점으로 접근한 것이다. 콘텐츠 마케팅전략은 하나의 소스에서 다양한 산업분야로 접근하는 OSMU, 한 번 창작으로 모든 매체에서 출판하는 COPE 전략 등으로 설명할 수 있다. 콘텐츠가 여러 분야로 진출하려면 지식재산권 가운데 하나인 저작권이 보호되어야 한다.

3. 기존 마케팅의 4P이론은 콘텐츠 마케팅에서는 4C이론으로 바뀌어 설명될 수 있다. 콘텐츠 마케팅 4C는 콘텐츠, 채널, 소비, 컨버전스이다.

4. 미키마우스, 해리포터, 아바타, 대장금, 겨울연가, 뿌까 등 다양한 콘텐츠 마케팅 성공 사례를 생활주변에서 접할 수 있다. 성공한 콘텐츠는 하나의 소스를 바탕으로 다양한 분야의 사장으로 접근하고 있다는 특성을 가진다.

3. 영화콘텐츠 마케팅

학습목표, 탐구할 문제

1 영화콘텐츠의 정의와 영화산업 현황

2 영화콘텐츠 마케팅의 개념과 특성

3 영화콘텐츠 마케팅의 환경과 트렌드

4 영화콘텐츠 마케팅의 프로세스

5 영화콘텐츠 마케팅의 종류

6 영화콘텐츠 마케팅의 사례

학습정리

영화콘텐츠 마케팅

영화 '워낭소리' 일본 마케팅

학습목표

1. 콘텐츠로서의 영화를 이해하고 영화 마케팅의 개념을 설명할 수 있다.
2. 영화콘텐츠 마케팅의 특징, 과정, 전략을 설명할 수 있다.
3. 영화시장과 영화 마케팅의 실제를 이해할 수 있다.
4. 성공한 영화 마케팅의 사례를 바탕으로 영화 마케팅을 실행할 수 있다.

탐구할 문제

1. 우리 주변에서 영화 마케팅은 어떻게 전개되고 있는가?
2. 우리 영화의 글로벌 마케팅을 전개하기 위해서는 어떻게 하여야 할까?

1 영화콘텐츠의 정의와 영화산업 현황

영화콘텐츠의 정의

영화는 기획, 스토리텔링의 단계를 거쳐 촬영과 편집이 완료된 상태에서 극장에서 상영되고 있는 영상 작품이다. 영화를 경제적으로 논의할 때는 의미를 명확히 하기 위해 영화상품, 영화시장, 영화산업 등으로 표현한다. 영화 및 비디오물의 진흥에 관한 법률에 의하면 영화는 "연속

그림 3-1 영화산업의 가치사슬

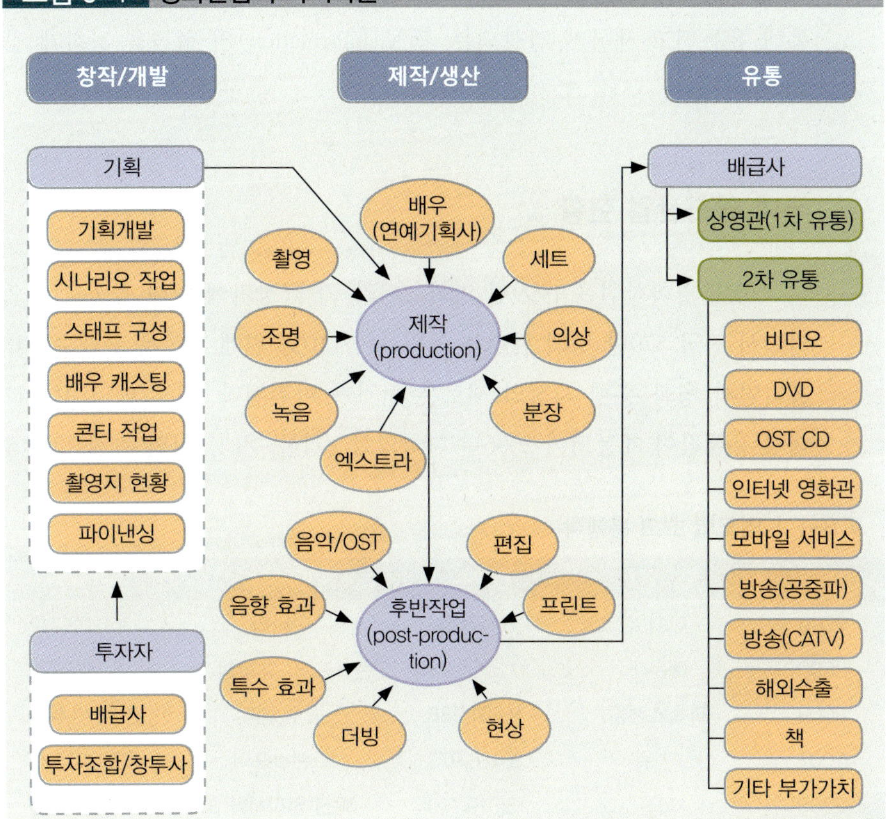

적인 영상이 필름 또는 디스크 등의 디지털 매체에 담긴 저작물로서 영화상영관 등의 장소 또는 시설에서 공중에게 관람하게 할 목적으로 제작한 것"을 가리킨다. 영어로는 모션 픽쳐(motion picture), 무비(movie), 시네마(cinema), 필름(film)으로 불린다. 영화시장은 영화의 창작, 제작·활용·유통·보급·수출입 등에 관련된 시장을 의미한다. 요컨대 영화시장은 상업적인 목적으로 공중에게 영상물을 제공하며, 크게 창작, 제작, 배급, 상영, 부가시장으로 구성된다.

영화콘텐츠는 비교적 산업적 뉘앙스를 많이 갖고 있긴 하지만, 작품이면서 상품인 영화의 느낌을 전해주기에 적절하다. 영화콘텐츠는 이미 만들어진 영화작품을 의미하는 것이 아니라 끊임없이 새로운 채널을 통해 유통되고 새롭게 감상되는, 정보(information)의 성격을 강하게 갖는다.

국내 영화산업 현황

국내 영화산업은 1999년 영화 〈쉬리〉가 극장가에 일대 돌풍을 일으키면서 전국 579만 명의 관객을 동원하여 110억 원에 가까운 흥행수익을 올리면서 영화 흥행 시장의 새로운 전기가 마련된다. 이후 매년 꾸준히 대형 흥행작이 개봉되어 2006년 한국영화 〈괴물〉은 1,301만 관객으로 역

| 표 3-1 | 연도별 최고 흥행작

연도	한국영화	관객수	외국영화	관객수
2010	아저씨	6,117,060	아바타	13,412,712
2009	해운대	11,325,228	트랜스포머: 패자의 역습	7,394,025
2008	과속스캔들	8,201,986	쿵푸 팬더	4,673,009
2007	디 워	8,426,973	트랜스포머	7,440,531
2006	괴물	13,019,740	미션 임파서블 3	5,740,789

출처: 한국영화진흥위원회(2011).

대 최고흥행작이 되었고, 2009년에는 〈해운대〉가 1,132만의 관객을 동원하였고 2010년 외국영화 〈아바타〉가 1,341만으로 국내 최대 관객 기록을 갱신했다. 이처럼 국내에서는 한국영화 및 외국영화가 계속 대형 흥행작을 통해 관객을 극장으로 오게 함으로써 국내 영화시장의 성장을 주도해왔다. 이러한 영화 관객수의 증가는 영화에 대한 관심을 불러일으키고 또한 부가시장의 활성화와 전체 영화 산업에 긍정적인 영향을 미친다.

국내 영화산업의 현황에서 두드러진 특징은 디지털 제작기술의 발달과 정부의 디지털 전환 지원정책으로 인해 디지털화가 가속화되고 있고 이로 인해 제작－유통－소비 단계에서 변화를 보이고 있다.

우선 제작단계에서는 디지털 촬영 장비를 이용한 프로덕션 및 포스트 프로덕션 작업이 진행 중이다. 과거 대부분의 영화들이 필름 카메라로 제작되었던 것과 달리, 최근에는 디지털 카메라를 통한 제작이 증가하고 있으며, 이후 컴퓨터 그래픽 작업 및 기타 후반 작업에서 디지털 제작이 이루어지고 있다.

이렇게 제작된 영상물은 디지털 상영을 위한 영화콘텐츠로 유통되거나, 2차 부가수익시장에서 온라인 서비스 업체를 통해 파일 형태로 유통된다. 영상물의 복제비용이 거의 제로에 가깝고 복제시간 또한 단축되

그림 3-2 디지털화에 따른 영화산업의 변화

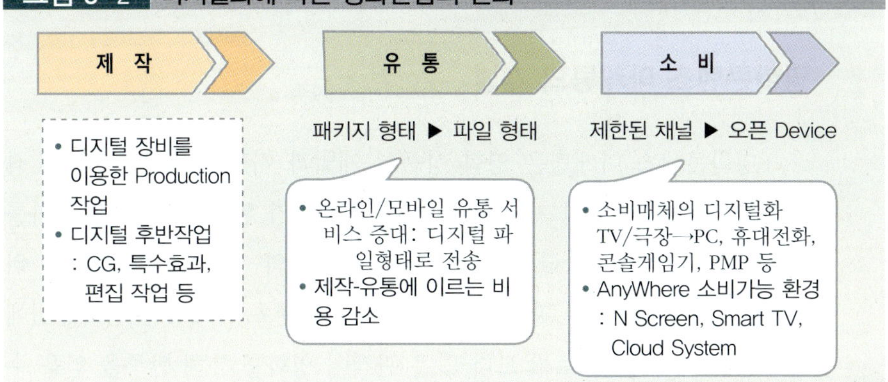

출처: 삼정KPMG(2010).

는 등 영상콘텐츠의 패키징 및 유통 단계에서 발생하는 거래 비용이 감소하고 있어, 이는 영화산업 구조 전반에도 커다란 영향을 미치고 있다.

영화의 유통창구는 1차적으로 극장상영을 기본으로 하며, 방송 및 패키지 시장 등을 통해 2차적인 추가 수익을 창출하는 구조를 가지고 있다. 시간이 지날수록 유통창구의 수와 종류는 다변화되고 있으며, 이는 미디어 환경 변화로 인한 채널 확장과 이에 따른 콘텐츠 수요가 증대된 데 기인하고 있다. 2000년대 이전 극장상영, 방송(케이블TV, 지상파방송), 홈비디오 중심의 유통창구는 2007년에는 IPTV, DMB, 인터넷,디지털 케이블 등으로 확대되었으며, 최근 스마트폰 보급증가와 함께 모바일 채널의 증가, 스마트TV, 3D TV, 그 외 온라인 유통 창구까지 더욱 다양화되고 있다(한국콘텐츠진흥원, 2011).

한편 흥행작 중심으로 관객의 쏠림 현상이 강화되고 디지털화에 따른 영화 유통구조의 다양화 등으로 인해 영화 마케팅의 중요성이 계속 강조되고 있다.

2 영화콘텐츠 마케팅의 개념과 특징

영화콘텐츠 마케팅의 개념

영화콘텐츠 마케팅은 영화 상품의 개발과 시장성을 극대화하는 작업을 일컫는다. 영화의 기획단계에서부터 영화가 완성된 후 해당 영화를 관객에게 인지시키고 극장으로 유도하고 영화의 시장성을 확대하기 위한 제반 커뮤니케이션 활동을 말한다. 영화콘텐츠 마케팅은 영화산업에 마케팅을 적용시킴으로써 보다 많은 관객이 영화를 통해 만족을 얻을 수 있도록 하고 영화산업의 수익을 극대화하려는 작업이다.

영화콘텐츠 마케팅은 일반 대중들에게 가장 효과적인 방법으로 한 편의 영화를 널리 알려서, 궁극적으로는 많은 관객들을 극장 매표소 앞에 모이게 만들고 정상적인 유통 경로를 통해 영화를 소비하게 만드는 작업이다. 영화라는 콘텐츠가 대중문화의 최전방에 위치하고 있는 만큼, 시시각각으로 변하는 사회·문화적 환경과 맞물려서 대중들에게 어필하기 위한 영화콘텐츠 마케팅의 방법도 변화와 발전을 거듭하고 있다. 최근 2~3년 사이 초고속 인터넷망의 급속한 보급으로 인한 온라인과 모바일 및 소셜미디어 마케팅의 강화가 그 예라고 할 수 있다.

바로 몇 해 전까지만 해도 영화 제작사들이 홍보까지 담당했었다. 예전에는 모든 극장이 단관이었던 시절이었기 때문에 프린트 벌 수의 제한으로 인해 한 편의 영화가 서울의 경우 1~2개 극장에서 개봉되는 것이 일반적이었다. 이 당시의 마케팅활동이라고 하면 영화 포스터 제작이나 신문과 방송을 통한 광고 등이 전부였다. 신문광고는 어떤 영화가 어떤 극장에서 개봉되는지를 알려주고 영화평을 통해 영화의 내용을 알려주는 정도였으며, 영화에 따라 방송광고가 행해진 것은 요즘과 비슷하다.

이러한 초기 영화콘텐츠 마케팅 활동은 각 극장의 기획실에서 업무를 진행하였다. '쉬리'의 홍보 마케팅을 담당했던 '올 댓 시네마'의 채윤희 대표에 의하면, 국내에서는 1980년대 후반 할리우드의 직접배급이 이루어지기 전까지는 영화콘텐츠 마케팅의 중요성을 크게 자각하지 못했다고 한다. 1990년대 이전에는 영화 산업에서 마케팅이란 신문광고나 극장 전면의 대형 광고판이 전부였으나, 1990년 후반 이후 다양한 마케팅 기법들이 도입되었다. 매스컴에의 노출이 더욱 확대되었고, 입 소문을 통한 구전마케팅도 조직적으로 시행되고 있으며, 새로운 마케팅 채널로 인터넷이 등장하였다.

1990년대 중반쯤 프린트 벌 수의 제한이 완전 폐지되고 이 시기를 전후해서 극장들은 단관에서 탈피, 차츰 여러 개의 스크린을 갖춘 복합 상영관 형태로 바뀌게 되었다. 이 때 영화의 개봉 편수는 물론 스크린의 숫자도 이전과는 비교할 수 없이 늘어났다. 직배사 진출에 따라 할리우드의 선진 마케팅 기법의 도입과, 대기업 진출에 따른 효율적 마케팅관리 등이 오늘날 모든 마케팅 수단이 동원되는 현대 영화콘텐츠 마케팅의 출발점이다.

영화콘텐츠 마케팅의 특징

영화콘텐츠 마케팅전략을 수립하기 위해서는 다음과 같은 영화콘텐츠 마케팅의 특성이 고려되어야 한다.

일반 상품과 영화는 마케팅전략의 기본 요소인 4P부터 다르다. 일반 마케팅전략에 해당되는 4P는 상품(Product), 가격(Price), 유통(Place), 촉진(Promotion)이다. 이 4P를 영화 마케팅에 적용하면 제품은 영화, 가격은 영화의 판권 가격과 영화관의 입장료, 유통은 배급 및 상영, 그리고 촉진은 다양한 프로모션 활동이라고 할 수 있다. 이 네 가지 요소에서부터 차별화된 특징을 가진 것이 영화이다.

영화콘텐츠 마케팅은 우선 상품 자체가 고유의 특징을 갖고 있다. 재구매를 기대하기 어렵기에 마케터로써 복습이 불가능하다. 또 상품의

그림 3-3 영화콘텐츠 마케팅 마케팅 4P 믹스

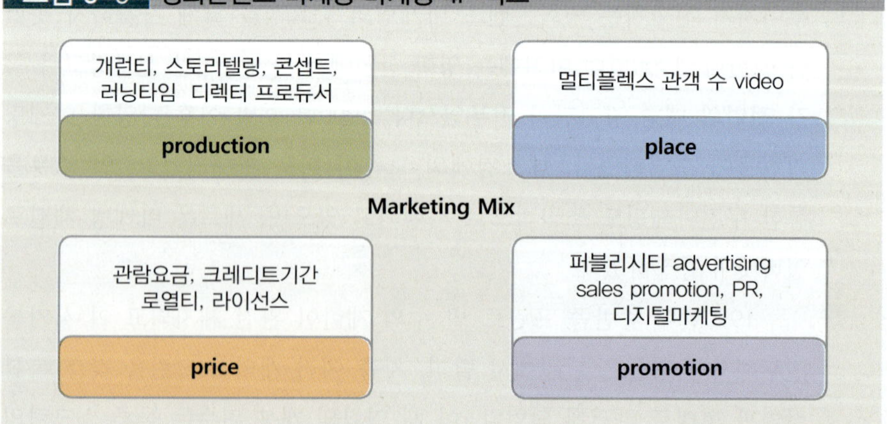

라이프사이클이 짧기 때문에 브랜드 구축보다는 치고 빠지는 캠페인성 전략이 효과적이다. 감독이나 배우의 개인 브랜드가 강하기 때문에 이들의 브랜드를 활용하는 것이 좋은 전략이다.

또 가격은 이미 극장 입장료와 유료 유통가격으로 지정돼 있다. 투자비용과 관계없이 가격은 동일하게 매겨진다. 유통망 역시 정해져 있다. 개봉관이라는 한정된 채널을 활용해야 한다. 다양한 채널로 원소스 멀티유즈가 가능하지만 개봉관에서의 성패가 상품가치를 결정한다. 영화 마케팅은 다른 상품보다 PR, 이벤트 등 프로모션의 다양화와 입소문 마케팅으로 승부를 걸어야 한다.

영화콘텐츠 마케팅에는 전통적인 마케팅의 4P 믹스 전략의 차이와 함께 3P(People, Process, Physical evidence)가 추가되어 고려될 필요가 있다. 즉 영화콘텐츠 마케팅은 7P 믹스 전략을 통해 관객의 욕구를 기초로 이에 부합하는 제품, 서비스, 정보, 시간 등을 기획 및 개발하여 이에 대한 가격, 유통, 촉진에 대해 최선의 방법을 강구하여 최대한 관객을 만족시키는 일련의 과정인 것이다.

영화콘텐츠 마케팅에서 People(사람)은 현재 관객과 잠재관객이 누구인지를 파악하고, 영화 구전을 위한 서포터즈, 관객과 대면하는 직원

| 표 3-2 | 영화콘텐츠 마케팅의 7P 믹스

마케팅 믹스의 요소	내용
제 품	영화 자체, 배우, 감독, 브랜드, 장르, 러닝타임, 시놉시스
가 격	관람료, 초대권, 할증·할인, 회원제도, 수명주기, 로열티, 라이선스
유 통	개봉일, 관객동원 수, 멀티플렉스 수, 스크린 수, DVD 출시
촉 진	예고편 노출, 광고, 홍보 및 PR, 시사회 개최, 이벤트
과 정	관람 및 행사 진행, 서비스 활동의 흐름
사 람	관람객, 영화 서포터스, 극장 전문요원
물리적 증거	극장(멀티플렉스) 자체, 휴게시설, 주차시설, 체험공간

출처: 윤홍근, 미디어 마케팅(2009).

들에 대한 관리 전략을 입안하는 것이다.

Process(과정)는 관객이 영화를 보기 위한 일련의 과정을 관리하는 것으로 티켓을 예매하는 구매 전 단계, 극장을 방문해서 영화를 관람하는 구매 단계, 관람이 끝난 뒤 귀가하는 구매 후 단계에서 관객들은 어떤 일을 겪게 되는 것을 파악하여 전략적으로 관리하는 것이다.

Pysical evidence(물리적 증거)는 영화 상품을 관객에게 제공하는 시설로서 도움을 주는 극장시설, 휴게시설, 주차시설, 체험공간 등을 고객의 만족도를 높이기 위해 관리하는 것이다.

3 영화콘텐츠 마케팅의 환경과 트렌드

영화 한 편의 언론 홍보로부터 극장 개봉에 이르는 전 과정을 영화콘텐츠의 마케팅과정이라고 한다면 영화의 제작 초기 단계에서부터 참여해서 예산의 책정과 배분, 전문 인력의 등용과 관계, 마케팅 및 광고 콘셉트의 결정 등 넓은 의미의 활동이 모두 영화 마케팅 활동 전반을 의미한다. 한국영화 마케팅은 대개 아래와 같은 과정을 기본으로 하여 마케팅활동을 전개하고 있다.

(1) 영화 개봉을 위한 홍보: 기사 작성, 기사 릴리즈, 영화기자, 블로그 기자 초청 시사회
(2) 영화 개봉을 위한 광고: 신문광고, TV광고, 온라인광고, 홈페이지 기획, 배너 디자인 검토 및 카피작성
(3)영화 개봉을 위한 프로모션: 시사회를 비롯한 각종 이벤트
(4) 영화 개봉 전후의 입소문 마케팅
(5) 영화 개봉 전후의 디지털 마케팅

〈표 3-3〉의 영화진흥위원회 영화연감통계 자료에서 알 수 있듯이 2000년 초부터 영화콘텐츠의 마케팅 비용인 P&A(Print & Advertising)비용의 추이를 보면 전체 예산에서 P&A가 차지하는 비율이 30% 중반을 차지하고 있음을 알 수 있다. 이는 각종 자료와 인터뷰를 통해서도 이와 같은 내용의 데이터를 확인할 수 있다. 2010년 일반적인 상업영화 한 편의 순수 제작비는 14억 원 정도로 추산할 때, 마케팅비는 순제작비의 50%의 수준인 7.4억 원선이며, 60~70%까지 치고 올라오는 경우도 드물지 않다.

이처럼 영화콘텐츠 마케팅 비중이 높아지는 이유는 멀티플렉스의 붐과 이런 멀티플렉스 시대에 상응하는 와이드 릴리즈(Wide Release: 광역 개봉) 전략과 광고매체의 종류 및 숫자가 급증했기 때문이다. 와이드 릴리즈로 인해 단기 승부로 영화의 흥행이 판가름 나는 현 시점에서는 개봉 직전의 적극적인 홍보와 광고의 '집중포화'만이 정보의 홍수 속을 살아가는 일반 대중들의 발길을 극장으로 유인하는 가장 확실한 방법으

| 표 3-3 | 연도별 한국영화 개봉작 평균 순제작비와 마케팅비

구 분	순제작비(A)		마케팅비(P&A)(B)		총제작비 (A+B)
	평균 순제작비 (억 원)	비중	평균 마케팅비 (억 원)	비 중	평균 총제작비 (억 원)
2001	16.2	63.5%	9.3	36.5%	25.5
2002	24.5	65.9%	12.7	34.1%	37.2
2003	28.4	68.3%	13.2	31.7%	41.6
2004	28.0	67.3%	13.6	32.7%	41.6
2005	27.3	68.4%	12.6	31.6%	39.9
2006	25.8	64.2%	14.4	35.8%	40.2
2007	25.5	68.5%	11.7	31.5%	37.2
2008	20.7	68.8%	9.4	31.2%	30.1
2009	15.6	67.5%	7.5	32.5%	23.1
2010	14.2	65.7%	7.4	34.3%	21.6

그림 3-4 연도별 한국영화 개봉작 평균 제작비와 마케팅비 (단위: 억 원)

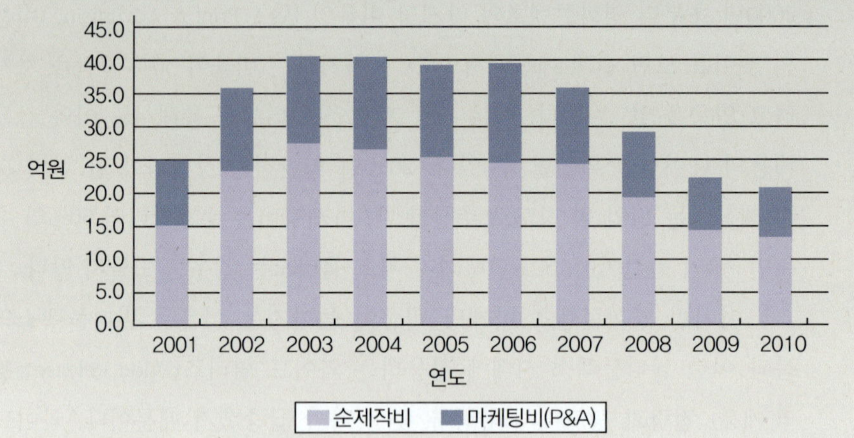

로 인식되고 있다. 홍보 중심적인 마케팅방식도 이유로 들 수 있다. 마케팅비용이 상승한 네 가지 이유는 아래와 같다.

첫째, 가장 큰 이유로 CGV와 메가박스가 주도하는 멀티플렉스의 붐을 꼽을 수 있다. 멀티플렉스의 경쟁적 개관이 결국 영화를 개봉 주말 3일 만에 성공과 실패가 판가름 나는 상품으로 만들었다. 영화라는 상품이 수명이 점점 짧아지는 상황에서 영화사로선 개봉 직전 마케팅에 온 힘을 쏟아 부을 수밖에 없다.

둘째, 와이드 릴리즈(Wide Release) 전략은 부대비용을 늘리고 단기 승부를 격화시킨다. 스크린 수가 200개라면 프린트 또한 200벌, 예고편은 300~400벌을 뜬다는 뜻이다. 매트릭스 리로디드의 예를 들면 프린트 비용만 5억(프린트 제작 수치 230벌, 프린트 한 벌당 200만원의 비용이 듦)이다. 한 편의 영화가 몇 벌의 프린트를 제작하는가 하는 것은 영화의 배급 규모에 따라 결정된다. 프린트 제작 수는 배급의 규모를 가늠 짓는 중요한 잣대이다. 배급의 규모가 크다는 것은 그만큼 영화의 흥행 가능성이 높다는 반증이다. 매트릭스 리로디드는 국내 개봉 당시 국내 영화사상 최다 스크린 320개관에서 동시 개봉해서 개봉 3일 만에 전국 관객 1

백 21만 명을 동원하며 국내 개봉영화 관객동원 신기록을 세웠다. 우리나라 역시 이런 와이드 릴리즈 형태에서 벗어나지 못하고 있으며 그 결과 엄청난 마케팅비의 상승을 가져왔다.

셋째, 광고매체가 다양화한 것도 마케팅비를 상승시킨 요인이다. 최근 사례에 따르면 광고매체는 무려 40여 종에 이른다. 여기에서 각종 스포츠지, 일간지는 신문이라는 하나의 종류로 묶은 것이며 극장, 영상, 인쇄매체와 같은 전통적인 광고매체 외에도 각종 옥외 광고와 초고속 인터넷망 보급으로 인한 온라인 매체와 SNS의 새로운 부상, 핸드폰의 보급률로 인해 모바일을 이용한 마케팅 활용도 강화되고 있다. 현재 모든 영화의 시사회는 대부분 온라인 대행업체들이 진행하고 있다. 수많은 일반 시사들이 진행되고 그 중심엔 온라인 매체가 있다. 그리고 정말 한국 외엔 없는 특별한 매체가 있는데 바로 TV 영화프로그램이다. 지상파 방송 10분을 위해 직배사들조차 개봉영화를 편집해 결말 10분 전까지 공개한다. 이런 다양하고 특이한 매체들의 폭증으로 인해 매체 대비 비용은 급상승하게 된다.

넷째, 영화마케터는 크리에이티브를 바탕으로 언론과 소비자에게 작품을 노출하는 일에는 강하다. TV 프로그램의 예를 비추어 볼 때 이 정도의 매체를 다루는 것은 마케터의 역량일 수 있다. 그러나 그에 따른 광고매체를 무분별하게 남용하게 된다. 특히 인쇄매체의 광고비를 지나치게 지출하고 있다. 대부분이 인지광고인 신문광고 등은 현재 큰 효과를 기대할 수 없지만 관행과 막연한 흥행에 대한 부담감으로 자주 이용되어서 매체비용의 상승을 부추긴다. 제작비나 배우 러닝개런티에 민감한 것에 비해 P&A비용 1억~2억 원 올라가는 것에 대해 너그러운 것이 한국영화의 현재이다. 1억 원 더 썼을 때 타깃 관객층에 어떻게 도달하는가에 대해서는 전혀 설명하지 못한 채 감으로 진행하는 경우가 많다. 그리고 여러 가지 시도의 가능성은 흥행이 실패할 때 대두되는 책임론이 가로막는다.

영화콘텐츠 마케팅에서 마케터들이 중요하게 여겨야 할 사항을 요약하면 다음과 같다. 먼저 영화의 장점과 단점을 명확히 파악해야 한다. 영화를 마케팅관점에서 분석하면 일반 마케팅에서 제품이라고 할 수 있는 영화의 장단점을 파악하고 나면 부각시킬 것이 무엇인지, 그것을 부각시키기 위해서 무엇을 해야 하는지가 보이고 장점을 드러내면서 어떻게 단점을 감추고 보완해야 할지가 보인다. 그리고 마케팅에서 가장 중요한 것은 콘셉트이다. 특히 영화 마케팅의 경우 소비자들에게 일관된 이미지로써 보이게 하고 알리며 그것을 통해 관람욕구를 증대시켜 영화를 관람하도록 하는 것이 무엇보다 중요하다. 여기에는 특히 그에 따른 합당한 이유가 있어야 하고, 무엇보다 그것이 맞아 떨어져야 한다. 바로 이 콘셉트에서 그 영화를 일관되고 명확하게 포지셔닝해 나갈 전략과 전술이 필요하다. 그 콘셉트가 맞아 떨어졌는가는 개봉 첫날에 뼈저리게 알 수 있다.

최근 영화콘텐츠 마케팅은 블로그와 SNS 및 스마트폰을 포함한 유무선 온라인 마케팅이 차지하는 비중이 상당히 높아지고 있다. 영화업계 관계자는 “영화 마케팅에서 온라인시장의 비중이 매년 무척 빠른 속도로 달라지고 있음을 느낄 수 있다”고 전한다. 영화계에서는 조만간 TV매체보다 유무선 온라인의 비중이 높아질 것으로 예상하고 있다. ‘실미도’의 경우 일종의 이원화된 온라인 마케팅전략을 구사했다. 티저기법을 활용한 홈페이지 구축으로 실미도 사건의 존재를 모르는 네티즌을 공략했다. 또 실미도 사건을 기억하는 중·장년층을 역으로 인터넷 공간에 끌어들여 구전 효과를 극대화했다. 영화홈페이지에 직접 접속해서 게시판에 글 한 번 써본 경험이 드문 50대 이상 관객들의 글이 홈페이지에 가득하였다.

‘관객 천만시대’에서 새롭게 나타난 영화콘텐츠 마케팅 트렌드 중 하나는 ‘이슈마케팅’이다. 영화마케터들은 500만 명 이상 관객이 나타나기 시작한 것은 이들 영화가 사회적인 이슈로 떠오르기 때문이라는 데 공감한다. 한국영화의 흥행은 영화 외적인 요소가 중요하다고 보는 시각도 있다. 따라서 일명 ‘2주 마케팅’이 중요해진 것도 요즘 나타난 현상이다. 흔히 개봉 첫 주에 흥행 성패가 결정된다고 하여 개봉 바로 직전까지가 마케팅 활동의 절정시점이라고 여겨졌지만 이제는 새로운 영화가 개봉되는 2~3주차에 끊임없이 이슈를 발굴하는 것이 중요해진 것이다. 예를 들어 '실미도'는 개봉 한 달여가 지나면서 주요 일간지나 지상파 방송에서 실미도 사건을 집중적으로 다뤄 사회 이슈화 작업이 충분히 이뤄진 것이 영화흥행에 탄력을 받게 된 중요한 요인이다.

영화마케터들 사이에서 많이 나오는 말 중에 "잘되면 영화 탓, 안되면 마케팅 탓"이라는 말이 있다. 영화라는 상품의 특수성 때문에 영화 마케팅은 작품의 성공에 묻히는 경우가 많기 때문이다. 일반적인 소비재보다 상품과 마케팅의 혼연일체가 두드러진 분야가 영화이다. 따라서 작품이 대성공을 거둔 경우 마케팅 방식을 따로 놓고 칭찬해 주거나 하는 분위기는 찾아보기 어렵다. 하지만 마케팅 활동이 배우 캐스팅 시점부터 시작되는 만큼 작품의 성공이 마케팅과 동떨어져 이뤄질 수 없다. '실미도'의 전체 제작비 110억 원에 이 중 마케팅비가 24억~27억 원, '태극기 휘날리며'는 전체 170억 원 제작비 중 약 23억 원의 마케팅비가 소요된 것으로 알려졌다. 이 두 영화가 성공을 거두면서 최근에는 또다시 잘 만들어진 대작영화(well-made blockbuster)에 대한 관심이 높아지고 있다. 결국 영화와 영화 마케팅은 공존하면서 진화될 수밖에 없는 관계이다. 영화산업의 도약을 위해서는 영화 마케팅의 도약 역시 중요하고, 영화 마케팅 기법 등이 과학적이고 체계적으로 발전해야 한다.

4 영화콘텐츠 마케팅의 프로세스

영화콘텐츠 마케팅은 영화라는 제품을 성공적으로 론칭하고 흥행시키기 위해 영화 작품 분석 → 마케팅 목표와 콘셉트 설정 → 마케팅전략

그림 3-5 영화콘텐츠 마케팅 프로세스

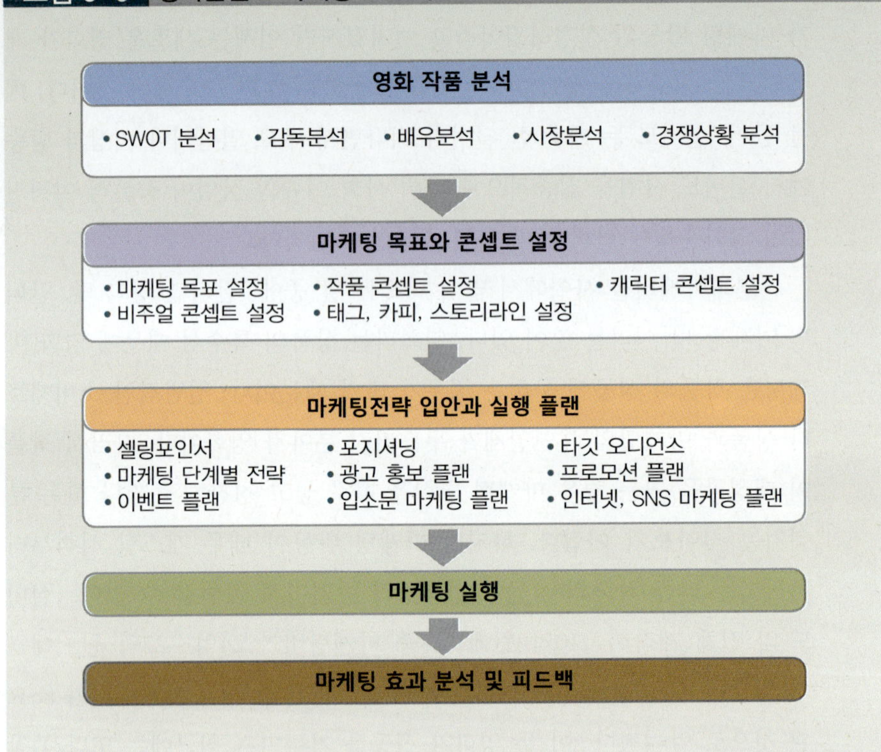

입안 → 마케팅 실행 플랜 → 마케팅 실행 → 효과분석 및 피드백의 과정을 거친다.

1) 영화 작품 분석

영화 작품 분석에는 SWOT(Strength: 강점, Weakness: 약점, Opportunity: 기회, Threat: 위협) 분석, 감독 분석, 배우 분석, 시장 분석과 경쟁 상황 분석이 있다.

영화콘텐츠 마케팅의 시작은 마케팅할 영화의 정확한 SWOT 분석에서 시작된다. SWOT 분석이 제대로 이루어져야 마케팅 콘셉트와 마케팅전략이 제대로 나온다. SWOT 분석을 통해 영화의 강점과 약점 그리

▲ 플롯과 시나리오 내용을 강점으로 부각시킨 마파도

고 기회와 위협 요소들을 파악한다. 즉 배우, 감독, 시나리오, 장르, 제작 환경 등의 내적 요인과 시장상황, 경쟁상황, 관객들의 선입견과 인식, 개봉시기 상황 등의 외적 환경 분석을 통해 SWOT을 작성한다.

이후 영화 작품 분석단계에서는 주연배우와 감독의 역량, 인지도, 선호도, 흥행력 등의 분석을 통해 이미지 메이킹 방향을 설정하고 시장상황과 경쟁상황의 분석을 통해 시장의 흐름과 차별화 포인터를 정확히 읽어내야 한다. 영화 작품 분석을 통해 마파도처럼 특출난 주연배우 없는 약점을 훌륭한 플롯과 시나리오 내용을 강점으로 부각시키는 마케팅을 전개해 나갈 수도 있다.

2) 마케팅 목표와 콘셉트 설정

영화 작품 분석 후 영화 마케팅 목표를 설정한다. 상영할 영화의 마케팅 목표는 영화 작품 분석에서 파악된 SWOT, 시나리오의 완성도, 개봉 가능한 스크린 수, 관객들의 관심도 예상, 주연 및 감독의 흥행력 등을 종합하여 최종목표 관객을 정하는 것이다.

마케팅 목표를 달성하기 위한 첫 번째 단계의 전략이 영화의 마케팅 콘셉트를 설정하는 것이다. 영화 마케팅 콘셉트에는 작품 콘셉트, 캐릭터 콘셉트, 비주얼 콘셉트, 태그, 카피, 스토리라인 등이 포함된다.

영화 작품 콘셉트는 그 영화가 지니고 있는 장점과 특성, 그리고 영화의 영역을 관객들에게 쉽게 알려주면서 영화의 가치와 편익을 전달하

▲ 태그가 영화 제목과 어울리는 〈내 생애 가장 아름다운 일주일〉 포스터 광고

여 관객이 영화를 선택하도록 유도라는 핵심개념이라 할 수 있다.

예를 들어 영화 〈괴물〉의 콘셉트인 '한강에 출몰하는 돌연변이 괴물과 일가족의 목숨 건 사투'만 들어도 〈괴물〉이 어떤 영화인지, 어떤 내용을 담았는지를 알게 하면서 관객의 관심을 유도하는 하이 콘셉트이다.

작품 콘셉트가 설정되면 이를 기초로 스토리라인, 캐릭터 콘셉트와 비주얼 콘셉트를 정한다. 이를 통해 영화 광고와 예고편을 통해 영화 스토리를 어느 정도까지 노출할 것인지를 정하고 캐릭터의 노출 방향과 비주얼 톤앤 매너가 결정된다.

영화 작품의 마케팅 콘셉트를 근거로 태그라인이 도출된다. 영화 마케팅에서의 태그라인은 영화의 본질을 나타내는 함축적인 말로서 제목 위에 붙어서 항상 제목과 함께 따라다닌다. 영화의 태그라인은 그 영화의 독특한 차별화 포인트를 관객들의 머릿속에 각인시키고 포지셔닝시켜야 한다.

영화 〈마파도〉의 태그는 '오지게 빡센 섬'이고, 영화 〈친구〉의 태그는 '오래두고 사귄 벗'이다. '당신에겐 있었나요?'라는 태그가 영화 제목과 절묘하게 어울리는 〈내 생애 가장 아름다운 일주일〉 영화 광고로 콘셉트를 전달하고 관심을 모을 수 있었다.

3) 마케팅전략 입안

영화콘텐츠 마케팅전략 입안 단계에는 셀링 포인트 설정, 타깃오디언스 설정, 포지셔닝 설정, 단계별 마케팅전략, 광고홍보 플랜, 프로모션과 이벤트 플랜 입안, 인터넷과 뉴미디어 마케팅전력, 입소문 마케팅전략 입안 등이 포함된다.

마케팅 콘셉트 단계가 영화의 마케팅 방향을 잡는 것이라면, 마케팅 전략 입안 단계는 영화 마케팅의 구체적이고 실질적인 계획들을 기획하고 실행을 위한 준비를 하는 단계라 할 수 있다.

셀링 포인트(selling point)는 어필 포인트(appeal point)라고도 불린다. SWOT 분석을 통해 도출된 가장 강력한 강점이 곧 그 영화의 셀링 포인트가 된다. 관객들로 하여금 영화를 선택하게 하는 요인, 그 영화의 관객들에게 팔고 싶은 영화의 강점이 곧 셀링 포인트이다. 즉 영화의 흥행을 결정짓는 요소들인 스토리, 배우, 캐스팅, 감독, 장르, 영화 특수기술 등 중 고객에게 가장 강하게 어필할 수 있는 것을 셀링 포인트로 도출하여야 한다.

포지셔닝(positioning)은 영화의 강점과 경쟁작과의 차별화 포인트를

그림 3-6 영화의 포지셔닝 맵 사례

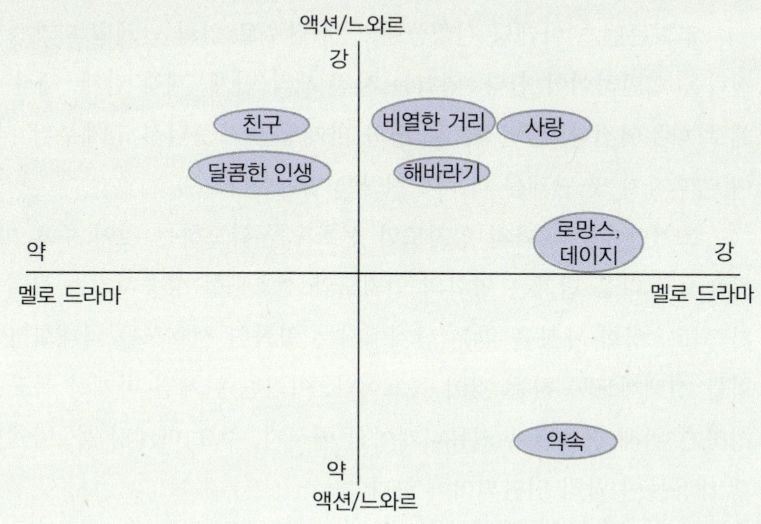

활용하여 관객의 생각 속에 어떤 위치를 차지하도록 할 것인가를 정하는 것이다. 특히 마케팅 한 영화와 동시기에 개봉하는 영화들 속에서 어떤 위치를 차지할 것인가를 포지셔닝 인지도 그림을 통해 분명히 설정하고 모든 마케팅 수단을 이용하여 관객들의 인식 속에 영화의 포지션을 각인 시키도록 해야 한다.

타깃은 세분화된 시장에서 그 영화를 공략해야 할 시장 또는 그룹을 말한다. 보통 영화에서 타깃은 인구 통계학적 특성(연령, 성별, 직업, 소득, 학력, 종교, 국적 등)과 행동특성(사용 정도 및 태도)들로 타깃 시장을 세분화 한다.

국내의 메인 영화 층은 10대 후반에서 20대 초중반의 남녀 대학생이지만 때론 영화 〈맘마미아〉처럼 영화의 성격에 따라 메인 타깃을 30~40대 주부로 정하여 관객 500만에 가까운 큰 성공을 거두기도 한다. 이처럼 영화의 메인 타깃은 영화의 스토리와 장르 및 주연배우들의 타이틀 롤 성격의 따라 전략적으로 정하여 공략하여야 한다.

4) 마케팅 실행 플랜 입안

영화콘텐츠 마케팅 실행플랜의 첫 단추로 영화 단계별 마케팅 실행 전략을 입안하여야 한다. 영화는 사전 제작 단계, 제작 단계, 제작 후 단계로 나누어진다. 일반적으로 영화 마케팅은 프로덕션 단계부터 시작하여 이후까지 몇 단계를 나누어 전략을 입안한다.

초기단계는 영화의 인지도와 선호도를 확보하는 것이 주요 마케팅 목표이고 다음 단계는 영화의 인지도와 선호도를 상승시키는 것이 목표가 되고, 영화 개봉을 앞둔 단계에서는 영화의 선호도를 극대화하여 영화를 선택하도록 하는 것이 목표이다. 이러한 단계별 마케팅 목표를 달성하기 위해 단계별로 커뮤니케이션 메시지, 주요 마케팅 툴, 마케팅 실행 내용들이 달리 입안되어야 한다.

영화콘텐츠 마케팅 실행 내용은 광고홍보 계획, 프로모션 계획, 이벤트 계획, 입소문마케팅 계획 및 인터넷과 소셜미디어 마케팅 계획 등을 포함한다.

영화콘텐츠 마케팅의 광고홍보는 유료광고와 영화에 관한 기사화를 통해 관객들이 영화에 대한 관심과 신뢰도를 높여 티켓을 구매하도록 유도하는 방식으로 매체를 활용한다.

영화콘텐츠 마케팅의 광고홍보에서 활용할 수 있는 매체는 인쇄매체로써 주요 일간지, 무가지 및 스포츠지, 월간지 및 영화 전문지가 있고 방송매체로는 지상파, 케이블방송, IPTV, 위성방송 및 DMB가 있다. 또한 최근에는 인터넷과 모바일 및 SNS를 활용한 영화의 광고홍보가 급증하고 있는 트렌드이다.

영화 프로모션은 다양한 업체들과 제휴하여 공동 프로모션이 많이 활용되고 있다. 영화사는 시사회권이나 영화 예매권을 제공하고 주유소, 편의점, 패밀리레스토랑, 백화점, 패스트푸드점 등은 이를 활용한 이벤트 프로모션을 진행하여 상호 win-win되는 프로모션을 기획해야 한다.

때에 따라서는 영화의 장면들을 대기업의 광고에서 활용하여 영화 이미지와 기업제품 이미지를 결합하여 TV, 신문, 잡지, 인터넷에서 공동 광고를 계획할 수도 있다.

영화 이벤트는 마케팅PR(MPR)의 일환으로 기획된다. 영화 이벤트 방법으로 영화 촬영현장 공개, 기자 간담회, 시사 이벤트, 주연배우 인터뷰, 영화 전시회, 영화 제작보고회 등을 특색 있게 관심을 끌 수 있는 내용으로 기획하여야 한다.

예를 들어 영화 〈마파도〉의 제작보고회에 당시 인기가 높았던 개그맨인 리마리오와 컬투가 출연하여 언론매체의 관심을 끌었고 연예프로그램에도 자연스럽게 소개되었다.

이 외에도 카페에서 '노래가 있는 제작보고회', '토크쇼 형태의 제작보고회', '게임 형식의 제작보고회' 등 영화의 주제와 성격에 따라 다양한 형태의 제작보고회가 기획될 수 있다.

5) 인터넷 및 소셜미디어 영화 마케팅 계획

최근 인터넷과 SNS와 스마트 모바일의 폭발적인 확산으로 영화콘텐츠 마케팅의 중요한 영역에 입소문마케팅이 자리를 잡고 있다. 입소문마케팅은 버즈 마케팅, 바이럴 마케팅의 특성을 갖고 있으면서 온라인과 오프라인을 통하여 영화에 대한 긍정적인 내용이 퍼져나가게 하는 것이다.

영화 〈워낭소리〉는 개봉 첫 주에는 7개관에 불가하던 것이 성공적인 온·오프라인 입소문에 의해 상영관이 245개까지 확대되고, 300만 명의 관객을 동원하여 90억원 이상의 순이익을 내는 결과가 도출되었다. 영화에 대한 긍정적인 입소문에 온라인과 오프라인으로 퍼지면서 영화를 성공적으로 마케팅한 대표적인 사례라 할 수 있다.

최근에는 영화콘텐츠 마케팅에서 인터넷 마케팅과 블로그 및 SNS 등 소셜미디어를 활용한 마케팅이 점차 더욱 중요해지고 있다.

영화의 인터넷 마케팅은 온라인상으로 영화소개 홈사이트 개설, 영화 광고, 홍보 및 MPR, 판매촉진 프로모션, 공동 프로모션, 이벤트 등을 기획하여 집행한다.

▲ 최초로 인터넷 마케팅을 활용한 영화 '블레어 윗치'

인터넷 사용자가 계속 늘어나고 있고 특히 인터넷의 주 사용자층이 영화의 주 수요자 층과 같아지고 있어 영화 인터넷 마케팅은 지속적으로 중요하게 될 것이다.

한편 인터넷의 진화도 계속되고 있어 웹2.0을 넘어 웹3.0으로 접어들면서 소셜미디어로 발전하고 있다. 소셜미디어는 유선과 무선인터넷 서비스를 통합하면서 블로그로 대표되는 1인 미디어, 친구들 간의 다자간 소통과 커

▲ 트위터를 통한 성공적인 입소문마케팅을 진행한 영화 〈시라노연애조작단〉

뮤니티가 형성되는 트위터와 미투데이 같은 마이크로 블로그, 페이스북과 싸이월드로 대표되는 SNS(소셜네트워크 서비스), 그리고 유투브와 판도라TV 같은 UCC업로드 포털 등 다양한 서비스로 계속 진화하고 있다.

이러한 소셜미디어를 영화 마케팅에서 적극 활용하면 적은 비용으로 입소문이 확산되어 큰 효과를 거둘 수도 있다. 특히 최근엔 영화의 주 수요층들에게 스마트폰과 태블릿PC 등 스마트 모바일을 통해 소셜미디어가 급속도로 확산되면서 스마트미디어를 활용한 영화 마케팅을 기획하고 집항하는 것이 더욱 중요해지고 있다.

소셜미디어를 영화 마케팅에 효과적으로 활용하기 위한 계획을 입안 시, 소셜미디어의 특성인 공유(sharing), 상호작용(Interaction), 실시간 확산(Real Time), 집단지성(Collective intelligence)을 적극 활용해야 한다.

구체적인 활용방법으로는 트위터나 페이스북을 통해 영화감독과 배우와의 직접적인 커뮤니케이션 장을 열고 MPR 및 이벤트 프로모션을 실시간으로 진행할 수 있다. 예를 들어 배우와의 토론 및 질의응답, 영화관련 퀴즈 및 정답자 영화 무료권 제공 이벤트 실시, 트위터 및 페이스북 시사회, 배우와 감독을 만날 수 있는 극장 실시간 제공, 영화 리뷰와 평점 리트윗, 영화 할인쿠폰 이벤트 실시 등 다양하다.

2011년 말에 트위터는 500만, 페이스북은 600만, 스마트폰은 2,000만 명의 국내 사용자가 있고, 그 숫자는 계속 증가되고 있어 이를 포함한 소셜미디어를 활용한 영화 마케팅의 중요성은 더욱 강화될 것이다. 이

때 성공적인 소셜미디어 영화 마케팅 계획 입안을 위해서는 다음과 같은 기본 전략을 유의해야 한다.

첫째, 잠재 관객이 직접 참여할 수 있는 소셜미디어 영화 마케팅이 기획되어야 한다.

둘째, 관객들의 반응에 즉시적이고 지속적으로, 양방향적으로 소통하는 소셜미디어 영화 마케팅이 기획되고 운영되어야 한다.

셋째, 소셜미디어를 통해 판매에 주안점을 주지 말고 영화의 재미와 감동을 전달하여 긍정적인 입소문이 나도록 활용하는 전략이 구현되어야 한다.

5 영화콘텐츠 마케팅의 종류

일반적으로 영화의 마케팅커뮤니케이션 전략에는 시장조사, 광고, 홍보, 프로모션, 매체전략과 같은 분야가 있다. 오스틴(Austin, 1989)은 영화 관람 과정의 요소들을 구성하는 요인들을 밝혀냈는데, 즉 영화제작 광고와 홍보, 이야기 유형, 개인적인 영향 등이다. 이제 영화사들은 성공적인 판매에 착수하기 전에 그들의 광고 전략을 위한 시장조사를 하고, 잠재적인 관객에게 영화를 관람하게 함으로써 그들의 욕구가 충족되었는지에 대한 조사결과에 의거하여 영화의 구체적인 마케팅전략을 수립한다.

영화콘텐츠 마케팅이란 관객에게 영화라는 일종의 상품을 팔기 위해 기획 단계부터 촬영, 편집, 그리고 개봉 전까지를 통합하는 전략을 수립하고 각 시기마다 그 전략을 탄력적으로 실행에 옮기는 작업을 일컫는다. 매 주말마다 10여 편의 영화들이 쏟아져 나오는 상황에서 흔들리는 관객을 사로잡을 수 있는 힘이 바로 영화콘텐츠 마케팅이다.

단순히 좋은 영화를 만들기만 하면 되었던 과거와는 달리 영화 기획 단계에서부터 철저히 준비된 홍보 및 광고 등 마케팅 활동이 영화 흥행에 결정적인 요소가 되었다. 영화콘텐츠 마케팅은 홍보전략, 광고전략, 세일즈 프로모션 전략, 구전전략, 디지털 마케팅으로 나누어 볼 수 있다. 각각의 전략의 개요는 다음과 같다

1) 홍보 PR(Public Relations)

홍보 PR 전략은 영화를 대중에게 알리기 위하여 유료의 광고지면을 이용하지 않고 뉴스의 제공이나 이벤트 실시 등을 통해 알리는 전략이다. 뉴스를 통해 제공되는 영화 정보는 일반 상품에서도 기업이 돈을 주고 지면이나 전파를 통해 방영하는 광고에 비해 상업성이 배제된 객관적 정보로 받아들이기 때문에 소비자들의 신뢰도가 대단히 높다.

퍼블리시티(Publicity)란 대중 매체를 통하여 소비자에게 상품, 서비스, 또는 회사에 대한 정보를 전달하는 것이다. 영화와 블로그 기자 회견, 보도 자료, 및 프레스킷 배포, 언론인 초청행사, 영화에 대한 읽을거리, 기사의 제공 등으로 영화 관객 유치에 유리한 정보가 매체에 실리도록 하는 것이다. 오락산업의 꽃인 영화는 정기적으로 매스미디어에 보도자료를 보낸다. 영화를 효과적으로 홍보하는 가장 좋은 수단으로는 광고 이전에 이루어지는 퍼블리시티이다.

이는 영화가 광고에 들어가기 이전에 언론을 통해서 기사화하는 것으로, 보통은 영화 상영 전에 기자들에게 배포하는 보도 자료에 의해 뉴스 내용이 결정된다. 영화 〈아바타〉의 경우 영화 제작사는 영화가 상영되기 한 달 전부터 1,000건 이상의 보도 자료를 만들어 매스 미디어에 배포하였다. 최근에는 블로그와 소셜미디어를 통한 기사화도 많이 활용되고 있다.

2) 광고(Advertising)

광고 전략은 유료의 대중매체를 통해 영화를 알리고 관람을 유인하

는 전략이다. 광고에는 대중매체를 사용하는 데 따른 몇 가지 장단점이 있다. 많은 사람에게 짧은 시간 안에 접근할 수 있다는 것이 광고의 결정적인 장점이다. 영화 광고는 영화를 볼 사람을 대상으로 하는 것이지만 영화를 보고 난 사람도 대상으로 한다. 보고 난 영화에 대해 긍정적인 평가를 하게 하여, 영화를 보지 않은 사람에게 영향을 미침으로써 흥행성공에 일조를 하는 것이다.

다른 소비재의 경우보다 구매(상영, 관람)기간이 짧기 때문에 광고 또한 비교적 단기에 집중한다. 효과적인 영화 광고를 제작하기 위해서는 광고의 목표와 소구 대상을 설정해야 한다. 영화의 경우, 영화에 대해서 얼마나 아는가(인지도) 또는 그 영화를 볼 의사가 있는가(관람의사) 등이 일차적 광고목표가 될 수 있다.

매체는 잘 만들어진 광고를 효과적으로 전달하기 위한 모든 수단이다. 일반적인 광고매체로서 TV나 라디오를 이용한 전파매체와 신문, 잡지, 포스터 및 전단지 등의 인쇄매체, 그리고 버스나 지하철역을 이용한 교통광고, 극장간판, 옥외 전광판 광고가 있다. 최근에는 영화 예고편을 포함하여 영화에 관한 다양한 내용을 담은 온라인 광고 및 소셜미디어를 이용하는 광고도 있다.

❶ 영화예고편 광고

보통 영화예고편은 영화가 극장에서 상영되기 한 달 전쯤(여름이나 크리스마스 시즌의 대작 인 경우 몇 달 전 혹은 시즌 전)부터 상영극장에서 현재상영중인 영화의 앞뒤에 붙여진다. 극장에서는 몇 편의 상영 예정 작들을 본편에 앞서 관객들에게 보여줌으로써 영화에 대한 관심을 불러일으킨다. 영화를 가장 효과적으로 전달할 수 있는 하이라이트 장면들로 보통 1분 30초 정도의 분량이다. 극장에 온 잠재고객들에게 극장과 영화의 내용을 함께 전달할 수 있는 효과적이고 실질적인 광고 수단이다. 최근에는 영화예고편을 활용한 온라인 광고가 확대되고 있다.

❷ TV광고

TV SPOT은 TV광고를 위해서 제작하는 광고형태다. TV광고는 보통 15초, 20초, 30초 등이 있다. TV광고는 영화의 장면과 예고편 중 멋진 내용을 활용하거나 외화의 경우 외국에서 사용되었던 TV 광고장면들 중에 멋진 장면(trairer)들을 선정, 영화포스터나 예고편에 들어갔던 영화의 카피를 자막으로 넣어 TV 광고용으로 만들어 사용한다.

❸ RADIO광고

Radio광고는 15초, 20초가 주로 사용된다. 성우가 읽어줄 멘트를 작성하는 게 우선인데, 영화 포스터의 카피나 영화에 대한 호기심을 불러일으킬 만한 문구 등을 쓴다. 라디오의 경우 청소년과 여성관객을 대상으로 한 멜로 영화나 따뜻한 드라마가 광고효과가 크다. 특히 영화음악이 좋은 경우도 영화의 느낌을 전달할 수 있는 성우의 기용과 전달하는 내용이 무엇보다 중요하다.

❹ 포스터

포스터는 비주얼, 카피, STAFF, CAST, 영화제명으로 이루어진다. 포스터는 대개 2종으로 만드는 경우가 많다. 대개 외화의 경우는 오리지날 포스터의 비주얼을 그대로 사용하는 경우, 또는 국내용으로 영화장면 중에 한 장면으로 적당한 비주얼을 만드는 경우가 있다.

국내의 경우 영화제작전, 혹은 제작 중에 이미 포스터를 제작하는데 대부분 사진작가들에게 맡겨 포스터용 사진을 촬영하는 일이 많다. 예전에는 영화 스틸장면 중 하나를 사용하는 경우가 많았는데 영화의 사전홍보가 중요하게 자리잡게 되면서 영화 포스터 촬영이 독립된 산업으로 자리잡았다.

❺ 전단(팸플릿)

전단은 영화내용을 설명해주는 일종의 안내서이다. 극장 내에 비치되어 상영중인 영화나 상영예정인 영화들에 대해 자세한 정보들을 실어 관객들에게 친절하게 영화의 내용을 소개한다. 전단의 사이즈와 모양은 일정하지 않다. 영화의 장르와 내용에 따라 각기 다른 사이즈와 종이재질을 사용하여 영화의 분위기를 효과적으로 전달하려고 애쓴다.

보통 전단의 앞면에는 메인 포스터의 그림이 실리고, 그 다음은 시놉시스와 프로덕션 노트, 배우들의 필모그라피나 영화에서의 배우의 역할, 감독에 대한 간략한 필모그라피도 들어간다. 또, 작품성이 있거나 해외 수상작인 경우 수상내역을 소개하고 국내외 매스컴들의 평을 싣기도 한다. 이 영화만이 가지고 있는 특징과 장점들을 상세하게 알려주고 영화를 선택하는 데 도움을 주는 역할을 하는 것이 전단이다. 기자들에게는 보도자료가, 일반 관객들에게는 전단이 그 역할을 한다고 볼 수 있다.

❻ 신문광고

신문광고는 영화광고에서 가장 많이 쓰는 광고의 형태다. 일간지와 스포츠지 등에 개봉 2주 전부터 광고를 시작한다. 개봉 전까지의 광고를 예고, 개봉일 이후부터의 광고는 본고라고 한다. 신문광고의 경우, 개봉일이 같은 타영화들과의 차별성, 계절과 시즌에 맞는 타깃층의 공략 등이 중요하다. 그래서 영화 포스터와 다른 문구, 보다 적극적이고 강력한 문구를 사용하는 예가 많다. 포스터 카피는 영화의 내용을 한두 줄로 간략하게 표현하는 말이라면, 신문광고는 이 영화를 보고 싶도록 만드는 확신과 욕구를 불러일으켜야 한다 또, 매스컴들의 평이나 영화평론가들의 좋은 평을 발췌하여 신문독자들로 하여금 영화에 대한 확신을 가질 수 있는 근거를 제시해주는 경우가 많다. 미국 영화광고에서는 별다른 카피가 없고 별을 몇 개 받았으며 유명 매스컴의 평이 어떠했는지가 아주 중요한 요소로 작용한다.

❼ 전광판

전광판의 경우 극장예고편이나 TV광고 등을 그대로 사용하는 경우가 많다. 그렇지 않더라도 전광판 광고용으로 제작하는 방법이나 영화내용은 예고편이나 TV광고와 거의 같다.

요즘엔 시내 번화가 어디든지 전광판이 설치되어 있어 자가운전자들이나 버스를 타고 있는 사람들의 시선을 붙잡아 둔다. 막히는 교통대란 속에서 어쩔 수 없이 자연스럽게 전광판으로 시선이 가게 되는 경우가 많기 때문이다.전광판은 요즘 들어 관심을 끌고 있는 새로운 영화광고매체 중 하나이다. 전광판의 광고로 효과를 볼 수 있는 영화들은 대부분 영화 장면들이 아름답거나 액션장면이 화려하거나, 스케일이 큰 대작의 경우가 많다.

⑧ 지하철, 버스 교통광고

그 외 영화에서 광고매체로 이용하는 것은 지하철 광고와 시민게시판 등이 있다. 지하철 광고는 지하철 내부의 이미지 및 동영상광고, 전철역에 있는 wide 이미지와 큰 사이즈의 전광판, 시각홍보판이라고 부르는 지하철 노선 안내도나 일반 광고 밑에 들어가는 가로로 긴 사이즈의 광고가 있다. 지하철은 유동인구가 워낙 많은데다 지하철을 기다리거나 노선안내도를 볼 때 또 극장을 찾아가는 길에 광고가 게시되어 있어 자연스럽게 눈에 뜨이는 효과가 있다. 지하철은 광고게재기간이 길어서(보통 1달이나 2주 이상) 예고성의 의미가 더 크다. 신문광고나 잡지광고를 하기 전 곧 개봉 예정임을 알리는 수단으로 영화사에서 많이 사용한다.

또, 버스의 외부에 부착되는 광고나 버스 역에 주로 비치되어 있는 시민게시판의 광고를 활용할 수 있다. 지하철이나 버스역 시민 게시판 등은 유동인구가 많은 지역, 주로 강남, 신촌, 종로, 대학로 등 젊은이들이 즐겨 찾는 장소나 상영이 결정된 극장주변의 역, 버스정류장을 중심으로 그 지역을 항시 지나다니는 다수의 사람들을 타깃으로 영화를 알리는 게 목적이다.

⑨ 극장 배너광고, 입간판

극장 벽에 걸린 플래카드 같은 것이 배너광고다. 영화제목과 개봉일을 알리는 수단으로 극장 벽을 활용하여 지나가는 사람들 눈에 뜨이게 하는 것이다. 또, 할리우드의 블록버스터나 월트 디즈니의 애니메이션을 보면 극장입구에 입간판을 세워 놓는 경우가 많다.

주연배우의 얼굴이 크게 그려져 있거나 애니메이션의 경우 캐릭터들이 그려진 큰 간판을 입구에 놓음으로써 개봉 한 달 전쯤부터 영화의 개봉을 알리는 역할을 한다.

⑩ 홍보물

영화를 알리는 방법으로 홍보물을 제작하는 경우도 있다. 영화 속 등장하는 중요한 소도구를 홍보물로 만든다든가, 사람들에게 나눠 주기 좋은 아이템을 선정, 영화제목을 새긴 물건 등을 홍보물로 만드는 것이다.

영화를 보러 오는 관람객들에게 선물로 증정하기도 하고, 영화에 관련된 이벤트에 사용되기도 한다. 홍보물은 걸어 다니는 광고판이라고 할 수 있다. 그래서 요즘엔 영화와 관련된 갖가지 홍보물이 등장하기도 하며, 〈해리포터〉처럼 다양한 캐릭터 상품의 개발을 영화 기획 초부터 염두에 두고 일을 하기도 한다.

⑪ 온라인 광고

인터넷 포털이나 영화관련 사이트에 온라인 배너와 영화예고편 등을 광고한다. 또한 영화의 이벤트 프로모션을 알리고 참여케 하는 광고를 진행한다. 영화콘텐츠 마케팅에서 디지털마케팅과 함께 온라인 광고의 비중이 계속 늘어나고 있다.

3) 프로모션(Promotion)

프로모션 전략은 많은 관객을 모으기 위해 관객들에게 유인책을 제공하는 전략이다. 보다 많은 관객이 해당 영화를 보러오도록 해서 흥행을 촉진시키는 제반 활동이다. 직접적인 프로모션 활동으로는 영화를 보러오는 관객들에게 특정혜택을 줌으로써 관객을 유도하는 촉진행위로 사은품을 증정하거나 가격할인방식이 포함된다.

간접적인 촉진활동도 있는데 영화내용이나 영화에서 특정적으로 나타나는 현상을 매개로 한 퀴즈 프로그램 등이 있다. 또한 다른 기업들과 연합하여 영화를 알리는 행사를 개최하는 연합적인 촉진행위도 있는데, 이를 제휴마케팅이라 한다.

4) 입소문(word of mouth) 마케팅

입소문 마케팅전략은 영화에 대해 자생적으로 발생되어 퍼져감으로써 영화 흥행에 막대한 영향력을 미치는 구전 혹은 소문에 대한 것을 영화사측에서 조직화하여 관리함으로써 영화사측에 유리하게 작용토록 하는 전략이다. 즉, 가시화되고 공식적인 행사나 절차를 통하지 않고 비공식적인 소문 등을 통해 영화를 알리고 흥행에 성공하고자 하는 전략이다.

영화가 개봉을 하게 되면 구전되는 말에 더욱더 의존하는 경향이 있기 때문에 이와 관련된 지속적인 입소문 마케팅전략이 필요하다. 구전효과는 영화의 확산에 있어서 결정적인 영향력을 지니고 있다. 더욱이 구체적인 평가기준이 모호한 영화에 있어서는 작품에 대한 평가가 주관적이기 때문에 관객들의 입을 통한 비공식적인 소문은 큰 위력을 발휘한다. 이런 소문은 부정적일수록 확산 속도가 빠르다. 최근엔 이러한 구전전략이 인터넷 및 SNS와 결합하면서 바이럴 마케팅(Viral Marketing) 형태로 발전하고 있다.

5) 디지털 마케팅(Digital Marketing)

영화콘텐츠 마케팅에서 전통적인 매체를 통한 마케팅보다는 디지털 매체인 인터넷, 핸드폰과 스마트폰, IPTV와 스마트TV, 블로그, SNS 등을 활용하여 관객과의 양방향 커뮤니케이션과 참여를 유도하는 디지털 마케팅이 더욱 중요해지고 있다.

① 인터넷 마케팅

인터넷의 주 사용자층과 영화콘텐츠의 주 소비층이 일치하고 공유

층이 지속적으로 늘어남에 따라 인터넷은 영화콘텐츠 마케팅의 핵심으로 부각되고 있다. 영화를 개봉 전부터 가장 먼저 인터넷사이트를 구축하고 여기에 영화예고편을 포함한 다양한 볼 거리와 이슈거리를 제공하여 관객의 관심을 끌기 위한 마케팅 활용을 시작한다. 그리고 영화 개봉 시점에 맞춰 시사회 참석 온라인 이벤트와 영화 포스트 스킨 제공을 포함한 관객이 함께 참여하는 다양한 인터넷 프로모션을 실시하여 관객을 유치한다. 극장 상영 이후에도 인터넷을 통해 온라인 상영이나 2차 유통 경로를 안내하는 등 인터넷을 통한 마케팅은 계속된다.

❷ 모바일 마케팅

한국은 모바일 사용자가 인구수보다 많은 전 세계 유일한 나라일 정도로 핸드폰과 스마트폰의 사용자가 많다. 최근 스마트폰 사용자의 급증으로 모바일앱을 통한 영화콘텐츠 마케팅이 활성화되고 있다. 모바일은 이동성, 개인성, 휴대성의 특징을 가지고 있어 모바일앱이나 모바일쿠폰 발행 등으로 모바일 마케팅에 고객 참여를 더욱 용이하게 하고 적극적으로 유도할 수 있다. 최근엔 영화티켓을 휴대폰을 통해 발행받아 극장에서 별도 티켓발행 없이 입장하는 것이 자연스러울 정도로 모바일과 영화는 밀접한 관계를 유지하고 있고 스마트앱을 통해 영화를 관람하는 형태로까지 발전할 것으로 전망된다.

❸ IPTV와 스마트TV 등 TV2.0

TV방송의 디지털화로 인해 IPTV와 디지털케이블방송, 스마트TV 등에서 원하는 시점에 영화를 볼 수 있게 되었다. 이젠 개봉작을 IPTV 등에서 바로 볼 수 있을 정도로 극장 개봉과 함께 TV도 유통의 중요한 경로가 되었으므로 이를 적극 활용하고 시청자를 유도하는 마케팅이 필요하다.

❹ 블로그 마케팅

블로그란 개인의 관심사를 일기, 칼럼, 기사 등 다양한 형태로 자유롭게 만들어 그림, 사진 등과 함께 올릴 수 있는 1인 미디어 웹사이트이다. 블로그 중 특정 주제에 대해 영향력을 갖출 만큼 인기가 있는 파워블로그가 등장하였고 영화도 이러한 블로그를 이용한 마케팅이 효과를 발하고 있다. 영화의 개봉 전부터 흥미를 끌만한 내용과 이슈를 담은 블로그를 만들고 이를 주요 포탈 및 광고와 연결하여 온라인 구전효과를 극대화시키는 블로그 마케팅이 영향력이 강화되고 있다.

5 SNS 등 소셜미디어 마케팅

2011년 11월 마이크로 블로그 사이트인 트위터의 국내 사용자는 500만 명, 미투데이는 700만 명을 넘어섰고 대표적인 SNS(Social Network Service)인 페이스북 사용자도 600만 명에 달할 정도로 소셜미디어(Social Media)의 사용자가 계속 급증하고 있다. 소셜미디어는 사람들이 자신의 생각과 의견, 경험, 관점 등을 상호 공유하고 참여하기 위해 사용하는 개방화된 온라인 툴과 미디어 플랫폼이다.

이를 활용한 영화 소셜미디어 마케팅은 Participation(참여) → Interaction(상호작용) → Engagement(유대감) → Buzz(입소문)의 과정으로 영화에 대한 관심과 참여, 공유 그리고 입소문을 통한 확산을 통해 관객을 유도해 낸다.

이러한 소셜미디어를 활용한 영화콘텐츠 마케팅은 향후 더욱 비중과 영향력이 높아질 것으로 전망된다.

그림 3-7 소셜미디어 분류와 종류

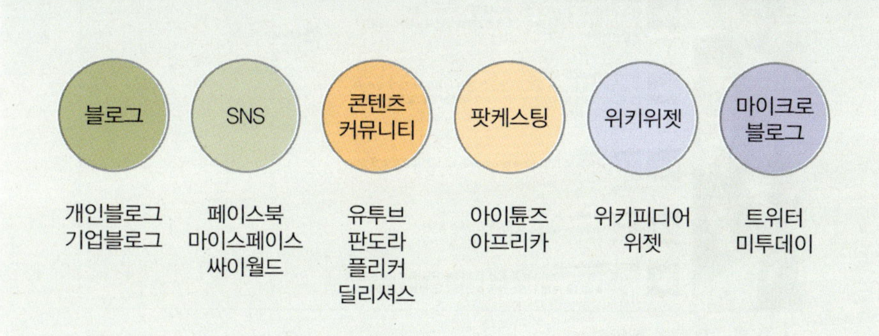

6 영화콘텐츠 마케팅의 사례

써니(Sunny)

영화 써니는 스타캐스팅=흥행의 공식을 깨고 대부분 유명하지 않은 14명의 여배우가 집단적으로 나와 과거의 향수를 자극하고 복고 열풍에 힘입어 극장가에 돌풍을 일으키며 여기에는 SNS 마케팅의 파급력으로 2011년 상반기 개봉 국내 영화 중 최대 흥행 성적을 거두었다.

영화의 외향만 본다면 같은 시기 개봉한 〈엑스맨〉이나 〈캐리비안의 해적〉, 〈쿵푸팬더2〉에 비해 써니는 작은 영화로 평가될 수 있다. 하지만 써니가 공식오픈한 SNS가 입소문의 바람을 불러일으켜 자칫 연령층이 한정된 영화처럼 보일 우려가 있었지만 트위터를 통해 다양한 연령층 특히, 중장년층 관객들을 확보할 수 있었던 통로가 되었다.

2011년 5월 4일 개봉한 〈써니〉는 개봉 60일 만에 603만8,639명(누적 관객수)의 관객 동원에 성공하며 한국영화의 흥행 기록을 새로 썼다.

▲ 영화 〈써니〉의 트위터

▲ 영화 〈써니〉 SNS 마케팅

개봉 당시 할리우드 블록버스터 바람에 밀려 출발이 주춤했던 〈써니〉는 SNS를 통한 호평과 SNS 마케팅이 성공하면서 개봉 1주일 만에 100만, 15일엔 200만, 25일엔 300만 관객을 돌파하는 등 꾸준한 관객몰이에 성공했다.

특히 〈써니〉는 할리우드 블록버스터 〈트랜스포머3〉, 〈쿵푸팬더2〉, 〈캐리비안의 해적: 낯선 조류〉 등과의 연이은 맞대결에도 밀리지 않고 당당히 750만 돌파 쾌거를 이뤄냈다.

영화 〈써니〉의 꾸준한 관객몰이의 비결은 크게 3가지로 분석된다.

첫 번째는 〈써니〉가 그려낸 80년대의 발랄한 복고문화가 8090세대에겐 향수를, 젊은 세대에겐 독특한 재미를 선사한다는 점이다.

또 데뷔작 〈과속스캔들〉(830만 관객)을 역대 흥행영화 11위에 올렸던 강형철 감독의 남다른 연출력이 두 번째 요소로 꼽힌다. 강 감독은 여고 시절로 돌아간 회상 시퀀스의 교실 내부 풍경 묘사를 '원 컷 원 신'으로 구성하는 뚝심있는 연출력을 선보였다.

마지막은 SNS 입소문 마케팅을 초기부터 성공적으로 진행하여, 10대부터 40대 이상까지 여성 관객들의 공감을 이끌어내면서 여러 번 함께 관람하게 하게 한 점이다.

쿵푸팬더2

2011년 5월 26일 개봉을 한 〈쿵푸팬더2〉는 영화 개봉 전 공식 사이

▲ 유튜브를 통한 〈쿵푸팬더2〉 마케팅

트를 비롯해 온라인을 이용한 다양한 캠페인들을 선보였다. 영화 개봉 전인 5월 10일 유튜브(youtube)캠페인을 선보였다. 유튜브 채널로 쿵푸팬더2 동영상이 연결이 되면 쿵푸팬더의 주인공 캐릭터 "포"가 나타난다. 포는 유튜브 페이지의 우측에 나열된 썸네일들을 배로 튕기는 퍼포먼스를 보이고, 페이지 방문자가 우측 썸네일들을 드래그해 포가 있는 왼편으로 이동시키면 포는 이 썸네일들을 부수는 퍼포먼스를 벌인다. 이 페이지에서는 쿵푸팬더2의 다양한 영화 예고편을 감상할 수 있을 뿐 아니라 페이스북과 트위터를 통해 페이지를 알릴 수도 있다. 이 영상은 조회수 200만을 넘으며 영화 개봉 전 쿵푸팬더2의 기대를 한껏 고조시켰다

쿵푸팬더2는 이후 1위라는 높은 예매율을 갖게 되었고 유튜브를 통한 인터렉티브한 간접적인 체험은 관객들에게 개봉 전 더욱 많은 바이럴 효과와 관심을 갖게 해주었다.

또한 쿵푸팬더2 3D의 개봉 전 예고편을 삼성 스마트 3D TV에서 최초로 선보였다. 스마트TV어플리케이션 스토어인 '삼성 앱스 TV'에서 '3D 익스플로어' 어플리케이션을 다운 받아서 볼 수 있다. 극장에서만 볼 수 있었던 3D영화를 손쉽게 3D로 접할 수 있어서 큰 호응을 얻었다.

〈쿵푸팬더2〉는 개봉 한 달 만에 관객수 483만 명을 기록해 국내 애니매이션 흥행 기록을 3년 만에 경신했다. 기존에 최다 관객 기록을 보유하고 있던 애니메이션은 전편인 〈쿵푸팬더〉 2008년 개봉 당시 467만 명의 관객수를 기록한 바 있다.

워낭소리

영화콘텐츠 입소문 마케팅의 일환으로 인터넷 홈페이지를 비롯하여 블로그, 카페 등에서 영화 정보뿐 아니라 일반인들의 영화평을 접할 수 있다. 네이버, 다음 등 포털 사이트의 영화 섹션, 그리고 씨네21, 무비위크 등의 영화 전문사이트 등에서 오피니언 리더들이 아닌 일반인들의 평은 영화 선택에 있어서 매우 중요한 영향을 미치고 있는 게 현실이다.

▲ 워낭소리

영화 〈워낭소리〉는 입소문 마케팅의 성공사례로서 매우 적절하다. 1억 원의 순 제작비, 1억 원 남짓한 마케팅비, 총 2억 원의 제작비로 개봉 첫 주 10개관에서 개봉하여 245개관까지 확대 상영하면서 300만 명에 가까운 관객을 동원했다. 워낭소리 영화콘텐츠 마케팅의 핵심은 블로그를 활용한 구전유발이었다. 영화개봉 전 영화제 수상에 관한 블로그를 활용한 구전은 영화에 대한 기대감을 높여주는 역할을 했고 궁극적으로 영화를 흥행하게 한 계기를 만들어 주었다.

워낭소리의 블로그는 영화 개봉 4개월 전부터 오픈되어 네티즌들이 방문하기 시작했다. 처음엔 몇십 명밖에 없던 방문자들이 부산영화제에서 피프메세나상을 수상한 10월부터 11월에 이르기까지 급작스럽게 수백 명으로 증가하였다. 또한 선댄스영화제 경쟁부문에 초청되는 12월에는 4천 명을 넘어섰다. 드디어 개봉이 되는 1월에 이어 한창 개봉관이 확대 상영되면서 관객수가 급격히 늘어난 2월에는 블로그 방문자가 수십만 명에 이르렀다.

그림 3-8 워낭소리의 관객수, 블로그 방문자수, 포털 일반인 평란글수

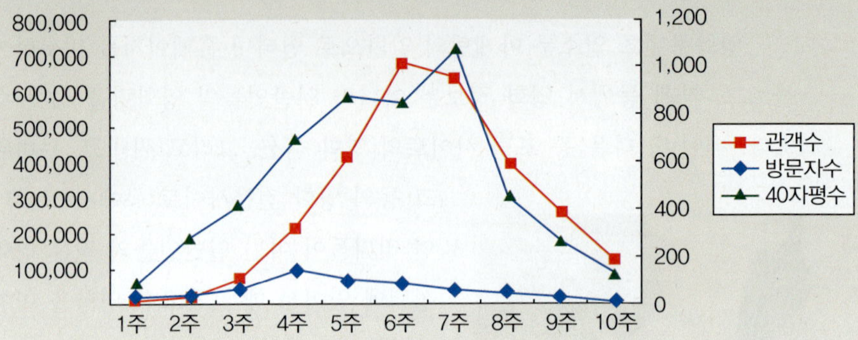

또한 영화를 본 사람들이 포탈의 게시판에서 감동의 경험을 구전으로 전파하였고 이 입소문을 접한 사람들이 영화에 대한 호기심으로 영화를 관람하면서 관객수가 늘어났다. 이처럼 워낭소리는 포털의 영화섹션 중 일반인 평란을 통해서도 구전을 전파하여 흥행에 성공했다.

영화 〈워낭소리〉 블로그의 방문자수, 포털의 일반인 평란수는 관객수와 비례하여 비슷한 흐름을 보였다. 워낭소리 블로그의 방문자수는 개봉 4주째, 관객수는 개봉 6주째, 40자평 수는 개봉 7주째 가장 많아 서로 수적으로 최고점을 이루었다. 이는 블로그에서 영화에 대한 기대감을 증폭시켜 긍정적인 입소문을 확산시킴으로써 그 영향으로 2주 후에 관객수가 증가했다고 해석할 수 있다. 또한 영화 〈워낭소리〉를 관람한 관객들이 관람 후 평을 포털 게시판에 게재함으로써 1주 후에 게시글수가 관객수에 비례해서 증가함을 알 수 있다.

영화의 온라인 마케팅 툴은 워낭소리의 사례를 통해서 알 수 있듯이 블로그를 통해서 영화에 대한 기대감을 형성하고 포털사이트 게시판을 통해서는 영화 관람 후 긍정적인 구전을 유발시키는 툴로 활용할 수 있음을 알 수있다.

영화 〈워낭소리〉의 온라인 구전 마케팅은 블로그와 포털사이트의

게시판을 통해 이루어졌으며 그 구전의 긍정적인 내용들이 영화 흥행을 주도했다. 따라서 앞으로 영화의 온라인 구전 마케팅은 블로그를 통해서는 기대감 유발과 영화 정보의 제공 툴로서 활용하고, 포털사이트의 게시판도 영화흥행에 중요한 영향을 미치므로 긍정적 구전을 확산시켜야 한다는 사실을 알 수 있다(김혜원, 2009).

투사부일체

대박의 성과를 거둔 두사부일체의 속편이라는 것만으로도 사람들의 시선을 모으고, 기대와 궁금증을 유발시켰다. 전편이었던 두사부일체는 '군사부일체'라는 고사성어를 재치 있게 바꾸어내어 사람들의 이목을 집중시키면서 한국 코미디 영화의 상승세에 한몫했던 영화이다. 그들의 영화가 관객들의 공감을 얻어내었다는 입증이 이미 전편의 흥행실적에서도 보여주고 있다. 동시에 이미 연기력을 인정받은 유명 배우들이라는 '흥행보증수표'를 갖고 있다. 때문에 투사부일체의 등장은 단연 주목을 받을 수 있었다. 단순히 전편보다 더 재미있는 속편을 기대하는 관객들을 유도함은 물론, 전편의 기록을 깨는 속편에 대한 호기심을 자극하면서 더 많은 관객들을 유치하는 데 성공하였다.

또한, 개봉 전부터 방송사의 다양한 예능 프로그램에서 배우들을 먼저 볼 수 있었는데, 출연배우들은 당분간 이런 코미디영화는 없을 것이라며 호언장담을 하며, 코미디영화라는 뚜렷한 콘셉트의 영화홍보가 사람들의 궁금증과 전편영화에 비해 더 재미있을 것이라는 기대를 유

발하였다. 이러한 영화 홍보는 대중의 관심을 이끌어내는 데 성공했고, 광고가 취약한 지방에서의 인지도를 고려한 TV홍보는 인지도를 높이는 데 성공했다. 또 출연진 방송이 인터넷 인기검색어 순위에 오르는 등 대단한 관심을 얻어 인터넷 입소문까지 연결되어 결국 '가장 보고 싶은 영화' 1위에 꼽힐 정도로 홍보 전략에 성공했다. 이러한 마케팅전략으로 영화 〈투사부일체〉는 2006년도 흥행률 3위에 자리잡는 영예를 안을 수 있었다. 코미디라는 장르로 한국 영화 역사에 길이 남을 영화가 된 것이다.

괴 물

영화 〈괴물〉은 한국영화의 높은 장벽인 천만 관객을 단시간 내에 달성하는 기록을 이루어 내었다. 이렇게 많은 관객들에게 사랑을 받은 영화 〈괴물〉은 영화 스토리의 소재에서부터 남달랐다. 가족애라는 소재를 부각시킴으로써 어느 연령대도 소외시키지 않고 절대적으로 많은 스크린을 점유했다. 이것은 메가톤급 와이드 릴리스 방식을 선보일 수 있었던 중요한 요인이 된다. 콘셉트를 가족영화로 잡았기에 관객들로 하여금 볼거리가 풍부한 스펙터클 영화로 인지시킬 수 있었으며 동시에 감동과 무서움을 배가시키는 효과를 얻을 수 있었다. 그리고 '어렸을 적 한강에서 괴물을 보았다.' 영화예고편의 오프닝으로 삽입하며 감독의 이야기를 강조하였다.

영화 〈괴물〉에서 단연 가장 인기 있던 캐릭터는 주인공 괴물이라고 할 수 있다. 특히 이 괴물을 만들어 내는데 봉준호 감독의 과거 경험담 이야기가 눈길을 끈다. 영화 제작발표회 및 CF의 한 장면에서도 밝힌 바 있듯이, 이 영화는 봉준호 감독의 유년시절 원효대교 다리 밑에서 감독 자신이 본 괴물체에 대한 상상력이 발휘된 시나리오를 바탕으로 한다. 이러한 영화 제작의 독특한 동기는 당연히 관객들의 호기심을 자아내는 데 충분한 역할을 한다. 또한, 이 괴물의 형체는 할리우드 CG기술팀

의 협력을 이슈화하면서 영화 비주얼에 대한 강한 자신감을 보였다. 이를 통하여 해외 언론의 호평으로 호기심을 이끌고 영화 비평가들의 호평을 부각시켰다. 특히 이러한 소식을 전달하는 채널로 블로그나 미니홈피를 이용한 점이 돋보였고 우리 관객에게 할리우드 영화와 동등한 수준의 영화 비주얼을 기대하게 만드는 동시에 같은 수준일 수 있다는 자부심을 심어주었다.

이 영화는 제작 당시부터 꾸준히 오랜 시간 동안 홍보하고 괴물의 정체를 숨기며 궁금증을 증폭시켰다. 칸 영화제 출품, 기자 시사회, 일반 시사회의 간격을 벌려 놓음으로써 영화에 대한 관객의 기대감을 증폭시켜 시장을 흥분시키기에 충분한 역할을 하였다. 튼튼한 스토리 라인에 대한 자신감으로 영화 전체에 대한 자신감이 생겨 무할인, 무쿠폰 정책으로 영화에 대한 자신감을 표현하였다. 그리고 3월에서 4월 동안 '대학생 대상 마케팅 공모전'을 시행하였는데 이 공모전은 영화라는 콘텐츠로는 최초로 시도한 것으로 대학생이 오피니언리더가 될 수 있다는 것을 인지하고 그들을 잠재고객으로 삼은 것이다. 이러한 탄탄한 마케팅전략을 토대로 괴물은 1,300만 관객을 동원하여 한국 영화의 부동의 1위를 지키고 있다.

타 짜

허영만의 원작인 타짜는 이미 남녀노소 구분 없이 대중들에게 많은 사랑을 받았던 만화이다. 그런 만화를 바탕으로 영화를 제작한다는 것

자체에 사람들의 기대심리를 활용하기에는 충분하였다. 원작자인 허영만은 이미 '아스팔트 사나이', '미스터 Q', '비트' 등 영화나 TV드라마로 성공한 작품들을 가지고 있는 만화계의 마스터였다. 그러한 그의 대표적인 작품이라 할 수 있는 '타짜'는 이미 많은 팬들을 섭렵한 상태에서 영화로 만들어진다는 기대를 한 몸에 받을 수 있었다.

이 영화가 성공의 길을 갈 수 있었던 가장 큰 마케팅 요인으로, "니치(niche) 마케팅"을 꼽을 수 있을 것이다. '니치'란, 빈 틈 혹은 틈새로 풀이되며, '남이 아직 모르는 좋은 낚시터'라는 뜻도 있다. 니치 마케팅은 소비자의 기호와 개성에 따른 수요를 매우 구체적으로 파악하고 시장을 쪼개서 특정한 성격을 가진 소규모의 소비자를 대상으로 판매 목표를 설정하는 것을 말한다. 마치 틈새를 비집고 들어가는 것과 같다는 뜻에서 생긴 이름이다. 곧 남이 아직 모르고 있는 곳, 빈틈을 찾아 그곳을 공략하는 것을 가리킨다. 영화 타짜는 추석개봉이라는 점을 이용하여 싱글족이나 고향이 먼 가족들을 겨냥하여 니치 마케팅을 이용하여 빈틈을 찾아 공략했다.

이와 비슷한 마케팅전략으로 이 영화는 "노이즈(noise) 마케팅"을 니치 마케팅과 함께 병행하였다. 상품의 품질과는 상관없이 오로지 상품을 판매할 목적으로 각종 이슈를 요란스럽게 치장해 구설수에 오르도록 하거나, 화젯거리로 소비자들의 이목을 현혹시켜 판매를 늘리는 마케팅 기법을 말한다. 곧 소음이나 잡음을 뜻하는 '노이즈'를 일부러 조성해 그것이 긍정적인 영향을 미치든 부정적인 영향을 미치든 상관없이 그 상품에 대한 소비자들의 호기심만을 부추겨 상품의 판매로 연결시키는 판매

기법이다. 타짜에서는 김혜수의 노출 및 베드신을 '소음화' 즉, 이목을 집중시켜서 마케팅하였다. 대한민국 대표 섹시 여배우로 불리는 김혜수가 요염한 정 마담 역을 맡아 매혹적인 열연을 펼친다는 소식은 이미 많은 남성 관객들의 기대를 자아내기에 충분한 조건이었다.

스포츠·방송·영화 등 대중적 인지도가 높은 스타를 내세워 기업의 이미지를 높이는 마케팅전략. 여기 타짜에서는 조승우, 백윤식, 김혜수, 유해진 등 호화 캐스팅을 앞세워서 영화에 대한 기대심리를 가지게 하였다. 이미 연기력을 인정받은 네 명의 배우들은 각자의 개성에 맞게, 또 영화 속 캐릭터와 닮은 점들이 많아 영화 제작발표회에서부터 '타짜' 만화의 주인공들과 닮은 사람들로 캐스팅했다는 소리를 들을 정도로 초호화 캐스팅이었다. 또한 영화 속에서는 원작자 허영만, 전문산악인 박영석이 노름꾼 중 하나로 깜짝 출연하며, 이 영화의 감독인 최동훈 감독은 후반부 경찰 역으로 나온다는 독특한 출연으로 사람들에게 흥미를 주었다. 그리고 이 영화 역시 다른 영화들처럼 온라인에서 마케팅을 끊임없이 진행하였는데, 추석 시즌을 맞이하여 〈타짜〉의 예매권을 가진 관객들에게 가족과 함께 할 수 있는 이벤트들을 펼쳤다. 페밀리 레스토랑이나 제주도 여행권 같이 영화 관객들을 대상으로 추첨 행사로 관객들에게 접근하였다.

미녀는 괴로워

이 영화는 뚱뚱했던 여자가 성형미인으로 다시 태어나 사랑을 쟁취한다는 진부한 스토리이지만, 여성들이 관심을 가지는 "미(美)"라는 주제로써 관객들에게 어필하였다. 이는 성형에 관심이 많은 현대의 여성들에게 충분히 흥미를 유발할 수 있는 소재였다. 특히, 이 영화의 원작은 '만화'이다. 만화를 즐겨보는 사람들 사이에서는 이미 유명한 작품이었고, 그것을 영화화한다는 것 자체가 '흥미'였다. 대표적인 슬리퍼 히트(개봉

후 시간이 흐를수록 관객이 늘어나는 흥행 추세) 영화로써 사람들의 입소문의 힘을 다시 한 번 보여준 영화가 되었다. 때문에 원작 만화의 기존 마니아 층은 물론 구전 마케팅의 성공으로 많은 팬층을 확보할 수 있었다. 이 영화가 구전 마케팅에서 좋은 결과를 얻을 수 있었던 점은 단연 주인공의 역할을 맡았던 '김아중'의 새로운 발견이었을 것이다. 당시 신예 스타로서 자리매김 하고 있던 김아중이 영화 속에서 일명 '뚱녀'로 분장하며 100kg이 넘는 거구의 연기를 완벽히 소화해 냈으며, 이후 '성형미인'으로서 겪는 슬픔과 고뇌를 영화 속에서 잘 표현해 내면서 그녀의 미모는 물론, 연기력까지 인정받게 되었다. 또한, 이 영화가 개봉하기 전에 영화의 OST였던 'Maria'라는 곡이 김아중이 찍은 샴푸 광고 속의 배경음악으로 사용되면서 대중들에게 익숙한 곡이 되도록 미리 전략적 홍보를 감행하였다. 이어, 영화의 공식 포스터 외에도 12월의 '크리스마스'와 결부시킨 다른 내용의 포스터를 만들어 사람들의 이목을 집중시키기도 하였다.

이 영화는 STP전략을 사용하여 성공한 케이스로 불린다. STP전략이란 시장을 조사하면 각기 다른 욕구를 가진 소비자들로 구성된, 서로 다른 세분시장들(S)이 드러나고, 기업은 자신들이 경쟁자보다 탁월하게 충족시킬 수 있는 세분시장을 설정(T)하여 기업은 각 표적시장별로 상품을 포지셔닝(P)하여, 자사 상품이 경쟁상품과 어떻게 다른가 하는 것을 알리는 것이다. 영화에 주로 수요가 많은 20~30대 여성들이 관심을 가질 만한 소재를 주제로 잡음으로써 흥행에 성공할 수 있는 확률이 높아졌다. 또한 영화 특성상 단기간 흥행에서 그치기 때문에 지속적 positioning은 불가능하지만, 이 영화의 경우 영화가 흥행에 성공하면서 다양한 부가가치가 창출되는 효과를 누렸다. 이 영화는 특이하게도 주인공인 김아중이 영화가 흥행하면서 스타로 발돋움하게 되었고, 음원시장에서 막대한 수익을 창출하였다.

우리들의 행복한 시간

원작 베스트셀러 소설인 공지영 작가의 '우리들의 행복한 시간'을 영화로 만들었다는 점에서 원작 소설의 성공에 따른 영화에 이어지는 기대심리를 이용하여 사람들의 관심을 끌었다. 원작을 바탕으로 만든 영화들이 모두 그랬듯이 늘 '원작과의 비교'라는 관객들의 시각에서 벗어날 수 없다. 그러나 이 영화는 그러한 시각을 부정적인 요소로 보기보다는 긍정적인 측면으로 활용하여 '책의 감동을 두 배 이상으로 담고 있는 영화'라는 전략을 내세워 홍보하기 시작하였다.

이 소설은 형벌의 최고형을 선고받은 사형수에 대한 내용과 동시에 남녀의 애틋한 사랑 이야기를 담고 있다. 때문에 많은 사랑을 받은 책이면서도 동시에 많은 논란의 대상이 되었던 책이다. 이렇게 사람들의 많은 관심을 받았던 책이니 만큼 사람들의 기대치는 높아질 수밖에 없었고, 이 영화는 그 기대에 부흥하기 위하여 많은 노력을 기울인 작품임을 자신하면서 TV광고는 물론, 다양한 매체를 통하여 당당히 원작과의 비교에서 자신감을 비추었다. 이러한 마케팅은 일종의 영화에 대한 자부심을 나타내어 관객들을 영화관으로 유도할 수 있는 전략으로도 활용된다.

또한, 이 영화의 연출을 맡은 '송해성' 감독은 한국의 대표적 로맨스 영화로 거듭난 〈파이란〉의 감독이다. 따라서 그의 후속작인 〈우리들의 행복한 시간〉은 "파이란의 변주"라는 타이틀을 달고 나왔다. 송해성 감독이 메가폰을 잡았다는 그 사실 하나만으로 로맨스를 지지하는 영화 관

객층의 확보는 자연스러운 것이었다. 이렇게 일부 관객들을 동원한 '감독 효과'의 마케팅 외에도 대중적 인지도가 높은 최고의 스타인 강동원, 이나영을 내세움으로써 스타마케팅을 이용하였다. 이 둘은 이미 '얼굴이 작은 스타'로써 젊은 세대 층에게 많이 알려지면서 이 둘이 한 영화에 같이 출연한다는 소식은 젊은 세대 층에게는 새로운 관심거리가 아닐 수 없었다. 또한, 그러한 배우들에게 쏟아진 관심과 함께 이 영화에서 새로운 연기 변신을 시도하였다는 호평을 받으며 사람들의 관심을 끌었다.

이 영화의 또 다른 마케팅전략으로 볼 수 있는 것은 바로 영화 OST를 활용한 '콘텐츠 마케팅'이다. 영화 개봉 전에 가수 이승철의 '영원한 사랑'이라는 노래 및 뮤직비디오가 각종 매체를 통해 사람들에게 전달되었고, 슬프고 애절한 노래와 맞춰 뮤직비디오를 슬픈 영화인 우리들의 행복한 시간 홍보 동영상을 활용함으로써 미리 대중들에게 영화를 홍보할 수 있는 시간을 가졌다. 이것이 영화에도 도움이 되면서 동시에 음악마케팅에도 도움이 되는 '콘텐츠 마케팅'을 이 영화에서는 사용한 것으로 보인다.

학습정리

1. 영화콘텐츠는 영화산업, 영화 마케팅에서 영화를 논할 때 유용한 용어이다. 영화콘텐츠는 비교적 산업적 뉘앙스를 많이 갖고 있긴 하지만, 작품이면서 상품인 영화의 느낌을 전해주기에 적절하다. 영화 마케팅은 영화의 기획단계에서부터 영화가 완성된 후 해당 영화를 관객에게 인지시키고 영화의 시장성을 확대하기 위한 제반 커뮤니케이션 활동을 말한다. 영화 마케팅은 영화산업에 마케팅을 적용시킴으로써 보다 많은 관객이 영화를 통해 만족을 얻을 수 있도록 하고 영화산업의 수익을 극대화하려는 작업이다.

2. 영화는 재구매를 기대하기 어렵기에 복습이 불가능하다. 라이프사이클이 짧기 때문에 브랜드 구축보다는 치고 빠지는 전략이 효과적이다. 감독이나 배우의 개인 브랜드가 강하기 때문에 이들의 브랜드를 활용하기도 한다. 격은 이미 극장 입장료로 지정돼 있다. 투자비용과 관계없이 가격은 동일하다. 유통망 역시 정해져 있다. 개봉관이라는 한정된 채널을 활용해야 한다. 다양한 채널로 원소스 멀티유즈가 가능하지만 개봉관에서의 성패가 상품가치를 결정한다. 영화 마케팅은 PR, 광고, 구전, 이벤트 등 프로모션의 다양화로 승부를 걸어야 한다.

3. 영화의 언론 홍보로부터 극장 개봉에 이르는 전 과정을 영화의 마케팅과정이다. 영화 개봉을 위한 홍보로는 기사 작성, 기사 릴리즈, 영화기자, 블로그기자 초청 시사회 등이 있다. 광고는 신문광고, TV광고, 전광판광고, 배너광고, 포스터 등이 있다. 마케팅 비용이라 할 수 있는 P&A(Print & Advertising)비용의 증가 추이를 보면 전체 예산에서 P&A가 차지하는 비율이 꾸준히 상승하고 있으며, 그 금액 역시 급격한 상승세를 보이고 있다. 2003년의 경우 일반적인 상업영화 한

편의 순수 제작비는 25억원 정도로 추산할 때, 마케팅비는 순제작비의 40~50%의 수준인 12억~14억원 선이며, 60~70%까지 치고 올라오는 경우도 드물지 않다.

4. 영화 마케팅 수단으로는 영화예고편, TV광고, Radio광고, 포스터, 전단, 신문·잡지 광고, 전광판, 게시판, 시각홍보판(옥외광고), 배너광고, 입간판, 홍보물, 인터넷, 블로그 및 소셜미디어 등이 있다.

4. 방송영상 콘텐츠 마케팅

학습목표, 탐구할 문제

1 방송영상 콘텐츠 산업의 환경 변화

2 디지털방송의 종류

3 방송영상 콘텐츠 유통의 흐름

4 방송영상 콘텐츠 마케팅전략과 종류

5 방송영상 콘텐츠 마케팅 성공사례

학습정리

방송영상 마케팅

드라마 '대장금' 러시아 마케팅

학습목표

1. 방송의 디지털화에 따른 방송영상 콘텐츠의 현재와 전망을 이해할 수 있다.
2. 디지털방송의 종류를 구분하고 방송프로그램의 종류에 따른 선호도를 설명할 수 있다.
3. 방송 콘텐츠의 가치사슬인 기획, 창작, 제작, 유통의 흐름을 이해할 수 있다.
4. 성공한 방송영상 콘텐츠 마케팅 사례를 설명할 수 있다.

탐구할 문제

1. 우리 생활에서 방송은 무엇인가?
2. 다양한 유형의 방송영상을 마케팅으로 접근하려면 무엇을 생각해 보아야 할까?

1 방송영상 콘텐츠 산업의 환경 변화

디지털방송 시대의 개막

디지털 정보통신기술(ICT)의 급속한 발전으로 우리를 둘러싼 매체 환경이 크게 달라지고 있다. 매체의 존재행태나 운영방식이 변화하고 있으며, 매체 이용형태는 물론 일상생활과 풍속도 새롭고 많은 변화들이 목격되고 있다. 과거 아날로그 방식에 의해 제작 · 전송 · 수용되던 방송매체도 디지털화의 큰 흐름에 편승하여 급격히 변화하고 있다.

방송의 디지털화는 많은 장점이 있기에 대세를 이루고 있다. 디지털 기술에 의해 과거 아날로그 방식이 지닌 여러 가지 기술적 한계를 극복할 수 있을 뿐 아니라, 아날로그 방식으로는 불가능했던 새로운 서비스가 가능하다. 또한 여러 가지 경제적, 사회문화적 부수효과를 가져다 준다.

디지털방송매체가 갖는 가장 큰 기술적 장점은 아날로그 매체에 비

그림 4-1 방송콘텐츠 환경의 변화, 디지털방송

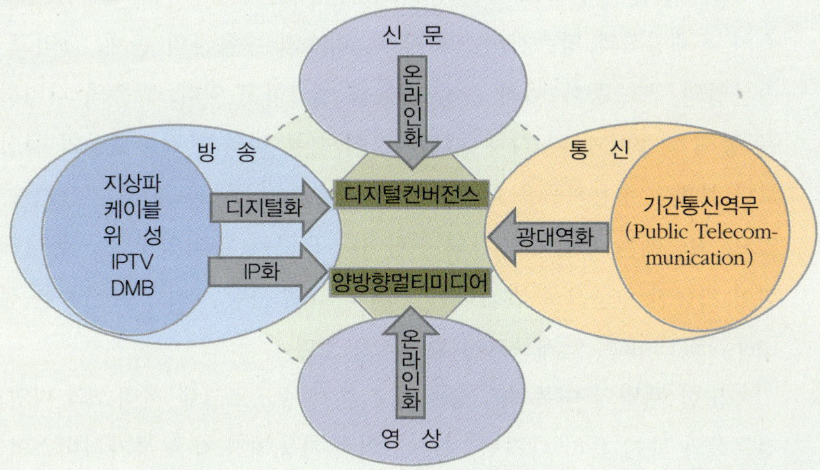

해 고화질 · 고음질의 고품질 방송서비스를 보장해줄 뿐 아니라, 동일한 주파수 대역에서도 아날로그 방식에 비해 훨씬 많은 채널을 제공해줄 수 있다. 고도화된 양방향의 데이터 전송과 함께 여러 가지 부가서비스를 제공할 수 있다는 것도 디지털방송이 갖는 중요한 기술적 특징이다.

이러한 디지털화는 방송서비스의 고도화와 새로운 여러 가지 서비스를 가능하게 한다는 점에서 기존의 방송환경은 물론 그 운영방식에도 큰 변화를 가져올 수밖에 없다. 방송의 디지털화란 좁은 의미에서 보면 방송기술이 과거의 아날로그 방식에서 디지털 방식으로 전환되는 기술적 변화에 그치지만, 보다 넓게 해석하면 이는 그러한 기술상의 변화뿐만 아니라 그 개념과 존재방식은 물론 방송서비스의 영역과 수용자와의 관계, 그리고 방송산업의 구조 등에 일대혁신을 가져오는 변화를 의미한다. 따라서 방송의 디지털화는 일종의 패러다임의 전환이라는 큰 의미를 갖는다.

방송 패러다임의 변화

디지털을 기반으로 한 방송시스템은 기존의 방송 개념을 비롯해, 방송의 존재방식과 방송서비스의 영역, 방송과 수용자의 관계, 그리고 방송산업의 구조 등에 여러 가지 변화를 예고하고 있다. 방송의 디지털화를 통해 가능하게 된 다채널화와 그에 따른 다양한 전문채널의 등장은 보다 분화된 수용자들을 대상으로 한 협송(narrow-casting)을 가능하게 하였고, 최근에는 개별 수용자의 취향이나 요구에 따라 양방향 커뮤니케이션이 가능한 수준으로 발전하여 여러 가지 주문형 서비스가 가능한 점송(personal casting) 단계로까지 진전되고 있다.

또한 채널의 대폭적인 증가에 따른 방송프로그램 서비스의 다양화, 전문화와 함께 특히 디지털 기술에 의해 가능해진 각종 부가서비스의 혜택을 누릴 수도 있다. 또, 방송기술의 변화에 따른 방송 자체의 개념변화와 서비스의 다양화 등은 자연히 방송의 전통적인 존재방식에 대해서도 새로운 인식을 갖게 한다. 그러한 서비스의 제공은 디지털화에 따른 방송과 통신의 융합에 의해 실현가능하다.

디지털 기술의 고도화는 점차 방송과 통신을 융합한 멀티미디어 서비스로의 이행을 촉진시키고 있는 셈이다. 방송의 다채널화가 가능케 하는 디지털 기술에 힘입은 방송 서비스 자체의 다양화와 함께, 여러 가지 새로운 정보 통신 서비스를 포함하는 복합 서비스 미디어로 변모되고 있다. 결과적으로 보다 세분화되고 전문적인 방송 서비스의 길을 열어주게 되었고 유·무선망을 통한 여러 가지 양방향 정보통신 서비스를 부가할 수 있다.

이러한 변화는 자연히 방송과 수용자 간의 전통적인 관계에도 상당한 변화를 가져올 것이다. 즉 과거 아날로그 시대에는 주로 수동적인 소

그림 4-2 방송의 디지털화로 인한 서비스의 다양화

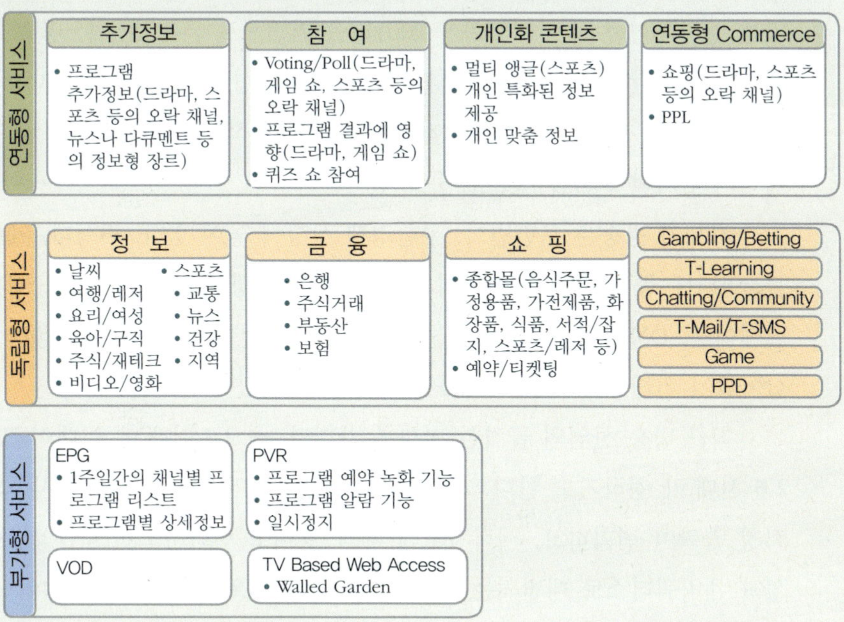

비자의 위치에 있었던 시청자나 청취자로서의 고객이 이제는 보다 적극적으로 방송에 개입하고 참여하는 이용자이자 메시지나 프로그램의 생산자의 위치에까지 이르게 되었다.

이제는 누구든지, 언제나, 어디서나, 어떤 기기를 이용해서든 비교적 쉽게 방송콘텐츠에 접근해서 이용할 수 있는 시대가 열렸다. 이는 디지털 뉴미디어의 출현과 성장에 따른 다매체 시대의 도래와 함께 다채널, 부가서비스의 영역이 확대되면서 점차 매체간 채널 간의 분화와 그에 따른 경쟁을 가속화시킬 것이다. 디지털 시대의 성패는 이제 누가 먼저, 그리고 정확하게 미래를 내다보고 대응할 수 있는가 하는 데 달려있다.

국내 디지털방송과 방송콘텐츠 시장규모

국내에서도 2001년을 기점으로 본격적인 디지털방송 시대를 맞이하였다. 그동안 여러 가지 정책적 논의와 함께 적지 않은 논란을 거듭해왔던 지상파 방송의 디지털화가 2001년을 기점으로 본격적인 본 방송 서비스에 들어갔고 그 현실화도 다각적인 논의와 함께 시작되었다. 지상파 TV의 디지털 전환은 1997년 본격적인 논의가 시작된 이래, 2012년 말 전지역의 디지털 전환을 목표로 하고 있다.

21세기 방송은 무한변화, 무한경쟁 상황에 놓여 있다. 지상파, 케이블, 인터넷 등의 국내 방송매체 모두 디지털 지상파TV방송, IPTV, 디지털케이블, DMB, 스마트TV 등 새로운 첨단 플랫폼 환경 속에 적응하고 살아남기 위해 적극적인 변화와 발전을 꿈꾸고 있다.

최근 방송 산업의 급격한 변화를 가리켜 '웹 2.0 시대'에 빗대어 'TV 2.0 시대'라 칭하기도 한다. 새로운 디지털 기기의 등장으로 시청자들의 시청 습관이 변화하고, 제작자들의 제작 형태도 변화하고 있다. 양방향성과 유비쿼터스로 대변되는 TV 2.0 시대는 새로운 TV의 패러다임이 출현하고 시청자와 콘텐츠의 관계가 더욱 밀접해지는 시대가 될 것이다.

그림 4-3 TV방송의 진화

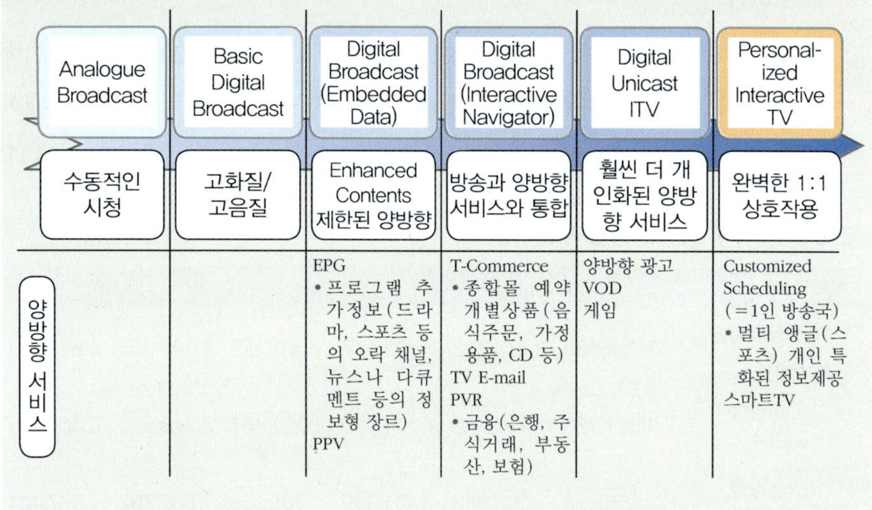

출처: Arther Anderson.

세계적으로 방송의 디지털화는 21세기에 있어 가장 중요한 산업 중 하나로 인식되고 있고, 각국에서는 관련 산업의 육성과 기술 개발에 이미 수년 전부터 많은 지원을 아끼지 않고 있다. 국내에서도 관련 기술 개발과 산업의 육성이 선진국 대열에 진입할 수 있는 성장 동력으로 인식되고 있다. 특히, 다양하고 광범위한 매체를 통해 전달되는 멀티미디어 자원을 투명하고 효율적으로 이용하기 위해서는 많은 기술적 지원을 필요로 하는데, 디지털방송과 유무선 통신의 융합 환경에서, End-to-end QoS(Quality of Service: 서비스 품질)를 보장받으면서 콘텐츠를 신뢰성 있게 제작, 전달, 소비하기 위한 표준 자동 전환서비스 기술은 향후 가장 큰 파급 효과를 지닐 것으로 예상된다.

이에 따른 신규 서비스로 콘텐츠 서비스를 조기 제공함으로써 부가가치를 창출하고 이를 바탕으로 인프라 구축을 지속적으로 추진함으로써 콘텐츠 및 통신 인프라, 단말기 등의 산업 활성화를 꾀할 수 있다. 사용자들로 하여금 언제 어디서나 원하는 콘텐츠를 접근 소비할 수 있는 미디어 융합 서비스를 제공함으로써 콘텐츠 소비 산업의 확산을 유발할 수 있다.

국내 방송콘텐츠 시장의 규모는 〈표 4-1〉과 같이 2010년 27조원에 달하는 거대 시장이며, 디지털화에 따른 다채널 확대와 방송망에 존재하는 방대한 양의 방송콘텐츠를 방통융합 기술을 통해 통신망과 스마트TV

| 표 4-1 | 국내 방송콘텐츠 시장규모 (단위: 백만원)

구 분		2005	2006	2007	2008	2009	2010
방송망	지상파방송 서비스	3,752,006	3,973,302	4,193,577	4,412,125	4,628,297	4,841,503
	유선방송 서비스	1,521,386	1,710,449	1,900,959	2,090,837	2,278,229	2,461,526
	위성방송 서비스	455,622	596,043	711,339	799,153	862,792	907,424
	프로그램 제작 및 공급	6,548,782	7,296,322	7,907,887	8,396,355	8,779,590	9,076,285
	지상파 DMB 서비스	9,100	15,400	37,200	54,600	91,600	105,600
	디지털방송 콘텐츠 (T-commerce) (기타 양방향 TV 서비스)	1,419,600 957,600 462,000	2,613,600 1,976,400 637,200	3,781,080 2,919,000 862,080	5,269,388 4,155,171 1,114,217	7,006,226 5,607,643 1,398,583	8,991,591 7,276,414 1,715,177
	소 계	13,706,496	16,205,116	18,532,042	21,022,458	23,646,734	26,383,929
이동통신망	모바일 방송서비스	41,004	50,501	58,803	64,377	66,772	68,388
	위성 DMB 서비스	29,500	91,500	181,300	295,400	417,400	524,100
	소 계	70,504	142,001	240,103	359,777	484,172	592,488
계		13,777,000	16,347,117	18,772,145	21,382,235	24,130,906	26,976,417

출처: (1) 유승훈, MPEG-21 경제성 분석.
(2) 김성민, 지상파 DMB 시장현황 및 전망, TTA저널, 제94호, pp.39-46.
(3) 김수현, 국내 디지털방송산업의 경제적 기대효과, 방송21, pp.58-61.
(4) 정보통신연구진흥원, IT차세대 성장동력 기획보고서(디지털 TV).

에서도 서비스를 할 경우 지속적인 시장 성장이 예상된다. 또한 한류(韓流)의 확산에 따른 방송콘텐츠의 해외 수출도 증가될 것으로 전망된다.

이러한 방송콘텐츠 시장의 확대는 유통 환경에도 변화를 가져오게 될 것이다.

2 디지털방송의 종류

디지털방송 플랫폼의 종류

디지털방송은 '가정 정보화와 극장화'를 앞당기는 구실도 한다. 연속극을 시청할 때 지난 줄거리나 촬영장소에 대한 정보를 얻을 수 있으며 극중 인물이 착용한 액세서리 등을 집에서 주문하는 홈쇼핑이 가능하다. 스포츠 경기를 볼 경우 선수에 대한 각종 데이터를 찾을 수 있을 뿐만 아니라, 다양한 각도에서 촬영한 여러 화면을 동시에 또는 선택해서 볼 수도 있다. 디지털TV(HD TV)는 화면 비율이 16:9로, 극장에서 보는 영화 화면과 비슷하고 원하는 시점에 원하는 콘텐츠를 선택하여 볼 수 있는 '가정용 극장'을 갖는 셈이다.

국내 디지털방송 사업자들은 "지상파(방송4사), 디지털위성(Sky Life), 디지털케이블, DMB, IPTV"로 방송송출의 플랫폼에 따른 방송 송출(전송)방식으로 사업체가 구분되고 있다. .

지상파는 전파를 통해 지상의 수신기로 방송을 전송한다. 기존의 아날로그 방식에서, 전송기술 방식을 전환하여 디지털신호로 전환하고 있다. 지상파 방송은 KBS, MBC, SBS, EBS의 총 4사의 사업자가 있다. 디지털 위성방송은 접시형 안테나로 위성신호를 송수신하며, 디지털케이블방송은 기존 케이블 방송사업자가 디지털신호로 전환하여 유선으로 디지

그림 4-4 국내 디지털방송 플랫폼 사업자

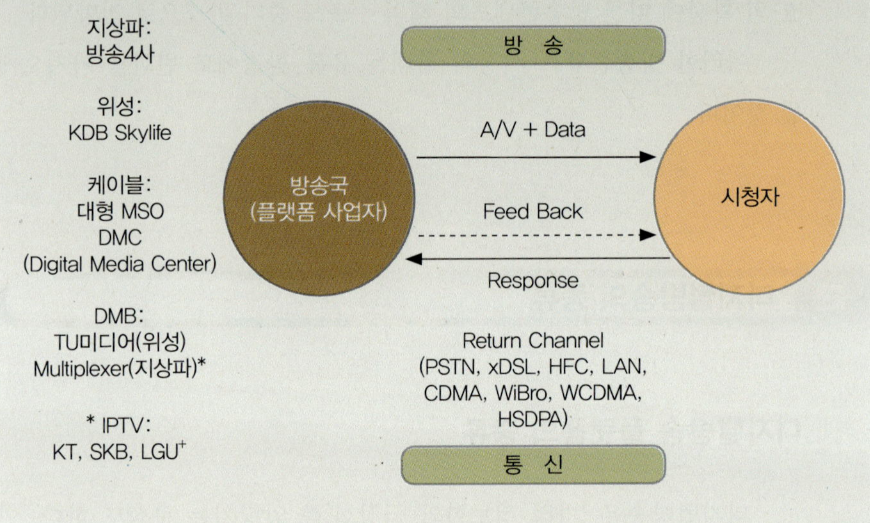

* KBS(전국), MBC, SBS, YTN, U1미디어, 한국DMB(수도권), 지역MBC/지역민방(지방)

털방송을 송출한다. DMB는 'Digital Multimedia Broadcasting'의 약자로 휴대용·차량용 수신기에 제공하는 방송서비스로, '손 안의 TV'라고 불린다. IPTV는 "Internet Protocol Television"의 의미로 초고속 인터넷 망을 이용해 제공한다. 인터넷과 텔레비전이 융합된 형태이다. 이처럼 방송사업자들은 플랫폼(송출하는 방식)에 따라 사업자가 나뉜다.

한편 최근엔 방송플랫폼 사업자뿐만 아니라 TV단말기를 통해 디지털방송과 유사한 서비스를 제공하는 스마트TV가 출시되고 있다.

스마트TV 특성과 전망

1) 스마트TV의 개념

스마트TV는 디지털TV에 운영체제(OS) 및 인터넷접속 기능을 탑재하여 실시간 방송뿐만 아니라, VOD, 게임, 검색 등 다양한 콘텐츠를 편

그림 4-5 스마트TV와 IPTV, 커넥티드TV 개념 비교

IPTV vs. 커넥티드TV vs. 스마트TV

구 분	IPTV	커넥티드TV	스마트TV
운용체제(OS)/웹브라우저	제한적	제한적	기본 탑재 (풀 브라우징 기능)
주요 사업자	KT, SKB, LGU+	삼성전자, LG전자	Google, Apple
콘텐츠	사업자 선정 일부 콘텐츠 (최근 Open IPTV 추진)	사업자 선정 일부 콘덴츠 (폐쇄형)	웹, 모바일 콘텐츠 전부 (개방형)
비즈니스 모델	유료(가입비)	일부 유료	유·무료 혼합

*풀 브라우징(Full Browsing): 익스플로러, 크롬 등 범용 인터넷 브라우저를 통해 인터넷을 이용하는 것

리한 이용자환경(UI/UX)에서 이용할 수 있는 TV를 통칭한다. 즉 인터넷 풀브라우징이 가능한 OS가 탑재되어, 인터넷의 모든 콘텐츠의 어플리케이션을 이용할 수 있고, PC와 모바일 등 타단말과의 연동도 용이한 TV이다.

그리고 스마트TV는 TV와 휴대폰, PC 등 3개 스크린을 자유자재로 넘나들면서 데이터의 끊김 없이 동영상을 볼 수 있으며, 원하는 콘텐츠를 인터넷에서 실시간으로 다운받아 볼 수 있고, 뉴스·날씨·이메일 등을 바로 확인할 수 있는 커뮤니케이션 센터의 역할을 한다.

2) 스마트TV의 특성

스마트TV의 가장 큰 특징은 PC와 유사하게 OS가 탑재되는 것으로 스마트TV는 OS를 기반한 웹브라우저를 통해 PC와 유사하게 사용 가능하고, 자유로운 어플리케이션 이용을 가능하게 한다. 또한 개방형 네트워크를 통해 접속되어 인터넷상에 오픈된 수많은 웹콘텐츠를 웹브라우저나 어플리케이션을 통해 이용할 수 있다는 것이다. 즉 기존 방송 프로그램 시청은 물론, 인터넷망을 통한 검색으로 웹콘텐츠(동영상, 플래시, 전자

책 등), 양방향 인터넷 서비스(검색, 인터넷전화, 웹 쇼핑, VOD, 게임, 이메일, SNS, 번역, 위치정보 등) 및 각종 어플리케이션이 이용 가능하다는 것이다.

공급자 측면에서는 스마트TV는 인터넷망을 통해 콘텐츠 제공 및 이용자 접근성을 확대하고, 이용자 측면에서는 단말기 종류에 관계없이 멀티미디어가 이용 가능하고 개방형(또는 폐쇄형) 인터넷망을 통해 콘텐츠 공급자들의 이용자 접근성을 배가시켜 콘텐츠-플랫폼-단말기 가치사슬 내 상생의 eco-system이 구축된다. 또한 동일한 OS 플랫폼을 사용하는 다양한 단말기(모바일, 태블릿 PC 등)와 호환되어 끊임없는(seamless) 멀티스크린(N-screen) 서비스 이용 가능하다는 특성이 있다.

3) 스마트TV 종류

스마트TV는 해외에서는 구글과 애플, 국내에서는 삼성전자와 LG전자가 가장 적극적이다. 각각은 나름대로의 특징을 가지고 스마트TV 사업을 진행하고 있다.

❶ 구 글

웹과 앱 | 구글 TV는 TV 광고 시장의 가능성을 선점하기 위해 TV 시장에 진출하였다. 따라서 하드웨어 장악력은 소니와 로지텍 등 협력사의 영역으로 남겨두고 유통플랫폼 확산에만 주력하고 있다.

❷ 애 플

프리미엄급 영화, TV프로그램 제공 | 애플은 플랫폼 사업자지만 구글 TV와는 다른 행보를 보이고 있다. 애플 TV는 전용 어플리케이션을 통한 콘텐츠 판매와 TV 프로그램 렌탈 서비스에 집중하고 있다.

❸ 삼 성

어플리케이션 활용 | 삼성은 하드웨어로서 경쟁우위를 유지하면서 앱 개념을 TV에 도입하여 스마트TV를 정의하였다.

그림 4-6 스마트TV 사업자 종류와 사업모델

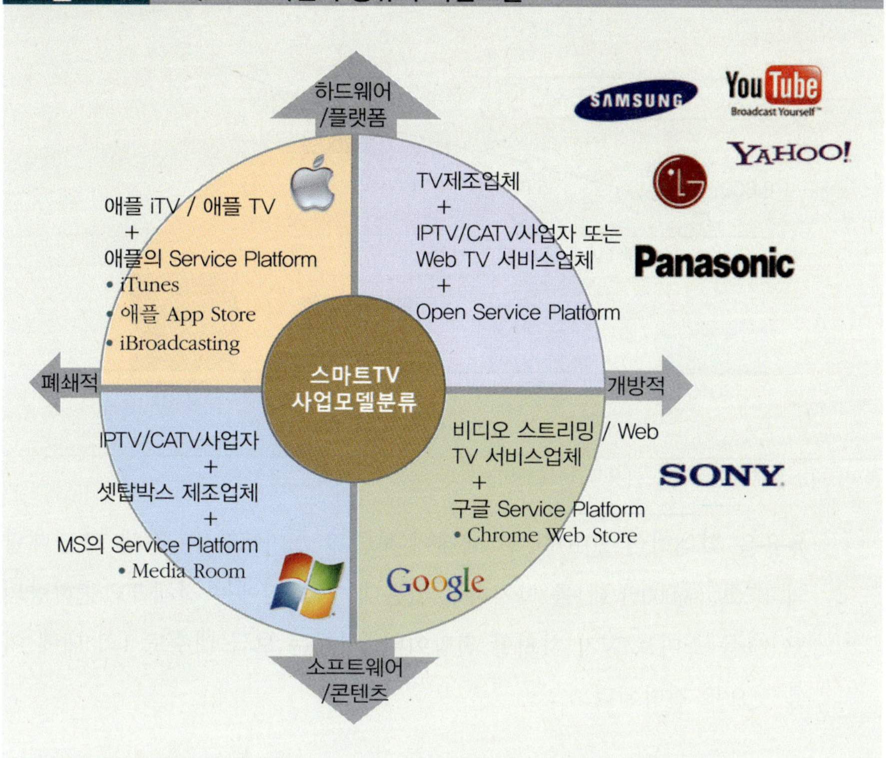

④ LG

LG의 경우 자체 플랫폼을 가지고 있지 않으며 3D 콘텐츠를 보유한 글로벌 Content Aggregator(Netflix, Youtube, MobileMe, Flickr)나 로컬 Content Provider와 제휴하는 모델로 3D TV를 판매하는 것을 일차적인 모델로 삼고 있다

4) 스마트TV 시장 전망

시장 조사업체인 디스플레이리서치사에 따르면 스마트TV 시장이 계속 성장하여 2112년에는 신규 구입 TV 3대 중 한 대 정도가 스마트TV가 될 것으로 예상된다. 이처럼 스마트TV는 지속적으로 시장 점

그림 4-7 전 세계 스마트TV 시장 전망 (단위: 대, %)

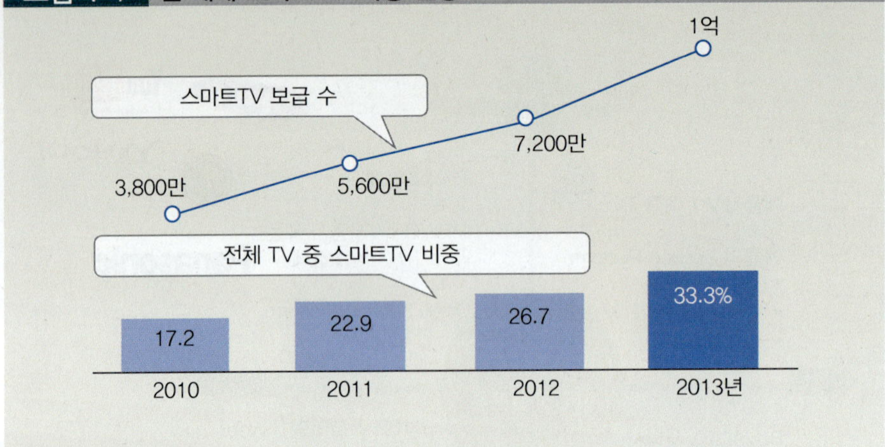

출처: 디스플레이서치 & 아이서플라이(2010).

유율을 확대하여 2010년 전 세계에 보급된 스마트TV는 전체 TV판매량의 17.2%(3,800만 대)를 차지하고 있는데, 2013년에는 전체 TV 출하량의 33.3%를 스마트TV가 차지할 전망이다. 이때는 보급 대수도 1억 대에 이를 것으로 전망된다.

그림 4-8 지역별 스마트TV 시장 전망

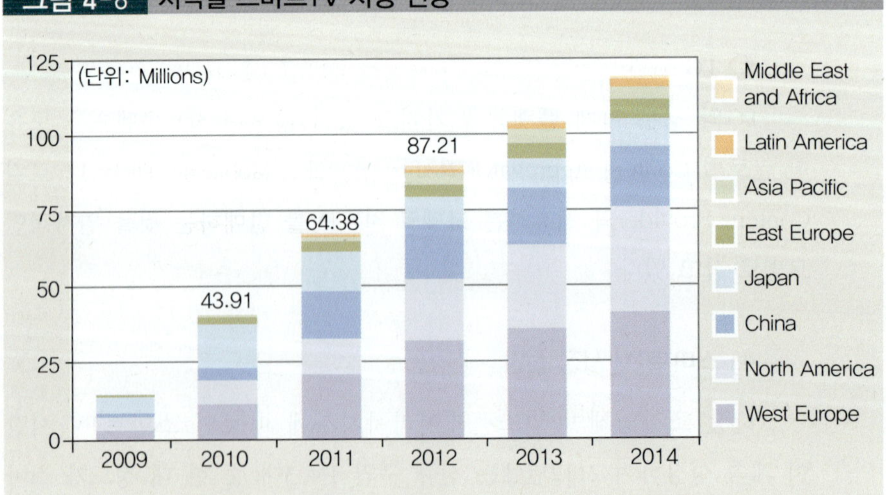

출처: Display Search(2010).

그림 4-9 국내 스마트TV 시장 전망

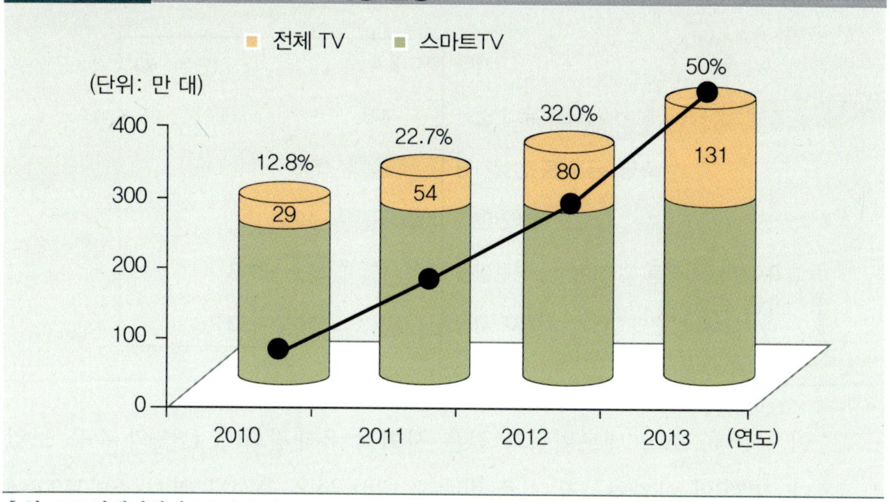

출처: KT 경제경영연구소(2010).

전 세계적으로 스마트TV는 지역에 상관없이 2010년~2013년까지 연평균 38%의 고성장을 통해 2013년도 누적 판매량이 2억 8,000만 대에 이를 것으로 추정되었다. 전 세계 신규 TV 판매에서 스마트TV가 차지하는 비중은 2010년 17.2%에서 2014년 33.3%로 약 2배 증가할 것으로 예측되었다.

국내 스마트TV에 대한 KT 경제경영연구소의 예측에 의하면, 〈그림 4-9〉와 같이 신규 TV 판매 가운데 2010년도에는 13%(29만 대)를 점유하고 2013년도 에는 50%(131만 대)에 육박할 것으로 전망하였다. 국내 스마트TV 서비스 이용자 수는 2010년 14만 명에서 2011년 39만 명, 2012년 77만 명, 2013년 139만 명에 이를 것으로 전망된다.

스마트TV의 이용목적과 주 이용서비스에 대해 살펴보면 국내 일반인 가운데 스마트TV 이용의향자의 주요 이용목적은 〈그림 4-10〉과 같이 기존 방송의 원하는 시간대 시청이 30.2%로 가장 높았으며 교육/육아/요리 등 멀티미디어 정보활용이 27.8%, 음악과 영화, 게임과 같은 엔터테인먼트가 19.2%, 모바일 커머스 또는 모바일 뱅킹과 같은 생활지원

그림 4-10 국내 스마트TV 주요 이용목적

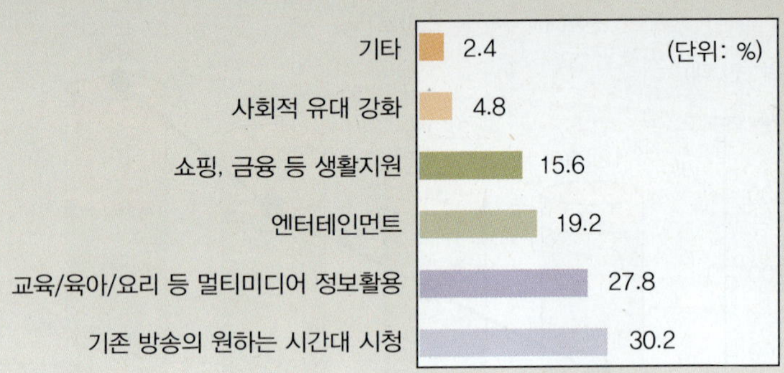

이 15.6%, 소셜 네트워킹과 같은 사회적 유대강화가 4.8%의 순을 보였다. IPTV와 마찬가지로 기존 방송에 대한 높은 충성도 역시 스마트TV에서도 동일하게 나타났으며 생활정보 활용과 생활관련 지원이 상대적으로 낮지 않아, 스마트TV가 정보 미디어로의 가능성을 보여주었다.

방송의 변화

인터넷이 등장하고 디지털 뉴미디어가 보급되면서 일견에서는 'TV는 죽었다'라며 방송 산업의 위기에 대한 우려를 나타냈다. 그동안 우리는 방송과 거실의 텔레비전을 동일시해 왔다고 해도 과언이 아니다. 그러나 이제 가족이 모두 거실에 앉아 텔레비전을 함께 시청하는 풍경은 옛날 일처럼 되어버렸다. 거실텔레비전의 절대적인 시청률이 10퍼센트 이상 빠져나간 지금의 시점이 바로 방송 산업의 새로운 변화를 이야기할 수 있는 적기일지 모른다. 스마트폰과 PMP, DMB 등 시시각각 새롭게 등장하는 신규 플랫폼들을 통해 언제 어디서든 방송 시청이 가능해졌다는 걸 생각해보면, 위기에 빠진 것은 방송 산업이 아니라 텔레비전과 방송을 동일시했던 기존의 인식일 것이다.

인터넷을 기반으로 한 디지털 환경으로의 변화는 방송 산업에도 적용되어 방송과 통신의 융합이라는 패러다임의 변화를 가져왔으며, 이는 방송 산업의 뿌리부터 변화를 초래하고 있다. 즉 방송 산업은 기존의 매체 중심이 아니라 콘텐츠 중심의 산업이 되었으며, 이는 기존의 방송콘텐츠가 제작되고 유통되며 소비되는 방식을 변화시키고 있다.

이제 더 이상 지상파 방송사만이 방송콘텐츠를 제작하지는 않는다. 케이블과 위성채널 사용사업자들과 독립 제작사들뿐 아니라 통신회사들까지도 방송콘텐츠 제작 시장에 뛰어들고 있다.

시청자들의 시청 습관 또한 변하고 있다. 여전히 우리의 인식 속에 '거실의 텔레비전'은 방송 산업을 대표하는 매체로 자리하고 있으나, 콘텐츠 다시보기(VOD)를 통해, 혹은 이동 중 스마트폰 등을 통해 언제 어디서나 본인이 원하는 시점에 방송콘텐츠를 시청하는 것 역시 더 이상 낯설지 않은 모습이 되었다.

3 방송영상 콘텐츠 유통의 흐름

방송영상 콘텐츠 유통의 주체

방송영상 콘텐츠의 제작과 유통에는 3개의 중요한 축이 존재한다. 방송사, 제작사, 유통사가 바로 3대 축이다. 이들 세 주체가 방송저작권을 기반으로 얼마만큼 효율적으로 공조하는냐, 각각의 위치에서 얼마만큼 제 역할을 하느냐가 콘텐츠 부가가치 창출의 핵심이 된다.

1) 방송사

방송사는 프로그램을 기획하는 콘텐츠 사업의 시발점이다. 정책과 기획에 따라 방송사는 프로그램을 직접 제작하거나 외부제작사에게 제작을 의뢰한다. 직접 제작하는 비율은 60~70% 정도이다. 방송사는 콘텐츠의 다양한 유통이 가능하도록 저작권을 확보한다. 방송사는 자기채널에 프로그램을 송출하는 엔드유저이기도 하다. 프로그램을 송출함으로써 얻는 광고수익은 다른 유통경로를 통해 얻는 수익보다 훨씬 크다. 방송콘텐츠 시장에서 가장 큰 바이어는 저작인접권자인 국내 지상파 방송사이다.

2) 제작사

방송사 자체제작 이외의 제작은 독립제작사 또는 방송사 자회사가 맡는다. 이들이 제작하는 물량은 총 방송시간의 30% 이상이다. 뉴스, 스포츠 등의 프로그램을 감안하면 멀티유즈가 가능한 콘텐츠의 50% 이상을 이들 전문제작사가 맡는다고 볼 수 있다. 이들은 콘텐츠가 정상적으로 유통될 수 있도록 작가, 연출자, 연기자, 음악가 등 저작권 소유자로부터 권리를 확보하는 주체이다.

3) 유통사

유통사는 콘텐츠의 국내 지상파 방송을 제외한 다른 모든 형태의 부가가치 창출을 맡는다. 콘텐츠의 해외 영업, 음반/출판 등 가공재생산 및 유통을 담당한다. 따라서 콘텐츠 영업의 허브로써 확보되지 않은 판권을 수집하고 권리를 수집한다. 현재 방송3사의 자회사가 유통업무를 전담하는 시스템이다.

방송영상 콘텐츠 제작 유통의 기본 흐름 관리

우리의 방송산업은 다른 나라에 비해 제작과 편성, 송출/유통이 비교적 수직적으로 통합되어 있음에도 불구하고 유통의 경우 제작 측면과는 별개로 논의되는 경우가 많았다. 그러나 생산 없는 유통이 있을 수 없듯이 콘텐츠의 질과, 제작시스템은 유통에 매우 직접적인 영향을 미친다. 이러한 전제를 바탕으로 한국의 방송 콘텐츠가 어떠한 과정으로 생산되고 유통되는지 그 전 과정을 점검해 볼 필요가 있다. 제작과 유통과정의 점검은 콘텐츠의 고부가가치 창출을 제한하는 요소가 무엇인지를 점검할 수 있게 해줄 것이며, 또한 고부가가치 창출을 위하여 제작 및 유통 등 현업라인과 정부 등 지원자의 역할을 재점검하는 기능을 할 수 있다.

1) 기획(Pre-production)

기획단계에서 제작사(방송사)는 콘텐츠가 정상적으로 유통될 수 있도록 각각의 저작권자 또는 저작인접권자와 적절한 계약을 체결한다. 그러나 유통에서 바라본 문제점은 현재의 계약관행이 지상파 방송 이외의 권리에 대한 규정이 미비하다는 점이다. 같은 방송사 안에서도 유통주체와 제작주체 간의 이해와 협조가 만족스럽다고 보기는 어렵다. 외주제작 등 제작형태와 이해관계가 복잡해질수록 상호협조는 더욱 어려운 게 현실이다.

① 멀티유즈 가능하도록 저작권 확보

제작사(방송사)가 작가, 음악가 등 각종 저작권자와 계약시 2차 유통이 가능하도록 일괄 계약할 필요가 있다. 과거의 관행대로 국내 지상파 방송만을 전제로 한 계약을 체결하면 2차 유통은 매우 어려워질 수밖에 없다. 이권 발생시점이 다가올수록 이해 당사자간의 관계는 첨예해질 수밖에 없고, 조정과 합의가 이루어지지 않을 경우 콘텐츠 멀티유즈는 이루어지기 어렵다. 해외수출, DVD 등 프로그램 완제품의 다양한 유통, 그리고 음반 등 음원사업, 소설, 화보집 등 출판 사업, 머천다이징 사업 등 다양한 사업의 성사 여부가 기획단계의 적절한 계약에 달려 있다. 추가 비용이 발생한다면 이는 지상파 이외의 2차 유통 수입을 재원으로 하면 된다. 일본의 경우 이 문제는 콘텐츠 비즈니스의 위축으로까지 이어지고 있다.

❷ 재편집 가능한 구조로 기획

국제적으로 민감한 소재가 부분적으로 삽입되었을 경우, 삭제 가능한 형태로 기획할 필요가 있다(일본, 중국 등과의 민감한 관계 등). 해외 수출 또는 셀스루 시장의 소비자 욕구에 맞춰 4부, 10부, 20부 등으로 재편집 가능한 상황으로 기획하는 것도 검토할 필요가 있다.

2) 제작(production/post-production)

국내의 콘텐츠 제작, 특히 드라마 제작은 엄청난 노동부하가 걸리는 시스템이다. 촬영현장에서 쪽지대본을 받아 방송 몇 분 전까지 제작하기가 일쑤고 어떤 경우는 100시간을 안자고 일하는 등 믿지 못할 만큼 과부하가 걸리는 구조다. 스타급 연기자들은 이 중노동이 싫어서 방송출연을 기피하기도 한다. 생산구조가 이렇게 당일 방송을 맞추기도 어려운 구조이다 보니 제작일선에 2차 시장 유통을 위한 협조를 구하기가 매우 어렵다.

❶ 부적절한 음악 사용 자제

정당한 저작권을 확보하지 않은 음악은 방송, 또는 유통 후 저작권자(통상 해외의)에게 거액을 배상하는 사례를 만든다. 한국 프로그램을 구매하려는 일본 방송사들의 가장 큰 불만이 이 부분이다. 작곡가가 계약을 통해 프로그램에 사용하는 모든 음악의 저작권을 스스로 보증하도록 시스템을 갖춰나갈 필요가 있다.

❷ 충분한 제작 현장 자료 확보

메이킹 필름 등 제작현장의 자료는 이미 전체 콘텐츠의 부가가치를 높이는 데 상당한 기여를 할 뿐 아니라 그 자체가 독립적 콘텐츠로의 가치를 가지고 있다. DVD 구입자를 위하여 메이킹 필름은 이미 기본 서비스화되어 있고, 국내외 방송에 독립 프로그램으로 편성된 사례도 있다(이브의 모든 것, 카레이스키 등).

③ 스틸사진 확보

지금까지는 프로그램 스틸사진을 홍보자료로서만 이해해왔다. 그러나 지금은 프로그램의 스틸사진이 하나의 중요한 콘텐츠로 부상하고 있다. 출판에 있어서 얼마나 풍부한 스틸사진을 확보하고 있는가는 사업성에 결정적인 영향을 미친다. 정교한 스틸사진이 부족해 TV화면을 캡쳐해 사용하기도 하지만 방송영상 콘텐츠의 격과 가치를 많이 떨어뜨리고 있다. 한국영화의 경우 70년대에도 이미 스틸카메라맨이 항상 촬영현장을 기록하고 있던 것에 비하면 상대적으로 뒤떨어져 있다.

④ 최선의 M/E분리 작업

제작단계에서 또는 제작 직후 해당 연출자의 감독하에 작업해야 최고의 품질이 나올 수 있다. 드라마와 완제품에 믹싱되어 있는 음원과 큐시트를 구하지 못해 비슷한 음악을 끼워넣는 식의 M/E분리 제작은 콘텐츠의 질을 떨어뜨린다. 외국의 음성다중방송의 경우 한국어트랙의 음악과 현지어트랙의 음악이 차이가 나 시청자들의 항의를 받는 사례도 있다.

⑤ 클린 테이프 확보

오락프로그램이나 다큐멘터리의의 경우 자막없는 클린 테이프를 따로 관리할 필요가 있다. 구성프로그램의 경우 스튜디오의 MC 부분을 제외한 ENG(VTR) 부분의 클린테이프가 확보됐을 때 수출 등 콘텐츠 활용이 훨씬 용이해진다.

3) 유통(distribution)

유통 단계에서는 앞서 기획 및 제작 단계에서 해결해야 할 문제들이 해결되지 않으면 상당한 난관에 부딪힌다. 저작권자 또는 저작인접권자와의 권리관계가 해결되어 있지 않으면 이 시기에 별도로 해결해야 하나 초기에 해결하는 것에 비해 훨씬 어려움이 많다. 프로그램의 성공과 실패가 이미 판가름나 있는 때이고 눈앞에 보이는 이익을 놓고 이해당사자들이 양보하기가 어려운 상황이기 때문이다. 법적 분쟁에 휘말리거나 사업 자체가 포기되는 경우도 비일비재하다. OST, 다운로드 서비스 등 음원사업의 경우가 가장 분쟁이 많다. 출판 역시 방송물 집필계약 당시 방송사(제작사)와 작가의 계약에 그 합의가 포함되어야 사업이 순탄하나 그 역시 지금까지는 그러하지 못하다.

❶ 효과적인 프로모션

해외시장의 경우 국내시장과 달리 스타를 활용한 적극적인 프로모션에 많은 영향을 받는다. 당장의 이익보다 장기적인 시각에서 연기자들의 보다 성의있는 현지 프로모션 협조가 필요하다. 한국스타들에 대한 부정적인 기사는 해외 마케팅에 치명상을 준다.

❷ 해외시장을 위한 PPL

간접광고 등 공익성이 문제되지 않는 2차 시장에서는 재편집을 통한 PPL 등 콘텐츠와 함께 해외진출을 노리는 기업들과 효과적인 제휴를 할 필요가 있다.

❸ 셀스루 시장 조성/실시간 VOD 재검토

아시아권에서 불고 있는 인기드라마의 DVD 소장붐을 국내시장에도 조성할 필요가 있다. 그러기 위해서는 거의 실시간으로 제공되는 인터넷 VOD 서비스에 대한 전면적인 재검토가 필요하다. 세계 어느 나라도 콘텐츠 부가가치를 위해 실시간 VOD를 제공하는 곳은 없다. 정보가치, 소장가치가 있는 콘텐츠는 소비자들이 적정한 비용을 지불하고 구매하게끔 유도하는 게 맞다. 일본의 경우 NHK에서 출시한 "겨울연가" DVD가 10만 세트 이상 판매되어 일본내 최고 부가가치 상품이 되었음에도 정작 국내에서는 거기에 훨씬 못미치는 수준이다.

❹ 콘텐츠 종합유통 관리

각 방송사마다 유무선 인터넷에 의한 콘텐츠 유통은 다른 콘텐츠 유통과는 다른 채널로 관리되고 있다. 방송과 통신은 빠르게 융합하고 있고 그 경계 역시 이미 모호한 시점에서 효율적이라고 보기 어렵다. 방송사나 제작사에 따라 프로그램별, 아이템별, 지역별, 매체별로 유통이 분산되어 관리되는 경우도 있다. 치열한 세계의 콘텐츠 시장에서 살아남기 위해 보다 경쟁력 있는 유통시스템이 무엇인지 점검해 보아야 한다.

4 방송영상 콘텐츠 마케팅전략과 종류

방송영상 콘텐츠 가치사슬 변화에 따른 유통채널 관리 필요

디지털기술로 방송과 통신이 융합되는 환경에서 콘텐츠 수요가 확대되고 있고, 재미와 즐거움을 추구하는 미디어 소비에 대한 사회적 가치가 증대되고 있다. 즉 기존 방송 산업에서는 다양한 채널이 증가하고 방송 외에 다양한 매체를 통해 콘텐츠를 이미 이용하고 있어 콘텐츠 측면에서 니즈가 지속적으로 확장되고 있다. 동시에 이러한 콘텐츠를 언제 어디서나 어떤 단말환경에서 이용하고자 하는 수요가 증가하고 있다. 일종의 유비쿼터스적인 콘텐츠 활용이 방통 융합을 견인하고 있다.

기술측면에서는 컴퓨터 통신 기술의 발달로 인해 네트워크 저장 및 전송 기술이 진화함에 따라 대용량의 방송영상 콘텐츠를 안정적으로 저장·전송·이용하는 것이 가능하게 되었다.

또한, 스마트TV 가전이나 스마트 모바일 단말의 급속한 보급으로 방송영상 콘텐츠의 고도화 및 방송과 통신 및 인터넷의 융합이 가속화되고 있다. 특히 BcN을 통해 유선과 무선이 모두 IP망으로 끊김없는 연결이 가능함에 따라 IP망을 통해 방송과 통신의 직접연결이 가능해진 것이 방통융합의 기술적 측면에서 촉진 요인이 되고 있다.

그림 4-11 방송영상 콘텐츠의 가치사슬 변화

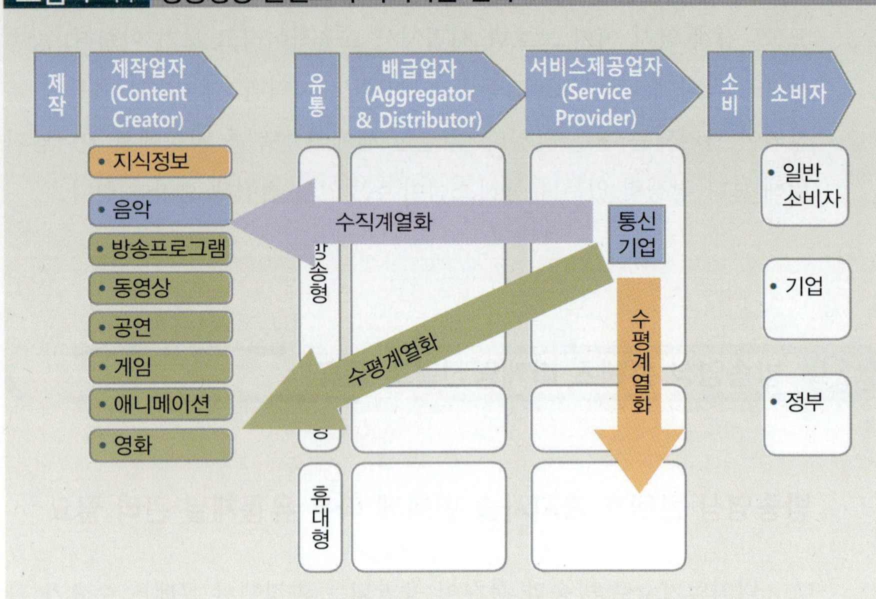

비즈니스 측면에서는 방송과 통신서비스 모두 성장 정체에 따른 새로운 수익모델 창출이 필요하게 되었다. 또 방송통신 산업의 가치사슬 영역이 모두 크게 확대되고 경계 영역에 속해 있는 부분에 대한 비즈니스 매력도 증가하고 있으며 정부의 융합활성화에 대한 적극적인 정책 추진이 방송통신융합을 촉진한다.

방송영상 콘텐츠 산업의 패러다임 전환은 디지털 융합에 따른 가치사슬 변화를 가져오고 이는 제작주체와 콘텐츠 그리고 패키징과 네트워크, 이용방식의 융합과 다원화에 걸쳐 나타난다. 방송 플랫폼에서 콘텐츠로 중심이 이동하고 콘텐츠 확보가 플랫폼 경쟁력을 좌우하게 되는 것이다. 따라서 방송영상 콘텐츠가 융합서비스와 원소스 멀티유즈 서비스로 변화하게 되는 것이다.

이러한 특성을 지닌 방송영상 콘텐츠는 디지털화의 진전과 미디어 융합이라는 속에서 방송영상 콘텐츠 유통의 변화가 가속화될 것이다. 즉

그림 4-12 방송영상 콘텐츠 유통채널의 변화

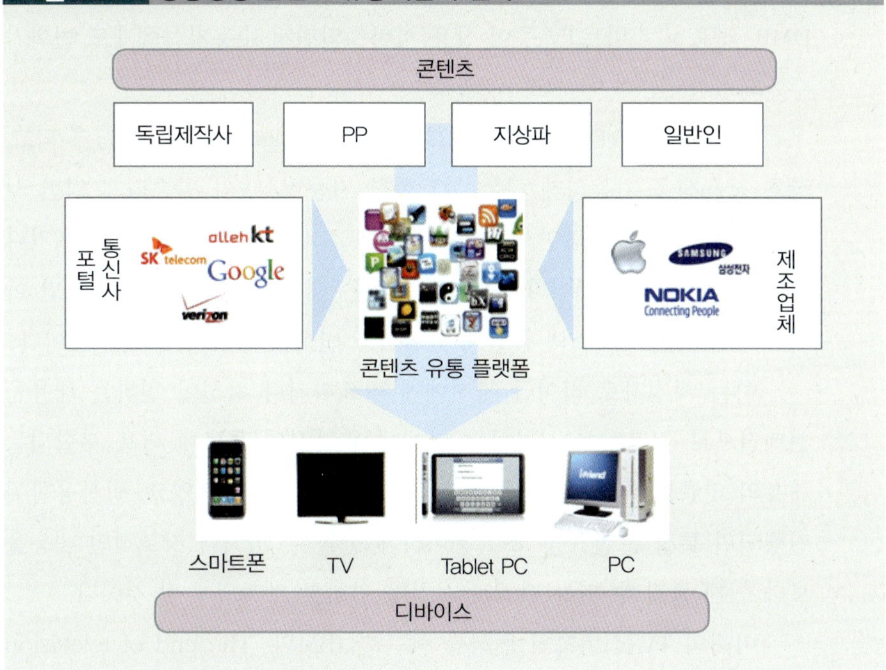

디지털화로 콘텐츠 형식이 매체 특성으로부터 자유로워짐에 따라 이용자는 같은 콘텐츠를 다양한 미디어를 통해 이용할 수 있다. 국내에서는 종합편성 채널의 등장과 태블릿PC 와 스마트TV 및 스마트폰의 급속한 보급은 지상파채널 중심의 유통에 일대 혁신적인 변화를 가져오고 있다.

이처럼 방송영상 콘텐츠의 가치사슬 변화와 유통 채널의 변화에 적극적으로 대응하는 마케팅전략이 입안되어야 할 것이다.

방송영상 콘텐츠에 대한 수용자의 변화에 대응하는 마케팅 전개 필요

방송의 디지털화와 브로드밴드의 이용이 활성화되면서 기존의 아날로그방송은 디지털서비스(다채널, 고화질, 양방향서비스 등)가 본격화되고,

인터넷망을 이용한 다채널 방송서비스인 IPTV, 개별 이동수신이 가능한 DMB, 맞춤형 스마트TV 등이 상용 서비스되면서 수용자들에게도 변화가 수반되었다.

앞으로도 HDTV가 더욱 고도화된 UDTV(Ultra Definition TV)가 되고, 상호 작용성을 가능하게 하는 고도화한 지능형 TV가 방송되게 되면 시청자들은 TV를 시청하면서 TV 속 상황을 실제처럼 감각적으로 느끼거나 경험할 수 있게 될 것이다. 즉, 수용자들은 제공되는 채널의 증가뿐만 아니라 제공되는 서비스의 품질에 있어서도 변화를 경험하게 되는 것이다.

이는 시청자로 하여금 자신에게 필요하거나 자신이 원하는 내용을 선택적으로 접근하여 시청하는 단계에서 자신의 욕구에 더욱 부합되는 내용의 맞춤형 서비스를 제공받는 단계로 발전하게 되었고, 방통융합이 진행되면 특정 콘텐츠를 보다 용이하게 만들 수 있거나 창조적인 내용을 보다 쉽게 즐길 수 있는 단계로 시청자 변화를 가져오게 될 것이다.

미래의 TV 소비자의 변화를 예측한 IBM의 "The end of television as we know It: A future industry perspective" 보고서에서 미래의 시청자는 전통적으로 소파에 앉아 TV를 이용하거나 제한된 채널을 이용하는 행태를 벗어날 것이라고 언급하고 있다(IBM, 2006).

IBM의 보고서가 제시하는 미래방송 시장의 특징은 다음과 같다.

첫째, 콘텐츠 접근시간, 방법, 장소의 유연성으로 방송 콘텐츠의 수요는 증가할 것이다. 즉 디지털 음악서비스, 영화 DVD 대여 서비스, 위성·라디오 및 대용량의 비디오 게임을 포함하여 무수한 방송 콘텐츠의 수요가 증가할 것이다.

둘째, 채널과 플랫폼의 급격한 증가로 소비자는 분화될 것이다. 시청자들은 틈새 콘텐츠와 메시지를 선호하는 경향을 보이고 있다. 특히, 미국의 케이블 콘텐츠 네트워크는 전미 TV시청률의 57%를 차지하고 있는데, 이것은 전문화되고 특정층을 목표로 하는 콘텐츠를 선호함을 나타낸다.

이외에도 웹2.0, TV2.0 시대 시청자의 특징은 양방향성이 강화된 매

그림 4-13 TV2.0 시대의 방송영상 콘텐츠의 수요 특징

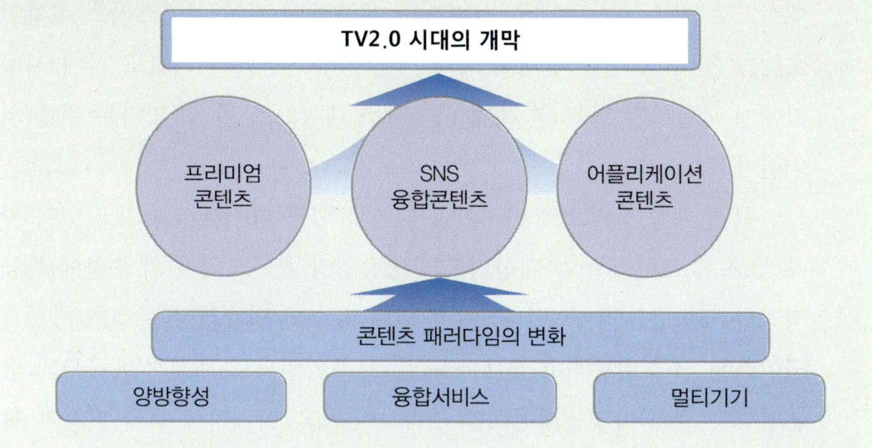

체를 통한 방송영상 콘텐츠의 소비가 기성세대보다 훨씬 강화되고 있음을 볼 수 있다. 특히 신세대의 기존 일방향TV 소비는 다른 매체 소비의 증가분을 합한 것보다도 훨씬 빠르게 감소하고 있는 것으로 나타난다.

즉, 앞으로 기존의 일방향TV 소비는 계속 감소하며, 스마트TV나 웹 그리고 스마트 모바일 등 능동적인 미디어 소비가 이를 점진적으로 흡수할 것이다. 즉, 자유로운 양방향 매체 소비에 대한 선호는 점차 주도적인 미디어 소비 경향으로 확대되어 갈 것이다. 이러한 소비자들은 소비자가 콘텐츠를 창조한다(Consumer Creating Contents)는 의미로 C－세대(Content Generation)라 불리며, 이들은 디지털 기기에 의한 자가 발전형 방송콘텐츠 문화를 주도하게 될 것이다. 이처럼 TV2.0 시대의 시청자 특성을 고려한 방송영상 콘텐츠 제작과 유통 등의 마케팅전략이 중요해지고 있다.

글로벌시장을 대상으로 온·오프라인 방송영상 콘텐츠 마켓플레이스 마케팅 필요

TV2.0 시대의 방송영상 콘텐츠는 국경을 초월하는 무한경쟁의 시대

에 돌입하게 됨을 주목해야 한다. 구글TV와 애플TV가 국내 시청자들을 대상으로 방송영상 콘텐츠 서비스를 제공하는 것이 자연스러운 상황이 도래할 것이다. 이는 반대로 국내 방송영상 콘텐츠의 시장도 국내 시청자에게 국한하지 말고 전 세계 시청자를 대상으로 할 수 있다는 것을 의미한다.

특히 대중 음악으로 아시아를 넘어 유럽과 미주까지 퍼지고 있는 한류(韓流, Korea Wave)는 대한민국의 방송영상 콘텐츠의 해외 수출에도 긍정적인 영향을 미치고 있다. 이에 세계 유수의 방송영상 콘텐츠 마켓플레이스를 적극 활용하고 국내에도 온·오프라인으로 세계적인 규모의 방송영상 콘텐츠 마켓플레이스를 구축하여 해외 마케팅에 적극 나서야 할 것이다.

| 표 4-2 | 방송영상 콘텐츠 관련 주요 국제마켓플레이스

명 칭	시기 및 장소	행사규모	비 고
NATPE	1월 라스베가스	120개국 2,600사 18,000명 내외	미국의 국내 마켓으로 설립되어 국제 마켓으로 확대 개편
MIP-TV	4월 프랑스 칸느	100개국 2,000사 2만 명 내외	세계 최대규모의 국제 마켓
MIP-COM	10월 프랑스 칸느	100국 2,000사 2만 명 내외	프랑스 칸느에서 개최되는 세계 최대규모의 국제 마켓
BITVE	5월 중국 북경	25개국 300사 2,000명 내외	중국 정부에서 영상 산업 육성 및 국제 마켓 활성화를 위해 설립
FILMART	6월 홍콩	40국 80사 500명 내외	홍콩 무역 발전국이 98년부터 개최
SCTVF	9월 중국 사천	34개국 400사 3,000명 내외	93년부터 매회 개최
BCWW	8월 한국 서울	37개국 661사 5,000명 내외	2001년부터 국내에서 개최된 마켓
BCM	5월 한국 부산	31개국 406개 업체 863여 명이 참여	2007년부터 개최

출처: KBI(2009)를 보완 재구성.

방송영상 콘텐츠의 유통을 위한 온오프라인 글로벌 마켓을 구축하고 협상하기 위해서는 시장 공략을 위한 방법과 콘텐츠 상품 그리고 수출국에 대한 파악 등이 선행되어야 한다.

예를 들어 드라마 〈겨울연가(2002)〉를 KBS는 일본 NHK에 270억 원에 판권을 팔았다. 그런데 일본은 '겨울연가'로 KBS보다 40배가 넘는 1조 2,000억 원을 벌어들였다. 드라마가 인기를 끌기 시작하자 DVD, 사진집, 액세서리 등 관련 상품이 계속 쏟아져 나오며 '원소스 멀티유즈(OSMU)'의 힘이 제대로 발휘된 것이다. 하지만 당시 KBS는 NHK에 부가판권까지 넘기는 바람에 추가 수입을 얻지 못했다. 여기에서 시사하는 것은 수출국에 대한 정보를 사전에 좀 더 파악했더라면 보다 높은 수익률로 연결되었을 것이라는 점이다.

방송영상 콘텐츠 소비 활성화를 위한 홍보마케팅의 종류

방송 드라마와 다큐 및 예능 프로그램에 대한 관심을 끌게 하고 시청자로 하여금 소비하게 하여 시청률을 높이고 매출을 일으키기 위해 다음과 같은 홍보마케팅 방안이 활용될 수 있다.

- 주인공이나 제작과정 및 내용을 이슈화하여 보도자료로 홍보
- 주인공과 제작진이 참여하는 기자회견 및 시사회 개최
- 인터넷 마케팅을 통한 포탈에 콘텐츠 내용 제공 및 프로그램 홍보
- 하이라이트, 노컷 등의 흥미있는 동영상 유포 통한 바이럴 마케팅
- 홈페이지 제작으로 네티즌과 제작진들이 함께 공유할 수 있는 공간 마련
- PPL 접목한 이벤트로 경품제공 등 네티즌의 참여 유도하여 커뮤니티 활성화 증대
- 방송퀴즈, OST, 월페이퍼 등 방송에 대한 흥미 유도

▲ 에어시티 드라마 시사회

- 배우 인터뷰, 다시보기, 메이킹, NG컷, 노컷영상 등 볼거리 제공하여 관심 유도
- 커뮤니티 공간을 통해 충성도 고객을 만든다.
- VOD 이용료, PPL을 통한 매출기여
- 정기적인 뉴스레터 발송함으로써 프로그램 소식과 이벤트를 홍보하여 사이트 유입을 돕는다.
- 시청자 개인화에 맞춘 서비스 UCC 및 VOD 서비스 제공
- 포탈 사이트 및 타사이트 협약하여 배너, 팝아이콘 등의 홍보
- 방송물 협찬사와 함께 프로그램 제작 및 홍보
- 트위터, 페이스북 등에서의 이벤츠 개최 등 소셜미디어 마케팅 전개
- 방송프로그램에 등장하는 소품 판매

5 방송영상 콘텐츠 마케팅 성공사례

한국 방송 산업의 중심, 드라마 콘텐츠

1980년대에 어린 시절을 보냈던 사람이라면 누구에게나 〈맥가이버〉, 〈전격제트작전〉, 〈브이〉, 〈에어울프〉 같은 외국 드라마에 매료되었던 기억이 있을 것이다. TV에서 방영된 이 외국 드라마들은 단순한 오락거리가 아니라 가치관 형성에까지 영향을 미치는 위력적인 문화체험이다. 이제 한국의 드라마는 더 이상 한국만의 드라마가 아닌 아시아의 드라마, 세계의 드라마다. 기획단계에서부터 일본과 대만에서 제작투자 및

선(先) 구매를 타진해오고, 드라마의 첫 회가 국내에서 방영된 다음날 아침이면 시청률은 물론 한국 시청자 및 언론의 반응까지 조사한 홍콩과 싱가포르 바이어들이 견본 테이프를 요청하는 이메일을 보내온다.

세계의 시청자들이 미국 드라마 〈섹스 앤 더 시티〉에 등장하는 뉴욕의 거리와 카페들을 친근하게 여기듯이, 중국과 베트남 등지의 아시아 시청자들은 서울의 지하철 플랫폼과 동대문의 쇼핑가, 명동의 뒷골목 풍경을 익숙해한다. 드라마를 통해 한국의 문화가 그들의 삶의 일부로 스며들고 있는 것이다.

한국드라마 수출규모는 지난 10년 간 높은 성장률을 보이고 있다. 이는 그동안 드라마의 구성과 내용면에서 크게 성장한 결과일 것이다. 이전의 주요 드라마 수출국이 중국, 대민, 홍콩, 베트남이었다면, 지금은 한류 열풍의 지역 확대와 함께 점차 주변국들, 즉 말레이시아, 필리핀, 미얀마, 아시아 전역과 중동, 유럽 및 남미 등으로 다양해졌다. 드라마 수출시장에 가장 큰 기폭제로 작용한 것은 단연 일본시장이다. 한국 방송콘텐츠를 평가절하해오던 일본의 태도는 2002년 이후 조금씩 변화의 조짐을 보여, 최근 2~3년간은 국제 TV마켓 행사장에서 일본 바이어들이 한국 방송사 부스 앞에서 대기할 정도로 판도가 바뀌었다. 현재 일본 DVD 시장에서 한국 드라마는 한국영화의 일본 수출 부진에도 불구하고 탄탄하게 제자리를 지키고 있다.

일본은 한국 드라마가 아시아를 넘어 유럽 등 비아시아 시장으로 진출하는 교두보 역할을 하고 있다는 점에서도 그 의미가 크다. 유럽 바이어들에

게 관심의 대상이 되었던 〈대장금〉과 〈다모〉의 경우 일본의 지상파 채널인 NHK에서 방영된 전례가 수출계약 성사에 큰 이점으로 작용했다. 이는 NHK가 다년간 유럽과 미국 등지에 이미지 홍보를 위해 부단히 노력해온 결과로, 중국의 CCTV나 베트남의 VTV와는 차별화된, '품질보증'의 신뢰를 줄 수 있는 고품격 채널이라는 이미지 덕분이다.

이렇게 체결된 대표적인 계약이 프랑스 지역의 〈다모〉 DVD 판권 계약이다. 프랑스의 한 독립배급사에서 〈다모〉를 구매, 고몽 콜럼비아 트라이스타와 공동배급으로 DVD를 출시하여 큰 화제가 된 바 있다. 유럽에서 한국영화가 극장 상영을 거쳐 TV에서 방영되고 DVD로 출시된 적은 있었지만, 영화보다 문화적 장벽이 높은 TV 드라마가 프랑스에서 DVD로 출시된 사례는 〈다모〉가 최초였다.

드라마 콘텐츠 성공사례 <대장금>

지금까지 한류와 드라마 해외수출의 견인차 역할을 해낸 작품은 다름아닌 드라마 〈대장금〉이다. 〈대장금〉은 일본, 중국, 홍콩 등 아시아 전역에서 '대장금 신드롬'을 불러일으켰으며, 아시아를 넘어 이란, 러시아, 호주, 인도를 비롯한 전 세계 40여 개국의 지상파와 케이블 방송 등에서 성황리에 방영되었다. 수출 총액은 1,050만 달러에 이른다. 〈대장금〉은 몇몇 성공적으로 수출되었던 트렌디 드라마와는 달리, 가장 한국적인 소재를 전면에 내세웠다는 점에 큰 의의가 있으며, 한류의 저변 확대와 한국의 이미지 고양에도 크게 기여한 것으로 평가받고 있다.

〈대장금〉은 또한 방송영상 콘텐츠의 원소스 멀티유즈를 실현한 대표적인 사례이다. 어린이용 TV 애니메이션 〈장금이의 꿈〉은 국내에서 호평 속에 방영된 후 해외에서도 높은 수출 실적을 거두고 있으며,

경기도 양주 문화동산에 위치한 '대장금 테마파크'는 꾸준히 세계 관광객들의 한국문화 체험장으로 사랑받고 있다. 또한 〈대장금〉은 창작 뮤지컬로도 재탄생, 그 막이 올랐다.

해외에서 큰 인기를 얻는 한국 드라마를 자세히 살펴보면, 무엇보다 뚜렷한 주제와 개성의 생동감 있는 건강한 내용의 작품들이라는 것을 알 수 있다. 이미 국내 시청자에게 인기가 있었던 드라마 〈궁〉과 〈내 이름은 김삼순〉은 굳이 한류 스타를 내세우지 않고 독창적인 작품성으로도 해외 시청자들에게 좋은 반응을 이끌어낼 수 있다는 것을 입증했다.

소셜미디어를 활용한 방송영상 콘텐츠 마케팅 사례

1) 미국드라마 〈척(chuck)〉 – 소셜게임 마케팅

〈척(chuck)〉은 전자제품몰에서 일하는 한 평범한 청년 척이 우연히 범죄관련 정보를 흡수하게 되어 세계 범죄와 첩보전에 휘말려 황당하게 문제를 해결한다는 코믹 드라마로, 소셜게임과 결합된 재미있는 SNS마

케팅으로 큰 반응을 얻은 바 있다.

소셜게임이란?

소셜 네트워크 게임(Social Network Game) 또는 소셜게임(Social Game)은 페이스북, 마이스페이스, 믹시, 싸이월드 등의 소셜 네트워크 서비스 플랫폼을 기반으로, 사용자의 온라인 인맥과 유대관계를 증진하기 위해 사용자참여 및 관계맺기를 극대화한 새로운 형태의 사회적 인맥 기반의 게임이다.

게임 내 레벨증가, 대전승리, 전략실행 등 게임 자체가 목적인 일반 온라인 게임과는 달리, 손쉬운 인터페이스를 통해 모든 연령층의 사용자를 대상으로 해당 SNS 네트워크 내 사용자 간 친밀감과 동질성을 증대시키는 것을 목적으로 하며 사용자 참여기반, 비동시접속 시스템, 손쉬운 인터페이스가 특징이다.

미국의 대표적 소셜미디어는 페이스북/마이스페이스/트위터가 있는데, 드라마 〈척〉은 이 대표적 소셜미디어에서 자신들의 메시지를 펼치기 위해 약식의 게임을 만들었다. 이름하여, 척미아웃(Chuck me out)! 게임은 다음과 같이 진행된다.

① 내 트위터 아이디를 연동시킨다. 50포인트
② 내 페이스북 아이디를 연동시킨다. 50포인트
③ 트위터에서 척미아웃계정을 팔로우한다. 30포인트
④ 페이스북 드라마척 팬페이지를 팔로우한다. 100포인트
⑤ 페이스북 친구를 이곳에 초대한다. 명당. 100포인트(제한 없음)
⑥ 척 홈페이지 링크를 트위터에 쓴다. 개당. 100포인트(1일 제한 1개)
⑦ 이번주 주요 내용을 페이스북에 올린다. 개당 100포인트

이 외에도 여러 가지 방식으로 포인트를 얻을 수 있고 Daily mission이 있어서 계속 점수를 올릴 수 있으며, 척미아웃 홈페이지에서 랭킹도 확인할 수 있다.

GET CONNECTED TO CHUCK

ACTIVITY	DESCRIPTION	POINTS AWARDED	MAX TIMES/DAY	LIFETIME LIMIT
Connect MySpace	Connect your MySpace account to Mission:Chuck Me Out	50	1	1
Connect Facebook	Connect your Facebook account to Mission:Chuck Me Out	50	1	1
Connect Twitter	Connect your Twitter account to Mission:Chuck Me Out	50	1	1

INVITE YOUR FRIENDS TO PLAY CHUCK

ACTIVITY	DESCRIPTION	POINTS AWARDED	MAX TIMES/DAY	LIFETIME LIMIT
Successful Friend Invitation to Chuck	Use our short URL "invite" link to invite a friend to play Mission: Chuck Me Out and win 100 points for each successful invite!	100	No Limit	No Limit

지나친 경쟁심에 스팸수준으로 글을 쓰는 사람은 친구관계를 끊어야 할 수도 있지만, 그러한 문제점은 주기적으로 내용을 올림으로써 정보제공자(information provider)의 역할을 수행하게 된다는 것, 트위터와 페이스북이 자기 친구들에게 보여지는 메시지이기 때문에 자기가 알아서 업데이트를 제어하게 된다는 것으로 충분히 중화될 것으로 보인다.

소셜게임으로 바이럴을 만든 척미아웃 마케팅은 첫째, 드라마의 성격(첩보드라마)이 게임의 방식과 맞는다. 둘째, 주기적으로 제공될 정보가 있는 서비스기 때문에 고객의 지속적인 게임유지가 가능하다. 셋째, 기존 커뮤니티와 연동시켜(페이스북, 트위터) 회원가입으로 인한 고객의 진입장벽을 낮췄다. 넷째, 대부분의 포인트 획득이 버튼 1번 클릭으로 간단하여 고객의 참여 부담이 적다. 다섯째, 드라마의 내용이 흥미로워 고객이 메시지를 퍼뜨리는 데 부담이 없었다는 점에서 그 결합이 성공적이었다고 볼 수 있다.

2) 〈시크릿 가든〉 – 트위터 & 앱마케팅

콘텐츠 산업에서는 원소스 멀티유즈(One Source Multi Use) 방식이 매우 중요한데, 드라마 〈시크릿 가든〉은 기획 초기부터 이러한 원소스

멀티유즈 방식을 적극적으로 채택하였다. 소설, 음반, 콘서트, 모바일 어플리케이션 등 다양한 방식으로 '시크릿 가든'이라는 하나의 콘텐츠를 제대로 활용하였으며, 특히 소셜 네트워크 서비스와 모바일 어플리케이션에서의 많은 활동으로 주목받은 바 있다.

위와 같이 드라마에 등장하는 인물들이 각각의 캐릭터를 가지고 트위터 계정을 만들어 시청자와 소통하게 되는데 그들 캐릭터 그대로의 성격이 대화 속에 녹아 있어, 시청자들은 진짜 김주원과 길라임을 보는 듯한 느낌을 갖게 된다.

또한 어플리케이션의 경우, 시크릿 가든의 전 영상을 소장하고 볼 수 있어 국내뿐만이 아닌 해외 시청자에게도 많은 관심을 받았다. 또한 시크릿 가든은 드라마 어플뿐만 아니라 팬 서비스를 위한 어플인 'Again 시크릿 가든'을 제공하고 있는데, 이 어플은 김주원과 사진을 찍을 수 있는 일종의 포토서비스를 제공해, 드라마 종영 이후에도 여전히 '주원앓이'를 겪고 있는 여성팬들의 마음을 달래주고 있다.

3) 〈개인의 취향〉 – 시사회의 트위터라인과 스마트폰 활용

"이민호와 손예진 씨에게 궁금한 점이 있으면 트위터에 올려주세요." 지난 3월 이민호와 손예진 주연의 MBC 〈개인의 취향〉 드라마 제작 발표회에서는 이색 풍경이 펼쳐졌다. 보통 출연자와 드라마 관계자, 언론 매체 등이 참석하는 제작발표회에 새로운 '손님' 트위터리안이 등장한 것.

〈개인의 취향〉은 방송3사 드라마 중 최초로 트위터를 통해 제작발표회를 실시간으로 생중계했다. 국내 팬뿐만 아니라 전 세계 각국의 팬들이 이민호와 손예진에게 질문을 던졌고, 직접 대답을 들을 수 있었다. 제작발표회에 참석한 사람들도 스마트폰을 이용해 실시간으로 뜨거운 현장의 열기를 전했다.

얼마 전까지만 해도 낯설었던 풍경이지만 이제는 트위터와 스마트폰이 연예계 마케팅과 홍보의 새로운 트렌드로 떠올랐다. 역할의 범위도 넓어졌다. 매개체 역할에서 벗어나 콘텐츠 생산의 주체가 됐다. 스마트폰으로 CF와 영화를 찍기도 하고,

팬들과 소통할 수 있는 SNS(소셜 네트워크 서비스) 기능을 얹은 앱도 앞다투어 개발되고 있다.

4) 〈아테나: 전쟁의 여신〉 – SNS 마케팅

드라마 〈아테나: 전쟁의 여신〉은 홍보를 위해 공식 트위터, 플리커, 유튜브 공식 채널 등을 통해 활발한 SNS 마케팅을 벌인 바 있다.

또한 기아차의 PPL과 연계하여 포르테 해치백 사전계약 이벤트 당첨자 10명과 함께 17일부터 19일까지 2박 3일 일정의 '포르테, 아테나 촬영 현장을 가다' 행사를 실시했으며, 참가 고객들은 일본 돗토리현의 드라마 〈아테나: 전쟁의 여신〉 촬영 현장 탐방기, 팬미팅 현장, 차량 사진 등을 포르테 SNS 사이트(http://fortesns.kia.co.kr)에 올리는 등 기아차와 드라마 마케팅의 시너지 효과를 유도했다.

5) 〈추노〉 – 트위터 마케팅

트위터에는 〈추노〉 드라마 자체 이야기 외에 OST, 배우들의 성격, 음원까지 전체 부분에서 이야기가 오고 가고 있고 그에 연관된 경로까지 속속들이 올라오는 현상이 나타났다.

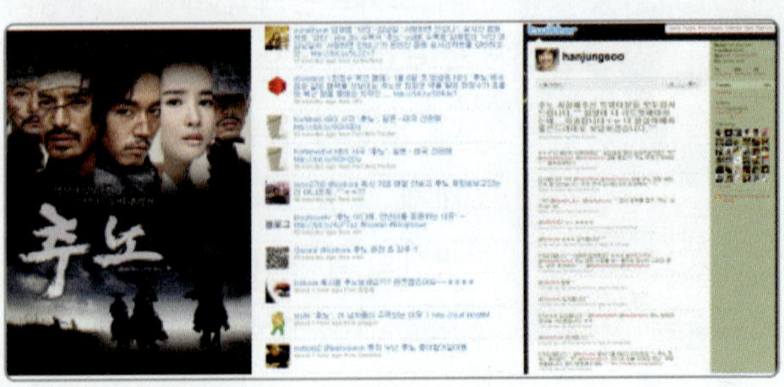

드라마 〈추노〉를 오픈하기 이전에 벌써 드라마의 배우가 트위터에 계정을 생성하고

활동을 시작하고 소속사와 대표가 참여하는 등 적절한 트위터 접근은 드라마에 대한 관심과 함께 배우의 소속사와 배우 자신까지 동반적 반응과 관심을 집중시켰다. (김미진, 2011)

학습정리

1. 방송의 디지털화로 인해 방송 자체의 개념변화, 방송서비스 영역의 확대, 방송과 통신의 융합, 방송과 수용자의 관계 변화, 방송 산업의 구조변화가 나타나고 있다. TV2.0이라 불리는 방송 패러다임 변화로 하드웨어가 아닌 콘텐츠가 중요해지고 있다. 열린 광장으로서의 방송, 지식기반 사회에 걸맞는 방송의 공익개념 재정립, 다양성과 창의성을 촉진, 창조산업을 견인하는 방송으로 재탄생할 필요가 있다.

2. 우리의 방송 산업은 제작과 편성, 송출/유통이 비교적 수직적으로 통합되어 있음에도 불구하고 유통의 경우 제작 측면과는 별개로 논의되는 경우가 많다. 방송사는 기획을 독립프로덕션 등 제작사는 제작을, 인터넷 방송 유통사는 유통을 주로 담당한다. 제작과 유통과정에서 콘텐츠의 고부가가치 창출을 제한하는 요소가 무엇인지를 점검하고, 고부가가치 창출을 위한 제작 및 유통 등 현업라인과 정부 등 지원자의 역할을 재점검해야 한다.

3. 지상파 방송사만이 방송콘텐츠를 제작하지는 않는다. 케이블과 위성 채널 사용사업자들과 독립 제작사들뿐 아니라 통신회사들까지도 방송콘텐츠 제작 시장에 뛰어들었다. 시청자들의 시청 습관 또한 변하고 있다. 여전히 우리의 인식 속에 '거실의 텔레비전'은 방송 산업을 대표하는 매체로 자리하고 있으나, 인터넷 다시보기(VOD)를 통해, 혹은 이동 중 휴대폰 등을 통해 방송콘텐츠를 시청하는 것 역시 더 이상 낯설지 않은 모습이 되었다.

4. 방송 프로그램도 신문, 잡지, 인터넷 소셜미디어 등을 통해 홍보활동을 한다. 방송은 마케팅의 수단이기도 하다. TV 광고, Radio 광고는

방송사의 주수입원이며, 연예인을 내세운 온라인 쇼핑몰, 홈쇼핑 등은 성공사례로 나타나고있다.

5. 한국 드라마가 아닌 '자국 드라마'를 위해 최근 몇 년간 두드러지게 나타난 동남아시아 국가들의 자체 제작 드라마의 약진은 한국 드라마 수출의 주요 위협 요인이 되고 있다. 중국과 인도네시아는 한국 드라마의 포맷권을 구입하거나(혹은 구입하지 않고 무단으로) 동일한 스토리의 자국 드라마를 제작하고 있다. 또 낮은 제작비와 자극적인 소재를 앞세운 태국 드라마는 동남아시아 시장에서 높은 인기를 얻고 있다. 이들 드라마가 아직은 한국 드라마에 비해 완성도가 낮다고 평가되지만, 천정부지로 높아져 있는 한국 드라마 판매가격의 3분의 1에서 4분의 1 수준으로 판매되고 있으며 예상보다 빠른 질적 향상을 보이고 있다.

한류의 열기가 예전만 못하다는 말이 들려오는 요즘, 이제 우리는 한국 드라마의 질적 발전과 함께 보다 실속 있는 해외 시장에서의 자리매김을 위해 노력해야 한다. 그동안 거둔 실적에 안주하고 만족해서는 한국 드라마의 해외 진출이 한때의 거품이 되고 말지도 모를 일이다. 실제 비약적인 수출 증가 수치에 비해, 한국 방송국의 제작 시스템은 선진 방송국에 비해 부족한 점이 많다. 사전 제작 방식이 자리잡지 못해 모든 제작 과정이 방송일자에 맞춰 다급하게 진행되다 보니 질 낮은 드라마를 양산할 수밖에 없다는 비판은 어제오늘의 얘기가 아니다. 그에 따라 수출을 위한 별도의 후반작업이 뒤늦게 진행되어 불가피하게 낙후된 품질의 음악과 효과음 버전이 해외로 공급되고 있다. 이는 장기적으로 볼 때 해외 시장 개척을 위해 한국 드라마가 반드시 개선해야 할 점이다.

시청자들에게 따뜻한 위안과 깊은 감동을 주기 위해 방송 종사자들이 끊임없이 노력을 기울이는 한 세계 시장에서 한국 드라마의 위상은 계속 발전해나갈 것이다. 그러나 한국 드라마는 이제 '한류'라는 꼬리표 대신 '좋은 드라마', '우수한 드라마'라는 신뢰로 세계 시청자들에게 다가가야 한다. 이를 위해서는 제작사와 방송사가 힘을 합쳐 끊임없이 새로운 소재 개발을 위해 매진하는 한편, 합리적이고 체계적인 제작 시스템 구축을 위한 부단한 노력을 기울여야 할 것이다.

5. 게임콘텐츠 마케팅

학습목표, 탐구할 문제

1 게임산업의 정의와 특징

2 게임산업의 전망 및 시장규모

3 게임콘텐츠 마케팅 과정과 고려요소

4 게임콘텐츠 활용한 마케팅 종류와 방안

5 게임콘텐츠의 광고마케팅 사례

학습정리

게임콘텐츠 마케팅

맥도날드 outdoor 게임광고

학습목표

1. 게임과 게임산업을 정의하고 특징을 설명할 수 있다.
2. 장르별 게임 시장의 규모와 전망을 설명할 수 있다
3. 게임 마케팅전략을 설명할 수 있다.
4. 제휴마케팅, PPL, SNS 활용한 게임 마케팅을 설명할 수 있다.

탐구할 문제

1. 게임의 기능과 종류 및 게임 마케팅 전망에 대해 생각해보자
2. 다양한 유형의 게임은 마케팅에 어떻게 활용될 수 있는가?

1 게임산업의 정의와 특징

게임의 정의와 게임산업의 특징

넓은 의미의 게임은 우리가 일상에서 벗어나 자유롭게 즐기고 놀 수 있는 것을 일컫는 것이라 할 수 있고 우리는 시대가 발전함에 따라 늘 재미를 추구하고 재미 안에서 자유롭게 직·간접 경험을 하기도 한다. 재미는 우리 모두의 욕구라 할 수 있고 우리들은 끊임없이 재미에 대한 욕구를 갖고 있다.

이 재미에서 출발한 게임이라는 콘텐츠는 우리들의 재미에 대한 끊임없는 욕구와 더불어 무한히 발전할 수 있는 콘텐츠이다. 게임콘텐츠는 단순 유희적 기능을 넘어 이제 각 문화 분야에서 영향을 끼치고 있다.

게임콘텐츠 산업은 첨단기술이 집약된 산업이라 할 수 있다. 순수 투입원가 대비 부가가치를 창출할 수 있는 산업이다.

게임콘텐츠 산업은 크게 개발, 제작, 유통, 게임장 영업 등으로 분류한다. 시장 규모로 국내에서 주목받고 있는 분야는 부가가치가 높은 온라인게임 개발 분야이다. 온라인게임 개발 분야가 각광을 받고 있는 주요 요인은 획기적인 인터넷과 스마트모바일 산업 발달과 그로 인한 온라인 게임과 스마트모바일 게임산업의 성장, 전 세계 최고 수준의 온라인망과 스마트모바일 확산에 있다

▣ **게임산업 필수요소와 특징:** 개발자금 충분한 지원 – 새로운 기술력의 창조 및 개발, 수용 – 우수한 인적자원 확보 등이 필요하다.

게임산업은 다음과 같은 특징이 있다.

① 기획력과 아이디어 → 원가대비 고수익 기대, 고부가가치 산업

② 대부분 컴퓨터 그래픽으로 구현 → 문화적 이질감 적어 문화적

파급효과가 큼

③ 수요예측의 어려움, 순환사이클이 매우 짧은 편임. 고위험 산업으로 벤처적 요소가 강하여 실패요소가 많음. → 소수 게임이 시장지배. ex)리니지, 스타크래프트 등, 연간 100개의 게임 중 2~3개 정도만 성공하는 추이.

④ 게임산업의 경제적 파급효과 큼 → 캐릭터, 애니메이션, 영화, 만화 등 타산업과의 연관성

⑤ 급속한 파급효과 → 인터넷의 비약적 발전과 함께 급속적 파급효과가 나타남

⑥ 강한 오락성과 대중성

게임의 분류 및 온라인·모바일게임의 급성장

1) Hardware Interface에 따른 게임 분류

게임의 종류는 하드웨어 플랫폼에 따라 아케이드, 비디오, PC, 네크워크, 온라인, 모바일게임으로 구분할 수 있다.

그림 5-1 Hardware Interface에 따른 게임 분류

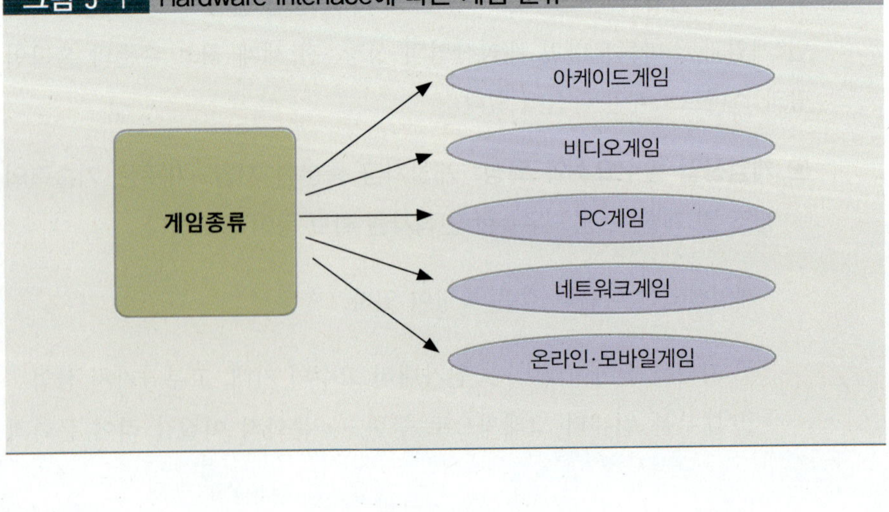

① 아케이드게임 – 전용 그래픽 보드를 사용하며, 게임장에서 일정금액을 넣고 즐기는 게임

② 비디오게임 – 전용게임기와 게임콘텐츠를 필요로 하는 게임

③ PC게임 – PC를 사용하는 Stand-alone 게임

④ 네트워크게임 – PC게임에 기반을 두고 멀티플레이가 가능한 게임

⑤ 온라인게임 – 게임회사나 ISP의 서버에 게임을 장착하고 이에 접속하는 수십~수만 명의 이용자들이 동시에 게임진행

⑥ 모바일게임 – 모바일 내장 또는 스마트모바일의 어플리케이션으로 제공되는 게임

2) 장르에 따른 게임의 분류

장르별로 게임은 시뮬레이션, 롤플레잉, 어드벤처, 슈팅, 액션, 스포츠게임으로 분류할 수 있다.

① 시뮬레이션게임 – 자신이 게임의 아바타가 되어 게임을 해결하는 것

② 롤플레잉게임 – 규칙(role)을 만들고 그 규칙대로 게임을 하는 것

③ 어드벤처게임 – 어드벤처란 주인공 캐릭터가 게임을 진행하는 데 있어서 사건을 해결하는 형태의 게임

④ 슈팅게임 – 플레이어 캐릭터가 적들의 총알을 피해 적을 제거하는 유형의 게임

⑤ 액션게임 – 액션이란 캐릭터의 구체적인 움직임을 통해 적을 제거하는 유형의 게임

⑥ 스포츠게임 – 이것들은 실제 스포츠를 게임화한 것으로 지속적으로 게임이 출시되는 장르

2 게임산업의 전망 및 시장규모

게임산업의 전망

국내 게임산업은 초고속인터넷의 발달과 IT 산업의 비약적인 성장, 스마트 모바일의 빠른 확산 그리고 PC방이라는 특이한 문화로 인해 게임은 국민들에게 더 이상 멀리 있는 문화가 아니다. 이처럼 게임이라는 놀이 문화가 국민 속에 자리잡혀 감에 따라 새로운 마케팅 수단으로 발전해 나가기 시작했다.

게임이 국내에서 마케팅의 새로운 틀로 자리잡기 시작한 것은 바로 블리자드사의 스타크래프트 덕분이다. 지난 10년 동안 국내 최고 인기게임으로 군림해온 온라인게임 스타크래프트는 'e스포츠'라는 새로운 영역을 개척하며 게임이 갖는 사회적 영향력을 크게 높였다.

특히 2004년 벌어진 일명 '광안리 사태' 이후 e스포츠에 대한 사회적 시각도 크게 변하고 있다. 부산 광안리 해변에서 열린 스타크래프트 게임대회 결승전에 무려 10만 명의 관객이 모여든 반면 같은 시각 부산 사직구장에서 벌어진 프로야구 올스타전에는 1만 5,000명의 관중이 자리를 지켰다. 일반 기성세대 상식으로는 쉽게 이해되지 않는 이 사건을 가리켜 게임업계에서는 '광안리 사태'라고 부르고 있다.

▲ 2004년 광안리 게임대회 현장

이는 이미 게임이라는 놀이문화가 우리 삶에 얼마나 깊게 들어와 있고 얼마나 큰 영향력을 가지고 있는지를 보여주고 있다.

4년에 한 번씩 열리는 올림픽, 월드컵 등 글로벌 대형 스포츠 이벤트에 기업들은 정식 스폰서가 되기 위해 굉장한 노력을 쏳으며, 많은 마케팅비용들을 사용하고 있다. 이는 세계적인 스포츠 이벤트를 후원함에 있어 기업의 마케팅 활동에 큰 이익을 안겨주기 때문이다.

하지만 게임이라는 새로운 장르, e스포츠라는 새로운 장르가 이젠 기존의 스포츠 위치를 넘보고 있다. 광안리 사태가 그 가장 큰 예일 것이고, e스포츠를 즐기는 사람들이 어린아이들을 벗어나서 30대~40대까지 증가하는 모습을 보면 알 수 있다. 이제 e스포츠가 월드컵이나 올림픽을 넘는 것은 시간문제라는 전문가들의 소견이 적지 않게 나타나고 있는 현실이다.

국내 게임산업 현황과 규모

1) 국내 게임시장 시장 규모

2009년 국내 게임시장의 규모는 6조 5,806억 원으로 집계되었다. 이는 전년대비 17.4% 성장한 수치로서, 이제 국내 게임시장이 2007년 대폭락 이후 다시 정상궤도에 진입했음을 입증하는 성과이다.

2005년에 8조 6,798억 원의 시장 규모를 기록하며 전성기를 구가했던 국내 게임시장은 2006년과 2007년 연거푸 마이너스 성장을 보이면서 5조 1,436억 원 규모로 감소했다.

그러나 2008년에 전년대비 9.0%의 성장률을 기록하며 플러스 성장을 돌아섰고, 2009년에는 다시 게임시장의 규모가 6조원대로 진입하면서 향후 지속적인 성장이 기대된다.

게임산업 각 분야별 시장규모를 살펴보면, 온라인게임이 3조 7,087억 원을 달성하면서 56.4%의 점유율을 기록했다. 게임 유통 및 소비업체

그림 5-2 국내 게임시장 전체 규모 및 성장률 추이(2002~2009) (단위: 억원)

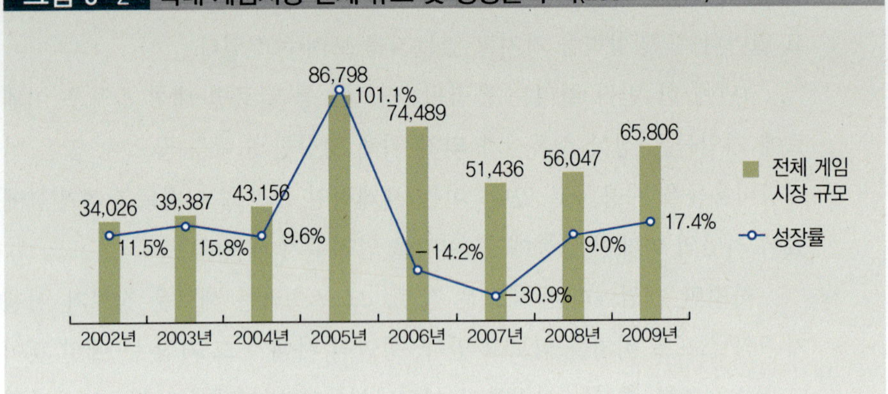

출처: KOCCA 2010 대한민국 게임백서(2011).

를 포함한 국내 전체 게임시장에서 개별 플랫폼이 50% 이상을 차지한 첫 해였다.

PC방과 아케이드게임장을 제외한 플랫폼 단위의 게임시장만 놓고 볼 때에는 온라인게임의 시장점유율이 81.1%에 달한다. 국내 온라인게임은 안정된 인프라를 토대로 한 내수시장과 적극적인 글로벌 시장 공략에 힘입어, 향후에도 국내 게임시장을 선도할 것으로 전망된다.

다음으로는 온라인게임의 소비시장인 PC방이 매출액 1조 9,342억 원, 점유율 29.4%를 기록하며 그 뒤를 이었다. 그러나 PC방은 전년대비 성장률이 0.3%에 그치며, 성장 모멘텀이 다소 주춤한 상태다.

온라인게임과 PC방의 점유율에는 크게 못 미치지만, 뒤를 이어 비디오게임이 매출액 5,257억 원, 점유율 8.0%를 차지했고, 모바일게임이 매출액 2,608억 원, 점유율 4.0%를 기록했다.

모바일게임은 2009년 조사부터 매출액 산정 시, 이동통신사의 데이터 통화료를 제외하고 게임개발사의 순수 매출액만을 근거로 계산했다. 따라서 2009년 모바일게임 매출액이 전년대비 14.5% 감소했지만, 시장 성장세는 지속되었다고 보는 것이 타당하다.

아케이드게임은 매출액 618억 원, 점유율 0.9%, 아케이드게임장(비

그림 5-3 국내 게임시장의 분야별 비중

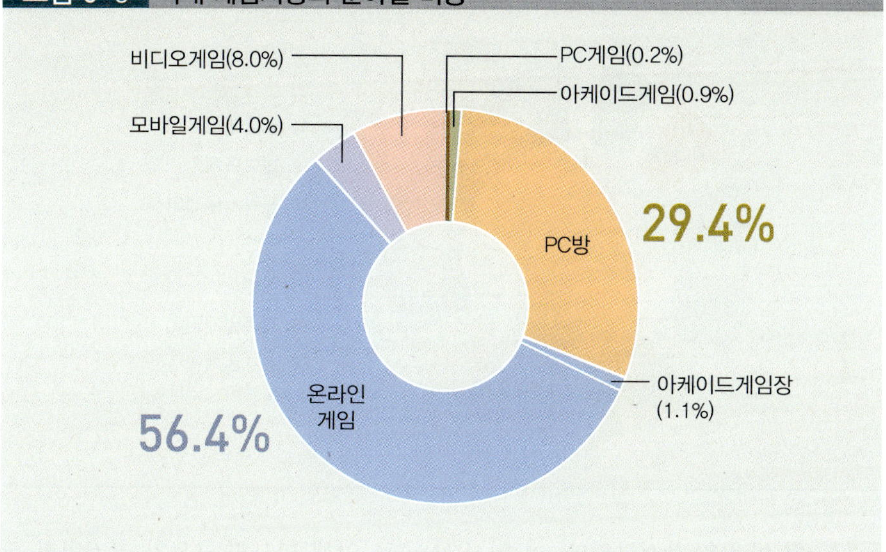

출처: KOCCA 2010 대한민국 게임백서(2011).

디오게임장 포함)은 매출액 744억 원, 점유율 1.1%를 각각 기록했다. 2005년과 2006년에 국내 게임시장에서 가장 높은 점유율을 기록하며 전성기를 구가했던 아케이드게임과 아케이드게임장은 2007년 '바다이야기' 사태 이후 시장의 존립 자체가 위태로운 상황이다.

PC게임은 매출액 150억원, 점유율 0.2%에 머물러 있고, 향후 성장 가능성도 거의 없으며, 온라인을 통한 판매 및 유통방식이 확산되고 있다는 점에서 온라인게임 시장으로 흡수될 가능성이 크다.

2) 기타 국내 게임업계, 유저 동향

국내 게임시장의 규모 성장과 동시에 전체 종사자는 증가하였는데, 2009년 활발하게 진행된 대기업 및 중견 기업의 M&A 열풍으로 인하여 업체당 평균 종사자 수도 증가하였다. 한편, 업무 형태별 구성비를 비교해보면, 그래픽 디자이너, H/W 개발, 일반 관리직, 품질관리(QA), 고객지원(CS)의 비중은 증가한 반면, 게임PD, 기획, 프로그래머 등의 개발직

그림 5-4 국내 유저의 게임 장르별 선호도

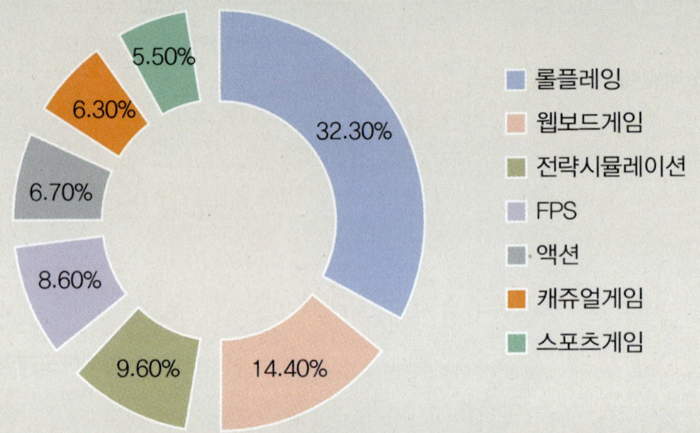

의 비율은 감소하였다. 이 역시 M&A로 인해 회사의 규모가 커지면서 관리의 필요성이 커지게 되었고, 게임업체들의 대 고객 서비스에 대한 인식이 향상되고 있음을 보여주고 있다.

게임 장르별 사용량을 살펴보면 국내 유저들은 롤플레잉게임에 대한 선호도가 높은 것으로 나타났다. 하지만 특이점은, 과거와 달리 웹보드게임에 대한 선호도가 크게 증가하였다는 점이다.

2009년 이후 본격적으로 온라인 구매가 활성화되면서 게임계의 판도가 온라인게임 쪽으로 크게 바뀌고 있다. 국내 게임업계는 따라 해외시장을 개척함으로써 높은 성장을 이루어냈지만, 아쉽다면 그들이 국내에서는 성공을 하지 못했다는 점이다. 게다가 중국 게임시장의 발달로 중국 게임업계의 빠른 추격에도 쫓기고 있다. 해외시장에 대한 비중이 나날이 높아지는 만큼, 국내 유저와 해외 유저 모두를 만족시킬 만한 전략이 필요하다.

세계 게임산업의 현황과 규모

1) 세계 게임시장 규모

세계 게임시장은 2005년 432억 달러에서 2010년 802억 달러로 연평균 13.2% 성장하였으며, 특히 온라인게임은 48억 달러에서 201억 달러로 연평균 33.1%가 성장되었다.

세계 게임시장은 현재 콘솔게임과 아케이드게임을 주축으로 시장이 형성되어 있으나, 온라인게임은 2005년 48억 달러 규모에서 연평균 33.1%의 높은 성장을 지속하여 2010년에는 201억 달러 규모를 이루었다. 특히, 온라인게임은 중국을 비롯한 아시아 시장을 중심으로 고성장이 이루어져 왔고, 미국/유럽 등 서구 시장으로의 확산이 급속히 진행될 것으로 전망된다.

게임산업의 동향으로는 전통적으로 패키지게임(콘솔게임, PC게임)이 강세를 보여온 미주, 유럽, 일본 등에서의 급속한 브로드밴드 보급 확산 및 높은 PC 보급률을 기반으로 온라인게임 사용자가 급격히 증가하고 있으며, 향후 콘솔 및 모바일 등 이종 플랫폼 간의 자유로운 연동이 예상됨에 따라 개방적인 구조를 가진 PC기반 온라인게임의 지속적인 성장이 예상된다.

| 표 5-1 | 세계 게임시장 규모 추이 (단위: 백만 달러)

구 분	2004	2005	2006	2007	2008	2009	2010	05~10 (CAGR)
전 체	39,392	43,153	51,677	61,029	68,642	75,243	80,214	13.2%
콘솔게임	18,179	17,991	21,315	24,439	25,845	27,003	25,878	7.5%
아케이드게임	13,038	13,696	14,278	15,094	15,827	16,587	17,346	4.8%
온라인게임	3,179	4,799	7,195	10,484	13,809	17,027	20,064	33.1%
PC게임	3,450	3,398	3,322	3,170	3,073	2,981	2,860	-3.4%
모바일게임	1,547	3,269	5,566	7,843	10,088	11,656	14,065	33.9%

자료: 디지털콘텐츠 산업백서, KIPA.

| 표 5-2 | 세계 온라인게임 시장규모 추이

권역별	2004	2005	2006	2007	2008	2009	2010	05~10 (CAGR)
전 체	3,179	4,799	7,195	10,484	13,809	17,027	20,064	33.1%
미주권	698	1,002	1,520	2,431	3,171	3,804	4,436	34.7%
유럽권	461	787	1,285	2,055	2,967	3,846	4,746	43.2%
일 본	202	289	362	429	514	592	670	18.4%
중 국	420	621	849	1,146	1,361	1,601	1,842	24.3%
아·태권	1,396	2,095	3,168	4,405	5,773	7,155	8,335	31.8%
남미권	2	6	11	17	23	29	35	42.1%

자료: 디지털콘텐츠 산업백서, KIPA.

비디오게임 분야에서는 MS 'XBox 360'의 출시를 시작으로 Sony의 'PS3', 닌텐도 'Wii'가 경쟁하고 있으며 비디오게임 시장에서 하드웨어 쟁탈전이 예견되고 있다. 특히 차세대 콘솔게임기에서는 네트워크를 통한 온라인게임 플레이가 핵심기능의 하나로 포지셔닝되어 있어 콘솔 온라인게임이 본격적으로 등장하여 PC 온라인게임과 플랫폼 경쟁 심화가 예상된다.

게다가 EA, 비벤디유니버셜, 액티비전 등 전통적인 패키지게임 분야의 글로벌 강자들이 온라인게임 분야를 강화하기 시작하는 등, 글로벌 게임 시장에서의 경쟁 환경이 플랫폼별, 게임 장르별 구분없이 입체적으로 심화되는 양상을 보이고 있다.

한편, 게임의 타이틀당 개발비가 300만~500만 달러(2003년 이전)에서 500만~1,000만 달러 수준으로 급상승하였고, 향후 수년간 연평균 10% 이상의 제작비 상승이 전망된다. 이에 따라 다수의 창의성 게임개발보다는 소수의 브랜드게임 개발을 선호하게 되고, 인기 높은 IP(Intellectual Property)의 확보를 통한 게임타이틀의 출시가 성공의 척도가 됨으로써 대규모 자본과 Industry Networking 역량, 그리고 마케팅력을 보유한 대형 퍼블리셔들의 시장지배가 강화될 것으로 예상된다.

2) 세계 게임시장 전망

2009년 세계 게임시장은 전년대비 1.4% 증가한 1,173억 7,200만 달러로 나타나, 14.8%의 성장률을 기록한 2008년에 비해 성장률이 대폭 둔화된 양상이다. 이 같은 성장세 둔화는 2007년 43.97%의 기록적인 성장을 기록했던 비디오게임이 2008년에 이어 지속적으로 성장률이 둔화돼 3.1% 성장에 그친데다, 아케이드게임이 11.2% 감소세를 기록한 데 따른 것으로 분석된다.

세계 게임시장의 플랫폼별 점유율을 살펴보면, 2009년 기준 전체 1,174억 달러의 게임시장 중 비디오게임이 56.5%로 가장 높은 비중을 차지하고 있고, 그 다음에는 아케이드게임 23.7%, 온라인게임 10.8%, 모바일게임 6.2%, PC게임 2.8%의 순이다.

향후 2012년에는 전체 게임시장 1,441억 달러 중 비디오게임이

| 표 5-3 | 세계 게임시장의 현황 및 전망(2007~2012) (단위: 백만 달러)

구 분		2007	2008	2009	2010(E)	2011(E)	2012(E)	09~12 CAGR
비디오 게임	매출액	53,312	64,359	66,360	71,964	75,970	83,399	7.9%
	성장률	43.9%	20.7%	3.1%	8.4%	5.6%	9.8%	
아케이드 게임	매출액	30,002	31,363	27,858	26,401	25,656	25,404	−3.0%
	성장률	−16.8%	4.5%	−11.2%	−5.2%	−2.8%	−1.0%	
온라인 게임	매출액	8,523	10,363	12,642	15,384	18,037	21,243	18.9%
	성장률	32.0%	21.6%	22.0%	21.7%	17.2%	17.8%	
모바일 게임	매출액	4,947	6,073	7,279	8,528	9,858	11,081	14.3%
	성장률	33.9%	22.8%	19.9%	17.1%	15.6%	12.4%	
PC게임	매출액	3,970	3,545	3,233	3,149	3,089	3,022	−2.2%
	성장률	−1.2%	−10.7%	−8.8%	−2.6%	−1.9%	−2.2%	
합 계	매출액	100,754	115,702	117,372	125,425	132,609	144,149	7.1%
	성장률	15.4%	14.8%	1.4%	6.9%	5.7%	8.7%	

출처: KOCCA 대한민국 게임백서(2011).

57.9%로 가장 비중이 크며, 다음으로 아케이드게임 17.6%, 온라인게임 14.7%, 모바일게임 7.7%, PC게임 2.1% 순으로 전망된다. 전체적으로 보면, 향후 아케이드게임과 PC게임의 비중이 줄어드는 대신, 온라인게임과 모바일게임의 비중이 더욱 늘어날 것으로 예측된다.

세계 게임시장의 권역별 점유율 측면에서는 2009년 전체의 42.4%를 차지하던 유럽 시장이 2012년에도 동유럽 시장의 급성장에 힘입어 44.5%라는 가장 큰 비중을 차지할 것으로 전망된다. 이에 반해 29.3%를 차지하던 북미의 경우, 그 비중이 26.2%로 감소할 것으로 예상된다.

3) 해외시장을 기반으로 성장한 온라인게임

2009년 온라인게임의 점유율은 56.4%이고, 이렇게 개별 플랫폼이 전체 시장의 50% 이상 차지한 첫해이다. 이는 안정된 인프라를 토대로 한 내수시장과 동시에 적극적인 글로벌 시장 공략에 힘입은 것으로, 향후로도 국내 게임시장을 선도할 것으로 전망된다.

2010년에 국내 게임시장은 2009년보다 18.3% 성장한 7조 7,837억 원의 시장규모를 기록하였다. 온라인게임이 전년대비 28%의 성장을 보이는 가운데, PC게임을 제외한 모든 분야에서 플러스 성장을 하였기 때문이다.

〈표 5－4〉에서 2008년도까지의 모바일게임 매출액은 데이터통화료 포함 산정하였고 2009년 이후 매출액은 순수한 정보이용료(게임 구매 및 이용금액)를 기준으로 산출하였다.

2009년 이후 아케이드게임장의 매출액은 아케이드게임장과 비디오게임장의 매출액을 합산 표기하였다. 따라서 2009년 성장률은 2008년 아케이드게임장과 비디오게임장 매출액을 합한 수치(883억원)와 2009년 매출액을 비교해서 산출하였다.

이와 같은 성장세는 2011년과 2012년에도 계속 이어질 것으로 보인다. 2011년에 전체 게임시장은 전년대비 16.7% 성장한 9조 816억원 규모

| 표 5-4 | 국내 게임시장의 규모와 향후 전망

(단위: 억 원)

구분	2008년	2009년		2010년(E)		2011년(E)		2012년(E)	
	매출액	매출액	성장률	매출액	성장률	매출액	성장률	매출액	성장률
온라인 게임	26,922	37,087	37.8%	47,471	28.0%	56,965	20.0%	71,206	25.0%
비디오 게임	5,021	5,257	4.7%	5,657	7.6%	6,760	19.5%	7,510	11.1%
모바일 게임*	3,050	2,608	-14.5%	2,759	5.8%	3,090	12.0%	3,554	15.0%
PC게임	263	150	-43.0%	135	-10.0%	128	-5.0%	119	-7.0%
아케이드 게임	628	618	-1.6%	649	5.0%	711	9.5%	793	11.5%
PC방	19,280	19,342	0.3%	20,406	5.5%	22,345	9.5%	24,133	8.0%
아케이드 게임장**	696	744	-15.7%	760	2.2%	817	7.5%	895	9.5%
비디오 게임장	187								
합 계	56,047	65,806	17.4%	77,837	18.3%	90,816	16.7%	108,210	19.2%

출처: KOCCA 대한민국 게임백서(2011).

로 성장하고, 2012년에는 전년대비 19.2% 성장한 10조 8,210억 원 규모에 도달할 것으로 예상된다. 마침내 2012년에 국내 게임시장은 매출 10조 원 시대를 맞이하게 되는 것이다.

① 수출은 전년대비 13.6% 증가한 12억 4,085만 달러, 수입은 전년대비 14.1% 감소한 3억 3,225만 달러 기록

2009년 국내 게임산업은 전년대비 13.6% 증가한 12억 4,085만 달러(한화 1조 5,838억원, 외환은행 2009년 연평균 매매기준율 1276.40원 적용)를 수출한 것으로 집계되었다. 수입은 전년대비 14.1% 감소한 3억 3,225만 달러(한화 4,241억원)를 기록했다.

플랫폼별로 수출입 규모를 살펴보면, 온라인게임은 12억 1,166억 달

| 표 5-5 | 국내 게임산업의 수출입 현황과 전망 (단위: 천 달러)

구분		2002년	2003년	2004년	2005년	2006년	2007년	2008년	2009년	2010년 (E)
수출	수출액	140,796	172,743	387,692	564,660	671,994	781,004	1,093,865	1,240,856	1,551,070
	증감률	7.9%	22.7%	124.4%	45.6%	19.0%	16.2%	40.1%	13.4%	25.0%
수입	수입액	160,962	166,454	205,108	232,923	207,556	389,549	386,920	332,250	382,087
	증감률	146.3%	3.4%	23.2%	13.6%	−10.9%	87.7%	−0.67%	−14.1%	15.0%

출처: KOCCA 대한민국 게임백서(2011).

러를 수출하여 전체 게임 수출액의 97.6%(2008년과 동일)를 차지했다. 수입은 4,296만 달러로, 전년대비 2.2% 증가한 12.9%를 기록했다. 온라인 게임과는 반대로, 비디오게임은 2억 6,980만 달러를 수입하여 전체 게임 수입액의 81.2%(2008년 83.0%)를 차지했다. 비디오게임의 수출액은 401만 달러로 전체 수출액의 0.3%에 불과했다.

2010년에도 국내 게임산업의 수출 규모는 계속 성장하였다. 온라인 게임의 글로벌 시장 공략이 계속 이루어지는 가운데, 아케이드게임과 모바일게임에서도 아시아 지역과 미주 및 유럽 지역을 대상으로 지역 특성을 감안한 수출 전략이 펼쳐질 예정이다.

그림 5-5 2009년 국내 게임 플랫폼별 수출/수입 규모 (단위: 천 달러)

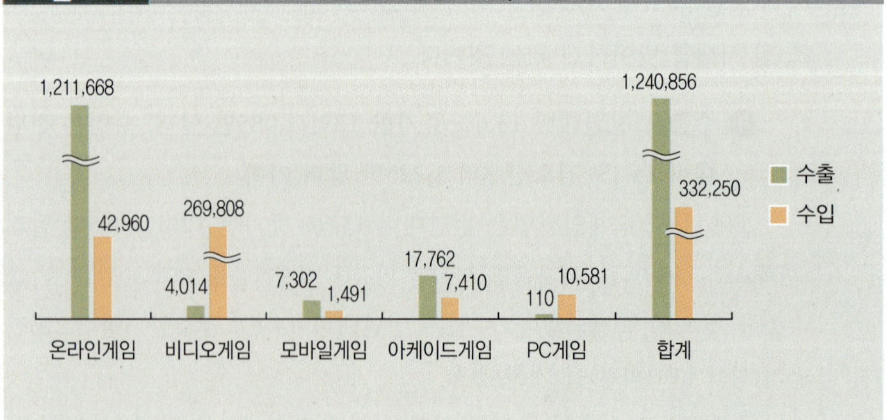

출처: KOCCA 대한민국 게임백서(2011).

수입 부문에서는 전년대비 14.1% 감소했던 2009년과 달리, 2010년에는 수입액이 15% 정도 증가하였다. 2010년 하반기부터 〈스타크래프트 2〉의 수입이 본격화되었고, 새로운 기기 및 신규 컨트롤러의 출시로 비디오게임의 수입액이 증가하였다.

② 국내 게임시장의 세계 시장 점유율은 3.1%, 최대 수출국은 중국, 일본 순

2009년 매출액 기준으로 국내 게임시장(35억 8,100만 달러)은 세계 게임시장(1,173억 7200만 달러)에서 3.1%의 점유율을 기록했다. 이는 2008년의 3.3%에 비해 0.2%p가 낮아진 수치로서, 2009년에는 국내 게임시장의 성장속도보다 세계 게임시장의 성장속도가 더 빨랐음을 확인할 수 있다.

그러나 향후 세계 시장과 국내 시장의 성장 추세를 감안할 때, 2010년에는 3.6%, 2011년에는 4.0%로, 국내 게임시장이 세계 시장에서 차지하는 비중이 점차 증가할 것으로 전망된다.

특히 온라인게임은 세계 시장에서 23.0%를 차지하여, 중국(31.3%)에 이어 세계 2위의 온라인게임 강국임을 입증했다. 한때는 한국의 온라인게임 시장규모가 세계 1위를 자랑한 적도 있었지만, 2008년 이후 중국 온라인게임 시장이 폭발적인 성장을 거듭하면서 2위 자리를 유지하고 있다.

2009년에 국내 게임이 가장 많이 수출된 국가(수출액 기준)는 중국으로 전체의 34.9%를 차지했다. 그 다음으로는 일본이 26.5%로 2위를 기록했고, 미국 12.3%, 대만 8.3%, 유럽 8.2%, 동남아 6.7%가 그 뒤를 이

| 표 5-6 | 2009년 국내 게임시장의 세계 시장에서의 비중(매출액 기준) (단위: 백만 달러)

구 분	온라인게임	비디오게임	모바일게임	PC게임	아케이드게임	전 체
세계 게임시장	12,642	66,360	7,279	3,233	27,858	117,372
국내 게임시장	2,906	411	204	12	107	3,640
점유율	23.0%	0.6%	2.8%	0.4%	0.4%	3.1%

출처: KOCCA 대한민국 게임백서(2011).

그림 5-6 2009년 국내 게임의 수출 국가별 비중(수출액 기준) (단위: %)

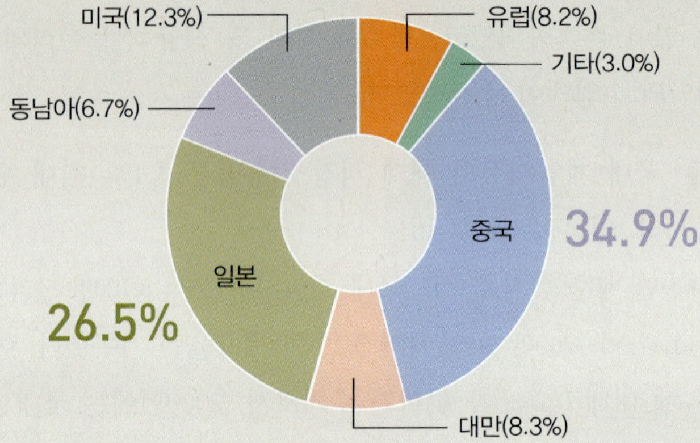

었다. 중국은 2008년에 일본을 제치고 국내 게임산업의 최대 수출국으로 부상했는데, 2009년에도 30% 중반대의 점유율을 기록하며 1위 자리를 굳건하게 지켰다.

일본은 비록 중국에 이어 두 번째 수출시장으로 떨어졌지만, 전년대비 5.7% 증가한 26.5%의 점유율을 기록하여, 중국과 함께 국내 게임 수출의 양대 시장으로 자리매김했다. 2009년에는 이처럼 중국과 일본을 대상으로 한 국내 게임 수출이 호조를 보이면서 전체 수출 규모의 60% 이상을 차지했지만, 상대적으로 미국과 대만 시장의 비중은 전년에 비해 각각 4% 정도 하락한 모습을 보여주었다.

❸ 2009년 12월 말 기준 전국 지자체에 등록된 게임 제작/배급업체는 5,111개(실제 운영 1,546개로 추정), PC방 2만 1,547개, 아케이드게임장 3,877개

전국의 광역시·도청에 등록된 국내 게임 제작/배급업체 누적 수는 2009년 12월 말 기준으로 5,111개로 집계되었다. 이 중 71.7%인 3,666개사가 게임 '제작업체'이고, 28.3%인 1,445개사가 '배급업체'이다. 게임

'제작업체'와 '배급업체' 모두 지속적으로 증가하는 추세로 나타났다.

그러나 이 수치에는 제작과 배급을 모두 하는 업체가 중복되어 있고 휴·폐업업체 수가 일부 포함되어 있기 때문에, 2010년 6월 말 기준 정상 운영되고 있는 게임업체는 1,546개사로 추정된다.

PC방은 2009년에 2만 1,547개소로 조사되었다. 이는 2008년의 2만 1,496개소보다 51개소가 증가한 수치이다. 아케이드게임장은 2007년 1만 182개소에서 2008년 3,224개소로 60% 가량 대폭 감소하였다가 2009년에는 653개소가 증가한 3,877개소가 등록된 것으로 나타났다.

4) 세계 게임시장과의 비교

2007～2012년 세계 게임시장의 추이 및 전망을 국내 게임시장과 비교해 보면 〈그림 5－7〉과 같다.

세계 게임시장은 2008년까지 계속해서 증가해 왔지만, 2009년에 와

그림 5-7 세계 게임시장의 추이와 국내 게임시장 비교

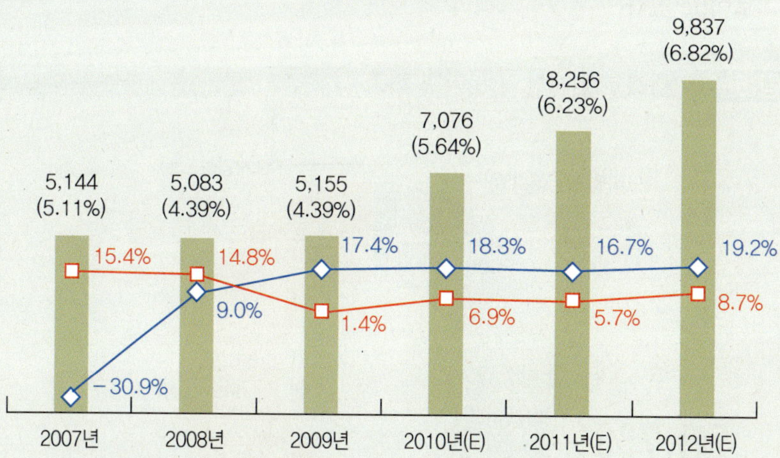

괄호 안은 세계 게임시장 전체 규모에 대한 국내 게임시장 전체 규모의 비율이고, 푸른 선은 국내 게임시장 성장률, 붉은 선은 세계 게임시장의 성장률을 의미한다.

출처: KOCCA 대한민국 게임백서(2011).

서 그 성장률이 낮아졌다.

개방적 네트워크 환경에 적응하지 못한 콘솔게임

세계 게임시장에서의 2009년도 분야별 비중을 국내 게임시장과 비교하였을 때, 매우 상반되는 결과를 확인할 수 있다. 아케이드게임을 pc방으로, 온라인게임을 비디오게임으로 자리 바꾼 것과 같다. 이렇게 비디오게임과 아케이드게임, 즉 오프라인에 기반을 둔 게임시장이기에, 〈그림 5-8〉에서와 같이 국내와 성장률이 반대로 나타나는 것이다.

상대적으로 콘솔게임 시장이 큰 세계시장의 경우, 2007년 닌텐도 DS, 2008년에만 해도 Wii, Xbox 360, PS3와 같은 HD 콘솔 기기가 등장하면서 당시 특수를 누렸다. 하지만 본격적으로 개방적인 네트워크 환경에 따라 패키지 판매보다 다운로드 판매가 활성화되는 2009년을 기점으로, 그에 적응하지 못하고 전체적으로 시장의 규모가 축소되고 있는 것으로 보인다. 특히 최근 콘솔 업계에서는 패키지 판매의 한계로 인해 불법복제를 넘어서서 중고시장에 대한 염려와 대응책을 준비하는 모습을 보이고 있다.

그림 5-8 세계 게임시장의 분야별 비중

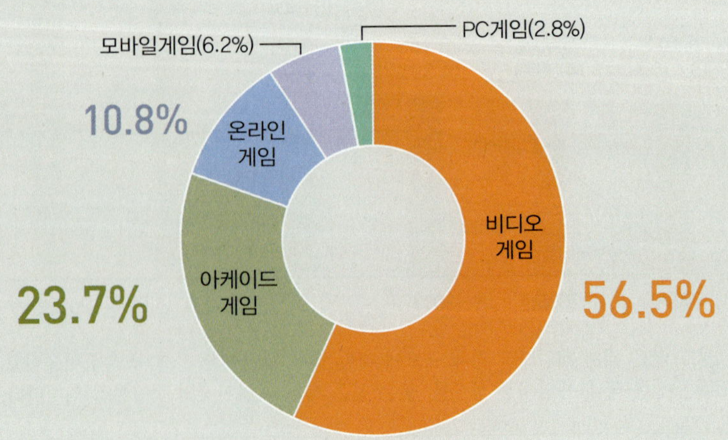

글로벌 온라인 게임시장 전망

글로벌 온라인 게임시장은 2005년 34억 달러 규모였으나, 2011년에는 성장을 거듭하여 130억 달러 규모에 이르렀다.

1) 글로벌 온라인 게임시장의 성장세

글로벌 온라인게임 시장의 성장세는 해마다 증가하여 2005년부터 2011년까지의 기간 동안 4배 가까이 증가하였다(2005년 35억 달러→2011년 130억 달러). 이러한 성장에는 첫째, 브로드밴드 보급률 증가와 둘째, PC 보급률 증가, 셋째, 온라인으로 연결된 콘솔게임 시장의 확장 등이 주요 견인차 역할을 하게 된 것으로 예상된다. 이는 소비자 가입기반 서비스의 확대, 온라인 디지털 유통의 확산, 게임을 광고메커니즘의 하나로 인식하는 현상의 확산으로 이어질 것이다

2) 하이엔드 MMOGs의 시장 주도

이러한 강력한 성장세에도 불구하고, 선두 온라인게임 카테고리는 전체 사용자 기반에 비하면 작은 부분을 차지하는 하이엔드 MMOGs가 주도할 것으로 예상된다. DFC의 애널리스트 David Cole은 "MMOGs는 베스트셀러의 매출 가운데 상당 부분을 차지하는 정교하고 세련된 온라인 비즈니스 모델을 가지고 있다"고 분석한 바 있다.

※ MMOGs: Massively Multiplayer Online Game

3) 콘솔 시스템의 온라인화

온라인게임의 플랫폼으로 가장 많이 쓰여온 것은 PC이지만, 반면에 몇몇의 가장 인기 있는 게임장르들은 콘솔 시스템을 이용해왔다. 콘솔 시스템이 점차 온라인화되면서, 성장의 새로운 핵심요소가 될 것이다. 과거 비디오게임 시스템과는 달리, Microsoft, Nintendo, Sony의 새로운

콘솔 시스템들은 애초부터 온라인 연결에 집중할 것이다. Xbox Live 온라인게임 서비스는 Microsoft Xbox 360의 핵심부분이고, Sony PlayStation 3 또한 온라인게임 기능을 염두에 두고 제작될 것이라 예상된다. Nintendo Wii는 거대한 온라인 디지털 유통을 가능케 하는 온라인 기반의 Virtual Console 개념을 도입한 기능을 탑재할 것이다

4) 향후의 디지털 유통

DFC Intelligence에 따르면 향후 디지털 유통은 온라인 커넥티비티의 큰 부분을 차지할 것으로 전망된다. 디지털 유통과 가상아이템의 세일즈는 특정 아시아 시장에 매우 성공적으로 시작했으며, 이 유통모델들은 글로벌 기반으로 적용되어 더 큰 성장이 기대된다. 북미와 유럽에서, 캐주얼게임 카테고리는 이미 디지털 유통의 수혜를 입었다. 캐주얼게임은 광고사업자들을 주목시키는 데 가장 효과적이었지만, 이제는 가입기반 모델과 디지털 유통 모델로부터 큰 성장이 예견된다.

(출처: http://www.dfcint.com/game_report)

3 게임콘텐츠 마케팅 과정과 고려요소

게임콘텐츠 마케팅은 기획, 개발, 마케팅활동, 유저 확대, 게임 활용영역 확대 등의 과정을 통해 실행된다.

그림 5-9 게임콘텐츠 마케팅 과정

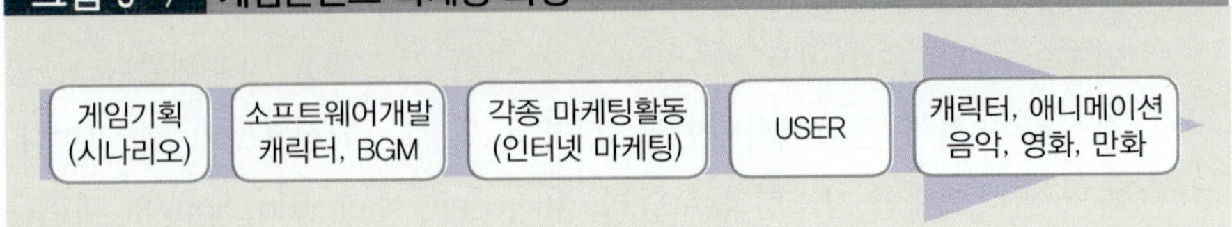

그림 5-10 게임콘텐츠 마케팅 Mix

또한 게임콘텐츠 마케팅을 진행할 때 마케팅 환경에 대한 정확한 분석을 통해 정확한 마케팅 Target 설정, 콘셉트 설정, 차별화 전략, 가격정책, 유통전략, 판촉과 홍보 및 인터넷 마케팅 방안 계획 등이 입안되고 고려되어야 한다. 특히 온라인게임의 경우 일반 상품보다는 제공환경 서비스 소비자에게 욕구를 충족시켜야 한다.

4 게임콘텐츠 활용한 마케팅 종류와 방안

게임시장의 확대와 더불어 고부가가치 산업의 하나로 자리매김한 게임산업은 자연히 이를 활용한 수익 재창출 모델 또한 점차 다변화되고 있다. 원소스-멀티유즈의 일환으로 활용되고 있는 게임관련 산업만도 손에 꼽을 수 없을 만큼 다양하다. 물론 업종이나 업체를 불문하고 게임 캐릭터나 게임의 일부 요소를 활용한 산업 역시 이미 수직 급상승을 그리고 있다.

그러나 게임을 활용한 가장 적극적인 마케팅 수단은 역시 인기 게임을 활용한 제휴마케팅일 것이다. 현재 게임 제휴마케팅은 수많은 기업들이 다양한 형태로 전개하고 있으며, 게임업체들 또한 신규게임을 개발하거나 론칭시에는 게임의 홍보를 위해서 기존 유명한 브랜드의 지명도를 활용한 이벤트에 상당한 공을 들이고 있다.

이외에도 기존 영화나 드라마에서 활용되던 PPL 광고기법을 게임에 활용하는 마케팅기법도 새롭게 활용되고 있으며, 기업체가 게임단을 운영하거나 게임대회를 개최하는 경우도 있다.

게임 제휴마케팅

1) 제휴마케팅의 정의

제휴마케팅은 상당히 포괄적인 의미를 내포하고 있다. 과거에는 주로 인터넷을 통한 마케팅을 의미해왔으나 최근에는 '오프라인+온라인', '오프라인+오프라인' 간 제휴마케팅 역시 보다 활발한 추세다. 제휴마케팅이란, 최소의 비용을 들여 최대의 효과를 보기 위한 업체간 제휴를 의미한다. 특히 회사의 규모가 작을 경우, 광고 유치 자체가 어려운 점을 제휴마케팅을 통해 극복할 수 있다는 점도 제휴마케팅이 발전할 수 있었던 하나의 터전이 돼왔다.

상품들 역시 과거 관련 상품에서 식품과 교통, 자원과 서비스에 이르기까지 점차 폭이 넓어지고 있다. 주로 계약관계는 각 상품판매의 실적에 따라 커미션을 지급하는 방식이 대표적이다. 게임 관련 제휴마케팅 또한 과거 컴퓨터 부품 등 관련 상품에서 식품과 캐릭터산업에 이르기까지 점차 다변화되고 있는 추세다. 특히 국민게임이라 불릴 만큼 높은 인기를 얻는 게임들의 경우, 동종 및 이종업계의 제휴 문의는 가히 폭발적인 수준이다.

2) 제휴마케팅의 효과

제휴마케팅의 가장 큰 효과는 상품 경쟁력의 극대화에 있다. 적은 비용을 들여 다른 상품과의 접목을 통한 보다 많은 고객을 유치할 수 있다는 점이 가장 큰 요지다. 실제로도 제휴마케팅은 개별 상품 마케팅에 비해 높은 성과를 기록하고 있다. 단, 무조건적인 제휴일 수는 없다. 기본 요소가 부합돼야 하며 고객층이나 관심층이 하나의 동일선상에 위치해야만 한다.

3) 게임 제휴마케팅 사례

제휴마켓팅은 윈윈전략의 일환이다. 게임 공동마케팅으로도 불리는 게임 제휴마케팅 사례를 알아보자

❶ 코카콜라: 코카콜라 코크플레이와 인기게임 카트라이더 제휴

콜라를 주로 즐기는 고객과 게임을 즐기는 연령층은 거의 맞아떨어진다. 동일한 금액에 콜라를 구입해 게임을 무료로 즐길 수 있다는 점에서 고객은 만족을, 게임회사는 신규 유저층을, 콜라회사는 보다 높은 경쟁력을 갖게 된다. 반대로 게임 유저층을 콜라의 고객으로 영입할 수도 있으며 광고 효과 역시 각 상품+알파의 요소가 작용한다. 선지급이 아닌 만큼 불필요한 낭비도 배제할 수 있다.

▲ 코카콜라 코리아의 cokeplay.com 홈페이지. 코카콜라는 인기게임인 리니지, 카트라이더 등과 제휴하여 공동마케팅을 펼치고 있다.

❷ 한빛소프트: '팡야'와 편의점 '훼미리마트'의 결합

한빛소프트는 엔트리브가 개발, 자사가 서비스 중인 팡야의 높은 인지도를 바탕으로 훼미리마트와 제휴마케팅을 펼치고 있다. 유저들의 아이템 습득에 대한 호응도도 뜨거운 만큼 반응도 순조로운 편이다. 샌드위치 2종, '세 가지 맛 샐러드 샌드' 또는 '튜나 & 햄치즈 샌드'와 음료 '고구마유'로

▲ 훼미리마트와 공동이벤트를 추진한 한빛소프트의 골프 온라인게인 '팡야'

구성된 '팡야 샌드'를 저렴한 세트 가격에 판매하고 있다. 100% 당첨되는 행운 스티커가 부착되어 있어, 팡야 게임 내에서 게임머니, 캐릭터, 게임 아이템 등의 선물도 증정 받을 수 있다.

❸ NHN: '당신은 골프왕'과 롯데제과 초코바 '아트라스'의 제휴

게임포털 한게임은 롯데제과와 공동 프로모션을 진행 중에 있다. 단순히 게임과 제과의 제휴에서 벗어나, '스크린 샷 대회'와 '골프왕 랭킹전', '아트라스 인증번호 이벤트' 등을 온오프라인을 통해 개최, 참여도를 높이고 있다. 의상 아이템 등을 제공한 '인증번호 이벤트'는 높은 참여도를 이끌어냈다.

'아트라스 먹고, 골프왕 도전!'이라 명명된 이번 이벤트는, 아트라스 초코바를 구입하는 소비자들에 한해 한게임과 롯데닷컴에서 게임 포인트를 적립시켜 주는 방식으로 진행되고 있다. 아트라스 초코바의 측면에 인쇄된 행운번호 12자리를 롯데닷컴 및 한게임 사이트에 입력하면 추첨을 통해 게임포인트가 지급되는 방식을 취했다.

▲ 롯데제과 아트라스와 NHN의 온라인게임 '당골왕' 의 제휴이벤트

❹ CCR: 'RF온라인'과 농심 '육개장 사발면'의 공동 프로모션 진행

2001년 코카콜라와 포트리스2 블루를 이용한 사이버 공동마케팅 및

▲ 농심 육개장 사발면과 CCR RF온라인의 카트라이더 제휴이벤트

양사가 후원하는 게임대회를 진행, 게임업체와 이종업체 간 마케팅의 기본 방식을 완성시켜 LG경제연구소가 선정한 FUN 마케팅 우수사례에 선정됐다.

CCR은 농심과 함께 자사의 SF블록버스트 MMORPG RF온라인을 활용한 대대석인 프로모션을 전개 중이다. RF온라인의 캐릭터가 용기 전면에 인쇄된 육개장 사발면에서 행운번호를 찾아, RF 홈페이지 및 농심 홈페이지에 입력하면 디지털 캠코더 등의 다양한 상품을 제공하는 방식으로 진행되고 있다.

게임 PPL

그간 영화·드라마 등에 국한됐던 PPL(Product Placement, 간접광고)이 게임에 본격 확산되면서 게임이 새로운 광고매체로 떠오르고 있다.

국내 PPL의 선두주자는 2004년 연말부터 '스타크래프트'를 누르고 새로운 '국민게임'으로 떠오른 넥슨의 캐주얼 자동차 경주게임 '카트라이더'이다. 넥슨이 훼미리마트와 공동으로 출시한 '카트 주먹밥 세트'는 주먹밥 속 카트 아이템 쿠폰을 노린 게이머들이 몰려들면서 13일간 120만개가 팔려나가는 돌풍을 일으켰다. KTF의 10대 요금제 '비기' 가입자에게 전용 카트와 풍선 아이템을 주는 이벤트도 시작 직후 폭주하는 가입자로 비기 사이트가 다운됐으며 비기 사이트 가입자는 10만 명 이상 늘어났다.

이같이 '카트 효과'가 입증되면서 이동통신·식음료 업체 등으로부

▲ 수많은 업체와 PPL 마케팅을 벌이고 있는 넥슨의 자동차 경주게임 '카트라이더' 홈페이지

터 총 100여 건의 PPL 등 제안이 쏟아졌다. 실제 카트의 경우 최고 동시접속자 22만 명 이상에 회원수 1천 100만 명 이상으로 국민 네 명 중 한 명 꼴로 카트를 하는데다 연령층도 10~20대부터 30대까지 비교적 널리 퍼져 있어 대중적인 마케팅 수단으로 큰 손색이 없다는 평이다.

서울 시가지를 무대로 자동차 경주를 벌이는 온라인게임 '시티레이서'도 지난 2003년 시범서비스 시작때부터 오일뱅크 주유소나 자동차 내비게이션 등 20여 개 PPL을 유치해 게임 속에 자연스럽게 등장시키고 광고비 등을 받고 있다.

게임포털 피망도 '틀린그림찾기' 게임 속 배경으로 영화 〈말아톤〉의 장면을 보여주고 있으며 온라인게임 '샤이야'도 치킨브랜드 BBQ와 손잡고 게임 속에서 닭을 사냥하면 게임 속 BBQ 가게에서 실제 BBQ 이용권과 바꿔주는 공동 마케팅을 벌였다.

이처럼 게임 PPL이 성행하는 것은 캐주얼 게임 등 큰 비용을 들이지 않아도 간편히 즐길 수 있는 온라인게임들이 널리 퍼지면서 게임 인구의 저변이 크게 넓어졌기 때문으로 풀이된다.

스포츠게임 전문 제작업체인 EA는 작년 한해 '피파(FIFA)', 'NBA' 시리즈 등 스포츠게임 속에 나이키·아디다스·맥도널드 등의 광고판을 노출시켜 약 1천만 달러(한화 약 100억원)의 수익을 거뒀으며 비벤디 유니버설 게임즈, 테이크 투 인터랙티브 등 게임업체들과 코카콜라, 인텔, 혼다 등이 게임속 광고 중개업체와 계약을 맺었다. 광고주들도 점차 TV와 멀어지고 게임을 더 많이 하는 18~34세 남성들에게 다가가기 위한 방법을 찾고 있어 게임 속 PPL이 더욱 설득력을 갖게 될 것이라고 예상된다.

Advergaming

영화나 TV 드라마를 통한 광고인 PPL을 넘어 미국에서는 게임과 광고가 결합한 '애드버게이밍(Advergaming)'의 규모가 확대되고 있다. 특히 기존과 같은 일방적인 메시지가 아닌 소비자와의 상호작용이 가능한 광고수단으로 인식이 변화되고 있다.

시장조사기업인 양키그룹은 미국의 게임관련 광고시장은 2008년 2억 6,000만 달러로 분석했다. 분야별로 게임내 광고인 '게임내광고(in-game advertisements)'가 9,200만 달러, 광고와 게임이 결합된 '애드버게이밍(Advergaming)'이 1억 6,800만 달러의 규모라고 밝혔다.

'애드버게이밍'이란 광고와 게임이 결합된 개념으로, 기업의 후원으로 게임을 제작하고, 이를 즐기는 동안 소비자들은 해당 제품에 친숙해질 수 있는 것이다. 30초간 일방적인 메시지 전달형인 기존의 TV광고와는 매우 다른 것이다.

예를 들면 미국의 스카이웍스의 펩시콜라 광고게임은 게이머에게 자동차로 시내를 돌며 도난당한 신제품 '마운틴 듀 코드 레드' 화물을 회수하도록 하고, 가장 높은 점수를 획득한 100명의 게이머들에게는 신제품 한 박스가 이 제품 전국 출시에 앞서 상품으로 주었다.

▲ 펩시콜라 국내제휴사 롯데칠성의 '마운틴 듀 코드 레드' 홈페이지

게임을 즐기면서 제품과 친해지고 높은 점수를 획득할 경우 경

품까지 받게 되어 긍정적 제품이미지가 축적될 수 있게 된다. 또한 광고주인 펩시콜라는 게임이벤트에 참여한 소비자들의 이메일 주소를 확보해 마케팅에 활용하게 되는 것이다.

홈페이지 배너를 통한 게임 마케팅 방안

게임을 활용한 마케팅기법 중 가장 일반화되고 손쉬운 방법이다. 즉 기업의 판촉활동이나 고객 DB 획득 등을 위해 게임배너를 인터넷상에 노출시켜 고객의 참여를 유도하거나 특정 반응을 보인 고객에게 게임을 즐길 수 있는 권한을 제공하는 형태이다. 이는 기업홍보나 광고용 배너에 게임아이템을 삽입하여 고객을 유도하거나, 기업 홈페이지에 게임을 활용한 고객 유도용 배너를 띄우는 방법 등이 활용된다.

아시아나항공은 골프게임 배너를 통해 일본행 골프항공 패키지 상품 홍보 및 고객모집에 성공을 거두었고, 코카콜라가 회원가입자들에게 경품 게임을 할 수 있는 권한을 제공하여 30만 명의 회원을 모집한 사례가 있다.

그러나 인터넷 배너광고의 경우 낮은 클릭수로 인해 고전을 면치 못하고 있는 상황이며, 실제 다양한 게임의 홍수 속에 고객에게 충분히 다가설 수 있는 게임개발과 이벤트 아이템 개발이 쉽지만은 않은 상황이다.

게임단 운영 및 게임대회 후원

국내 프로게임산업은 1998년에 미국의 벤처기업 블리자드(Blizzard)가 만든 전략시뮬레이션게임인 '스타크래프트'가 국내에 들어와 인기를 끌면서 시작되었다고 볼 수 있다. 이 게임은 사람과 컴퓨터가 게임을 하는 이전의 게임방식을 뛰어넘어 배틀넷이라는 인터넷상 공간 속에서 사람과 사람이 만나서 게임을 하는 새로운 방식을 낳았고 국내에서 인기를 끌면서 PC방의 전국적인 증가를 주도하였다.

▲ 프로게임 대회 후원 마케팅 사례

스타크래프트가 국내에서 인기를 누리던 초창기에는 PC방들이 고객을 확보하고 매출을 증대시키고자 소규모의 게임대회들을 개최하였다. 이후 PC방이 전국적으로 성행하기 시작했던 98년도 후반기부터 전국적인 규모의 게임대회와 게임리그들이 생겨나기 시작하였고, 일부 게임전문 케이블TV들이 방송아이템 개발 차원에서 이러한 대회를 생방송하면서 엄청난 시청률과 파급효과를 가져오게 된다.

이러한 전국적인 규모의 게임대회들은 과도기적인 변화를 거치면서 2000년도에 접어들어 프로게임리그로 자리를 잡았고 이후 이러한 게임산업의 인기와 마케팅효과를 주시하기 시작한 일부 대기업들에 의해 수많은 대기업 후원의 프로게임단과 프로게임대회가 치루어지게 된다. 물론 이상의 구단 운영과 대회는 전적으로 '스타크래프트'란 게임을 중심으로 이루어지고 있다.

한국e-Sports협회에 따르면 국내에는 2011년 현재 KT, SK Telecom, 삼성전자 등 10개의 프로게임단이 있으며, 프로게이머는 250명이 활동하고 있다.

이들 프로리그를 중계하는 게임전문 케이블TV는 엄청난 인기와 시청률을 올리고 있으며, 이에 따른 광고수입 또한 엄청나 케이블PP업체들 중 흑자를 내는 몇 안되는 업체들로 기록되고 있으며, 이러한 게임대회

를 후원하는 대기업들 역시 장래 잠재적 고객이 될 10대들에게 계산하기 힘든 엄청난 마케팅 효과를 거두고 있다.

5 게임콘텐츠의 광고마케팅 사례

게임은 인터넷을 통해 가장 활발한 광고마케팅 활동을 펼친다. 이러한 이유 중에 가장 핵심적인 것은 타깃이 되는 주요 소비자계층이 10~20대이며 이 계층이 주로 사용하는 커뮤니케이션 공간은 인터넷이기 때문이다. 상대적으로 적은 금액의 광고비용으로 효과적으로 목표로 하는 대상에 대해 광고를 노출시킬 수 있으며, 인터넷 광고의 가장 큰 장점 중 하나인 양방향적인 면을 이용한 마케팅을 활발하게 펼치고 있다.

더구나 게임은 인터넷을 기반으로 한 온라인게임이 주류이기 때문에 인터넷 광고가 대부분을 차지할 수밖에 없고, 효과적인 광고의 수행이 그 게임의 승패에 절대적인 영향을 준다는 면에서 여러 콘텐츠 중에 가장 인터넷 광고와 밀접한 관계가 있다고 할 수 있다.

인터넷게임인 던전&파이터즈의 인터넷을 통한 광고마케팅 사례를 살펴보면 다음과 같다.

1) POTAL SITE 배너광고

온라인 게임 업체들이 가장 많이 사용하는 인터넷 광고의 형태 중 하나이다.

노출 정도를 증대시킬 수 있는 포탈사이트에 배너광고를 삽입하고 경품 등과 같은 요소를 사용하여 소비자들의 자사 사이트로의 방문을 유도한다.

2) 주요 소비자층을 대상으로 한 이벤트 실시

온라인게임의 주요 타깃층은 10~20대들이다. 아래 이미지와 같이 타깃층인 학생들에 초점을 맞춘 이벤트를 실시하여 선택적인 소비계층에 대해서만 펼치는 이벤트이므로 그만큼 해당 계층에 대한 광고 효과가 좋다.

3) WEB 2.0의 특성을 활용

WEB 2.0의 하나인 UCC를 이용한 소비자간 커뮤니케이션을 유도하여 그것을 광고효과의 증대로 이어지게 하였다.

4) RANKING 순위 게시를 통한 USER간 경쟁심 고취

각 서버마다 각각 순위를 홈페이지에 게시하여 USER간 경쟁심 고취를 유도함으로 인한 홍보효과를 거두었다

5) 다양한 온라인 미디어를 사용한 홍보

주요 소비자층인 학생들의 흥미를 유발시킬 수 있는 인터넷 매거진, 인터넷방송 뉴스 등을 제작하여 타깃층의 관심을 유도하였다.

소셜미디어를 활용한 게임 마케팅

최근에 소셜미디어의 확산으로 SNS(Social Network Service)를 활용한 게임 마케팅이 확산되고 있다.

소셜미디어는 이미 온라인에서 구글, 야후 등 포털 사이트들과 경쟁할 정도로 성장했다.

많은 기업들은 소셜미디어 사이트에 광고를 노출시키거나, 페이스북의 팬페이지처럼 소셜 광고를 이용하는 소셜미디어 광고에 주목하고 있다. 2010년 인터넷 디스플레이 광고시장에서는 소셜미디어, 포털, 엔터테인먼트, 뉴스, 인포메이션 사이트 순서로 많은 광고들이 노출되었다. 특히 소셜미디어는 전년대비 11% 증가한 34%를 기록했고, 포털은 전년대비 4% 하락한 17%를 기록하여, 소셜미디어 광고시장이 인터넷 광고시장을 주도하고 있음을 알 수 있다.

그 이유는 소셜미디어가 사람들에게 자신만의 가상공간을 제공하고 이를 중심으로 자유롭게 커뮤니케이션을 하자는 멋진 아이디어였지만 수지타산이 맞지 않아 한때 표류하기에 이르렀고, 인터넷은 무료라는 인식을 뒤엎을 무언가 특별한 것이 필요했다.

과거 북미 지역에서 제 1 의 SNS는 마이스페이스였다. 그러나 불과 3년 전에 페이스북에 역전당했다. 2위가 1위를 따라잡는 것이 거의 불가능에 가까운 승자 독식 세계에서 꽤나 이례적인 사건이 발생한 것이다. 전문가들은 이를 가능케 한 것이 바로 다름 아닌 '게임' 때문이었다고 지적한다. 게임은 그 자체로도 경쟁력 있는 수익 모델을 보유한 콘텐츠이며, 그런 게임이 SNS와 만나 상상을 초월하는 파괴력을 발휘했다는 평가다. 지금 전 세계가 주목하고 있는 것은 콘솔도 온라인도 아닌 바로 소셜네트워크 게임이다.

소셜 네트워크 게임(SNG, 혹은 소셜게임)은 트위터, 블로그, 페이스북과 같은 소셜 네트워크 서비스(SNS)의 장점과 게임의 재미를 융합한 서비

▲ SNS를 통해 발전해 나가는 Farmville 게임

스를 말한다. 온라인게임과 SNS를 접목한 형태로, 게임을 즐기면서도 인맥을 구축할 수 있는 새로운 커뮤니케이션 수단으로 각광받고 있다.

대한민국 스마트폰 사용자 10명 중 6명 정도는 스마트폰을 이용해 게임을 즐긴다는 통계가 있다. 2011년 1월 방송통신위원회와 한국인터넷진흥원이 발표한 '제 2 차 스마트폰 이용 실태 조사'에 따르면 스마트폰으로 제일 많이 하는 서비스로 '게임·오락'을 고른 응답자가 전체의 60.7%에 달했다.

또한 스마트폰 어플리케이션(이하 앱) 중에서 가장 많이 받는 앱의 종류에 게임 앱이라고 응답한 사람도 무려 73.9%에 달할 정도로 스마트폰 게임 앱에 대한 인기는 높다.

소셜 네트워크 게임은 '게임'보다 '소셜' 특성을 보다 강조하는 개념이다. 기존 게임들이 게임의 재미 강화를 위해 네트워크 기술을 활용했다면 SNG는 이용자 간 네트워크를 돈독하게 하기 위해 게임을 이용한다. 즉, 게임 자체에 목적이 있다기보다는 소셜 네트워크 내 유저들의 상호작용을 촉진하는 데 초점이 맞춰져 있다. SNG는 비게이머인 SNS 유저들이 이용할 때 부담이 적고 인맥을 활용할 수 있어야 하므로, 단순하고 쉬우면서도 상호작용 촉진 요소가 포함된 게임이 대부분이며, 개발까지 오랜 시간이 걸리고 막대한 비용을 투자해야 하는 기존의 온라인게임과 달리 상대적으로 짧은 개발 기간, 적은 비용이 소요된다.

초기 SNG는 게임이라기보다는 친구 간의 커뮤니케이션을 활성화하는 데 초점을 맞춘 어플리케이션 형태가 대부분으로 친구들 간에 랭킹을 비교하고 자랑하는 수준에 그쳤다. 이후 레벨 업을 하기 위해서는 나만의 패밀리가 있어야 하며 이를 위해 친구들을 끊임없이 초대해야 하는 등 보다 능동적인 사회적 활동을 기반으로 하는 게임이 등장하면서 보다 본격적인 SNG 형태가 등장하게 된다. 현재는 SNG 대부분이 고품질의 플래시 기반 형태이며, 장르상으로는 육성시뮬레이션이 다수를 차지하고 있다. 실제로 페이스북의 상위 25개 SNG 중 약 70%, Mixi에 랭크된 상위 10개의 게임 중 9개가 육성 시뮬레이션 장르에 해당한다.

SNG는 조작의 난이도와 게임을 위한 시간의 투입이라는 관점에서 기존 온라인게임 대비 접근성이 높다. 대부분의 SNG들은 단순한 룰에 기반하고 있어 5분 이내의 시간이면 게임의 룰을 모두 익힐 수 있고, 한 번 플레이하는 데 걸리는 시간도 매우 짧은 편이다. 이러한 특징은 기존에 게임을 즐기지 않던 다양한 사람들과 더 많은 사람들을 네트워크 안으로 흡수할 수 있는 중요한 요인이 되고 있다.

대부분의 SNG에서는 사용자 간의 상호 협력을 통해 서로가 발전하는 모습을 취하기 때문에 승자와 패자가 따로 존재하지 않는 경우가 많다. 가장 높은 인기를 누리고 있는 팜빌의 경우에도 사용자 간에 서로 선물을 교환하거나 서로의 농장을 방문해 아르바이트하며 경험치를 얻는 등의 과정을 통해 상호 간에 도움을 주며 성장하는 구조를 가지고 있다. 유저 간의 경쟁보다는 협력을 통한 Win-Win 구조인 셈이다.

SNG는 친구를 초대하여 함께 즐기는 특징 덕분에 복잡하게 연결된 관계망을 바탕으로 강한 전염성을 갖고 있으며, 이는 SNG의 가장 중요한 프로모션 방법이기도 하다. 게임적 측면에서의 특징으로는 스포츠나 FPS류의 게임이 한 번의 승부에 따라 끝을 가리는 게임인 데 반해 대부분의 SNG는 사용자 간의 상호작용을 통해 끊임없이 게임이 진행되므로, 지속적인 업데이트를 해준다면 사용자들에게 새로운 한 일들을 제공하며 게임 수명을 무한으로 늘릴 수 있다. 또한 게임을 같이 즐기는 사용자가 동시에 네트워크상에 접속해 있을 필요가 없다.

기존의 온라인게임에서는 사용자들이 같은 시간에 온라인에 접속해 있어야 했고 이것은 사용자 간의 상호작용을 어렵게 하는 요인으로 작용

그림 5-11 SNG의 세계 시장현황과 전망 단위: 달러

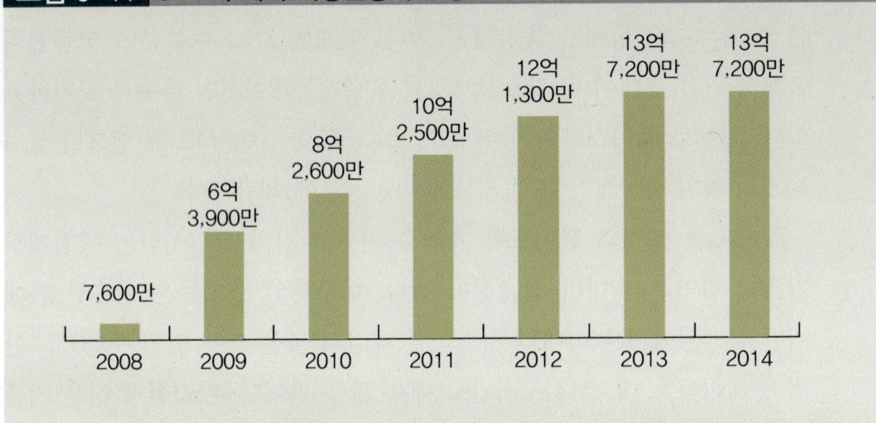

하였다. 하지만 SNG에서는 사용자들이 동시에 게임에 접속해 있지 않아도 내가 한 행동이 계속해서 다른 사용자에게 영향을 미치게 되고 어떤 경우에는 심지어 친구를 대신해 플레이하는 효과를 내면서 서로 영향을 주고받게 된다. 이러한 특징은 사용자들이 게임에 장기간 접속해 있어야 하는 부담감을 덜고 손쉽게 다가갈 수 있게 해 사용자 저변을 넓히는 바탕이 된다.

SNG가 불과 2~3년 만에 급속한 성장을 이룰 수 있었던 이유는 '네트워크 마케팅'을 닮았기 때문이다. 대부분의 인기 있는 SNG는 자연스럽게 기존 이용자가 다른 이용자를 끌어오도록 하는 장치가 숨어 있다. 가령 온라인게임에서는 본인의 노력에 따라 캐릭터의 성장 여부가 결정되지만 SNG에서는 친구가 없으면 언제나 한계에 부딪치도록 게임이 설계되어 있다. 뛰어난 접근성도 SNG만의 강점이다. 웹게임처럼 별다른 설치 없이 플레이가 가능하고 언제 어디서든 설치/이용/삭제가 자유롭다.

SNG 세계시장 규모는 2008년 7,600만 달러에서 3년 만에 10배 이상 증가해서 2011년 약 10억 2,500만 달러 규모를 형성할 것으로 전망되고 있다. 2010년에는 8억 2,600만 달러를 기록해 2009년 대비 30% 증가하였다.

▣ SNG 국내 주요업체 현황을 살펴보면 다음표와 같다.

| 표 5-7 | 국내 SNG 주요 업체

업체명	내 용
NHN	• 소셜게임과 스마트폰 게임에 집중 예정, 네이버 기반의 소셜 앱 공개 • MS재팬과 함께 일본 'MSN'을 통해 100여 종의 게임을 무료로 즐길 수 있는 소셜 게임 포털을 선보일 예정
SK 컴즈	• 네이트 SNG는 2010년 2월 매출 1억원에서 6월 8억원을 기록, 급격한 성장세를 보임
다음 커뮤니케이션	• 다음은 신규 마이크로블로그 서비스인 '요즘' 플랫폼에 집중하고 있음 • 회원가입을 해야만 서비스를 누릴 수 있는 카페의 폐쇄적 특성을 극복하고 다른 SNS들과 같은 Social Graph를 강화해 나가고자 노력 중
CJ 인터넷	• SNG 분야에 100억원 투자
네오위즈 게임즈	• 모바일 게임업체 지오인터랙티브 인수, 현재 소셜게임에도 집중
고슴도치 플러스	• 안철수연구소의 사내벤처로 2006년 12월 창립 • 대표 SNG: 2009년 4월 페이스북에 'Catch me if you can'이라는 소셜게임을 올려 30만 명 이상의 유저 확보. '영어 챌린지', '한자챌린지', '세계 어디까지 가봤니?' 등
선데이토즈	• 2010년 6월 기준 180만 명 이상 유저 확보 • 대표 SNG: 초기에 '애니팡', '사천성' 등의 미니게임을 통해 다수의 유저를 확보. 최근에는 물고기 키우기 육성 시뮬레이션인 '아쿠아 스토리' 출시
모블리에	• 아이폰 게임 '로데오', 애플이 선정하는 '주목할 만한 게임'에 선정 • 2009년 9월에 출시된 '앨리스의 모험'은 출시 1주 만에 일본 앱스토어 다운로드 횟수 3위 기록
이지모드	• Facebook용 첫 한글게임 타이틀로 꼽히는 '플레이가든'을 제작
디브로스	• 매트로게임즈와 제휴, '패션월드'를 한글화하여 서비스 예정 • 소셜게임 포털 '소시지(SOCI-G)' 론칭 예정
크레이지 피쉬	• '고고! 농장' 개발하여 서비스
그라비티	• 소셜게임 '패션 스타'를 네이트 앱스토어에 출시

▣ SNG 성공사례를 살펴보면 다음과 같다.

1) 징가(Zynga)

- 세계 최대의 SNG 업체인 '징가(Zynga)'는 설립(2007년 6명으로 시작) 2년 만에 매출액 2억 달러를 돌파, 2012년 10억 달러 규모의 매출이 전망되고 있음
- 2010년 4월을 기준으로 징가(Zynga)의 페이스북 게임이 Top10 중 6개를 차지
- 징가(Zynga)의 기업가치는 33억 달러(약 4조원)로 국내 1위 온라인 게임업체의 시가총액보다 높음
- 징가의 성공 요인으로는 다른 업체의 성공적인 게임을 재빠르게 모방하는 전략으로 막강한 이용자 규모와 마케팅 능력이 다른 게임을 저렴한 비용으로 손쉽게 모방할 수 있도록 하는 것으로 분석됨

2) 엔타즈(Entaz)

- 2010년 9월 16일, 국내 최초 통화료 무료 SNG 오픈
- 무료게임타운(누적회원 200만 명) 내 KT 피쳐폰 사용자를 대상으로 함
- 출시 2주 만에 회원 수 16만 명, 페이지뷰 2억 돌파(유저 1명당 일 평균 30분 이상 게임에 접속하여 380페이지를 이용한 결과)
- 무료게임타운 트레저헌터 공식카페에 2주간 6만여 개의 게시물과 자발적으로 형성된 길드가 100개에 이름
- 트레저헌터의 성공 배경은 '무료게임타운'의 무료 서비스에 있음
- 무료게임타운은 데이터 통화료와 정보 이용료가 전혀 부과되지 않고 무료로 30여 가지의 다양한 게임을 즐길 수 있으며 폰피, 카페, 아바타 등도 즐길 수 있는 국내 최초·최대 모바일 SNS이자 모바일 게임 포털임

3) 엔지모코(ngmoco)

- 아이폰, 아이패드용 게임 '위룰' 왕국을 배경으로 농작물을 재배하고 농지를 넓혀 세력을 키워가는 SNG로 3월 20일 공개 후 해당 카테고리 다운로드 1위를 기록
- 혼자 하는 게임이 아닌 상호작용에 의해서 자신의 왕국을 발전시켜 나가는 소셜 기능을 통해 재미와 흥미 유발
- 수익모델은 스마트폰 광고 수익과 단기간에 농작물 재배를 할 수 있는 '모조(Mojo)'의 판매 수익을 기반으로 함
- '모바일 게임 타운'으로 유명한 일본 게임회사 디엔에이(DeNA)가 엔지모코를 4억 달러(약 4,500억원)에 인수

SNG는 기존 온라인게임과 마찬가지로 네트워크형 게임이나, 오프라인 인맥을 활용한다는 측면에서 새로운 이용방식을 체험하는 게임이다. 이러한 특수성을 바탕으로 기존 온라인게임과 함께 새로운 네트워크 게임 영역으로서 SNG의 확산이 지속적으로 이루어질 것이다.

또한 앞으로 모바일과의 연동 확산에 따라 모바일형 및 모바일·온라인 연동형 등 다양한 장르 개발이 이루어질 것으로 예상된다. 최근 스마트폰과 결합해 SNS가 급성장 추세를 보이면서 이에 대응하려는 국내 모바일게임 및 온라인게임 업체들의 움직임도 활발해지고 있다. 이미 모바일게임 업체를 포함한 게임업체들이 론칭 발표를 서두르고 있는 등, 향후 스마트폰 외에 일반 휴대폰에도 확산될 것 같다.

그리고, 현재 SNG는 주로 육성 시뮬레이션이 대부분이다. 이러한 게임들은 아무래도 타깃 층이 여성 및 비게이머 등으로 비교적 제한적이기 때문에, 앞으로는 내용적인 측면에서도 보다 다양한 장르의 SNG 개발이 이루어지면 더욱 여러 분야에서 이용될 수 있을 것이다.

PC를 기반으로 한 온라인게임에 익숙한 우리나라의 경우 SNG 체험이 그다지 새로운 경험을 선사하지 않는다. 또한 해외의 경우 SNS의 확

산과 SNG의 성장이 함께 상승하고 있어 SNG의 성장에 SNS가 상호 밀접하게 연계되어 있음을 알 수 있으나, 우리나라의 경우 싸이월드 등 SNS와 네트워크 게임인 온라인게임이 사실상 각각 다른 역할을 담당하면서 각자 성장하고 있다.

따라서 한국형 SNG 및 해외 수출 SNG의 차별화된 제 모델 개발이 필요하다. 반면 해외 수출의 경우 기존의 SNS(페이스북, 마이스페이스, 트위터 등)와의 연계를 고려하되 다양하고 새로운 장르로 신규시장 개척이 필요하다.

SNS 이용한 게임 마케팅의 효과적인 방안

1) 온라인에서 머물지 말고 오프라인까지 연결해야 한다

대부분의 게임은 온라인에서 혹은 모바일에서 진행되곤 한다. 사람들은 그런 점을 이미 당연하게 여기고 게임을 하기 위해서 인터넷을 연결하고 핸드폰을 열고 어플을 다운받는다. 여기서 역발상을 하는 것이다. Angry Birds처럼 항상 어플을 실행시켜 스마트폰에서만 할 수 있었던 게임을 직접 현실로 데려와 보여주는 것이다. 여기서 사람들이 직접 게임에 참여할 수 있게끔 참여를 유도하는 데에는 바이럴적인 요소가 중요할 것이다. 언제 어디서 무엇을 한다는 정보를 재미없게 그냥 알려주지 말고 무언가 계속 궁금증을 갖게 하면서 계속 콘텐츠를 검색하고 열어볼 수 있도록 하는 것이 중요하다.

▲ 일본잡지 점프스퀘어 jumpsq.shueisha.co.jp

예를 들면 일본잡

지 '점프스퀘어'에서는 마니아층만이 제대로 된 정보를 볼 수 있게끔 하였다. 잡지 론칭사이트에 더 이상의 정보제공을 할 수 없다는 사과문을 올려놓은 후 20초 후에 갑자기 캐릭터들이 뛰쳐나와 많은 정보를 제공한다. 이처럼 마니아층의 힘은 대단하다. 게임에도 마니아층이 존재하기 마련이다. 온라인에서 오프라인으로 마케팅을 진행할 때 많은 사람들이 현장에 올 수 있게끔 마니아층의 입소문을 활용하는 것이 중요할 것이다.

2) 함께 나눌 수 있는 릴레이 방식으로 연결하여 SNS의 특징을 살린다

소셜 네트워크 서비스의 특징 중 가장 중요한 것은 '공유'와 '참여'라고 생각한다. 마이크로소프트사의 'who's who'도 사람들의 참여를 이끌었기에 성공적인 캠페인이었다. 게임도 많은 사람들의 참여로 이루어지는 것이고 SNS도 많은 사람들의 공유로 이루어지는 것으로서 둘의 공통점을 발견할 수 있다.

예를 들어 테트리스게임을 페이스북에서 마케팅하겠다고 한다면 페이스북에서 따로 페이지를 만들어서 자신의 친구들과 쉽게 진행할 수 있을 것이다. 일반적으로 테트리스게임은 '넷마블'이나 '한게임' 등의 사이트에 들어가 친구아이디를 검색한 다음 초대하여 함께 게임을 하는 방식이었다. 그렇지만 페이스북을 이용하면 그런 번거로운 과정을 거치지 않아도 바로 친구를 초대하여 같이 게임을 즐길 수 있을 것이며 기간을 지정한다던가 점수를 지정해서 실시간으로 이벤트를 진행할 수도 있을 것이다. 또 Angry Birds를 벤치마킹하여 현실에서 게임할 수 있는 공간을 만들어둔다면 더 크고 현실적인 블록들과 함께 게임하는 즐거움을 주며 입소문이 퍼져 더 극대화된 효과를 볼 수 있을 것 같다.

3) 사람들과의 '관계 맺기'도 중요하다

소셜 네트워크 서비스는 사람들과의 관계를 바탕으로 하는 서비스이다. 그리고 일반 기업 사이트나 블로그와는 다른 플랫폼으로써 사람들이 자유롭고 가볍게 자신의 생각이나 느낌을 말할 수 있기 때문에 기업은 사람들과의 자연스러운 관계를 가지기 위해 일정한 톤앤매너를 유지하며 관계를 유지해 나가야한다. 특히 트위터에서는 기업이 자기입장에서만 계속 정보를 전달하고 자랑하는 말만 하는 것을 자제하고 사람들에게 멘션과 DM을 받으면 그것을 잘 답해주어야 한다.

페이스북에서는 트위터보다 더 다양한 활동으로 많은 친구들과 관계를 유지해 나갈 수 있는데, 왜냐하면 페이스북에는 좋아요를 누를 수 있는 기능과 다양한 페이지를 만들 수 있으며 다양한 사진첩도 만들 수 있기 때문에 이벤트를 참여하게 하는 데 트위터보다 더 효과적이다.

학습정리

1. 게임산업의 특징을 나열해 보면 다음과 같다.
   ① 탁월한 기획력과 아이디어가 요구된다
   ② 컴퓨터 그래픽으로 구현된다
   ③ 수요예측의 어렵고, 순환사이클이 매우 짧으며, 고위험 산업으로 벤처적 요소가 강하여 실패요소가 많다.
   ④ 게임산업은 경제적 파급효과가 크다
   ⑤ 인터넷의 발달로 급속한 파급효과가 나타난다.
   ⑥ 강한 오락성과 대중성을 지닌다.

2. 게임은 온라인게임, 아케이드게임, 콘솔게임 등이 있다. 이 중 온라인게임의 성장세가 두드러진다. 글로벌 온라인게임 시장의 성장세에도 불구, 많은 회사들은 수익을 내기 위해 고투하고 있다. 가장 큰 문제점은 시장이 회사들마다, 상품과 시장의 종류마다 더 세분화되고 있는 것이다. 다른 시장에 도입했을 경우에는 어려움을 겪고 있는 것으로 나타난다. 그럼에도 불구하고, 한국, 중국, 일본, 미국과 같은 주요 시장들은 현재 한 나라에서 1년에 1억 달러가 넘는 매출을 기대할 수 있는 온라인게임들의 기반이 되고 있다. Blizzard Entertainment의 World of Warcraft는 1년 만에 각기 다른 시장에서 1억 달러 이상의 매출을 올린 바 있다

3. 게임콘텐츠 마케팅은 기획 단계부터 중요하다. 정확한 마케팅 Target 설정, 온라인게임의 경우 상품보다는 제공환경 서비스 소비자에게 욕구를 충족시켜야 한다.

4. 게임은 기업 프로모션 수단으로서의 제휴마케팅, PPL, 홈페이지 배너 등이 활용되고 있으며 광고용 게임도 개발되고 있다. 이벤트로 게임대회가 진행됨에 따라 게임단 운영 및 게임대회 후원 등도 기업프로모션 수단이 되고 있다.

5. 최근 소셜미디어의 확산으로 SNS를 활용한 게임 마케팅이 활발히 진행되고 있다.

6. 캐릭터콘텐츠 마케팅

학습목표, 탐구할 문제

1 캐릭터의 개념 정의와 마케팅 특징

2 캐릭터산업의 전망과 종류

3 캐릭터콘텐츠 마케팅의 전략

4 캐릭터콘텐츠 마케팅의 성공사례

5 캐릭터콘텐츠를 활용한 광고 마케팅전략

6 캐릭터콘텐츠를 기업 마케팅에 활용한 사례

학습정리

캐릭터콘텐츠 마케팅

캐릭터 '정대리' 마케팅 활용

학습목표

1. 캐릭터, 캐릭터 비즈니스, 캐릭터 마케팅을 구분하여 설명할 수 있다.
2. 캐릭터산업의 종류와 캐릭터의 응용분야, 전망 등을 이해할 수 있다.
3. 사용목적별 캐릭터 마케팅전략을 수립할 수 있다.
4. 생활주변에서 캐릭터 마케팅의 성공사례를 수집하고 설명할 수 있다.
5. 기업에서 캐릭터를 광고마케팅에 활용할 수 있는 전략을 수립할 수 있다

탐구할 문제

1. 캐릭터는 문화상품으로서의 가치를 가지는가?
2. 다양한 유형의 캐릭터를 마케팅과 접목하려면 어떻게 할까?

1 캐릭터의 개념 정의와 마케팅 특징

캐릭터의 개념 정의

캐릭터라 함은 사전적 의미로는 개성, 혹은 특징이라고 말할 수 있지만 캐릭터 비즈니스, 캐릭터 마케팅에서의 캐릭터는 의도적인 목적을 가지고 만들어진 이미지, 형상을 말한다. 우리가 흔히 '캐릭터'라 부르는 것에는 도대체 어떤 비밀스런 요소가 들어 있기에 약 5조 원 가량의 거대 산업군을 형성하고 있고, 잘 만든 캐릭터 하나면 자동차 100대 수출이 부럽지 않은 결과를 가져다 주는 것일까? 우리는 아무 이미지나 보고 '캐릭터'라고 하지 않는다. 또한 '마스코트(mascot), 도안(圖案), 클립아트(clip art), CI(Corporate Identity), 로고(logo), 심벌(symbol) 그리고, 캐리커처(caricature)' 등의 일반적인 '그림 이미지'와 '캐릭터'를 구별하는 단어 또한 무수히 많다.

'캐릭터'란 한마디로 말해, '고유한 디자인 요소(점, 선, 면으로 이루어진)를 지니고 있으며, 이러한 요소들이 결합되어 고유한 메시지(Message)(즐거움)를 담고 있는, 그래서 그러한 이미지들로 인해 형성된 정체성(Identity: 매력, 개성)으로 생명력이 생긴 결합체'라 할 수 있다. 물론 캐릭터가 진정한 힘을 발휘하기 위해서는 여러 가지 요소들을 필요로 한다. 즉 '어느 정도의 스토리(story)성', 상품으로의 형상화, 그리고 그와의 적합성, 각종 매체와의 연결 등의 연결고리가 반드시 필요하다는 말이다. 또한 모든 정의가 그러하듯이, 캐릭터를 정의한다는 것은 단 한마디로 되는 것은 아닐 것이다. '디자인적 정의'가 있을 수 있고, '캐릭터 비즈니스적 정의'도 따로 구분할 수 있으므로. 하지만 결국 어떠한 정의를 내린다 하더라도 위에서 지적한 '디자인요소', '고유한 메시지', '독특한 아이덴티티(정체성)'가 필요하다. 이러한 세 가지는 어떠한 정의에서건 항상 포함이 되어 정의되어야 한다.

■ **디자인적 요소(Design Factor)**

점, 선, 면 등의 캐릭터의 핵심이 되는 시각적 이미지를 의미

■ **고유한 메시지(Message)**

캐릭터가 주는 이미지-즐겁고 깜찍한 때로는 귀여운 이미지 등을 통해 캐릭터의 고유기능을 나타내주는 역할을 함

■ **확고한 정체성(Identity)**

캐릭터의 생명력이 형성되는 핵심 요소

보통 일반적인 시각에서는 애니메이션이나 출판만화에 등장한 캐릭터만을 흔히 캐릭터 비즈니스에서 말하는 '캐릭터'라고 생각하지만, 너무 협소한 시각이다. 캐릭터 비즈니스라 함은 캐릭터 저작권에 대하여 어떤 대가를 지불하고 상품화를 한다든지, 광고 프로모션 사용권을 승인한다든지, 출판물을 편찬한다든지 등의 비즈니스를 모두 말한다. 즉 캐릭터 비즈니스에서 캐릭터란 단순히 한 가지 매체, 혹은 영상물을 기반으로 등장한 형상이 아니라, 어떠한 매체를 기반으로 만들어졌던 수익화를 가능하게 하는 가치를 부여받은 대상이다.

캐릭터는 어떠한 수익을 달성시킬 만한 가치를 가진 것, 즉 하나의 브랜드 가치를 확보한 것이다. 세계적인 명품 샤넬이나, 구찌 등의 브랜드는 단순히 화장품이나, 의류 분야에 한정되어 고가의 상품 영역을 가진 것이 아니라, 그 어떤 상품 영역 또는 서비스 영역에 응용하여 명품 브랜드로 지속적이면서 고부가가치 수익성을 확보하고 있다. 캐릭터는 출판, 만화, 애니메이션, 게임 등의 소프트 산업과 밀접한 관계를 통해 부가가치를 확대, 재생산하는 종합 엔터테인먼트 사업으로 산업적 측면의 중요성이 날로 높아지고 있다.

캐릭터는 근본적으로 상품화에 목적을 두고 탄생되는데 캐릭터가 하나의 브랜드로 상품화되기까지는 기본적인 디자인과 스토리 내용의

전개 방식과 마케팅에서 유통에 이르는 철저한 전략이 필요하다. 캐릭터 산업의 강점을 브랜드의 파급효과를 통해 부가가치를 극대화하는 것이라고 할 수 있다.

인터넷의 발전과 더불어 캐릭터 제작툴의 편리함은 물론 쉽고 빠르게 캐릭터를 어필할 수 있는 온라인 프로모션을 통해 흥미롭게 소비자에게 전달할 수 있게 되었다.

캐릭터 마케팅의 특징

캐릭터는 기본적으로 소프트웨어적 특징을 가지고 있는데, 창의력을 기반으로 상상된 어떤 형상을 창조하기 때문이다. 또한 종종 미디어적 특징, 혹은 콘텐츠적 특징으로 규정짓는데, 그것은 캐릭터가 단독의 디자인한 형태로 상품화 가치가 생성되지 않음을 의미한다. 우리는 종종 캐릭터 비즈니스를 한다고 하면 이미지로 만드는 디자인 작업을 우선시

그림 6-1 캐릭터 비즈니스의 구성

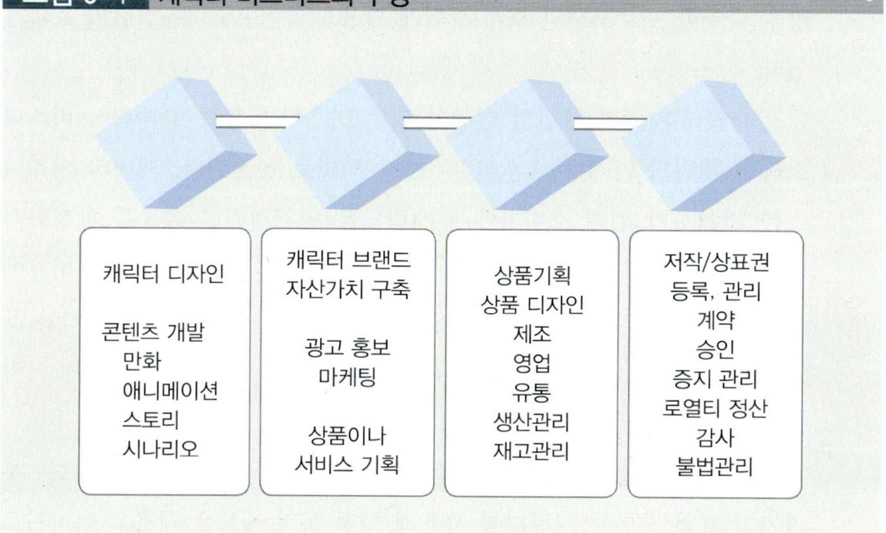

출처: 김재웅, 국내 캐릭터 마케팅에 있어서 인터넷 미디어 활용 연구.

하는 경향이 많다. 그러나 여기서 캐릭터가 디자인되었다고, 심지어는 캐릭터 매뉴얼 북을 완성시켰다고 해서 그것이 팔리는 캐릭터가 될 수 있는 것은 아니다. 캐릭터가 하나의 브랜드화되어 가는 기본 배경은 미디어 혹은 콘텐츠로부터 시작을 하기 때문에 캐릭터산업은 소재산업이라고도 한다.

캐릭터의 부가가치는 얼마만큼의 경제적 가치를 형성하는가에 달려 있다. 즉 브랜드와 동일한 가치를 의미한다. 그러나 일반적으로 로고나 마크로 표현되는 브랜드와는 조금 다른 점들을 가지고 있다. 캐릭터는 기본적으로 동물이나, 의인화된 무생물, 혹은 상상 속의 생물이다. 하나의 이미지로 딱딱한 로고보다는 친밀감이 있고, 나름의 스토리를 기반으로 개성을 인식시킬 수 있으며, 정서적인 유대감을 유도해 낼 수 있다. 또한 글씨보다는 감성적 어필이 가능해 인지적 측면에서 좀 더 쉽게 효과를 볼 수 있다. 이러한 특징 때문에 종종 캐릭터가 마케팅의 소스로서 활용되는데, 고객과의 커뮤니케이션에 있어 친밀감을 쉽게 유도해 내며, 신상품 혹은 경쟁제품 출시 시 시각적인 차별화를 가능케 한다. 또한 향후 다양한 프로모션의 소재로 쉽게 활용할 수 있어 비용절감의 효과가 있다.

캐릭터 자체가 사업의 대상이 되는 비즈니스 활동이 캐릭터 비즈니스라면 캐릭터 마케팅은 흔히 두 가지 의미로 통용된다. 캐릭터 비즈니스를 전개하기 위해 소비자에게 캐릭터를 인지시키고 유통을 활성화시키는 캐릭터 자체에 대한 마케팅 활동과, 또 다른 하나는 이미 소비자에게 인지된 캐릭터를 활용하여 기업의 이미지 및 브랜드에 적용시키는 프로모션 수단으로서의 마케팅 활동을 지칭한다. 통상 '캐릭터 마케팅'이라는 용어는 이 경우에 주로 사용되는 개념이다.

캐릭터를 활용한 마케팅은 높은 인지도, 친근감, 독창성, 새로운 부가가치 효과가 있는 캐릭터를 사용해 어떤 특정 제품을 새로운 이미지로 변화시켜 고객들의 구매효과를 일으키는 감성 마케팅의 일종이다. 캐릭터 마케팅의 가장 큰 장점은 기업의 상표 자산가치, 즉 브랜드 가치를 높여주는 것이다. 상표 자산의 경우 인지도, 충성도, 연상 이미지로 구성돼 캐릭터 접촉이 빈번할수록 이런 유형적, 무형적 자산가치가 커지는 효과가 있다. 따라서 고객 니즈에 맞게 개발된 캐릭터 마케팅은 기업의 신뢰도를 높일 뿐 아니라 품질에 대한 확신을 심어 주며 나아가 제품의 반복구매를 유도하는 영향력을 발휘한다. 최근 보수적인 제약업계조차 앞다퉈 캐릭터를 개발하고 제품에 포함시키는 것도 이런 이유 때문이다.

캐릭터 자체의 마케팅은 미디어를 통해 캐릭터를 수용자에게 도달하게 하여 인지도를 획득시키고, 이를 통해 캐릭터에 부여된 자산 가치를 근거로 고객으로 하여금 캐릭터를 사용하도록 하는 과정이라고 할 수 있다. 즉, 캐릭터를 사용하고자 하는 잠재적 수요인 기업, 즉 1차 수용자를 대상으로 기업의 목적에 맞는 캐릭터 자산 가치를 구축하는 과정을 말한다. 캐릭터 마케팅은 1차 수용자인 기업을 대상으로 하고 있지만, 결국 캐릭터를 사용하고자 하는 기업은 소비자 행동을 자극할 목적으로 캐릭터 마케팅을 하는 것이므로, 캐릭터 소유자 입장에서는 2차 수용자인 소비자의 니즈를 중시해야 한다는 결론에 도달한다. 즉, 캐릭터를 사용하고자 하는 목적에 맞는 캐릭터 자산 가치를 구축하는 캐릭터 마케팅이 필요하며, 이는 곧 캐릭터를 사용할 기업의 대상이 되는 소비자의 시장의 의향과 특성까지 충분히 파악한 후에야 가능한 마케팅 활동이다.

캐릭터 마케팅의 장점은 다른 마케팅 자극에 비해 의인화된 외형을 가지고 독자적인 성격을 부여받기 때문에 다음과 같은 효과를 기대할 수 있다. 첫째, 노출과 주의에 있어 새로운 환기 요소로 작용한다. 둘째, 차별적인 자극을 제공한다. 셋째, 연상을 자극할 수 있는 정보를 포함시키는 것이 가능하다. 넷째, 감성적인 표현을 통하여 소비자로 하여금 호감을 형성할 수 있도록 한다. 다섯째, 대체적으로 캐릭터의 디자인적인 특징은 간략화되어 나타나는데, 이는 기업의 인출을 용이하게 한다. 현대와 같이 지나치게 산만한 광고 노출환경에서 캐릭터를 활용한 마케팅은 캐릭터의 특징 및 아이덴티티를 바탕으로 소비자에게 기업이나 제품의 이미지를 보다 적절히 전달하거나, 연상을 자극함으로써 기업이나 제품의 이미지 개선을 통해 기존의 이미지만으로는 공략할 수 없었던 시장으로의 확대를 가능하게 하고, 캐릭터에 대한 호의적 반응을 기업이나 제품으로 전달될 수 있도록 연결 지어 결과적으로 기업과 제품의 이미지를 향상시키는 효과를 얻을 수 있다. 결과적으로 캐릭터의 인지도를 활용하여 기업과 제품에 대한 신뢰성을 높이고, 독점적으로 우위를 차지하며, 특정 로열티를 가진 표적시장을 끌어들여 형성함으로써 소비자의 구매를 자극하게 되는 것이다. 이와 같이 기업 활동에 캐릭터를 활용하는 것을 캐릭터 마케팅이라고 한다.

2 캐릭터산업의 전망과 종류

캐릭터산업의 전망

캐릭터는 출판, 만화, 애니메이션, 게임 등의 소프트산업과 밀접한 관계를 통해 부가가치를 확대, 재생산하는 종합 엔터테인먼트 사업으로 산업적 측면의 중요성이 날로 높아지고 있다. 캐릭터산업은 근본적으로 상품화에 목적을 두고 탄생되는데 캐릭터가 하나의 브랜드로 상품화되기까지는 기본적인 디자인과 스토리 내용의 전개 방식과 마케팅에서 유통에 이르는 철저한 전략이 필요하다. 캐릭터산업의 강점을 브랜드의 파급효과를 통해 부가가치의 극대화를 갖는 것이라고 할 수 있다.

과거에는 캐릭터를 방송 및 영화를 통해서 알리는 것이 가장 큰 몫을 차지하였다. 하지만 지금은 인터넷의 발전과 더불어 캐릭터 제작툴의 편리함은 물론 쉽고 빠르게 캐릭터를 알릴 수 있는 온라인 프로모션을

그림 6-2 캐릭터산업의 재생산

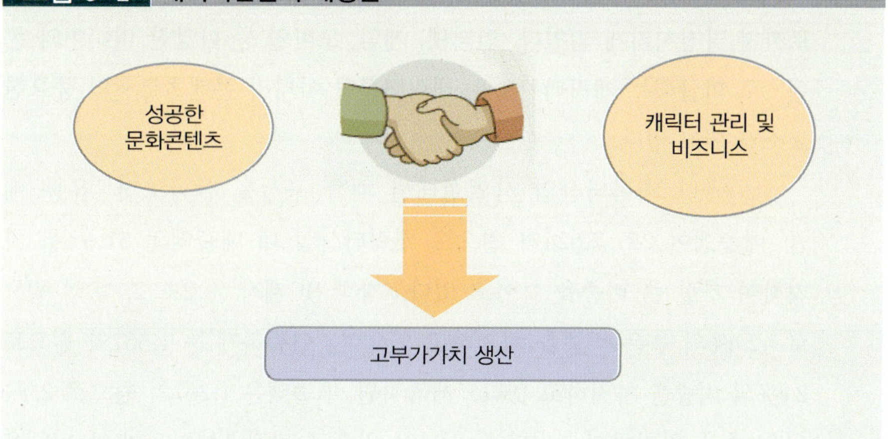

출처: KOCCA, 캐릭터산업의 재생산.

통해 흥미롭게 소비자에게 전달할 수 있게 되었다. 또한 만화, 영화에 비해 훨씬 적은 비용으로 캐릭터를 알릴 수 있고 디지털 기술의 발전으로 다양한 콘텐츠로 새로운 창작무대를 제공할 수 있게 되었다. 따라서 높은 상업적 가치를 지니고 있는 캐릭터산업에 대해 좀 더 자세히 살펴볼 필요가 있을 것이다.

21세기 IT혁명은 전 산업의 디지털화를 초래하였고, 디지털시대는 새로운 디지털 문화를 생산해 내었다 특히, 디지털 기반의 문화산업은 고부가치 산업으로서의 잠재력을 인정받으면서 급속히 성장하기 시작하였다.

캐릭터산업에 있어 국내의 경우, 디즈니처럼 오랜 역사를 가진 해외 시장과 비교한다면 걸음마 수준이지만, IT 기술력에 디자인 역량을 접목하면서 캐릭터를 개발, 산업화하면서 고부가가치 산업으로 급성장하고 있다. 또한, 96년 인터넷의 급속한 발전으로 인터넷을 통한 콘텐츠의 유통이 가능해지면서, 기업뿐만 아니라 개인들이 개발한 다양한 캐릭터들이 유통되면서 캐릭터가 디지털 미디어의 중요한 콘텐츠로 자리잡게 되었다. 국내의 게임산업의 발전으로 인하여 게임을 위한 캐릭터 개발이 활발해지면서 다양한 캐릭터들이 인기를 얻기 시작하였고, 이는 단지 팬시 수준에 머물러 있던 국내 캐릭터 시장의 수준을 끌어올리면서 산업으로까지 발전시키게 되었다. 인터넷, 게임, 모바일 등 다양한 미디어와 콘텐츠로 파급되는 캐릭터산업은 캐릭터뿐만 아니라 콘텐츠로서의 중요한 요소가 되고 있다.

2009년 캐릭터산업 사업형태별 매출 구성을 살펴보면 '유통/배급' 매출액이 2조 7,624억 원으로 캐릭터산업 내 매출액의 51.6%를 차지하여 가장 큰 비중을 보이고 있다. '창작 및 제작'은 2조 2,719억 원으로 42.4%의 높은 비중을 차지하고 있으며, '단순복제'는 1,367억 원으로 2.6%의 비중을 차지하고 있다. '제작지원' 매출액은 1,267억 원으로 2.4%의 비중을 차지하며, '기타'는 603억 원으로 가장 낮은 1.1%의 비중을

| 표 6-1 | 캐릭터산업 사업형태별 매출현황 (단위: 백만 원, %)

구 분	창작 및 제작	제작지원	단순복제	유통/배급	기 타	합 계
캐릭터개발 및 라이선스업	317,424	1,139	–	28,961	11,338	358,862
캐릭터상품 제조업	1,896,336	125,599	136,775	177,556	18,331	2,354,597
캐릭터상품 도매업	21,632	–	–	913,728	6,389	941,749
캐릭터상품 소매업	36,598	–	–	1,642,199	24,267	1,703,064
합 계	2,271,990	126,738	136,775	2,762,444	60,325	5,358,272
비중(%)	42.4	2.4	2.6	51.6	1.1	100.1

출처: KOCCA, 국내 캐릭터산업 사업형태별 매출액 2007～2009.

| 표 6-2 | 캐릭터산업 사업형태별 연도별 매출액 현황 (단위: 백만 원, %)

연도별	창작 및 제작	제작지원	단순복제	유통/배급	기 타	합 계
2007년	2,128,005	42,538	238,747	2,604,097	102,252	5,115,639
2008년	2,189,255	119,940	127,778	2,603,971	57,769	5,098,713
2009년	2,271,990	126,738	136,775	2,762,444	60,325	5,358,272
전년대비증감률(%)	3.8	5.7	7.0	6.1	4.4	5.1
연평균증감률(%)	3.3	72.6	▽24.3	3.0	▽23.2	2.3

출처: KOCCA, 국내 캐릭터산업 사업형태별 매출액 2007～2009.

차지하였다. 연도별로 보면 '창작 및 제작'은 2007년에 2조 1,280억 원, 2008년에 2조 1,892억 원, 그리고 2009년에 2조 2,719억 원으로 지속적인 성장을 하였으며 전년대비 3.8%, 연평균 3.3% 증가하였다.

제작지원 또한 큰 폭의 성장률을 기록하였는데 2007년에 425억 원에서 2008년에 1,199억 원으로 두 배 이상 성장하였으며, 2009년에는 1,267억 원으로 나타나 성장세가 지속되고 있는 것으로 나타났다. 증감률을 보면 전년대비 5.7% 증가하였으며, 연평균은 무려 72.6% 증가한 것으로 조사되었다. '단순복제'의 경우 2007년에 2,387억 원에서 2008년에 1,277억 원으로 감소하였고, 2009년에는 1,367억 원으로 다시 증가세로 돌아섰으나, 증가 폭이 크지 않아 2007년 규모에는 이르지 못하는 것으로 나타났다. 증감률을 보면 전년대비 7.0% 증가하였으나, 연평균은 오히려 24.3% 감소하였다.

유통/배급을 보면 2007년과 2008년이 각각 2조 6,040억 원, 2조 6,039억 원으로 비슷한 규모를 유지하였으며, 2009년에는 그보다 증가한 2조 7,624억 원으로 나타나 전년대비 6.1%, 연평균 3.0%의 증가율을 보이고 있다. '기타' 매출액을 보면 2007년에 1,022억 원에서 2008년에 577억 원으로 조사되어 2007년 규모의 약 1/2 수준으로 축소되었다. 그러나

그림 6-3 캐릭터산업 사업형태별 매출 현황 (단위: 백만 원)

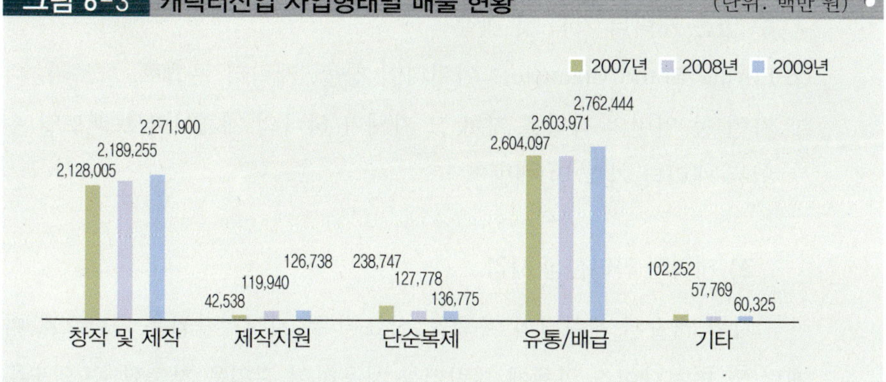

출처: KOCCA, 국내 캐릭터산업 사업형태별 매출액 2007~2009.

2009년에는 소폭이긴 하나 603억 원으로 증가한 것으로 나타났으며, 증감률을 보면 전년대비 4.4% 증가하였으며, 연평균은 23.2% 감소하였다.

한편 국내 캐릭터는 과거에 제조업 중심의 산업이었다면 현재는 창작 중심의 산업으로 변모하였으며, 조사된 창작 및 제작과 제작지원의 매출액 수치와 증가율이 이를 반영하고 있다. 한편 유통/배급은 전체 매출액의 가장 큰 비중을 차지하며 큰 폭은 아니지만 지속적인 증가가 이루어지고 있다. 국내 캐릭터 자체 유통/배급은 거의 없는 실정이며, 대형할인마트나 온라인에서의 상품 판매가 주를 이루고 있다. 다양한 유통판로를 이용한 캐릭터상품 매출 증대가 필요하며 콘텐츠 전문매장 등, 콘텐츠의 장점과 특수성을 반영한 매장들이 필요할 것이다.

캐릭터콘텐츠 산업의 종류

캐릭터콘텐츠 산업은 다음과 같이 가치사슬에 있는 영역을 포함한다.

1) 캐릭터 기획 및 개발 사업

① 기업 혹은 브랜드 캐릭터 개발: 기업 혹은 브랜드의 아이덴티티를 돋보이게 하고 소비자에게 쉽고, 빠르고, 친숙하게 인지될 수 있도록 할 수 있는 캐릭터 기획 및 개발

② Private Brand Character: 아이디어 창출, 캐릭터 콘셉트, 스토리, 디자인 등 일련의 작업을 거쳐 그 자체가 하나의 개체이며 브랜드일 수 있는 캐릭터 기획 및 개발

2) 캐릭터 라이선싱 사업

기획 개발된 캐릭터의 저작권, 상표권 등 지적재산권을 기반으로 마케팅 및 머천다이징 업체에 캐릭터를 사용하여 수익을 창출할 수 있도록 사용권을 판매하는 사업

3) 캐릭터 머천다이징 사업

캐릭터 상품을 제작하거나 일반 공산품(문구, 컵, 식음료 등)에 캐릭터를 부착 또는 인쇄하는 사업

4) 캐릭터 유통 사업

제조된 캐릭터 상품을 소매점까지 배포하는 분야로서 캐릭터 프랜차이즈업을 포함

5) 디지털콘텐츠 사업

캐릭터와 디지털 기술과 접목한 유무선 콘텐츠 제작 및 서비스: 아바타 서비스, 캐릭터 다운로드 서비스, 플래시 애니메이션, 플래시 카툰, e카드 등을 소비자 또는 기업에 제공해 줌으로서 수익 창출

캐릭터산업의 응용분야

캐릭터산업에서의 상품화는 다양한 분야를 통해 산업화되고 있다. 팬시 문구용품, 의류분야, 액세서리, 주방용품 및 생활소품분야, 스포츠분야, 이미지 작업분야 등으로 다양하게 사용될 수 있다.

1) 팬시 문구용품

'헬로키티'나 '딸기', '마시마로'역시 팬시점에 가면 흔히 볼 수 있는 캐릭터 상품으로 노트, 샤프, 인형과 학생용품 등에 많이 응용되고 있다.

2) 의류 분야

'미키', '푸우' 같은 디즈니 만화 캐릭터들은 캐릭터가 그려진 의류를 활발하게 상품화하여 판매하고 있다.

3) 액세서리 분야

이 분야는 아직 '어린왕자', '헬로키티' 등의 성공 사례가 있다. 소비자층이 20대 이상으로 캐릭터의 고급스러움이 성공의 열쇠이다.

4) 주방용품 분야 & 생활소품 분야

핸드폰 소품, 시계, 우산 등 생활소품 분야로서, 생활 속의 거의 모든 제품으로 확장시킬 수 있다

5) 스포츠 분야

스포츠는 남녀노소를 가리지 않고 즐길 수 있는 분야이기 때문에 판매층의 확대에도 도움이 될 수 있다.

6) 이미지 작업 분야

카툰과 플래시 애니메이션 등 인터넷에서 접할 수 있는 이미지화된 작업 분야이다.

이 분야는 직접적인 상업적 목적보단, 그 캐릭터를 사람들에게 알리고 친숙화시키는 데 목적을 둔다.

3 캐릭터콘텐츠 마케팅의 전략

캐릭터콘텐츠 마케팅전략 단계

캐릭터의 창조에서 새로운 캐릭터를 소비자에게 인식시키기까지는 지나쳐서는 안될 필수불가결한 과정인 효율적인 마케팅전략 단계가 수립되어야 한다.

그림 6-4 캐릭터콘텐츠 마케팅전략 단계

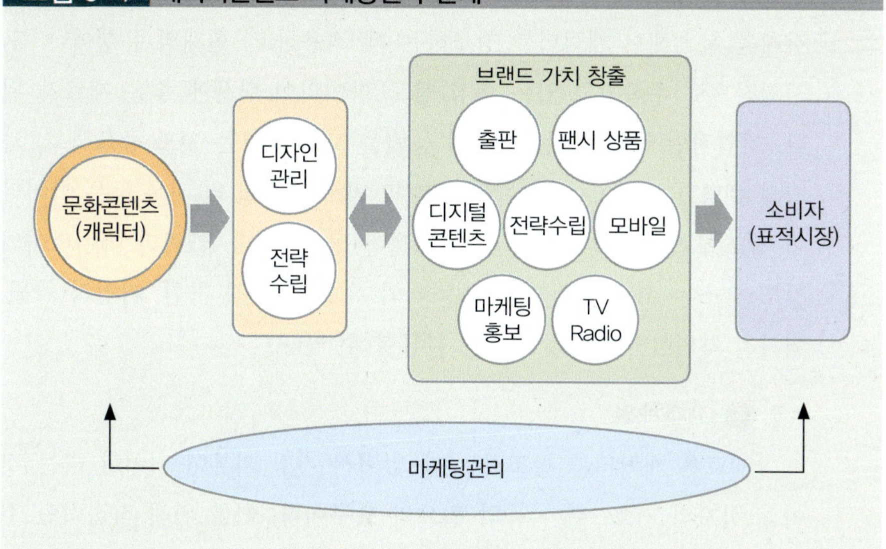

출처: KOCCA, 캐릭터 마케팅 Process.

마케팅전략 단계에는 캐릭터를 전개할 수 있는 전개매체의 선정과정과 매체의 평가와 관리도 속한다고 볼 수 있지만, 아이디어의 창조 및 선별, 캐릭터 콘셉트의 개발, 캐릭터 디자인 개발 등이 바로 캐릭터콘텐츠 마케팅에 있어서는 가장 기초적이면서도 중심이 되는 마케팅전략과제이다.

소비자들에게 전혀 인지되어 있지 않은 새로운 캐릭터를 창조해 보다 효과적으로 대중에게 인식시키고 홍보하기 위해 체계적이고 탄탄한 캐릭터 개발 과정이 원활히 진행될 필요가 있다. 캐릭터의 아이디어 창조 및 선별, 캐릭터 콘셉트와 디자인 개발에 있어서의 마케팅전략이 필요하다.

1) 아이디어의 창조 및 선별

캐릭터를 창조하는 데 가장 기본이 되는 것은 소비자의 기호, 취향(NEEDS)와 요구(WANTS)이다. 이 두 가지에서 출발하지 않으면 일부 집단만이 원하는 캐릭터가 되기 싶다. 기존 캐릭터 중에서 성공과 실패의 사례를 분석해서 캐릭터를 창조하는 데 적용하고, 현재의 유행이나 붐, 사회적으로 주목받고 있는 현상 등도 아이디어 탄생에 좋은 재료가 된다. 기업적인 측면에서는 자사의 능력을 고려해 보는 것도 중요하고, 과거의 유명한 소설이나 이야기, 고전 및 역사적 사실 및 기록 등은 아이디어 창조에 있어서 더 없이 좋은 모델이 될 수 있다. 캐릭터 아이디어의 창조 요소는 고객차원, 기존 캐릭터의 유형, 사회적 차원, 기업적 차원, 역사적 차원이라는 다섯 가지로 분류할 수 있다.

❶ 고객차원

새로운 캐릭터를 창조하는 데 있어서 가장 기본이 되어야 하는 것이 소비자의 기호, 취향 등의 필요와 요구이다. 이를 위해 직접적인 소비자 조사, 타깃 집단 토의 및 고객들로부터의 제안과 불만을 통해서 소비자의 필요와 욕구를 확인해야 한다. 최적의 아이디어 중 상당수는 기존 캐릭터에 대해 소비자들이 느끼는 불만과 문제점에서 나오고 있기 때문이다.

❷ 기존 캐릭터의 유형

기존 캐릭터 중 성공 캐릭터와 실패 캐릭터를 분석해 보면 신 캐릭터 창조에 좋은 아이디어가 탄생하게 된다. 이 때의 캐릭터 분석 포인트는 캐릭터의 디자인, 색상, 이름, 나이, 성격, 외적 환경요소 등의 총체적인 사항이 되어야 한다.

❸ 사회적 차원

현재의 유행이나 붐, 사회적으로 주목받고 있는 현상 및 화제를 파악해야 하며 인기를 끌고 있는 색상 및 디자인 등도 아이디어 탄생에 좋은 재료가 될 것이다. 이러한 현재의 사회적 요소에 미래의 사회적 현상을 예측할 수 있는 예견력 또한 중요하게 작용한다.

④ 기업적 차원

자신 및 자사의 디자인 능력, 기술력, 노하우 등도 캐릭터 창조에 있어서 중요한 아이디어 원천이다. 자사의 능력에 맞지 않는 아이디어는 좋은 아이디어로 끝날 뿐 좋은 캐릭터를 탄생시키는 데에는 무리가 따르기 때문이다.

⑤ 역사적 차원

과거의 유명한 소설 및 이야기 등의 고전, 역사적 사실 및 기록 등은 캐릭터 아이디어 창조에 좋은 모델이 될 수 있다. 새로운 캐릭터를 탄생시킬 수 있다면 기존 캐릭터로 비즈니스를 전개하는 것보다 훨씬 이익률도 높고 자신이 원하는 방향으로 비즈니스를 전개시킬 수 있다.

2) 캐릭터 콘셉트의 개발

캐릭터를 어떠한 관점에서 대상 층에게 전달할 것인가를 결정하는 단계로 캐릭터 콘셉트 아이디어와 디자인을 보다 매력적으로 연결하기 위한 것을 캐릭터로 표현하는 테마이기도 하다. 캐릭터 콘셉트의 선정 단계에서 캐릭터는 디자인으로 강조해야만 하는 포인트를 명확히 해서 소비자와의 공감을 두어야 하며 기존 캐릭터와 차별화되도록 노력해야 한다.

3) 캐릭터 디자인

캐릭터 콘셉트라는 언어적 요소를 시각화시키는 단계로 캐릭터의 성격, 이미지, 스토리 등 캐릭터를 하나의 생명력 있는 상징물로 만드는 과정으로 디자이너의 크리에이티브적인 능력이 가장 필요하다.

4) 전개 매체 및 수단의 선정

아무리 훌륭한 캐릭터라도 알고 있는 사람이 없으면 비즈니스 전개가 불가능하다. 캐릭터 비즈니스는 캐릭터를 전개시킬 수 있는 매체를 필요로 하게 되고 비즈니스의 상품화도 여기서부터 시작된다. 매체에는 전파매체(TV, 라디오), 인쇄매체(신문, 잡지)의 기존 4대 매체와 SP매체(옥외 광고물, POP 광고물, 이벤트, 쿠폰, DM), 디지털매체(인터넷, 모바일, SNS 등)로 나눌 수 있고, 구전과 퍼블리시티(신문기사, 뉴스 등), 기존 캐릭터들과의 병렬노출 등 다양한 기법이 캐릭터를 전개시키는 데 이용된다. 매체 및 수단의 선정과 계획은 캐릭터의 전개에 유용한 매체 및 수단을 선택하여 어느 시기에, 어느 정도의 메시지를 어떠한 순서로 전달할 것인가를 결정하는 것이다.

5) 캐릭터 전개의 평가 및 관리

소비자에 대한 조사, 평가 및 관리가 지속적으로 이루어지지 않으면 캐릭터의 수명은 짧아진다. 효과적인 비즈니스 전개를 위해서는 계속적인 관리와 노력이 요구된다.

캐릭터콘텐츠 사용목적별 마케팅전략

캐릭터의 관리는 마케팅을 통해 상품화 업체를 모집하고 상품화 업체와 상품화권 계약을 하고, 유통관리를 한다. 연예인과 같이 캐릭터도 그 이미지를 관리할 필요가 있다. 상품화 전략에 있어서도 캐릭터의 성격에 부합된 상품화가 이루어져야 하고 단명하는 스타로 만들기보다는 장기적인 수익을 낼 수 있는 인기 캐릭터로 만들 수 있는 마케팅 능력이 필요하다.

캐릭터 개발 과정은 아이디어 탐색에서 시작되어 발상, 개발 평가 및 확정을 거쳐 완성된다. 이러한 단계를 거쳐서 완성된 캐릭터들은 사용 목적에 따라 브랜드 캐릭터, 캠페인 캐릭터, 이벤트 캐릭터, 광고 및 프로모션 캐릭터, 팬시 캐릭터, 기업 캐릭터 등으로 나뉘어 각기 다른 마케팅전략을 프로모션하게 된다.

1) 브랜드 캐릭터

신제품 발매와 함께 탄생하는 브랜드 캐릭터야말로 최전방의 세일즈맨이며, 판매 촉진에 중요한 역할을 하고 있다. 브랜드 캐릭터의 스타일이나 네이밍에는 상품 특성과 관련시킨 것이 많으며 예를 들면 의인화, 상품의 특징을 관련적으로 표현한 종류가 많다.

예를 들어 펩시콜라의 '펩시맨', 미쉐린타이어의 '비벤덤', 참존의 '개구리박사', 대우 마티즈의 '마티', 해태음료 깜찍이 소다의 '람보깜찍이&공주깜찍이', 만도기계의 '위니아에어컨', 켈로그의 '토니', 해태제과의 '통키통키' 등이 있다. 전 세계 씨리얼 시장의 40% 이상 점유율을 보이고 있는 켈로그사는 캐릭터 마케팅의 중요성을 일찍부터 인식하고, 제품마다 특성에 맞는 캐릭터를 자체 제작하여 마케팅에 활용해왔다. 켈로그의 이러한 마케팅전략은 캐릭터를 이용해 제품을 홍보하는 방법이 외국에서는 이미 정착되어 있음을 보여준다. 이러한 기업의 마케팅 사례는 라이선싱 비즈니스의 한 전형을 보여준다. 기업에서는 캐릭터를 마케팅에 이용함으로써 매출을 올리고, 캐릭터 업체는 캐릭터를 기업체에 라이선싱하거나 제작 대행을 해 줌으로써 높은 수익을 창출할 수 있기 때문이다.

2) 캠페인 캐릭터

캠페인이란 목적하는 성과를 얻기 위하여 행해지는 활동을 말한다. 정치, 사회, 종교적인 문제에 대한 개인이나 단체의 의견을 확장시키기 위하여 도입되는 캐릭터는 사회계몽과 공익광고 전달자로서 단순한 구호보다 파급효과가 크기 때문에 그 사용빈도가 높다.

예를 들어 장애인 먼저, 환경 캠페인 온누리 깨끗하게 '초롱이', 선거에 사용되는 정치인 캐릭터 등이 있다.

3) 이벤트 캐릭터

각종 행사나 스포츠, 박람회 등에서 유용하게 활용된다. 특히 공식

엠블렘과 마스코트가 주체적 역할을 담당하는데 올림픽과 같은 큰 행사에서는 마스코트의 운영이 행사의 성패에 커다란 영향을 미칠 정도로 비중이 커지고 있다. 홍보용 캐릭터들은 단기간 동안 특정 지역에서 집중적으로 사용되는 경우가 많으며 외교사절로서 역할도 하여 기념품 등에 이용되어 상품으로서의 가치를 높이기도 한다.

예를 들어 경주 세계문화엑스코 '화랑이', 광주비엔날레 '무도리', 무주·전부 동계 유니버시아드대회 '무도리', 프랑스 월드컵 '푸티', 부천영화제 '판타쥐', 한일 월드컵 '아토, 니트, 캐즈' 등을 들 수 있다.

4) 광고 및 프로모션 캐릭터

캐릭터가 상품의 이미지 그 자체가 되기도 하고, 차별화된 이미지를 만드는 요소로서 역할을 한다. 일반적으로 CI나 BI와 같은 전략적 이미지 계획하에 기본형으로나 응용동작을 적용하게 된다. 그러나 마케팅전략에 따라 광고나 프로모션만을 위한 별도의 캐릭터를 개발하여 사용할 수도 있다. 광고 캐릭터는 순발력 있는 매체 운용이 가능하기 때문에 만화나 일러스트 또는 실물을 활용하거나 인기 모델을 등장시키기도 한다.

예를 들어 세븐 업 '타이오디오', 오리온 치토스 '체스터', 삼성손빨래 세탁기 '때동이', 물먹인 하마, OB베어스, 박찬호, 박세리 캐릭터 등이 있다.

5) 팬시 캐릭터

캐릭터가 독자적으로 제품군의 주인공으로 상품 가치를 부여하는 것으로 아동을 위한 문구, 팬시류에 많이 사용되고 있다. 예를 들어 바른손 '헬로디노', 모닝글로리 '블루베어', 둘리나라 '둘리', 산리오 '헬로키티' 등 무수히 많은 캐릭터들이 있다.

6) 코퍼레이트 캐릭터

캐릭터가 오랜 세월을 걸쳐 광범위한 분야에서 사용되어 왔기 때문에 기업심벌의 역할을 대신하고 있는 경우로 캐릭터 자체가 기업을 대표하는 제 1 심벌로 사용된다. 또한 마케팅전략의 표현상 캐릭터 자체에 마크, 기업명, 로고타입 등의 각 요소들과 함께 조합 편성하여 표현하기도 한다.

일반적으로 기업의 심볼은 권위와 격식을 나타내는 상징물로서 일반 소비자에게 애교를 갖고 다가가기엔 다소 무리가 따른다. 따라서 기업은 심볼의 보조적 전달자로서 캐릭터를 전면에 부각시켜 기업과 일반 소비자의 연결고리를 강화하려고 한다. 이때 사용되는 캐릭터를 서브 캐릭터라고 하는데 이런 서브 캐릭터는 여러 매체에 다양하게 사용됨으로써 딱딱하고 경직된, 심볼이 갖기 쉬운 커뮤니케이션의 넓은 폭을 탄력성 있게 다듬어 주며, 전체적인 기업의 이미지를 상승시키게 된다.

예를 들어 삼성화재 '스타지오', 국민은행, 현대증권 'BUY KOREA', 진로소주 '두꺼비', 대웅제약 '곰', 매일유업 '빙그레' 등이 있다.

캐릭터의 용도에 따른 분류 _ 유지은

머천다이징 캐릭터(Merchandising Character)

기본적으로 '상품화'가 전제되어 개발된 캐릭터. '상품화'란 '상업적' 목적, 즉 일반적으로 팬시용품(Fancy Goods)이라 불려지는 용품에 적용되어 판매되는 것을 의미한다. 따라서 다른 목적의 캐릭터보다 '상품적용'에 대한 '사전기획작업'이 선행되야 한다. (주)바른손의 '태비치로(Tabby Chiro)', (주)위즈엔터테인먼트의 '얌(yamm)', (주)아트박스의 '파자마시스터즈' 등이 그 대표적인 예

기업/기관 캐릭터(Corporate Character)

하나의 독립된 기업/기관을 대표하는 이미지를 포괄하는 개념의 캐릭터. CI(Corporate Identity)의 통일화, 이미지 개선 등의 필요성에 의해 제작되는 경우가 많다. '로고(logo)'나 '마크(mark)'와는 별개로 최근에는 기업, 기관의 홍보수단으로 '캐릭터 네이밍 공모전'(디자인 구성요소로 형상화된 '캐릭터'에 알맞은 '네이밍(naming)' 공모를 하나의 행사로 진행하여 캐릭터 자체보다 '캐릭터 제작사/기관'에 대한 흥미와 관심을 유발시키는 마케팅 기법)과 같은 이벤트 행사로 연계시키기도 한다. 대표적인 예로 경찰청 캐릭터인 '포돌이', 헌혈 캐릭터 등

애니메이션 캐릭터/플래시 애니메이션(Animation/Flash Animation Character)

'애니메이션'에 등장하는 등장인물을 지칭. 다른 영역의 캐릭터와 비교하여 동적인 이미지가 강하며, story성으로 인해 독특한 정체성, 즉 아이덴티티(identity)가 강하게 확보된 캐릭터라 할 수 있다. 이러한 이유로 '머천다이징용 캐릭터'나 '기업/기관이미지 부각'용으로 연계하여 활용되는 경우가 많다. 대표적으로 디즈니(Disney)사의 '미키마우스(Mickey Mouse)', '곰돌이 푸우(pooh)' 등과 마시마로, 우비소년 등의 플래시 애니메이션 캐릭터가 있다.

이벤트용 캐릭터/테마파크용 캐릭터

국제/연간행사 등 박람회의 이벤트 행사를 대표하는 이미지성 캐릭터. 행사의 통일성을 강조하는 것이 주된 역할이며, 기업/기관 캐릭터가 주는 '통일감', '상징성' 등이 강조된다. '88올림픽의 호돌이', '대전엑스포의 꿈돌이' 등이 이에 해당한다. '테마파크 캐릭터'는 테마파크라는 특수목적물이 주는 특별한 이미지를 부각시키는 것이 주된 목적이다. 즉, 기업/기관 캐릭터와 같이 테마파크를 상징하며, 테마파크 내 통일된 이미지를 충족시켜 주는 역할도 하게 된다.

카툰 캐릭터(Carton Character)/웹툰 캐릭터

카툰 캐릭터는 '만화'라는 매체(특히 인쇄물)를 통해 부각된 캐릭터이다. 타 영역캐릭터와 비교할 때 강한 정체성 및 스토리성은 있지만 상품화나 다른 영역으로의 진출 시 그 효과가 떨어지는 경향이 있다. 광수 생각의 '신뽀리', 김수정의 '둘리' 등이 국내 대표적인 카툰 캐릭터. 피터슐츠의 '스누피'의 경우는 카툰 캐릭터로 출발, 머천다이징화에 성공한 대표적인 사례이다. 최근 가장 인기 있는 캐릭터의 영역으로 부각된 것이 웹툰(웹에서 연재를 하는 만화)이다. 이러한 웹툰에서 탄생한 캐릭터들은 출판이나 캐릭터 제품 등 오프라인으로까지 영역을 확장하기도 한다. 대표적으로 '곰씨와 오리군', '스노우 캣', '마린블루스' 등을 들 수 있다.

게임 캐릭터(Game Character)

'게임(game)'이라는 매체는 '캐릭터'로 구성된 경우가 많아 '캐릭터 비즈니스(캐릭터로 인해 그 사업영역이 다른 분야에서도 수익을 내는 경우를 일반적으로 지칭함)'의 가능성을 보여주고 있다. '포트리스'를 그 예로 들 수 있겠다. 하지만 게임 자체의 '오락성'에 비해 그것을 구성하는 캐릭터의 독자적인 이미지 부각은 용이하지 않은 경우가 많다. 하지만 최근 '라그라노크'가 이러한 한계를 최초로 극복한 성공사례로 떠오르고 있다.

광고성 캐릭터(Advertising Character)

제품이나 특정 이미지를 위한 광고를 위해 제작된 캐릭터를 의미. 제품의 패킹(packing)에 삽입되거나 판촉물 이미지에 쓰이는 것이 주된 역할. 하지만 처음 광고용으로 제작되었다가, 소비자들의 좋은 반응으로 제품 자체보다 캐릭터의 인지도가 더 높아지는 운좋은 경우가 생기기도 한다. 코카콜라사의 쿠우(Qoo) 제품이 그러한 성공 케이스

모바일 캐릭터(Mobile Character)

인터넷상에 있는 캐릭터를 다운로드 받아 핸드폰이나 각종 무선기기(PDA와 같은)상에서 자유롭게 활용하도록 디자인된 캐릭터들을 총칭함. 모바일 전용으로 디자인하거나 이미 소비자들에게 높은 인지도를 확보한 캐릭터를 제휴 및 라이선싱과 같은 방법으로 활용하기도 한다.

아바타(Avatar)

최근 가장 크게 부각되고 있는 캐릭터의 영역. 보통 가상사회(Virtual Community) 또는 사이버 공간에서 사용자의 역할을 대신하는 애니메이션 캐릭터로 정의한다. 고대 인도에선 땅으로 내려온 신의 화신을 지칭하는 말이었으나 현재는 인터넷상의 가상현실 게임, 채팅 등에서 자기 자신을 나타내는 그래픽 아이콘을 의미하는 언어로 자리잡았다.

출처: 유지은, Hi 캐릭터 Hello 마케팅(2004).

4 캐릭터콘텐츠 마케팅의 성공사례

엉뚱한 매력의 마시마로

두리뭉실한 몸집, 짧은 팔과 다리, 토끼치고는 작은 귀, 찢어진 눈을 가진 이 깜찍한 토끼의 이름은 마시마로(Mashmaro)이다. 젊은 세대들 사이에선 일명 엽기토끼라고도 불려진다. 이 토끼는 처음 유아교육용 캐릭터로 디자인되었으나 의뢰업체에서 거부되었다. 그러나 작가 김재인은 이에 굴하지 않고 인터넷 만화웹진에 '마시마로의 숲 이야기'라는 이름으로 2000년 7월 말부터 연재하기 시작하였다. 그 뒤 마시마로는 젊은층

에게 꾸준한 사랑을 받게 되었고 2001년 3월부터는 인형으로 캐릭터상품이 처음 제작되어 판매되었다. 그 뒤 2001년 5월까지 약 3개월 동안 100만 개의 인형이 생산되었으며 판매가를 따지면 약 40에서 50억 원 가량된다고 한다. 현재에는 각종 인형, 완구용품, 생활용품, 자동차용품 등 500여 가지에 달하는 캐릭터 제품이 출시되어 판매되고 있다.

엽기토끼라고도 불리우는 이 캐릭터의 이름, 마시마로는 초코파이 안에 있는 제과재료인 메쉬멜로우(Marshmallow)의 유아적인 발음에서 착안한 것이다. 때문에 마시마로는 먹다 버린 메쉬멜로우(Marshmallow) 덩어리와 닮았고 버려진 존재의 비참함과 외로움을 감추기 위해 현실을 비꼬고 부정하면서 황당한 행동(엽기적인 행동)을 통해 자신의 의미를 찾으려고 한다는 것이 애니메이션 작가 김재인의 설명이다. 현재 마시마로 캐릭터제품은 CLKO Entertainment 사에서 인증되어 정식으로 유통되고 있으며 세계적인 캐릭터로 부상하기 위해 각종 프로그램들을 계획 중에 있다고 한다. 〈마시마로

▲ 출처: 마시마로 홈페이지

인형상품〉 콘텐츠는 정보의 내용과 홈페이지의 디자인, 상호작용을 뒷받침해 줄 수 있는 기술로 구성된다. 기업은 고객과의 상호작용을 잘할 수 있는 콘텐츠를 제공하기 위해서 내용, 디자인, 기술의 구성요소들을 적절하게 조화를 이루도록 콘텐츠를 설계해야 한다. 그리고 화면의 절반 이상을 마시마로의 귀여운 모습으로 대체하여 아기자기한 느낌을 받을 수 있도록 하였다. 옆으로 캐릭터, 갤러리 다운로드, 상품쇼핑 및 검색, 커뮤니티 활동까지 넓은 영역을 콘텐츠화시켜 도입했다.

마시마로의 광고 동영상을 보면 대만, 태국, 말레이시아, 중국, 싱가포르 등지에서 세계적으로 판매되고 있음을 알 수 있다.

다양한 캐릭터가 주는 판타지, 포켓몬스터

포켓몬은 일본에서 개발된 게임기 시장에서부터 시작되어 만화영화, 카드게임, 장난감 등 아이들 대상의 여러 가지 다양한 상품군으로 확산되었다. 해외 시장을 포함하면 연간 매출 6천억 엔에 달하고, 더욱이 북미를 비롯한 아시아, 유럽 등 해외 시장에서의 매출은

연간 2천억 엔에 달한다. 특히, 포켓몬의 경우 발매한 지 3,4년 만에 이만한 시장을 만든 캐릭터로 지금까지 없던 기록이다.

1) 디지털 시대에 따른 미디어믹스 전략

포켓몬의 성공에는 게임콘텐츠로서의 매력을 기본으로 하여 만화, TV 애니메이션, 영화, 카드, 인터넷과 모바일 등으로 부가가치를 확대하는 미디어믹스 전략이 큰 효력을 발휘하였다.

미디어믹스 전략은 인기만화를 TV 애니메이션으로 제작하고 만화 판권 상품을 판매하다가 TV 방영이 끝남과 동시에 인기도 시들어 버리는 과거의 캐릭터 붐과는 다른 새로운 형태의 사업모델을 만들어 냈다.

포켓몬 인기에 불을 붙인 것은 게임과 연계되어 발행 부수 150만 부 이상의 〈코로코로 코믹〉이라는 초등학생 대상의 만화잡지에 연재된 것이다. 또한 초등학생들에게 압도적인 영향력을 행사하는 미디어의 힘을 최대한 활용, 잡지와 연계 하에 이벤트 기획, TV 애니메이션의 제작, 포켓몬 카드나 상품의 판매, 영화 제작, 북미에서의 영화 공개, 해외에서의 TV 애니메이션화 등 동시 다발적으로 미디어 전개를 향하였다.

2) 캐릭터 자체의 매력

포켓몬이 닌텐도 게임보이용 소프트웨어의 캐릭터로 태어난 것은 1996년의 일이다. 2000년에는 새로운 버전의 〈포켓몬스터 크리스털〉이 출시되었다. 그때까지 이미 〈포켓몬스터 적·록·청·

황·금·은〉 시리즈가 나와서 세계적 총 판매 개수는 6,400만 개를 넘어서고 있었다. 게임에 대한 관심을 꾸준히 유지시킨 것을 전략으로 그 사이 캐릭터는 51종에서 251종으로 늘어났다. 흔히 미디어믹스 측면에만 과도한 관심을 기울여서 정작 중요한 캐릭터 자체의 매력을 간과하는 우를 범하곤 한다. 하지만 세계 초등학생들의 마음을 뒤흔든 포켓몬의 매력은 바로 포켓몬 캐릭터가 진화한다는 것이다. 디지털 세계라는 드넓은 공간에 도전한다는 꿈과 모험으로 우리 아이들을 강하게 끌어당기고 있다. 최초의 소프트웨어적 캐릭터인 다마고치를 키우던 아이들이 디지털 캐릭터의 새로운 전형인 포켓몬을 구매하고 있는 것이다.

3) 현지화 전략

포켓몬은 미국에서 엄격한 기준을 준수하고 전미 지상파 방송의 약 90%를 차지하며 방송되었다. 포켓몬은 미국을 비롯한 각국 판에서 철저한 지역화를 하였다. 등장하는 캐릭터의 이름 중 많은 부분을 고치는 것 이외에도 화면에 나오는 상점 간판, 도로 표지판 등도 모두 영어로 바꾸었다. 미국에 수입된 애니메이션 중에서 이 정도까지 철저한 예는 없었으며, 아이들 대부분은 포켓몬이 어느 나라에서 온 애니메이션인지 모르고 있다고 한다.

2000년 6월 현재 TV 애니메이션을 방영한 나라는 51개국이며, 포켓몬 영화를 공개한 나라는 31개국이다. 세계적인 대히트의 이면에는 이러한 철저한 마케팅과 작품에 대한 고집이 있는 것이다.

4) 라이선스 관리

일본의 다이치 빵은 포켓몬의 판권 사용신청에서 약 1년이 걸렸는데, 판권 창구인 쿠간 프로덕션은 단순히 포켓몬 그림을 라이선스 상품에 사용하는 것을 인정하지 않고 형체를 가진 모습으로 포켓몬의 세계를 반영하고 상품의 콘셉트에 살리고 있는 기획이 아니면 인정하지 않았다.

1999년2000년까지 선풍적인 인기를 끈 포켓몬스터빵

판권사용이 있으면 그 기업의 태도나 상품 기획 콘셉트를 꼼꼼히 살펴보고 결정하였다.

다이치 빵은 포켓몬 캐릭터 판권사용을 얻어 〈포켓몬 빵〉 시리즈를 판매하여, 첫해에 40억 엔, 다음해에 75억 엔의 매출을 올려 그때까지의 적자에서 순식간에 흑자로 전환하였다. 2000년의 매출은 100억 엔 이상을 올렸다.

포켓몬의 매력은 피카추를 포함해서 캐릭터의 수가 많다는 점이다. 그 많은 캐릭터를 이용하여 30종 이상의 상품을 판매하고, 빵에는 작은 포켓몬 카드도 들어 있기 때문에 아이들은 그것을 모으기 위해 빵을 산다.

다이치 빵은 포켓몬 빵의 히트로 편의점 등의 거래처를 3배 가까이 늘렸다고 한다. 식품 업계의 경우 매장을 얼마나 확보하는지가 운명을 좌우하기 때문에, 〈팔리는 빵을 만드는 기업〉이라는 이미지가 확립되면 포켓몬 빵 이외에도 자기 회사의 상품 전체에 대한 판촉효과를 높일 수 있다. 캐릭터의 TV방영이 끝나면 그와 함께 그 캐릭터의 인기가 줄어 상품의 판매가 떨어진다. 인기 캐릭터에 편승한 캐릭터 마케팅은 단기적인 수익성만을 높이고 제품은 금방 사라지기 때문에 이를 만회하기 위해서는 다른 캐릭터 개발이 필요하다.

여성의 감성을 붙잡는 헬로 키티

일본 산리오사가 아기 고양이 모습을 캐릭터로 만든 "키티(Kitty)"는 발매된 지 30년이 지난 지금에도 약 15조 원의 거대한 시장을 형성하면서 관련 제품이 인기리에 판매되고 있다.

"키티" 캐릭터는 현재 관련 캐릭터만 5만 여종이 되고 일본내 시장 점유율도 80%에 이를 정도로 유명하다. 완구, 잡화, 의류 등에 폭넓게 활용되고 있다. 우리나라 팬시캐릭터의 50% 이상을 점유하고 있는 월트디즈니사의 "미키마우스"나 산리오의 "헬로 키티"는 개발된 지 수십 년이 지나도 여전한 사랑과 관심을 받고 있는 캐릭터이다.

1) 새로운 상품 개발

키티가 만화나 애니메이션에서 생겨난 다른 인기 캐릭터와 다른 점은 처음부터 상품을 위한 창작 일러스트로서 생겨났기 때문에 스토리나 분명한 성격, 세계관이 희박한 점이다. 보통 그러한 캐릭터의 인기는 오래 지속될 수 없다. 그러나 키티는 점점 신선한 상품을 개발하는 것으로 상품 그 차제의 힘에 의해 역사를 만들어 왔다.

키티는 작은 물건이나 의류, 식품, 일용품은 물론 냉장고 등의 가전이나 위성송수신용 안테나, 키티 전보, 키티 택시, PC, 간호용품, 노래방 등에까지 사용되고 있으며, 업계에서는 〈없는 것은 관뿐〉이라는 농담도 있을 정도로 상품의 아이템이 다양하다.

2) 시대의 흐름 반영

"키티" 캐릭터의 성공비결은 캐릭터 개발 그 자체만으로 만족한 것이 아니라 시대의 흐름을 반영하여 디자인을 지속적으로 변경시켜 온 것이다. 1974년 처음 출시된 키티는 머리에 리본을 매고 부자연스런 자세로 앉아 있는 봉제인형 같은 모습이다.

그러나 그 후 "키티"는 변화하는 시대에 맞게 앉은 자세에서 선 자세로, 머리의 리본도 꽃 모양으로 바뀌는 등 다양한 변신을 해 왔다. 최근에는 아예 "키티 패밀리"군을 만들어 "키티" 캐릭터를 응용한 할아버지, 할머니, 아버지, 어머니, 미미 등의 또 다른 캐릭터를 창조했다.

지속적인 키티 모양의 변화와 유행패션의 도입(체크무늬 옷, 분홍칼라 등) 등으로 시대감각을 소화한 것이 "헬로 키티"가 오랜 시간 동안 사랑받는 캐릭터로 군림해올 수 있었던 중요한 요인이 되었다.

NICKY MODELS A BABYDOLL DRESS WITH A WHIMSICAL HELLO KITTY PATTERN.

PARIS SHOWS OFF A SWEET HELLO KITTY BOOM-BOX BACKSTAGE AT THE TEEN CHOICE AWARDS.

NICKY SPORTS ONE OF TARINA'S PINK HEAD CREATIONS TO THE VIDEO MUSIC AWARDS.

3) 매스 미디어를 싫어하다

〈인기 캐릭터라도 지나치게 매스컴에 노출시키면 좋지 않다, 노출이 지나치게 많으면 빨리 싫증이 난다. 입소문을 중심으로 조금씩, 조금씩 넓히는 것이 좋다.〉 산리오는 창업 때부터 매스미디어를 사용한 선전광고를 하지 않는 것으로 유명하다. 이는 선전을 보고 키티 상품을 사게 되기를 원하는 것보다도 상점에서 보고 좋아하게 되어 상품을 사는 것이 오래 사랑 받을 수 있다는 생각 때문이다. 이런 마케팅이 키티가 오래 사랑받는 캐릭터가 된 요인이기도 하다.

아이들의 대통령, 뽀로로

이 캐릭터를 분명 어디선가 무의식적으로 한 번 정도는 보았을 것이다. 우리나라 어린이들에게서 많은 인기를 끌고 있는 뽀로로라는 토

종 캐릭터이다. 애니메이션 〈뽀롱뽀롱 뽀로로〉의 주인공 뽀로로와 그의 친구들 백곰, 여우, 공룡은 우리 주변에서 쉽게 볼 수 있는 아이들 모습 그대로를 애니메이션에서 보여준다. 때문에 캐릭터의 행동이 아이들의 행동이 되고 아이들이 하고 싶어 하는 것들이 된다. 캐릭터들의 모험담은 아이들이 꿈꾸는 그 장소로의 여행이 된다. 아이들이 이 애니메이션에 푹 빠져드는 것이 이해가 된다. 어떻게 아이들이 공감하지 않을 수 있을까. 요샛말로 아이들은 〈뽀롱뽀롱 뽀로로〉와 필(feel)이 통한 것. 그리고 이것이 바로 뽀로로의 롱런 비결이다고 아이코닉스의 최종일 대표는 분석하고 있다

1) 기획: 빈 시장 공략 – 유아에게 친근한 1.9등신 뽀로로

뽀로로의 탄생은 2001년으로 거슬러 올라간다. 아이코닉스 설립자인 최종일 사장은 텔레토비에 푹 빠져 있는 아들을 보고 무릎을 쳤다. 당시 인기 있던 애니메이션 '마시마로' 등의 시청자 층은 주로 유치원생이나 초등학생이었다. 유아 대상 프로그램으로 텔레토비가 있었지만 인형극이어서 표현에 한계가 있었다. 최 사장은 2~5세 대상의 '유아용 애니메이션' 시장이 그야말로 무주공산이었다는 사실을 발견했다. 차별화된 시장을 공략하는 만큼 목표 고객에 맞는 차별화 전략이 필요했다. 우선 유아가 집중력을 발휘할 수 있는 시간이 기껏 7분이라는 연구 결과를 보고 분량을 5분으로 확 줄였다. 회당 최소 10분인 당시 애니메이션과는 완전히 다른 전략을 취했다.

분량이 짧기 때문에 캐릭터들의 동작에 신경을 많이 썼다. 짧은 순간의 동작만 보더라도 아이들이 까르르 웃도록 만들기 위해서다. 기획팀은 어떤 장면에서 유아가 좋아하는지 살피려고 이들을 바로 옆에서 관찰했다. 그 결과, 뽀로로가 구덩이에 빠져서 나오려고 하는 장면의 경우 또

르르르 올라갔다가 잠시 멈칫한 뒤 다시 아래를 내려다보고 툭 떨어지는 느낌이 나도록 만들었다. 유아들은 이런 우스꽝스러운 슬랩스틱에 열광했다. 캐릭터 머리도 일부러 크게 했다. 뽀로로는 1.9등신이라, 미의 기준인 7등신까지는 아니더라도 2등신도 안 되는 셈이다. 머리가 크고 몸이 작은 가분수 형태는 유아와 비슷해 아이들에게 친근감을 준다.

2) 디자인 & 스토리

뽀로로의 캐릭터들은 파랑, 분홍, 노랑 등 원색을 입은 3D캐릭터라는 점에서 일본과 미국의 캐릭터와는 다른 점을 갖는다. 애니메이션 〈뽀롱뽀롱 뽀로로〉에 등장하는 5명의 동물캐릭터는 아이들이 가장 좋아하는 동물과 색깔로 탄생했다

사전조사를 통해 남자아이들은 파란색을, 여자아이들은 분홍색을 가장 좋아한다는 결과를 찾아냈고, 뽀로로의 파란색은 이렇게 결정됐다. 최 대표가 파란색 펭귄캐릭터를 개발하겠다는 결정을 내렸을 때 업계에서는 그를 만류했다. 국내에서는 파란색 캐릭터가 성공한 적이 한번도 없었다는 것. 파란색의 조류캐릭터는 더더욱 어렵다는 것이었다. 게다가 이미 외국에는 유명한 펭귄캐릭터 '핑구'도 있었다. 그러나 최 대표는 아이들에게 했던 조사를 믿었다. '아이들이 좋아하는 것이라면 반드시 성공한다고 믿었다'고 그는 회고했다. 그리고 지금 뽀로로는 아이들과 부모들에게 최고의 인기를 누리고 있다.

▲ 출처: 캐릭터콘셉트 – 아이코닉스 뽀로로 캐릭터 상품 사례연구 2011

일본의 선정적인 내용과 아이들이 따라 할까 겁나는 장난을 소재로 한 애니메이션이나 미국의 폭

력성이 짙은 애니메이션과 달리 뽀로로는 하늘을 날기 위해 도전하지만 실패하고 바다 속에서 자유롭게 날 수 있다는 내용이나, 눈싸움을 하다 친구들과 싸우고 화해하는 내용, 크롱이 실수를 구박받지만 크롱이 도움을 주려는 것이었다는 내용 등 단순하지만 그 속에서 웃음이 있고 교훈이 존재한다. 그리고 5분이라는 짧은 시간과 말보다는 캐릭터의 행동과 표정으로 스토리를 이끄는 점은 아이들과 부모님 모두를 만족시키기 충분하다.

3) 프로모션: 뽀로로 부모가 되어준 사람들

2002년 철저히 계산되어 탄생한 펭귄과 그의 친구들 캐릭터 디자인은 뽀로로라는 이름까지 붙여졌다. 하지만 아이코닉스 엔터테인먼트에서는 바로 뽀로로를 시장에 내놓지 않았다. 아이코닉스는 2002년 해외 애니메이션 페스티벌에 참가하여 하나로텔레콤에 투자를 제안했다. 당시 투자 대상을 찾던 하나로텔레콤은 뽀로로에 대한 투자 기획서를 흔쾌히 승낙했다. EBS에서 방영이 결정되며 투자를 얻어내었고, 애니메이션 제작은 오콘이 하기로 했다. 뽀로로 진짜 부모 아이코닉스는 뽀로로의 홍보를 맡았다. 이렇게 뽀로로는 네 명의 부모가 생겼다.

4) 뽀로로 마케팅전략 – 해외진출전략 및 기존 마케팅전략

❶ 글로벌 전략: 시작부터 해외 시장 겨냥

뽀로로는 특정 국가나 문화권에서만 통하는 콘텐츠가 아닌 보편성을 지닌 콘텐츠가 되도록 기획했다. 국내 애니메이션 시장 규모가 턱없이 작다는 점을 염두해 두었기 때문이다.

① 철저한 사전조사: 초기부터 철저하게 해외 마케팅을 추진했다. 애니메이션은 국내에서 03년 11월 본격 방영됐지만, 그 이전인 03년 7월에 국제 애니메이션 축제 '프랑스 안시 페스티벌'에 먼저 출품됐다. 이런 국제 대회에 출품함으로써 여러 나라의 반응이 어떤지 사전조사를 할 수 있었고, 바이어들의 눈길을 사로잡기 위함이었다.

② 글로벌한 캐릭터: 캐릭터를 구상할 때에도 의도적으로 사람을 배제했다. 사람을 캐릭터로 하면 인종적인 냄새를 풍길 수밖에 없기 때문이다. 캐릭터 이름이 특정 언어권에서 부정적인 의미를 담고 있지 않을까 해서 해외 바이어들의 의견을 세심하게 청취했다. 기획 초기 단계에서 캐릭터 이름은 뽀로로가 아닌 '뽀로뽀로'였지만, 프랑스에서 부정적인 뜻이 있다고 해서 '뽀로로'로 바꿨다.

③ 비용 절감 전략: 애니메이션에 나오는 문자는 한글이 아닌 영문을 썼다. 뽀로로가 읽는 책은 모두 영어다. 해외로 수출하면서 그림 수정에 드는 비용이 만만치 않기 때문이다.

④ 기타: 글로벌화된 콘텐츠라는 점은 부수적인 효과도 가져왔다. 당시 애니메이션을 방영한 하나로텔레콤의 채널인 하나TV는 뽀로로의 영어 버전을 방영했는데, 유아들에게 조기 영어 교육을 시키려고 뽀로로를 선택하는 부모가 적지 않았다. 이는 유아용 콘텐츠의 사용자(user)와 구매자(buyer)가 다르다는 점을 감안한 전략이었다. 구매하는 부모와 해당 상품을 이용할 유아의 입맛을 모두 맞춰야 하는데, 뽀로로는 이런 조건에 모두 부합했다.

❷ 브랜드 관리: 품질 바탕으로 고객과의 접점 확대

뽀로로는 라이선스 사업의 목표를 로열티 수입 획득에만 두지 않았다. 브랜드 이미지를 높이는 걸 최종 목표로 삼았다. 콘텐츠 산업에서 콘텐츠 직접 판매 수익보다는 라이선스 수익이 압도적으로 많기 때문에 대부분의 콘텐츠 업체가 라이선스를 남발하다 품질관리에 실패해 내리막길을 간 것과 대조적이다. 뽀로로는 로열티를 준다고 해서 무조건 라이선싱을 허락하지 않았다. 까다로운 품질 기준을 통과하지 못하면 라이선스를 주지 않았다. 일례로 틀을 만들어 플라스틱을 넣고 제품을 만드는 금형 방식을 택해 조립 제품보다 정교하고 고급스러운 상품이 되게 했다. 또 유아들에게 긍정적인 영향을 미치는 게 아니라면 뽀로로 이름을 붙이지 않는다는 원칙도 고수했다. 피자나 아이스크림 업체에서 라이선스 요청이 적지 않게 밀려 오지만, 건강에 좋지 않다는 이유로 고사하고 있다. 품질 관리에 신경 쓴 덕분에 이름바 '뽀로로 프리미엄'이라는 것도 생겨났다. 다른 제품보다는 10~20% 비싼데도 오히려 반응이 좋기 때문이다.

③ OSMU(One Source Multi Use): 어디서나 만나는 뽀로로

▲ 출처: 뽀로로숟가락 - 에디슨쇼핑몰 2011

요즘은 숟가락에서부터 이불까지 일상에서 뽀로로를 쉽게 만날 수 있다. 어린이들에 관한 제품에는 꼭 뽀로로가 있다. 파생 콘텐츠도 늘었다. 브랜드 가치를 높이기 위해 브랜드 확장을 한 셈이다. 대표적인 게 〈뽀로로의 비밀의 방〉 등의 뮤지컬이다. 2006년부터 2009까지 56만 명을 끌어 모았다. 국내 뮤지컬 시장에서 관객 '30만 명'이 '꿈의 숫자'인 점에 비춰 보면 고무적이다. 그리고 코엑스, 세종문화회관 등 서울 주요 전시장에서만이 아니라 지방의 문화회관에의 공연을 함으로써 더 많은 아이들을 만났고, 2010년에는 화성 동탄 신도시에 뽀로로 테마파크가 오픈했다. 이는 상상을 뛰어넘는 매출 상승을 가져왔다.

5) 뽀로로 캐릭터의 브랜드 가치

"뽀로로 캐릭터의 브랜드 가치는 8천 519억원으로 국내에서 시청률·인지도·호감도 등에서 1위를 차지했다"며 "2010년 캐릭터 상품 국내

▲ 출처: 그림 뽀로로 홈페이지 2011

매출만 6천억 원"이라고 밝혔다. 이는 대한민국 아동인구 수로 환산해 보면 3~7세 아동 1인당 연간 18개 상품을 구입(22만 원)했다는 결론이 나오는 흥미로운 내용이다. 특히 브랜드 가치에 대해서는 전 세계 110개국에서 방영했으며 프랑스 국영방송인 TF1에서는 시청점유율이 51.7%로 기록, 잠재적인 가치는 예측하기도 어렵다고 평가했다. 이상 뽀로로의 사례로 보아 우리나라도 헬로 키티나 미키마우스 같은 국제적인 캐릭터가 나올 수 있다는 가능성이 보인다

5 캐릭터콘텐츠를 활용한 광고 마케팅전략

캐릭터를 마케팅에 활용하는 전략

김희진(1999)에 의하면 기업의 프로모션 수단으로서의 캐릭터 마케팅전략 과정은 다음과 같이 정리된다고 한다.

① 시장환경 분석 → ② 캐릭터 도입 여부의 검토 및 결정 → ③ 전략 목표 및 타깃의 설정 → ④ 캐릭터의 선정 → ⑤ 캐릭터 테마의 선정 → ⑥ 캐릭터 프로모션 전개의 매체 및 표현계획 → ⑦ 캐릭터 프로모션 전개의 평가 및 관리 → ⑧ Feed Back ▸ ①②③④⑤⑥

1) 시장환경 분석

시장환경 분석은 기업 및 상품을 둘러싸고 있는 시장환경이나 경쟁, 그 외 마케팅 환경의 제반 사실을 수집하고 검토하여 마케팅전략 계획의 방향성을 설정하기 위한 것이다.

❶ 제반 사실의 수집

시장환경 분석 작업은 제반 사실의 수집에서부터 시작된다. 관련 정보는 사회·경제, 소비자, 브랜드, 경쟁, 유통, 광고·SP의 여섯 가지 분석 분야별로 나누어서 수집하여 정리해야 한다. 시장환경 분석은 마케팅계획의 기반구축 작업이므로 중요한 부분에서 기초 정보가 누락되어 있다면 전체적 진행이 어려워진다. 이것을 방지하기 위하여 여섯 가지의 분석 분야별로 정리해 본다면 구체적으로 어느 정보가 누락되어 있는지를 확인할 수 있다.

❷ 제반 사실의 검토

이 단계는 시장의 문제점과 시장기회를 유출시키기 위한 전 단계로 입수한 데이터를 평가하고 파악하는 단계이다. 또 여섯 가지의 분석 분야에 대해서는 다음을 중점적으로 검토해야 한다.

① 사회경제 분석
② 소비자 동향
③ 브랜드 분석
④ 경쟁 분석
⑤ 유통 분석
⑥ 프로모션 분석

❸ 시장의 문제점과 시장기회의 검토

마케팅전략을 전개할 때 가장 먼저 고려해야 할 사항은 '시장의 문제점'과 마케팅전략 전개시 유리하게 작용할 '시장기획'의 파악이다.

① 시장의 문제점

마케팅 활동을 전개할 때 장애요인이 되는 사항이다. 여섯 가지 분야의 분석 결과에 의거하여 마케팅전략 전개시 특별히 유의해야만 하는 문제점을 발견해야 한다.

② 시장기회

시장기회란 마케팅전략 전개시 활용할 수 있는 시장의 제반 사실이나 경향 중 자사가 침투할 수 있는 기회를 말한다. 마케팅전략 계획은 적합한 비즈니스 기회를 발견하여 효과적으로 실시하기 위한 일련의 활동을 의미한다. 그 적절 여부에 따라 마케팅전략의 성패가 좌우되므로 시장기회를 발견하는 것은 특히 중요하다 할 수 있다.

2) 캐릭터 도입 여부의 검토 및 결정

캐릭터 도입 검토 시에는 다음의 네 가지를 중심으로 검토하여 결정해야 한다. 이 네 가지는 프로모션 수단으로서의 캐릭터의 효용성이기도 한다.

❶ 기업의 이미지를 바꾸려 할 때

소비자와 직접 관련이 없는 제품을 취급하거나 이전부터 딱딱한 이미지를 갖고 있는 기업이 보다 부드럽고 정감있는 이미지를 소비자에게 전달하고자 할 때, 캐릭터를 사용하여 친근감을 전달해 줄 수 있다. 특히 은행이나 보험회사, 건설회사 등 딱딱한 기업의 이미지를 변화시키고자 할 때 많이 사용된다.

❷ 경쟁상대가 있을 때

현대의 자본주의 사회는 특정 기업이 한 제품을 독점하여 판매하기가 거의 불가능하다. 신제품 발매시 이미 동일한 제품이 시장에 진출해 있는 경우, 또는 유사한 신제품들이 비슷한 시기에 발매될 경우에 캐릭터를 사용하면 효과적이다. 즉 자사의 제품을 경쟁상품과 차별화하는 방안으로 개성적인 캐릭터를 사용하면 소비자에게 효과적으로 어필할 수 있다.

❸ 신제품 발매시

새로운 제품을 내놓으면서 많은 소비자에게 신제품을 빨리 기억시키거나 새로운 이미지를 형성시키고자 할 때 캐릭터를 사용하면 효과적이다. 이러한 경우 신제품 발매에 맞추어 이미 소비자들에게 인지되어 캐릭터를 도입함으로써 일정한 인지율을 자사 및 브랜드에 흡수시킬 수 있기 때문이다.

❹ 기존 제품의 리포지셔닝

기존 제품 중에서 제품 자체에는 문제점이 없으나 차별화가 되지 않고 있는 제품이나, 매출액이 계속적으로 떨어지고 있는 제품에 캐릭터를 도입하면 새로운 부가가치적 브랜드 이미지가 탄생되기 때문이다.

캐릭터는 특정 대상과 관련되어 반복 사용함으로써 그 대상이 지닌 특성이나 개성을 함축하여 포지셔닝하기 위한 커뮤니케이션의 한 가지 수단으로서 적절히 활용하면 기업의 이미지 보완 및 브랜드와 소비자 간의 원활한 전달요소의 시각적 활력소 역할을 할 수 있다. 또한 이미 하나의 독자적인 개성과 이미지를 갖는 캐릭터가 가진 신뢰도와 인지도를 바탕으로 이미지 보완 및 판매촉진의 효과를 증가시킬 수 있다.

3) 전략 목표 및 타깃의 설정

자사 및 브랜드의 마케팅 활동에 있어서 캐릭터가 더 효과적이거나, 캐릭터를 통한 차별화 전략이 더 유용하다는 판단이 내려지면 캐릭터의 전략 목표를 설정하는 단계로 들어간다.

❶ 전략 과제의 설정

캐릭터를 전개할 주요 영역을 설정하는 단계이다. 이 단계는 전개시의 중심적인 해결과제를 결정하는 단계로서 일반적으로 다음과 같은 내용 중에서 전략과제를 선택한다.

① 기업 이미지 향상을 위한 장기전략

상품판매가 주목적이 아닌 캐릭터를 이용하여 기업 이미지 향상을 목적으로 하는 전략이다. 기업 이미지를 향상시키는 것이 단기적으로는 큰 효과를 발휘하지는 못하지만, 장기적 관점으로 장래에는 그 기업의 상품구입에 연결시킬 수 있는 전략이다.

② 브랜드 차별화 전략

현대사회 시장의 브랜드는 기능성 및 효과에 있어서 타 브랜드와 차별되지 않는다. 이러할 때 자사 브랜드에 캐릭터를 도입한다면 소비자의 입장에서는 브랜드 이외에 부가가치를 얻을 수 있기 때문에 자사 브랜드를 선택하게 하는 동기를 부여받게 되는 것이다.

③ 광고 활동 전개시의 보강 전략

캐릭터를 활용하여 상품인지도, 이해도, 지명도, 호의도 등을 높이기 위하여 광고 전개시에 캐릭터를 보조수단으로 활용하는 전략이다.

④ SP 전개시의 동기유발 전략

상품 사용 경험이 없는 고객층에 대하여 상품의 접촉이나 시험사용, 시용구입 및 인센티브 부여 등에 대한 직접적 구매동기를 유발하는 전략이다.

❷ 타깃의 설정

전략 과제가 설정이 되면 캐릭터 전략의 타깃을 설정해야 한다.

① 타깃의 설정방법

인구통계학적 분류: 연령별 · 소득별 · 성별 · 학력별 · 거주 지역별 · 가족 구성별 등 인구통계학적 분류로부터 타깃층을 규정하는 방법이다. 이것은 타깃을 구체적으로 선정할 수 있다는 점에서 편리하다.

심리적 분류(라이프 스타일과 성격에 의한 분류): 소비자 분류를 소득이나 지역 등 외적 요인에 의한 분류가 아닌 생활양식으로 분류하는 방법으로서 타깃층을 보다 선명하게 선별할 수 있다는 이점이 있다.

구매행동 분류(상품의 구입과 사용에 의한 분류): 판매현장에서 고객 분류나 판매분석에서 주로 사용되는 분류방법으로서 마케팅 전개에 있어서도 자주 사용된다. 지역별 · 상점별로 수량 파악에 의한 결과에 따라 마케팅을 탄력적이고 효과적으로 실시할 수 있으며, 개별 고객 니즈를 명확화하기 쉬운 이점도 있다.

② 타깃 설정시의 포인트

실질 사용층을 겨냥하라: 캐릭터를 활용한 마케팅전략은 기업 및 브랜드 인지도 향상과 구매시점에서의 구입촉진이 주목적이기 때문에 캐릭터 도입상품에 대한 인지율을 모든 소비자에게 기대할 필요는 없다. 자사 브랜드의 사용자와 실질구매자가 다를 경우에도 사용자를 타깃으로 설정하는 것이 원칙이다.

기본적인 구입의향이 있는 타깃을 겨냥하라: 캐릭터 주요한 기능은 상품을 선택하는 데에 있어서 부가가치의 제공이라는 효과를 발휘하는 것이다. 광고와 같은 광범위하게 상품에 대한 흥미를 환기시킨다든지 상품에 대한 좋은 이미지를 형성시키는 것뿐만 아니라 상품구매에 있어서 동기유발을 유도하는 효과도 갖추고 있다.

가능성이 높은 타깃을 겨냥하라: 캐릭터는 자사 및 브랜드와 소비자와의 밀접한 공간을 형성시키는 데에 유효하다. 소비자의 기본적 정서를 바꾸는 목적이 아닌 소비자의 니즈와 정서에 맞게 전략을 설정한 후 타깃층을 세분화하여 상대적으로 가능성이 높은 층을 타깃으로 설정해야 한다.

4) 캐릭터의 선정

일시적인 유행이 아닌 매출신장과 폭넓은 연령층에 사랑을 받으며, 상품에 차별화를 주는 캐릭터를 추구하는 것은 어느 기업이나 마찬가지이다. 실제로 캐릭터를 추구하는 것은 어느 기업이나 마찬가지이다. 실제로 캐릭터를 선정하기 위해서는 상품의 특성과 기업의 이미지 등을 고려해야 하는 등 어려운 선정 작업이 요구되지만, 경쟁사의 상품과 차별화를 꾀하기 위해 각 기업은 캐릭터 상품을 개발하고 있다.

❶ 캐릭터의 선택 범위 선정

① 과거의 캐릭터를 선정할 경우

현재는 그다지 인기를 끌고 있지 않지만 과거에 인기를 끌었던 캐릭터 중에서 선정하는 경우로서 캐릭터 도입 비용이 저렴하다는 장점을 지닌다. 또한 캐릭터에 대한 인지도를 상승시키기 위한 노력을 요구하게 되므로 광고 노출시에 광고 접촉도를 높여야 한다. 여기에서 주의해야 할 사항은 캐릭터의 리뉴얼 광고전략을 새롭게 세워야 하므로 라이선서가 얼마나 자사의 전략을 백업해 줄 수 있는가를 확인해야 하는 것이다.

② 오리지널 캐릭터를 선정할 경우

자사가 창조한 오리지널 캐릭터를 선정하는 경우로서, 캐릭터 창조에 대한 비용과 인지도 형성에 대한 비용이 소모된다. 비용 면에서 본다면 과거 인기 캐릭터를 선정하는 경우보다 더 많은 비용이 소요되지만 가장 적절한 자사 및 브랜드 아이덴티티를 확립시킬 경우에 효과적이라 할 수 있다.

③ 기존의 인기 캐릭터를 선정할 경우

현재에 인기가 상승하고 있는 캐릭터를 선정하는 경우로서, 캐릭터의 창조 및 인지도 형성에 대한 노력이 필요하지 않으며 캐릭터의 인기 및 인지도에 기업 및 브랜드 이미지를 편승시켜 단기간에 높은 효과를 가져올 수 있다는 장점은 지닌다.

❷ 캐릭터 선정방법 및 후보 선정

① 캐릭터 선호도 조사 및 후보 선정

캐릭터의 선택범위 선정 과정에서 선택된 카테고리에서 캐릭터의 선호도 조사를 하는 단계이다. 선정단계 시점에서 가장 인기를 끌고 있는 캐릭터 및 유망 캐릭터에 대한 선호도 및 사회에서의 붐과 유행 등을 조사하여 여러 캐릭터를 후보로 선정한다.

② 라이선서의 노력 및 라이선싱 동향 조사

캐릭터의 후보가 선정되면 캐릭터를 소유하고 있는 라이선서의 캐릭터에 대한 전략을 조사해야 하며 라이선싱하고 있는 라이선시 동향 조사를 면밀히 검토해야 한다.

③ 프로모션 전개시의 캐릭터 노출도 조사

프로모션 전개하는 시점에서 후보 캐릭터가 어느 정도 소비자에게 노출될 것인가에 대한 조사가 필요하다.

❸ 캐릭터 선정

보통 현재 인기를 끌고 있는 캐릭터에 자사의 브랜드를 끼워 맞추는 형식으로 캐릭터의 선정이 이루어지는 경우가 많다. 하지만 캐릭터 도입의 목적은 자사 및 자사 브랜드의 인지도 향상에 있는 것이다. 따라서 캐릭터 도입 전략의 주체는 자사의 이미지 및 브랜드 이미지의 향상과 매출 향상에 있다는 점에 유의하여 캐릭터를 선정해야 한다.

5) 캐릭터 테마의 선정

캐릭터 테마는 소비자에게 캐릭터의 부가적 기능을 확실하게 전달하도록 표현되어야 하는 동시에 자사 및 브랜드의 매력을 전달할 수 있는 표현이 되어야 한다.

❶ 경쟁 우위점을 확실히 할 것

성숙된 시장 상황에서의 기업 및 브랜드 이미지는 타사와 비교하여 절대적 우위점이나 특징을 기대하기 힘들다. 그러나 타사와 차별되는 경쟁우위점을 명확히 해야만 캐릭터를 도입하는 근거가 생기는 것이다.

② 캐릭터 전략 포인트를 명확히 할 것

캐릭터의 전략 포인트는 소비자측의 부가가치 공여에 두어야 한다. 고객이 캐릭터를 접하므로 얻을 수 있는 정신적 부가가치가 캐릭터 전략 포인트가 되기 때문에 이러한 사실을 확실히 전달할 수 있는 포인트가 되어야 한다.

(내용 출처: 김희진, 캐릭터 마케팅의 이론과 전략, 1999)

6 캐릭터콘텐츠를 기업 마케팅에 활용한 사례

산도깨비의 캐릭터 마케팅

대왕실업의 산도깨비 탄생시기는 1986년이다. 당시에는 탈취제에 대한 국민들의 인식이 미약한 상황이었기 때문에 소비자들이 친밀하게 다가설 수 없었다. 이를 극복하기 위해 대왕실업에서는 자체 고유브랜드 및 캐릭터의 필요성을 느끼고 개발에 착수하였다.

먼저 제품개발의 기초 전략을 국내시장에서 생소한 탈취제의 소구를 소비자에게 어떻게 얼마나 빨리 인지시킬 수 있느냐는 점으로 잡았다. 이에 따라 제품 개발시 필요로 하는 세부사항, 즉 소비자 마인드 조사, 문자 브랜드의 경우 우리말 또는 외국어의 선택 여부, 문자꼴의 선택, 전체 지배색의 의미성, 그리고 상표등록시기, 등록상표의 여부파악 등 많은 자료를 사전 준비하였다.

제작팀은 우선적으로 소비자들의 브랜드에 관한 친밀도를 표본 조사하였다. 조사결과 3～4글자의 브랜드명이 가장 인지율이 높다는 것이었다. 그리고 생활 속에서 친숙하게 접해왔던 단어를 선호한다는 점, 가능한 우리 한글로 되어 있는 브랜드에 더욱 호감을 갖는다는 점이 조사 결과 나타났다. 따라서 국내에 낯설게 느껴지는 탈취제라는 아이템을 효과적으로 소비자에게 전달하기 위해서는 우리 주변 생활 속에서 친밀하게 불려져 왔으며 아직까지 사용하지 않았던 단어를 사용하여 참신하고 산뜻한 브랜드를 발굴한다는 것으로 브랜드 개발방향을 세웠다.

브랜드 개발의 고려사항으로는 첫째, 제품속성이 브랜드 실체와 긴밀한 연계성을 갖느냐는 점, 둘째, 소비자의 감성적인 면에 해당하는 것으로 브랜드가 국민 정서에 부합되느냐는 점, 셋째, 발음상의 강한 이미지로 소비자의 브랜드 충성도를 높여야 한다는 점, 넷째, 캐릭터 제작의 용이성, 다섯째는 참신성 등이었다.

이상의 사전 조사와 친밀한 브랜드 개발 전략을 통하여 세상에 모습을 나타낸 '산도깨비'는 제품의 속성이 소비자들이 기존에 향유하지 못한 탁월한 탈취효과가 있고 수목에서 추출한 자연성분이라는 특화된 차별성을 맑은 공기, 풍요로운 이미지인 산에 비유한 결과 나온 것이었다. 우리 민간 설화에 전해 내려오는 도깨비가 가지고 있는 앙증맞고 친숙한 이미지와 신비스러운 능력의 소유자란 도깨비의 특성과 악취 제거에 탁월하고 우수한 성능을 갖고 있는 베타펙 시스템을 절묘하게 결합시켜 제품기능의 우수성을 브랜드에 정확히 포착시킨 결과 '산도깨비'가 탄생한 것이다.

이러한 의미가 복합된 브랜드 '산도깨비'는 고급 사치품으로 인식돼 온 방향제의 가치를 생활 속에서 꼭 필요한 필수품으로 사용하도록 역할 부여를 다시 한다는 의미를 가지고 탄생하게 되었다.

국내 식음료 업계의 캐릭터 마케팅

'맛있어서, 쿠우~!' 먹거나 마시기 위해 사는 것인지, 예쁘고 귀여워서 사는 것인지 사람들의 판단력을 순간적으로 흐리게 하는 깜찍하

고 예쁜 식음료 제품들이 있다. 바로 〈쿠우〉, 곰돌이 푸우 〈허니레몬〉, 캐릭터 초콜릿 〈화이트 엔젤〉 등이다.

'쿠우~' 하면 제일 먼저 〈쿠우〉 캐릭터의 깜찍한 이미지부터 떠오르지 않는가? 실제 설문조사를 실시해 본 결과 대다수의 사람들은 "쿠우 아세요?"라는 질문에 "네, 그럼요!"라고 자신 있게 대답했다. 그러나 "그럼 혹시 어느 회사 제품인지는 아세요?"라는 질문에는 "글쎄요"라든가, "롯데 아닌가요?"라는 엉터리 답변이 "코카콜라요"라는 정답보다 훨씬 많았다.

이것은 〈쿠우〉라는 제품의 캐릭터 자체를 제조사보다 훨씬 강하게 인지하고 있다는 것을 단적으로 보여주는 사례라 할 수 있다. 어디 〈쿠우〉뿐일까? 마케팅에 관심이 많지 않은 사람도 〈깜찍이 소다〉나 〈쥬디〉, 〈신짱〉 과자, 〈팬돌이〉의 제조사보다 캐릭터 자체를 더 잘 기억하고 있으리라. 이렇듯 캐릭터는 소비자에게 눈으로 즐기는 즐거움을 주고, 제조사로서는 꼭 준비해야 할 강력한 마케팅 '무기'가 되어 가고 있다.

또 한 가지, 캐릭터의 종류 중 브랜드 기능을 주로 담당하는 것으로 머천다이징 캐릭터를 들 수 있다. 예를 들어 〈헬로 키티〉의 복제품을 소비자들이 구매하는 이유이다. 즉, 일본 산리오에서 만든 정품 〈헬로 키티〉라는 브랜드 선택이지 산리오라는 제조사는 생각하지 않은 행동이다.

대우건설 "정대우" 캐릭터 마케팅 사례

대우건설은 건설업계 최초 캐릭터를 모델로 한 광고를 선보였다. 2011년 4월부터 선보인 이 광고가 호응이 좋자 대우건설은 광고에 등장했던 "정대우" 캐릭터를 활용한 기업PR을 시도하기 시작했다. 캐릭터 "정대우"에게 하나의 인격을 부여해 대우건설 직원으로 재탄생시킨 것이다. 73년생 입사 11년차 과장으로 국내외 현장 근무 후 본사에 배치된 것

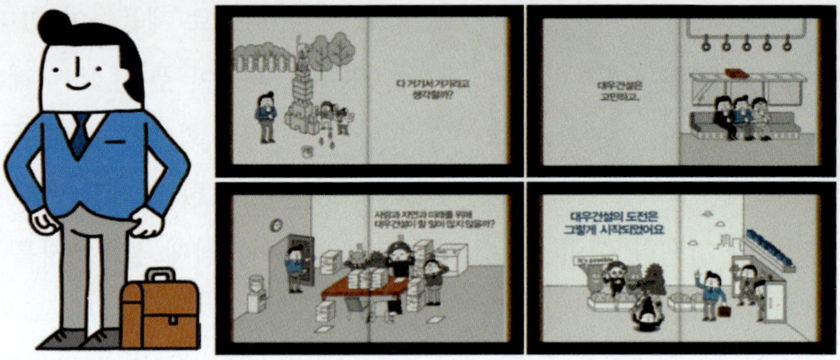

▲ 대우건설 TV광고 화면 캡처

으로 설정한 것.

내부 홍보 차원에서 정대우의 첫 본사 출근을 기념해 우유를 나눠주며 직원들에게 인사하는 자리를 프로모션하는 등 대우건설은 다양한 기업 내외부 홍보에 사용되어졌다. 대우건설은 또한 정대우 캐릭터를 SNS 홍보에까지 확장하고 있는데, 정대우의 페이스북(Face-Book) 계정을 만들어 소비자 및 직원들과의 커뮤니케이션의 장으로 활용하였다.

대우건설은 캐릭터 정대우를 통해 건설회사의 딱딱한 이미지를 벗어나 소비자와 함께 고민하고 호흡하는 회사로 소비자가 인식할 수 있는 기회가 될 수 있다고 생각한다. 현재는 페이스북을 통해 정대우의 아이들과 텃밭 가꾸기와 같은 가상현실 속의 생활모습을 실제 생활처럼 소소하게 담아 내고 있는 정도이다. 시작을 올해 5월로 이제 진행한 지 채 2달도 안되었기 때문에 평가를 할 수 없는 단계이지만 우선 대우건설은

캐릭터를 활용한 기업 SNS를 운영하는 독창적인 방식으로 회사 이미지 변화를 시도하고 있다는 점에 높은 점수를 주고 싶다. 또한 아직 대대적인 SNS 홍보를 시작하지 않았지만 사회공헌 등 기업이미지 홍보내용을

위해 앞으로 다양하게 활용될 것으로 기대된다. 그리고 SNS 확장성은 무궁무진하므로 다양한 방식으로 기업 이미지를 제고할 수 있으며 동시에 소비자와 다양한 소통의 장이 될 것으로 기대된다.

노동부의 “무대리” 캐릭터 마케팅 사례

정부 부처 고용노동부에서는 노동부 대표 블로그를 근로자를 대표하는 만화 캐릭터 무대리를 주인공으로 한 무대리의 내일을 위한 수다라는 이름으로 운영하고 있다. 2009년 개설된 이래 현재까지 80만 명을 돌파하는 등 큰 인기를 얻기있다. 또한 노동부는 블로그를 운영할 대학생 기자단을 선발하였고 기자단이 노동부 블로그에 청년구직자나 직장인에게 필요한 각종 취업정보와 노동 정책 등을 사진 웹툰, 동영상 등을 활용해 재미있는 콘텐츠로 직접 기획, 제작해 블로그에 게재하며 미국, 일본, 독일 등 해외 10개국에 주재하고 있는 특파원들도 세계각국의 노동 관련 정보와 최신트랜드를 재미있게 엮어 블로그를 통해 소개한다. 그에 맞춰 고용노동부는 무대리 캐릭터를 활용하여 SNS 마케팅에 확장하였는데. 트위터와 페이스북 등 다양한 SNS에 무대리를 등장시켜 인격화된 캐릭터가 글을 쓰고 대답하는 것처럼 느껴지게 되었다. 더 나아가 고용노동부는 무대리 일찾기라는 앱을 만들어 무료로 확산하고 있는데 무대리 일찾기 앱은 취업 수험정보, 직업적성테스트, 가까운 고용센터찾기, 일자리

에 관한 모든 것 등의 카테고리로 이제 무대리가 다 찾아준다는 재밌는 설정으로 만들었다. 대한민국 서민 근로자를 대표하는 무대리와 고용노동부가 국내 최초 일자리 포털형 어플이 등장한 것이다. 특히 세계 최초로 한국고용정보원과 함께 개발한 심리탐색은 간단한 ○× 질문을 통해 직업 흥미와 적성을 테스트하여 내게 어울리는 직업까지 찾아 주는 서비스가 포함되어 있다

▲ 고용노동부 내일찾기 앱 화면

〈주요 기능〉

- 추천 웹: 워크넷, 잡영, 인크루트… 등 대한민국 모든 일자리 관련 모바일 웹
- 추천 어플: 취업상식사전, 고시합격수첩, 면접의 기술… 대한민국 모든 일자리 관련 어플
- 심리탐색: 자신의 직업흥미를 테스트하고 어울리는 직업까지 찾아주는 테스트(고용노동부와–한국고용정보원이 세계 최초로 개발)
- 잦은 질문: 고용부 홈페이지에서 자주 묻는 질문 중에 엄선하여 수록
- 센터찾기: 현재 위치로부터 가장 가까운 고용노동부 고용센터의 위치 검색

학습정리

1. 캐릭터의 부가가치는 브랜드와 동일한 가치를 의미한다. 캐릭터는 일반적으로 로고나 마크로 표현되는 브랜드와는 조금 다른 점들을 가지고 있다. 캐릭터는 기본적으로 동물이나, 의인화된 무생물, 혹은 상상 속의 생물이다. 하나의 이미지로 딱딱한 로고보다는 친밀감이 있고, 나름의 스토리를 기반으로 개성을 인식시킬 수 있으며, 정서적인 유대감을 유도해 낼 수 있다. 캐릭터 자체가 사업의 대상이 되는 비즈니스 활동이 캐릭터 비즈니스라면 캐릭터 마케팅은 흔히 두 가지 의미로 통용된다. 캐릭터 비즈니스를 전개하기 위해 소비자에게 캐릭터를 인지시키는 캐릭터 자체에 대한 마케팅 활동과. 또 다른 하나는 이미 소비자에게 인지된 캐릭터를 활용하여 기업의 이미지 및 브랜드에 적용시키는 프로모션 수단으로서의 마케팅 활동을 지칭한다. 통상 '캐릭터 마케팅'이라는 용어는 이 경우에 주로 사용되는 개념이다.

2. 캐릭터 사업은 기획 및 개발 사업, 라이선싱 사업, 머천다이징 사업, 유통 사업, 디지털 콘텐츠 사업으로 분류할 수 있다. 캐릭터의 응용분야로는 팬시 문구용품, 의류분야, 액세서리 분야, 스포츠 분야, 이미지작업 분야 등이 있다.

3. 소비자들에게 전혀 인지되어 있지 않은 새로운 캐릭터를 창조해 보다 효과적으로 대중에게 인식시키고 홍보하기 위해 체계적이고 탄탄한 캐릭터 개발 과정이 원활히 진행될 필요가 있다. 캐릭터의 아이디어 창조 및 선별, 캐릭터 콘셉트와 디자인 개발, 캐릭터 디자인, 전개 매체 및 수단의 선정, 캐릭터 전개의 평가 및 관리에 있어서 마케팅 전략이 필요하다.

4. 기업 프로모션 수단으로서의 캐릭터 마케팅전략 과정은 ① 시장환경 분석, ② 캐릭터 도입 여부의 검토 및 결정, ③ 전략 목표 및 타깃의 설정, ④ 캐릭터의 선정, ⑤ 캐릭터 테마의 선정, ⑥ 캐릭터 프로모션 전개의 매체 및 표현계획, ⑦ 캐릭터 프로모션 전개의 평가 및 관리, ⑧ Feed Back→①②③④⑤⑥으로 정리할 수 있다.

7. 애니메이션 콘텐츠 마케팅

학습목표, 탐구할 문제

1 애니메이션의 정의와 전망

2 애니메이션 산업의 구조 및 현황

3 애니메이션 콘텐츠 마케팅전략과 활동

4 애니메이션 콘텐츠 마케팅의 사례

5 애니메이션 기법 활용한 광고

학습정리

애니메이션 마케팅

애니메이션 '뽀로로'를 활용한 캠페인

학습목표

1. 애니메이션을 올바로 이해하고 애니메이션 산업의 구조와 현황을 설명할 수 있다.
2. 애니메이션 콘텐츠 마케팅전략과 애니메이션 마케팅전략을 수립할 수 있다.
3. 애니메이션 콘텐츠 마케팅의 사례를 들고 국내 애니메이션 마케팅의 발전 방향을 제시할 수 있다.
4. 광고기법으로서의 다양한 장르의 애니메이션을 사례를 들어 설명할 수 있다.

탐구할 문제

1. 애니메이션이 모든 문화권에서 유사한 정서와 감성을 이끌어내는 요소는 무엇인가?
2. 우리나라도 세계 애니메이션 시장의 창출이 가능한 마케팅 방법은 무엇인가?

1 애니메이션의 정의와 전망

애니메이션의 정의

애니메이션(animation)은 움직이는 그림이다. 애니메이션은 어원적 의미로 생명이 없는 사물에 움직임을 연속적으로 만들어 생명을 불어넣는 동영상 작업을 총칭하는 광의의 개념이다. 국내에서는 애니메이션을 만화영화와 같은 개념으로 애매모호하게 이해하고 있는 게 현실이다. 만화영화는 애니메이션의 한 분야일 뿐이다.

1960년대부터 국내에 유입되기 시작한 애니메이션은 대개 TV프로그램의 어린이 시간대에 편성되거나 방학 때마다 수입되는 극장용 장편 애니메이션이 대부분이었다. 그런 작품들은 모두 셀 애니메이션이거나 출판만화와의 연계성 속에서 애니메이션화된 작품들이었기 때문에 자연스럽게 만화영화로 번역되어 국내에 소개된 것이며, 만화영화는 모두 셀 애니메이션인 것으로 일반 대중에게 인식되었다.

애니메이션은 실사영화와의 차별적인 개념을 전제로 한다. 실사영화는 정상적 연속촬영속도인 1초에 24프레임으로 움직이는 장면을 촬영하는 것을 말하며, 이 24프레임마다 정지시켜서 각각을 따로따로 촬영하는 것을 애니메이션이라 한다.

만화, 만화영화는 둘 다 만화의 개념이다. 혹자는 만화영화=애니메이션이라고 잘못 알고 있는 사람이 많다. 만화영화보다는 애니메이션이 보다 넓은 의미이다. 애니메이션이란 '움직이는 영상'에 대한 모든 총체적인 단어이다. 이것은 티브이 프로그램, 특수효과, 하물며 배우가 걸어가는 장면까지 모두 애니메이션으로 칭할 수 있다. 만화영화가 이 안에 속한다.

애니메이션은 특수한 영상상품이다. 기존 영상상품보다도 한정적인 시장구조와 고정된 수용자체계를 전제하고 있기 때문이다. 그러나 이러한 시장과 수용자의 난점을 전략적으로 발전시킬 수 있는 가능성이 가장 큰 영상상품 또한 애니메이션임을 인식하는 데서 애니메이션의 새로운 가능성은 출발한다. 이는 바로 애니메이션 산업 자체가 신 투자 패러다임으로 재해석되어야 할 산업체계임을 반증한다. 기존 영상 문화에 대한 미학적 분석과 사업체계의 연계성을 판단하는 거시적 투자 분석이 동시에 수행되어야 한다는 특수한 영상문화산업이 바로 애니메이션임을 이해해야 한다는 것이다. 한정된 시장 내에 반복적인 상품의 생명력을 재생산시키고, 고정된 수용자에게 시간의 변수를 적용하여 연령별로 다양한 상품으로의 변환을 시도해야 함은 곧 애니메이션의 극대화된 시장논리 개발을 의미한다.

애니메이션의 전망

1) 국내 애니메이션 산업 규모

2009년 기준으로 289개 업체에 종사자는 4,170명. 매출액은 약 4,185억 원이었으며, 수출액은 8,950만 달러, 수입액은 739만 달러였으며, 전년대비 매출액 증감률은 3.4%, 수출액은 11.3% 증가하였다

애니메이션 산업 콘텐츠 제작비용은 전체적으로 증가(2007년 562억 원 → 2008년 726억 원 → 2009년 828억 원) 추세이고 로열티 지출과 마케팅·홍보비용은 연평균증감률이 각각 20.5%, 51.5%로 증가한 것으로 나타났으며 이러한 현상은 지속될 것으로 예상된다.

애니메이션 유통 및 배급업은 2007년에 75억 원에서 2008년에 155억 원으로 약 두 배로 증가한 후에 2009년에는 약 7억 원 가량 증가한 163억 원으로 나타났다. 이는 극장 매출액과 방송사 수출액을 제외하고 연평균증감률이 가장 큰 폭인 47.4% 증가한 수치이다.

온라인 애니메이션 유통업은 55억 원으로 2008년에 84억 원에 비하

| 표 7-1 | 국내 애니메이션 산업 현황

(단위: %)

구 분	업체 수 (개)	종사자 (명)	매출액 (백만원)	부가가치 (백만원)	부가 가치율(%)	수출액 (천 달러)	수입액 (천 달러)
2007년	283	3,847	311,166	122,506	39.37	72,770	8,148
2008년	276	3,924	404,760	167,287	41.33	80,583	6,132
2009년	289	4,170	418,570	175,213	41.86	89,651	7,397
전년대비증감률	4.7%	6.3%	3.4%	4.7%	1.3%	11.3%	20.6%
연평균증감률	20.2%	7.9%	33.8%	103.7%	52.1%	6.9%	16.4%

출처: KOCCA, 애니메이션 산업 백서(2010).

여 34.5% 감소하였다. 극장 매출액은 561억 원으로 전년대비 18.7% 감소하였으며 연평균증감률은 62.5% 증가하였다. 방송사 수출액은 39억 원으로 전년대비 35.8% 감소하였으며 연평균증감률은 2007년에 5억 원에서 2009년에 39억 원으로 172.4% 증가하였다.

2) 애니메이션 산업의 주요 동향

① 창작 중심으로의 산업변화와 비즈니스 모델 다각화

하청산업에서 창작산업으로 전환됨에 따라 활발한 해외진출과 더불어 해외합작에 대한 비중이 늘어나게 된다. 해외합작으로 각 나라의 진출을 원활히 하고, 자금 해결에 따른 안정적인 제작의 이득을 얻을 수 있다.

예를 들어 〈메타제트〉, 〈로보카 폴리〉 등은 기획단계에서 캐릭터 상품과 연계하여 제작하였고, 〈뽀롱뽀롱 뽀로로〉, 〈헬로 코코몽〉 등은 도심 내 테마파크를 기획 및 운영하는 등 다양한 비즈니스 모델을 통하여 수익창출을 기대하고 있다.

② 3D입체영상과 할리우드 극장애니메이션의 강세

2010년 세계 영화시장 10위권 내에 〈토이스토리3〉, 〈슈퍼배드〉, 〈드래곤 길들이기〉 등 할리우드 애니메이션의 강세가 두드러짐. 국내 시장의 경우 할리우드 극장애니메이션의 강세에 비하여, 국내제작 극장애니메이션의 침체는 여전히 지속되고 있다.

다행히 2011년 국내 극장용 애니메이션인 〈마당에서 나온 암탉〉이 220만 관객을 돌파하며 가능성을 제공하였다.

할리우드 극장애니메이션의 강세의 이유로 세계인 모두가 공감할 수 있는 주제인 '가족의 사랑'과 수준 높은 스토리텔링을 들 수 있다. 또한 3D입체영상 기술로 대중의 관심과 재미를 선사하였다.

국내 애니메이션 산업에서도 소비자를 위한 스토리텔링의 중요성이 부각되고 있으며, 이에 대하여 정부와 지자체의 인력양성을 위하여 다양한 교육활동이 진행 중이다.

③ 국내 애니메이션 기업의 활발한 해외진출

애니메이션의 기획 초기 단계에서부터 해외 업체의 투자유치, 공동기획을 통해, 각 해외지역에 적합한 작품 제작을 시도하는 등, 해외 공동제작도 여러 유형으로 발전하고 있다

▲ 중국에 진출한 〈마당에서 나온 암탉〉 중국 포스터

해외공동제작의 예로 〈구름빵〉(DPS)은 중국의 '칼웅영시동화산업유한공사'와 공동제작을 하고 있으며, 〈다이노맘〉(토이온)은 미국의 'Myrioad'와 공동제작 중에 있다. 그 외에 일본, 캐나다, 이탈리아, 스페인, 프랑스 등 세계 애니메이션 강국과의 활발한 교류를 통하여 해외진출을 성사시키고 있다.

해외공동제작의 이점은 캐릭터상품에서 사전판매까지 해외시장에 다양한 사업전개가 가능하며 이는 안정적인 수입원으로 애니메이션 작품의 완

성도를 높일 수 있는 환경을 제공해 준다. 사전판매 작품에는 〈최강합체 믹스마스터〉(선우엔터테인먼트), 〈캐니멀〉(부즈클럽), 〈로보카폴리〉(로이비주얼) 등이 있다

또한 2011년 220만 관객으로 국내흥행에 성공한 〈마당에서 나온 암탉〉은 중국에 진출하여 3천여 개 스크린에 개봉되는 실적을 올리는 등 국내 애니메이션의 해외진출이 점차 본격화되고 있다.

④ 애니메이션 산업 진흥을 위한 정부와 지자체의 활동 강화

문화체육관광부는 애니메이션 산업 진흥을 위하여 법 개선과 함께 다양한 정책지원으로 산업육성을 위해 노력하고 있다. 소재 개발, 제작 지원, 해외 마케팅 홍보 활동 등 다양한 지원 사업을 연간 단위로 지속적으로 진행하고 있다.

2002년 제정된 「온라인 디지털콘텐츠 산업 발전법」이 2010년 5월 19일 전면 개정됨에 따라 법률의 명칭이 「콘텐츠산업 진흥법」으로 바뀌었다. 이 법은 콘텐츠산업의 기반을 조성하고 그 경쟁력을 강화하여 국민생활의 향상과 국민경제의 건전한 발전에 이바지함을 목적으로 한다.

⑤ 글로벌 성공사례 등장 〈뽀롱뽀롱 뽀로로〉 등

기획단계에서부터 타깃(만 6세 미만 미취학 아동)의 행동패턴을 자세히 분석하여 애니메이션 제작에 반영하고 그 중 아이들의 웃음코드에 대하여 자세히 분석하였다. 애니메이션 제목 선정 시 해외수출을 위해 각 나라에 부정적 이미지를 제외하여 신중히 선택하며, 사업 확장 시 아동들에게 해가 되는 요소를 배제하여 브랜드이미지를 관리하였다.

2 애니메이션 산업의 구조 및 현황

애니메이션 산업의 구조

애니메이션은 크게 극장용, 방송용, 그리고 온라인 애니메이션으로 나눌 수 있다. 애니메이션의 산업은 TV용, 극장용, 인터넷용, 모바일용 등 매체에 종속되어 유통구조가 형성되며 긴 시간과 고가의 제작비용 대비 일회성 노출에 따른 ROI(Return on Investment) 문제로 원소스 멀티유즈(OSMU: One Source-Multi Use)를 통해서 수익을 확보하는 구조를 가지고 있다. 즉 애니메이션은 그 자체를 상품으로 판매하여 수익을 올리기보다는 연계산업과 연계하여 수익을 올리는 산업적 특징을 가지고 있다. 그래서 애니메이션이 캐릭터, 관광, 의류상품 등 연계산업의 수익을 올리기 위한 홍보수단으로 쓰이기도 하고, 애니메이션으로부터 파생된 캐릭터 라이선싱으로 수익을 발생시키는 특징을 가지고 있다. 그러므로 애니메이션의 마케팅방안은 연계산업의 구조와 연계시켜 만들어지고 있다.

그림 7-1 애니메이션 산업의 OSMU

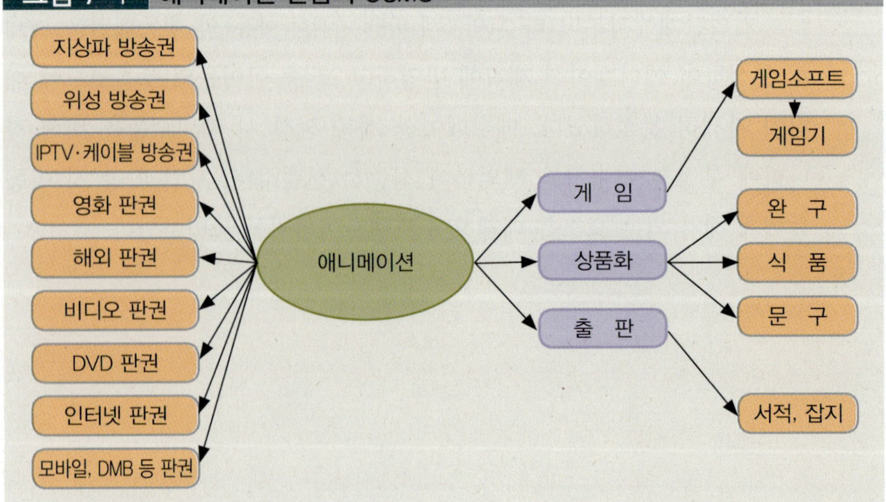

수익성 확보 구조를 생각해보면 마케팅 대상이나 방안을 쉽게 이해할 수 있다. 크게 두 가지의 수익방안을 가지고 있다. 첫 번째는 방영권 판매 수익이고, 다른 하나는 연계사업을 통한 라이선스 제공을 통한 수익이다. 그 구조는 〈그림 7-1〉과 같이 나타낼 수 있다.

애니메이션은 다른 문화상품에 비하여 거대 제작비가 들어 인구수가 적은 우리나라에서는 방영권만으로 제작비를 회수하기는 쉽지 않다. 즉 연계사업을 통한 OSMU(One Source Multi Use)를 해야만 한다는 것이다. 과거에는 애니메이션 제작사들은 방영권을 중심으로 B2B 중심의 마케팅 및 홍보를 해왔다. 그러나 디지털시대가 도래하여 방송과 통신이 융합되고 새로운 미디어가 등장함에 따라 이제는 마켓 자체가 소비자가 원하는 프로그램을 선택하는 소비자 중심으로 바뀌고 있다. 이에 따라 마케팅 방안도 소비자 중심으로 변화하고 있다.

애니메이션 산업의 현황

1) 국내 애니메이션 산업 현황

애니메이션은 채널의 급속한 증가로 수요가 확대되고 있고, 다른 분야의 산업보다 훨씬 더 부가가치 창출이 가능하다는 사실이 인식되면서부터 관심이 증가되고 있다. 특히 미국과 일본의 애니메이션 산업 성공사례는 전 세계적으로 애니메이션에 대한 관심을 높였고, 한국도 지난 수십 년간의 실무제작 경험을 살려 이미 자체 기획, 제작단계에 이르고 있다.

이러한 애니메이션에 대한 관심의 증대는 애니메이션의 특성 덕분에 가능하다. 첫째, 애니메이션은 모든 영상산업

중에서 문화적 할인율(cultural discount)이 가장 낮다. 영화나 방송 드라마 등 대부분의 영상 콘텐츠가 어느 정도 문화적 할인율을 갖고 있는 데 반해 애니메이션은 가히 전 세계적으로 어필되는 속성을 갖고 있다. 문화와 인종의 장벽을 넘어 거의 동일한 감성과 흥미를 유발할 수 있기 때문이다.

둘째, 애니메이션은 연관산업으로 확장이 가능하며 연관산업의 수익이 더 큰 부가가치의 산업이다. 정보화 사회 추구에 따른 다매체·다채널 시대, 유비쿼터스 시대를 맞아 애니메이션의 이러한 특성은 큰 이점으로 작용된다. 애니메이션 시장은 크게 직접시장과 간접시장으로 나눠볼 수 있는데, 직접시장은 극장용, TV용, 비디오용으로 구분되며, 간접시장은 출판만화, 전자오락게임, 테마파크, 캐릭터상품, 멀티미디어 등으로 나눠볼 수 있다. 애니메이션은 이렇듯 다양한 시장 경로를 통해 부가가치를 재생산하고 극대화시킬 수 있는 알짜 산업인 것이다.

1930년대 이후 '미키마우스'가 쌓아온 기록적인 성과 이후 '라이온 킹' '토이 스토리' 등 최근까지 대부분의 월트디즈니 애니메이션 콘텐츠들이 이룩한 사업적 성과는 모두 원소스 멀티유즈의 대표적인 성공사례들로 제시되고 있다. 미국과 함께 세계 애니메이션의 양대 산맥을 이루고 있는 일본 또한 '건담', '도라에몽', '포켓 몬스터' 등에서 월트디즈니와 유사한 비즈니스 모델들을 구축해왔다.

국내에서는 '아기공룡 둘리'가 20년 이상의 기나긴 시간을 함께하며 원소스 멀티유즈의 가능성을 보여주었고 최근엔 '뽀롱뽀롱 뽀로로'가 OSMU의 성공사례를 보여주고 있다.

2) 국내 애니메이션 산업 소비자 동향

연도별 선호하는 장르는 2008년 기준으로 2010년에도 거의 동일한

| 표 7-2 | 즐겨보는 애니메이션 장르 성별/연령별 (단위: %)

1순위	코믹/명랑	판타지	액션/무협	순정	공상과학	교육/학습	스포츠	공포물	추리	성인
2008년 N=1,500명	51.7	14.2	13.4	9.1	6.1	2.8	1.2	0.7	0.7	0.3
2010년 N=1,200명	45.3	16.8	14.7	8.9	4.7	2.8	2.7	2.7	1.3	0.3

출처: KOCCA, 애니메이션 산업 백서(2010).

소비행태를 보인다. 1위는 코믹/명랑(45.3%), 2위는 판타지(14.2%), 3위는 액션/무협(14.7%)이다.

성별로 보면, 남여 모두 '코믹/명랑'이 각각 35.6%, 55.2%로 가장 많이 응답했고, 남자는 그 다음으로 '액션/무협'(14.7%), 여자는 '순정'(25.6%)을 많이 응답하였다.

나이별로 보면, 코믹/명랑은 10대와 30~30대에서 높게 나타났으며, 20대에서는 다른 연령층에 비하여 판타지가 상대적으론 높은 선호도를 보였다.

애니메이션 주 감상 매체로는 케이블 및 위성 방송의 애니메이션 전문채널(69.5%)을 가장 많이 이용하였으며, 그 다음으로 DVD/인터넷 다

그림 7-2 애니메이션 주 이용 감상 매체 〈단위 : %〉

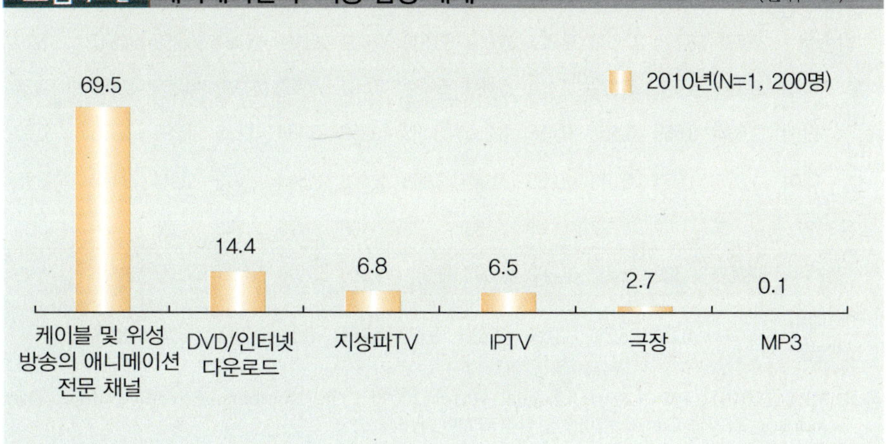

운로드를 이용하였다.

지상파TV의 약세, 케이블TV와 인터넷의 강세의 원인에는 이용층의 편이가 가장 큰 영향력을 준 것으로 판단된다.

3) 해외 애니메이션 산업 현황

2009년 세계 애니메이션 시장규모는 420억 700만 달러로 나타났으며, 향후 5년간 연평균 8.4%의 성장세를 기록하며 2015년 681억 4,600달러에 이를 것으로 전망된다.

일본 애니메이션 산업은 현재 줄어드는 인구와 임금구조의 문제로 어려움을 겪고 있다. 그에 따라 테마파크 사업과 음반사업 등으로 그 영역을 넓혀가고 있다. 미국 애니메이션 산업은 할리우드 극장애니메이션을 토대로 2010년은 호황을 누린 한해였다. 특히 3D입체영상 애니메이션을 통하여 수입이 증대되고 있다. 중국 애니메이션 산업은 자국의 애니메이션 산업 육성 정책에 대한 폐단으로 저가의 TV애니메이션이 양산

| 표 7-3 | 세계 애니메이션 시장 규모 및 전망 (단위: 백만 달러)

구분		2005	2006	2007	2008	2009	2010	2011	2012	2013	2014	2015	'09~'15 CAGR
극장용		2,703	2,984	3,065	3,241	3,498	3,931	4,394	4,906	5,446	6,014	6,648	11.3%
방송용		28,771	30,770	32,658	33,907	33,052	36,516	39,499	43,111	46,484	50,258	54,547	8.7%
홈비디오	합계	5,580	5,603	5,672	5,493	5,403	5,438	5,564	5,727	5,949	6,209	6,533	3.2%
	판매	3,684	3,669	3,653	3,458	3,256	3,169	3,159	3,184	3,235	3,295	3,365	0.6%
	대여	1,896	1,934	2,019	2,035	2,147	2,268	2,405	2,544	2,713	2,914	3,168	6.7%
온라인		3	12	27	41	55	76	106	170	243	320	419	40.3%
합계		37,056	39,369	41,422	42,682	42,007	45,961	49,563	53,915	58,121	62,802	68,146	8.4%
전년대비 성장률		-	6.2%	5.2%	3.0%	-1.6%	9.4%	7.8%	8.8%	7.8%	8.1%	8.5%	

출처: MPAA(2010); PWC(2010); Digital Vector(2009); The Numbers, Boxoffice Mojo; Data Monitor(2010); Gartner(2009); 삼정KPMG 재구성.

되는 결과를 초래하였다. 그에 비해 빅히트의 극장 애니메이션 〈시양양과 후이타이랑〉이 좋은 결과를 얻게 되어 향후 발전 가능성이 높다. 유럽 애니메이션 산업은 크게 영국, 독일, 프랑스, 스페인, 이탈리아의 활동이 활발하다. 자국 애니메이션 보호와 발전을 위해 해외합작이 활발해지고 있으며, 애니메이션 발전을 위한 다양한 지원제도가 운영 중이다.

4) 국내 지상파 및 케이블TV의 애니메이션 방영 현황

2009년도의 전체 애니메이션 방영시간은 134,065분(약 2,234시간)으로 2008년도의 128,725분(약 2,145시간)보다 5,340분(약 89시간), 약 4.15% 증가했다. 국내 애니메이션의 방영시간은 2008년 49,470분(약 824시간)에서 5,460분(91시간), 11.04%가 늘어난 54,930분(약 916시간)이 방영되었다. 해외 애니메이션의 방영시간은 2008년 79,255분(약 1,321시간)에서 120분(2시간), 0.15%가 감소한 79,135분(약 1,319시간)이 방영하여, 전체 애니메이션의 방영시간은 4.15%의 증가하였다.

2009년 케이블/위성 애니메이션 전문채널에서 방영된 국내 애니메이션의 총 방영 시간은 768,730분이었고 그 중 가장 높은 비율을 차지

그림 7-3 국내 지상파 및 케이블TV의 애니메이션 방영 현황

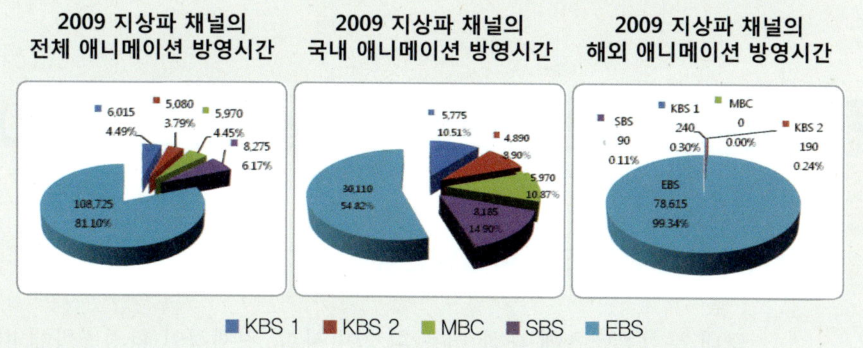

출처: KOCCA, 애니메이션 산업 백서(2010).

| 표 7-4 | 2009년 케이블/위성 애니메이션 전문채널의 애니메이션 방영현황 (단위: 분)

	애니맥스	애니박스	애니원	챔프	투니버스
전체 애니메이션	525,600	448,050	466,640	483,070	523,950
국내 애니메이션	143,325	157,440	144,605	158,860	164,500
	27.27%	35.14%	30.99%	32.89%	31.40%
해외 애니메이션	382,275	290,610	307,905	301,500	358,445
	72.73%	64.86%	65.98%	62.41%	68.41%
미국적 애니메이션	–	44,340	14,130	22,710	1,005
	–	9.90%	3.03%	4.70%	0.19%

출처: KOCCA, 애니메이션 산업 백서(2010).

하고 있는 채널은 투니버스로 164,500분을 방영하여 전체의 약 21.40%를 차지했다. 가장 적게 국내 애니메이션을 방영한 애니박스는 전체 중 18.64%를 차지하였다.

2009년에 해외 애니메이션을 가장 많이 방영한 채널 케이블/위성 애니메이션 전문채널은 애니맥스(382,275분)이고, 가장 적게 방영한 채널은 애니박스(290,610분)이다. 반면, 전년에 비해 해외 애니메이션 방영시간이 가장 많이 늘어난 채널은 역시 애니맥스이고, 방영시간이 가장 많이 줄어든 채널은 챔프였다.

3 애니메이션 콘텐츠 마케팅전략과 활동

애니메이션 콘텐츠의 마케팅전략

국내 문화콘텐츠에 대한 이용 환경이 사회, 경제적인 환경변화에 따라 변화되고 있고, 방송과 통신의 융합, 유선과 무선의 융합 등 디지털 융합에 따른 콘텐츠 유통 플랫폼의 다양화 및 복합미디어의 출현으로 콘텐츠의 새로운 수익구조가 등장하고 있다.

이에 따라 애니메이션의 마케팅전략은 소비자 마케팅전략, 유통 및 배급망 확보전략, 제작 및 제작에 관련된 네트워크 구축전략 등 3가지로 나누어 수립하는 것이 일반적이다.

1) 소비자 마케팅전략

소비자에게 자사의 작품을 어떻게 부각시키고 구매할 수 있도록 유도하느냐에 중심이 되는 일반적인 마케팅전략으로 3가지로 정리할 수 있다.

① 광고/홍보전략: 광고 및 홍보는 애니메이션의 특징을 최대한 부각시킬 수 있는 콘셉트를 찾아내는 것이 중요하며, 주 고객층에 적합한 매체 및 시간대를 고려하여 수립하는 것이 핵심과제이다.

② 공동마케팅전략: 애니메이션은 감성에 의존하여 구매한다. 따라서, 관련사업과 연계하여 공동마케팅을 추진한다면, 선택의 폭이 넓어짐은 물론, 만족도를 배가시킬 수 있는 요소로 작용한다.

③ 프로모션 전략: 프로모션은 가끔 공동마케팅과 혼용되어 인식되기도 하지만, 분명 다른 관점에서 접근해야 할 마케팅실행 수단이다. 프로모션은 주 고객층이 좋아하는 요소를 작품에 더하여 제공하므로 시너지효과를 배가시키고, 소비자로 하여금 연상하여 인식하도록 유도하는 것을 뜻한다. 프로모션에는 이벤트, 행사 등 참여프로그램과 작품 구매 후 지속적으로 관리하는 사후 프로그램으로 나누어 볼 수 있다.

2) 유통/배급망 확보전략

자사의 작품을 소비자에게 전달하는 배급망을 확보하기 위한 전략으로, 제작사가 직접 배급을 하는 경우가 많지 않으며, 일부 장르 혹은 일부 분야에서는 직접 배급이 불가능한 경우가 있으므로 필수적인 전략

그림 7-4 애니메이션 유통구조

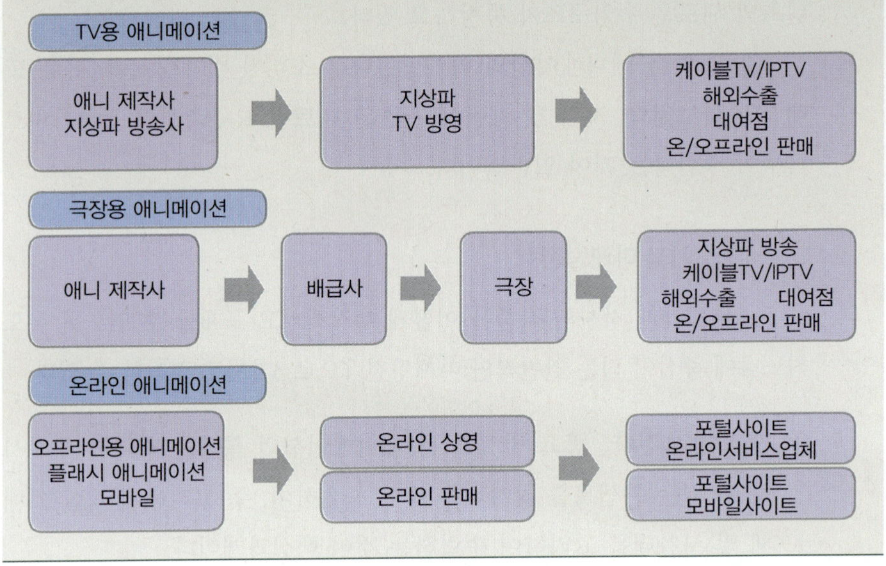

이라 할 수 있다. 여기서는 애니메이션의 유통구조를 알아보는 것이 매우 중요하다.

대부분 애니메이션산업에서는 그동안 배급사가 소비자대상 홍보를 직접 진행하는 경우가 많으므로 배급사의 홍보능력이 중요한 선정 포인트였다. 따라서, 배급사에게는 자사의 작품이 성공가능성이 있음을 구체적으로 제시하고, 배급능력과 홍보 능력을 보유한 배급사를 확보하기 위해 세밀한 전략이 필요하다.

3) 제작 및 협업 네트워크 구축전략

자사가 기획한 콘텐츠 제작을 위해 네트워크를 구축하는 전략으로, 작품의 질을 높이기 위해서는 능력 있는 집단과의 네트워크 구축이 작품의 성패를 좌우할 정도로 중요 과제이다. 네트워크 구축전략은 대략적으로 3가지로 분류된다.

• 첫째, 제작협력 네트워크 구축방안
• 둘째, 자금유치 방안
• 셋째, OSMU 추진을 위한 네트워크 구축방안

OSMU를 효과적으로 추진하기 위해서는 참여사로 하여금 자사 작품에 대한 소비자의 소구력과 흥행가능성에 대한 입증을 하고자 노력해야 하며, 이러한 활동들을 통해 참여사간 신뢰를 바탕으로 성공적인 사업연계를 이룰 수 있다.

애니메이션을 활용한 마케팅 활동

애니메이션은 단순히 영상물 자체로 그치지 않고 다양한 마케팅 활동의 방법론으로 통용되고 있는데 그 중요한 내용은 아래와 같은 것들이 있다.

• 애니메이션과 광고(Advertising)
• 애니메이션 캐릭터 개발을 통한 판촉물 등의 활용(Character Business)
• 애니메이션과 프로모션(Promotion)
• 애니메이션과 영화합성 및 응용제작(컴퓨터 그래픽의 Live Action 점유율 증가)
• 애니메이션과 PR(Public Relation)
• 애니메이션과 선전(Propagand)

1) 애니메이션과 광고

애니메이션은 생략·과장을 통한 인격 의존적 표현을 중심으로 하기 때문에 특정 인종이나 종교, 이념의 벽을 쉽게 넘을 수 있는 이점이 있다. 더욱이 세계가 정보, 교통수단의 발달로 점점 좁아짐에 따라 비즈니스의 글로벌화는 거역할 수 없는 대세이다.

실제로 우리나라는 대중문화의 선진국인 미국, 일본 애니메이션의 직접 영향권에 들어 있으며 우리나라의 시장 및 첨단기술 여건은 부족한 상태에 있다. 따라서 전통적 방식의 애니메이션 대비 우리가 비교적 우위에 있는 뉴미디어에 의한 애니메이션 기술에 전략적 투자가 필요한 시점이다.

❶ 기존 분야에서 명성을 얻은 이미지를 애니메이션화

대개 우리나라 광고패턴의 전형은 인기인의 작품과 이미지를 상품 이미지에 대입하는 것이다. 예전의 '광수생각'은 만화 같지 않은 만화로 이전의 그 어떤 세대보다도 감각적인 현대 한국인의 감성을 자극한 사례에 속한다. 이는 다시 '새로움'이란 총체적 이미지로 상품에 투입되고자 한다. 이런 식의 애니메이션 광고는 과거부터 계속되어 왔다. 그러나 순수한 애니메이션으로부터 비롯된 광고는 외국 애니메이션이 대규모 흥행실적을 올리는 반면 광고에 사용할 만한 인기 있는 국내 대작이 없기 때문에 스스로 기획, 제작되는 사례가 없는 악순환이 되풀이되고 있다.

❷ 창작광고(캐릭터, 시나리오)

기업 이미지 구축 및 주력 상품 이미지 전개의 장기 전략으로 이루어지는 광고는 우리나라에서 보기 드문 광고유형이다. 일본의 경우에는 30년 동안 한 회사가 TV 만화영화 시리즈의 스폰서 역할을 함으로써(도시바, 사자에상) 일본인 남녀노소가 만화영화 및 광고의 주인공을 좋아하고, 그들을 살아 있는 일본 국민으로 착각할 정도의 정체성을 갖고 있는 사례가 드물지 않게 있으나 우리의 경우는 역시 제작비와 인식의 문제가 걸림돌이 되는 것 같다. 다른 나라에 비해 비교적 짧은 시간에 신분상승을 이룬 우리의 기업주들에게 애니메이션은 역시 애들이나 보는 것으로 인식되기 쉬웠기 때문이다.

❸ 컴퓨터 애니메이션 합성효과를 사용한 광고

컴퓨터 그래픽을 이용하는 애니메이션 광고는 전문가나 일반인들에게 애니메이션의 개념을 혼란스럽게 만드는 분야이다. 그러나 만화적 상상력이 무엇보다도 요구되고 매체 성능 변화의 속도가 매우 빨라서 기술적으로 적응하기 힘든 만큼 효과 면에서 폭발적인 에너지를 가진 분명한 미래 애니메이션의 주력이다. 현대 광고의 거의 모든 분야에서 안 쓰이는 곳이 없을 정도이다. 이미지 특수효과 등의 의미와 혼용되고 있지만 애니메이션 기법의 이해와 수용이 이 분야 발전의 핵심이라 해도 과언이 아니다.

한 예로 디자인과 드로잉, 타이밍 및 사운드 감각이 없는 3D전문가가 만드는 작품이 어떤 의미를 가지겠는가? 그런데 우리 주위에는 단지 첨단기계만을 가진 사람들이 너무 많다. 그리고 이들이 하는 역할이란 첨단이란 이름 아래 서구 이미지의 아류를 만드는 일과 외국 하드웨어와 소프트웨어의 막연한 소비자 역할이나 부추길 뿐이다. 그 결과로 생기는 기술종속은 곧 문화종속을 낳는다. 첨단기술만이 벤처는 아닐 것이다. 창의력과 이를 구현하는 드로잉 개념이 오히려 더 중요하고 제도적 지원이 필요한 벤처이다.

기계 감가상각비와 소프트웨어의 변화에 대응할 수 있는 효율적인 시스템 플로우(System Flow)의 공개적이고 지속적인 창출 없이는 외국 하드웨어와 소프트웨어의 대책 없는 문화소비자 역할을 면하기 어렵다. 외국기술의 업그레이드 여부에 따라 우리 능력의 뿌리가 흔들리는 상황에서는 그 어떤 것도 진정한 첨단은 아니기 때문이다.

2) 애니메이션 캐릭터 개발을 통한 판촉물 활용

애니메이션 속의 캐릭터는 인격적 속성이 과장된, 공격적 광고의 주역이다. 이러한 캐릭터는 그 시대정신의 정수가 그 이미지 속에 녹아 있지 않으면 살아남을 수 없다. 또 공간과 여백, 색감, 질감에서 굿 디자인(Good Design)의 특성을 가져야 강력한 마케팅효과를 가질 수 있다. 우리 사회에서도 최근에 여기에 대한 관심과 논란이 많은데 우리는 이 분야를 군사적 시각, 즉 특공대 결성 등의 형태로 보는 경향이 있다. 즉 어떤 제목을 정하고 그 밑에 인력이 모여서 다소의 무리가 있더라도 밀고 나가면 된다는 식이다.

문화산업의 시대, 정보화의 시대에서 이러한 사고는 위험하다. 그 이유는 아무도 싫어하지 않지만 좋아하지도 않는 물건을 만들게 되기 때문이다. 이것이 바로 캐릭터가 없는 물건이다. 이야기와 이미지의 자유로운 교류를 보장하는 마니아적 집단만이 시대정신의 전형을 만들고 이의 지성적, 조형적 반영이 캐릭터이자 시대정신의 표상이라고 할 수 있다.

항공사와 같은 서비스업체에 있어 친근감의 확보는 비즈니스 전략의 주요 거점이다. 특히 대형사고의 공포 등과 같은 부정적인 상상에서 벗어나는 데 친근감을 주제로 한 생략 과장된 심벌은 유효하다. 그러나 이러한 캐릭터를 만들어 내기 위해서는 굿 디자인의 유지와 확대 발전을 위한 지속적인 관리가 필요함에도 불구하고 조악한 판촉물을 경제원리(싼 가격)를 내세워 만들어 내고 있는 것이 현실이다. 관광객이나 공무여행자가 기념으로 가질 만한 좋은 품질의 캐릭터 상품을 대형항공사에서 찾을 수 없다면 그 나라 어디에서도 찾을 수 없다는 말이 된다. 기업들이 다양한 문화를 폭넓게 수용하는 자세를 가질 때 우리 문화의 성숙도가 드러난다.

여객기의 몸체에 만화 캐릭터를 그리는 나라 중에 문화적으로 경박한 나라는 하나도 없다. 오히려 그 나라의 문화 수용태도의 여유 때문에 돋보일 뿐이다. 작가가 애써 그린 캐릭터 이미지를 발전시키지는 못할 망정 오히려 훼손시키는 것은 회사에 도움이 되는 경제적 태도가 아니라 단지 저작권 침해와 회사 이미지의 평가절하일 뿐이다.

평생을 통해 닦아 온 재능을 전력투구하여 만드는 세계적인 캐릭터는 보호해 주는 제도나 사람들 없이는 절대로 뿌리내리지 못한다. 최근 활발히 이루어지고 있는 캐릭터 제작들이 일회적이고 단편적인 행위에 지나지 않게 되는 것은 이러한 연결효과에 대한 총체적 기획이 이루어지지 않기 때문이다.

캐릭터산업의 기본적인 특징은 가상의 이미지를 판매한다는 것이다. 구매자가 캐릭터로 포장된 상품을 구매함으로써 그 캐릭터의 이미지 신호를 접수하는 것과 같고 그 이미지가 형성해 내는 세계에 능동적으로 개입하는 것이 된다. 캐릭터는 기존 문화산업의 시장을 활성화시키고 상품의 부가가치를 높이며 이러한 커뮤니케이션 효과를 강화시킨다. 즉 디즈니의 캐릭터 셔츠를 입는 것은 디즈니가 만들어 내는 세계에 자발적으로 접수됨을 의미하는 것이다.

3) 애니메이션과 프로모션 활동

애니메이션의 산업에 있어 주목해야할 것은 애니메이션이라는 장르의 특성에서 기인한 일종의 시너지효과이다. 애니메이션만큼 산업적 파급력이 광범위한 분야도 없다. 애니메이션은 다른 콘텐츠 산업, 즉 게임, 영화, 방송, 상업광고 등과 밀접한 관계를 맺고 있기 때문이다. 따라서 One Source Multi Use를 통해 다양한 수익원을 창출할 수 있다.

우리나라에서는 이런 부분이 체계화가 미흡하지만, 만화 → 만화영화 → 출판물 → 뉴미디어영상(CD-Rom, VCD 등) → 게임 → 팬시/완구

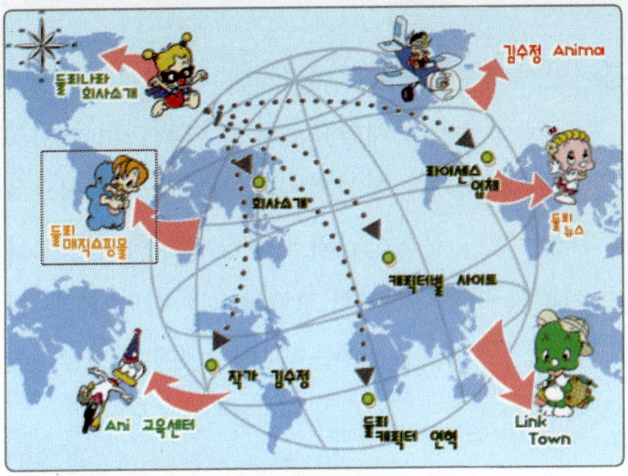

→ 문구/의류 등 일용잡화로 만화 한 권의 성공이 인쇄매체, 영상매체, 뉴미디어, 일용잡화에 이르기까지 광범위한 머천다이징 효과를 거두는 분야는 거의 유일하다. 일본의 경우 만화 시리즈 하나의 성공은 개인소득 1조 엔을 가져다 주기도 했다(슬램덩크).

'둘리나라'는 우리나라에서 거의 유일한 '만화 원작자가 직접 창업한 캐릭터 애니메이션 전문업체'이다. 그리고 역시 흔치 않은 성공사례에 속하는 경우이다. 원작자 특유의 유머와 디자인 감각은 우리 사회의 심벌로서 손색이 없고 외국과도 라이선스계약을 체결하는 등 발전적인 모델을 보여 주고 있다. 장난감(한도물산), 가방(쓰리세븐), 햄우유(롯데) 등의 어린이용품에서 로바다야끼체인점(지연산업), 음성정보(데이터시스템)에 이르기까지 많은 분야에 사용되었다.

한편 애니메이션에 의한 프로모션 활동이 가능하기 위해서는 극장과 방송의 적극적인 개입이 필요한데 우리나라의 경우 극장과 방송 모두 제작비의 회수와 부대제품의 상업적 성공을 기대하기 어렵다. 그러므로 작품개봉 이전에 제작원가 수준의 회수가 확보된 상황으로 갈 수 있도록 하는 것(PPL 확보)이 모든 작업의 핵심이다. 실제로 애니메이션과 관련된 프로모션은 외국 애니메이션의 TV 인기방영에 편승하여 로열티를 지불하는 팬시용품을 팔거나 극장용 애니메이션의 극중광고 유치 기획이 전부라 해도 과언이 아니다.

4 애니메이션 콘텐츠 마케팅의 사례

<슈렉>

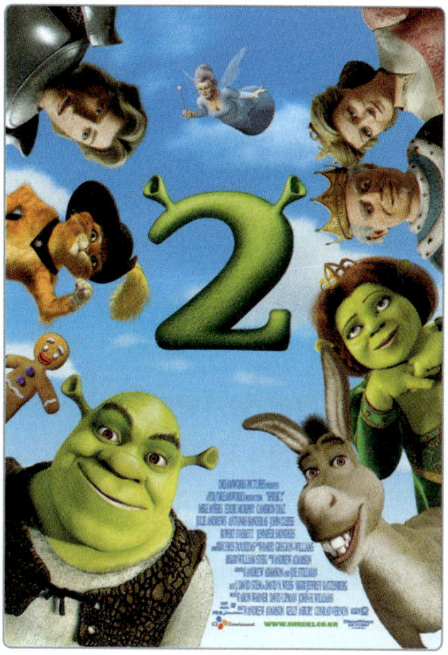

3D 애니메이션으로는 최초로 인간의 움직임을 완벽하게 표현, 정교한 자연스러움을 표출해낸 애니메이션 영화 〈슈렉〉, 이 작품을 보고 있으면 슈렉의 꿈뻑이는 눈, 피오나 공주의 옷자락의 움직임, 덩키의 털이 바람에 움직이는 것, 주변 나무들의 움직임 등이 너무나도 자연스러워 사람들을 놀라게 한다. 지금까지 보아왔던 애니메이션들과 차별화된 자연스러운과 세련된 기법에 놀라움을 금할 수 없다. 그렇기 때문에 슈렉에서 만들어진 캐릭터들과 주변환경은 너무나 자연스러워서 실사의 합성이 아닌가 착각할 정도이다.

1) 〈슈렉〉의 성공 요인

❶ 새롭고 독창적인 작품개발을 위한 노력

물론 다른 작품들도 작품이 만들어지기까지 많은 시간과 노력이 투자되지만 〈슈렉〉의 경우 타 작품보다 작품의 완성에까지 철저한 준비와 노력이 더욱 많이 깃들여져 있음을 알 수 있다. 1년에 걸친 스토리 개발 기간, 4년에 걸친 제작 과정, 즉 기발하고 독특한 아이디어를 발굴해 내기 위한 1년이 넘는 스토리 작업, 정교하고 세밀하며 보다 완벽한 표현을 위한

4년여 간의 제작 기간. 이와 같은 철저한 준비와 시간적 투자 그리고 노력이 함께 어울린 결과 애니메이션 블록버스터 〈슈렉〉이 탄생할 수 있었다.

❷ 타 애니메이션과 차별화된 독특한 스토리

기발하고 엉뚱하고 엽기적인 이야기, 지금까지 일반적으로 생각해 오던 스토리와는 전혀 다른 상상의 한계를 깨고 모든 고정관념을 깨뜨리는 이야기 전개는 화제를 일으켰다.

❸ 기발한 아이디어들과 웃음을 유발하는 재미

옛날 옛적에~ 동화책이 한 장씩 넘어가는가 싶더니, 거대한 초록손이 스크린 가득한 동화책을 찢어버린다. 성에 갇힌 공주는 누군가가 오는 인기척에 '잠자는 숲속의 공주'라도 되는양, 다소곳이 누워 입술을 내밀며 슈렉을 엿본다. 산적이 나타나 괴물을 때리면 공주가 나타나 위력적인 매트릭스 발차기로 순식간에 해치운다. 이런 엽기적이면서도 독특한 아이디어는 〈슈렉〉의 수많은 설정 중 단지 일부일 뿐이다. 〈백설공주〉, 〈인어공주〉, 〈미녀와 야수〉 등에서 디즈니가 끊임없이 보여준 아름답고 조신한 공주와 순수하고 착한 왕자의 이야기를 비판하며 신선한 재미를 관객들에게 선사했다고 할 수 있다.

2) 〈슈렉〉의 마케팅

❶ 멀티플렉스 중심의 초대형 개봉 방식

〈슈렉〉을 제작한 드림웍스의 경우 여러 가지 마케팅을 통해 슈렉의 흥행을 도왔다. 그중 멀티플렉스 중심의 초대형 개봉 방식이라는 것은 〈슈렉〉의 경우 3,587개의 극장에 동시 개봉함으로써 많은 사람들이 보다 빨리 보다 쉽게 〈슈렉〉을 볼 수 있게 만들었다. 타 영화에 비해 많은 극장을 점유함으로써 타 영화에 비해 우위를 점했으며 그로 인해 애니메이션 영화사상 가장 많은 수익과 최고 관객 동원이라는 흥행을 얻었다.

❷ 원작동화 이외에 시나리오를 각색한 책 〈슈렉〉 출시

대부분의 애니메이션의 경우 애니메이션상에 등장하는 인물들을 인형이나 여러 가지 상품으로 출시하는 경우가 많다. 그러나 〈슈렉〉의 경우 타 애니메이션과의 차별화 및 독특한 방식을 택했는데 그것은 〈슈렉〉을 본 사람들이 만족스러워 할 때, 그들의 감동을 확장시킬 수 있는 상품을 다른 방식, 즉 책으로도 개발한 것이다.

❸ 다양한 이벤트를 통한 경품 마케팅

많은 영화에서 사람들의 시선을 끌기 위해 많이 사용하는 방식은 경품 마케팅이다. 즉 영화를 보면서 공짜로 얻을 수 있는 경품은 사람들의 관심을 유도하는 촉진제와 같다. 〈슈렉〉의 경우에서도 다양한 이벤트를 통한 경품 마케팅이 이뤄졌는데 그 중에서도 홈페이지 이벤트를 통해 선발된 〈슈렉〉 홍보단에게 포상금을 지급하는 독특한 방식을 취했다. 즉 슈렉의 열성팬들로 구성된 홍보단은 서울 관객 50만 돌파시에 캐릭터 상품을, 서울 100만 돌파시에 포상금 5만 원을 약속받고 자신만의 다양한 방법으로 슈렉을 홍보하도록 한 것이다.

<포켓몬스터>

'주머니 괴물'이라는 뜻의 일본 애니메이션 〈포켓몬스터〉는 캐릭터와 애니메이션 왕국 월트 디즈니를 위협하며 미국뿐 아니라 전 세계 어린이들에게 절대적인 지지를 얻었다. 각 시장에 따

른 융통성 있는 마케팅전략, 독특한 개성을 바탕으로 한 탄탄한 스토리 구성, 철저하게 베일에 가린 홍보 전략, 끊임없이 출시되는 신제품. 포켓몬스터의 성공은 오랜 노하우가 근간이 된 고도의 마케팅 전술과 끊임없이 도전하며 새로운 것을 창조해내는 상상력이 빚어낸 결과물이다.

1) 〈포켓몬스터〉의 성공 요인

❶ 다양하고 독특한 캐릭터들의 등장

〈포켓몬스터〉에는 각각의 독특한 특징을 가진 캐릭터가 장장 151개가 등장한다. 그러다보니 일반적으로 한정된 캐릭터가 존재하는 일반 애니메이션에 비해 다향한 캐릭터들이 등장해 사람들에게 지속적인 호기심과 재미를 선사한다. 즉 한 캐릭터에만 편승되지 않는 캐릭터들의 등장은 사람들의 관심을 끌게 되고 결국엔 〈포켓몬스터〉를 성공의 길로 이끌었다.

❷ 어린이들의 어법, 기억력을 연구해 만든 캐릭터 이름

〈포켓몬스터〉의 캐릭터 이름을 보면 너무나도 재밌고 또 친숙하게 들린다. 이것은 영화가 공개되는 각 나라의 특성을 살려 그 나라 아이들이 쉽게 기억할 수 있는 자국언어로 바꾸도록 계약단계에서부터 의무사항으로 하고 있다. 한국에서만 하더라도 캐릭터들의 특성을 잘 살린 한국적인 이름을 짓기 위해 1년여의 시간을 투자했을 정도다.

❸ 개성을 바탕으로 한 탄탄한 스토리 구성

다양한 캐릭터들이 등장하는 만큼 스토리상에 있어 연결이 부자연스럽거나 복잡해질 수가 있다. 그러나 〈포켓몬스터〉의 경우 적재적소에 캐릭터들을 영화 스토리에 배치함으로써 관객에게 재미와 함께 탄탄한 스토리를 보여주었다.

2) 〈포켓몬스터〉의 마케팅

❶ 키즈 마케팅

애니메이션의 주 대상이 어린이인 만큼 마케팅에 있어서도 키즈 마케팅이 활발히 이뤄졌다. 〈포켓몬스터〉는 키즈 마케팅의 일환으로 기획에서 제작까지 철저하게 아이들 중심의 시각에서 만들어졌다. 어린이에게 친숙한 동물들을 현대적인 감각으로 재창조한 캐릭터, 어른들은 결코 알 수 없는 대결과 게임규칙, 빠른 화면 전개와 밝고 화려한 색채, 각각 다른 특징을 지닌 포켓몬들에 대한 지식을 쌓아가면서 점차 더 깊이 재미에 빠져들게 만든 학습적인 측면 등 어린이의 습관과 문화를 분석해 이를 기초로 기획·제작되었다.

❷ 과학적 마케팅

빠른 화면전개와 섬광의 사용, 캐릭터의 수가 151개나 되어 무궁무진한 흥미를 준다는 점과, 캐릭터가 쉴 새 없이 대결을 펼쳐 긴장감을 주는 등 어린이의 취향을 고려해, 액션, 경쟁심, 정의감 등을 강조했다는 점에서 과학적 마케팅을 통해 성공을 했다고 할 수 있다.

❸ 다양한 멀티미디어를 동원한 초특급 마케팅

〈포켓몬스터〉가 영화로 나오기 전에 포켓몬스터는 TV나 게임을 필두로 카드, 만화, 완구, 인터넷 심지어 먹거리에 이르기까지 아이들이 접할 수 있는 모든 것에 150개가 넘는 캐릭터를 등장시키며 포켓몬스터를 사람들에게 인지, 관심을 갖도록 했다.

MBC 창작 애니메이션 <장금이의 꿈>

〈장금이의 꿈〉은 국민 드라마로 불리며 시청자의 사랑을 받았던 드라마 〈대장금〉의 스토리와 캐릭터를 바탕으로 MBC가 의욕적으로 만든 창작 애니메이션이다. 수랏간 생각시 장금이가 역경 속에서도 꿈을 향해

한발 한발 성장해 가는 과정이 어린이에게 재미와 감동을 선사하고 있다.

1) 〈장금이의 꿈〉의 성공 요인

❶ 친근한 캐릭터와 탄탄한 스토리

이제는 삼척동자도 아는 이름 '장금이'를 주인공으로 한상궁, 연생, 금영, 민정호, 중종 등 드라마를 통해 이미 친숙한 캐릭터의 등장, 대작 드라마의 탄탄한 스토리가 이미 흥행의 요소를 갖추고 있다. 또 궁궐을 무대로 펼쳐지는 음식 이야기와 인간애가 한국적인 애니메이션을 가능케 했다.

❷ 안방극장의 시청률 확보

〈장금이의 꿈〉은 MBC 드라마를 다시 창작 애니메이션으로 만든 작품으로 방송 역시 현재 MBC 토요일 오전 시간대에 방송되고 있다. 요즘 멀티플렉스 중심의 초대형 개봉 방식이 선호되고 있고 앞서 〈슈렉〉의 경우도 3,587개의 극장에 동시 개봉함으로써 많은 사람들이 한꺼번에 볼 수 있었으며 흥행 경쟁에도 승리를 거두었으나, 지속적인 방송 효과와 시청자의 파급력을 감안할 때 그 영향력은 영화 이상이라 할 수 있다.

2) 〈장금이의 꿈〉의 마케팅

❶ 드라마를 현실처럼 – 장금이 인형 제작

〈장금이의 꿈〉이 국내외에서 본격적으로 인기를 얻으면서 주인공 장금이가 인형으로 만들어졌다. 공동제작사인 완구제작사 (주)손오공이 〈장금이의 꿈〉 방송에 등장하는 주인공 캐릭터의 형상과 의상을 그대로 재현해 수랏간 장금이, 의녀 장금이, 상궁 장금이 등 세 종류로 만들었으며 속바지, 버선, 고무신 등도 정교하게 제작해 제품의 세밀함을 더했다. 장금이 외에도 민정호, 연생, 금영 등 주인공급 등장인물을 이용한 미니 피겨 제품들과 아바타 스티커놀이 제품 등 다양한 제품이 출시됐다.

한편 2011년 1월에는 서울 예술의 전당 디자인미술관에서는 미국 마텔사가 45년 역사의 바비 인형 전시회 'The Barbie Story'를 열면서 국내 최고의 디자이너들이 특별 제작한 한복의상을 입은 바비 인형들에 특별히 제작된 '대장금' 바비를 한국 대표 인형으로 전시해 눈길을 끌었다.

② 시청자와 함께 하는 디지털 문화 공간

MBC는 〈장금이의 꿈〉 홈페이지를 운영, 프로그램 소개와 주요 인물, 지난 이야기 다시보기 등을 담고 있다. 또 '장금이' 팬을 위한 E-카드, 플래시게임. 월페이퍼, 나만의 그림첩, 내폰의 장금이 등 코너를 마련해 어린이 팬들과 인터넷 놀이 공간을 마련해놓았으며, 동호회인 장금이클럽도 운영하고 있다.

5 애니메이션 기법 활용한 광고

TV광고 애니메이션의 특징

애니메이션은 사물 또는 인물의 윤곽을 강조함으로써 현실을 단순화시키며, 과장을 통해 실제를 왜곡 또는 강조시킬 수 있다. 이러한 특징은 커뮤니케이션 수단으로서 애니메이션이 보는 이에게 대상에 대한 주목성을 높일 수 있게 한다. 또한 애니메이션 광고는 즉흥적인 재미를 주는 엔터테인먼트 효과를 가지며, 메시지 전달을 제한된 시간 내에 효과적으로 전달할 수 있다. 일반 애니메이션에서는 반복적인 표현을 여러 번 사용할 수 없으나 광고에서는 몇 번이고 할 수 있어, 애니메이션의 특징적인 영상 표현으로 보는 이의 잠재의식 속에 내재되어 있는 코드를 자극한다.

TV광고에 활용된 애니메이션 효과

애니메이션 광고는 소비자가 상품이나 서비스를 구매할 때 의사결정에 영향을 끼치고자 하는 설득적 커뮤니케이션이다. 첫째, 애니메이션을 보고 자란 세대들의 잠재의식 속에 남아있는 코드를 제품에 연결시키면, 그 제품에 대한 친숙도 및 공감대를 쉽고 빠르게 높일 수 있다. 둘째, 애니메이션의 오락적 가치는 광고에 등장하는 캐릭터나 그림은 대부분 귀엽거나 극적으로 표현하여, 이는 보는 것만으로도 즐거운 시각적 엔터테인먼트를 제공한다. 셋째, 단순함의 커뮤니케이션 효과를 줄 수 있다.

넷째, 애니메이션 광고는 보는 사람으로 하여금 내용을 논리적으로 이해시키기보다는 전체적으로 기억시킨다. 특히 애니메이션 광고는 애니메이션의 다양한 기법이 더해져 실사 광고와 비교해 훨씬 더 많은 상상 속의 이미지 창출이 가능하다. 다섯째, 캐릭터를 통한 차별성을 추구할 수 있다. 애니메이션 광고는 그것만이 갖고 있는 독특한 단순성, 상상력을 표현한 허구 이미지와 과장 기법을 통해 일반 광고에서는 기대할 수 없는 주목 효과를 극대화시킬 수 있다. 다시 말해서 수많은 광고 속에서도 파묻히지 않는 시각적 새로움을 통해, 광고하고자 하는 제품에 독특한 캐릭터 부여는 물론, 다양한 부가가치로도 발전시킬 수 있다.

여섯째, 경제적 효용성이 있다. 대부분의 광고는 어떤 형태로든 모델을 써야 하고 빅 모델을 통해 목표했던 수준의 광고 효과를 거두려면 그만큼의 비용 부담을 감수해야 한다. 더욱이 재작업을 하게 되면 시간과 비용 부담은 그만큼 가중되는 것이 보통이다. 이런 경우 모델을 애니메이션 캐릭터로 바꾸면 빅 모델 사용으로 발생하는 비용 부담을 덜 수 있고, 캐릭터의 생명력이 계속되는 한 그 캐릭터를 활용한 광고의 가치 또한 지속될 수 있다. 이러한 점들이 TV광고를 애니메이션 기법으로 만들 경우 발생하는 광고 표현의 효과들이다.

애니메이션 기법에 따른 광고 종류

1) 셀 애니메이션 광고

(1) CELL(셀): 셀룰로이드의 약자, 트리아세테이트 셀룰로이드로 필름의 BASE와 같은 것이다. 표준 셀, 대형 셀, 장 셀 등이 있고 카메라 워크, 셀 워크에 맞는 갖가지 크기가 있다. 한꺼번에 페그 바의 구멍을 뚫어서 정합성을 도모한다.

- 진로소주 야야야차차차 편 / 선원들의 차차차 편 / 두꺼비 편
- 롯데칠성 "쌕쌕" 오렌지 사랑이란 편 / 댄싱 편
- 오리온 "와우" 풍선껌 스케이트보드 편 / 만화 편
- Coca-Cola Super Mom 편
- NIKE Young Gun's II 편

2) 스톱모션 애니메이션 광고

1백 년 정도의 긴 역사 속에서 미국, 동유럽, 러시아 등지의 소수 작가들에 의해 예술적 완성도를 더해온 클레이 애니메이션. 특히 미국의 아드만 스튜디오에서 활동하는 작가들이 대표주자 격이다. 클레이 애니메

이션이 선보이는 스톱 애니메이션은 무생물을 인위적으로 조작해 살아있는 것처럼 보이게 하는 영상기법으로, 인형 등의 물체에 미세한 움직임을 주어가며 한 프레임, 한 프레임을 찍는다. 이러한 클레이 애니메이션의 대표작 〈월레스 앤 그로밋〉의 점토로 만들어진 캐릭터들은 셀 애니메이션이나 컴퓨터 그래픽의 질감보다 친숙하고 부드러운 느낌을 준다.

❶ 클레이메이션 광고

스톱모션 애니메이션의 하나로 찰흙과 같이 점성이 있는 소재를 이용해 인형을 만들고, 이 인형의 형태를 조금씩 변형해 애니메이션 기법으로 광고를 만든다. "방금 뭐가 지나갔나?" "글쎄, 워낙 순식간에 일어난 일이라"란 유행어를 남긴 깜찍이 소다 광고가 그 사례이다.

- 해태제과 "델리쿠키" 사랑편
- 엠보싱 화장지 "울트라 녹스" 휴지통 잘가 편
- 롯데제과 "미니샌드" 미니샌드
- Nissin nissin 1 / nissin 2
- Lipton Brisk Iced Tea Rocky / Backstage
- 깜찍이 소다

❷ 인형 애니메이션 광고

관절을 움직일 수 있도록 제작된 인형으로 만들어진 애니메이션으로 퍼펫 애니메이션이라고도 하는 기법으로 만든 광고이다

- 닛산 독수리 편 / Toys 편
- Levis STA-PREST

❸ 종이 애니메이션 광고

종이를 잘라 스톱모션 기법으로 촬영하면서 원하는 동작을 연출하는 애니메이션 광고를 말한다. 꼭 종이가 아니더라도 종이처럼 얇은 소재를 사용하는 경우도 모두 같은 범주에 포함시킨다.

3) 드로잉 애니메이션 광고

드로잉(drawing)이란 선이 주는 심플함과 여백을 최대한 살린 애니메이션 기법으로, 얼핏 표현의 영역이 매우 단순할 것 같지만, 사용되는 선의 질감(연필, 펜, 목탄, 크레용 등)에 따라서 매우 다양한 느낌을 줄 수 있다. 실제 광고에서는 드로잉을 기본으로 하되, 부분적으로 색감을 입히는 방법도 자주 사용되고 있다.

- 해태제과 "아카시아 껌" 수채화 편
- 삼성전자 "휴대용 핸디 겜보이" 무인도 편

4) 컴퓨터 애니메이션 광고

컴퓨터 애니메이션이란 컴퓨터를 사용하여 Motion Sequence의 이미지를 생성해 내는 것이라 할 수 있다. 각 정지면(Still Image)들을 컴퓨터를 이용해서 제작하여, 실제로는 정지해 있는 영상이 움직이는 듯한 시각적인 착각을 일으키게 하는 방법을 말한다. 현대의 컴퓨터 애니메이션의 개념은 디지털 애니메이션, 즉 실소재 없이 순수하게 컴퓨터만으로 대상의 이미지에서 운동까지를 처리함을 뜻한다.

컴퓨터 애니메이션은 넓은 의미로 해석하면 Motion Control과 같은 컴퓨터로 카메라를 제어하여 인간이 촬영할 수 없는 영상을 만드는 일이거나, 영화 및 애니메이션의 편집과정에서 요구되는 컴퓨터의 처리 및 만화영화의 중간분할(Inbetweening), 채색 등에 도입되는 컴퓨터처리과정을 모두 포함하나, 적극적인 의미로는 디지털 컴퓨터에 의한 애니메이션에 국한하며 이것은 2차원 및 3차원에 시간과 Motion을 포함하는 4차원적인 창조작업이라 할 수 있다.

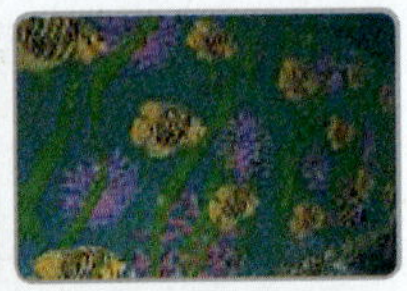

❶ CG(컴퓨터 그래픽) 애니메이션 광고

컴퓨터를 이용하여 애니메이션을 그리는 것으로 키보드 및 드로잉 입력장치를 이용, 모형을 형성하는 데이터를 기억시킨다음 매개변수를 바꾸어가면서 임의로 애니메이션 모형을 그리는 기법을 활용한 광고이다. 사람의 눈으로 확인할 수 없는 우주의 구조나 미지의 세계, 상상의 세계까지 표현할 수 있다.

- 금성 테크노피아 21세기 편
- 제일합섬 "골덴텍스" 컴퓨터 그래픽 편
- 코카콜라 비밀무기 편
- 데땅뜨 데땅뜨
- BURWEISER burweiser 1 / burweiser 2
- Coca-Cola jitterbug 편

- Selley "Talon" Talon Rat Bait
- Diamond Walnuts Cookie Jar

② 실사합성 애니메이션

실사 영상과 애니메이션을 조합한 형태로 실제 배우가 출연한 화면 위에 애니메이션의 캐릭터가 등장하는 기법을 이용한 광고이다.

- 하벤F
- 켈로그 콘프로스트/호랑이 광고
- John Smith's bitter penguins 편
- Pepsi goldfish 편
- Hooch mosquito 편

5) 캐릭터 애니메이션

캐릭터란 어떤 물질의 특성을 나타내는 성향을 말하는데 산업사회에서 고부가가치 창출을 위하여 "인위적이고 의도적인 전략하에 사용하는, 목적성을 갖고 탄생한, 생명력을 갖는 형상을 그림이나 사진 등으로 표현한 것"을 총칭한다. 한편 광고에 있어서의 캐릭터는 광고제품을 대변해 줄 수 있고, 그 제품의 특성을 어느 정도 포함시킬 수 있는 성격의 심벌을 말한다. 이 캐릭터는 대개 만화 형태로 제작해 친근감을 주는 경우가 대부분으로, 캐릭터의 형태와 동작을 가지고 제각기 광고차별화를 추구하고 있는 것이다.

- 롯데음료 '둘리소다' 둘리 편
- 삼성전자 '따로따로 냉장고' 캥거루 편
- LG 생활건강 '레모니아' 소녀 편

애니메이션을 이용한 현대자동차 마케팅 사례

▲ 현대차의 '로보카 폴리 어린이 교통안전특별관'에서 아이들이 로보카 폴리와 기념사진을 찍고 있다. (출처: 아이뉴스24 현대차, '폴리와 함께하는 교통안전 이야기' 공개 2011.7.20)

2002년 현대차는 '씽씽이'라는 캐릭터를 만들어 어린이용 교통안전 홍보물을 제작한 바 있다. 현대차는 또 5~6세 이상 어린이 사이에서 최고 인기를 누리고 있는 로보카 폴리를 활용한 마케팅도 준비 중이다. 로보카 폴리를 마케팅 파트너로 삼아 어린이 교통안전 동영상을 제작하고 있다.

최근 5세 미만의 유아와 어린이들에게 큰 인기를 끌고 있는 '로보카 폴리'가 어린이 교통안전 지킴이로 나선다. 현대자동차가 11년 5월 20일 서울 삼성동 코엑스에서 개막한 '서울 캐릭터·라이선싱 페어 2011'에서 어린이 교통안전 애니메이션 '폴리와 함께하는 교통안전 이야기'를 공개한 것. '로보카 폴리'는 한국교육방송(EBS)에서 방영하고 있는 유아 및 어린이 대상 인기 애니메이션이다. 현대차는 '로보카 폴리' 제작사인 로이비주얼과 함께 세계 어린이를 위한 3D 애니메이션인 '폴리와 함께하는 교통안전 이야기'를 제작해 국내외에 무상으로 제공한다. 현대차는 이날 개막식에서 1,2편을 공개했으며, 연말까지 10편의 에피소드를 추가 제작해 모두 12부작의 시리즈를 완성할 계획이다. 이 애니메이션은 1부 '횡단보도 안전하게 건너기', 2부 '승합차 안전하게 타고 내리기' 등 어린이가 반드시 익혀야 할 교통안전 수칙을 담고 있다. 현대차는 9월 웹사이트와 어플리케이션 서비스를 개시하고, 12부작이 모두 제작되는 연말에는 DVD 형태로 전국의 초등학교, 유치원 등에 무상으로 보급하였다. 또 해외 보급을 위해 영어, 중국어, 러시아어 등 현지어로도 제작할 예정이다. 한편, 현대차는 2011년 7월 24일까지 열린 국내 최대 규모의 캐릭터·애니메이션 전시회인 '서울 캐릭터·라이선싱 페어 2011'에 '로보카 폴리 어린이 교통안전 특별관'을 운영하였다.

학습정리

1. 애니메이션은 크게 극장용, 방송용, 그리고 온라인 애니메이션으로 나눌 수 있다. 애니메이션은 그 자체를 상품으로 판매하여 수익을 올리기보다는 연계산업과 연계하여 수익을 올리는 산업적 특징을 가지고 있다. 애니메이션이 캐릭터, 관광, 의류상품 등 연계산업의 수익을 올리기 위한 홍보수단으로 쓰이기도 하고, 애니메이션으로부터 파생된 캐릭터 라이선싱으로 수익을 발생시키는 특징을 가지고 있다. 애니메이션은 방영권 판매와 연계사업을 통한 라이선스 제공을 통한 수익구조를 가지고 있다.

2. 애니메이션의 마케팅전략은 소비자 마케팅전략, 유통 및 배급망 확보전략, 제작 및 제작에 관련된 네트워크 구축전략 등 3가지로 나누어 수립하는 것이 일반적이다.

3. 애니메이션 마케팅 발전을 위해서는 무엇보다 마케팅 기반을 강화할 수 있도록 애니메이션 환경의 개선과 기업들의 애니메이션 제작 투자 유치를 통한 제도적 개선과 업계의 노력이 병행돼야 하며, 내부적으로는 제작 및 마케팅과 관련된 전문기업들 간의 공동제작 활성화 및 마케팅의 전문화가 이뤄져야 한다

4. 애니메이션의 종류에는 셀 애니메이션, 클레이 애니메이션, 종이 애니메이션, 드로잉 애니메이션, 컴퓨터 그래픽 애니메이션 등이 있으며 광고 등에 활용되고 있다.

8. 음악콘텐츠 마케팅

학습목표, 탐구할 문제

1 음악산업의 개요와 마케팅의 정의

2 음악산업의 현황 및 변화

3 음악콘텐츠 마케팅 성공사례

4 음악콘텐츠와 광고마케팅

5 음악콘텐츠를 광고마케팅에 활용한 사례

학습정리

음악콘텐츠 마케팅

한류스타 '소녀시대' 신곡 티저광고

학습목표

1. 음악산업을 정의하고 음악 마케팅을 설명할 수 있다.
2. 음악콘텐츠 마케팅전략과 음악 마케팅전략을 수립할 수 있다.
3. 음악콘텐츠 마케팅의 국내외 사례를 들고 설명할 수 있다.
4. 광고음악의 종류를 구분하고 음악콘텐츠를 광고에 활용하여 성공 사례를 들 수 있다.

탐구할 문제

1. 음악이 모든 문화권에서 유사한 정서와 감성을 이끌어내는 요소는 무엇인가?
2. 해외 음악 시장의 진출을 위한 마케팅전략을 생각해보자.

1 음악산업의 개요와 마케팅의 정의

음악산업의 개요

'음악' 이란 소리를 소재로 하여 박자, 선율, 화성, 음색 등을 일정한 법칙과 형식으로 종합해서 사상과 감정을 나타내는 예술이다. 우리는 하루하루 생활을 하면서 내가 원해서 음악을 접할 때도 내가 원치 않아도 음악을 접할 때도 있다. 길거리를 거닐다가 상점에서 음악이 나와 접할 때, 핸드폰 벨소리가 울릴 때, 인터넷을 하다가 웹 페이지에서 음악이 나올 때, MP3나 핸드폰을 통해 음악을 들을 때 등등 많은 경우를 통해 우리는 음악을 접하고 살고 있고 하루 한번도 음악이 접하지 않고 살기란 어려운 일이 아닌가 싶을 정도이다.

이 중에서도 MP3와 핸드폰을 이용하여 음악을 듣는 일이 많아짐에 따라 인터넷을 이용한 인터넷 음반 시장의 중요성이 날로 커지고 있으며, 이에 따라 인터넷을 이용하여 어떻게 효율적인 마케팅을 하느냐가 중요 관건이 되고 있다.

음악산업이란 아티스트와 음악을 활용하여 수익을 발생시키는 모든 생산적 활동을 의미한다. 음악과 관련된 모든 분야의 생산적 활동 전반을 지칭하는 것인 동시에 음악산업을 구성하는 각 부문, 다시 말하여 각 업종을 지칭하는 말로도 사용된다. 그에 따라 음악산업은 음반의 제작과 출판, 저작권 관리, 아티스트 매니지먼트, 공연, 방송, 영화 등의 영상물에 삽입되는 음악에 관한 모든 업종과 활동에 관한 모든 개념이 포함된 것이다.

음악산업을 전반적으로 이해하기 위해서는 음반 산업을 우선 이해하여야 한다. 음반이란 음악을 특정한 매체를 이용하여 기록하고 시간과 공간의 제약을 받지 않고 청취자가 듣고 싶을 때 음악을 감상할 수 있게 하는 매체이다. 이러한 음반 산업을 조망하기 위해서 매체의 발달사를 간단히 살펴보면, 1877년 위대한 발명가 에디슨에 의해 축음기가 발명됨으로써 음반 산업이 시작되었다. 하지만 초기 단계에는 본격적인 음반시장이 형성되지는 못했고, 본격적인 음반 산업의 시작은 1894년에 미국시장 최초의 상업용 음반이 등장한 시점으로 볼 수 있다. 즉, 상업적인 목적으로 음반이 제작 및 공급되고 음악을 듣기 위해 음반을 구입함으로써 본격적인 음반시장이 형성된 것이다. 1917년에는 최초의 재즈음반이 출시되었고, 1924년에는 벨연구소에서 전기 녹음장치를 개발하여 음악 저장매체의 새로운 전환기를 맞이하였다. 1930년대는 주크박스와 전축이 인기를 끌었다. 저가의 전축이 판매되며 35% 정도의 저가의 싱글이 발매되었으며, 최초의 앨범개념이 등장하였다. 1940년대 말에 LP가 했고, 50년대에 TV가 등장하며 방송용으로 확장되었다. 1960대 비틀즈가 출현하여 음악계를 주도하였고 음악시장의 확대에 큰 공헌을 하였다. 70년대

그림 8-1 음악산업의 개념 및 범위 확대

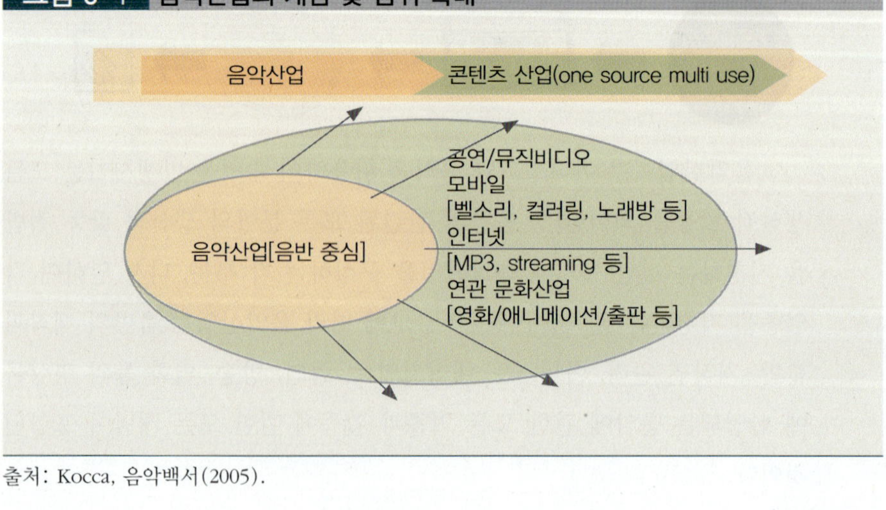

출처: Kocca, 음악백서(2005).

기술의 발달로 16~24트랙 콘솔, 신디사이저, 컴퓨터를 이용한 믹싱, 디지털믹싱 등이 가능하게 되어 보다 나은 음질의 음반제작이 가능했으며, 80년대에는 기존의 테이프와 LP를 젖히고 CD가 음악시장을 주도하기 시작했다. 그리고 뮤직비디오가 등장하면서 듣는 음악에서 보는 즐거움까지 부가하게 되었다. 기술의 발달과 대중매체의 발달에 따라 음악의 상업화가 급진도로 발전되어 왔고, 관련 시장의 규모는 전체 시장의 규모에서 상당히 높은 비중을 차지하고 있다.

이러한 음반 산업은 예전에는 음악산업을 지칭하는 개념이었고, 국내외 대다수의 음악산업 관련 논의는 음반 산업 데이터와 분석을 토대로 이루어졌으나 최근의 음악산업은 신규 매체의 등장과 유무선 네트워크의 발달로 인한 음원의 유통이 가능해지면서 종래의 음반 중심의 음악산업은 스트리밍과 다운로드 서비스, 배경음악 등 유선인터넷 음악서비스와 휴대폰 벨소리, 통화연결음 등의 모바일 음악서비스 등과 같이 새로운 수익 모델의 등장으로 그 범위가 확대되고 있다. 현재 서비스를 하고 있는 DMB를 포함하여 와이브로와 스마트 모바일 등의 디지털방송 및 통신 환경에서 더욱 다양한 형태로 음악의 사용이 확장될 것이다. 또한 문화콘텐츠 산업의 성장이 가속화되면서 음악산업이 방송, 게임, 영화 드라마 등 타 장르와의 산업과 결합하는 사례가 증가하면서 콘텐츠 컨버전스가 본격화되고 있다.

음악 마케팅의 정의

음악 마케팅이란, 고객과의 상호작용에 중점을 두면서 청각이나 소리, 음악을 활용하여 고객의 감성요소를 자극하는 마케팅전략이다. 인간의 오감을 자극하는 감성마케팅(emotional marketing)의 하나로, 시간대별·장소별·업소별·상호별로 음악을 달리해 고객의 구매심리를 자극하는 것이다. 흔히 음향 마케팅이라고도 한다.

1920년 후반 호텔 로비나 사무실 등에서 조용한 분위기나 쾌적한 분위기를 조성하기 위해 사용한 배경음악에서 근원을 찾을 수 있으며, 이후 광고의 성장과 마케팅전략의 발전에 따라 제품 및 판매채널을 선전하기 위한 요소로 확대되기 시작하였다. 그러나 본격적인 마케팅기법으로 부각된 건 1980년대 말부터, 백화점이나 패스트푸드점 등에서 시간대별로 음악을 달리하여 고객의 구매심리를 자극하였다. 예를 들면 고객이 적은 시간에는 느린 음악을 틀고, 고객이 많은 시간에는 경쾌한 음악을 틀어서 판매신장을 이루었다.

최근에는 제품개발이나 광고캠페인·기업이미지 제고 등에 활용되고 있다. 제품개발의 경우, 생산과정에서 음악적 요소를 결합하여 제품의 정서적인 면을 부각시켜 차별화를 강조하는 것으로 가격차별화를 쉽게 전개할 수 있다. 광고캠페인의 경우, 제품을 상징하는 로고 송을 활용하여 고객이 제품의 이름이나 느낌을 떠올릴 수 있도록 한다. 또한 기업이미지 제고는 기업이 음악회를 후원하거나 주최하여 고객이 자연스럽게 좋은 기업이미지를 가질 수 있도록 하는 것이다.

사람의 체내에는 피가 흐르고 있는다. 혈액이 원활히 이동하게 하는 펌프가 있는데 이것을 심장(Heart)이라 한다. 심장이 1분 동안 박동하는 수를 심박수(심장박동수)라고 한다. 사람의 심박수는 환경에 의해 변한다. 심박수가 변하면 감정(Feeling)이 변하게 된다. 영화를 볼 때, 배경음악(Background music)은 화면에서 보여주는 상황에 맞게 심박수를 인위적으로 조절하게 함으로써 분위기를 고조시킨다. 이렇게 고조된 분위기를 기억하고 훗날 다시 생각하게 되는데 이를 추억이라고 한다. 사람의 심박수를 소리로서 조정하여 분위기를 컨트롤하는 것이 음악 마케팅(music marketing)이다. 음향이란 사람이 청각으로 느낄 수 있는 소리라고 한다면, 음향이 높은 수준으로 구조화된 것이 음악이다. 음악이란 "음향에 리듬, 멜로디, 하모니를 가미해서 사람의 감정에 변화를 줄 수 있는 소리다"라고 정의할 수 있다.

특히 서비스업에서 뮤직마케팅을 다양하게 활용하고 있다. 사용자가 원하는 분위기를 창출하고 고객들의 마음을 쉽게 사로 잡을 수 있다.

음악 마케팅의 핵심 포인트

① 템포에 따라 행동속도를 조절할 수 있다.

73bpm(1분당 비트수) 이하의 느린 음악을 틀면 고객이 심리적으로 이완되어 행동이 느려지므로 매장에 머무는 시간이 길어진다. 느린 템포는 판매사원의 서비스속도도 느려지게 한다. 3bpm 이상의 빠른 음악은 시간흐름을 빠르게 느낌으로 고객 및 직원들의 행동이 빨라지므로 바쁜 시간에는 시간당 회전율을 높일 수 있다.

② 연상작용(경험포인트)으로 분위기를 조절할 수 있다.

과거의 경험을 바탕으로 동일(비슷)한 음악이 들리면 그 경험을 연상하게 됨으로 원하는 분위기로 유도할 수 있다. 추억의 영화음악을 예로 생각해보면 이해가 쉬울 것이다.

③ 계절을 음악과 연계하여 표현할 수 있다.

봄(왈츠) – 경쾌하게 / 여름(레게) – 시원하게
가을(샹송) – 분위기 있게 / 겨울(발라드) – 따뜻하게

사람의 오감을 자극하는 감성마케팅의 하나로 청각을 자극하는 음악 마케팅은 시간대별, 상황별, 기후별, 계절별, 연령별, 라이프스타일별로 적합한 음악을 들려 줌으로써 고객의 구매심리를 자극한다. 실전응용에는 제품 생산과정에 음악적 요소 결합하여 정서적인 측면을 부각하고 로고 송을 이용한 광고캠페인으로 연상작용을 높이고 연극, 공연, 음악회 등의 후원으로 좋은 기업이미지를 제고하는 등 그 활용범위가 넓다.

2 음악산업의 현황 및 변화

음악산업의 현황

1) 음악 사업형태별 매출 현황

음악산업의 사업형태별 2009년 매출액 중 '유통/배급' 매출액은 2조 500억 원으로 전체 매출액의 74.8%를 차지하였다. '창작 및 제작'매출액은 3,495억 원으로 12.8%의 비중을 차지하였으며, '기타' 매출액은 2,627억 원으로 9.6%의 비중을 차지하는 것으로 나타났다.' 단순복제'매출액은 394억 원(1.4%)이며,' 제작지원'매출액은 389억 원(1.4%)으로 조사되었다. 앞서 중분류별 매출액에서도 나타났듯이 국내 음악산업은 음반과 음원 제작 규모의 축소가 지속되었지만, 유통 배급의 규모는 증가하고 있다. 이러한 전체 흐름을 반영하듯, 사업형태별 매출액도 창작 및 제작과 제작지원, 단순복제는 감소의 감소를 거듭하고 있는 실정이며, 유통/배급과 기타사업의 매출액만이 증가세를 이어오고 있다.

연도별로 보면 '유통/배급'의 매출액이 2007년에 1조 6,978억 원이었으며 2008년에 1조 8,652억 원이었고, 2009년에 2조 500억 원으로 전년대비와 연평균 각각 9.9%씩 증가하여 다른 사업 형태별 매출액과 비교해보면 비교적 가파른 성장폭을 보이는 것으로 나타났다.

또한 '기타' 매출액도 2007년에 2,116억 원에서 2008년에 2,144억 원, 2009년에 2,627억 원으로 지속적인 증가하면서, 전년대비 22.5%, 연평균 11.4% 증가한 것으로 조사되었다. 한편 '제작 지원'의 매출액은 전년 대비 19.0% 감소하였으며, 2009년 매출액이 389억 원으로 2007년 매출액 796억 원의 절반 수준으로 감소한 것으로 연평균 30.1% 감소한 것으로 조사되어 연간 큰 감소폭을 보이고 있다. '단순복제'매출액의 증감률을 보면 전년대비 9.3% 감소하였고, 연평균도 8.3% 감소하였다. '창작

| 표 8-1 | 사업형태별 매출 현황

(단위: 백만 원, %)

구 분	창작 및 제작	제작 지원	단순복제	유통/배급	기타	합계
음악기획 및 제작업	71,693	6,685	2,168	7,697	239,744	327,987
음반(음원)녹음시설 운영업	3,265	26,169	1,068	1,139	701	32,342
음악 오디오물 출판업	8,835	–	–	589	–	9,424
기타 오디오물 제작업	436	–	–	240	–	676
음반 복제업	2,106	–	36,215	–	–	38,321
음반 배급업	96	–	–	44,609	–	44,705
음반 도매업	–	–	–	36,656	–	36,655
음반 소매업	–	–	–	63,117	–	63,117
인터넷 음반 소매업*	–	–	–	20,267	–	20,267
모바일 음악서비스업	–	–	–	76,502	–	76,502
인터넷 음악서비스업	31,695	–	–	321,737	6,537	359,969
음원대리 중개업	1,638	–	–	58,693	–	60,331
인터넷/모바일 음악 콘텐츠 제작 및 제공업(CP)	21,698	3,256	–	44,190	3,655	72,799
음악공연 기획 및 제작업	207,138	2,869	–	2,985	11,367	224,359
기타 음악공연 서비스업(티켓발매 등)	979	–	–	31,626	698	33,303
노래연습장 운영업	–	–	–	1,339,996	–	133,996
합계	349,579	38,979	39,451	2,050,042	262,702	2,740,753
비중(%)	12.8	1.4	1.4	74.8	9.6	100.0

* 사이버쇼핑몰통계조사 자료인용(통계청).

및 제작'매출액은 2007년에 3,216억 원에서 2008년에 4,307억 원으로 증가한 후에 2009년에 다시 3,495억 원으로 감소하여 전년대비 18.8%의 감소율을 기록하였으나 연평균증감률을 보면 4.3% 증가하였다.

| 표 8-2 | 사업형태별 연도별 매출액 현황 (단위: 백만 원, %)

연도별	창작 및 제작	제작 지원	단순복제	유통/배급	기타	합계
2007년	321,634	79,697	46,900	1,697,808	211,655	2,357,704
2008년	430,726	48,124	43,511	1,865,246	214,468	2,602,075
2009년	349,579	38,797	39,451	2,050,042	262,702	2,740,753
전년대비 증감률(%)	▽18.8	▽19.0	▽9.3	9.9	22.5	5.3
연평균 증감률(%)	4.3	▽30.1	▽8.3	9.9	11.4	7.8

그림 8-2 음악산업 사업형태별 매출 현황 (단위: 백만 원)

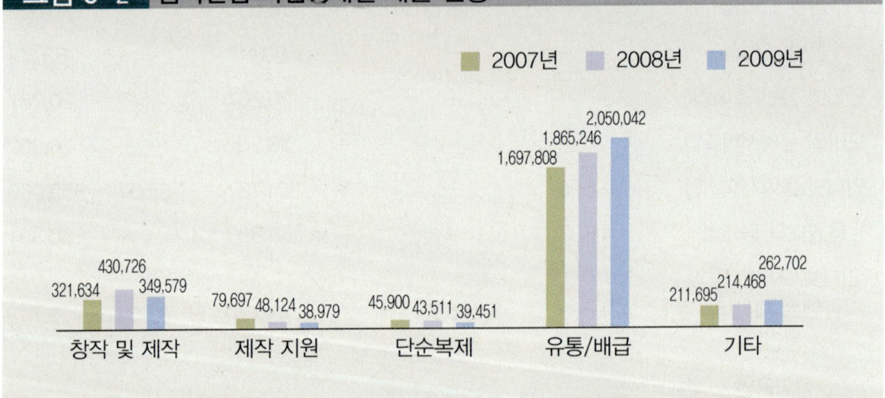

그림 8-3 사업형태별 매출액 전년대비증감률 및 연평균증감률 (단위: %)

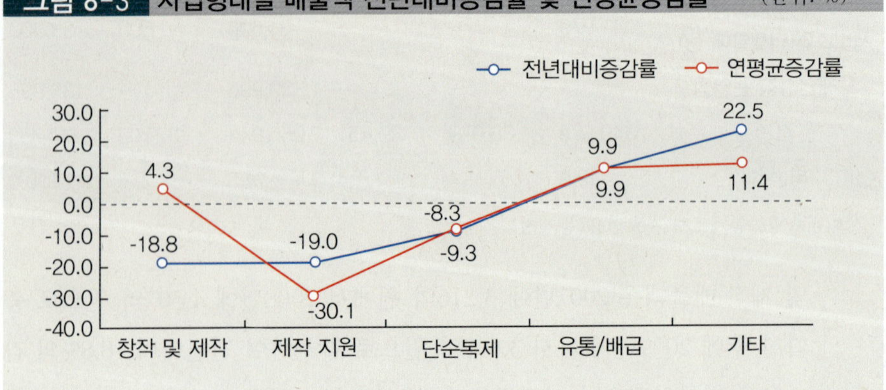

출처: KOCCA, 콘텐츠 사업형태별 매출액(2009).

2) 음악제작업 매출 현황

2009년 음악제작업 매출을 보면 3,603억 원으로 전년대비 12.2% 증가했으나, 연평균은 4.3% 감소하였다. 음악제작업 매출 구성을 살펴보면 '음반 외 수익(음악관련)'의 매출액은 2,544억 원으로 음악제작업 내 매출액의 70.6%를 차지하여 가장 큰 비중을 차지하고 있다.'음반 및 음원'은735억 원으로 20.4%의 비중을 보이며,' 음반(음원) 녹음시설 운영업'은 323억 원으로 가장 낮은 9.0%의 비중을 차지하였다. 연도별로 보면'음반 외 수익(음악관련)'이 2007년 1,867억 원에서 2008년에 2,016억 원, 2009년에 2,544억 원으로 지속적인 성장을 함으로써 전년대비 26.2%, 연평균16.7% 증가하여 중분류 내 유일하게 성장한 산업으로 나타났다.' 음반 및 음원'은 2007년에 762억 원에서 2008년에 802억 원으로 증가세를 이어가는 듯 보였으나 2009년에 735억 원으로 감소하여 전년대비 8.4%, 연평균 1.8% 감소율을 기록하였다. 마지막으로 '음반(음원) 녹음시설 운영업'의 감소현상은 더욱 큰 것으로 조사되었다.

2007년에 1,301억 원에서 2008년에 392억 원으로 무려 909억 원이 감소하였으며 2009년에는 전년대비 69억 원이 감소한 323억 원으로 나타났다. 전년대비 17.6% 감소하였으며 연평균증감률은 무려 50.2% 감소

| 표 8-3 | 음악제작업 소분류별 매출액 현황

(단위: 백만 원, %)

중분류	소분류		매출액(백만 원)			비중(%)	전년대비 증감률(%)	연평균 증감률(%)
			2007년	2008년	2009년			
음악 제작업	음악 기획 및 제작	음반 및 음원	76,270	80,231	73,528	2.7	▽8.4	▽1.8
		음반외수익 (음악 관련)	186,729	201,611	254,459	9.3	26.2	16.7
	음반(음원)녹음 시설 운영업*		130,195	39,246	32,242	1.1	▽17.6	▽50.2
	소계		393,194	321,088	360,29	13.1	12.2	▽4.3

* 2008년 기준조사에서는 음반(음원)녹음시설 운영업과 복제업이 분리되어 2008과 2007년 직접 비교는 무리.

하여 2007년 매출액의 1/4 수준으로 축소되었다. 음반 및 음원의 매출액은 감소한 반면에 음반외수익은 2007년부터 지속적으로 증가하고 있다. 이는 음반 및 음원 제작의 장기적인 침체로 인한 손실분을 채우기 위해 음반 외 수익 창출이라는 새로운 돌파구를 만들게 된 것으로 해석된다. 또한 음반과 음원의 판매가 저조하여 매출액이 낮아지고 있는 현상을 극복하기 위하여 음반과 음원에 대한 정당한 가격 지불 및 유통구조 개선 방안에 대한 필요성이 요구되고 있다.

그림 8-4 음악제작업 소분류별 매출액 현황 (단위: 백만 원)

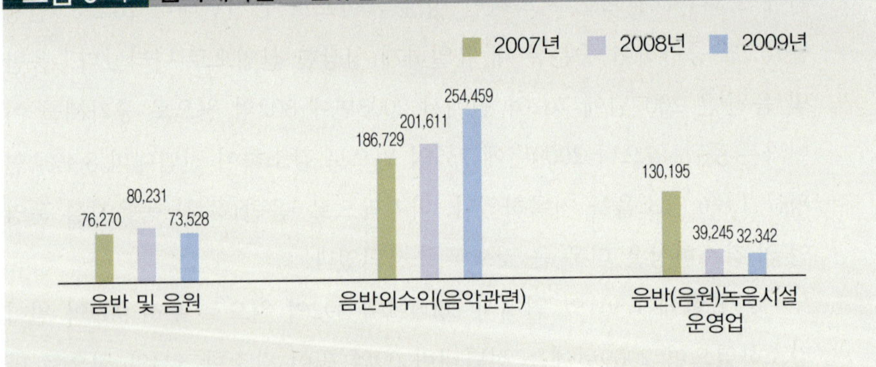

출처: KOCCA 콘텐츠 산업 통계조사 부문별 결과(2009).

그림 8-5 음악제작업 소분류별 전년대비증감률 및 연평균증감률 (단위: %)

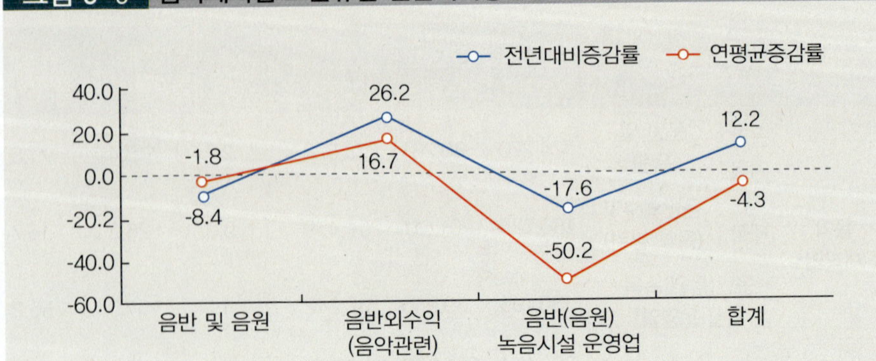

출처: KOCCA 콘텐츠 산업 통계조사 부문별 결과(2009).

3) 국내 음악산업 수출입규모

음악산업 수출액은 전년대비 18.6% 증가해 1,646.8만 달러를 기록했으나 연평균증감률('05년 ~'08년)은 9.6% 감소했다.

음악산업 수출액은 2005년 이후 지속적으로 감소하다, 2008년에는 음악공연업 수출액 증가로 인해 전년대비 증가했다.

| 표 8-4 | 국내 음악산업 수출입규모

(단위: 천 달러)

구 분	2007년	2008년	증가율
수 출	13,885	16,468	18.6%
수 입	4,230	11,484	171.5%

4) 음악산업 소비자 동향

국내의 2009년 주요 감상 음악 장르로는 국내대중가요가 84.6%, 미국팝음악 8%, 일본팝음악 0.4%, 클래식 2.8%, OST 3.3%, 기타 0.9%로 나타났다.

그림 8-6 국내 주요 감상 음악장르

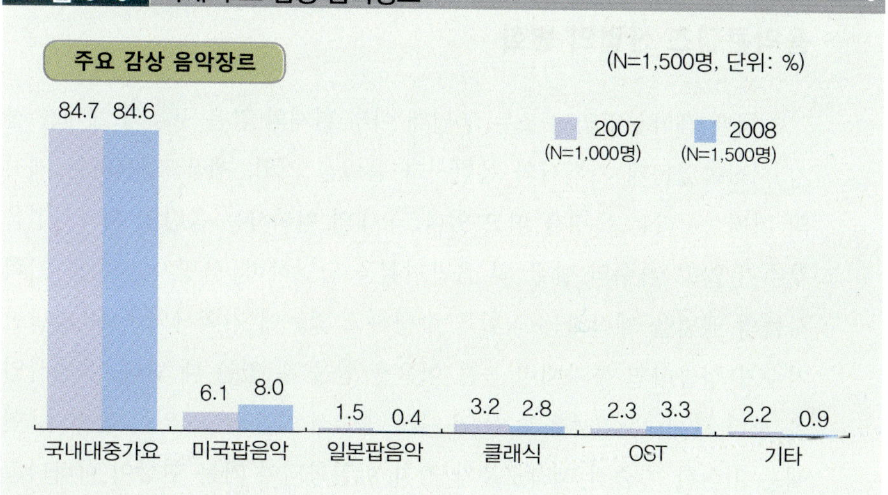

출처: KOCCA, 음악 백서(2009).

◎ 음악감상 주 이용매체(1순위)

2009년 음악감상 주 이용매체 1순위는 MP3로 나타났다. PC의 발달과 음악 파일 관리의 편의성 때문에 MP3를 이용하여 음악을 주로 듣는다. 하지만 자료에는 나와있지 않지만 2010년부터 스마트폰의 폭발적 증가가 나타남으로 MP3 기능이 스마트폰으로 흡수되었다. 그로 인해 2011년 2천만의 스마트폰 사용자들이 휴대폰으로 음악을 감상하는 경우가 많아졌다.

| 표 8-5 | 음악감상 주 이용매체(1순위) (단위: %)

1순위	MP3	TV	컴퓨터/노트북	라디오	CD/DVD	휴대폰	카세트테이프	PDA/PMP/PSP	전자사전	네비게이션
2006년 N=1,300명	23.6	26.4	15.8	15.8	12.2	5.3	–	0.9	–	–
2007년 N=1,000명	28.3	26.4	13.6	15.9	11.9	3.5	–	0.4	–	–
2008년 N=1,500명	31.2	25.3	16.4	13.3	6.8	3.5	2.3	0.9	0.1	0.1

음악콘텐츠 산업의 변화

국내 음악산업의 구조는 80년대 이후 현재와 같은 구조의 체계를 잡기 시작하였는데 기획사와 음반사가 음반을 기획, 제작, 생산하는 제작의 이원성이라는 특징을 띠고 있다. 국내의 기획사는 음반의 제작시설을 갖추지 않고 가수의 발굴 및 음반기획을 담당하며, 음반사는 주로 기획사들의 앨범을 제작하는 역할을 수행하고 있는데 기획사의 경우 발굴한 가수가 성공하면 투자대비 높은 이윤을 얻을 수 있는 데 반해, 음반산업은 보다 High-Risk(높은 투자비용, 높은 불확실성)를 안고 있는 편이다. 현재는 이러한 이중적 제작구조가 점차 합일화되어 가는 현상이 나타나고 있다.

유통단계는 일반적으로 두 가지 흐름을 거치는데 유통회사→소매→소비자로 연결되고 유통회사에서 도매→소매→소비자로 이어지는 구조를 갖는다. 한편 주요 음반사는 자체의 유통시스템을 갖추고 있어 직접 도매상이나 소매상으로 음반을 유통한다. 국내 음악산업 유통구조의 특징은 서울과 지방으로 분리되어 있으며 매우 복잡하다. 서울의 경우 제작사, 도매상, 소매상의 단계를 거치는 반면 지방에서는 도소매상을 연결하는 중간도매상의 단계가 있어 복잡성을 더하며 이러한 구조에 의해 유통마진이 선진국의 2배에 달하고 있다.

디지털화에 따른 음악콘텐츠 시장이 성장되고 있다. 듣고 싶은 음악을 사는 경우 이전에는 레코드 소매점에서 파는 CD라는 구체적인 형태를 떠올렸지만, 지금은 인터넷에서 디지털화되어 눈에 보이지 않는 '음악파일'을 구매한다. 음악상품 형태보다는 음악 자체의 콘텐츠가 중요하게 부각되기 시작한 것이다.

기존 음악산업은 몇몇 음반사들이 배급과 유통을 장악한 과점적 구

그림 8-7 디지털화에 따른 음악콘텐츠 시장의 구조변화(변화 후)

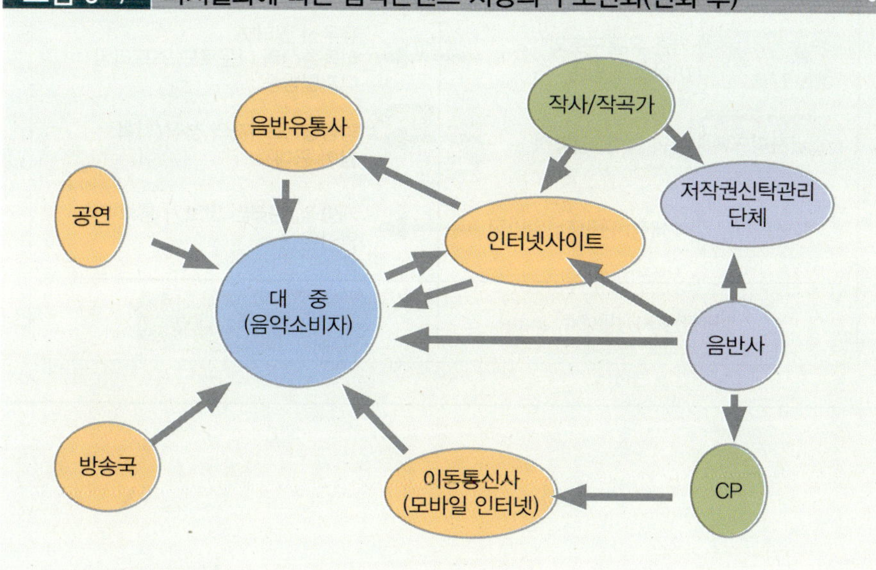

조였으나, 디지털 기술의 발전에 따라 이러한 과점적 구조의 진입장벽이 낮아지는 추세이다. 음반사에 종속되었던 아티스트들이 디지털 기술을 기반으로 독자적으로 제작과 유통에 참여할 수 있게 된 것을 긍정적인 측면으로 볼 수 있다. 한편 기존 음반사들 이외에 디지털 관련 기술을 보유한 IT업체들의 음악산업 진입이 이전보다 용이하게 되었다. 이러한 현상은 삼성전자, KT, SKT, CJ 등 대기업들이 콘텐츠 부문의 투자와 사업 역량의 강화를 본격화하는 현상으로 나타나고 있다.

낮아진 진입장벽으로 인해 기존의 과점적 형태의 음악산업 내에서 기득권을 향유하던 오프라인 음반사들 외에 다양한 플레이어들이 각각 다른 목적으로 음악산업에 진입하게 되었다.

그림 8-8 유무선 네트워크 속 음악콘텐츠 마케팅의 변화

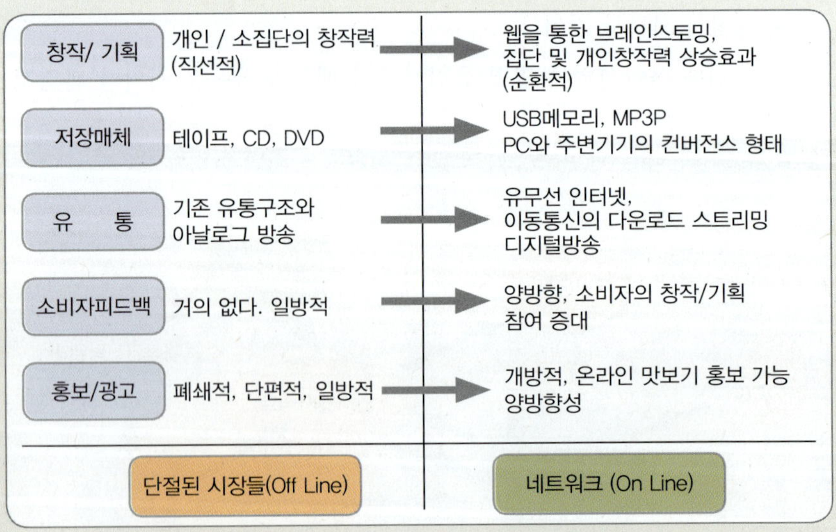

3 음악콘텐츠 마케팅 성공사례

음악콘텐츠 해외 마케팅 사례

애플사의 아이팟을 통한 디지털 음악콘텐츠 시장의 성공 이후 소니, 휴렛팩커드, 마이크로소프트, 델컴퓨터, 냅스터, 리얼네트워크를 비롯해 월마트까지 디지털 음악플레이어 제작 및 온라인 음악시장에 뛰어 들었다. 그중 세계최대의 할인점 월마트가 본격적인 서비스를 시작하면서 '가격전쟁'에 불을 지폈다. 지금까지는 거의 모든 사이트들이 곡당 99센트를 받았는데 월마트가 할인점의 대표업계답게 10% 싼 88센트로 고객을 유인했다. 이에 따라 기존의 유료 음악사이트에 비상이 걸렸으며, 온라인 음악시장이 활성화됨에 따라 기존의 음반회사 매출은 감소세를 면하기 어려운 실정이다.

또한 우리나라에도 이미 200여 개가 훨씬 넘는 점포를 가지고 있는 세계 최대의 커피체인점 스타벅스도 휴렛팩커드(HP)와 제휴하여 음악다운로드 콘텐츠를 또 하나의 수익 모델로 삼고 있다. 이미 미국 캘리포니아주 샌타모니카에 '스타벅스 뮤직카페' 1호점을 열고 6.99달러를 내면 다섯 곡을 골라 CD에 담아주는 서비스를 시작했다. 이제 아침마다 스타벅스에서 커피만 살 수 있는 것이 아니라 자신이 원하는 음악도 살 수 있다. 뿐만 아니라 세계 최대 소프트웨어회사인 마이크로소프트(MS)와 최대의 PC메이커 델컴퓨터도 이 엔터테인먼트 콘텐츠 사업에 참여한다. 전혀 상관없는 타 업종의 스타벅스까지 이러한 엔터테인먼트 사업에 뛰어든 이유는 무엇일까? 그리고 세계최대의 할인점으로만 알고 있었던 월마트 또한 온라인 음악시장을 주무르고 있다는 것을 통해서 우리는 이제 이러한 엔터테인먼트 콘텐츠 산업이 확실한 수익모델의 방향을 따르고 있다는 것을 알 수 있다.

음악콘텐츠 국내 마케팅 사례

1) 콘텐츠가 블루오션 – 뮤직 서비스

❶ 컬러링 서비스

국내에서 성공을 거두었던 콘텐츠로는 컬러링·미니홈피·지식in·리니지 등을 꼽을 수 있다. 그중 음악콘텐츠와 관련된 컬러링 서비스는 들려주는 음악으로 발상을 전환시켜줬을 뿐 아니라, 다른 사람들에게 음악을 들려주는 것에서 만족감을 느끼게 한다. SKT가 2002년 처음으로 시작한 '컬러링' 서비스는 들려주는 음악도 시장성이 있다는 것을 보여준 사례다. 컬러링을 제공하려면 통신 교환기를 모두 바꿔야 할 만큼 대규모 투자가 필요했지만 결과는 대성공이었다. 음악이 듣는 것뿐 아니라 들려주는 것에서도 가치를 찾을 수 있다는 사실이 증명됐다. 컬러링 상품기획을 담당했던 SKT의 관계자는 "안내와 인사를 중시하는 우리의 정서에도 잘 맞는 서비스인데다 통화연결음을 설정하는 것도 어렵지 않아 빠르게 대중화될 수 있었다"고 회고하기도 했다. 현재 이동통신 3사에서 컬러링서비스를 이용하는 고객은 1,400만 명이며 한 달 평균 460만 건의 음원이 판매되고 있다.

❷ 싸이월드 미니홈피용 음악포털 뮤직 2.0 서비스

소비자는 자신이 원하는 음악콘텐츠를 디지털기기와 인터넷을 이용해 직접 생산하고 활용하고 싶어한다. 일상적인 휴대폰 벨소리뿐 아니라 개성과 개개인의 감정까지 표현 가능한 미니홈피 배경음악(BGM: Background Music) 등을 직접 만들어 사용하는 것이 특징인데, 독특하다 못해 특출 난 것을 원하는 네티즌은 인터넷 기업이 새로운 서비스를 제공하길 기다리지 않는다. 자기만의 취향에 맞춘 소리를 재창조하여 개성과 실용성을 동시에 추구하려는 시도가 눈에 띈다. 이 때문에 기업들도 '나만의 것'에 열광하는 이용자의 구미를 당기는 서비스를 쏟아내고 있다.

싸이월드(www.cyworld.com)의 미니홈피용 음악포털 뮤직 2.0 서비스는 노래방에서 직접 녹음한 자신의 음악을 따로 구매해 미니홈피의 배경음악으로 삽입할 수 있다는 것이 독특하다. 싸이월드는 전국의 노래방 중 인터넷 반주기가 설치된 노래방 기기를 이용해 노래를 녹음한 후 휴대폰 인증을 거치면 데이터가 싸이월드 노래방으로 전송된다. 회원들은 이를 기존 배경음악보다 저렴한 가격에 구입해 자신의 배경음악으로 등록할 수 있으며 친구에게도 선물하는 것도 가능하다. 또, 싸이월드 웹 노래방을 통해서도 배경음악(BGM)을 녹음을 통해 자신만의 개성만점인 미니홈피 음악으로 꾸밀 수 있다.

나만의 벨소리 만들기 서비스는 이용자가 자신의 목소리가 담긴 다른 사람과 구별되는 벨소리를 만들 수 있어 좋은 반응을 얻고 있고, 소비자가 적극적인 참여 아래 나만의 것을 만드는 문화는 인터넷 환경이 발전할수록 가속화될 것으로 보인다.

2) 음악과 공연이 만났다 – 음악 페스티벌

2011년 더운 여름에 음악과 공연이 만나는 음악 페스티벌이 열렸다. 바로 '캐리비안 베이 썸머 웨이브 페스티벌'이다. 파도 풀 위에 만들어지

는 야외의 수상무대에서 펼쳐지는 공연은 해변 파티를 느낄 수 있게 한다. 락 페스티벌로 한정된 국내 음악 페스티벌에 새로운 음악 스타일과 축제의 방향을 제시할 또 하나의 페스티벌이다. 기존의 락 페스티벌보다 더 도회적이고 트렌디한 분위기가 펼쳐진 캐리비안 베이의 썸머 웨이브 페스티벌은 한국에서 내한공연을 처음 가지는 T-pain과 Will I AM의 퍼포먼스 그리고 한국을 대표하는 힙합 아티스트 Tiger JK, 윤미래, UV, 스페셜 게스트 2PM 등의 공연을 통해 시원한 워터파크에서 울려 퍼지는 클럽 사운드를 몸소 체험하고자 워터파크 페스티벌을 통해 구현하였다. 여름의 대표적 관광 장소 캐리비안 베이가 음악 마케팅을 통해 여름 분위기를 한층 더 고조하여 좋은 반응을 얻었다.

3) 소셜미디어를 활용한 음악 마케팅

❶ 레이디 가가와 소셜미디어 SNS(페이스북, 트위터)

레이디 가가가 데뷔한 지 3년 만에 세계적인 스타로 자리잡았다. 그 이유는 무엇일까? 바로 페이스북, 유튜브, 트위터와 같은 소셜미디어를 잘 활용하였기 때문이다.

레이디 가가의 페이스북의 친구는 3,500만 명이고 트위터는 1,400만 명이다. 이렇게 많은 사람들과 연결되어 있는 레이디 가가는 자신의 공연, 음악, 뮤직비디오를 SNS를 통해 알리는 형식으로 음악 마케팅을 해 왔다. 뮤직 비디오도 케이블 채널이 아닌 SNS와 자신의 홈페이지에 올리는 등 새로운 방식을 활용하였다.

미국 광고 전문지 애드버타이징에이지는 "핵심 상품 판매를 위해 소셜미디어를 활용하는데 레이디 가가를 따라갈 수 있는 마케팅 전문가는 없다"고 했다. 스티브 버만 유니버셜뮤직 판매 마케팅 담당이사는 "레이디 가가는 소셜미디어의 모든 수단과 기술을 동원해 팬들과 소통하고 자신의 팬을 넓혀 가고 있다"고 말했다. 유럽경영기술학교(ESTM)의 마르틴 쿱 교수는 로이터와의 인터뷰를 통해 "레이디 가가는 감성적이고 상호작용을 중시하는 소셜미디어의 특성을 잘 활용하는 아티스트"라고 평하며 "나이 든 기업 CEO들은 그의 양방향 소통 방식을 참고해야 할 것"이라고 말했다. 많은 전문가들이 모두 레이디 가가의 소셜미디어 마케팅에 대해 입을 모아 칭찬하고 있다. 팬들과 가수를 조금 더 가깝게 이어주는 소셜미디어야말로 음악 마케팅에서 가장 중요한 툴인 것이다. 그것을 가장 잘 사용하는 가수가 바로 레이디 가가인 것이고 많은 사람들이 이런 마케팅적인 부분을 따라하려 하고 있다.

② 유튜브의 전문 채널

▲ 출처: YouTube 2NE1 채널

광활한 온라인상에서 음악콘텐츠를 가장 적절히 활용하기 위한 방법이 뭘까? 요즘은 그 플랫폼이 유튜브(YouTube)이다. 현재 유튜브는 전 세계의 유저를 가진 영향력 있는 매체가 되었다. 그 때문에 각 음반 기획사들은 '유튜브 채널'이라는 기능을 이용하여 유튜브에 전용 판을 너도 나도 개설하고 있다. 음악, 영상 콘텐츠를 이용하고자 하는 이들에게 좀 더 쉽게 영상 및 음악을 감상할 수 있고, 제공자는 집약된 콘텐츠를 쌓을 수 있는 플랫폼이 있어 다양한 마케팅을 시현할 수 있다. 그 예로 유튜브에 뮤직비디오 티저 마케팅이다.

10초, 30초, 1분짜리 티저를 차례로 선보여 팬들의 호기심과 관심을 촉발할 수 있다.

③ 아이폰녀와 유튜브

2010년 5월 하나의 UCC가 엄청난 인기를 몰기 시작했다. 인기 검색어에도 오르는 등 이슈가 되었는데 바로 아이폰녀 동영상이었다. 평범한 여자가 아이폰의 각자 다른 3가지 앱을 켜서 음악을 만들어 즉석에서 부르는 동영상이었다. 스마트폰을 다루는 능력과 노래를 만드는 실력이 좋아 네티즌들이 많은 관심을 가지게 되었다. 기획사에서 만든 영상이다, 개인이 만든 영상이다 아니다란 논란이 많았지만 결국에는 이슈가 되고 데뷔하는 것까지 잘 이어갔다. 데뷔할 때의 영상에서는 이런 두 반응에 대한 이야기를 다루어 잘 연결시켰다. 신인가수가 이 정도의 이슈를 가지고 발표를 한다는 것은 정말 잘 된 사례라고 볼 수 있다. 이런 소셜마디어를 통한 신인가수의 앨범 홍보를 다른 가수들이 더욱 상업적이지 않은 느낌으로 활용한다면 효과가 더 좋을 것 같다.

④ 유럽에 부는 한류열풍과 소셜미디어

드라마의 인기로 만들어진 한류열풍. 이제 또 다른 한류열풍이 불어오고 있다. 바로 유럽에 K-POP의 인기가 높아지고 있는 것이다. 2011년 4월 SM타운 파리 공연이 있었다. 더불어 영국 런던에서 YG 가수들의 공연을 요구하는 대규모 플래시몹이 열려 큰 화제다. 이는 페이스북이라는 소셜 네트워크를 통해 즉흥적으로 응집이 되었다. 7월 9일 오후 3시(영국 현지 시간) 영국 YG팬 약 3백 명의 팬들이 런던 중심가 트라팔가 광장에 모여 플래시몹 시위를 벌이며 YG의 영국 공연을 촉구했다. 이 일로 인해 신한류열풍을 알 수 있었다. 유럽에 가수들이 진출한 것도 아닌데 어떻

게 이런 인기를 얻을 수 있었을까? 바로 소셜미디어 덕분이다. 나라에 장벽이 없는 소셜미디어를 통해 해외에 팬들이 동영상을 보고 자신들의 소셜미디어에 올려 더욱 확산이 된 것이다.

〈표 8－6〉과 같이 전 세계에서 많은 사람들이 우리 한국의 음악을 소셜미디어를 통해 보고 있었다. 이런 변화에 맞게 SM, YG, JYP 등 기획사들이 유튜브에 공식 채널을 개설하고 뮤직 비디오와 다양한 퍼포먼스 영상을 제공하고 있다. 그리고 유튜브에서 신곡을 최초로 발표하고 쇼케이스를 여는 등 홍보 마케팅을 활용하고 있었다.

원더걸스 마케팅 담당자는 "유튜브 채널은 하나의 서버로 연결돼 있어 언제 어디서나 지역과 국적을 불문하고 누구든지 올릴 수 있고 조회할

| 표 8-6 | 유튜브 한국 內 가장 많이 본 동영상(5월 26일 기준 누적 조회 수)

순위	동영상 명	조회 수
1	Girl'Generation(소녀시대)_Gee_MusicVideo	42,474,995
2	Girl'Generation(소녀시대)_Oh_MusicVideo	35,375,240
3	SuperJunior(슈퍼주니어)_SORRY.SORRY_MusicVideo	24,791,142
4	Girl'Generation(소녀시대)_RunDevilRun(런데빌런)_MusicVideo	23,580,459
5	SHINee(샤이니)_RingDingDong(링딩동)_MusicVideo	22,744,997
6	SuperJunior(슈퍼주니어)_BONAMANA(미인아)_MusicVideo	20,053,226
7	SHINee(샤이니)_LUCIFER_MusicVideo HD	18,857,737
8	SuperJunior-M(슈퍼주니어-M)_SuperGirl(슈퍼걸)_MusicVideo	14,800,581
9	Girl'Generation(소녀시대)_Hoot(훗)_MusicVideo	12,761,076
10	SuperJunior(슈퍼주니어)_SORRY.SORRY_MusicVideo(OnlyDanceVer.)	12,602,862

출처: 한국경제(2011. 6. 8).

▲ 출처: 중앙일보, YouTube 세대(2011).

수 있다. 세계적인 시장을 노린 홍보 수단으로 가장 좋다" "조회수와 팬들이 남긴 댓글 등을 보며 바로바로 피드백이 가능하다는 것도 큰 장점이다"고 전했다. 이렇듯 유튜브의 장점 때문에 많은 가수들이 세계시장을 위해 유튜브를 사용하고 있다는 것을 알 수 있었다.

4 음악콘텐츠와 광고마케팅

광고에서 음악콘텐츠의 역할

광고에 있어 음악의 역할은 정보발신자의 의도를 설명하는 중요한 키워드로 작용한다. 공감의 코드로 커뮤니케이션의 폭을 넓히고 소비자의 마음을 움직일 수 있어야 음악은 진정한 의미를 가진다. 음악 자체의 완성도에도 불구하고 소비자에게 다다르지 못하는 광고음악은 공허하다. 결국 광고음악은 브랜드 이미지에 기여하는 마케팅 툴로 이해되어야 할 것이다. 광고음악은 브랜드 이미지를 소비자의 인식에 각인시키는 데 도움을 주었는가의 여부에 따라 의미가 달라진다. 실제로 광고음악 작업을 함에 있어서 가장 중요하게 생각하고 있는 부분은 광고음악은 그 광고의 표정이라는 생각이다.

카피가 그러하고 비주얼의 흐름이 그러한 것처럼 광고에서의 소리와 음악 또한 소비자에게 다가서는 지름길을 찾는 중요한 코드다. 수많은 광고물 중에서 우리의 광고가 유일했으면 하는 순수한 열정들이 모여 광고물이 된다. 그렇기 때문에 제작 현장은 그만큼 치열하고 절실하다. 소비자의 다양한 기호, 다음 시대의 트렌드를 예측하고 한 발 앞서 나아가는 것. 광고음악에 있어서도 예외일 수는 없다.

음악에는 동시대의 기억을 저장시키는 힘이 있다. 소비자에게 지난 추억을 떠올리게 하는 데는 올드 팝이 효과적이고 유행의 첨단에 있는 음악은 소비자가 시대에 뒤처지지 않고 있음을 확인시킨다.

광고음악은 또한 커뮤니케이션의 대상을 결정짓는 중요한 요소로 작용하고 타깃을 정확하게 나눠주는 역할을 한다. 목표 고객이 10대 초반인지 20대 중반인지, 아니면 전 세대를 포괄하는지에 따라 광고음악은 작용과 반작용을 거듭해왔다. 최근의 기업이미지 광고에서는 올드팝이나 재즈장르의 곡이 유독 많은 사랑을 받고 있다. 시대를 초월한 보편 타당함, 귀에 익은 익숙한 멜로디들이 한 번이라도 더 소비자를 돌아보게 만들 것이라는 믿음 속에서 올드 넘버들은 시간을 초월해 새로운 브랜드 이미지를 소비자들에게 심어주었다.

한편 음반 프로모션에 있어서 광고라는 매체는 새로운 음악을 널리 알리는 비중있는 마케팅 툴로 자리를 잡고 있다. 광고에서 히트한 곡은 음반시장에서 베스트셀러가 될 가능성이 높고 소비자에게 강한 인상을 심어줄 수 있다. 언제부터인가 광고와 음악은 tie up 비즈니스로서의 가능성을 높여가고 있는 실정이다. 몇 년 전 한 통신 광고에 배경음악으로 사용되었던 곡은 광고가 방영된 이후 30만 장 가까운 판매 실적을 올리기도 했다. 새로운 음반이 발매될 시점에는 광고에 음악 사용이 원천적으로 불가능했던 빅 아티스트의 앨범까지도 한시적으로 사용이 가능할 때가 있는데 매체량이 많고, 광고상품의 브랜드 이미지가 앨범 판매에 도움을 준다면 팝 프로모터들에게 충분한 매력을 줄 수 있다.

최근 들어 이러한 tie up 비즈니스 모델은 자막 삽입이라는 최소한의 소극적인 형태보다 좀 더 적극적인 의미에서 모색되어지고 있다. 브랜드 파워를 가진 몇몇 광고주들은 브랜드 이미지를 음악적 이미지와 연동시켜 발전시키는 방안에 대해 적극적인 입장들을 가지고 있다. 비용이 더 많이 들더라도 브랜드 이미지에 맞는 음악을 제작하고 그 곡을 가요 시장에서 음반의 형태로 프로모션하는 형식이 검토되고 있는데 이를 위해선 가수와 작곡가, 광고주, 제작사, 그리고 커뮤니케이션을 책임질 오디오 프로듀서 간에 오차 없는 시뮬레이션이 반드시 선행되어야 한다.

광고에서 사용되는 BGM(Back Ground Music: 배경음악)이 갖는 광고 효과를 정리하면 다음과 같다.

① 음악은 수용자들의 부담감을 덜어준다. 음악을 통해 특정 분위기를 창출함으로써 전달하고자 하는 메시지를 수용자들이 부담감 없이 쉽게 수용할 수 있게 해준다.

② 선동적인 기능을 가지고 있다. 음악은 한 개인에게 집단의식을 느끼게 하고 공동의식을 창출시키는 강력한 힘을 가지고 있다. 음악이 갖는 암시력은 잠재적인 심리활동에 작용하므로 음악은 동일한 집합적 상태를 만들어 내는 도구이다.

③ 쉽게 기억될 수 있다. 음악의 가사나 노래는 소비자들이 쉽게 따라 부를 수 있으므로 전파성이 강하다. 또 상호나 상표명을 자연스럽게 반복하는 기능을 가지고 있으므로 오랫동안 소비자들의 기억 속에 남을 수 있다.

④ 즉시적인 효과를 낼 수 있다. 배경음악은 소비자들이 무의식적으로 쉽게 수용할 수 있어야 하므로 시사적인 것들을 많이 사용한다. 따라서 이 경우 소비자들의 흥미와 관심을 불러일으킬 수 있어 즉각적인 효과를 발생시킨다.

⑤ 음악은 기업이나 상표의 이미지를 형성시키는 데 도움을 준다. 음악은 소비자들의 감정적 반응을 야기하므로 배경음악과 적절히 연결된 상표 이미지는 소비자들이 쉽게 수용하고 기억하기도 쉽다고 할 수 있다.

광고에 사용되는 음악콘텐츠의 종류

1) BGM(Back Ground Music)

상황을 고조시키거나 분위기를 이끌어주거나 받쳐 주는 배경음악 BGM은 CM에 맞는 음악을 직접 작곡하는 경우와 선곡하는 경우가 있다. 선곡의 경우 가장 중요한 것은 화면에 얼마나 잘 어울리느냐이다. 이미 발표된 음악 중에서 선곡할 때에는 저작권 등 해결해야 할 문제들이 많기 때문에 선곡할 때 각별히 신경을 써야 한다. 각 음반사에서 보내주는 홍보용 CD들도 선곡의 좋은 자료가 된다. 여기에는 음반사에서 홍보에 주력하는 최신 곡들이 들어 있어서 좋은 곡들을 비교적 저렴한 가격에 사용할 수 있다. 이미 저작권이 해결된 상태(라이선스까지 구매)인 뮤직 라이브러리의 경우 다양한 장르의 음악을 분위기에 맞게 선곡할 수 있는 장점이 있다. 예로 SK SKY(Morning Train), 쁘띠첼, 수타면, 보땅 도도, 경동보일러, 칠성사이다, LG XNOTE(여름날) 등이 있다

2) COVER VERSION

저작권 해결이 안 되는 곡을 원곡과 똑같이 만드는 작업이다. 저작권에는 작사·작곡자에게 PUBLISHING의 권리가, 그 음반을 제작한 음반사에는 마스터링에 대한 권리가 있는데, 이 중 마스터링이 해결이 안되거나 가격이 너무 비싼 경우 COVER VERSION을 쓰는 경우가 많다. 이 작업도 만만치 않은 작업이다. 원곡의 음원과 근접한 사운드를 내기도 힘들지만, 문제는 보이스다. 매 작업때마다 부딪치는 문제지만 특별한 해결책은 없다. 예로 케토톱 광고의 'Volare!', MSN광고의 'Suo Gan'(태양의 제국 삽입곡), SK기업광고(비틀즈 렛잇비) 등이 있다

3) LOGO SONG(=징글)

상품명 혹은 회사명을 3~10초 내의 SONG으로 만드는 것이다. 광

고의 끝부분에 붙는다. 상업광고에서 가장 중요한 부분이라고도 할 수 있다. 예로 꽃을 든 남자, 파리바게트, 메사, 피죤 링클프리, 짜파게티 송(짜라짜라짜 파게티 농심 짜파게티), 인텔(빰~ 빰빰빰 빰~) 등이 있다

4) SOUND DESIGN

단순한 음향효과가 아니다. SOUND DESIGN의 가장 중요한 것은 상상력이다. 광고의 생명력을 불어넣어 주는 작업이라고도 할 수 있다. 우수한 SOUND EFFECT 소스를 갖고 있는 것도 중요하지만, 그 소스를 조합하고 믹싱하는 사운드 디자이너의 역할도 매우 중요하다. 대개 BGM과 같이 작업하게 된다. 예로 갈아만든 배, 드림엑스, 갈비경단, 경동보일러, 삼성 애니콜 등이 있다

5) FULL SONG

우리가 흔히들 CM SONG이라고 흥얼거리는 노래들이 FULL SONG에 해당한다. 노래는 광고 콘셉트를 쉽고 빨리 이해시킬 수 있는 장점이 있다. 따라서 가사전달이 용이하고, 귀에 쏙쏙 들어오는 멜로디가 가장 좋은 CM SONG이라고 생각한다. 그 예로 부라보 콘, 빼빼로, 홈플러스 송(홈~플러스 플러스 가격이 착해~), 하이마트 등이 있다.

5 음악콘텐츠를 광고마케팅에 활용한 사례

음악이 광고에서 배경으로 쓰이는 경우는 많은 편이다. 많은 정도가 아니라 웬만한 광고는 모두 배경음악을 기본으로 내보낸다고 해도 과언이 아니다. 이러한 경우는 광고의 분위기를 고조시키는 역할을 할 뿐, 음악이 수용자의 머릿속에 크게 남게 되는 것은 아니다. 그러나 광고 분위

기를 한껏 더 살릴 수 있다는 점에서 적지 않은 역할을 하고 있다.

1) 캔커피 산타페

흥얼거리는 음의 리듬이 생각이 난다. 자유의 콘셉트에 맞춰 노래를 틀어놓고 CF 모델이 그 노래를 콧소리로 따라 부른다. 수용자들은 그 노래의 제목은 모르지만 산타페에 나오는 노래라는 것은 기억하고 있다. 노래를 크게 강조하지 않은 자연스러운 어울림과 친근한 콧소리가 많은 이들이 기억하게 한 비결일 것이다. 콧소리로 따라 부르는 흥얼거림이라는 설정이 심심한 배경음악에 한층 관심을 더해주는 점에서 배경음악을 잘 이용한 경우이다.

2) 하이마트

음악을 배경으로 사용하는 경우 외에 노래체 광고를 통해 광고는 음악을 이용한다. 노래체 광고란 판매 메시지나 광고의 구성을 우리에게 친숙한 노래에 실어 보내는 것이다. 노래체 광고의 목적은 상품에 대한 인지도나 선호도를 높이는 것이다. "시간 좀 내주오~ 갈 데가 있소." "거기가 어디오~" "하이마트~"

베르디의 오페라 〈리골레토〉의 '여자의 마음'이 나오는 하이마트 광고는 소비자들의 사랑을 받았다. 국내 최초 오페

라 광고로 주목을 받았다. 이 광고에 나오는 곡은 휴대폰 벨소리 순위에 오르기도 하고 방송사 오락프로그램에서 패러디될 정도였다. 이 시리즈 광고의 인기에 힘입어 소비자 경기침체에도 불구하고 하이마트의 매출이 증가했다. 하이마트는 그해 매출액이 예상보다 20% 증가한 1조 8,000억 원에 달했다고 한다. 이제 누구나 알 만한 하이마트 광고의 리듬은 이미 말 그대로 하이마트의 노래로 자리잡았다. 기존의 심심한 노래가 아닌 새로운 뮤지컬 형식의 노래에 가사를 실어 보냄으로써 이번 하이마트 광고는 누구나 흥미를 갖도록 만들었다. 게다가 광고효과 면에서 매우 높은 성공을 거두었다.

3) 새우깡

'손이 가요 손이 가~ 새우깡에 손이 가요~' 이 CM송을 모르는 사람이 있을까. 새우깡도 노래체 광고로 오랫동안 캠페인 광고를 진행했다. 노래체 광고에다 오랫동안 꾸준한 캠페인을 더해 온 새우깡은 제품과 광고 모두 꾸준하게 선두를 달리고 있다. 최근에는 신세대 가수들이 음악의 비트를 약간 변형해서 새로운 형식의 노래를 부르고 있어 소비자들의 실증을 덜어주고 있다.

이처럼 노래체 광고는 사람들에게 각인되기 쉽다. 게다가 노래를 흥얼거린다는 것 자체가 광고 메시지를 흥얼거린다는 효과를 거두기 때문에 광고사에서 즐겨 찾는 광고형식이다. 그러나 기존의 노래에 가사만 바꾸어서 덮어씌우기 식의 광고는 점점 진부한 것이 되어가고 있다는 것을 명심해야 할 것이다.

4) 2% 부족할 때

음악이 광고를 이용한 경우이다. 광고음악이 음반 판매촉진의 일환으로 광고매체를 이용하는 것이다. 이는 음악을 널리 알리는 비중 있는 마케팅으로 자리를 잡고 있다. 광고에서 히트한 곡은 음반시장에서 베스트셀러가 될 가능성이 높을 뿐만 아니라 소비자들에게 강한 인상을 심어줄 수 있다. 음료 '2%'에는 정우성, 전지현 커플이 나와서 한편의 영화와 같은 장면을 연출한다. '사랑은 언제나 목마르다'라는 카피와 함께 같은 제목의 노래도 흘러나온다. 실제로 뮤직비디오로 제작되었고 그 일부를 '2% 부족할 때'의 음료광고에 따온 것이다. '사랑은 언제나 목마르다'라는 노래는 CF의 인기를 타고 널리 알려져 큰 인기몰이를 했다.

이러한 광고와 음악의 행복한 시너지는 브랜드 이미지뿐만 아니라 가수의 이미지에도 긍정적인 결과를 가져다 주었다. 서로가 윈-윈 할 수 있다는 검증이 시작되면 광고와 음악의 tie up 비즈니스는 더욱더 적극적인 형태로 이어질 것이다. 광고음악 작업은 소비자와 브랜드 간의 관계에서 음악적인 접점을 만들어주는 작업이다. 음악이라는 영역이 광고라는 대중매체를 통해 좀 더 확산됨으로써 소비자에게는 보다 질 높은 정보가 전달되고, 아울러 광고계도 더욱 발전할 수 있다.

학습정리

1. 음악산업은 아티스트와 음악을 활용하여 수익을 발생시키는 생산적 활동이다. 음악산업은 음반의 제작과 출판, 저작권 관리, 아티스트 매니지먼트, 공연, 방송, 영화 등의 영상물에 삽입되는 음악에 관한 모든 업종과 활동에 관한 모든 개념이 포함된 것이다.

2. 음악 마케팅 또는 음향 마케팅은 고객과의 상호작용에 중점을 두면서 청각이나 소리, 음악을 활용하여 고객의 감성요소를 자극하는 마케팅전략이다. 감성 마케팅(emotional marketing)의 하나로, 시간대별·장소별·업소별·상호별로 음악을 달리해 고객의 구매심리를 자극하는 것이다.

3. 디지털매체의 보편화에 따라 디지털 음악시장이 형성되었다. 디지털 음악이란 유무선 네트워크를 통해 제공되는 모든 형태의 디지털화된 음악을 말하는데, 벨소리/통화연결음과 다운로드 및 스트리밍음악을 말한다. 기존 음악산업은 음반사들이 배급과 유통을 장악한 과점적 구조였으나, 디지털 기술의 발전에 따라 음반사에 종속되었던 아티스트들이 디지털 기술을 기반으로 독자적으로 제작과 유통에 참여할 수 있게 되었다. 한편 기존 음반사들 이외에 디지털 관련 기술을 보유한 IT업체들의 음악산업 진입이 용이해졌다.

4. 광고음악은 소비자와의 공감의 코드로 커뮤니케이션의 폭을 넓히고 소비자의 마음을 움직일 수 있다. 광고음악은 그 광고의 표정이라고 할 수 있다.

5. 현대 사회에 있어 음악은 단순히 우리의 귀를 즐겁게 하는 수단을 넘어서 여러 가지 목적이나 효과증대를 위한 수단으로 사용되고 있다. 의학, 심리학, 다양한 문화산업 등 여러 관련 분야와의 발전, 연구도 점차 확산되어 가고 있다.

9. 관광콘텐츠 마케팅

학습목표, 탐구할 문제

1 관광콘텐츠의 중요성

2 관광마케팅의 정의와 특성

3 관광마케팅의 Marketing Mix(8P's)

4 관광콘텐츠의 온라인/모바일 마케팅

5 관광콘텐츠의 마케팅 사례

학습정리

관광콘텐츠 마케팅

'여수 EXPO' 관광객유치 홍보영상

학습목표

1. 관광콘텐츠와 관광콘텐츠 마케팅을 정의하고 중요성과 특성을 설명할 수 있다.
2. 관광콘텐츠의 마케팅믹스를 설명할 수 있다.
3. 관광콘텐츠 온라인 마케팅의 방법을 제시할 수 있다.
4. 관광콘텐츠의 활용 사례를 설명할 수 있다

탐구할 문제

1. 우리 생활 주변에 관광콘텐츠는 무엇인가?
2. 효과적인 관광콘텐츠 마케팅전략을 수립하는 방법은?

1 관광콘텐츠의 중요성

관광콘텐츠의 중요성

관광산업은 여타 수출산업보다도 외화가득률 및 부가가치가 높을 뿐만 아니라 고용증대 효과도 높아 21세기 국가 전략산업으로 주목을 받고 있다. 특히 성공적인 2002년 월드컵 개최와 한류열풍을 타고 관광산업의 경제적 효과에 대해 가시적인 결과물을 확인 후 관광산업에 대한 중요성은 더욱 고조되고 있다.

이러한 대내외 환경변화에 따라 체계적이고 효율적인 관광콘텐츠의 필요성과 중요성이 부각되고 있다. 한정된 공간과 콘텐츠 활용을 통해 산재해 있는 제약들을 어떻게 극복하며 지혜롭게 마케팅을 하느냐에 따라 관광산업이 국가 경제의 중요한 축을 담당하는 국가 기간 산업으로 발전할 수 있는지의 여부에도 큰 영향을 미치게 될 것이다.

관광마케팅의 목적은 비단 경제적 이윤추구에만 있는 것이 아니라 관광산업을 통해 사회 전체가 함께 발전해가고 국가의 대외적인 이미지 제고를 통해 국가 위상을 높여 가는 것에도 있는 것이다.

관광마케팅의 전망

관광마케팅이란 “관광조직이 관광객의 필요와 욕구를 충족시켜 주고 조직의 목표를 달성하기 위하여 관광 상품, 가격, 촉진, 유통을 계획하고 수행하며, 관광 상품의 패키징 및 프로그래밍, 관광기업 간의 파트너십 그리고 종사원 등을 관리하는 행위”라고 정의할 수 있다.

역사적 추세를 살펴보면 관광마케팅에 관한 흐름은 과거에는 상품 지향적이었고 관광자원을 매력 소구점으로 내세워 마케팅활동이 전개되어 왔다. 그러나 현대에서는 이러한 경향은 쇠퇴하고 관광마케팅의 관심은 관광지의 잠재관광객에게로 전환되어 관광객의 동기 및 만족과 같은 새로운 개념이 마케팅 사고에 도입되었다. 즉 잠재관광객의 욕구와 욕망을 충족시켜 주기 위한 관광객 경험/만족중심의 마케팅 활동이 이루어지고 있다.

미래의 관광마케팅은 관광콘텐츠 중심이 될 것이다. 관광콘텐츠의 궁극적인 목적은 관광콘텐츠를 통한 관광객들의 만족도를 높이고, 아울러 그곳 주민의 편익을 성취하는 것이기 때문에, 관광지의 경제/사회/문화적 환경적인 측면에서 부정적인 영향을 최소화하고 긍정적 요인을 극대화시키기 위한 관광지 지향적인 마케팅활동의 필요성은 점차 증대될 것이다

2 관광마케팅의 정의와 특성

관광마케팅의 정의

관광마케팅이란 기업과 그 밖의 조직이 관광객의 관광행동 실현에 관계가 있는 요구를 만족시킴과 함께 사업목적을 달성하기 위한 거래를 실현하는 과정이다. 관광마케팅은 기업과 관광조직이 관광객과의 사이에서 상호 만족할 수 있는 거래를 실현하는 과정이며, 관광객의 만족되지 않은 요구를 찾아내고, 그것을 만족시킬 수 있는 상품의 개발/제공에 의하여 관광수요를 창조/확대하며 사회적 관광유통을 활성화시키는 데 있다. 더 높은 성과를 위해 관광객뿐만 아니라 다양한 관련 이해집단과의 양호한 관계의 구축과 유지를 위해 관광마케팅이 중요시되고 있다.

이런 점에서 보았을 때 관광마케팅이란 기업과 그 밖의 조직이 관광객의 요구를 만족시키고, 그 위에 사업목적을 달성하게끔 관광객과의 교환관계 및 다른 이해집단 관계와의 파트너십을 구축/유지/발전시키려는 일련의 여러 활동이라 할 수 있다.

마케팅의 정의는 여러 학자들에 의해 규정되었으나 관광서비스를 강조하는 관광마케팅에 관한 정의를 한 학자는 모리슨, 맥카시, 맥네어 등으로 그다지 많지 않다. 세계관광기구에서는 관광마케팅을 "최대의 편익을 추구하는 관광조직의 목적에 부합하도록 관광수요를 조사/예측하고, 선택을 하여 자사의 관광상품이 시장에서 가장 좋은 위치를 차지하도록 노력하는 경영철학이다"라고 정의하였다.

관광마케팅의 특성

관광마케팅은 다음과 같은 7가지의 특성을 가지고 있다.

1) 무형성

관광산업은 제품을 보고, 듣고, 맛을 보고, 냄새를 맡고, 느끼는 인간의 오감으로 쉽게 감지하기 어려운 무형성을 갖고 있다. 이는 관광산업의 모든 제품에는 서비스가 항상 부수적으로 동반되기 때문이다. 소비자는 관광산업의 제품 및 서비스를 소유하지 못하고 단지 경험할 수밖에 없기 때문에, 무형성은 더욱 가중될 수밖에 없다.

이러한 무형성으로 인하여 고객뿐만 아니라 마케터조차도 제품과 서비스에 대한 확신을 할 수 없으며, 따라서 마케터는 제품과 서비스에 대해서 소비자의 기대감을 유발시킬 수 있는 약속을 하여야 한다.

2) 생산과 소비의 동시성

서비스가 제공된다는 것은 곧 서비스가 생산된다는 것이며 동시에 제공된다는 것이다. 즉, 판매자와 구매자가 공존하여야 하며 그들이 만나야만 생산과 소비가 이루어질 수 있다.

관광상품에도 물리적 속성이 부여되고 있지만, 그 내용상 시간적/공간적 제약을 받으며, 서비스기업은 서비스의 생산/구매/비용/평가가 본질적으로 동시에 발생되는 불가분성을 띤다. 뒤에서 이야기할 이질성의 많은 부분이 곧 생산과 소비의 동시성이라는 특성 때문에 야기되는 것이다.

3) 비저장성

제품은 판매가 되지 않으면 재고로 보관하여 반복 판매가 가능하지만 관광상품은 시간과 함께 자동 소멸되어 버린다. 예를 들어, 호텔객실의 경우, 객실의 유통기한이 24시간으로서 그 시간 내에 판매되지 않으면 저장할 수가 없기 때문에 영원히 판매되지 않는다.

4) 이질성

제조업에서는 생산의 투입요소가 달라지지 않는 한 제품의 동질성은 유지된다. 그러나 관광서비스에서는 생산과 판매과정에서, 고객과 관광기업의 직원 등 인적 요소가 서비스 결과의 이질성을 야기시킨다. 동일한 서비스도 관광객에 따라 차이가 나는 것은 관광객이 관광서비스의 품질을 어떻게 인지하는가 혹은 관광서비스에 대한 기대수준이 어떠했는가에 따라 다르기 때문이다. 그리고 관광서비스의 제공 과정 중에 형성되는 인간관계도 서비스 제공자와 관광객의 차이에 따라 달라진다.

기본적으로 관광객의 관광서비스 경험은 어느 정도 일관성 있게 유지할 수 있어야 한다. 그러므로 관광서비스 관리의 커다란 과제는 어떻게 일관성 있게 관광객의 서비스 품질인지를 유지하는가이다.

5) 계절성

관광은 계절에 영향을 많이 받는다. 관광수요가 방학 및 휴가 등에 집중됨에 따라 성수기와 비수기에 대한 가격 차이가 나며, 비수기의 유휴시설 이용을 위한 마케팅전략이 많이 이용된다.

관광은 계절적인 특성에 따라 성수기와 비수기가 극명하게 나타나므로 가격을 연중 일정하게 적용할 수 없다. 관광가격을 일반적으로 성수기에는 정상요금 또는 그에 가깝게 유지되고, 비수기에는 할인되는 경향이 있다.

결국 관광가격은 관광공급의 비탄력성과 관광수요의 탄력성에 의하여 형성되는 특성을 가지고 있다. 즉 성수기에는 공급이 한정되어 있는 반면에 수요가 집중되므로 가격이 올라가고, 비수기에는 공급은 고정되어 있는 반면에 수요가 감소되기 때문에 가격이 내려가는 특성을 가지고 있다. 또한 같은 계절 내에서도 주중과 주말의 요금이 차이가 나기도 한다.

6) 관광유통의 특성

제품은 일반적으로 생산된 후 유통과정을 거쳐 소비자에게 판매되지만 관광유통은 판매가 먼저 이루어지고 생산과 소비는 그 후 동시에 발생되는 특성을 가지고 있다. 예를 들어 여행사에서 관광상품을 만들어 소비자에게 판매하면 소비자는 관광날짜에 이르러 관광을 경험하게 된다. 이와 같이 여행사는 항공사, 현지 호텔 및 관광시설 등 관광관련 업체의 상품을 팔아주고 수수료를 받는 알선업체로서 관광상품을 유통시키는 대표적인 관광유통기업이라고 할 수 있다.

7) 관광촉진의 특성

관광촉진은 관광상품이 무형인 까닭에 이미지 유형화에 주력하고 감성적 호소를 하게 된다. 수단으로 주로 홍보 인쇄물을 사용하는데 구매충동을 자극하고 고급스럽게 제작되는 특징을 가지고 있다.

관광마케팅의 특성 극복을 위한 대안

1) 무형성 극복

시용품의 제시가 어렵고 서비스 품질을 사전에 평가할 수가 없으며 특허로부터 상품을 보호할 수가 없다. 따라서 유형적 단서를 강조하고 구전촉진과 평판을 개발하며 서비스의 개별화를 강화시켜야 한다.

우리가 숙박업체에 투숙할 때 컵이 하얀 종이로 싸여 있는 것을 종종 경험한다. 그 숙박 업체에서는 컵의 청결함이라는 무형성에 대해 유형적 단서를 제공하고 있는 것이다.

최근 미국에서는 트레이드 드레스라는 용어가 많은 서비스기업들에게 적용되고 있다. 그동안 제품과 서비스의 무형성 때문에 독창적인 서비스가 개발되어도 아무런 법적 하자 없이 무수히 복제되어 왔으나, 미국의 법정에서 시각적 이미지, 외관, 심지어 완전히 무형적인 서비스 스타일 등에 대한 복제를 법으로 보호할 수 있다는 판결을 내린 바 있다. 이것이 트레이드 드레스이며 많은 서비스기업들은 이 트레이드 드레스를 잘 이용해야 할 것이다.

2) 생산과 소비의 동시성 극복

예견될 수 있는 상황을 파악하고 대비하여 종사원의 순발력을 제고시킬 수 있는 교육의 수행은 생산과 소비의 동시성 때문에 나타나는 문제점들을 다소 극복할 수 있다. 제품은 얼마든지 개선시킬 수 있지만 한 번 잘못된, 결함이 있는 서비스를 개선시키기는 어렵다. 잘못된 서비스의 개선은 불가능하지는 않겠지만, 그것을 위하여 어떠한 희생이 요구될지, 또한 그 결과를 예측하기란 역시나 어렵다.

3) 비저장성 극복

재고가 불가능하기 때문에 이를 극복하기 위하여 예약시스템을 선진화하고 외적 마케팅환경의 분석 및 서비스의 차별화를 두며, 다양한 유통경로를 구축하여 촉진활동을 강화하여야 한다. 예를 들어, 객실은 저장할 수 없기 때문에 호텔은 특히 비수기에 50%, 그 이상의 할인율을 적용하여 판매하려고 한다. 물론 그 결정은 판매 당일보다도 몇 주 전, 몇 달 전에 이루어져야 한다. 따라서 단골 고객이 많은 호텔일수록 수요

예측이 보다 용이하고 많은 할인율이 적용되어야 하는 객실의 수를 줄일 수 있다. 결론적으로 제품과 서비스의 비저장성으로 인해 단골 고객의 확보, 수요 예측이 타 산업보다 중요하다.

4) 이질성

관광서비스의 품질 평가 및 계량화가 곤란하기 때문에 관광서비스의 품질기준설정과 관광만족도의 평가를 의한 주기적인 조사를 실시하도록 한다. 또한 관광서비스 관리의 커다란 과제는 어떻게 일관성 있게 관광객의 서비스 품질인지를 유도하는가에 있는데 한 가지 방법은 표준화를 통해 유도하는 것이다. 우선 고객선택의 범위를 지정하여 자의성을 제한하거나 아니면 운영시스템의 설계를 통해 직원의 자의성을 제한하는 방법이 있다. 이렇게 서비스 제공단계에서 신뢰성과 일관성을 가장 중시하여 성공한 기업으로는 MacDonald's와 Holiday Inn 등이 대표적이다.

5) 계절성 극복

수요와 공급이 불일치하기에 시장세분화를 통해 표적시장을 선택하여 시기에 따라 목표고객에 맞는 마케팅 활동을 벌여 변동적 관광수요에 대처하도록 한다. 또한 비수기 유휴시설 이용을 위한 마케팅전략을 구축하도록 한다.

3 관광마케팅의 Marketing Mix(8P's)

관광콘텐츠란 관광기업이 관광자의 욕구를 유발시키고 충족시켜줄 관광대상을 바탕으로 각종 서비스를 제공하는 유·무형의 경험을 말한다. 기업은 고객욕구를 충족시키는 상품(product)을 만들고, 적절한 가격(price) 및 유통(place)방법을 택하고, 소비자에게 알리는 촉진(promotion) 활동을 통하여 마케팅 목적을 달성하고자 한다. 전통적 마케팅믹스의 4P에 패키징(packaging), 프로그래밍(programming), 파트너십(partnership), 종사원(people)의 4P가 추가되어 8P로 확장된 것이 관광마케팅 믹스이다.

Product(상품)

관광마케팅은 관광객의 욕구에 서비스와 재화가 적합하도록 세심하게 고안될 것을 강조한다. 그에 따라 제한된 자원을 가지고 있을 수밖에 없는 관련 기업의 입장에서는 자사의 능력과 마케팅 목표에 부합되는 목표시장을 선정하고 그 목표시장을 구성하는 관광객의 욕구를 만족시킬 관광서비스 상품(Product)을 생산, 제공해야 하는 것이다. 새로운 관광서비스 상품을 제시할 때는 해당 제품이 이용 가능한 인력, 자본, 경영기술, 자연자원의 규모 그리고 사회문화적 환경에 적합해야 한다는 것을 잊지 말아야 한다. 왜냐하면, 새로운 서비스를 제시하면 경쟁관계에 우위확보가 가능해질 것이라는 확신은 서겠지만, 재정과 인적자원이 수반되지 않으면 서비스의 제시, 그 자체가 불가능하기 때문이다. 요약하면, 이 믹스(Product)는 이용객에게 최대한 만족을 줄 수 있고, 관광기업 및 관광시장의 상황에도 적합한 관광서비스 상품을 개발, 제시하는 문제와 관련한다.

Price(가격)

가격은 관광기업의 상품을 이용객이 구매한 대가로 지불하는 화폐액으로써 마케팅믹스 중에서 유일하게 수익을 창출하는 원천이다. 따라서 관광기업이 가격을 어떻게 수요 창출적인 가격결정, 그리고 경쟁력 있는 가격 결정으로 하느냐 하는 것은 관광기업에 있어 중요한 과제가 아닐 수 없다. 관광기업의 상품가격결정에는 다양한 요소가 영향을 미친다. 일정한 상황하에서 가격은 그 상황의 특성과 다른 마케팅믹스들과 결합되어 형성된다.

Promotion(촉진)

Promotion은 광고, 판매촉진, 상품화, 판매원에 의한 판매, PR 그리고 홍보 등을 포함하는 마케팅믹스의 일부로서 잠재관광객들을 대상으로 의사전달을 하는 수단으로 활용된다. 관광기업에 있어서 판매촉진의 역할을 구체적으로 열거하면 다음과 같다.

① 새로운 서비스 또는 메뉴품목을 구매할 손님을 끌기 위해
② 비수기의 판매증가를 위해
③ 주요 이벤트, 휴가, 혹은 특별한 행사기간 동안의 판매증가를 위해
④ 여행중개인의 판매노력을 고취시키기 위해
⑤ 중개인의 판매를 용이하게 하기 위해

판매촉진은 대단히 융통성이 있다. 이것은 신상품 도입 시에 어느 단계에서나 이용될 수 있으며 광고나 직접판매에 의해서 전해진 판매 메시지를 증대시킬 수 있다. 또한 도매업자, 소매업자 그리고 회사 판매원의 활동을 지원해 줄 수 있으며, 독창성에 따라 독특한 판매촉진 형태를 가질 수 있다.

Place(유통 경로와 입지)

관광에서 유통문제는 특이하다. 관광기업에서는 물리적인 유통 시스템이 존재하지 않으므로 독특한 유통 경로인 여행중개상을 운용한다. 관광산업에서 제조업자는 소매업자인 동시에 상품을 제조하고 판매하게

된다. 문제는 소매업자에게 상품을 어떻게 유통시키느냐가 아니라 각각의 판매지점에 고객을 어떻게 유통시키느냐 하는 점이다. 이러한 이유로 고객층을 넓히고 상품을 좀 더 효과적으로 판매시키기 위한 다른 종류의 유통체계가 필요한 것이다.

Packaging & Programming(포장과 프로그래밍)

패키징(packaging)과 프로그래밍(programming)은 관광기업에서만 적용되는 독특한 마케팅믹스이다. 여기서 패키징(packaging)이란 여러 서비스요소를 결합하여 시스템 상품으로 만드는 것을 의미하며, 프로그래밍(programming)이란 시스템 상품을 제시하는 것을 뜻한다. 따라서 이 두 믹스는 결합하여 설명되어야 한다.

이 믹스의 중요성은

첫째, 관광서비스의 소멸성(perishable)과 공급능력을 수요에 맞추기 어려운 문제점에 대처하기 위한 유효한 방법이라는 점에서 중요하고,

둘째, 특정한 목표관광시장의 요구에 부합되는 서비스를 제공하는데 유용한 수단이 되며,

셋째, 여러 관광기업의 서비스를 결합해서 제시하기 때문에 관광객에게 편리성을 제공하는 한편 가격 저렴화로 이용의 일반화가 가능해진다는 점이다. 또한 관광서비스의 매력성을 추가하고 관광객의 이용률을 높이기 위해 특별활동과 행사(events)를 추가하기도 한다.

People(종업원)

관광은 인간 위주의 산업이다. 따라서 관광기업의 담당자는 특수한 기능에 적합하도록 종업원들을 훈련시켜야 하고 관광기업 종사자들과

지역주민은 관광객들에게 친절한 태도를 보이는 호의(hospitality)을 보여야 한다.

Partnership(파트너십)

여기서 파트너십(partnership)이란 둘 또는 그 이상의 관광지나 관광기업들이 프로그램을 개발해서 전개하는 것을 의미한다. 경쟁관계가 날로 심화되고 있는 오늘날의 관광업계에서 관련성이 높은 관광기업들이 상호 자원을 활용하여 마케팅비용의 절약효과를 도모함은 물론이고 관광객의 유치를 보다 적극화해서 관광 수입의 증대를 기하는 일은 유용한 대안이 된다.

가령, 세인트 토마스(St. Thomas), 크로익스(St. Croix), 마틴(St. Martin) 등 이른바 카리브 해안의 섬들이 상호 제휴해서 '작은 스위스(Little Swiss)'라는 개념의 광고를 대대적으로 실시한 경우나 이전에 노스웨스트(Northwest) 항공사와 KML 항공사가 타 항공사들보다 유리한 조건에서 유럽행 및 미주행 여행객들 확보하기 위해 연대운송(連帶運送)을 하거나 광고비의 절약을 위해 공동광고를 전개하는 경우가 모두 이 제휴마케팅의 전형적 사례들이다.

4 관광콘텐츠의 온라인/모바일 마케팅

불황으로 관광 기업들의 광고비가 크게 감소한 반면 저렴하고 도달률이 높은 매체를 찾아 나서고 있다. 상대적으로 불특정 다수를 대상으로 한 4대 매체 광고보다는 DM, 판촉, 온라인광고 등 고객의 성격이 명확하고 제한적인 소비층을 상대로 한 타깃(Target) 마케팅은 비용이 저렴하면서도 효과가 높고 투자 결과를 정확히 뽑아낼 수 있어 각광받고 있다.

타깃 마케팅으로는 DM과 이벤트, 직접판촉 등이 주로 실시되었지만 초고속망과 컴퓨터를 비롯한 첨단 장비들이 각 가정에 일반화되면서 인터넷과 SNS 등을 통한 온라인 광고가 새롭게 등장해 무서운 속도로 광고시장을 잠식하고 있다.

관광 인터넷 사이트의 효과적 구축 및 운용 방안

1) 관광관련 인터넷 사이트 및 예약시스템

관광산업 분야에서 인터넷업체와 관광업체와의 전략적 제휴가 확대되고, 사업자들 간의 데이터센터가 구축되며, 온라인 네트워크를 통해 형성된 가상의 공간에서 여행 및 관광과 관련된 정보 제공 및 여행상품 판매 등의 서비스를 제공하고 있다.

인터넷으로 관광마케팅을 적극적으로 펼치고 있는 관광업계는 다음과 같다.

첫째, 항공사, 호텔, 예약전문회사, 카렌탈 회사, 테마파크, 크루즈 회사 등으로 대변되는 사이버 여행시설업(Principals or Supplier),

둘째, 포털사이트에서 부수적으로 연결되는 사이트인 포털(Portal)의 여행사이트,

셋째, 인터넷을 통한 여행업을 전문으로 하는 사이버 공간상의 여행사인 사이버 여행사(Cyber Travel Agency),

넷째, 관광지나 여행상품 등을 소개하는 관광정보 제공업체이다.

사이버 여행사들의 특징을 간단히 살펴보면, 메인페이지(main page)에는 대개 그림 아이콘을 이용해 예약, 정보 안내, 검색 기능을 제공하고 있으며, 무료 회원제를 실시하고, 탐색 및 예약에 있어서는 항공편 출발지, 목적지, 날짜, 시간, 왕복 여부, 클래스 선택, 선호하는 항공사, 비행

기종, 항공료, 경유 항공편 등 다양한 정보를 제공하여 고객들이 편리하게 이용하도록 하고 있다. 호텔은 고객들이 원하는 도시와 체크인과 체크아웃 날짜, 숙박 인원 등을 제시하면 위치, 규모, 가격, 호텔 사진, 지도 등이 제공되고 있으며, 항공권, 숙박권, 기타 교통편 검색시 한번 입력으로 원하는 정보를 볼 수 있도록 하는 통합정보서비스(integrated information service)도 제공하고 있고 예약과 결제 서비스까지 제공하는 곳도 많다.

2) 관광콘텐츠 사이트의 효과적 구축 및 운용 방안

관광콘텐츠 사이트가 효과적으로 운용되기 위해서는, 첫째, 관광 분야의 정보를 제공하고 받는 관문의 역할을 하는 포탈사이트로서의 기능, 둘째, 여행·관광의 모든 의사결정문제를 해결할 수 있는 'One-stop' 서비스 기능, 셋째, 상거래 및 이와 관련한 다양한 기능, 넷째, 정보통신 네트워크 내에 관광관련 비즈니스 공간·사회적 공간을 제공하여 그 속에서 일반 소비자, 업체 및 각종 단체들의 상호 교류를 실현하는 네트워크 비즈니스 기능 등이 복합적으로 어우러진 사이트로 구축되는 것이 바람직하다고 볼 수 있다.

바람직한 관광콘텐츠 사이트가 갖추고 있어야 하는 구체적인 시스템이 구축되면, 소비자들은 이 시스템을 이용하여 전 세계의 관광이나 여행관련 정보를 효과적으로 찾아보는 것은 물론 우리나라를 찾는 외국인들도 우리나라에 관련된 관광정보를 효과적으로 찾고 관광이나 여행상품을 예약하고 구매하는 것이 자유로워질 것이다.

또한, 이를 활용하여 전 세계의 호텔이나 콘도의 요금, 잔여 객실 수, 예약상황, 숙박시설의 상세 정보 등을 실시간으로 검색하고 간단한 마우스 조작만으로 직접 원하는 객실을 시중보다 저렴한 가격으로 예약하고 확인까지 할 수 있게 될 것이며, 이외에도 예를 들어, 호텔이나 콘도의 요금을 정확하게 자동 계산해 주는 기능이나 소비자가 예약 즉시

투숙가능 여부를 확인할 수 있는 기능 등이 가능하게 될 것이며, 이는 외국인이 우리나라를 찾을 경우에도 마찬가지로 적용될 수 있을 것이다.

참고로, 이와 같은 사이트는 인터넷에 대한 지식을 많이 가지지 못한 이용자들이라 해도 깔끔하게 정리된 화면상의 지시사항만 따르면 별 어려움 없이 이용이나 예약에 따르는 모든 과정을 완료할 수 있도록 구축되어야 할 것이며, 3D 애니메이션 등을 통해 가상 체험으로 국내·외의 여행지를 미리 가본 뒤 여행상품을 고를 수 있는 기능, 즉, 3차원의 영상으로 되살린 도시, 유적지, 호텔, 식당, 쇼핑점 등을 여행을 떠나기 전에 미리 방문해 간접체험을 해볼 수 있는 기능이 부가되는 것도 바람직할 것이다.

여행산업과 인터넷 비즈니스

1) 인터넷과 여행산업

인터넷의 확산, 그로 인한 인터넷 비즈니스의 활성화에서 여행업계도 자유로운 입장에 놓여 있지 않았다. 수많은 사이버 여행사가 탄생하고 기존의 여행사들도 경쟁적으로 홈페이지를 제작하고 더 나아가 사이버 여행업으로의 진출을 이미 시도하였거나 혹은 계획하고 있다. 따라서 아직 온라인 시장에 진출하지 않은 여행사들은 온라인으로의 진출을 언제 시도해야 하며 진출 시 어떤 전략을 사용해야 할 것인가에 매우 고심하게 된다.

온라인을 통한 여행상품의 판매는 고객이 풍부한 자료를 손쉽게 구할 수 있도록 하며, 상품의 구매를 위하여 여행사를 직접 방문해야 하는 번거로움을 제거해 준다. 여행사의 입장에서는 이전에 비하여 적은 인원으로 더 많은 고객을 상대할 수 있어 인적자원의 효율적인 배치와 활용이 가능해진다.

온라인 여행산업의 급성장에는 인터넷으로 인한 여러 가지 편리함과 신선함, 그리고 고객들이 여행계획을 수립하는 데 있어 오프라인과는 다른 경험을 하게 된다는 점이 그 배경이 되고 있다. 즉 인터넷을 통해서 항공티켓, 호텔, 렌터카 등의 다양한 서비스들을 원스톱으로 처리할 수 있을 뿐만 아니라, 가격과 서비스별로 수많은 업체들을 편리하고 신속하게 비교 평가할 수 있기 때문이다. (유용재, 2000)

2) 여행서비스 상품의 특성과 인터넷 및 SNS 환경

여행서비스 상품을 컴퓨터, 가전제품, 서적 등 유형적인 제품의 형태를 갖추고 있는 상품들과 구분시키는 가장 큰 요인 중의 하나는 그 상품의 가치에 시간성이 부여된다는 것이다. 예를 들면 비행기의 좌석이나 특정 일자에 맞추어 놓은 여행패키지 상품, 특정 날짜에 해당하는 호텔의 방은 일정한 시간이 지나면 상품으로서의 가치가 완전히 소멸된다. 즉 비행기는 출발시간이 되면 좌석이 비었다 할지라도 출발해야 하고 여행 패키지도 고객이 다 모이지 않더라도 일단 약속한 날짜에 출발하여야 하며 공연이나 행사도 지정된 시간에 반드시 시작해야 하는 특성을 가지고 있다. 이 경우 남아있는 여분은 이미 상품으로서의 가치를 완전히 상실하게 되는 것이다.

만기가 분명한 상품이 지닌 이러한 특징은 상품의 가격이 시간이 경과함에 따라 크게 변화할 수 있는 여지를 보여주고 있다. 즉 출발이 임박한 비행기 좌석과 여행패키지, 시작 시간이 다된 공연이나 행사의 가격은 그 가치를 급격히 상실하게 된다.

그런데 현실 세계(오프라인)에서는 만기가 다가온 이러한 상품을 판매할 수 있는 방법이 거의 없었다. 또한 제한적으로 가능하였다 하더라고 그 범위나 대상이 극히 한정될 수밖에 없는 특징을 보여 왔다. 그러나 인터넷과 SNS 환경은 이러한 벽을 뛰어넘게 만든다. 인터넷과 SNS가 지닌 양방향 커뮤니케이션 능력과 즉시적인 커뮤니케인션 능력은 비록 만기가 임박했다 하더라고 가격에 대한 조정능력만 효율적으로 활용하면

상품의 판매를 충분히 가능하게 만드는 것이다.

여행서비스 상품이나 티켓을 활용하여 판매하고 있는 상품들은 소비자가 상품이 존재하는 곳으로 반드시 이동해서 소비해야만 하며 또한 무형적인 특성을 지니는 상품이다. 이는 구매행위가 벌어진 후에도 구매자가 소비를 위하여 장소를 이동하여 소비활동에 참여해야 함을 의미한다. 따라서 이 경우 구매 시, 상품의 이동이 전제되지 않는 특징이 있다.

이러한 특징은 구매 시 실제 구매장소에 나타나지 않더라도 인터넷과 SNS를 통하여 전자적 처리를 수행함으로써 상품에 대한 모든 거래과정을 진행할 수 있다는 것을 의미한다. 물론 유형적인 제품들도 인터넷을 통하여 거래한 후 상품의 인도는 소비자가 직접 이동하지 않고 여러 가지 다양한 운송수단을 통하여 받아볼 수는 있다. 그러나 이 경우 오프라인에서 상품을 구매하는 경우보다 소비가가 높은 위험수준을 지각하게 됨으로써 기존의 오프라인 방식의 상품구매와는 많은 차이를 나타나게 된다.

그러나 여행서비스 상품의 경우는 오프라인하에서의 구매와 온라인하에서의 구매가 소비자가 지각하는 위험 수준에 있어 차이가 없게 된다. 이는 상품이 원천적으로 무형성을 나타내기 때문에 오프라인하에서 소비자들이 상품을 구매한다 하더라고 실제로 확인할 수 없는 실체가 없기 때문이다. 따라서 상품의 이러한 무형적인 특성은 온라인하에서의 상품판매가 타 상품군보다 유리하게 전개될 수 있음을 의미하는 것이다.

여행서비스 상품의 경우 상품의 구매 전에 상당한 정도의 계획과 정보수집활동을 필요로 하고 있다. 즉 보통의 사람들은 대부분의 경우 여행을 떠날 때, 짧게는 며칠 길게는 몇 달 전부터 계획을 세우게 된다. 이러한 계획수립과정에서 다양한 정보의 수집을 필요로 하고 이렇게 수집된 정보를 종합적으로 비교 검토하는 과정을 거치게 된다.

이는 인터넷과 SNS가 지닌 다양한 정보의 효율적인 전달, 즉 기업과 소비자, 소비자와 소비자 간의 정보전달의 특징과 매우 높은 적합성을 보이는 상품이라는 결론이 가능하다. 또한 인터넷상에서 제공하는 각종 비교 검색기능도 이러한 상품의 특징에 매우 부합하는 여건을 조성하고 있다.

여행서비스 상품이 지닌 이러한 특성들을 살펴볼 때 이 분야는 인터넷과 SNS가 창출할 수 있는 가치가 크고, 인터넷을 통하여 거래되기에 매우 적합한 상품이다. 이는 바꾸어 표현하면 현실세계(오프라인)에서의 비즈니스가 인터넷에 의해 크게 잠식당하고 영향받을 여지가 크다는 것을 의미한다.

그러나 이와 같은 여러 가지 장점 및 특성에도 불구하고 여행업계의 전자상거래 정도는 아직도 그 변화의 속도 및 발전양상이 다른 분야에 비하여 현저히 떨어진다. 우리나라의 예만 보더라도 국내선에서의 무항공권, 국제선에서의 인터넷 항공권 구매 등 전자상거래 기반이 다른 분야보다 비교적 일찍 조성되었지만 아직도 전체 항공권 판매에서 사이버 판매가 차지하는 비중은 높지 못하다. 여행사의 사이버 매출은 그 실적이 미미하다. 대부분의 여행사에서 아예 사이버 매출 자체가 없는 경우도 많고 전문 사이버 여행사라 할지라도 거래 과정의 전부를 전자상거래화 시키지 못하고 있는 실정이다.

여행이나 항공분야가 타 업종에 비해 전산화 시스템의 구축에 보다 빠른 행보를 취하였음에도 불구하고 인터넷 분야에서는 왜 선두에 포진하지 못하는 것인가? 다음과 같은 점들이 이와 같은 현상을 설명할 수 있을 것이다.

① 가격에 있어서의 장점이 부족하기 때문이다.
② 인터넷에서 구매할 수 있는 여행서비스 상품의 범위가 한정되어 있다.
③ 여행서비스 상품은 의사결정단계가 많고 구성내역도 복삽하다.

대부분의 해외여행 패키지 상품의 경우 인터넷 정보만을 근거로 결정하기가 용이하지 않으며 여러 가지 제반 절차들 또한 그리 간단하지 않다. 또한 비자 신청이나 발급, 여권의 유효기간 연장 등 반드시 여행사 직원과의 면담이나 접촉을 필요로 하는 경우도 있다.

그러나 최근에는 이러한 제약요소들이 가격분야를 제외하고 여러 가지 기술의 발전 및 새로운 프로그램의 도입 및 이에 대한 관련기업들의 적극적인 투자 등으로 인하여 점차로 개선되는 과정을 보이고 있다. (유용재, 2000)

3) 인터넷 환경하에서 여행사의 대응전략

인터넷 비즈니스를 성공적으로 전개한다는 것은 결코 쉬운 일이 아니다. 혁신적인 아이디어와 예리한 지식을 기반으로 새로운 세계를 창조해 가는 모험 정신만이 인터넷 비즈니스에서의 성공을 약속해준다.

이러한 관점에서 인터넷 환경하에서 여행사들이 추구할 수 있는 성공전략은 위에서 언급한 여러 가지 논점들—상품의 특징, 여행업계의 동향, 변화양상, 성공기업들의 전략—을 고찰해 보았을 때 어떠한 측면에서 접근할 수 있는지 살펴보면 다음과 같다.

❶ 풍부한 정보와 폭넓은 선택권의 확보

여행서비스 분야에서의 정보제공은 인터넷 비즈니스를 시작하기 위한 출발점이 될 수 있다. 앞서 언급하였듯이 여행산업 분야는 고객들이 사전에 일정한 계획수립과정을 진행하는 것이 통례이고 이를 위해서는 다양한 정보를 필요로 한다.

❷ 고객에 대한 이해

고객을 이해하고 이들의 욕구를 최대한 수용할 수 있어야 고객으로부터의 충성심을 확보하여 지속적인 경쟁우위 구축의 기반을 마련할 수 있다.

❸ 메타미디어리를 지향

인터넷상에서의 네티즌들은 몇 번의 클릭만으로 산업간, 기업간 영역을 재빠르게 넘나들고 있다. 이렇게 어느 특정 영역에 오래 머물지 않는 인터넷 환경하에서는 여행, 휴가, 휴식이라는 고객의 욕구에 총체적으로 대응하는 토탈 서비스를 제공하는 소위 메타미디어리(Metamediary)를 지향해야 할 것이다.

❹ 개인별로 특화된 서비스

여행서비스 상품의 경우는 고객들간의 선호가 너무나도 상이한 특징을 보이고 있다. 또한 타인들과 공동으로 교감하면서 소비하고 상호작용 또한 활발히 가지길 희망하면서도 개인적인 특성을 살리고자 하는 경향이 매우 높다. 따라서, 고객들의 이러한 성향을 충족시키기 위해서는 개인화된 서비스의 전개가 필수적이다.

❺ 수익을 낼 수 있는 실제적 도구

현재까지는 많은 여행사이트들이 온라인상에서의 활동이 수익의 실현과 무관하게 운영되는 측면이 없지 않았으나 앞으로는 실제적인 수익창출 모델의 확보되지 않고서는 경쟁력 있는 사이트로 존속할 수가 없다. 따라서 수수료나 거래처리 비용, 혹은 중개료 등 다양한 수익의 창출근거를 마련해야 한다. 또한 혁신적인 비즈니스 모델을 구축하여 경쟁사가 모방하지 못하도록 특허를 출원하거나 과정상의 노하우를 차별적으로 구축하여야 한다. 강한 브랜딩 전략도 수반하여 효과적인 마케팅 및 광고전략을 통한 기업의 지명도 제고를 바탕으로 고객들의 신뢰감을 증가시켜 사이버 환경에서 느끼는 고객들의 지각위험을 감소시킬 수 있어야 보다 성공적인 사이트로 탄생할 수 있다.

이상의 논점들과 더불어 가장 핵심적인 성공요인으로서 기존 오프라인과 확연하게 차별화되어 고객들에게 가치를 제공하는 요소의 개발이 선행되어야 할 것이다. 이는 사이버 증권회사들이 도입한 수수료의 대폭적인 할인 등 기존 오프라인에서는 구축할 수 없는 절대적인 이점이 존재해야만 고객들이 오프라인에서보다 사이버 공간에서의 구매를 선호하게 되는 것이다. (유용재, 2000)

5 관광콘텐츠의 마케팅 사례

관광콘텐츠의 온라인 마케팅 사례

관광콘텐츠에서 활용하고 있는 온라인 마케팅 방법은 다음과 같다.

① 관광콘텐츠에 대한 웹사이트 제작하여 정보전달을 기본으로 홍보
② 광고배너를 포탈 및 인터넷 사이트에 게제(매년 정기 축제의 경우 시즌전 집중 광고)
③ 온라인상의 이벤트 및 게임 진행(이벤트, 게임 등의 흥미요소를 충분히 준다)
④ 네티즌이 올린 관광지 사진이나 사연을 활용하여 콘텐츠를 구성(친근감 있는 콘텐츠로 하여금 효과가 배가 될 수 있음)
⑤ 인터넷상에서 여행 체험단을 선정하여 오프라인과 연계하는 방법(체험단 선발 후 여행/관광 과정을 차후 콘텐츠로 이용함)
⑥ 한류 상품 개발(한류 스타의 이미지를 최대한 활용하여 웹사이트를 구성 – 다국어 홈페이지 개설)
⑦ 영화/드라마/CF 촬영지였던 점을 홍보하여 인터넷에서 촬영세트장과 촬영했던 장면들을 스틸이미지 또는 동영상으로 보여 줌
⑧ 블로그, 미니홈피, 동호회를 이용하는 방법(상업적인 성격을 배제하고 네티즌과 커뮤니케이션 하는 방법으로 커뮤니티 중심의 사이트를 통해 인터

넷 마케팅을 함)

⑨ 트위터, 페이스북, 미투데이 등 SNS를 통한 관광 정보와 콘텐츠 제공 및 양방향 커뮤니케이션

⑩ 관광 여행 책자를 인터넷상에서 볼 수 있도록 하는 형태

⑪ 관광과 관련된 콘텐츠를 연계하여 보여 주는 방법(관광할 지역 날씨 보기 / 주변 숙박, 맛집 정보 보여주기)

1) 한국관광공사 온라인 마케팅

한국관광공사는 한국의 관광지와 여행 안내를 담은 사이트를 각국의 언어로 구축하여 운영하고 있고 배너광고, 검색마케팅, 블로그와 소셜미디어를 이용한 온라인 관광마케팅을 활발하게 전개하고 있다.

한국관광공사는 방대한 관광정보 데이터베이스를 이용하여, 전국 관광정보, 숙박시설, 음식점, 문화시설, 관광통계, 지도 등 관광 활동 전반에 관한 정보와 3차원 입체영상 관광 사진까지 제공하고 있다. 또한 투어메신저라는 여행 알리미 서비스를 통하여 웹사이트를 접속하지 않아도 자신의 컴퓨터에서 실시간으로 여행/관광정보를 볼 수 있도록 프로

▲ 출처: http://www.visitkorea.or.kr

그램을 배포하고 있다. 그리고 온라인 이벤트를 실시하여 사진/여행기를 등록하면 여행 책자를 주는 이벤트 등을 전개하고 있다.

2) 바로타 사이트

철도청에서 운영하는 바로타 사이트에서 철도 티켓을 예매하고 발권할 수 있고 국내 여행정보 제공과 여행 상품을 판매하고 있다. 관광 뉴스도 제공하고 숙박 시설과의 연계 시스템도 서비스하고 있다.

▲ 출처: http://tour.qubi.com

지역축제 관광마케팅 사례

1996년부터 시작된 지역문화관광축제는 지역의 특화된 문화상품을 축제로 연결시켜 관광마케팅하는 것이다. 매년 문화체육관광부는 우수한 지역축제를 선정하여 문화관광축제로 지원해주고 있는데, 그중 몇가지 사례를 문화관광축제 평가보고서를 통해 살펴보면 다음과 같다.

1) 국제화의 선봉 금산인삼축제

2010년 제30회 금산인삼축제 개최결과를 결산해보면, 모두 75만 명의 관광객이 다녀갔고, 총 935억 원에 이르는 지역경제효과가 발생하였다. 세부적으로는 인삼약초판매 65,498백만 원, 숙박 및 식음비 등 12,023백만 원, 그리고 국제인삼교역전 16,002백만 원 등 모두 93,523백만 원의 직간접 경제효과를 창출했다. 이는 금산인삼축제가 갖는 산업형 문화관광축제로서의 가치를 확인시켜준 계기가 되었다.

여타 축제와 다르게 금산군은 인삼산업의 국제화를 꾀하기 위해 1999년에 처음으로 국제인삼교역전을 개최하였으며, 미국 등 14개국 42명의 바이어가 참가한 올해는 1,304만 달러의 무역성과를 거둔 것으로 집계되었다. 이는 65만 달러에 불과했던 10년 전에 비해 20배 가까이 늘어난 대단한 성과이며, 2002년 이후 9년 연속 1,000만 달러 이상을 기록해 왔다. 최근에는 한남대학교 글로벌무역전문가양성사업단(GTEP)의 적극적인 지원을 바탕으로 무역상담의 효율성을 제고하였을 뿐만 아니라 기존의 거래 바이어에 대한 적극적인 관리를 한 끝에 그런 성공을 이끌어 낼 수 있었다.

축제장을 찾은 해외 바이어들은 금산인삼농협 등 가공공장을 방문해 생산과정을 직접 살펴보고 전시장 방문상담을 통해 샘플을 다량 구입하는 등 인삼제품에 대한 적극적인 관심을 나타냈다. 샴푸, 비누 등 미용제품과 절편, 경옥고, 정과 품목에 대한 상담이 가장 많았으며 홍삼초콜릿, 홍삼절임식품류도 관심대상이었다. 그들과 함께 일본 아오모리 TV,

프랑스 AFT, 독일 DTA 등 외신기자단의 방문이 이어지면서 세계적 명품 축제로써 금산인삼축제의 위상이 확인되었다.

앞으로도 금산군은 해외시장을 방문하고, 우량 바이어를 발굴하는 등의 노력을 꾸준히 할 계획이다. 특히 중국, 베트남, 대만, 홍콩 등 아시아권에 대한 지속적인 관리와 더불어 미주, 유럽, 러시아 등지에서 새로운 바이어를 발굴하여 인삼수출의 다변화를 모색해 나갈 예정이다.

2) 화합과 배움의 장, 춘천마임축제

춘천마임축제는 지역의 공지어설화를 기초로 '전설의 물고기 공지어 9,999마리를 만들어 마지막 폐막난장에 불태우면 소원이 이루어진다'라는 축제신화를 내건다. 그리고 각계각층의 춘천시민 9,999명이 저마다의 취향대로 공지어를 만들고, 그들 공지어를 앞세워 개막난장 '아!水라장' 길놀이를 진행한 다음, 폐막난장 '아!우다마리' 때 모두 모여 공지어를 불태우고 소원을 빈다. 춘천시민은 이러한 과정을 통해 축제의 구경꾼이 아니라 스스로 주인공이 되는 경험을 하는데, 결과적으로 지역에 대한 남다른 애착과 잊지 못할 추억을 화합의 순간을 경험하게 된다.

춘천시내 및 전국의 대학생들로 구성된 마임축제 자원봉사자는 3개월간 활동하는 깨비짱(자원봉사 인턴 50명)과 1개월간 활동하는 깨비(일반 자원봉사자 100명)로 구성되어 있다. 그들은 탁자와 의자 나르기, 시설물설치와 차량통제 등 힘들고 단순한 일부터 공연행정, 공연자/관객/무

대 관리, 체험행사 진행 등 전문적 영역까지 축제의 구석구석을 담당한다. 축제가 끝난 후 '축제후유증'이란 신조어가 생길 정도로 그들의 일이 고될 때도 있다. 하지만 그들은 또래끼리 일하고 어울리고 한잔하는 과정에서 삶의 위로와 위안은 물론 노동 끝에 맞이하는 축제의 즐거움 때문에 참다운 행복을 느낀다고 한다. 그중 해외공연자를 위한 통역봉사자 조직인 CIA(Chuncheon International Association)는 이제 강원도에서 가장 유능한 외국어통역단체로 성장하였다.

마임축제에 학과 단위로 참여한 대학생들은 자신의 전공을 창의적으로 실험하기도 한다. 예컨대 신문방송학과 학생들은 축제뉴스를 제작하고, 스토리텔링학과 학생들은 신화스토리텔링을, 언론정보학과 학생들은 사진기록과 영상 그리고 인터넷방송 등을 담당하고, 그 밖에 기념품개발, 운영강사, 사전붐업공연을 담당하기도 한다. 이처럼 춘천마임축제의 산학협력 프로젝트에 참여한 대학생들은 자신들의 전공별로 실질적이고 현실적인 업무경험을 축적한다. 그야말로 자발적인 산학협력이요 현장교육이며 실전연습인 셈이다. 이 모든 것들이 춘천마임축제가 발전하는 원동력으로 작용하고 있다.

3) 지평선축제, 한반도의 곳간을 알리다

지평선이 보일 정도로 드넓은 평야가 있고, 그 한가운데에 삼한시대에 축조된 것으로 추정되는 우리나라 최초의 저수지 '벽골제'가 있다. 바로 그곳이 김제시다. 김제는 우리나라의 대표적 곡창지대로써 지금도 주민의 60%가 1차 산업에 종사할 만큼 쌀의 본고장으로 이름나있다. 하지만 1990년대 중반 이후 UR, DDA 등 일련의 국제무역자유화조치로 인해 농업이 주업인 김제시에 큰 위기감이 고조되기 시작하였다. 절체절명의 위기상황이 시작된 것이다.

김제시는 그런 사태를 전화위복의 기회로 삼고자 축제를 열었다. 끝이 보이지 않게 펼쳐진 논 이외에는 아무 볼거리도 없는 논 한복판의 벽

골제 마당에 축제장을 설치하였다. 관광객의 발걸음을 끌기 위해 궁여지책으로 논두렁과 도로변에 코스모스를 심었고, 미리 잡아온 메뚜기를 논에 풀어놓고는 메뚜기잡기 행사도 하였다. 오롯이 피와 땀으로 일궈냈다.

그렇게 1999년에 처음 시작된 지평선축제가 2001년에 문화관광축제로 선정되더니 2003년에 우수축제로 뽑혔고, 2005년부터는 최우수축제로 승격되어 오늘에 이르렀다. 이처럼 축제가 성공을 거듭하자 지역에 놀라운 변화가 찾아들었다. 무엇보다 축제장을 찾은 관광객들이 바로 소비자임을 지각하고는 그들에게 김제쌀의 진가를 알리는 다양한 노력을 한 점을 들 수 있다. 양질의 쌀을 생산하기 위해 주민과 농협이 종자공급에서 출하까지 엄격한 품질관리를 하는 '지평선쌀 공동브랜드개발'을 통해 상상예찬이나 상상초월 등 고품질의 브랜드쌀을 생산하게 된 것이다. 결과적으로 지평선쌀의 경쟁력이 확보되었고 이는 농가소득증대로 이어졌다.

또 다른 변화는 김제시가 관광의 취약지에서 농촌문화학습형 신관광지로 급부상하였다는 사실이다. 우리나라의 상징적 수리시설인 벽골제를 중심으로 농촌생활문화와 드넓은 평야, 여기에 아리랑문학관을 곁들여 체험학습의 장소로 개발한 결과 지금은 전국에서 수학여행단이 몰려드는 관광명소로 탈바꿈하였다.

그러나 가장 큰 변화는 사라져가던 농촌의 가치를 재인식시키는 계기가 되었다는 점이다. 비록 논이 끝없이 이어진 지평선밖에 없었지만, 그런 농촌들녘을 국민들에게 어렸을 적 추억을 회상시키는 향수자원으로 개발하면서 생명산업인 농업의 소중함을 새삼 일깨웠기 때문이다. 결국 김제 지평선축제는 '김제시 = 드넓은 평야 = 한반도의 곳간 = 생명산업'이라는 지역이미지를 만들어주었다.

4) 산청 한방약초축제와 녹색성장

산청군 관내 지리산 자락은 지금도 1,000여 종의 토종약초가 자생할 만큼 약초재배의 최적지로 알려져 있다. 더욱이 산청군은 조선시대 명의로 이름을 날렸던 류의태 및 허준 선생이 활동했던 고장이었기에 현재도 전통한방의학의 메카를 자부한다. 그런 천혜의 생육환경과 인문자원을 활용하여 산청군은 한방약초산업을 미래성장동력으로 삼고 관련 산업을 육성해오고 있다.

그중에서 한방약초축제는 2001년 처음 개최된 이래 2003년 문화관광축제로 진입하였으며 이후 2008년부터 유망축제로 선정되어왔다. 2010년의 경우 69만 명의 관광객이 축제장을 방문하여 현장에서 3,057백만 원을 소비한 것으로 조사되었다. 그 밖에 당 축제를 통해 얻은 간접효과로써 산청군의 한방약초이미지 강화, 지역정체성 제고, 지역농특산물의 부가가치 제고 등을 들 수 있다.

이러한 축제의 성공을 발판으로 산청군은 지리산약초연구발전특구지정, 지리산약초 R&D 연구개발, 약초재배단지조성, 전통한방휴양관광지조성, 대한형상의학회 공동탕제원유치 등의 후속사업을 활발하게 추진하고 있다. 특히 2009년에 「동의보감」이 세계기록문화유산으로 등재됨

에 따라 중앙정부가 동의보감 발간 400주면 기념행사의 일환으로 공모한 '2013 세계전통의약엑스포' 개최지로 산청군이 선정되기도 하였다.

'미래의 더 큰 가치, 전통의약'을 주제로 모든 세대가 보고, 느끼고, 즐길 수 있는 내용으로 개최될 엑스포를 위해 산청군은 기존에 조성된 기반시설을 최대한 활용할 계획이다. 우선 동의보감촌에서는 첨단 한의약관과 동의보감 역사관을 비롯하여 동의보감 어린이관, 국내한방 탐구관, 지자체 특별테마관, 기(氣)수련·심신의학·알레르기 클리닉 등을 운영할 예정이고, 한방클러스터단지에서는 산업·유통시설인 한방산업관, 한방문화생활관, 지리산 녹색명품 전시관, 약선음식 체험관 등을 조성할 것이다. 특히 첨단한의약관은 첨단의약과 전통의약을 접목시켜 과거·현재·미래가 공존하는 전시·체험 시설로 만들 것이며, 엑스포 이후에는 전통의료관광의 거점공간으로 활용한다고 한다.

5) 겨울꽃이 아름다운 태백산 눈축제

태백산은 백두대간의 중심에 서 있는 민족의 영산이며, 태백시는 그 산자락에 형성된 고원도시이다. 매년 겨울, 그곳에 눈이 내리면 온 동네에 하얀 눈꽃이 피고, 그곳에 서리가 내리면 능선마다 하얀 상고대 꽃이 피어난다. 마치 신선들이 산다는 선경(仙境)을 연상시킨다. 그처럼 해발 1,567m의 태백산과 그 일대에 펼쳐진 설경은 태백시의 순수하고 깨끗한 경관이미지를 상징하는 데 부족함이 없다.

태백시에서는 그런 하얀 겨울을 내세워 1994년부터 눈축제를 개최해오고 있다. 태백산 입구인 당골광장을 비롯하여 O_2 리조트 및 시내일원에서 다양한 행사가 열리는데, 그중 가장 인기를 끄는 프로그램은 단연 태백산눈꽃 등반대회다. 특히 정상부근에서 아름드리 천년 주목 위에 수북하게 쌓인 새하얀 눈을 보았다면 그곳이 바로 신선이 사는 선계이다.

태백산 눈축제는 매력적인 눈과 강추위를 소재로 열리는 겨울축제로써 진정한 겨울다움을 느끼고 싶은 사람들이 즐겨 찾는다. 예컨대 2010년

축제방문객 중에서, 겨울에 비교적 눈이 적고 따스한 대구와 부산 등 경상도 출신 관광객의 비율이 무려 43.4%에 달하였으며, 동남아시아 관광객들의 방문수요도 매년 크게 늘어나고 있다. 심지어 겨울철 눈으로 유명한 일본의 돗토리현에서도 50여 명의 관광객이 다녀가기도 했다. 올해 태백시를 찾은 관광객은 2000년에 비해 2배 증가한 419만 명에 달하였고, 그 중 37%인 155만 명이 겨울관광객이었다. 눈축제가 태백의 겨울을 관광성수기로 바꿔놓았고, 나아가 한국 제일의 겨울관광지로 성장시키고 있다.

태백산은 겨울관광의 메카 이외에 우리 민족의 영산이자 젖줄의 역할도 겸하고 있다. 태백산 신단수 아래에 신시를 열었다는 단군신화로 말미암아 해마다 수많은 정·관계인사는 물론 일반 국민들까지 한 해의 안녕과 소원을 빌기 위해 태백산을 찾고 있다. 또한 태백산 자락에서 발원한 물이 한줄기는 남쪽으로 흘러 대구를 거쳐 부산까지 이르는 낙동강이 되며, 서쪽으로 흘러간 다른 물줄기는 서울을 관통하는 한강이 된다. 앞으로 대한민국의 역사와 문화를 제대로 알고자 하는 사람이라면 반드시 태백산에 가야 할 것이다.

테마파크의 관광마케팅

1) 테마파크의 관광자원 가능성

테마파크는 우리나라에서 여러 명칭으로 불리우고 있다. 테마파크 또는 놀이동산, 위락공원(amusement park) 등의 일반명칭과, 디즈니랜드 등의 고유명칭에서 따온 ○○랜드처럼 고유명칭이 사용되기도 한다. 영어로는 theme park, pleasure garden, amusement park 등의 일반명칭과 특정 주제와 연관된 Marine Park, Water Park 등으로 불리운다.

국내 테마파크의 역사는 1973년 어린이대공원이 설치되면서 시작되어 1977년 용인자연농원이 과수단지, 식물원, 동물원, 사파리, 타는 놀이시설 등을 점차 도입함으로써 테마파크의 모습을 갖추기 시작했다. 80년대에 들어서면서 테마파크는 기업과 정부의 본격적인 관심을 끌게 되어 80년대 후반에 개장되기 시작했다. 수도권에 드림랜드(87년), 서울랜드(88년), 롯데월드(89년)가 대표적이며, 지방에서는 경주보문단지의 도투락월드(85년), 속초의 프라자랜드(84년), 경북 영천의 금호랜드(88년) 등이 있으나 규모나 투자에 있어 소규모였다.

소득증가, 시간적 여유 확대, 가치관의 변화 등으로 인한 레저활동에 대한 욕구 증대로 테마파크는 꾸준한 성장을 지속하고 있다. 90년대 이후 테마파크와 복합 리조트단지 등의 레저 사업에 대한 기업의 관심과 투자가 늘어나고 있으며, 2000년 이후 본격적인 한류바람을 타고 외국 관광객을 끌어들이기 위한 대기업의 진출도 빠르게 늘어나면서 투자규모도 거대해지고 있다.

2) 국내 테마파크 운영실태

수도권 내 테마파크 중 특히 에버랜드와 롯데월드 및 서울랜드 등 세 곳은 연간 입장객 규모로는 국제적 테마파크라고 말할 수 있는데, 2010년도에 이들 세 곳을 방문한 입장객들만 총 1,700만 명 정도였다. 즉 매주 평균 약 32만 명 이상이 수도권의 'Big 3'를 방문하였다.

한편, 롯데월드의 경우(전체 입장객의 약 8% 수준)를 제외하고는 외국인들이 5% 정도 방문하고 있다(도쿄 디즈니랜드의 경우 약 10% 수준). 이와 같이 국내 테마파크에는 외래 관광객의 별로 내방하지 않고 대부분 지역민들로 채워지고 있어, 외래 관광객이 평균 10~20% 정도 방문하고 있는 선진국의 주요 테마파크에 비해 국제적인 지명도는 낮은 편이다. 이는 우리나라의 테마파크가 서구형 테마를 단순히 모방하고 있거나 뚜렷한 테마가 없이 수십 가지의 유희시설을 무계획적으로 배치하고 있기 때문이라고 본다.

그럼에도 불구하고 이들 'Big 3'를 방문하는 총 입장객 수는 1989년 이후 매년 약 10% 정도씩 꾸준히 증가하고 있는데, 그 이유로는 수도권의 상주인구와 주민들의 가처분 소득과 여가 시간이 증가하였고 테마파크에 대한 일반인들의 인지도가 많이 증가하였으며, 해당 테마파크들의 상품 판촉 등이 적절했기 때문이라고 판단된다. 또한 현재의 우리 국민 1인당 연간 테마파크 방문 횟수나 1회 방문시 평균 소비 규모가 아직은 미국, 일본 등 선진국 수준을 밑돌고 있어 향후 국내 테마파크 사업의 성장 잠재력은 비교적 크다고 본다.

한편, 대부분의 국내 테마파크는 한국 민속촌과 같은 일부 시설을 제외하고는 그 내용이나 수준이 미국의 일반 유원지형 관광시설과 유사한 형편이다. 물론 전 세계적으로 미국의 대중문화와 놀이 형태들이 위세를 떨치고 있는 시대이므로 그러한 상황 전개는 당연한 것일 수도 있다.

3) 국내 테마파크 관광마케팅 사례

① 에버랜드

1976년에 개장되어 국내 엔터테인먼트의 새로운 장을 연 자연농원은 1996년 개장 20주년을 맞아 영원한 삶의 활력과 자연과의 조화를 의미하는 에버랜드(EVERLAND)로 재탄생함과 동시에 '지구촌 기행'이라는 테마하에 본격적인 테마파크로 변신에 성공했다.

개장 20년 만인 96년 입장객의 수가 6천만 명을 돌파하면서 세계 3대 테마파크에 설정될 만큼 국민의 사랑을 받는 놀이공간으로, 명실공히

한국 최대의 테마파크로 인정받고 있는 에버랜드는 경기도 용인시 일대에 4백50여만 평 규모로 조성, 55개의 어트렉션, 32개의 식음시설, 30여 개의 판매시설이 설치되어 놀이, 휴식 및 식사와 쇼핑을 종합적으로 즐길 수 있도록 대형 종합레저타운을 형성하고 있다.

현재 에버랜드는 '지구촌 기행'이라는 테마하에 크게 다양한 위락시설이 설치된 '페스티발 월드', 세계 최대 실내·외 워터파크인 '캐러비안 베이', 그리고 카레이싱 경기가 펼쳐지는 '스피드웨이' 등의 3개의 영역으로 이루어져 있다. 그리고 페스티발 월드 안에는 유럽의 문화와 양식을 느낄 수 있는 '유러피안 어드벤처(European Adventure)', 동화의 세계를 재현한 '매직랜드(Magic Land)', 서부시대 미국의 생활상을 엿볼 수 있는 '아메리칸 어드벤쳐(American Adventure)', 세계적 희귀동물을 만날 수 있는 '이퀴토리얼 어드벤쳐(Equatorial Adventure)' 그리고 세계의 건축양식을 엿볼 수 있는 '글로벌 페어(Global Fair)' 등 5개의 테마존이 위치해 '지구촌 기행'이라는 중심테마를 뒷받침하고 있다. 그러나 에버랜드는 기획 당시 테마파크를 목표로 조성된 것이 아니라 엔터테인먼트 사업의 발전에 따라 유원지를 테마파크로 재개발함으로써 한계성을 노출하고 있는 것도 사실이다. 그 예로 조성시부터 테마파크의 주제를 표현하는 상징적 존재인 캐릭터가 함께 발달하지 못하고 공원 조성 후에 캐릭터가 개발되어 그 인지도가 낮은 것에서도 볼 수 있다.

뿐만 아니라 자연농원 시절에 설치됐던 시설물과 최근에 설치된 위

락시설의 연계성 부족은 하나의 테마로 통일적인 인상을 주어야 한다는 테마파크의 특성에 벗어나고 있다.

동선설계를 비롯하여 고려해야 할 다양한 요소가 있겠지만 에버랜드 사인시스템에 있어 가장 중요한 것은 테마성의 실현이다. 단순히 놀이기구를 타면서 즐기는 어뮤즈먼트 파크와 달리 테마파크는 하나의 일관된 주제 속에서 사람들이 일상생활에서 경험할 수 없는 공상의 세계를 경험하는 것이기 때문에 주어진 주제에 의해 건축양식과 위락 시설, 판매상품은 물론 등장인물과 종업원의 제복, 그리고 사인시스템의 모양이나 색상에 이르기까지 테마의 실현이 필수적이다.

실제로 에버랜드의 페스티발 월드 내에 배치돼 있는 5개의 테마존에는 서로 다른 성격의 건축물과 놀이시설 등이 설치되어 각각의 테마를 실현하도록 고려돼 있는데 사인 역시 테마를 반영하고 있다. 예를 들어 화장실 사인만 하더라도 이퀴토리얼 어드벤쳐의 경우는 자연의 느낌을 전달할 수 있도록 지주에 토끼를 비롯한 동물 모양을 조각함으로써, 매직랜드는 매직이라는 추상적인 주제를 구체화하기 위해 이상한 나라의 엘리스에 나오는 트럼프 모양을 응용함으로써, 유러피언 어드벤처는 유럽의 전통의상을 입고 있는 픽토그램을 사용함으로써 그 모양만 보더라도 내가 현재 어느 테마존에 위치해 있는가를 자연스럽게 느끼도록 배려했다.

또한 각각의 놀이기구 역시 테마를 반영하도록 고려되었다. 사파리월드는 사자와 호랑이의 성형광고물과 코끼리의 상아를 연상시키는 사인물을 설치함으로써, 독수리요새는 서부개척시대를 주제로 하는 만큼 당시의 생활상을 반영하는 소재를 사용함으로써, 그리고 오즈의 성은 동화에 등장하는 주인공들을 사인물의 소재로 활용함으로써 테마를 구체화하고 있다.

에버랜드 사인물의 또 다른 특징 중 하나로 캐릭터의 활용을 들 수 있는데 재미있게 표현된 캐릭터들이 다양하게 방문객에게 노출되면서 시각적 즐거움을 제공하고 있다. 이런 특징이 가장 잘 나타나는 곳이 팬더가 살고있는 팬더랜드와 어린이동물원으로, 팬더랜드에는 리리와 밍밍의 캐릭터가 전면사인과 안내사인, 배너 등에 다양하게 활용되고 있으며, 동물가족동산 입구에는 파미와 랜드의 캐릭터가 활용된 사인물이 설치돼 있다.

② 롯데월드

롯데월드는 서울잠실 일대에 1989년 7월에 '동양의 디즈니랜드'를 추구하면서 오픈됐다. 도심형 테마파크인 롯데월드는 미래지향적인 첨단 생활공간을 형성하여 선진국 진입에 따른 국민들의 레저욕구를 충족시키고 외국관광객의 유치로 외화획득은 물론 대단위 복합단지의 운영에 의한 고용창출과 함께 관련 산업에 파급효과가 커 지역경제를 활성화시키고 있다.

롯데월드는 올림픽 스타디움의 2배인 3만 8,798평의 대지 위에, 6,500억 원을 투자해 연건평 16만 9,000평을 건설했고 종업원이 약 9,500명에 달하고 있다. 1990년 3월에는 석촌호수 6만 5,900평에 매직아일랜드를 개장했다.

롯데월드의 마케팅 성공요인을 살펴보면 첫째, 편리한 접근성이나 서울 시내에 위치하여 있고 지하철을 포함한 대중교통으로 쉽게 접근할 수 있는 점이다. 둘째, 실내와 실외 시설이 있어 날씨의 영향을 적게 받고 사시사철 이용할 수 있다는 것이다. 셋째, 다양한 제휴 마케팅을 전개하고 있다. 대부분의 신용카

드사 및 통신사와 제휴하여 할인 등의 다양한 혜택을 제공하고 있다. 넷째, 기념일 마케팅을 전개하고 고객의 생일 등 기념일과 발렌타인데이나 할로윈데이 등 특정 기념일에 그 성격에 맞는 이벤트를 개최하여 고객의 관심과 이용을 높였다. 다섯째, 타깃마케팅을 전개하여 대학생들의 개강파티에는 특별할인과 생맥주를 제공하고 청소년들에도 할인을 제공해주고 있다. 여섯째, 테마파크의 임직원들이 고객을 접객하는 모든 접촉점에서 최대한 친절하게 대하도록 교육하고 점검하고 있다. 일곱번째 인터넷과 모바일 그리고 소셜미디어를 활용한 이벤트와 커뮤니티를 활성화하는 노력을 계속하고 있다.

③ 서울랜드

경기도 과천시 막계동(莫溪洞) 서울대공원 안에 있는 대단위 위락공간. 면적 28만 2,250㎡. 1984년 개원한 서울대공원의 동·식물원에 이어 위락시설지구 조성계획의 일환으로 1986년 6월 착공, 1989년 5월 4일 개장하였다.

놀이·교양·편익·조경·휴양·운동·교통·관리시설 등 8개

부문에 걸쳐 250여 가지의 각종 시설을 갖추고 있다.

미국과 일본의 디즈니랜드처럼 '세계의 광장' '삼천리동산' '미래의 나라' '개척의 나라' '환상의 나라' 등 5개의 테마구역으로 나누어 최첨단 대단위 주제공원으로 조성한 점이 특징이다. 그 밖에 여러 공연과 특별행사가 펼쳐지며, 서울대공원과는 무궤도열차로 연결된다.

서울랜드도 다음과 같은 마케팅을 전개하였다. 첫째, 서울랜드는 다양한 제휴마케팅을 전개하고 있다. 신용카드와 통신사와의 제휴뿐만 아니라 한진택배와도 제휴하여 한진택배 이용자에게 할인 혜택을 제공하고 있다. 둘째, 레인보우 쿠폰 이벤트를 실시한다. 상품의 방문 빈도수를 높이기 위해 입장시 브로셔에 쿠폰란을 만들어 제공 뒤 7개의 숍에 방문하여 도장을 받은 고객에게 소정의 선물 제공하며 상호성의 법칙을 이용한 것이다. 셋째, 패밀리 타깃마케팅을 실시한다. 서울랜드는 어린이 이용객들을 위한 놀이시설 및 가족 이용객수가 많아 가족단위의 입장객들이 많다. 가족세트, 연인세트의 판매를 기획한다. 넷째, 직원들의 적극적인 참여를 유도하였다. '레인보우 가든의 주인공이 되어라'는 행사를 통하여 각 상점의 직원들은 콘셉트와 분위기에 맞는 복장과 캐릭터를 하고 고객을 대하며, 상품판매를 유도한다. 즉 인센티브 제도와 분기별 인기매장과 우수 직원 선정으로 경쟁을 유도한다. 다섯째, 상품의 질과 가치를 높였다. 모든 상품에 서울랜드의 마크와 캐릭터를 부착함으로써 상품의 희귀성의 법칙과 사회적 증거의 법칙을 이용한다. 맥도날드와 롯데리아 등 식음료에 상품을 첨가하여 매출을 더욱 올리는 것처럼 서울랜드 여러 식음료 레스토랑에 상품을 도입하였다. 여섯째, 인터넷과 모바일을 활용한 다양한 온라인 이벤트를 진행하고 있다.

학습정리

1. 관광마케팅이란 "관광조직이 관광객의 필요와 욕구를 충족시켜 주고 조직의 목표를 달성하기 위하여 관광 상품, 가격, 촉진, 유통을 계획하고 수행하며, 관광 상품의 패키징 및 프로그래밍, 관광기업 간의 파트너십 그리고 종사원 등을 관리하는 행위"라고 정의할 수 있다.

2. 관광마케팅의 특성은 무형성, 생산과 소비의 동시성, 비저장성, 이질성, 계절성 등이다.

3. 관광콘텐츠란 관광기업이 관광자의 욕구를 유발시키고 충족시켜줄 관광대상을 바탕으로 각종 서비스를 제공하는 유·무형의 경험을 말한다. 기업은 고객욕구를 충족시키는 상품(product)을 만들고, 적절한 가격(price) 및 유통(place)방법을 택하고, 소비자에게 알리는 촉진(promotion) 활동을 통하여 마케팅 목적을 달성하고자 한다. 전통적 마케팅믹스의 4P에 패키징(packaging), 프로그래밍(programming), 파트너십(partnership), 종사원(people)의 4P가 추가되어 8P로 확장된 것이 관광마케팅믹스이다.

4. 관광콘텐츠의 인터넷 마케팅 활용방법은 다음과 같다.
   - 관광콘텐츠에 대한 웹사이트 제작하여 정보전달을 기본으로 홍보
   - 광고배너를 포탈 및 인터넷 사이트에 게재(매년 정기 축제의 경우 시즌 전 집중 광고)
   - 온라인상의 이벤트 및 게임 진행(이벤트, 게임 등의 흥미요소를 충분히 준다)
   - 네티즌이 올린 관광지 사진이나 사연을 활용하여 콘텐츠를 구성(친근감 있는 콘텐츠로 하여금 효과가 배가될 수 있음)

- 인터넷상에서 여행체험단을 선정하여 오프라인과 연계하는 방법(체험단 선발 후 여행/관광 과정을 차후 콘텐츠로 이용함)
- 한류 상품 개발(한류 스타의 이미지를 최대한 활용하여 웹사이트를 구성 – 다국어 홈페이지 개설)
- 영화/드라마/CF 촬영지였던 점을 홍보하여 인터넷에서 촬영세트장과 촬영했던 장면들을 스틸이미지 또는 동영상으로 보여 줌
- 블로그, 미니홈피, 카페 등 동호회를 이용하는 방법(상업적인 성격을 배제하고 네티즌과 커뮤니케이션하는 방법으로 커뮤니티 중심의 사이트를 통해 인터넷 마케팅을 함)
- 관광 여행 책자를 인터넷상에서 볼 수 있도록 하는 형태
- 관광과 관련된 콘텐츠를 연계하여 보여 주는 방법(관광할 지역 날씨 보기 / 주변 숙박, 맛집 정보 보여주기)

10. 교육콘텐츠 마케팅

학습목표, 탐구할 문제

1 교육콘텐츠의 의미와 정의

2 e-러닝의 이해와 현황

3 에듀테인먼트 이해와 마케팅

4 교육시장에 따른 교육콘텐츠 마케팅

5 e-러닝의 성공 마케팅전략과 성공 사례

6 교육콘텐츠 시장의 미래

학습정리

교육콘텐츠 마케팅

교육콘텐츠 '모션북' 홍보영상

학습목표

1. 교육콘텐츠를 정의하고 특징을 설명할 수 있다.
2. e-러닝과 에듀테인먼트의 현재와 미래, 시장규모를 이해할 수 있다.
3. e-러닝과 에듀테인먼트 마케팅전략을 수립할 수 있다.
4. e-러닝과 에듀테인먼트 마케팅의 성공사례를 분석할 수 있다

탐구할 문제

1. 우리의 생활에서 교육이란 무엇인가?
2. 교육도 마케팅이 필요한가?
3. 에듀테인먼트는 필요한가?
4. 에듀테인먼트를 마케팅에 활용할 수 있는가?

1 교육콘텐츠의 의미와 정의

교육콘텐츠의 의미

교육콘텐츠(Edu-contents)는 좁은 의미로는 공교육의 보조수단으로의 내용물, 넓은 의미로는 모든 교육상의 정보와 지식 및 전달기술을 뜻한다. 전달 매체에 따라 오프라인과 온라인으로 구분할 수 있는 교육콘텐츠는 최근 공교육의 질적 하락에 따른 불신증대 및 지역별 학력격차를 해소하고자 하는 교육 정책당국이 앞장서 온라인 형태의 교육콘덴츠 서비스, 즉 e-러닝(e-learning)과 에듀테인먼트 서비스 구축에 앞장서고 있다.

미래형 교육이라는 기치 아래 e-러닝에 막대한 교육재정이 투입되고 있는 한편 연간 14조 원 규모의 사교육시장에서도 온라인 교육콘텐츠 사업은 이미 대형 입시학원들의 매출액을 상위하는 한편 어학과 각종 자격증 시험시장으로 급속히 확대되고 있다. 세계적 컴퓨터장비업체인 미국 시스코(CISCO)의 존 챔버스 회장은 "인터넷 사업에서 가장 비즈니스 가능성 높은 차세대 어플리케이션은 교육"이라며 e-러닝이 교육시장을 극적으로 변화시킬 것으로 언급한 바 있다.

교육콘텐츠란 인터넷을 통해 교육 목적을 달성하기 위하여 원래 교과 내용을 가공하여 디지털화, 멀티미디어화한 내용물이다. 이러한 정의에 근거하여 교육콘텐츠라는 용어에는 교육목적, 교과내용, 멀티미디어, 디지털, 인터넷, 가공 등 관련요소들이 포함되어 있다. 이를 분석해보면 다음과 같다:

교육목적이란 교육을 실시하여 궁극적으로 지향하고자 하는 것이 무엇인가를 의미한다. 학습자들의 잠재력을 개발시키는 것, 국가발전을 위한 인적자원을 개발하는 것, 또는 개성 있는 유능한 사회인으로 양성한다는 것 등은 모두 교육을 실시하는 사회의 요구를 반영하고 있으며 그러한 요구를 반영하는 교육의 지향점을 교육목적이라고 할 수 있다. 교육콘텐츠는 교육목적에 맞게 개발될 필요가 있다. 교육목적이 분명하지 않거나 교육목적에 근거하지 않는 교육콘텐츠를 제공할 때 교육현장은 혼란스러워질 수 있다. 따라서 교육콘텐츠를 설계함에 있어서도 교육목적이 무엇인지에 대한 분명한 문제의식을 가져야 한다.

교과내용이란 가르치고자 하는 지식, 기술, 태도의 집합체라고 할 수 있다. 전통적으로 학교에서는 교과라는 이름으로 가르치고자 하는 내용을 분류하여 교육을 실시해 왔다. 이러한 내용은 교수와 학생 사이를 오고 가며 교육활동을 가능케 하는 것이다. 따라서 교육콘텐츠에는 가르치고자 하는 것이 어떤 지식, 기술, 태도로 구성된 것인지가 포함된다.

멀티미디어란 용어는 가끔 우리를 혼란스럽게 한다. 우선 미디어란 매개체(media)로서 전달하는 사람과 전달받는 사람 사이에서 무엇인가를 전달하는 실체라할 수 있다. 이때 실체란 대개 마이크, 녹음기, 텔레비전, 컴퓨터 등 메시지(message)를 담아서 전달하는 기기나 장치를 의미하게 된다. 이렇게 본다면 멀티미디어는 여러 가지 매체들이 결합된 것으로 이해되기 쉽다. 그러나, 학교 현장에서 멀티미디어라는 용어는 또한 인간의 오감과 관련되어 사용되기도 한다. 즉, 메시지를 전달하기는 하는데 인간의 오감에 자극을 줄 수 있는 여러 가지 메시지를 함께 전달하는 미디어라는 의미로서 이해될 수 있다. 예를 들어, 시각적 메시지나 청각적 메시지를 함께 전달하는 매체는 텍스트라는 한 가지 시각적 메시지만 제공하는 매체에 비교하여 멀티미디어라고 할 수 있는 것이다. 따라서 교육콘텐츠가 멀티미디어적 요소를 가진다는 것은 오감을 자극하는 다양한 메시지를 함께 포함하는 콘텐츠라고 이해될 수 있으며 이러한 맥락에서 볼 때 인터넷이 대표적인 멀티미디어라고 할 수 있다. 왜냐하면 인터넷을 통해서는 시각적, 청각적 여러 메시지가 함께 전달될 수 있기 때문이다.

디지털은 교육콘텐츠가 보다 유·무선 인터넷 기반으로 한 콘텐츠라는 것을 의미한다. 원래 디지털이란 전기적 신호를 0과 1로 나누어서 이해한다는 의미인데 교육콘텐츠가 디지털 속성을 가지고 있다는 것은 그것이 0과 1의 수많은 조합에 의한 결합체라는 의미이다. 이는 곧 디지털매체에서 활용할 수 있도록 개발된 콘텐츠라고 간단히 이해될 수 있다.

교육콘텐츠와 관련하여 **인터넷** 속성을 포함시킨 이유는 0과 1로 된 디지털 콘텐츠가 컴퓨터 1대에서 한 학습자에게만 제공되는 것이 아니라 수많은 디지털매체가 연결된 인터넷이라는 세계적 네트워크를 자유롭게 흘러다니면서 수많은 학습자들의 학습활동에 도움을 줄 수 있도록 활용될 수 있기 때문이다. 사실, 교육콘텐츠라는 용어가 등장하게 된 것도 인터넷을 기반으로 하는 e-business 측면이 있었다고 할 수 있듯이 비록 교육콘텐츠를 인터넷과 분리하여 생각할 수도 있지만 교육학적 측면에서는 인터넷을 전제로 한 교육콘텐츠를 설계하는 방안을 제공하고자 한다.

마지막으로 **가공**이라는 단어의 의미는 좀 어색하기는 하지만 설계와 개발이라는 두 가지 의미를 담고 있다. 설계란 집을 짓기 위해 설계도를 만들 듯이 교육콘텐츠를 위한 설계도를 만드는 작업이고 개발이란 그 설계도에 따라 실제로 프로그래밍 또는 코딩하는 것이다.

즉, 교육콘텐츠는 예를 들어 책에 있는 지식, 기술, 태도를 디지털화하는 과정을 통해 생산되며 그것은 곧 원자료를 디지털자료로 바꾸는 설계와 개발이라는 가공의 과정을 거치는 것이다. 교육콘텐츠를 가공한다고 할 때 일반적인 비교육용 콘텐츠와 다른 것은 지식, 기술, 태도의 원자료 내용을 디지털화하면서 동시에 그것이 어떻게 학습자의 머릿속에서 학습될 수 있을까를 염려하는 교수전략, 학습전략을 원자료 내용에 포함하여 가공한다는 점이다. 이것이 교육콘텐츠가 단순 정보 또는 지식 콘텐츠와 다른 점이다.

교육콘텐츠의 특징

교육콘텐츠라는 용어의 등장 자체는 교육현상에서의 새로운 변화를 시사하고 있다고 할 수 있다. 교육내용이라는 용어는 가장 보편적으로 사용되어 왔지만 그것을 교육콘텐츠라고 지칭하면서부터 뭔가 새로운 것을 기대하는 듯한 바람도 엿보이기 때문이다. 그것을 한 마디로 설명할 수는 없지만 한 가지 주목해야 할 것은 교육의 패러다임이 교육주의적 패러다임으로부터 학습주의적 패러다임으로 서서히 변해가고 있다는 점이다. 또는 변해야 한다고 주장하는 학자도 있다.

기존의 교육이 교수자에 의한 일방적 전달을 강조했다면 앞으로는 학습자를 중심으로 교육활동을 전개하려는 추세를 우리는 사회 곳곳에서 발견할 수 있다. 그런데 이러한 사회적 요구의 변화를 보다 현실적으로 가능케 한 것이 정보통신기술에 의한 인프라 구축이라고 할 수 있다. 아무리 교수자 중심에서 학습자 중심으로 변화를 시도하더라도 그것을 뒷받침할 테크놀로지의 발전이 없이는 불가능한데 요즈음은 디지털기기와 통신관련 기술이 비약적으로 발전하여 드디어 우리는 유·무선 인터넷을 통해 언제, 어디서나, 원하는 내용을 학습할 수 있는 환경을 가지게 된 것이다.

학습자 중심의 교육활동이라는 것이 여러 가지를 의미할 수 있지만 한 가지 핵심적인 아이디어가 소위 '개별화 수업(individualized instruction)'이라는 것이다. 한 사람의 교수자가 여러 학생들을 모아 놓고 교실에서 수업할 때 드러나는 어려움은 학생 개개인의 학습목적, 학습스타일, 학습속도, 학습방법 등이 무시되고 획일적일 수 있다는 점이다.

행동주의자로 알려진 스키너도 궁극적으로 의도한 것은 개별화 수업이었다. 즉, 학생들에게 자신에 맞는 수업을 제공하자는 것이다. 그러나 문제는 어떻게 제공하는가였다. 스키너는 티칭머신을 사용하고 그것이 나중에 컴퓨터를 활용한 컴퓨터보조수업(computer assisted instruction, computer based instruction 등)으로 발전하게 되었는데 컴퓨터의 도입 자체는 학생들에게 보다 개별화된 수업을 제공하여 학습효과를 높이고자 하는 것이었다.

이와 같이 학습자 중심 교육을 위한 시도로서 컴퓨터보조수업이 등장하게 된 것을 보아도 개별화수업을 실현하기 위해 정보통신기술의 도움이 얼마나 필요한지 짐작할 수 있다. 그런데 우리는 e-러닝이라는 영역에 수시로 접하고 있으며 그것도 역시 개별화수업의 이상을 달성하기 위한 또 하나의 시도라고 할 수 있다. 다만, 한 가지 다른 것이 있다면 기존의 컴퓨터보조수업시대에는 학습자가 한 대의 컴퓨터를 통해 학습해야 하지만 지금은 유·무선 인터넷을 통해 연결된 수많은 디지털기기 네트워크를 통해 학습자가 학습할 수 있게 된 것이다.

정보통신기술 발전으로 인해 교육주의에 의한 교실에서의 교수자 중심 획일적 수업의 모습이 점차로 학습주의에 근거한 학습자 중심의 개별화 수업을 지향하는 쪽으로 교육활동의 변화가 촉진되고 있다. 이에 따라 교육콘텐츠라는 용어가 교육주의에서 학습주의로 패러다임이 변화하는 시기에 언제, 어디서나, 어떤 내용이든지 학습을 가능케 하는 유·무선 인터넷이라는 정보통신 인프라를 배경으로 그 의미가 부각되고 있다.

온라인 교육의 장점으로는 언제 어디서나 학습이 가능하다는 점이다. 인터넷이 가능한 곳이면 언제 어디서든 개인 학습이 가능하기에 집합교육의 필요성이 줄어든다. 온라인 교육은 업무공백을 방지한다. 학습시간을 학습자가 선택하므로 오프라인 교육을 위한 업무중의 시간을 절약할 수 있다. 간접비용이 절감된다. 오프라인 교육에서 소요되는 기회비용이 절약되고, 교육비용의 고용보험 환급이 가능하다. 학습자 개인이 진도를 조절하여 학습하므로 개인 능력별 학습이 가능하다.

2 e-러닝의 이해와 현황

e-러닝의 효과 및 학습모델

1) e-러닝의 효과

인터넷과 정보기술은 비즈니스 분야에 이어 교육에서도 혁명을 불러일으키고 있다. 과거와 같이 피교육자들이 일정한 공간과 정해진 시간에 전체가 표준화된 교육을 받던 수동성에서 e-러닝은 피교육자 자신이 수준별, 영역별, 단계별로 교육을 고를 수 있는 능동성을 부여했다.

특히 언제, 어디서나 누구에게나 교육이 가능하며, 적합한 정보(right information)를 필요한 사람(right person)에게 제시간(right time)에 가져다 주는 e-러닝의 특성은 닫힌 교육에서 열린 교육으로의 전환을 가능케 하고 있다.

그럼 무엇이 교육콘텐츠 사업에 있어 e-러닝이 대세를 이루게 했는가. 바로 인터넷이라는 매체의 특성이 교육에 적합한 조건들을 갖추고 있기 때문이다.

e-러닝은 인터넷의 양방향적(interactive) 특성을 잘 살려 교육자와 피교육자와의 교감이 중요한 교육 특성을 최대한 보존하여 즉시적인 상호 커뮤니케이션과 동영상으로 기존 교실에서 느끼던 그것을 충분히 상쇄하고도 남음이 있다. 두 번째로 e-러닝은 시공간 제약이 없으며 교재도 인쇄물 형태가 아니라 문서나 동영상 파일로서 그 보존성과 이동성이 뛰어나고 무한복제가 가능하다. 또 인터넷을 매개한 방대한 주변 정보의 손쉬운 접근성과 획득성이다. 교실에서의 한정된 지식과 자료와는 비교할 수 없도록 e-러닝에서는 다양한 참고자료와 실시간으로 최신화된 자료로 피교육자에게 다가설 수 있다.

다만 e-러닝 분야는 인터넷 비즈니스 중에서도 가장 경쟁이 치열한 분야이다. 신규 온라인 업체는 물론, 기존 오프라인 교육기관들도 속속 시장에 뛰어들고 있다. 그러나 교육콘텐츠에 대한 사회적 욕구의 증대로 지속적인 시장규모의 확대가 예상되는 한편 비교적 적은 자본으로 시장 진입 장벽이 낮은 e-러닝 분야로 나아갈 수 있다는 점에서 여전히 매력적이다. 더욱이 e-러닝은 단순히 교육방식의 변경뿐만 아니라 교육콘텐츠 생산 및 유통, 교육관련 기술 등 파생되는 새로운 비즈니스 기회들을 만들어 내고 있다.

e-러닝은 교육과 네트워크 기술이 접목된 새로운 개념이다. 기존의 오프라인 교육이 강사, 교육생과 지식 중심이었던 데 비해 e-러닝은 그 지식의 전달방식과 커뮤니케이션 양상, 교육장소 및 시간 등 새로운 개념의 교육방식과 환경전환이라 할 수 있다.

물론 이러한 변화가 수년 만에 이루어진 것은 아니다. e-러닝을 시대 순으로 구분하자면 컴퓨터 기반(Computer-based) 교육, 웹 기반(Web-based) 교육, 가상학습(Virtual Classroom), 디지털 콜레버레이션(Collaboration)으로 나누어 생각할 수 있다.

① **컴퓨터 기반 교육**: 데스크탑 PC를 기반으로 이루어지는 교육으로서 주로 CD나 파일 형태의 교육콘텐츠를 활용한다. 온라인 네트워크로 연결되지 않고 독립 컴퓨터 단위로 개인별 교육이 이루어지는 형태이다.
② **WEB 기반 교육**: 웹 기반 교육은 인터넷을 통해 온라인으로 이루어지는 교육을 말한다. 따라서 강사나 수강자는 인터넷 사이트에 접속을 통해서 연결되며, 교육의 대부분의 과정이 유·무선 인터넷을 통해 진행된다. 대다수의 오프라인 교육콘텐츠 사업의 형태로 e-러닝의 가장 핵심 분야이다.
③ **가상학습**: 가상학습은 온라인 형태가 아니더라도 가상공간에서 이루어지는 교육으로 시뮬레이션, 가상현실기법을 교육에 활용한 것이다. 자동차나 항공기 운전 시뮬레이터가 대표적이다.

④ 디지털 콜레버레이션: 유·무선 웹을 통하여 디지털 기기를 활용하여 교육에 필요한 디지털 콘텐츠를 주고받으며, 상호 커뮤니케이션하는 것을 말한다.

e-러닝에 있어서 유·무선 인터넷은 모든 활동의 중심이 된다. 교육과정의 설계, 콘텐츠 개발, 교육실행, 교육성과평가, 사후관리 등 일련의 과정이 인터넷을 통해 이루어지는 것이다. 인터넷이라는 기술적 환경과 새로운 공간적 개념을 도입한 것으로서 다음과 같은 측면에서 교육적 의의를 지닌다.

첫째로 교육에 대한 기존의 개념적 틀을 벗어나 새로운 교육환경을 만들게 된 것이다. 규정된 시공간적 차원 교사(강사)에 의해 전적으로 좌우되던 기존 교육이 언제, 어디서나, 누구에게나 원하는 교육내용을 가져다 준다는 것에서 온라인 교육은 새로운 패러다임으로 대체될 것이다.

두 번째로 非언어주의적 영역의 교육을 개척하는 계기를 마련하게 될 것이다. 교실과 강의실에서의 교사와 강사를 통한 언어적인 지식 전달이 다양한 멀티미디어 기술을 활용한 종합적인 교육환경으로 변모할 것이다.

세 번째로 수요자 중심의 교육개념이 정립될 것이다. 즉 기존 교육자 중심에서 e-러닝 교육환경은 수요자 선택취향에 따른 맞춤형 교육제공이 이루어진다. 또 온라인 교육은 시공간적, 방법론적 융통성으로 인하여 다양한 교육기회를 제공함으로써 교육선택의 폭을 넓혀 모든 이가 원하는 평생교육의 측면에서 교육이 가능하게 되었다.

정리하자면 우리는 유·무선 인터넷을 기반으로 한 교육적 특성을 크게 네 가지 특징으로 정리할 수 있다. 우선 사용자 중심의 인터페이스를 제공, 교사들에게 유용하고 매력적인 도구로 사용될 수 있으며 두 번째로 다양한 정보접근으로 기존의 어떤 교육형태보다 다양한 이미지와 자료 등을 제공할 수 있으며, 세 번째로 가장 최신화된 자료의 동원이 가능하고, 네 번째로 유비쿼터스 환경을 통한 융통성 있고 국제적인 매체로 활용될 수 있다.

2) e-러닝의 학습 모델

유·무선 인터넷을 활용한 가상교육의 교육적 가치는 매우 높다. 우선, 다른 어떤 매체를 이용한 가상교육보다 시간과 공간의 제약을 훨씬 자유롭게 벗어나게 해주었다.

특히 닫힌 공간적 제약에서 벗어나 가상공간으로 학습장 개념이 확대되며 이론교육은 물론 가상실습에 의한 기술교육이 실현되었다. 전 세계 어디에서나 동질의 교육서비스를 받을 수 있는 환경이 조성되었으며, 교육공급자 중심에서 수요자 중심으로 전환되므로 특정 교육시설에서의 학습은 무의미해졌다. 또한 이미 구축된 자료들을 언제든지 쉽게 검색하고 최신화할 수 있어서 학습자가 언제나 가장 최신의 정보를 손쉽게 얻을 수 있다. 아울러 텍스트뿐만 아니라 그래픽, 동영상, 오디오 등 다양한 형태의 정보 전달이 가능하고 화상회의 시스템, 채팅 등의 기술을 활용한 교습자와 학습자 간의 상호작용을 활발히 도모할 수 있게 됐다.

<기존 교육과 e-러닝의 비교>

기존 교육	e-러닝
1. 규정된 집합 시간, 경비소요 2. 1:1 교육이 어렵고, 자율학습 속도 조절 불가 3. 일회식 교육, 반복불가 4. 교육비 감안하여 수업규모 커짐 5. 균질의 교육제공이 어려움 6. 한번 교육한 내용은 다음 교육 때까지는 수정이 어려움 7. 학습한 내용의 즉시적인 업무활용	1. 시공간적 제약 초월 2. 학습의 개별화, 자율화 3. 반복교육훈련 가능한 완전 학습 촉진 4. 학습자 수와 무관 5. 학습자 수행의 평준화 6. 콘텐츠 최신화 및 수정 수시 가능 7. 학습한 내용을 DB로 저장하여 업무에 수시로 활용

e-러닝의 현황

1) e-러닝의 현황

e-러닝은 짧은 역사에도 불구하고 IT 기술의 눈부신 약진에 따라 발달하고 있으며 지속적인 성장가능성을 보이고 있다. 단 이 발전들은 모든 e-러닝 도구와 콘텐츠가 승인된 일련의 산업 전반의 표준에 기반을 둘 때에 완전하게 실현될 수 있으며, 이러한 표준은 콘텐츠의 재사용과 기술의 상호 호환성을 가능하게 할 것이다. 이 중에서도 눈여겨볼 것은 교육단말기의 보급이다.

인터넷이 유선에서 무선으로 급격히 변화되고 있는 것과 마찬가지로 온라인 교육도 고정된 PC 중심에서 다양한 무선 교육단말기 형태로 발전되어갈 가능성이 크다. 이동형 교육단말기가 본격적으로 보급된다면, e-러닝 기술이나 콘텐츠, 서비스 등도 거기에 적합하게 변화되어야 한다. 최근 국내 e-러닝업계에선 이러한 경향에 주목, PMP나 DMB, 와이브로, 스마트 모바일 등 차세대 모바일 기기 및 서비스를 목적으로 한 시장으로 눈을 돌리고 있다.

2) e-러닝의 시장 규모

e-러닝이 포함된 지식정보산업의 2009년 사업형태별 매출액 중 유통/배급 매출액은 3조 5,817억 원으로 전체 매출액의 68.2%를 차지하였다. 창작 및 제작 매출액은 1조 5,708억 원으로 29.9%의 비중을 차지하였으며 기타 매출액은 888억 원으로 1.7%의 비중을 차지하는 것으로 나타났다. 단순복제 매출액은 가장 적은 규모인 12억 원(0.02%)으로 추정되었다. 창작 및 제작 매출액은 전년대비 약 6.5% 증가하였고, 연평균증감률 또한 약 10.2%로 증가한 것으로 나타났다. 유통/배급 매출액은 전년대비 약 11.7% 증가하였고, 연평균증감률 또한 약 10.8% 증가한 것으로 나타났다. 지식정보산업은 유통/배급 매출액이 많은 부분을 차지하고

| 표 10-1 | 지식정보산업 사업형태별 매출 현황 (단위: 백만 원, %)

구 분	창작 및 제작	제작지원	단순복제	유통/배급	기타	합계
e-learning 기획업	370,346	3,659	–	7,198	11,368	392,571
e-learnign 인터넷/모바일 서비스업	113,965	–	–	1,183,144	12,366	1,309,495
인터넷/모바일 e-learning 제작 및 제공업(CP)	202,662	3,785	–	11,288	6,357	224,092
에듀테인먼트 기획 및 제작업	123,230	3,871	1,268	6,158	8,335	142,862
기타 데이터베이스 및 온라인 정보제공업	546,733	1,183	–	162,518	13,392	723,826
포털 및 기타 인터넷 정보 매개 서비스업	213,896	–	–	2,211,456	36,987	2,462,339
합계	1,570,852	12,498	1,268	3,581,762	88,805	5,255,185
비중(%)	29.9	0.2	0.0	68.2	1.7	100.0

출처: KOCCA 콘텐츠 산업 통계조사 부문별 결과(2009).

있으며, 그 비중은 점점 커지고 있는 것으로 나타났다. 지식정보산업이 성장하기 위해서는 창작 및 제작 매출액의 증대도 중요하지만, 공정하고 합법적인 유통/배급이 이루어질 수 있도록 정책적 지원이 마련되어야 할 것으로 사료된다.

연도별로 보면 창작 및 제작이 2007년에 1조 2,945억 원에서 2008년에 1조 4,744억 원으로 증가하였으며 2009년에도 1조 5,708억 원으로 추정되어 증가세가 지속되고 있다. 이는 전년대비 6.5%, 연평균증감률은 10.2% 증가한 수치이다. 단순복제업 또한 전년대비 22.3%, 연평균증감률은 17.5% 증가하여 가파른 성장세를 보이고 있다. 이를 연도별로 보면 2007년에 9억 원, 2008년에 10억 원, 그리고 2009년에 12억 원으로 조사되었다.

| 표 10-2 | 사업형태별 연도별 매출액 현황 (단위: 백만 원, %)

연도별	창작 및 제작	제작지원	단순복제	유통/배급	기타	합계
2007년	1,294,591	9,180	919	2,919,550	73,101	4,297,341
2008년	1,474,406	10,659	1,037	3,207,475	78,753	4,772,330
2009년	1,570,852	12,498	1,268	3,581,762	88,805	5,255,185
전년대비증감률(%)	6.5	17.3	22.3	11.7	12.8	10.1
연평균증감률(%)	10.2	16.7	17.5	10.8	10.2	10.6

그림 10-1 지식정보산업 사업형태별 매출 현황 (단위: 백만 원)

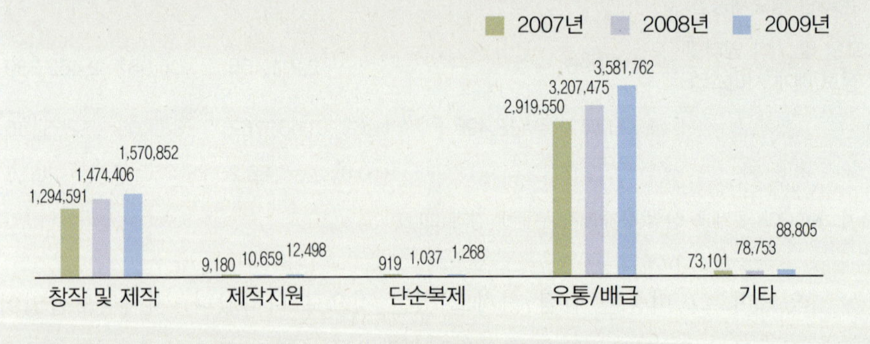

그림 10-2 사업형태별 매출액 전년대비증감률 및 연평균증감률 (단위: %)

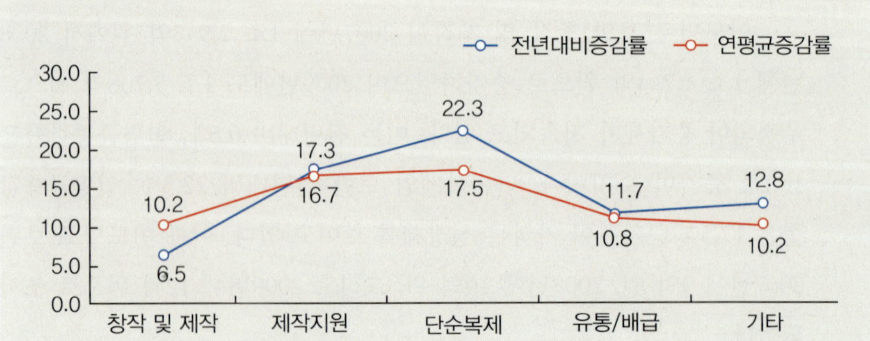

출처: KOCCA 콘텐츠산업 통계(2009).

3) e-learning업 매출 현황

2009년 e-learning업 매출을 보면 2조 690억 원으로 전년대비 10.4% 증가하였으며 연평균증감률은 9.1% 증가하였다. 매출 구성을 살펴보면 e-learning 인터넷/모바일 서비스업 매출액은 1조 3,094억 원으로 e-learning업 내 매출액의 63.3%를 차지하여 가장 큰 비중을 차지하고 있다. E-learning 기획업은 3,925억 원으로 19.0%의 비중을 보이며, 인터넷/모바일 e-learning 제작 및 제공업(CP)은 2,240억 원으로 10.8%의 비중을 나타냈다. 에듀테인먼트 기획 및 제작업은 1,428억 원으로 가장 낮은 6.9%의 비중을 차지하였다.

연도별로 보면 e-learning 기획업은 2007년에 2,905억 원에서 2008년에 3,365억 원으로 증가하였으며 2009년에도 3,925억 원으로 증가하여 전년대비 16.6%, 연평균증감률은 16.2% 증가율을 기록하였다. e-learning 인터넷/모바일 서비스업은 2007년에 1조 1,567억 원, 2008년에 1조 2,109억 원, 그리고 2009년에 1조 3,094억 원으로 꾸준한 증가세를 보이고 있다.

이는 전년대비 8.1%, 연평균 증감률 6.4% 증가한 수치이다. 인터

| 표 10-3 | e-learning업 소분류별 매출액 현황 (단위: 백만 원, %)

소분류	매출액(백만 원)			비중(%)	전년대비 증감률(%)	연평균 증감률(%)
	2007년	2008년	2009년			
e-learning 기획업	290,567	336,589	392,571	19.0	16.6	16.2
e-learning 인터넷/모바일 서비스업	1,156,780	1,210,987	1,309,495	63.3	8.1	6.4
인터넷/모바일 e-learnign 제작 및 제공업(CP)	179,065	190,796	224,092	10.8	17.5	11.9
에듀테인먼트 기획 및 제작업	110,640	135,773	142,862	6.9	5.2	13.6
소계	1,737,052	1,874,145	2,069,020	100.0	10.4	9.1

출처: KOCCA 콘텐츠산업 통계(2009).

넷/모바일 e-learning 제작 및 제공업(CP)은 2007년에 1,790억 원에서 2008년에 1,907억 원으로 증가 후, 2009년에 2,240억 원으로 또다시 증가하여 전년대비 17.5%, 연평균증감률 11.9% 증가하였다. 에듀테인먼트 기획 및 제작업은 2007년에 1,106억 원이었으며 2008년에 1,357억 원, 그리고 2009년에 1,428억 원으로 증가하였다. 증감률을 보면 전년대비 5.2%, 연평균증감률은 13.6% 증가한 것으로 조사되었다.

그림 10-3 e-learning업 소분류별 매출액 현황 (단위: 백만 원)

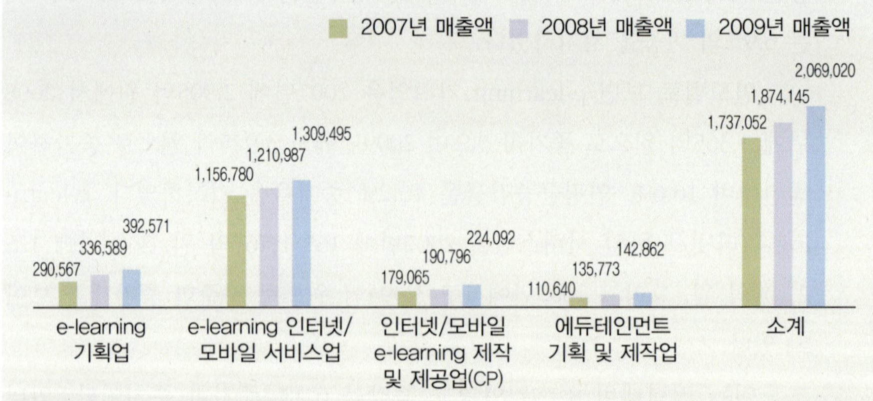

그림 10-4 e-learning업 소분류별 전년대비증감률 및 연평균증감률 (단위: %)

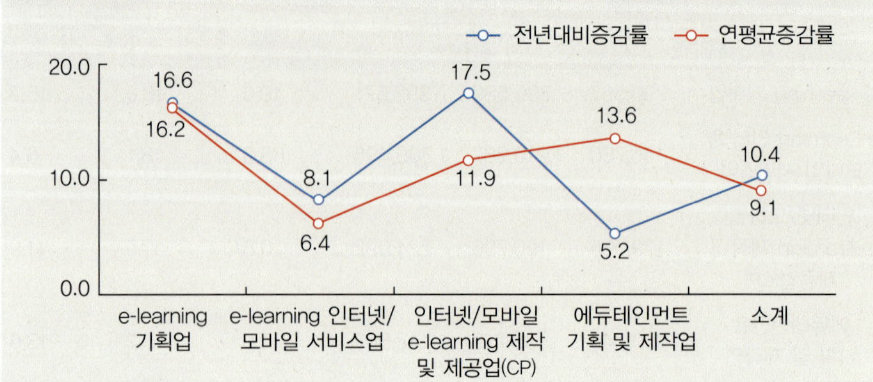

출처: KOCCA e-learning업 매출 현황(2009).

3 에듀테인먼트 이해와 마케팅

에듀테인먼트 콘텐츠의 이해

1) 에듀테인먼트의 의미

에듀테인먼트[edutainment]는 교육(education)과 오락(entertainment)의 합성어로, 일반적으로 멀티미디어 영상을 바탕으로 한 입체적인 대화형 오락을 통해 학습 효과를 노리는 콘텐츠를 말한다. 게임 형태로 가장 많이 되어 있고 사용자가 쉴 새 없이 프로그램에 참여해야 하며, 그에 따라 결과가 달라진다는 것이 특징이다. 교육용 소프트웨어에 오락성을 가미하여 게임을 하듯이 즐기면서 학습방법이나 프로그램 등을 주로 지칭한다.

원래는 IT 용어로 주로 교육용 게임을 뜻하였으나 점차 사용 범위가 넓어지면서 교육과 오락을 통합한 많은 영역에서 일상적으로 사용하는 말이 되었다. 학습활동에 흥미라는 요소를 첨가시켜서 학생들의 참여와 흥미를 유발하는 새로운 형태의 교육이다. 원래 교육 현장에서 정보의 전달을 친근하게 하기 위해 조금씩 활용하던 흥미의 요소가 디지털화되면서 에듀테인먼트라는 말로 변모하였다. 이는 디지털시대의 화두가 "지식과 정보를 어떻게 전달하는가"이기 때문이다. 많은 정보를 효과적으로 전달하려면, 또한 수많은 경쟁적 정보와 학습의 효과를 극대화하려면 정보의 조직화가 중요하다. 그래서 에듀테인먼트라는 말이 점점 중요해지고 있다.

2) 에듀테인먼트의 필요성

시대가 변화하면서 정보와 지식이 급속도로 증가하고 발전하였다. 이러한 사회적 변화는 교육과 학습에 있어서의 변화를 요구하게 되었다.

새로운 시대가 요구하는 지식과 교육은 '살아있는 지식'과 더불어 '실천적인 지식'이다. 그리고 학습 또한 교사의 일방적인 지도로부터 학습자의 자기주도적 학습으로 변하였다. 이에 따른 교사의 역할은 학습 안내자이다. 요즈음에는 에듀테인먼트가 오락적인 요소가 담긴 교육자료나 매체를 의미하거나 반대로 교육적인 요소가 담긴 오락물을 지칭하는 말로 널리 사용되고 있다. 에듀테인먼트는 놀이의 교육적 요소를 학습에 접목시킨 새로운 형태의 학습 패러다임이라고 할 수 있다. 에듀테인먼트를 수업에 활용해야 할 필요성은 다음과 같다.

첫째, 학습에 대한 생각의 변화이다. 학습은 지식의 습득이라는 기존의 관점에서 지식의 구성이라는 새로운 관점으로 변화가 일어나고 있다.

둘째, 학습세대의 변화이다. 최근의 학습세대들은 학습활동을 위한 정보를 다양한 정보원 과의 자유로운 디지털 정보 네트워킹을 이용함으로써 얻는다.

셋째, 놀이의 교육적 효과이다. 놀이가 가진 호기심과 재미 그리고 내적 동기유발 등의 교육적 요소들은 에듀테인먼트의 교육적 가능성을 말해준다.

넷째, 생활 전반에 걸친 매스컬처의 확산이다. 우리 주변의 많은 문화적 요소들이 디지털 콘텐츠화되어 가고 있으며, 에듀테인먼트가 이에 효과적으로 기여할 것으로 기대한다.

다섯째, 평생학습을 지원한다. 사이버 공간은 평생학습의 장으로서 그 역할이 기대된다. 이러한 교육이 활성화되기 위해서는 사이버 에듀테인먼트의 발전 또한 이루어져야 한다.

에듀테인먼트를 활용하는 목적은 학습자들의 동기를 유발하고 학습을 유지하도록 하는 것이다. 에듀테인먼트를 수업에 활용하는 목적은 다음과 같다.

첫째, 학습을 지원한다. 에듀테인먼트의 활용으로 인해 학습자가 학습에 대해 가지게 되는 즐거운 마음과 동기유발과 몰입, 학습에의 적극적 참여와 협동적 상호작용 그리고 학습에 대한 긍정적 자아개념의 형성은 학습효과의 증진과 학습의 정착으로 이어진다.

둘째, 교실수업을 지원한다. 에듀테인먼트는 교수자와 학습자 간에 신뢰를 형성하고, 수업의 도입단계에서 동기유발을 용이하게 하며, 본수업과 수업의 후반부에서 다양한 학습 도구를 제공한다.

에듀테인먼트의 마케팅 방법

1) 에듀테인먼트의 종류

에듀테인먼트의 미디어가 될 수 있는 종류로는 스마트 모바일, 스마트TV, e-learning, 완구, 이야기책, TV, 영화, 테마파크, 박물관 등이 있고 자신들의 이야기를 할 수 있도록 도와주는 스토리텔링, 지속적인 흥미를 유발시키는 게임, 그리고 애니메이션 등이 활용되고 있다.

어린이 대상 에듀테인먼트 유형을 살펴보면 숫자 및 연산 개념 향상을 위한 숫자관련 유형이 있고, 주어진 비교적 짧은 이야기를 이끌어 가면서 완전한 문장(단어)으로 이야기와 단어를 해결하는 유형이 있으며, 그림 내용을 기억하거나 관찰한 물건의 이름이나 위치를 맞추는 기억형이 있으며, 숨긴 물건의 위치나 흐릿한 물체의 이름을 추측하는 형과 예절, 교통질서 등 기초지식을 가르치는 정보교육 유형이 있다.

에듀테인먼트를 실제 구현하는 대표적인 미디어가 방송과 게임으로 구분할 수 있는데 방송의 경우 특정인물의 업적이나 일대기를 알리고자 할 때나 어떤 사건의 배경과 전개 설명이 필요한 극 전개 방식, 주변에서 쉽게 갈 수 없거나 볼 수 없는 것을 촬영하여 현장 실태를 제시하고 간접 경험하게 하는 탐방이나 탐사, 경쟁으로 인한 흥미를 유발하는 게임이나 퀴즈, 음악이나 율동, 재치있거나 재미있는 보조자막, 애니메이션, 게임 속에서 학습하는 기분이 들도록 하는 다양한 배경화면 등이 있다.

게임의 경우 보드게임, 롤플레잉, 시뮬레이션 등의 대표적인 게임이 있으며, 지적능력이나 내용학습에 적합한 어드벤처, 네트워크상의 롤플레잉인 MUD게임, 체육활동을 대체하는 아케이드 액션 게임, 기능성 게임, 체감형 게임, 유아들에게 적합한 모자이크나 퍼즐 등이 있다.

2) 에듀테인먼트의 활용 방법

에듀테인먼트를 수업에 활용하기 위해서는 다음과 같은 전략이 필요하다. 첫째, 교육적 효과를 얻을 수 있어야 한다. 둘째, 교육과정 속에서 활용에 대한 적절하고 올바른 지원이 있어야 한다. 셋째, 에듀테인먼트 콘텐츠의 협동적 개발이 시급하다. 더불어, 에듀테인먼트 콘텐츠를 성공적으로 수업에 적용하기 위해서는 다음의 과정이 단계적으로 고려되어야 한다.

① 교수적 접근 방법 결정하기
② 모델 세계에서의 과업을 설정하기
③ 세부 사항을 정교화하기
④ 수반하는 교육적 지원을 통합하기
⑤ 학습활동을 인터페이스 행위에 상응시키기
⑥ 학습개념을 인터페이스 객체에 상응시키기

수업 단계에서 에듀테인먼트 콘텐츠의 기능은 다음과 같다. 첫째, 동기 유발: 에듀테인먼트 콘텐츠는 학습자와 상호작용을 통해 쉽게 동기화시킨다. 이러한 동기적인 요소는 기존의 지루하고 반복적인 교수매체로부터 탈피하여 새로운 정보를 친숙하고 재미있게 포장함으로써 학습자가 자신도 모르게 호기심을 유발해 학습에 몰입하게 한다. 둘째, 본 학습 지원: 에듀테인먼트 콘텐츠는 문제해결, 반복연습, 가상현실 등을 통해 본 학습을 효과적으로 지원할 수 있다. 셋째, 심화 학습 지원: 심화 학습형 에듀테인먼트 콘텐츠는 다양한 영역에서 다양한 주제를 포함하며, 개방적인 탐구 과제를 강조하고, 범교과적인 개념이나 방법을 통합한다. 넷째, 학습 정리 지원: 에듀테인먼트 콘텐츠는 학습 정리 활동에 있어서도 효과적으로 활용될 수 있는데 시뮬레이션이나 애니메이션과 같은 방법으로 학습한 내용에 대한 요약 정리를 간결하고 명료하게 제시하기도 하고 퍼즐, 퀴즈에서부터 서사적인 요소를 갖춘 어드벤처, RPG 게임의 형태까지 다양한 방식으로 학습자가 학습 목표에 충실히 도달하였는지에 대한 여부를 평가할 수 있을 것이다.

3) 에듀테인먼트의 활용 사례

❶ 즐거운 교육 e-러닝

미래의 교육은 어떻게 이뤄질까? 미국 정부는 최근 '2020 비전' 보고서를 통해 미래 교육의 모습을 소개했다. 이 보고서에 따르면 담당교사가 사라진다. 온라인 네트워크를 통해 세계 각지에 있는 교사·전문가·박사들이 모두 학생의 정보 획득을 도울 것이라는 설명이다. 가상 체험학습이 보편화될 것이라는 전망도 내놓았다. 시뮬레이션을 통해 과거의 사라진 사물을 체험하고 지역을 여행하며 또한 미래의 변화된 모습을 함께 체험할 수 있다는 것이다.

언어문제도 사라진다. 다언어 학습기가 개발돼 어떤 언어든 실시간 확인이 가능하다는 예측이다. 이는 바로 교육에 IT와 엔터테인먼트 요소가 결합한 e-러닝 에듀테인먼트의 미래상이라고 할 수 있다.

e-러닝 기술은 하루가 다르게 변화하고 있다. 이를 반영해, e-러닝 시장 전망도 매우 밝게 나타나고 있다. 90년대 중반 이후 초고속 인터넷 인프라의 급속한 발전과 함께 에듀테인먼트 콘텐츠가 온라인게임 커뮤니티, 유비쿼터스 컴퓨팅 커뮤니케이션 등으로 확대 및 연계되고 이다.

에듀테인먼트 콘텐츠는 크게 학습게임, 창작도우미, 살아있는 동화책, 멀티미디어 도감 등으로 분류된다. 학습게임은 사용자가 콘텐츠 조작을 진행하는 과정에서 시행착오를 통해 교육적 원리와 개념, 지식 등을 흡수하는 것이다. 창작 도우미는 멀티미디어 저작 소프트웨어적 기능과 원시자료를 제공함으로써 사용자가 쉽게 창작의 즐거움을 느낄 수 있는 콘텐츠다. 살아있는 동화책은 음성과 애니메이션을 이용하는 것이며, 멀티미디어 도감은 소리, 문자애니메이션, 동영상 등의 멀티미디어적 기법과 게임 기능을 결합했다.

정부 또한 e-러닝지원에 박차를 가하고 있다. e-러닝 표준화 및 품질인증 부문에서 현재 한국교육학술정보원·직업능력개발원 등 기관별로 개별 실시중인 e-러닝 품질 인증제도를 통합한다. 또 e-러닝 품질인증 획득 기업에 대해서는 정부의 기술개발사업, 공공구매, 인력 및 자금 지원시 우대하는 방안도 추진한다. e-러닝 기술개발 역량 강화를 위해 차세대 e-러닝을 선도할 기술 발굴 및 청주 e-러닝산업지원센터사업을 통한 e-러닝 혁신 클러스터 구축 등을 추진한다. 이와 함께 'e-러닝 자유이용 정보저장소'와 '에듀넷' 등을 통해 e-러닝 정보의 공유 기반을 조성하고, 'EBS 수능강의' '사이버 가정학습' 등 e-러닝 수요 촉진에도 나서고 있다.

❷ 전자사전+PMP, 캡션 기능+휴대폰, 전자책+MP3 플레이어

IT제품들이 교육과 엔터테인먼트 기능을 결합한 '에듀테인먼트(edutainment)' 기기로 진화하고 있다. 학습 기능을 갖춘 PMP, 휴대폰, MP3 플레이어 등이 속속 출시돼 새로운 시장을 형성하고 있다. 인터넷을 통한 'e-러닝(e-learning)' 시대를 넘어 모바일을 통한 'm-러닝(m-learning)' 시대로 본격 진입하는 것이다. 업계에서는 전체 16조 원 규모 교육시장 중 10%를 IT 기기가 점하게 될 것으로 내다보고 있다.

에듀테인먼트 기기 중 최근 가장 주목받는 것은 PMP와 스마트 모바일시장. '들고 다니는 영화관'이라 불리는 PMP와 스마트 모바일은 교육방송 등 다양한 동영상 멀티미디어 파일을 모두 볼 수 있고 휴대성도 뛰어난 것이 장점이다. 때문에 업계는 PMP 기기와 스마트 모바일에 사전을 내장하거나 교육사이트와 연계한 마케팅을 펼치는 등 교육시장 잡기에 사활을 걸고 있다.

디지털큐브의 '아이스테이션 PMP' 시리즈는 시사영어사의 영한, 한영, 영영 사전을 내장해 터치스크린 방식으로 단어를 쉽게 찾을 수 있으며 EBS 강의를 내려 받아 별도의 전환 없이 바로 시청할 수 있다.

휴대폰도 예외는 아니다. 팬택앤큐리텔의 'PH-K1500'은 캡션기능을 첨가한 휴대폰. 캡션이 첨가된 MP3 파일을 실행하면 음성과 동시에 영어자막이 나온다. 롱맨 영한사전이 담긴 전자사전도 내장됐다. 삼성전자도 터치스크린 게임, 슬라이드업 폰, 하드디스크드라이브 내장형 뮤직폰 등에 전자사전을 탑재했다. LG전자는 뮤직폰, VOD 메가픽셀 디카폰 등을 구입한 사람에게 YBM시사닷컴의 어학 콘텐츠를 1년 간 무상으로 제공한다. 또한 스마트 모바일에서 앱을 통해 교육콘텐츠가 유료 또는 무료로 제공되며 활성화되고 있다.

③ 어린이 관련 방송 산업

에듀테인먼트 콘텐츠는 특히 어린이 시장에서 그 효과가 두드러지는데, 자녀교육에 관심이 높은 부모님들과 어린이를 대상으로 시장이 활발하게 형성되고 있다. 쉽고 재미있게 여러 정보를 배울 수 있도록 구성된 에듀테인먼트 콘텐츠에서 캐릭터는 길잡이 역할을 한다. 뿡뿡이, 개똥이, 뽀로로 등 어린이 책이나 TV 프로그램에서 활약하는 캐릭터들 그 자체가 독립된 브랜드 역할을 하면서 여러 콘텐츠로 영역 확장 중이다.

에듀테인먼트 콘텐츠의 캐릭터들은 어린이 대상의 모든 상품으로 활용이 가능하다. 특히 판매용 비디오, DVD, 웹사이트 등 다양한 매체로 쉽게 활용할 수 있어 현재 시장에서 각광받고 있다.

'개똥이' 시리즈는 어린이 감성발달을 돕는 통합교육용 그림책으로 현재 50여 권이 출시돼 있다. 빨강 도깨비, 파랑 도깨비, 노랑 도깨비로 시작된 이 시리즈는 어린이들의 감성발달을 돕는다. 그림책의 주인공 도깨비인 개똥이는 사물의 색, 특성 등 어린이늘에게 필요한 것들을 쉽고 재미있게 전해준다. 또한 라이선스 계약을 통해 어린이 벽지와 침구용품으로 출시됐다.

EBS가 제작, 방영한 'Go Go Giggles'의 캐릭터들은 봉제인형으로 제작해 판매되고 있다.

'Go Go Giggles'의 보자기 인형은 영어학습을 위해 만들어졌는데 6~7세에 맞춘 유아용 영어교육 프로그램으로 보자기로 만들어진 캐릭터 트리디를 비롯한 부키, 스타리다, 플러리나, 토디부, 마시우, 마나나 등이 이끌어 간다. 이들 보자기 인형들은 어린이들이 이야기를 듣고, 게임을 하고, 노래를 부르며 영어를 쉽게 배울 수 있도록 만든다.

풀 3D 애니메이션으로 만들어진 '뽀롱뽀롱 뽀로로'는 꼬마 팽귄 뽀로로를 이용한 콘텐츠다. 뽀로로가 얼음 숲속 나라 친구들과 탐험을 하면서 사회와 자연을 알려준다. 4~7세의 미취학 어린이들에게 놀이, 과학, 생활도구를 활용한 기술, 창의력 학습을 돕고 있다.

2000년부터 TV로 방영되고 있는 유아 교육프로그램 '방귀대장 뿡뿡이'는 학습비디오로 출시, 현재 비디오 판매시장을 주도하고 있다. 2000년 12월부터 총 4편이 출시된 방귀대장 뿡뿡이는 2002년 국내 비디오 판매부분 1위를 기록했다. 뿡뿡이는 봉제인형으로도 출시되어 150만 개 이상 판매가 되었으며 색칠공부와 퍼즐로도 만들어져 25만 부 가량 팔린 히트 상품이 되었다.

④ 놀면서 배우는 학원 열풍

교육사업 중에서도 창의력을 길러준다는 에듀테인먼트(Edutainment) 교육사업은 일종의 '블루오션'으로 꾸준한 성장세를 누리고 있다. 입시제도 자체가 암기력보다는 창의력과 사고력을 평가하는 방향으로 변화하고 있기 때문이다. 에듀테인먼트 교육사업은 각종 교구재를 이용해 '놀면서 공부한다'는 개념을 실현한 게 특징이다.

'위즈아일랜드'(www.wizisland.co.kr)는 감성놀이학교라는 신개념의 유아 교육사업 프로그램을 개발, 유명 해외 브랜드에 밀리지 않고 중산층 부모들 사이에서 인기를 끌고 있다. 사업 시작 2년 만에 직영점 2개와 가맹점 17개를 개설하는 성과를 올렸고, 교육 선진국인 미국 LA에도 가맹점을 개설하면서 교육사업을 역수출하는 브랜드로 성장했다.

사업 성공 비결은 철저한 연구 개발로 효과적인 교육 프로그램을 구축했다는 점에 있다. 교육사업의 경우 프로그램의 질이 회원 확충을 좌우한다는 사실을 정확하게 간파한 것이다. 3살부터 7살까지 아동을 대상으로 게임교구들을 이용한 창의력 교육을 하고, 음악, 미술, 영어, 과학, 체육 등도 요리나 술래잡기와 같은 아이들의 일상생활을 응용한 놀이식으로 수업해 감수성과 사고력을 높여준다.

수학과 창의력 교육을 결합한 형태의 교육사업도 인기다. 사고력 활동수학 교실 '시매쓰 클럽'(www.cmathclub.co.kr)은 단순히 문제풀이식 학습이 아닌 다양한 교구를 활용한 즐거운 수학공부를 차별화 포인트로 삼는다.

교구 놀이 위주의 홈스쿨은 창업 비용이 적게 드는 것이 장점이다. '레고 홈스쿨'(www.thinki.co.kr)은 교육용 완구업체인 덴마크 레고가 미국 MIT대와 손잡고 개발한 유아 창의력 교육용 프로그램 '레고 에듀케이션'을 바탕으로 한 교육 프로그램을 갖추고 있다.

이외에도 개념이 독특한 미술학원인 '미술로 생각하기'의 경우 빈 방에서 마음껏 낙서와 물감놀이를 하면서 교사와 1대1 커뮤니케이션을 통해 감성 놀이를 하며, 요리를 아이들이 직접하거나 요리를 재료를 통한 다양한 놀이를 즐기는 '요미요미'와 같은 에듀테인먼트 학원도 인기다.

과거 보습학원이나 피아노, 태권도, 미술학원의 전통적 개념의 주입식 교육에서 벗어나 즐기면서 놀고 생각하며 배울 수 있는 공간과 프로그램의 재창출이 이루어지고 있다.

4) 에듀테인먼트의 미래

에듀테인먼트는 캐릭터, 애니메이션, 출판, 게임, 음악 등 여러 가지가 융합된 문화콘텐츠이다. 인터넷 등 디지털 기술의 폭발적인 성장과 함께 놀이와 참여 등 상호작용을 통해 스스로 문제해결 능력을 높여가는 방식의 학습 수요가 늘어나면서 게임·애니메이션 등 엔터테인먼트 분야나 교육 업계에서도 문화콘텐츠 산업에 대한 새로운 성장 대안으로 에듀테인먼트에 주목하고 있다.

그러면 현재 국내의 에듀테인먼트 시장은 어떻게 흘러가고 있을까? 에듀테인먼트는 많은 주목과 관심에도 불구하고 정작 디지털 콘텐츠로서 에듀테인먼트의 현주소는 소비자가 원하는 양질의 콘텐츠가 부족하고 시장을 제대로 구축하지 못하고 있다. 디지털 문화콘텐츠로 급속하게 성장하면서 글로벌 시장까지 구축해 가고 있는 게임 등 엔터테인먼트 분야는 에듀테인먼트의 성장에도 그 방향과 가능성을 제시하고 있다고 생각한다.

갑자기 시장이 커지고 산업으로 발전하는 이러한 영역들을 보면 시장을 형성하고 주도할 수 있는 스타기업 또는 스타작품의 출현이 있었다. 그 결과 이러한 분야를 지원하는 자금도 유입되고 인력도 넘쳐나서 상승작용을 하고 또 시장은 더 성장하는 패러다임으로 진행된다. 대박이라 할 만한 스타의 출현이 새로운 참여자와 시장을 만들고 참여자들 간 상승작용의 결과로 이어져 더 큰 성장을 지속하는 블루오션 시장을 만들어 가는 것이다.

에듀테인먼트 분야도 스타기업의 출현이 필수적인 요소인 듯싶다. 일차적으로 이를 담당하는 개별기업이 어떤 형태로든 책임을 지고 주도적으로 만들어 가야 하겠지만 정책적인 부분에서도 이를 만들어 가는 뒷받침이 필요하다.

그동안 에듀테인먼트는 이전 정부부처인 교육부·정통부·문화부·산자부 등 관할부처의 영역이 모호해 어느 부처에서도 제대로 된 방향성을 제시하지 못했었다. 2008년 콘텐츠진흥원의 발족과 더불어 에듀테인먼트 산업을 문화콘텐츠의 미래성장 분야 중 하나로 선정, 적극적으로 방향을 제시하고 있다.

제대로 된 콘텐츠로 충분히 승부를 걸 수 있는 시장이 바로 에듀테인먼트 시장이고 이런 관점에서 바라보면 오히려 더 쉽게 성공할 수 있는 시장이 바로 에듀테인먼트인 것 같다. 그래야만 자금도, 인력도 에듀테인먼트에 몰려올 수 있고 스타기업도 탄생할 수 있다. 가능성이 있는 곳엔 몰려오게 마련이다.

반면에 디지털 콘텐츠의 대표격인 게임 분야도 시장의 성장만큼이나 중독성, 폭력성 등 부작용이 큰 게 현실이다. 특히 아동기·청소년기의 많은 학부모가 상당히 염려하고 있는 상황이기도 하다. 이러한 게임의 부작용을 줄이고 순기능을 강화할 수 있는 대안으로 에듀테인먼트의 성장 가능성은 충분하다. 동시에 교육 측면에서도 e-러닝의 발전방향으로 스스로 재미있게 몰입하면서 적극적인 참여를 이끌어낼 수 있는 동기 유발과 상호작용이 가능한 에듀테인먼트에 대한 욕구도 커지고 있다.

또 현재의 교육이 가지고 있는 엄청난 사교육비, 지역 격차, 획일화된 교육방법 등 제반 문제를 해소할 수 있는 대안이 될 수 있다. 이렇듯 새로운 디지털 컨버전스의 대안으로서 에듀테인먼트의 잠재 가능성은 상당하다.

특히나 교육열풍이 엄청난 우리나라에서의 그 잠재적인 가치는 상당할 것으로 예측되며 이미 많은 기업들이 홈스쿨링과 에듀테인먼트의 조합으로 엄청난 텔레마케터를 이용한 홍보를 통하여 그 영향력을 넓혀나가고 있다. 하지만 아직까지 소비계층에서 받아들이기엔 부족한 인식이 있기에 그 벽을 무너뜨릴 만한 대안이 있다면 그 수요는 가히 폭발적일 것이라 믿어 의심치 않는다.

이에 업계는 양질의 콘텐츠를 만들어내고 정책적으로는 이를 알리고 가치를 인정받을 수 있는 제도와 지원으로 협력적인 시너지를 만들어 새로운 문화콘텐츠의 핵심 성장동력으로서 에듀테인먼트를 발전시켜야 할 것이다.

에듀테인먼트의 광고마케팅 방법

1) 에듀테인먼트 마케팅 방법

❶ 시장상황 및 경쟁상황분석

에듀테인먼트의 가장 강력한 경쟁상대는 순수 온라인 교육업체들이다. 온라인 교육의 비중이 날로 커지면서 수많은 온라인 교육업체들이 생겨나고 있고, 이들은 저마다 훌륭한 교육콘텐츠를 무기로 홍보하고 있다. 아무래도 일반적인 인식이 순수 에듀테인먼트는 순수하게 교육만을 목적으로 하는 업체보다 콘텐츠의 질이 떨어진다는 인식이 있다.

따라서 에듀테인먼트는 양질의 콘텐츠이면서도 재미까지 제공한다는 점을 확실히 부각시킬 필요가 있다. EBS온라인강의를 비롯하여, 각종 사이버 대학교들도 있고, 사설 교육 업체들도 각각 양질의 콘텐츠를 제공하고 있다. 에듀테인먼트 업체는 이들과 차별화되면서도 양질의 콘텐츠를 제공하여야 시장에서 성공할 수 있을 것이다.

❷ STP전략

인터넷 마케팅을 위해서도 STP전략이 필요하다. 시장을 세분화하고, 타깃고객을 선정하여, 그 타깃에 얼마만큼 효과적으로 마케팅하는가가 핵심이다. 일반적으로 에듀테인먼트의 소비자층은 학생층이다. 물론 무언가 배우고자 하는 직장인들도 잠재고객이 될 수 있겠지만, 주요 소비자 층은 중·고등학생과 대학생 정도까지이다. 컴퓨터에 익숙하지 않은 기존 세대들은 아무래도 오프라인 교육에 익숙해 있지만, 인터넷이 일상생활화되어 있는 젊은 학생층에게는 온라인 교육시장에 큰 수요층이 될 것이다.

온라인 교육을 원하는 학생층이 고관여고객이라면, 저관여고객층을 상대로 한 마케팅도 펼쳐야 한다. 저관여층이라 함은 온라인 교육을 직접 찾고 있지는 않지만, 인터넷을 많이 활용하는 학생층이 될 수 있다.

에듀테인먼트는 말 그대로 교육과 오락의 합성어이다. 교육에 오락

이 더해질 수도 있고, 오락에 교육의 기능이 더해질 수도 있다. 오락적인 요소를 찾다가 자연히 교육적 효과까지 얻게 될 수 있다. 즉, 교육을 목적으로 하지 않는 사람들이라도, 인터넷을 많이 활용하는 사람이라면 충분히 에듀테인먼트 산업의 소비자가 될 수 있다. 이런 사람들까지 끌어들어야 에듀테인먼트 산업이 발전할 수 있다. 그렇지 못한다면, 에듀테인먼트 산업이 아니라, 단순히 온라인 교육사업으로 그칠 것이다.

이러한 시장 상황을 정확히 분석하고, 세분화하여 에듀테인먼트 콘텐츠에 맞는 소비자층을 집중 공략하는 것이 에듀테인먼트 인터넷마케팅의 기본이 될 것이다.

❸ 4P's 분석

① Product

에듀테인먼트 콘텐츠도 순수 교육과정에 비해 뒤지지 않는 교육콘텐츠를 제공하여야 한다. 아무리 재미가 있고, 흥미가 있어도 교육내용이 부실하다면 고객들은 외면하게 될 것이다. 물론 홍보를 비롯한 다른 여건들도 에듀테인먼트 산업에 큰 요소가 되겠지만, 기본 바탕인 제품 콘텐츠가 부실하면 아무리 다른 여건이 훌륭하다고 해도 성공할 수 없다. 또한 오락적인 요소도 더욱 보강되어야 한다.

현재는 교육이 주가 되고 오락적인 요소는 아주 미미하거나 형식적인 경우가 대부분이다. 그러나 장기적인 안목으로 봤을 때 오락적인 요소는 매우 중요하다. 온라인 교육이 좀 더 자리를 잡게 되고, 콘텐츠의 질이 전반적으로 향상되면 고객들은 좀 더 재미있는 쪽을 찾게 된다. 궁극적으로는 교육이 주가 아니라, 재미를 추구하는 사람들까지도 끌어들일 수 있어야 한다. 그러기 위해선 오락적인 요소에 대해 많은 연구와 개발이 필요하다.

② Price

온라인 교육의 가격대는 천차만별이다. 제공하는 콘텐츠 여부에 따라서 다른 가격대가 형성되어 있다. 다만 에듀테인먼트 업체의 경우 유료콘텐츠와 무료콘텐츠를 적절히 혼합하여 제공하여야 한다. 일단 무료콘텐츠로 고객들을 확보하고, 꾸준한 참여를 유도해야 한다. 그 후에 양질의 유료콘텐츠를 제공하여야 할 것이다. 에듀테인먼트의 가장 큰 장점 중 하나가 순수온라인 교육에 비하여 접근하기 쉽고, 흥미롭다는 점이다.

그런데 너무 높은 가격대로 제공하게 된다면 접근의 용이성이라는 강점이 사라지고, 아직은 소비자의 인식이 순수교육보다는 콘텐츠의 품질이 떨어진다고 생각하기 때문에 높은 가격 지불을 꺼리게 된다. 따라서 재미있는 무료콘텐츠를 제공하여 쉽게 접근할 수 있게 하고, 콘텐츠 내용도 양질이라는 점을 충분히 인식시키고 난 후에 유료콘텐츠를 제공하여야 할 것이다.

③ Place

인터넷 마케팅에서 유통이라 함은 어떤 경로로 그 콘텐츠에 접근하였느냐 하는 것이다. 즉, 스마트 모바일 앱이나 포탈사이트를 통한 검색이나 배너의 링크 등이 될 것이다. 포탈사이트 검색은 기본적으로 소비자가 제공업체를 찾아 들어가는 것이다. 하지만, 다른 것을 검색하다가 우연히 알게 되어 들어가는 경우도 많다. 이런 소비자층을 늘리려면 관건은 포탈사이트에 어떠한 키워드로 등록을 하느냐이다. 이런 키워드의 설정에는 사회적 분위기나 유행에 민감하여야 한다.

한번 설정하면 계속 유지하는 것이 아니라, 수시로 업데이트 해 주어야 한다. 주요 타깃고객들이 즐겨 방문하는 곳은 어디인지, 그들이 어떤 것에 관심이 많은지 잘 알고 있어야 하며, 수시로 반영되어야 한다. 주요 고객층이 보다 쉽게 검색하고 찾아올 수 있도록 유통전략을 펼쳐야 한다.

④ Promotion

인터넷 마케팅을 함에 있어서 다양한 촉진전략이 있을 수 있다.

a. **전략적 제휴**: 인터넷이라는 환경적 특성상 전략적 제휴는 필수적이다. 여러 사이트와 협력을 통해 배너 광고를 올려서 소비자를 유도해야 한다. 비록 지금 당장 에듀테인먼트 콘텐츠를 사용할 고객이 아니더라도, 많이 접하다 보면 잠재고객층이 되고, 구매로 이어질 수도 있다. 이 밖에도 제휴를 통해서 그들이 좋아하는 것을 경품으로 제공하는 것도 좋은 촉진전략이 될 것이다. 예를 들면, 얼마 전까지 청소년들에게는 회원가입자에게 도토리(인터넷 사이트의 사이버머니)를 제공하는 것이 추첨을 통해 김치냉장고를 제공하는 것보다 훨씬 효과적이었다. 에듀테인먼트의 주요 고객층이 관심을 갖고 있는 업체들과의 전략적 제휴는 매우 효과적으로 소비자층을 늘릴 수 있는 방법일 것이다.

b. **광고**: 인터넷 광고는 기존 매체들보다 비용이 저렴하고, 쉽게 타깃소비자에게 접근이 가능하다. 에듀테인먼트는 주요 고객층이 학생층이므로 포탈사이트 광고뿐 아니라, 그들이 즐겨 찾는 사이트에 배너광고를 올려 유인하여야 한다. 교육적인 것을 목적으로 하는 사이트가 아니라도, 주요 고객층이 많이 방문하는 사이트라면 스폰서십 광고 등을 통해 유도할 수도 있다. 또한 기존 매체와의 협력광고도 효과적이다. 그러나 TV광고 같은 것은 TV광고에서 모든 것을 알리려 하지 말고, 홈페이지로의 유도를 주 목적으로 해야 한다. 기존 매체를 통한 광고는 홈페이지 방문 유도만을 목적으로 실행하는 것이 훨씬 효과적으로 작용한다. 궁금증을 유발해서 방문하게 된다면 그들은 좀 더 자세히 알아보게 될 것이고, 이는 콘텐츠 구입으로 이어질 수 있을 것이다.

c. **소셜커뮤니티의 활성화**: 인터넷 마케팅에 있어서 커뮤니티의 활성화는 매우 중요하다. 특히 에듀테인먼트 산업에 있어서 커뮤니티의 역할은 매우 크다. 온라인으로 공부를 한다는 것은 혼자 하는

것이지만, 커뮤니티를 활성화하면, 각각의 고객들은 서로간의 정보를 공유하게 될 것이고, 이는 계속적인 참여를 유도하게 될 것이다. 예를 들어 에듀테인먼트 콘텐츠 게임이 들어간다면, 사람들은 커뮤니티에 그 게임을 깨는 방법을 서로 공유하게 되고 이는 보다 많은 참여를 유도하게 된다. 그들간의 커뮤니티 활동으로 결속력이 강화되면, 계속적인 참여를 할 계기가 될 것이고, 그들은 주위의 친구를 불러모아 고객으로 만드는 역할까지 하게 될 것이다. 이를 위해 블로그, 카페, SNS를 적극 활용해야 한다.

d. E-mail: 인터넷이라는 특성상 고객의 정보를 알아내기 쉽다. 고객의 정보를 바탕으로 E-mail을 보내는 것은 매우 효과적이다. 오락에 관심이 많은 사람, 교육에 관심이 많은 사람 등에게 메일을 보내서 참여를 유도할 수 있다. 주의사항은 요즘 워낙 스팸메일이 많아서 메일을 확인도 안하고 지워버리는 사람들이 많다. 얼마만큼 고객들이 필요한 정보를 메일로 제공하느냐가 관건일 것이다. E-mail을 보내면서 제목을 선택할 때 신중한 연구가 필요할 것이다.

4 교육시장에 따른 교육콘텐츠 마케팅

초중고등 교육시장

초중고등학생을 대상으로 한 교육시장은 황금 알을 낳는 거위에 비유해도 좋을 정도로 지속적이고 안정적인 시장이다. 이 중에서도 e-러닝 분야 중에서 가장 활성화되어 있는 분야는 대입수능 시장이다. 국내의 교육사이트 중 절반 이상이 대입 수능용 콘텐츠를 제공하고 있으며, 최근 기존 대형 입시학원들도 명성을 배경삼아 온라인 수능시장에 속속 진출하고 있다.

이 중 국내 e-러닝 교육시장에서는 EBS(ebsi.co.kr)와 메가스터디(megastudy.net)가 양분하고 있다고 해도 과언이 아니다.

2005년 말 기준으로 인터넷교육(중고생) 사이트 트래픽 점유율에서 EBS가 21.24%이며 뒤를 이어 메가스터디가 18.09%이며 같은 계열사인 메가스터디 엠베스트가 4.92%로 두 공급자가 전체의 45%에 이르며, 기타 많은 업체들이 시장을 나누고 있다.

EBS의 경우 정부의 전폭적인 지원하에 시행한 양질의 교육콘텐츠 제공은 e-러닝에 대한 신뢰를 부여하여 이를 확산시키는 밑바탕이 됐다. 2010년 매출 710억 원을 넘은 메가스터디는 서울 강남지역 유명강사들이 주축이 되어 2000년 9월 오픈 한 e-러닝업계의 신화로 가입회원 수만 126만 명이 넘고 있다. 또한 코스닥시장의 황제주로서 액면가 500원 1주의 적정 평가액이 10만 원을 넘을 정도로 그 발전 가능성과 수익성을 인정받고 있다.

대학교육시장

대학 온라인교육은 외국학위 시장과 사이버대학시장으로 구분해 볼 수 있다. 외국학위시장은 유학 대신 저렴한 비용으로 외국 유명대학의 학위나 국제자격증을 취득할 수 있다는 장점 때문에 점차 시장이 커지고 있다.

특히 AICPA(미국 공인회계사), 국제변호사와 같은 각종 외국 자격증 과정이 증가하고 있는 추세이다. 대표적인 사이트는 AICPA과정의 아주대 사이버 MBA(cybermba.ac.kr), 인디아나주립대 MBA과정을 제공하고 있는 엠비존(mbzon.com) 등이 있으며, 영국 런던대학, 호주 멜버른대학 등 50여 개에 달하는 외국 유명대학의 온라인 강의를 듣고 학위를 취득할 수 있는 이아카데미홀딩스(eacademy.ac.kr)를 들 수 있다.

사이버대학교는 평생 교육측면에서 기존의 방송통신대와 함께 각 기관별 특성을 앞세워 한국사이버대(kcu.or.kr), 한국디지털대(koreasdu.ac.kr) 등 17개교가 신입생을 유치하고 있다. 졸업 후 정규대학과 같은 학위를 취득할 뿐만 아니라 학비도 절반 수준밖에 되지 않는 저렴한 비용으로 대학교육을 받을 수 있게 되어 교육기회의 확대라는 측면에서 긍정적인 평가를 받고 있다.

기업교육시장

국내의 경우 학생 또는 일반인을 대상으로 한 B2C 온라인 교육은 이미 정착되어 있으나, 기업체를 대상으로 한 B2B 온라인 교육은 아직 활성화되지 않은 상황이다.

그러나 향후 B2C 시장에 못지않게 B2B 온라인 교육시장이 커질 것이라는 예상이 일반적이며, 인터넷 비즈니스 분야 중에서 얼마 남지 않은 미개척 시장 중의 하나이기 때문에 여기에 대한 관심이 더욱 커지고 있다. 특히 B2C 비즈니스의 수익성에 대한 의문이 생겨나면서 대부분의 온라인 교육업체들이 관리가 용이하고, 수익구조가 분명한 기업교육시장으로 눈을 돌리고 있다.

국내 1,000대 기업이 종업원 교육에 투자한 비용은 1999년 기준으로 볼 때 2조 3천억 원에 달하며, 이는 전체 매출액의 0.5%의 수준이다. 이러한 막대한 비용이 교육에 투자되고 있는 현실에 비추어 볼 때 기업 입장에서는 교육비를 줄이면서 교육효과를 높이는 방법을 찾지 않을 수 없다. 이러한 기업의 요구에 어느 정도 해결책을 제시할 수 있는 것이 e-러닝이다.

국내 B2B e-러닝 시장은 아직 초기단계에 불과하지만 시장 잠재력은 대단한 것으로 평가되고 있다. 국내 온라인 기업교육시장은 미국에서 초기에 나타났던 것처럼 향후 몇 년간 급격한 성장을 보일 것으로 예상되며, 2012년 거대규모의 시장을 형성할 것으로 보인다.

현재 삼성, LG, SK, 외환은행, 포항제철 등은 이미 가상연수원을 구축했으며, 주요 콘텐츠로는 IT, 외국어, 경영 및 직무교육이 있다. 그러나 온라인 교육사업분야에서는 아직 뚜렷한 선두업체가 등장하지 않은 가운데 B2B 교육시장 선점을 위해 온스터디닷컴, 캠퍼스21, 배움닷컴 등 기존 B2C e-러닝 업체들이 온라인 기업교육 사업에 뛰어들고 있다. 여기에 삼성그룹 인력개발연구원에서 분사해 B2B 전문교육기업 크레듀(www.credu.co.kr)가 설립되었고, LG그룹 인화원 등 주요 대기업의 사내 교육과정까지 속속 상품화해 외부 기업체에 교육콘텐츠로 제공되는 추세이다.

외국어교육시장

성인들을 대상으로 한 교육은 주로 어학과 자격증 관련 교육이 주종을 이루고 있다. 시간절약과 저렴한 비용이 장점으로 부각되면서 영어를 중심으로 한 온라인 어학교육사이트가 급증하고 있다. 특히 어학자격시험인 TOEIC 및 TOEFL 시장 규모는 연간 2,500억 원으로 추산되고 있으며 주로 오프라인에서 명성을 쌓은 어학원들이 진출하는 경향이 있다. 대표적으로 시사영어사(ybmedu.com), 월스트리트 인스티튜트(wsikorea.com), 윙글리시(winglish.com) 등을 들 수 있다. 자격증시장도 활성화되어 IT분야 자격증 수험시장을 중심으로 이테스트(etest.co.kr), 라카데미(lacademy.co.kr)등이 있다.

아울러 급속한 노령인구 증가에 따라 이들에 대한 온라인 교육이 평생교육의 중요한 일익을 담당할 수 있으리라는 기대도 적지 않다. 인터넷을 사용하는 연령층이 점점 높아지고, 전체 인터넷 사용인구가 2,000만 명에 육박하고 있는 것은 온라인을 통해 평생교육의 가능성을 크게 하고 있는 것이다.

5 e-러닝의 성공 마케팅전략과 성공 사례

미국 e-비즈니스 전문 컨설턴트인 로리 윈트햄이 저술한 〈웹으로 성공하는 기업, 망하는 기업〉은 미국의 인터넷 선두기업을 컨설팅하면서 얻은 경험을 토대로 그 성공요인을 6가지로 정의한 바 있다.

- 고객의 e-비즈니스 요구를 파악하고 만족시켜라.
- 기존 비즈니스 전략들과의 충돌을 풀어나가라.
- e-비즈니스 브랜드를 만들고 인지도를 극대화하라.
- e-비즈니스 성공을 위해 리더십과 인프라를 갖추어라
- 웹 전략과 그 실행을 국제적인 안목으로 판단하라.

시장진입 장벽이 낮은 만큼 많은 업체가 있는 e-러닝 사업에서 성공하기 위해서는 고품질의 콘텐츠, 고객 중심의 서비스, 기술적 뒷받침이 반드시 필요하다. 또한 이러한 기본적인 요건 외에도 서비스 제휴, 마케팅 등 치밀한 사업전략을 수립하여, 효과적으로 추진할 수 있는 능력을 갖추어야 한다.

효과적인 마케팅전략

e-러닝 비즈니스의 성공을 위해서는 효과적인 마케팅 전략의 수립과 실행능력이 필수다.

첫째, 브랜드 전략이다. 사람들이 교육과정을 선택하는 데 있어서 브랜드가 중요한 비중을 차지하기 때문에 e-러닝에 있어서 브랜드는 매우 중요하다. 사업 초기에는 브랜드 이미지를 사람들에게 심어주는 것이 급선무인데, 전문분야와 강점을 중심으로 브랜드 이미지를 부각시키는

전략이 필요하다.

둘째, 제휴 마케팅전략이다. 이것은 제휴를 통하여 이루어지기 때문에 마케팅 목적이나 방법에 따라 세부 전략을 수립하여, 제휴파트너와 협력하는 것이 중요하다.

셋째, 클릭 앤 모르타르(Click & Mortar) 전략은 온라인과 오프라인을 결합하여 마케팅 효과를 높이고자 하는 것이다. 오프라인 기반의 업체가 온라인에 진출할 때 오프라인의 마케팅 채널을 활용하거나 온라인 기반의 업체와 제휴하는 것이 전형적인 예이다.

넷째, 이벤트 및 프로모션 전력을 들 수 있다. 이벤트 전략은 온라인 또는 오프라인 경품행사와 같은 특정 이벤트를 통하여 마케팅을 하는 방법이다. 프로모션 전략은 언론매체를 통한 광고, 온라인 무료광고, SNS 마케팅, 이메일 마케팅 등의 방법을 활용할 수 있다.

이상의 마케팅전략을 수립하는 데 있어서 중요하게 고려해야 할 사항은 다른 사업자들과 어떻게 차별화할 것인가이다.

현재 많은 e-러닝 사이트들이 남녀노소, 기업, 개인 구분 없이 모든 사람들을 자신들의 고객으로 설정하고 있는 경우가 많으며, 교육 분야도 IT, 경영관리, 어학, 자격증, 교양 등 전 분야를 망라해서 한 마디로 백화점식 서비스를 하는 사례를 흔히 볼 수 있다.

교육은 누구나 필요한 것이기 때문에 모두가 대상이 되고, 모두를 대상으로 하다 보니 분야도 다양해질 수밖에 없다. 그러나 결국 e-러닝의 승부는 얼마나 고객을 이해하고 그에 적합한 콘텐츠와 서비스를 제공할 수 있느냐에 달려 있다.

물론 앞서 언급한 바와 같이 교육포털이 일반화되는 추세이기는 하나 그렇다고 남들과 똑같이 평범하게 해서는 고객들에게 어필하기는 어렵다. 이럴 때일수록 하나의 분야라도 전문성을 가지고 고객에게 인정받을 수 있고, 그들이 경험을 통해서 계속 회원으로 남아 있게 되고, 다른 사람들까지 끌어들일 수 있는 차별화 전략이 필요하다.

이어서 회원 전략도 중요하다. 회원전략에서 가장 중요한 차별화 포인트는 남들과 다른 독특함과 만족을 제공하는 것이다. 회원들과의 관계에 있어서 항상 그들이 남다르게 대접을 받고 있다는 생각이 들도록 하는 것을 줄 수 있다면, 유료서비스에 대한 이용자의 부담을 덜 느끼게 된다.

성공사례

1) 메가스터디 학원: www.megastudy.net

온라인 과외학원으로 명성과 실력을 쌓아온 '메가스터디 학원'이 2003년 7월부터 오프라인으로 도약을 시작해 강남과 목동에 첫 직영학원을 개설한 후 1년 5개월 만인 지난 2004년 12월에는 서초와 송파, 목동, 상계에도 직영학원을 성공적으로 개설하는 개가를 올렸다. 메가스터디 학원은 특히 학부모와 수험생을 대상으로 하는 광고마케팅의 성공사례로 꼽히는데, 최상의 교육서비스를 목표로, 전문화되고 특성화된 학원이라는 이미지 형성과 전달에 성공한 것이 온라인과 오프라인에서의 사업적 성과로 직결됐다.

이 학원의 동영상 광고를 살펴보면, 믿음과 신뢰를 주는 '행복한 공부방 메가스터디 학원'이라는 기치를 걸고 혁신적인 단과강의반과 원터스쿨, 재수 종합반, 상위 1%반, 강력 종합반, 인텐시브 코스 등의 다양한 클래스를 소개하고 있다. 북소리가 울리는 역동적인 붉은색 화면을 시작으로 각 지역 학원의 강의진과 학생들의 모습, 학원 시설을 자세하게 보여주면서 학원의 성장 상황을 그래프로 설명하고, 온라인에 이어 오프라인에서

▲ 메가스터디 주최 '포스트 입시 전략설명회'에 모인 학부모와 수험생들

도 새로운 개념과 역할의 학원으로 도약하면서 무엇보다 변화하는 입시에 탄력적으로 적응하고 있다는 장점을 내세워 수험생과 학부모의 필요에 전략적으로 대응하고 있는 것이다.

2000년 인터넷을 통한 학원설립을 시작으로 전국적 서비스로 교육 불균형을 해소하고 멀티미디어를 이용하는 새로운 학습모델을 전파한다는 회사 목표를 성실히 수행하면서 사업 시행 5년 만에 한국을 대표하는 e-러닝 교육기업이자 오프라인 학원기업으로 성장해 한국의 교육경쟁력을 드높이는 자부심을 갖게 된 배경에는 교육콘텐츠를 효과적으로 소개한 광고마케팅의 역할이 두드러진다.

| 표 10-4 | 초기 e-러닝 업체별 점유율 및 매출 변화 사례 (단위: 백만 원)

	2003년		2004년		2005년	
	금액	점유율	금액	점유율	금액	점유율
메가스터디	4,277	3.65%	34,651	20.12%	34,112	15.79%
이루넷	30,430	25.98%	16,580	9.62%	29,046	13.44%
에듀토피아 중앙교육	–	0.00%	26,247	15.24%	28,270	13.09%
에듀박스	25,281	21.58%	27,443	15.93%	24,944	11.55%
솔빛미디어	21,797	18.61%	12,058	7.00%	20,890	9.67%
와이비엠 시사닷컴	4,469	3.82%	13,277	7.71%	20,730	9.60%
크레듀	8,120	6.93%	7,454	4.33%	6,276	2.91%
아이빌소프트	10,003	8.54%	2,511	1.46%	4,617	2.14%
참누리	1,582	1.35%	7,131	4.14%	1,121	0.52%
한빛네트	8,316	7.10%	1,676	0.97%		–
한메소프트	175	0.15%	1,668	0.97%		–
러닝콤	1,289	1.10%	1,217	0.71%		–
캠퍼스21	1,390	1.19%				
합 계	117,129	100.00%	172,264	100.00%	215,978	100.00%

메가스터디는 인터넷 입시교육 전문사이트의 가능성을 입증한 최초의 업체다. 오프라인 입시학원들이 선점한 온라인 입시교육시장에 뒤늦게 진입했지만 최강의 강사진, 인터넷의 특성을 최대한 이용한 서비스로 단기간에 온라인 입시교육시장을 평정했다. 2000년 창사 후 무서운 성장을 거듭한 끝에 2004년에 346억 원 매출에 순이익 67억 원을 기록했다. 현재 메가스터디가 영위하고 있는 대입 수능시험 관련 온라인 콘텐츠 제공업체에 대해서 국내외의 공신력 있는 기관이 발표한 시장점유율과 관련된 자료는 없으며, 상당수의 업체가 외부회계감사 대상에 해당하지 않아 매출액 등을 공시하지 않고 있는 상황이다. 다만, 감사보고서 등 재무자료의 확인이 가능한 업체들을 대상으로 매출현황을 파악한 바에 의하면 〈표 10－4〉와 같다.

2) 한솔교육: www.eduhansol.co.kr

어린이 교육을 특화해 '희망과 미래의 한솔교육'이라는 기치를 내걸고 있는 교육기업 한솔은 미래사회의 주역인 어린이 교육으로 더 나은 사회의 희망을 꽃피우고 어린이들이 미래사회를 주도할 가치관과 실력을 갖추도록 이끌어준다는 목표를 향해 전진해가고 있다. 두뇌발달과 인격, 감성의 틀이 형성되는 결정적인 시기에 최고의 교육과 문화, 생활환경을 제공하기 위해 제품과 서비스 하나하나에 정성을 다하는 것이 기업목표라고 설명하면서 세계화와 지식정보화 시대를 선도할 미래세대의 리더를 육성한다는 것이다.

한솔의 사업 성장을 살펴보면, 1982년 영재수학교육연구회 설립을 시작으로 1991년 한솔출판을 설립해 신기한 한글나라와 신기한 영어나라를 출시하고, 93년 한솔미디어 설립, 97년 한솔문화연구원 개원, 98년 유아전문 홈페이지 마미랜드 오픈, 2003년에는 유아대상 브레인스쿨의 해외진출 성공, 2004년 신기한 수학나라와 신기한 한자나라 출시, 2005년에는 대한민국 마케팅 대상 2개 부문 수상과 더불어 뮤지컬 영어명

▲ 한솔교육의 '신나는 공부 우리 아이 학습 도우미'

작 출시를 완료하고, 해마다 유·아동 대상 도서로 국제도서전 참가 등의 성과를 쌓아오고 있다. 최근에는 IPTV 와 스마트TV 및 스마트 모바일 부분으로 에듀테인먼트 영역을 확장하고 있다.

홈페이지에 접속하면 국어교육을 위한 주니어 플라톤, 영어학습용 주니어 LAB SCHOOL, 공간연출과 완구학습을 위한 툴스 아이, 영어체험학습용 키즈 캠프, 놀이체육학습을 위한 짐슐레, 미술학습용 아트박스 등을 자세히 살펴볼 수 있고 패밀리 사이트는 어린이공연과 아동 동요극, 각종 기념행사 기획을 소개하고 있다. 그 외, 미국에서 시작한 책 돌려보기 운동인 북 크로싱을 '책 나들이'라는 이름으로 운영해, 회원들이 서로 책을 돌려보는 상황을 게시판에서 확인할 수 있게 했다.

TV 광고에서는 여자선생님이 나오는 소신녀와 남자선생님이 등장하는 줏대남이라는 시리즈를 실행하고 있는데 한솔교육의 로고인 주황색과 녹색 날개를 가진 나비가 날아다니는 화면이 시작되면서, '처음 받는 교육으로 말문이 트이고 인격이 커갑니다. 처음부터 줏대 있게, 처음부터 소신 있게, 대한민국의 처음교육을 책임지겠습니다'라는 마케팅을 펼치고 있다. 또한 유아를 대상으로는 '아기 성장 다큐멘터리 시리즈'를 지속적으로 전개시키고 있다.

3) 교원그룹: www.kyowon.co.kr

1985년에 설립된 교원그룹은 전국적으로 160만 회원을 확보하고 있는 정통학습지 프로그램 구몬학습을 필두로, 50만 회원의 입체교육을 서비스하는 전 과목 학습지 프로그램 빨간 펜, 그리고 태아부터 영아까지 어린이 전인교육과 잠재력 계발을 지향하는 교원아이시리즈, 온라인 자

▲ 교원의 선진국형 토론학습 초등학원 '두비'

기주도 교육 시스템인 하이퍼센트, 체계적인 온라인 영어교육 프로그램인 JEM, 방과 후 학원 프로그램 두비 등을 실행하고 있다. 또한 교육출판문화기업에서 더욱 확장된 의미의 정체성을 정립해 나가기 위해 홍보영화를 제작하고 각 분야별 텔레비전 광고와 옥외광고, 인쇄광고 등도 다각적으로 펼치고 있다.

먼저 구몬학습은 어린이 모델을 내세운 광고 시리즈를 바탕으로 교육홍보에 적합한 이미지를 갖고 있는 기혼의 아나운서 황현정, 학부모 이미지의 탤런트 원미경, 그리고 코믹한 시트콤 '순풍산부인과' 프로그램의 출연진을 기용해 구몬 학습지를 광고하는 텔레비전 광고를 내보내고 있다. 이어 빨간 펜은 교육적 열의와 정성이 깊은 학부모의 이미지를 표방하는 탤런트 김희애와 양미경이 출연해 '엄마를 믿어라', '종합교육서비스' 편 등을 전파하고, 사극 이미지의 이덕화, 북한출신 탤런트인 김혜경 등 차별적인 이미지의 모델을 통해 학습지 회원 확보를 늘려가고 있다. 이어서 신문 9단용 광고와 지하철 액자 광고, 잡지, 옥외광고, 포스터 등을 통해 '한글이 크는 나무로 시작하세요, 구몬학습 아이는 다릅니다' 등의 꾸준한 홍보 전략을 펼치고 있다.

출판에서도 어린이를 위한 구몬 한글, 수학, 영어, 과학, 일어시리즈와 유아대상 구몬아이 시리즈, 플러스 맘과 위즈 키즈, 틴플, 과학 소년 등의 잡지와 역사, 동화, 위인전, 백과사전, 영어학습 등으로 분류되는 전집류에서 고른 약진과 성장을 보이고 있다.

교원은 대한민국 브랜드 대상, 여성소비자가 뽑은 우수기업 6년 연속 수상, 친환경경영 대상 수상, 대한민국 고객만족경영대상 수상 등과 대한민국 50대 우량기업에서 4위로 선정되는 등 소비자에 대한 긍정적인 인지도가 높은 대표적인 교육 기업으로 위상을 굳혀가고 있다.

4) 대교: www.daekyo.co.kr, www.edupia.com

대교의 텔레비전 광고는 애니메이션 시리즈를 이용해 어린이 고객들에게 친밀감을 높이는 전략을 택하고 있다. '공부습관, 알아서 매일 매일'을 모토로 어린이와 어항 속의 물고기가 의인화된 동물들이 출연하는 광고를 텔레비전에서 접할 수 있고, 유명인사가 아닌 일반 가족 모델과 어린이 모델들이 등장해 생활 속의 통합교육을 강조하는 광고를 보여주고 있다. 두 형제 어린이가 출연해 책을 읽고 뜻을 깨우쳐가는 '한글 땅재미 땅' 광고 시리즈 등, 눈높이, 소빅스, 지캠프, 에듀피아 등의 브랜드에 따라 각각 차별화된 광고를 전개하고 있다.

대교는 1975년에 창업해, 이듬해 한국 최초의 개인별 학습지인 '눈높이 수학' 프로그램을 시작했다. '건강한 인간, 건강한 가정, 건강한 사회, 바르게 살자, 열심히 살자, 꿈을 가꾸자'를 경영 이념으로 세계적인 교육정보서비스를 기업의 비전으로 제시하고 있으며, 기업의 핵심가치를 눈높이 사랑으로 삼고 교육이 경쟁력이라는 인식 아래 교육을 통한 인류발전과 삶의 질 향상을 기업의 미션으로 정했다. 눈높이 시리즈는 교육계의 장수히트상품으로 대교는 한국능률협회컨설팅이 선정한 한국서비스 대상, 고객만족경영대상, 브랜드파워 1위, 남녀고용평등우수기업 등을 수상했으며, 서울시정도 600년 타임캡슐사업 수장품 중에 눈높이 교재가 선정되기도 했다.

▲ 칭의력을 길러주는 대교 눈높이 놀이수학

인쇄 광고에서도 애니메이션과 일반 모델을 이용한 방식을 택해 스승의 날, 교통안전마을, 영어올림피아드와 수학올림피아드 등의 기업 광고와 눈높이 수학, 영어, 한자, 과학, 사고력, 화상영어 등의 제품 광고를 별도로 전개하고 있다. 체계적인 홈페이지 운영으로 정확하고 실용적인 정보를 원하는 고객 상담에 응하면서 다양한 교육상품 홍보와 제품에 대한 요구에 능동적으로 대처하고 있다.

5) 시공미디어의 아이스크림(i-scream)

현재 국내 초등학교에서 쓰는 대부분의 교육용 콘텐츠는 방송용 프로그램을 그대로 이용하거나 질낮은 플래시 애니메이션 수준에 그치고 있었다. 시공미디어가 개발한 '아이스크림(i-Scream)'은 국내 최대 초등학교용 디지털 교육콘텐츠다. KBS와 영국BBC의 고급 방송 프로그램 수천여 편과 희귀한 이미지 자료 30만 건 및 애니메이션·플래시 등 방대한 자료를 초등 교과과정에 맞게 집대성했다.

이 방대한 교과 자료가 모두 온라인으로 제공되고 시사 교육 자료, 교과 보완 지도 자료 등이 지속적으로 업데이트된다. 아이스크림은 교육현장에서 필요한 자료를 요청하면 즉시 업데이트하는 맞춤형 서비스일 뿐 아니라 이용자인 교사가 직접 자신의 수업 과정을 설계할 수 있는 장점도 지니고 있다.

교육현장의 뜨거운 호응 속에 출시 10개월 만에 전국 초등학교 중 98%에 해당하는 5,700여 개 학교가 아이스크림 서비스를 이용하고 있으며, 일주일에 평균 3일 이상 수업에 적극 활용되고 있다.

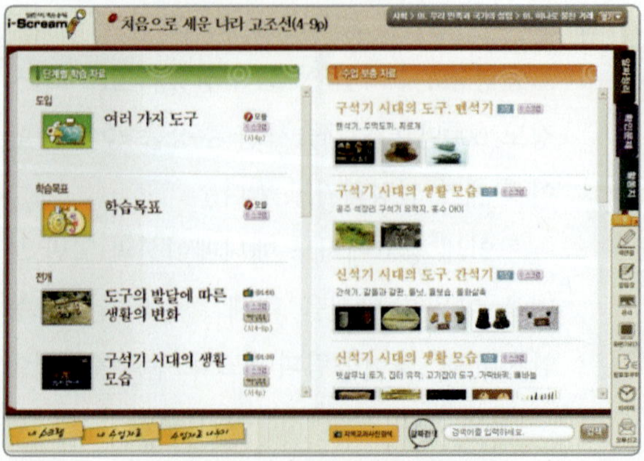

▲ 출처: 시공미디어 i-Scream.com 웹화면(2009).

미국이나 유럽의 학교에서는 단순한 강의 형태 동영상이 아닌 자료용 영상자료를 수업에 활용하는 것이 보편화돼 큰 효과를 보고 있다. 최형

순 시공미디어 상무는 "디지털 교육콘텐츠의 활용은 이미 거역할 수 없는 하나의 큰 흐름"이라며 "미국의 디스커버리 에듀케이션이나 프랑스의 르씨트, 영국 하이네만 등 선진국은 온라인과 디지털 교육콘텐츠를 활용한 수업으로 새로운 교육의 패러다임을 열고 있다"고 설명했다. 이 서비스는 2010년 3월 말까지 무료로 회원 가입이 가능했다. 2010년 3월 이후에는 유료 전환되었다.

6 교육콘텐츠 시장의 미래

현재 정보인프라의 저변확대로 인해 인터넷에 실제 교실이나 강의실을 그대로 옮겨놓은 듯한 교육환경과 서로의 얼굴을 보면서 자유롭게 강의, 토론이 이루어지는 모습이 보편화될 시기가 얼마 안 남았다.

더욱이 모바일 서비스의 발달로 가정용 PC가 없어도 스마트폰 등 때와 장소를 가리지 않고 강의를 들을 수 있는 초소형 인터넷용 단말기가 등장함으로써 명실상부한 평생교육시대가 올 것으로 예상된다. 또 온라인 교육시장 가운데 활성화가 덜한 기업교육시장은 광범위하고 수익성 창출이 가능하다는 측면에서 앞으로 가장 수익창출의 장으로 각광을 받을 것으로 예상된다.

다만 온라인교육이 미래형 교육형태라는 대세에도 불구하고 기존의 교육방식을 완전히 대체하리라는 생각은 아직 이르다. 물론 기존의 교육방식에 한계가 있었음을 인정하고 그로 인해 온라인교육이 나타나게 되었다는 것은 사실이지만 100% 온라인교육이 기존교육방식을 대체할 수는 없다.

고등교육으로 갈수록 실험실습과 상호간 토론을 통한 대화가 중요한 지식 교육의 방법으로 유효하기 때문이다. 물론 실험실습 분야의 기술발전에 따른 가상현실 교육을 통한 교육이 가능하지만 예체능분야나 체육 분야는 조만간 온라인을 통한 교육이 이루어지기란 어려울 전망이다.

아울러 지나치게 각종 시험 및 자격대비 교육콘텐츠로 이루어진 편중성도 시정되어야 한다. 보다 다양한 분야의 양질의 교육콘텐츠를 제공하는 한편 사회적으로 그 콘텐츠의 질과 안정적인 서비스 제공에 대한 공인체계가 마련되어야 할 것으로 보인다. 우리나라의 앞선 e-러닝 기술과 콘텐츠들을 해외로 진입시켜 산업적 부가가치를 창출하는 노력도 염두에 두어야 할 것이다. 그리고 스마트미디어를 활용한 교육콘텐츠의 스마트화도 가속화되어야 할 것이다.

학습정리

1. 교육의 내용물이 교육콘텐츠이다. 교육콘텐츠 가운데 온라인으로 제공되는 것이 e-러닝 콘텐츠이다. e-러닝 콘텐츠에서도 저작권분쟁은 계속된다.

2. e-러닝을 시대 순으로 구분하면 컴퓨터 기반 교육, 웹 기반 교육, 가상학습, 디지털 콜레버레이션, 유비쿼터스학습으로 구분할 수 있다.

3. e-러닝과 기존교육을 비교하면 다음과 같다.

기존 교육	e-러닝
1. 규정된 집합 시간, 경비소요 2. 1 : 1 교육이 어렵고, 자율학습 속도 조절 불가 3. 일회식 교육, 반복불가 4. 교육비 감안하여 수업규모 커짐 5. 균질의 교육제공이 어려움 6. 한번 교육한 내용은 다음 교육 때까지는 수정이 어려움 7. 학습한 내용의 즉시적인 업무활용	1. 시공간적 제약 초월 2. 학습의 개별화, 자율화 3. 반복교육훈련 가능한 완전학습 촉진 4. 학습자 수와 무관 5. 학습자 수행의 평준화 6. 콘텐츠 최신화 및 수정 수시 가능 7. 학습한 내용을 DB로 저장하여 업무에 수시로 활용

4. e-러닝 분야별로 살펴보면 교육서비스 분야가 초기에 압도적이지만 콘텐츠 분야의 성장세가 두드러지고 있다. 교육솔루션 분야도 높은 성장률을 보일 것으로 예상되고 있으나, 시장규모는 상대적으로 작다. e-러닝의 선두주자인 미국의 성장모델을 우리나라도 유사하게 따라갈 것으로 보인다.

11. 연예(스타)콘텐츠 마케팅

학습목표, 탐구할 문제

1 연예콘텐츠의 정의

2 연예콘텐츠 산업의 현황과 전망

3 연예인 및 연예산업의 특성

4 연예(스타) 마케팅의 방법과 사례

5 연예(스타)콘텐츠 활용한 광고마케팅 성공사례

학습정리

연예(스타)마케팅

뮤지컬 '조로' 스타 마케팅

학습목표

1. 연예(스타)콘텐츠를 정의하고 연예콘텐츠 산업의 현황과 전망을 설명할 수 있다.
2. 연예(스타)콘텐츠 마케팅의 사례를 바탕으로 방법을 제시할 수 있다.
3. 연예(스타) 광고마케팅의 성공과 실패사례를 들 수 있다.

탐구할 문제

1. 우리 생활에 연예(스타)콘텐츠는 무엇인가?
2. 연예(스타)콘텐츠를 마케팅에 활용할 수 있는가?

1 연예콘텐츠의 정의

사전상으로 보면 '연예'란 "대중적인 연극·노래·춤·희극·만담·마술 따위의 예능, 또는 관중 앞에서 그런 예능을 공연하는 일"을 가리키고 있다. 영어로는 공연을 뜻하는 performance나 오락을 뜻하는 entertainment로 번역되고 있다.

우리나라에서는 '연예인'이란 용어가 대중문화 전반에 적용되면서 일부 기자들이 엔터테인먼트 산업(entertainment industry)을 연예산업으로 번역하는 경우가 많다. 그러나 연예산업을 신문기사 외에 공식적으로 사용하는 경우는 찾아보기가 쉽지 않다. 연예산업이라면 일단 어감상 연예인이 먼저 떠오르게 되고, 그들과 관련된 비즈니스가 아닐까 하는 선입관이 우선 들 수 있기 때문이다.

연예인(演藝人)의 사전적 의미는 "대중적인 연극·노래·춤·희극·만담·마술 따위의 예능이나 관중 앞에서 그런 예능을 공연하는 일에 종사하는 사람들"을 뜻한다. 하지만 근래에서는 대중문화를 형성하는 미디어를 통한 가수, 탤런트, 영화배우, CF/패션모델 등 TV 방송·연예 프로그램에 출연하는 일련의 직업군을 통상적으로 의미한다. 연예인은 고유한 직종에 따라 연기자, 가수, 코미디언, 모델 등으로 구별되고 연기자와 가수가 연예인의 대표적 직종으로 구분되지만, 최근 들어서는 다양한 역할을 동시에 수행하는 멀티 플레이어형 엔터테이너들이 주를 이루고 있다. 이는 연예인들이 영화나 연극, 음악 등과 같은 기존의 영역에서만 한정되어 활동하는 것이 아니라 TV가 중심이 되는 방송에서와 같이 드라마, 코미디, 버라이어티 쇼 등의 다양한 프로그램에 출연하여 활동하면서 연예인의 정의가 확대된 것이다.

2 연예콘텐츠 산업의 현황과 전망

국내 연예콘텐츠 시장 현황

영상, 음반, 캐릭터, 모바일, 온라인관련기업까지, 이른바 엔터테인먼트 사업이 폭발적으로 성장하고 있다. 전통적인 1,2,3차 산업만큼 커지는 것은 물론 그것들을 능가할 만큼 거대 산업화한다.

인기 연예인을 수십 명씩 보유, 관리하는 매니지먼트는 바로 엔터테인먼트 산업의 기초이자 핵심이다. 여기에는 오프라인은 물론 온라인도 포함된다. 각종 영상, 음반, 광고, 캐릭터, 이벤트, 연관상품 개발 등은 물론 인터넷방송과 이동통신 소프트웨어의 제작 및 제공 등 그 분야는 실로 다양하고 무궁무진하다. 연예인을 수없이 다양한 방면에 폭넓게 활용함으로써 일으킬 수 있는 모든 사업을 의미한다.

바로 이 엔터테인먼트 사업이 바야흐로 하나의 거대한 시장을 형성하고 전통적인 거대 제조업이나 현대의 첨단 IT산업 못지않은 주요 산업부문으로 성장했다.

엔터테인먼트 사업의 분야가 다양하고 넓기 때문에 그 총체적인 시장이 얼마나 될 것인가를 놓고는 정확하진 않지만 4조 원대 이상이라 추정된다. 대표적 사업분야인 음반의 경우는 4,000억~5,000억 원대로 추산한다. 현재 국내에서는 에스엠(SM)엔터테인먼트, 제이와이피엔터테인먼트, 와이지엔터테인먼트가 대표적 음악엔터테인먼트 기획사이다.

연예인에는 연기자(탤런트), 가수, 모델, 영화배우 등이 있으며, 이들이 활동하는 시장규모는 정확하게 파악하기는 어렵지만, 연예매니지먼트 수입과 제작·유통업 관련 매출을 기준으로 약 3,800억 원(2007. 12월 말 기준) 정도의 시장규모를 가지는 것으로 추정된다. 이는 우리나라 문화산업 전체 매출액(약 58조 원, 2006년 기준)에서 차지하는 비중(약 0.6%)

| 표 11-1 | 주요 연예매니지먼트사 현황

(단위: 억 원)

구분	회사명 ▶ 소속 연예인	매출액			영업이익			당기순이익		
		2006년	2007년	2008년	2006년	2007년	2008년	2006년	2007년	2008년
연기자 중심	(주)아이에이치큐 ▸ 김혜수, 조인성, 박미선, 장혁 등	478	414	448	−27	−80	−90	−54	14	−167
	(주)올리브나인 ▸ 최지우, 황수정, 채림, 손현주 등	280	352	402	−63	−32	−53	−110	−43	−84
	(주)예당엔터테인먼트 ▸ 김아중, 김정은, 황정민, 장진영 등	263	262	410	−183	−92	−324	−325	−220	−561
	(주)팬텀엔터테인먼트 ▸ 김상경, 신하균, 한효주, 아이비 등	407	243	87	−93	−60	−85	−417	−342	50
	(주)웰메이드스타엠 ▸ 김제동, 김남주, 하지원, 김승우 등	33	189	128	−19	−14	−52	−100	−310	−46
	(주)비오에프 ▸ 배용준, 박예진, 이나영, 봉태규 등	138	155	180	−16	−32	−0.8	−19	−36	1
가수 중심	엠넷미디어(주) ▸ 이효리, 옥주현, 송승헌, 씨야 등	226	630	1,190	−101	−183	−31	−460	−344	−618
	(주)에스엠엔터테인먼트 ▸ 슈퍼주니어, 보아, 동방신기, 소녀시대	230	332	435	−23	−37	−17	−40	−76	43
	(주)제이와이피엔터테인먼트 ▸ 박진영, 원더걸스, 박준형 등	163	142	110	16	−12	0.6	10	−25	−35
	(주)와이지엔터테인먼트 ▸ 빅뱅, 지누션, 구혜선 등	109	115	185	7	6	14	7	5	16

출처: 한국신용평가정보, 각 사 홈페이지(2009. 6).

은 적지만, 한 명의 연예인으로 인해 다양한 문화상품이 개발 가능(One Source-Multi Use)한 점 등을 감안하면 시장에 미치는 영향은 지대하다.

특히 연예산업을 포함한 엔터테인먼트 산업의 디지털화는 DVD 제작과 인터넷, 모바일, 케이블, 지상파, IPTV 등에서 유통되고, 나아가 게임으로 개발되거나 캐릭터 상품으로 이어지는 것과 같이 2차·3차 시장으로 확산 가능하다.

연예매니지먼트시장의 주요 시장참가자는 공급자인 연예인지망생과 연예인, 유통자인 연예기획사, 수요자인 각종 제작업체이다. 연예매니지먼트사(연예기획사) 관련 주요 사업자단체로는 (사)한국연예제작자협회와 (사)한국연예매니지먼트협회 등이 있다.

연기자(배우) 중심으로 운영하는 연예기획사와 가수(아티스트) 중심으로 운영하는 연예기획사로 구분 가능하다.

연예기획사는 주로 연예인과 "전속계약"을 체결하여 스케줄관리 및 출연계약 대리 등의 서비스를 제공하고 그 대가로 연예인의 수익을 나누어 가진다. 전속계약은 통상 전속기간, 전속금, 수익분배비율로 구성되고 수익분배비율은 신인(2:8), 중견(5:5), 스타급(9:1) 등 유명세와 스타성에 따라 차별적으로 결정한다. 스타급 연예인은 그 희소성으로 인하여 신인 및 일반 중견 연예인에 비해 계약기간은 보통 1~2년으로 짧고, 방송출연료는 모두 스타가 가져가고, CF수익금도 8:2나 9:1로 배분하는 등 상당히 유리한 조건으로 계약을 체결한다. 연예기획사측 입장에서는

그림 11-1 연예매니지먼트시장의 주요 참가자

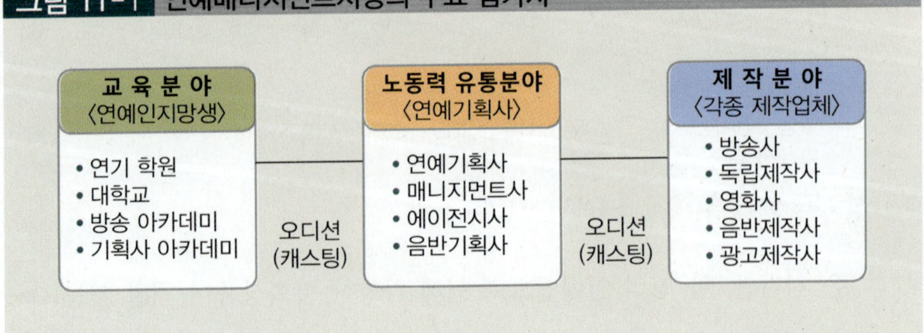

출처: 공정거래위원회, 문화예술표준약관(2009).

스타 연예인에게 소요되는 비용을 신인 연예인에게 전가(기획사에 유리한 수익분배, 과도한 출연 등)할 수밖에 없어 상대적으로 신인 연예인들의 권익이 많이 손상된다. 신인 연예인 입장에서도 연기자 지망생들이 매우 많기 때문에 섣불리 자신에게 불리한 계약조건을 거부하기 어려운 것도 사실(치열한 경쟁에 노출)이다.

연예산업은 한명의 연예인으로 다양한 문화상품을 개발·상품화(One Source-Multi Use)할 수 있으므로 지속적인 성장을 위해서는 제도적인 측면에서 좀 더 세밀한 검토가 필요하다. 지난 2009년 5월 대형 연예기획사들과 한국연예제작자협회는 음반(음원)제작 및 유통활성화를 위한 저작권법 개정 및 콘텐츠 유통 개선사업, 음악저작물의 저작권위탁관리업 관련 법제도 개선 등을 추진하고자 '코리아 뮤직 파워'(Korea Music Power) 프로젝트를 출범했다.

한류의 현황

국내 연예산업은 아시아권을 중심으로 해서 국내에서 제작한 콘텐츠의 수출을 통해 '한류'를 만들어 냈다. 초기 한류의 시작은 크게 음악(가수)와 드라마(연기자)가 중심이었고, 음악의 경우는 주로 청년층, 드라마의 경우는 중년층이 핵심 수용자 층을 이루었다

특히 일본에서 드라마 '겨울연가'에 대한 중년층 여성을 중심으로 한 대대적인 호응은 '한류'를 대표할 수 있었다. 하지만 청년층에 대한 접근에서는 한계가 있었다. 중국과 대만 등 중화권에서 드라마와 함께 음악이 한류 형성에 영향을 미쳤는데, 90년대 후반 H.O.T, 베이비복스, 클론 등이 중화권 한류 스타를 대표했다. 이후 지속적인 성장을 통해 2009년부터 '신한류'의 흐름을 창출하고 있으며, 해외(미국, 일본 등) 한국 연예산업에 대한 적극적인 관심을 표명하고 있다. 신한류는 초창기 한류의 수용자 층의 한계를 극복한 것으로 평가받고 있으며, 한류의 새로운 흐

름을 표현하는 것으로 수용자 층에서 청년층으로까지 확대되고 있는 것을 의미한다. 신한류를 선도하고 있는 것은 단연 음악(가수) 분야인데, 이 중에서도 아이돌 그룹의 활동이 핵심을 이루고 있다.

2011년 원더걸스의 미국진출을 시작으로 소녀시대와 SM엔터테인먼트 소속 아이돌 그룹의 유럽 공연을 통해 한류가 전 세계로 확산되고 있다. 특히 유튜브를 필두로 페이스북 등 소셜미디어를 활용한 K-POP 마케팅이 본격화되면서 한류는 더욱 활성화되고 있다.,

3 연예인 및 연예산업의 특징

연예인의 특성

연예인에 대한 사회적 인식은 과거 "딴따라"라는 명칭에서 보는 바와 같이 그리 높지 않았다. 하지만 근래 와서 이런 인식은 점차로 긍정적으로 변화하고 있다. 방송의 오락기능 중시와 프로그램의 연성화 등으로 엔터테인먼트 산업이 미디어 산업과 불가분의 관계를 맺게 되고, 한류의 붐으로 인한 방송연예산업이 대형화하면서, 연예인들의 수입도 크게 증가하고, 동시에 사회적 명성도 얻게 되면서부터이다. 이는 비단 청소년층에 국한되지 않고 전 계층으로 확대되어 연예인을 지망하는 학생들은 이전과 달리 부모들의 동의와 지지 속에서 연예인을 준비하는 경우도 늘고 있다. 이와 같은 변화 속에서 연예인 업계의 특성을 살펴보면 다음과 같다.

❶ 연예인의 수요 증가

한류와 새로운 매체의 등장으로 방송 프로그램의 내용이 다양화되고 콘텐츠의 수요가 늘어나면서, 연예인의 수요는 기존 20대 중심에서 영/유아, 중년 등과 같은 다양한 연령대에도 확대되었다. 이러한 수요의 확대는 연예인에 대한 인식의 변화와 함께 연예인 지망생 층의 연령대가 넓어졌고, 조연급 연기자의 역할과 기능도 확대되었다. 이러한 변화 속에서 신인연기자들을 둘러싼 전속계약, 임금문제 등 불투명한 문제들과 영/유아, 청소년과 같은 미성년 연기자의 인권 문제 등도 문제시되고 있다.

❷ '만능 엔터테이너'화

연예인은 직무수행에 필요한 필수 능력과 지식 등 전문성이 높아 타 직종 간 이동이 제한적인 편이다. 하지만 현재 연예인들은 이전처럼 가수, 탤런트, 영화배우, 패션모델, 광고모델 등등의 특정 분야에서만 활동하지 않고 복수의 장르에서 활동하는 것이 일반적이다. 이전에는 가수나 연기자들이 자신의 영역 외 다른 영역에서 활동하는 것은 매우 특이한 경우였으나, 음반시장의 침체가 장기화되면서 가수들의 TV 드라마 출연이 증가하였고, 모델이나 코미디 등의 활동을 통하여 연기자로 입문하는 경우도 늘어나고 있다. 이는 대학 및 고등학교에서 방송 연예관련 학과가 증가하면서, 방송 연예인의 길에 들어서기 전부터 가수 및 연기 영역을 모두 준비하는 경향이 있는 것도 한 원인으로 꼽기도 한다. 또한 많은 패널 및 보조MC가 등장하는 한국의 오락 프로그램의 형식으로 인해, 코미디언, 연기자, 가수들이 이들 프로그램에 출연하면서 개인기 등을 선보이게 되고 이와 같은 다양한 능력의 보유를 필요로 하게 되면서 이를 뜻하는 새로운 신조어인 '방송인'이라는 명칭도 등장하였다. '방송인'이란 명칭은 오락 프로그램의 패널로서 출연을 주로 뜻하지만, 패널로서의 인기를 바탕으로 연기 영역과 가수 영역 등 폭넓은 분야로의 활동을 확대하는 경우를 지칭한다고 할 수 있다.

❸ 수요/공급이 불확실한 연예인 인력 시장

연예인의 사회적 인식이 증가하고, 연예인 지망생의 층이 확대되었음에도 불구하고, 연예인의 수요와 공급은 예측 불가능하다. 연예인들에게 요구되는 자격이 학력, 기술 등과 같은 것이 아닌 예술적 끼와 창의력, 표현력 등과 같은 자질이며, 당대의 사회문화적 요소와 더불어 대중적 기호에 어필하는 성격이라는 특성도 연예인의 수요와 공급에 대한 정보를 불명확하게 하는 한 요인이다. 이로 인해 연예인의 취업은 스타의 경우를 제외하고는 비정규적이고 불확실성이 지배하는 노동시장 구조 속에 놓인다고 할 수 있다. 그 결과, 프리랜서, 임시직 등이 많아 노동유연성이 높으며 그 결과 고용불안정성이 높다. 뿐만 아니라 취업에도 개인적인 네트워크를 활용하는 경향이 강하다.

④ 2중 시장구조

연예인의 경우는 종사자의 상대적 숙련도, 대중적 인지도에 따라 임금격차가 심하고 다른 산업에 비해 낮은 임금을 받는 경향을 보인다. 즉, 연예 인력 시장은 인기, 혹은 티켓파워, 팬 층에 따른 '2중 시장구조'이다. 유명 연예인들은 수요가 공급보다 많지만, 신인 연예인과 연예인 지망생은 공급이 수요보다 많아 항상 공급 과잉상태이다. 그리고 시청자들의 기호를 정확히 예측하기 어렵기 때문에 관련 엔터테이너의 공급에서도 원활한 수급이 이루어지지 않는 문제점이 존재한다. 이와 같은 다양하고 좋은 엔터테이너의 공급을 위해서는 연예 인력 관련 교육기관(양성), 매니지먼트사(관리), 에이전시(기획) 등과 같은 관련 산업도 역시 발전되어야 한다. 이와 같은 엔터테이너 산업의 제도적, 법적 체계의 미비는 원활한 연예인의 수급에 문제들을 발생시키는 요인이 된다.

⑤ 육성의 어려움

연예인은 자신의 노동을 제공한다는 측면에서 일반 노동자의 속성을 가지고 있다. 하지만 제공하는 노동의 성격은 상당히 다르다. 우선 이들이 수행하는 역할은 일정부분 타고난 예술적 재능과 감성, 신체적 조건 등에 기반하고 있다는 점이다. 이는 일정기간 수련을 통해 발전시킬 수는 있지만, 일반적인 노동과 같이 훈련 프로그램만을 통해 만들어갈 수 있는 것은 결코 아니다. 뿐만 아니라 이들에게 요구되는 능력은 고정되어 있지 않다. 일반 산업의 경우는 업무에 따라 해당 업무의 종사자들에게 요구되는 기술과 능력이 정해져, 그 내용이 급격하게 변하지는 않는다. 하지만 연예인들에게 요구되는 재능은 그렇지 않다. 가수의 경우는 가창력, 배우의 경우는 연기력과 같이 영역별로 존재하는 기본적 자질도 있지만 이외에 시대의 흐름과 대중의 요구에 따라 구체적인 재능의 내용이 상이해진다. 때문에 연예인은 일반 노동자들에 비해 육성에 어려움이 많다. 그리고 육성 담당자들도 연예인 지망생들의 재능을 발견할 수 있는 능력이 요구되며, 이러한 재능을 미래의 추세에 맞추어 다듬을 수 있는 능력 역시 요구된다. 재능이 있다고 하더라도, 이를 육성하는 과정에 많은 시간과 예산이 필요하다. 뿐만 아니라 일정한 학습과 훈련을 통해 육성을 하여도 개인의 예술적 능력에 따라 완성 여부가 개인에 따라 차이가 나게 마련이다. 마찬가지로 연예인 지망생을 대상으로 한 교육기간과 교육과정이 체계적이라고 하여 모든 교육생들이 연예인이 되는 것은 아니다. 이처럼 연예인은 특성상 장기적으로 시청자들과 만나기 위하여 계속적인 자기 훈련과 교육이 필요하고, 이런 연예인을 관리(management)할 수 있는 시스템과 산업의 발전이 필요하다.

스타의 정의

스타는 연예인 중에서도 특히 많은 팬 층을 확보하고, 일반 대중에 대한 소구력이 높아 일정 정도의 흥행력을 가지고 있다고 증명된 소수의 연예인을 지칭한다. 각국의 문화산업 시장규모와 환경은 상이하더라도, 스타는 문화상품의 흥행 성공에 따라 탄생한다고 할 수 있다. 이런 점에서 스타는 문화상품의 성공이라는 상업적 가치와 밀접한 관련을 가진다. 즉 문화상품이 흥행 성공이 스나 탄생의 절대적 조건이 되며, 문화 상품을 소비한 결과 다수의 소비자가 특정 배우나 가수 등의 외모와 이미지를 선망하고 열광하면서 감정적 친화감을 느끼면서 지속적으로 이들을 소구하게 되는 것이 조건이라 할 수 있다. 따라서 특정 배우와 가수 등은 문화 상품의 흥행 성공에 한하여 높은 인지도와 인기도를 확보하는 한 스타가 될 수 있으며, 향후에 다수의 소비자를 유인해내는 핵심기제로서 가능하게 된다. 즉 문화상품이 획득한 흥행 성공의 크기가 스타성의 정도를 결정하는 변수이다.

이러한 스타들은 연예인으로서 앞에서 언급한 일반적 특성을 가지고 있으며, 더불어 스타로서의 다음의 특징도 가지고 있다.

① 희소성

수많은 연예인 중에서 스타의 수는 매우 제한되어 있다. 한국의 경우 방송·연예산업의 성장과 한류의 영향으로 스타의 수가 예전보다 증가했지만 일정한 범위를 안에서 머물러 있다. 이러한 희소성은 스타는 자신이 가진 능력과 자질만으로 만들어지는 것이 아니라, 본질적으로 소비자들의 선택에 의해 만들어진다는 점에 기인하다. 결국 스타들의 대중에 대한 소구력은 소비자에 의한 선택이란 측면에서 피동적인 성격을 가지고 있다. 또한 소비자들의 선택·취향은 합리적 선택의 결과가 아닐 수도 있다. 일반 대중은 자신의 욕구를 충족시키지 위해 문화상품을 소비하기 때문에, 이들의 선택은 임의적·가변적·편향적이다. 그 결과 같은 스타가 출연하거나 동일한 장르의 방송·연예 프로그램들도 그때마다 시청률이 다르게 나타나며 예술성이 인정되는 작품이 항상 높은 인기와 수익을 얻는 것도 아니다. 그리고 이러한 가변적 특성으로 인해 스타들이 스타주기를 일찍 마감하기도 하고 장기간 지속되는 경우도 생긴다. 하지만 스타의 탄생은 우연성과 이런 가변성, 희소성들이 작용하기 때문에 그 수는 거의 고정되어 있다고 할 수 있다.

② 짧은 생명주기

스타는 일정기간 그 인기가 지속할지라도 근본적으로 연령의 제약을 받는다. 때문에 스타 상품의 생명주기가 일반노동력에 비해 매우 짧다는 특성을 갖는다. 과거에 비해 스타의 연령층이 확대되었고, 생명주기도 늘어난 면이 없지는 않지만, 대중문화의 주 수요층의 연령이 더욱 낮아지고 이들을 소비자로 설정하여 방송·연예 프로그램이 생산되기 때문에 스타의 연령제한은 여전히 존재한다. 뿐만 아니라 수요에 절대적으로 못 미치는 스타 생산과 기존 스타들의 시장 퇴출이 맞물리면서, 스타의 공급은 예외 없이 절대량이 부족하다. 이와 같은 스타의 짧은 생명주기와 더불어 스타를 대체할 수 있는 대체 스타도 쉽게 나타나지 않는다. 이러한 특성이 스타의 출연료를 상승시키는 요인으로 작용한다.

③ 높은 출연료

스타들은 또한 높은 시장가치를 가진다. 이들의 시장가치는 곧 이들의 출연료로 연결된다. 희소성과 인기로 인해 높아진 출연료에 대해 시장가격의 불균형이라는 비판을 받고 있는 것도 사실이다. 물론 스타의 높은 몸값의 가장 큰 이유는 스타들의 생명주기가 짧은 반면에 스타 시장은 항상 공급부족상태에 있기 때문이다. 즉 공급이 제한된 조건에서 스타에 대한 문화상품 생산자들의 수요는 높기 때문에 이들의 출연료가 높게 형성되는 것은 자연스런 일이다. 그리고 이와 같은 자신의 가치대로 수입을 얻는 행위는 시장에서는 정당한 행위일 수도 있다. 하지만 전체 제작비의 예산에서 일정 정도 스타가 차지하는 출연료의 비중이 지나치게 높아 명백히 지불되어야 할 다른 비용을 절감해야 하는 비정상적인 일이 벌어지는 경우, 그리고 이로 인해 콘텐츠의 품질에 문제를 일으킬 경우라면 이와 같은 지나친 비중의 출연료는 문제 제기가 필요하다. 하지만 시장논리를 중시하는 입장에서는 결국 이를 제어할 수 있는 것은 출연료를 지불하는 제작사의 몫이고 이들을 기용한 제작사들이 지출한 출연료와 이를 통해 얻는 수익 사이의 차이에 의해 결정될 것으로 보고 있다.

❹ 자유롭지 못한 사유권

과거 스타가 제작시스템에 전속되어, 제작과 흥행을 위한 도구로 활용되는 시대에는, 스타는 자신의 노동력을 자유롭게 거래하고 교환하는 배타적 권리, 즉 사유권(property right)을 전유하지 못하는 경우가 많았다. 이는 전속제로서 제작자에 전속되어 있는 경우였다. 근래에 와서는 스타가 매니지먼트사의 관리를 통해서 만들어지고 이들과의 계약을 통해 자신의 노동력 서비스를 사용자나 대리인의 권리로 이전시켜 놓았기 때문에 마찬가지로 자신의 노동력의 전유가 발생하지 못하고 있다. 그러므로 스타시장에서는 스타와 제작자 간, 그리고 스타와 매니지먼트사 간 분쟁으로 권리의 충돌 문제가 자주 발생하고 있다. 하지만 만약 스타가 정규 교육과 현장 훈련 등의 자율적 방식으로 자신의 인적 자본을 형성시켜 스타가 된다면, 스타는 전적으로 자신의 노동력에 대하여 배타적인 권리를 행사할 것이다. 그리고 자신의 노동력에 합당한 취업의 기회를 위해 에이전시에 고객(client)으로 등록하여 일자리를 구할 수 있을 것이다. 그러나 스타는 설령 강도 높은 훈련을 경험하며 인적 자본을 형성시킨다고 하더라도, 발생상 문화상품의 흥행 성공이 결정적이기 때문에 자신의 노동력을 일반 노동자처럼 전유하기 어려운 현실에 직면할 수도 있다. 이와 같은 이유로 스타는 자신의 노동의 가치와 평가에 대한 정확한 인식을 하기 힘들고 외부적인 소비자의 평가가 서로 다를 수 있는 환경에서 이를 적절히 중재할 수 있는 자신의 예술관 등을 키울 필요가 있고 또 전략적이면서 대중적인 관리를 위해서 이를 관리하는 관리자(manager와 agent)에 맡기는 경우가 많다. 이와 같은 역할을 하는 것이 연예매니지먼트사나 연예에이전시 산업이라 할 수 있다.

❺ 상품으로서의 스타

자본주의 문화산업 제작시스템에서 '스타'는 제작에 참여하는 주체이기도 하지만 제작자들에게는 일종의 상품으로 인식된다. 다시 말해서 제작자는 문화상품을 기획하고, 작품의 역할에 맞는 연예인들을 캐스팅한다. 당연히 흥행 성공을 위해 스타를 캐스팅하려 할 것이고, 이때 제작자와 스타 사이에 일종의 스타라는 상품이 거래되는 시장이 형성된다. 자본주의 사회의 모든 인간은 자신의 노동력을 시장가치대로 판매한다면 스타를 상품으로 취급하는 것은 마치 PD 시장, 변호사시장, 스포츠선수 시장과 비슷하다. 때문에 스타가 자신의 시장 가격을 흥정하는 것은, 비인간적인 행위가 아니라 자신의 가치대로 출연료를 받기 위한 정당한 행위일 수 있다. 만약 스타가 가치만큼 출연료를 받지 못한다면, 그에 따른 차액은 방송사, 영화사, 음반 제작사 등의 이익으로 전환될 것이다. 이런 이유로 "스타의 시장가격이 너무 높아 다른 연기자나 일반인에게 위화감을 조성한다"는 언론의 비판은 일면 타당한 것 같지만, 실제로는 생산자의 이익을 보호하는 논리에 불과할 수도 있다. 왜냐하면 스타들의 출연료와 시장가치는 제작을 통한 이익의 관계에서 결정될 수밖에 없기 때문이다. 즉 문화상품이 획득한 성공의 크기는 스타성의 정도를

| 표 11-2 | 할리우드 스타와 인기도

스타의 인기도	인기도의 기준과 평가	스타(1993년 기준)
특A급	원작이나 감독, 다른 출연배우의 명성에 구애받지 않고, 자신의 명성 하나로 흥행을 보장하는 스타	아놀드 슈왈츠제네거, 멜 깁슨, 톰 크루즈, 숀 코넬리, 해리슨 포드, 잭 니콜슨, 줄리아 로버츠
A급	자신의 명성만으로 외국시장의 흥행을 보장하지 않지만, 연출자나 공동 출연 연기자의 지명도가 바탕이 되면 최소한의 수익을 보장하는 스타	케빈 코스트너, 더스틴 호프만, 실베스타 스텔론, 알 파치노, 에디 머피, 로버트 드니로, 대니 드 비토, 브루스 윌리스, 미셸 파이퍼, 킴 베신저 등
B급	감독, 시나리오 등의 내용에 따라 간혹 흥행 성공을 유발하는 스타	리차드 드레이퓨스, 앤디 가르시아, 폴 뉴먼, 알렉 볼드윈, 제인 폰다, 셀리 필드 등
C급	미국 이외의 해외 시장에서 상업적 가치가 전혀 없는 스타	빌 코스비, 게리 버시, 알렌 아킨, 페네로프 안 밀러, 다이안 래드, 린다 헌트 등

자료: Hollywood Reporter, 이경기(1993), 『아카데미 영화제』, 세광음악출판사, 697~700쪽, 김호석(1998b), 96쪽에서 재인용.

결정하는 변수이다. 이처럼 스타라는 상품에 대한 가치평가가 객관적으로 이루어지도록 하기 위하여 인기도 조사, 흥행성적 등 다양한 조사 자료를 통하여 명확히 드러나도록 해야 하고 이에 기초하여 등급과 출연료 결정에 기초가 되어야 한다. 예컨대 할리우드는 흥행성공을 보장하는 정도에 따라 스타들의 인기도를 〈표 11-2〉와 같이 분류하고 있다. 문화상품의 흥행과 이익 여부와 인기도가 스타의 가치를 결정한다.

스타시스템의 정의와 특성

1) 정 의

스타시스템은 방송, 출판, 신문, 스포츠 등 모든 문화산업에서 스타에 대한 수용자의 인기에 기반 한 명성을 이용하여 문화상품의 판매를 원할히 하려는 제도적 현상을 설명하는 개념으로 사용되고 있다. 이러한 스타시스템은 대중매체에 있어 대중의 호응을 높이기 위해 인기 있는 연예인을 개발해 내거나, 인기스타의 대중적 호소력을 집중적으로 조성, 선전함으로서 상업적 이득을 얻고, 경제적 후원을 도모하려는 체계이다. 스타가 활용, 거래, 생산, 관리, 소비되는 전체적인 순환메커니즘을 의미하는, '스타시스템은 수요유동성이 큰 산업에서 위험을 관리하는 양식의 한 형태이며 소비자에게 스타에 대한 감정적, 정서적 연결고리를 만들어 줌으로써 특정상품에 묶어두는 방식을 말한다.' 이러한 스타시스템은 할리우드 영화산업이 기존에 발달한 연극의 인기배우들을 섭외하고, 출연시키는 과정에서 발생하였다. 할리우드 초기의 스타시스템은 스타를 발굴, 성장시키고 그러한 배우나 기존의 인기 있는 스타를 중심으로 영화를 제작, 기획함으로써 흥행의 안정성을 확보하려는 목적으로 확립되었다. 그리고 영화 산업에뿐만 아니라, 이후 등장한 텔레비전과 같은 새로운 매체에서도 스타시스템이 활용되었다. 이는 문화콘텐츠의 안정적인 소비를 목적으로 스타를 관리·활용하는 제작 시스템의 일종으로 변화된 것이다. (조도형, 2010)

2) 스타시스템의 특징

❶ 제도로서의 스타시스템

드라마나 영화를 상품으로서 생산하는 문화산업은 불확실성의 정도가 타 산업에 비해 성공 여부를 확실하게 예측하기 어렵다. 과거의 경험은 하나의 참고자료일 뿐, 미래의 상황을 정확하게 예측할 수는 없다. 문화산업은 흥행의 성공과 실패가 극명하고 그 간격만큼의 불확실성이 존재한다고 할 수 있다. 문화산업의 제작은 높은 위험을 내포하고 있는 모험적 성격을 갖는다. 소비자의 입장에서도 문화상품의 소비는 매우 불확실한 행위이다. 다른 상품과 달리 문화상품은 소비하기 이전에는 상품의 질을 정확히 알 수 없다. 문화상품의 소비는 일회적이고, 그 효과가 소비 즉시 나타난다는 점에서 모험적인 성격을 가지고 있다.

이렇게 문화상품의 생산과 소비행위가 불확실성을 포함한 행위라면, 생산자와 소비자는 자신의 행위를 '합리적으로' 선택하려 할 것이다.

그림 11-2 스타시스템의 불확실성 모델

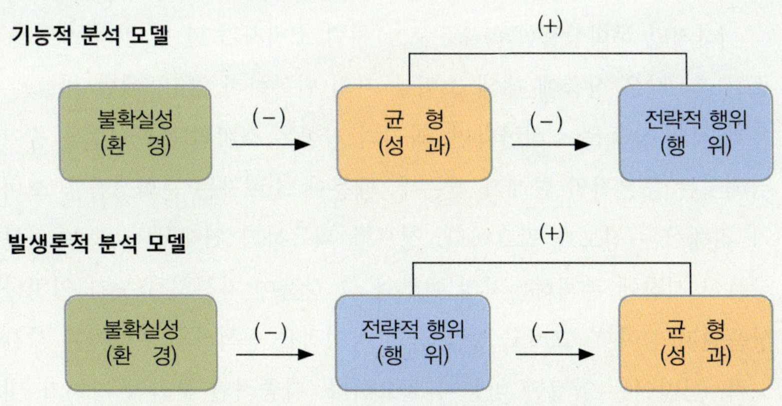

주: (−)는 두 요소가 상호 양립하지 못한다는 사실을 의미하고, (+)는 서로 양립한다는 것을 의미함.

출처: 하운금·진영덕, 한국방송영상진흥원(2003).

즉 생산자는 이익의 극대화를 위해, 소비자는 효용의 극대화를 위해 불확실성을 해소하거나 최소한으로 제한할 수 있는 전략적 행위를 찾는다. 이러한 행위와 전략이 하나의 제도로서 구현된 것이 스타시스템이다. 이런 이유로 스타시스템을 분석하기 위해서는 조직이론에서 발전한 불확실성 모델을 적용하는 것이 타당하다. (조도형, 2010)

❷ 정보체계로의 스타시스템

문화상품은 물질적 욕구에 해소하기 위해서뿐만 아니라, 그 안에 내포된 문화적 가치를 소비하기 위해서도 구매된다. 하지만 이때 문화상품에 내포되었다고 판단되는 문화적 가치는 단일 효용으로 규정짓기가 불가능하고 일관성이 없고, 모순된 가치들이 중첩되어 있는 경우가 많다. 심지어 문화상품을 소비한 후에도 상품의 질과 효용을 제대로 평가하지 못하는 현황도 발생한다. 따라서 비평가와 같은 집단의 평가는 소비자들의 구매에 영향을 미친다. 일반적인 상품은 소비가 반복되면 소비의 불확실성이 줄어든다. 예를 들어, 주변 음식점의 맛과 질은 여러 번의 소비가 반복될수록 상품의 질에 대한 불확실성은 사라진다.

하지만 문화상품(스타상품 포함)처럼 소비자가 단 한 번의 소비를 종료한 후, 같은 상품에 대해 소비를 거의 반복하지 않고, 매번 새로운 내용과 질의 상품을 소비한다면, 과거의 경험은 소비의 불확실성을 줄이기 위해서는 근본적인 한계가 갖는다. 때문에 소비자는 문화상품을 소비하기 위해서는 정보가 필요하다. 정보를 획득하기 위해서는, 즉 특정문화상품이 시장에 존재하는지의 여부와 그 상품이 자신의 효능과 일치하는 상품인지의 여부, 그리고 상품 간의 차이점을 인식하기 위해서는 시간과 노력, 심지어는 일정한 비용이 필요하다. 다중적인 문화적 가치가 내포된 문화상품의 성격상 탐색비용은 일반 상품에 비해 결코 적지 않을 것이다. 때문에 신문, TV, 잡지 등에는 문화상품에 관련된 정도들이 양산되고 있다. 이때 주목할 점은 이러한 정보의 대부분은 스타와 연관되어 있다는 것이다. 스타의 캐스팅 소식에서부터, 시사회 소식까지 스타가 참여한 영화나 드라마의 제작 과정은 제작사의 계획에 따라 매체의 노출 정도가 결정되어 소비자들에게 알려지고, 스타의 사생활도 중요한 정보로 매체에 소개된다. 이는 스타는 완전하지는 않지만 불확실한 환경에서 상당히 신뢰할 만한 정보를 제공하기도 하며, 정보 그 자체로 평가받기 때문이다. 일반적으로 특정 스타의 출연은 상품의 제작스케일과 장르, 예술적 가치 등까지 유추할 수 있는 정보이다. (조도형, 2010)

❸ 제작 체계로서의 스타시스템

위에서 언급한 것처럼, 문화산업에서 스타 중심의 스타시스템이 발생할 수밖에 없는 이유는, 스타는 문화상품의 전면에 출현하여 상품의 내재적 속성을 그대로 드러내는 가장 중요한 요소이기 때문이다. 때문에 문화 산물이 상품의 형식을 갖추기 시작한 때부터 스타시스템이 이용되었다고 평가된다. 문화상품의 생산자와 소비자 모두에게 스타는 불확실성을 감소시키는 아주 유용한 장치이다. 일례로 스타는 고정적인 수요자로 기능하는 팬(pan)을 가지고 있기 때문에 상품 흥행에 존재하는 불확실성을 어느 정도 감소시킨다. 이처럼 일정수의 안정된 수요를 보장하는 안정성이 스타를 통해 마련된다면, 불확실성이 높은 문화산업에서 스타의 활용은 합리적인 선택일 것이다. 하지만 스타의 활용이 생산의 비용을 상승시키며, 스타의 활용으로 반드시 문화상품의 판매 즉, 흥행으로 연결되는 것은 아니라는 한계점도 분명 존재한다. 때문에 스타시스템에서는 흥행 성공을 위해서 스타의 활용이 절대적이라면, 문제는 "스타를 어떻게 활용하는 것이 최선의 결과를 가져오는가"가 문제이다.

이는 곧 스타의 캐스팅(casting)의 문제와 직결된다. 캐스팅은 전통적으로 흥행과 무관한 미학적 기준에서 작품의 질을 결정하는 주요한 요인으로 인식되었다. 배우의 이미지와 배역의 유형이 제대로 일치해야 비로소 작품의 완성도가 높아지기 때문이다. 만약 그렇지 않다면 수용자는 작품이

의도하는 배역 간의 관계를 혼동하여 작품에 대한 몰입의 정도를 제약당하고, 심지어 작품의 모든 의미가 사라질 수 있기 때문이다. 그래서 캐스팅은 그 자체만으로도 하나의 예술에 가깝다고 평가받는다. 하지만 스타의 캐스팅에는 흥행과 무관한 미학적 기준만으로 이루어지지는 않는다. 오히려 미학적 기준보다는 기존 스타의 시장 파워에 입각해 이루어는 경향이 있다. 다시 말해서 스타를 생산요소로 투입할 경우, 생산자의 기대 수익에 절대적인 영향을 미치는 것은 스타가 최근에 기록한 흥행성적이다.

할리우드의 경우는 할리우드의 영향력 있는 인사들을 대상으로 설문을 조사하여 배우의 인기순위를 매긴다. 그리고 이러한 자료는 스타의 출연료 협상에 영향을 미친다고 한다. 또한 생산자가 특정스타를 선택하는 것에서 가장 중요한 경제적 조건은 '총 제작 비용'이라는 예산선(budget line)이다. 이를 고려하면 스타의 캐스팅은 "할당된 제작비 내에서 어떠한 스타를 활용할 것인가"라는 문제이며, 스타의 캐스팅은 중간급 연기자의 캐스팅에도 영향을 미칠 수밖에 없다. 즉, 스타의 활용 여부에 따라 캐스팅 전반과 제작비의 규모 그리고 운용이 결정된다. 이처럼 스타시스템은 제작시스템 전반에도 영향을 미치며 현대에 들어서 대부분의 문화상품이 스타시스템으로 제작이 이루어지는 추세이며, 스타시스템으로 제작되는 문화상품의 경우 제작에서 스타 캐스팅이 가장 중요한 요소로 부각된다. 그래서 스타들을 관리하거나 전속시키고 있는 매니지먼트사나 에이전시의 역할이 절대적 중요성을 갖는다. 매니저나 에이전트들은 연예인의 관리와 육성, 일자리 창출뿐만 아니라 문화상품의 제작에서 기획, 캐스팅, 스타마케팅 등의 중요한 일을 맡게 되는 문화기획자나 문화산업 전략가의 지위로 바뀌게 된다. (조도형, 2010)

❹ 관리되는 스타시스템

스타를 문화상품의 생산이라는 측면에서 살펴보면, 스타는 시장의 불확실성을 감소시키는 위한 전략의 일환이다. 때문에 소비자의 구매욕구를 자극할 수 있는 기존의 스타도 필요하지만, 새로운 욕구를 창출하고 기존의 스타를 대체할 수 있는 새로운 스타의 탄생도 필요하다. 이러한 측면에서 스타시스템에서는 스타의 중요성만큼이나 스타를 육성, 관리하는 연예매니지먼트 산업의 중요성도 크게 부각된다. 스타시스템에서는 문화상품의 실현 주체인 스타는 생산체계에서 분리·독립되어 예술가의 지위나 전문가적인 그들만의 이미지를 갖게 하고, 이들을 관리하는 기획자나 상품을 제작하는 연출가들이 관리·조정한다. 때문에 히치(Colin Hirch)는 스타시스템을 출판사나 음반회사 그리고 영화스튜디오와 같은 문화생산조직이 그들의 작업 환경의 불확실성에 대응하기 위해 전략적으로 발전시킨 시스템이라고 하였다.

이러한 전략의 예로, 첫째 탤런트 스카우트, 프로모터, 홍보담당과 같은 중개자를 생산과정에 배정하는 것, 둘째 과잉 생산된 상품이나 새로운 아이템에 차별적 홍보를 통해 대응하는 것, 셋째 매스미디어의 게이트 키퍼들을 수렴하는 것을 제시하였다. 여기서 매스미디어의 게이트 키퍼는 스타들을 홍보해주고 그들이 대중에게 알려지는 창구 역할을 담당하는 기자, 홍보전문가들에 해당한다고 볼 수 있으나 현재 이런 역할을 조정하는 조정자는 역시 매니저나 에이전트들이며, 탤런트 스카우트, 프로모터, 홍보 담당자 역시도 매니저와 에이전트들의 역할이라 할 수 있다.

이처럼 현재 스타들을 발굴하고 육성하는 역할을 하는 연예매니지먼트사의 유능한 매니저나 에이전트들도 일종의 스타시스템을 창출하는 게이트 키퍼로 볼 수 있다. 이런 의미에서 게이트 키퍼는 다수의 예비스타 가운데 유망한 인물을 골라 육성하는 역할을 담당하며, 예비스타 자신의 재능과 스타가 될 확률을 객관적으로 평가하는 것을 돕는다. 허행량(1998)은 이러한 게이트 키퍼의 개념을 이용하여 스타 탄생경로를 다음과 같이 도식화하였다.

〈그림 11－3〉이 제시하듯 예비스다의 재능은 게이트 키퍼에 영향을 받으며, 이 과정에서 기회비용과 상호조화를 통해 만들어 내는 시너지가

그림 11-3 스타 탄생 경로모델

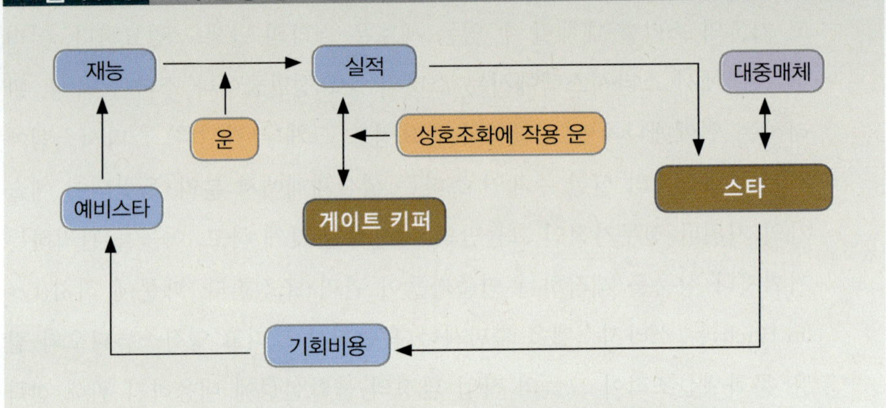

출처: 허행랑, 언론과 사회(1998).

스타 탄생에 영향을 미친다. 즉 스타가 되는 경로에는 재능, 운, 실적, 게이트 키퍼, 기회비용 등의 변수 등이 복합적으로 작용한다. 정리하면 스타시스템은 생산자, 스타, 게이터 키퍼에 해당하는 매니저(매니지먼트), 에이전트(에이전시) 등의 행위 주체들의 합리적 행위의 결과로 나타나는 일종의 문화적 제도이며, 이러한 스타시스템을 관리하는 일련의 작업들의 중심 주체는 매니저와 에이전트이다. 그러므로 연예매니지먼트, 에이전시 산업은 스타를 발굴·기획·관리하는 산업이자, 스타가 출연하는 주요 매체, 보조미디어 등을 통해 스타 이미지를 확대 재생산하고 유통시키는 홍보, 관리기능을 하는 사업이다. (조도형, 2010)

연예매니지먼트 산업

스타시스템은 스타를 중심으로 제작이 이루어지며, 스타를 관리·기획하는 업무가 중심이 되는 체계이다. 스타시스템 중심으로 제작시스템이 이루어지고 있는 대중문화산업에서 연예매니지먼트 산업과 에이전시 산업이 중요한 역할을 한다.

1) 에이전시

미국의 경우 스타시스템이 확립된 초기에는 제작주체들인 스튜디오들이 중요한 위치를 차지하였다. 하지만 이제는 에이전시가 실질적인 의미에서 제작의 주된 주체가 되었다. 할리우드 스튜디오 시스템이 해체된 후, 스타는 제작사로부터 완전히 독립하여 자유계약에 따라 노동을 제공하게 되었다. 제작사들이 스타를 전속하면서 이들을 명령과 통제를 통해 활용하던 방식에서 벗어나, 작품 제작에 필요한 경우에 한하여 스타 시장(star market)을 이용하는 방식을 합리적으로 선택한 것이다. 자유롭고 독립적인 스타 시장의 구축으로 제작사와 스타 간에는 작품당 계약을 매번 해야 하기 때문에 거래의 빈도수가 매우 많아졌고, 그만큼 거래의 불확실성도 높아지게 되었다. 그런 까닭에 제작사와 스타 간 계약상의 거래비용을 줄이기 위해 에이전시가 발전하게 되었다. 이처럼 에이전시는 연기자, 가수, 모델 등 연예직종들의 일의 성격이 비정규적이기 때문에 불명확한 노동력시장의 인력 정보를 보유하고 이를 제작사에게 연결시켜주는 특성상 필수적인 기능이라 할 수 있다. 하지만 연예산업의 시장이 기능상으로 분화되어 있지 못한 경우나 수직결합이 허용되어 있는 경우는 연예에이전시 산업은 여타의 산업들과 결합된 형식을 취할 수 있다. 현재 미국의 탤런트에이전시의 경우는 연기자에게 일자리를 알선하고 제작자와의 계약업무를 담당하며, 제작자로부터 출연료를 지급받아 출연료의 일부를 수수료(미국의 경우 10%)로 공제하고 연기자에게 지급한다. 각각의 에이전시들은 공식적인 계약 절차에 따라 배우들과 계약을 맺고, 자체 내에서 배우들의 이미지 조사와 영화나 TV프로그램 모니터링 등을 행한다.

이러한 에이전시들은 제작사와 스타 모두에게 유리한 계약을 작성하는 것을 목적으로 한다. 하지만 일반적으로 에이전시는 제작사보다는 스타에게 유리한 계약을 체결하려 하는데 그것은 더 높은 수익을 위해서이다. 하지만 이렇게 에이전시들이 제작사와 협상을 할 수 있는 것은 그

계약 대상이 스타일 경우에 국한된다. 즉, 에이전시의 시장 권력은 스타를 얼마나 많이 보유하느냐에 따라 결정된다. 에이전시 중심의 스타시스템은 스타 생산과 관리를 에이전트의 능력에 따라 결정되도록 하였다. 에이전트는 단순히 계약상의 거래비용을 줄이는 경제적 기능에 국한되지 않고, 배우의 자질과 능력에 적합한 배역을 선택하고 이미지를 관리하는 역할까지 한다. 따라서 배우는 어떠한 에이전트와 함께 일을 하느냐에 따라 자신의 미래가 결정되는 셈이다. 할리우드의 스타들도 에이전트를 잘못 선택하여 스타에서 평범한 배우로 전락한 일이 비일비재하고, 그런 이유로 에이전트를 교제하는 일도 잦다.

이러한 에이전시는 문화산업에 다음과 같은 경제적 이익을 가져다주는 것으로 평가된다.

첫째 에이전시는 제작사와 스타 간의 거래를 대리하고 책임지며 거래비용을 절감시킨다. 둘째, 스타를 포함한 제작 인력의 정보를 총체적으로 관리하는 에이전시는 산업이 필요로 하는 주요한 정보를 원활하게 유통시켜, 일종의 거래 비용인 정보비용을 절감시키며 효율성을 창출한다. 또 스타의 시장가격과 더불어 흥행성과와 스케줄 등 스타 관련 정보를 망라하여 관리하는 까닭에 계약의 협상과 흥정에 따른 스타의 캐스팅을 신중하게 선택하고, 이미지를 체계적으로 관리하며, 스타의 생명주기를 연장시키는 기능을 담당한다. 넷째, 에이전시는 작가, 감독, 조연배우 등 스타를 포함한 대부분의 제작인력에 대한 이미지와 정보를 관리하는 이유로 해서, 캐스팅 결정 능력을 향상시키는 것은 물론, 이들을 통한 패키지 상품을 기획하여 문화상품의 생산을 촉진시키는 기능까지 수행한다. 제작사의 입장에서는 에이전시의 패키지는 기획과 캐스팅 비용을 절약하고, 수익을 향후 문화상품의 성과에 따라 일정비율로 에이전시에게 분배하므로, 시초부터 위험분담의 성격을 갖는 양질의 상품이다.

하지만 신인들이 능력 있는 에이전트를 만나기는 쉽지 않다. 에이전트의 수입이 보통 배우의 수익 중 일정한 비율로 정해지기 때문에, 신인의 출연료를 가지고는 에이전트의 수입이 매우 미비하기 때문이다. 게다가 에이전트가 신인의 캐스팅을 성사시키기 위해서는 스타에 비해 엄청난 노력과 비용을 들여야 한다. 신인은 스타가 에이전시에게 부여하는 협상력과 같은 시장권력을 줄 수 없기 때문이다.

이렇듯, 에이전시는 전속제에서 자유계약제로 넘어가는 과정에서 스타시스템의 원활한 운영을 위한 필요에 의해 탄생하였고, 스타와 제작사 모두에게 유용한 것으로 평가되고 있다.

2) 연예매니지먼트사

자유계약제가 정착되면서, 스타매니지먼트 업무를 담당하는 전문가 집단이 필요해졌다. 미국의 경우, 스튜디오에 전속된 경우는 스튜디오에서 스타를 관리하였으나, 자유계약제가 되면서 자신을 스스로 관리해야 했다. 전속제 당시의 스타는 스튜디오 소속의 매니저, 미용사와 분장사, 그리고 의상 디자이너 등의 관리를 받았지만, 현재는 모든 문제를 스스로 해결해야 한다. 따라서 스타는 개인 매니저를 고용하여 자신의 스케줄과 기타 중요한 부분의 관리를 대신 맡길 수밖에 없다.

개인 매니저는 연기자의 경력에 대한 모든 분야를 감독하고 안내해 주는 사람이다. 에이전시, 변호사, 비즈니스 매니저, 홍보담당자 등을 포함한 연예인의 대리인들이 자신의 최대이익을 위해 활동하고 있는지를 확인하고, 연기자의 명성을 극대화시키는 일을 한다. 이들은 연기지도, 인기관리를 위한 개인적인 조언과 역할의 선택 등을 주요 업무로 한다. 이 대가로 매니저는 전체 수입의 일부(미국의 경우 15% 내외)를 커미션으로 받는다. 매니지먼트사는 기본적으로 세 가지 기능을 수행한다. 첫째, 스타의 발굴·기획과 같은 연예인 양성과 소프트웨어 생산, 둘째 상품을 널리 알리는 홍보, 그리고 셋째는 상품인 스타관리이다. 미국의 경우 거대 자본의 메이저 음반사나 매니지먼트사가 신인 연예인을 스카우트하고 상품성을 개발한 뒤 영화와 음반을 통해 홍보한다. 일본에서는 연예인을 육성한 다음 PD와 기자들을 상대로 콘서트나 팬 미팅을 열어 이들을 홍보한다. 이 과정에서 기획사, PR맨, 매니저 등의 기능전담자가 있어 전체적으로 매니지먼트 시스템을 이룬다. 이를 업계에서 5가지 매니지먼트 업무로 나누는데 ① 기획, ② 현장, ③ 홍보, ④ 스타일, ⑤ 트레이닝의 유형으로 분류하여 실제 업무에 적용하고 있다. 첫째, 기획 매니지먼트는 스타의 인기 유지를 위한 구체적인 전략과 기획을 수립하고, 이미지 관리를 위한 장기적인 계획을 수립하는 것을 의미한다. 즉, 대중들에게 알려져 인기를 얻을 수 있도록 하는 총괄적인 업무이다. 둘째, 현장 매니지먼트이다. 이 업무는 주로 '로드매니저'들에 의해 이루어지는 일을 뜻한다. 스타를 보조하는 전반적이고 실질적인 업무이며, 현장에서 발생하는 문제 해결도 주로 이 현장 매니지먼트에 속한다. 셋째, 홍보 매니지먼트는 방송·신문·잡지·인터넷 등 매체관련 홍보 업무이다. 이벤트, 프로모션 행사를 기획하거나 참여한다. 새로운 아이템과 아이디어로 스타의 이미지를 형성하는 매니지먼트이다. 넷째, 스타일 매니지먼트는 코디네이션, 메이크업 아티스트, 헤어디자이너 등이 유형을 파악하여 스타의 이미지를 창출하는 업무이다. 마지막 업무는 트레이닝 매니지먼트로서 한국에서는 아직 생소하나, 외국에서는 중요한 역할을 담당하고 있는 업무내용이다. 스타의 자질, 기능을 객관적으로 판단하고 집중 훈련시키는 업무로 스타일 매니저와 함께 특정한 이미지성에 중요한 역할을 담당한다. 이는 이미 스타로서 평가 받는 연예인이라도 자신의 질을 향상시키기 위한 꾸준한 노력, 즉 자기관리가 필요하기 때문이다. 이를 매니지먼트사에서 일정부분 도와주는 것이다.

스타시스템과 연예매니지먼트 산업 관계

스타시스템의 중심인 스타는 희소하며 짧은 생명주기를 가지고 있다. 이들을 소구하는 소비자들의 취양도 자주 변한다. 때문에 이에 대한 수급을 안정적으로 하기 위하여 새로운 스타의 발굴은 매우 중요한 의미를 가지고 있다. 이때 스타의 발굴은 기존의 연예인들이나 연예인 지망생 중에서 이루어지며, 이들을 스타로 발돋움을 할 수 있는 육성, 관리, 홍보 등이 필요하다. 이 과정에서 나라마다 다른 스타 육성시스템과 관리시스템이 발달하였다. 미국과 일본, 우리나라의 시스템은 몇 가지 점에서 서로 구별된다. 특히 스타시스템을 작동시키기 위한 육성시스템, 즉, 스타의 자질을 갖추기 위한 학습과정이나 훈련과정, 그리고 이들을 관리, 일자리 알선하기 위한 매니지먼트, 에이전시 과정 등은 나라마다 다른 구조로 발달되어 왔다. (조도형, 2010)

1) 미국 시스템

스타시스템이 처음 발생한 미국의 경우는 스타 육성에 매니지먼트사나 에이전시가 일정부분 자문 등을 통해 관여한다. 하지만 미국의 경우는 연예인 지망생들의 교육이나 양성은 철저하게 지망생 본인이 담당해야 하는 것이다. 다만 에이전트나 매니저와 계약한 경우에 이들이 연예인들에게 자질 향상을 위해 필요한 조언을 하고, 경험과 경력을 쌓기 위하여 신인일 경우는 연극의 보조 출연, 광고모델 등의 일을 통하여 자신을 단련하도록 이끈다. 이와 같은 형태는 일본이나 우리나라처럼 저연령에서부터 오디션을 통하여 발굴되어서 시스템적으로 양성되는 과정을 거치는 것과는 다르다.

미국은 세계 최대의 문화산업의 규모를 가지고 있으며, 그만큼 엄청난 양의 다양한 콘텐츠가 제작된다. 그러므로 이러한 다양한 콘텐츠의 생산에 참여하는 일 자체가 경험을 쌓고 자신을 단련하는 방법이 된다. 그리고 이런 일들을 해가는 과정에서 노조가 발달해 있기 때문에, 연예인들의 권익을 보호하고 기본급을 받을 수 있도록 구조화되어 있다. 이러한 구조로 인해 미국에서는 스타급 연예인이 아니더라도 최소한의 연예노동에 대한 기본적인 보장이 가능하므로, 스스로의 노력으로 연예인이 되고 이를 통해 경력을 쌓아간다. 또한 일찍부터 연예산업이 전문화, 분화된 관계로 연예인 지망생을 대상으로 다양하고 전문화된 교육기관이 존재한다. 그리고 미국에서는 스타 관리시스템이 매니지먼트 업무와 에이전시 업무로 분리되어 있다. 즉, 에이전시와 매니지먼트는 겸업하지 않으며, 에이전시는 제작을 겸업할 수 없다. 그리고 미국에서는 처음 신인연기자에서 시작하여 모델, 연극 등에서 기초를 닦아서 차츰 연기자로서의 경력을 쌓아가며, 이런 경력이 쌓이면 자신의 개성을 드러내는 역할들을 맡으면서 스타로 커가는 시스템이기 때문에, 스타 양성이 매니지먼트 업무과정에 포함되지 않는다. 이는 에이전시가 연예인의 취업을 알선해 주는 역할을 위하여 생기게 되었고, 매니지먼트 업무는 스타가 자신의 일을 혼자의 힘으로 처리할 수 없는 정도로 많은 업무들이 생기자 이를 개별적으로 관리해주는 역할의 필요성으로 생겨났다. 그러므로 미국에서는 매니지먼트 업무와 에이전시 업무는 엄연히 구분되어 발전되었다. (조도형, 2010)

2) 일본과 우리나라 시스템

우리나라에서 연예인의 육성은 연예매니지먼트 산업이 중심이 되어 이루어진다고 할 수 있다. 연예매니지먼트 산업은 연예인을 중심으로 하는 연예 노동력을 양성, 관리하는 교육, 유통산업이라 할 수 있다. 이 시장과 관련된 산업 환경을 도식적으로 살펴보면 크게 '교육시장—노동력 유통시장'으로 나누어 볼 수 있다. 연예인 교육시장은 우선 공교육 차원의 대학과 전문대학, 사교육 차원의 연예인 관련 학원, 그 외 방송사 부설 아카데미, 연예매니지먼트사 소속 양성소 등이 있다. 노동력 유통시장은 캐스팅사, 오디션, 에이전시, 매니지먼트사, 연예 기획사가 이에 해당한다. 연예인은 교육시장을 통하여 필요한 능력과 지식을 학습하며 이를 토대로 오디션을 거쳐 캐스팅이 이루어지며 이를 거쳐 제작에 참여한다. 이 과정에서 연예매니지먼트사나 연예기획사는 연예인을 발굴(오디션, 캐스팅)하여 관리(매니지먼트), 기획, 취업(에이전시)에 이르게 하는 역

그림 11-4 스타시스템과 스타 육성 분리모델

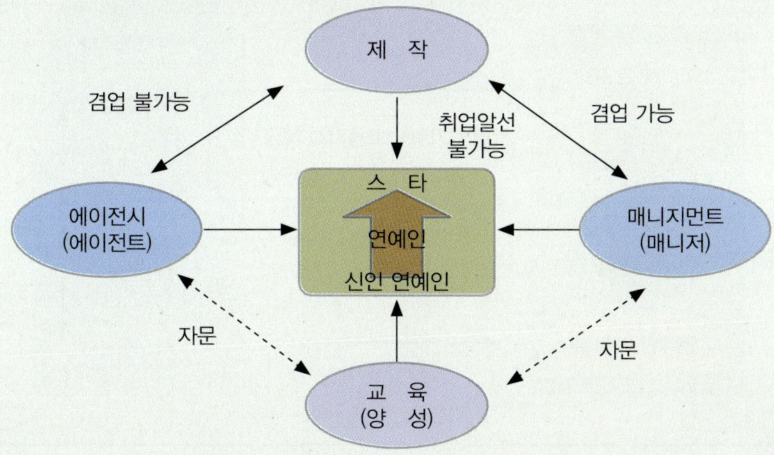

출처: 하운금·진영덕, 한국방송영상진흥원(2003).

할을 한다. 그러므로 연예인들의 교육과정과 이들에 대한 관리, 기획, 취업에까지 이르게 하는 과정을 연예인(스타) 육성과정으로 볼 수 있다.

하지만 한국과 일본에서는 연예매니지먼트사(연예 기획사)와 에이전시의 기능이 분리되어 있지 않다. 연예매니지먼트사에서 취업까지 연결시켜 연예인을 육성, 관리하는 것이 현실이다. 이는 분화된 미국과는 다른 미분화 상태의 모습이다. 일본과 한국의 경우에는 연예매니지먼트사들이 연예인 지망생들의 발굴·육성에서부터 적극적으로 참여한다. 이들은 연예인 지망생들을 발굴하여 데뷔 전부터 이들을 관리하며, 관리의 주된 업무는 양성과 교육이다. 한국의 경우와 일본의 경우는 유사한데, 개별 연예매니지먼트사들은 자체에 육성시스템을 갖추고 연예인 지망생들을 '연습생'이란 명칭으로 관리하며, 이들을 데뷔까지 연결시킨다. 이를 그림으로 표현하면 다음과 같다.

한국과 일본에서는 연예인 지망생 시절부터 연예 매니지먼트사(연예기획사)에 소속되어, 그들의 관리하에 육성되고, 성장하고 그중 일부

그림 11-5 스타시스템과 스타 육성의 결합모델

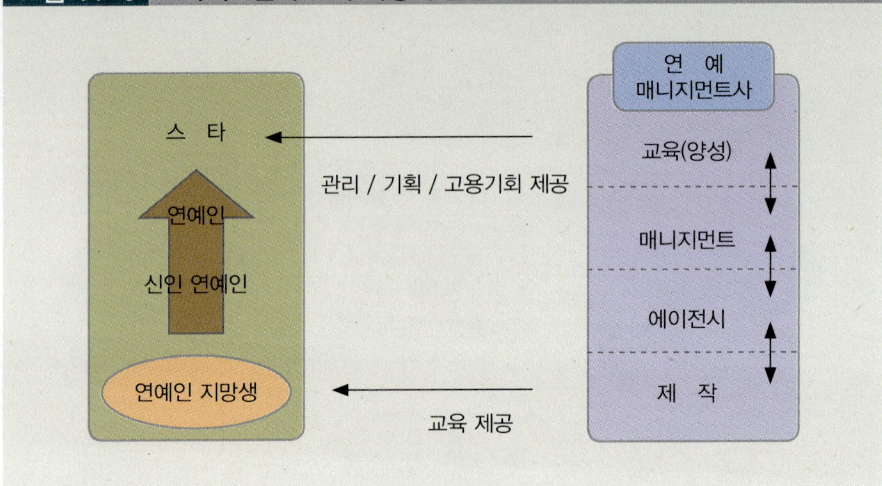

출처: 하운금·진영덕, 한국방송영상진흥원(2003).

는 스타로 발돋움한다. 이러한 모델이 가능한 이유는 한국과 일본의 경우는 매니지먼트와 에이전시 그리고 제작 업무를 겸업이 가능하며, 연예인 육성을 위한 교육과정을 당연시 여기고 있는 풍토이기 때문이다. 즉 한국과 일본은 스타시스템과 스타 육성이 연예매니지먼트사를 고리로 연결되어 있다. 이처럼 미국과 일본, 우리나라 연예매니지먼트 시스템에서 연예인 양성/관리/기획 등에 관련되는 매니저, 에이전트, 캐스팅 디렉터, 연예인 양성전문가, 경영 컨설턴트, 이미지 컨설턴트, 연예전문 변호사 등의 영역은 스타시스템을 작동시키기 위한 스타 육성에 필요한 기능이자 역할들이라 할 수 있다. 이 분야는 아직 충분한 관심과 시장이 안정적 구조를 갖추지 못한 성장단계에 있는 분야로 한류의 지속을 위하여 관련 시장의 구조적 개선과 확대가 필요한 영역이다. (조도형, 2010)

4 연예(스타) 마케팅의 방법과 사례

스타마케팅이란?

힘으로 대변되는 노동력보다는 콘텐츠가 우선시되는 소프트웨어 중심사회에서 가장 각광받는것은 대중문화이다. 그 중심에 연예인이 서있기에 사람들은 연예계에 자연스럽게 관심을 갖는 것이다. 광고 분야에 있어서 연예콘텐츠는 뗄래야 뗄 수없는 관계라 볼 수 있겠다. 광고의 거의 모든 부분은 연예인의 몫이다. 위에서도 말했듯 콘텐츠가 우선시되는 소프트웨어 중심사회에서 가장 각광받는 대중 문화의 중심이 연예인에 있기 때문이다. 이런 연예콘텐츠는 이미 대중매체의 전반을 자리잡고 있고 최근 나날이 발전하고 있는 인터넷 마케팅에서도 눈에 띄게 향상되어가는 추세이다. 연예콘텐츠를 광고 마케팅에 활용하는 방법을 4가지 사례를 통해 살펴보겠다.

게임시장의 스타마케팅

인기 연예인들은 닌텐도 게임을 즐긴다? 이나영, 송혜교, 장동건, 원빈 등 한류스타들이 잇따라 닌텐도 광고모델로 나선 효과다. 인기 연예인은 게임의 이미지 변신에도 사용된다. 넥슨은 '메이플스토리'의 이미지 변화를 위해 '소녀시대'를 모델로 썼다. 서비스를 시작한 지 10년이 넘은 '메이플스토리'는 '오래되고 낡은 게임'이라는 이미지가 강했는데, 소녀시대의 상큼한 이미지가 수혈된 것이다. 소녀시대 마케팅 이후 메이플스토리는 동시접속자 20만 명을 넘기며 제2의 전성기를 맞았다. 소녀시대도 넥슨 광고에 출연하면서 청소년 게이머들의 인기를 얻었다.

요즘엔 더욱 적극적인 스타마케팅을 자주 접할 수 있다. 총싸움 게

임 '서든어택'엔 연예인이 게임 속에 등장한다. 월드스타 '비' 캐릭터는 게임에 등장해 이용자들의 캐릭터를 돕는 역할을 한다. 연예인 캐릭터가 사용하는 무기와 의상이 불티나게 팔리면서 게임사 매출도 큰 폭으로 올랐다. 최근엔 '빅뱅', '투엔이원' 등 인기 아이돌그룹도 게임에 등장했다. 농구게임 '프리스타일'엔 아이돌그룹 카라의 맴버들이 나온다. 게임 속에서 마음에 드는 카라의 캐릭터를 조종해 농구를 즐기는 방식이다. 맴버들의 캐릭터가 하나씩 추가되면서 게임의 인기도 올라가고 있다. 한게임이 만든 소셜게임 지구별은 '티아라' 캐릭터를 등장시킨 뒤 접속자가 70% 가량 늘었다.

최근엔 스타들이 온라인게임에서 공연을 펼치기도 한다. '원더걸스'는 온라인게임 '아이온'(사진)에서 복귀무대를 가졌다. 원더걸스 멤버와 똑같이 생긴 캐릭터가 게임 속 무대에서 공연을 했다. 가수의 춤과 노래, 의상까지 모두 현실과 비슷하게 제작됐다. 가수가 온라인게임 속에서 실제와 같은 사이버 공연을 펼친 것은 처음이다. 때로는 온라인게임이 스타를 발굴하기도 한다. '애프터스쿨' 멤버 유이도 게임을 통해 처음 얼굴을 알렸다. 유이의 첫 광고는 온라인게임 '엔젤러브 온라인'이다. 가수 손담비

와 원더걸스도 신인시절 게임모델로 이름을 알렸다. 원더걸스는 1집 앨범 ‘아이러니’를 게임 속 음악으로 활용해 주목받았다.

스타를 마케팅에 쓴다고 꼭 좋은 효과를 거두는 건 아니다. 이용자들이 외면하거나 연예인 홍보만 해준 경우도 많다. 같은 모델이라도 결과가 달라진다. (이덕규, 2010)

프랜차이즈 업계의 스타마케팅

최근 프랜차이즈 업계에서 유명 연예인 등 인기 스타를 내세운 ‘스타마케팅’이 줄을 잇고 있다. 스타마케팅은 브랜드 인지도와 이미지 제고, 가맹점 매출 상승의 효과로 이어진다. 가맹계약에도 긍정적인 영향을 미친다. 강병오 FC창업코리아 대표는 “브랜드 싸움이라고 해도 과언이 아닌 프랜차이즈 시장에서 스타마케팅은 브랜드를 구축할 수 있는 가장 빠르고 확실한 마케팅전략 중 하나”라며 “프랜차이즈 시장이 커지고 기업 규모를 갖춘 브랜드들이 늘어나면서 프랜차이즈 기업들이 스타마케팅에 뛰어드는 사례가 늘고 있다”고 말했다. 부대찌개두루치기전문점 ‘박가부대찌개두루치기’는 인기 걸그룹 ‘시크릿’을 내세워 스타마케팅 대열에 합류했다. 최진욱 마케팅팀장은 “시크릿의 발랄하고 신선한 이미지가 웰빙 부대찌개를 표방하는 브랜드 콘셉트와 잘 어울려 모델로 선정하게 됐다”며 “활기차고 밝은 이미지에 신세대들에게 어필하는 젊은 감각을 브랜드에 녹여내 대중적인 한식 브랜드로 육성해 나갈 방침”이라고 밝혔다.

일명 ‘한예슬 커피’로도 유명한 커피&와플전문점 ‘카페베네’는 최근 한예슬과 함께 송승헌을 카페베네를 상징하는 새로운 얼굴로 결정했다. 국내를 대표하는 남녀 스타 모델을 통해 소비자들에게 카페베네의 프리미엄 브랜드 이미지가 더욱 각인될 것으로 기대하고 있다. 카페베네는 론칭 초기부터 적극적인 스타마케팅으로 3년 만에 커피전문점 업계 1위

에 오르는 성과를 거뒀다.

스타마케팅이 가장 활발히 진행되고 있는 곳은 치킨 업종이다. 워낙 경쟁이 치열한 데다 배달 주문 등이 많아 브랜드 인지도가 사업 성패를 좌우하는 만큼 인기 스타들을 모델로 내세워 활발한 마케팅을 진행하고 있다. 유명 아이돌 그룹을 모델로 발탁한 업체들만 해도 10여 곳이 넘을 정도. 숯불바비큐치킨전문점 '훌랄라'는 배우 김수로와 가수 김종국을 투 톱으로 내세워 TV 광고 등 스타마케팅을 진행하고 있다. 김병갑 훌랄라 사장은 "김수로와 김종국의 건강한 매력이 숯불에 구워 기름기를 쏙 뺀 웰빙 치킨임을 강조하는 제품의 이미지와 잘 어우러지며 가맹점 매출 상승에도 크게 기여하고 있다"고 말했다. 그러나 모든 프랜차이즈 업체들이 이 같은 스타마케팅을 진행하기에는 다소 무리가 따른다. 일단 막대한 마케팅 비용이 부담이다. 관련업계 종사자에 따르면 A급 스타와 1년 모델 계약을 맺는데 어림잡아 5억~6억 원의 비용이 든다. 여기에 TV 등의 방송 CF까지 내보내려면 마케팅 비용이 연간 20억~30억 원에 달한다. 단순히 효과만 기대하고 비용을 투자하기 어려운 이유다. 따라서 프랜차이즈 기업의 스타마케팅은 가맹본사의 재정자립도나 자금

력 등과 밀접한 연관성을 갖는다. 무리한 스타마케팅은 가맹점의 제품 판매가 인상이나 가맹본사의 재정난으로 이어질 수 있기 때문이다. (이상훈, 2011)

모바일 스타마케팅

무선인터넷과 통신이 합쳐진 형태의 모바일 서비스에 관한 것이다. 인터넷의 영역은 나날이 커져 이제 인터넷 자체뿐만 아닌 통신과 결합되어진 형태로 나타나 여러 가지 서비스를 보여주고 있다. 그중 연예콘텐츠를 적극 활용한 예로 연예인 모바일 화보에 대한 이야기이다. 모바일 화보의 경우 러닝 개런티는 거의 없고 일정금액의 계약금을 일시불로 지급하는 것이 업계의 관례이다. 2004년 첫걸음을 내딛은 모바일 화보 시장은 휴대폰 단말기의 교체주기에 따른 이용환경 개선으로 시장의 규모가 급격하게 증가하고 있다.

일정 수준의 인지도와 전략적 콘셉트를 기반으로 만든 사진집, 이른바 '스타화보'가 큰 호응을 얻고 있다. '제작발표회'를 통해 기획의도를 설명하고, 공들인 프로젝트임을 당당히 알린다. 이는 노출에 치중한 소위 '그라비아 화보'와는 달리 인지도 있는 스타들의 특권 내지는 스타로 단숨에 도약하는 루트로 자리잡아가고 있다. 과거 인기가 시들해진 연예

인이 찍는다는 인식에서 벗어나 스타들의 '깜짝 이벤트'로 변모해가고 있는 것.

물론 아직도 노출이 많은 촬영은 조심스러운 면이 있다. 관건은 콘셉트. 1차 소비자인 팬들은 노골적으로 관능적인 모습보다 건강한 이미지 위에 살짝 비치는 '고급스러운' 섹시미를 선호한다. 이는 매스미디어를 통해 일부를 접하는 2차 소비자인 대중도 크게 다르지 않다. 시트콤에서 은근히 글래머로 화제가 됐던 배우 신세경의 경우 언더웨어 화보를 통해 풍만한 바스트라인을 강조, 섹시 아이콘으로 등극했다. 그녀가 모델로 나선 '비비안'의 광고컷은 두고두고 '베이글녀'의 상징으로 회자될 정도이다.

과감한 섹시화보 히트행진에는 대중 인식의 변화가 깔려 있다. 아름다운 바디라인은 감추는 것보다 과시의 대상으로 통하는 것. 남성들의 이상형인 것은 물론 여성들에게는 선망과 소소한 질투의 대상이다.

오픈마켓의 스타마케팅

오픈마켓(온라인 장터) 업체들이 유명스타를 광고모델로 기용하는 스타마케팅으로 주도권 경쟁에 적극 나서고 있다.

SKT 자회사가 운영하는 11번가는 방송인 정형돈을 모델로 이용했다. 이미 인기 아이돌 그룹인 2NE1(투애니원)을 모델로 쓰고 있는 11번가는 스타마케팅으로 재미를 본 케이스다. 지난 2009년 8월 2NE1을 모델로 내세운 뒤 브랜드 인지도와 함께 시장점유율을 크게 올렸다. 11번가가 내부적으로 브랜드 관련 연상 조사를 하면 2NE1이 항상 상위 3개 항목에 포함돼 있다. 11번가는 정형돈과 2NE1 '투톱모델' 체제로 운영해 젊은 층을 적극 공략하였다. 11번가 관계자는

"스타를 모델로 기용하면 매출 상승에 기여할 뿐만 아니라 단기간에 브랜드 인지도를 높일 수 있다"고 말했다. G마켓이나 옥션, 인터파크 등도 톱스타를 모델로 내세우고 고객 잡기에 적극 나서고 있다. 옥션은 지난 3월 인기 아이돌그룹인 샤이니와 f(x)를 새롭게 모델로 발탁했다. 아이돌그룹인 만큼 패션과 잡화 등 젊은 층을 타깃으로 한 카테고리를 강화하기 위해서다. G마켓도 인기그룹 빅뱅의 지드래곤과 탤런트 유인나를 모델로 선정하고 TV 광고 및 각종 온-오프라인 홍보, 이벤트 등을 진행하고 있다.

지난 6월 인터파크 패션사업부문에서 분사한 인터파크패션도 패션전문몰 'Store-D'의 모델로 탤런트 배누리와 패션모델 류희 등을 발탁해 브랜드 알리기에 적극 나서고 있다. 옥션 관계자는 "남녀 성별로 인지도가 높은 스타를 모델로 기용하는 추세"라며 "스타마케팅은 10~20대 고객층에 전략적으로 다가설 수 있는 효과적인 방법"이라고 전했다. 한편 현재 오픈마켓 시장은 올 1분기 시장 점유율 기준으로 G마켓(31.20%), 옥션(25.10%), 11번가(24.80%), 기타(18.90%) 등의 순이다. (이재설, 2011)

5 연예(스타)콘텐츠 활용한 광고마케팅 성공사례

빈폴의 지드래곤 스타마케팅

최근 의류 브랜드들의 20대를 대상으로 한 시장점유율 경쟁은 그 어느 때보다도 치열하다. 20대 충성 고객을 확보해야 그들이 중·장년층이 되었을 때는 물론 그들의 자녀까지 고객으로 확보할 수 있기 때문이다. 제일모직이 만든 캐주얼 브랜드 '빈폴'은 2010년 국내 단일 패션브랜드로는 처음으로 연매출 5,000억 원을 돌파했다. 1989년 제일모직이 고급

▲ 사진=빈폴/제일모직

캐주얼 브랜드로 내놓은 빈폴은 올해 21년째를 맞았다. 연 평균 25% 이상 성장해 왔고 '트래디셔널 캐주얼' 시장에서 단연 1위를 지키고 있다. '빈폴'의 성공에는 혁신적인 '빅 플랜' 마케팅이 숨어 있다. 빈폴은 2011년을 '20대와 소통 시작의 해'로 만들기 위해 작년부터 열띤 회의와 수차례의 프로그램 기획, 수만 번의 점검 작업을 진행했다. 그리고 이 같은 과정을 통해 빈폴의 브랜드력에 걸맞는 '빅 플랜'을 탄생시켰다.

빈폴은 지금까지 가지고 있는 정통 트래디셔널 캐쥬얼의 클래식하고 럭셔리한 부분을 조금 더 새롭고 스타일리시하며 활동적인 느낌으로 20대에게 보여주기 위해 젊음을 대변하는 스타일 아이콘 '지드래곤'이라는 모델과 '슈퍼스타K'라는 전략적인 파트너를 선택하였다.

더불어 약 2개월 반 동안 '슈퍼 스타일링 게릴라 스토어'와 함께 전국을 돌며 지원곡의 장르에 어울릴 만한 빈폴의 착장들을 지역별로 약 2~3만 명에게 선보였다. 빈폴의 의상에 헤어, 메이크업 서비스까지 받을 수 있는 '빈폴 게릴라 스토어'가 큰 인기를 끌면서 전국 빈폴 매장을 비롯해 이 과장의 사무실에까지 자신도 빈폴의 스타일링을 받고 싶다는 요청과 문의가 쇄도했다. 빈폴 마케팅팀 전원이 매주 주말을 반납해가며 진행한 프로그램은 실제 20대 고객의 마음을 사로잡아 2011년 상반기에는 지난해 대비 20대가 차지하는 매출이 15% 가량 신장되었다. (홍미경, 2011)

롯데면세점의 한류스타마케팅

2008년 매출 1조 원을 돌파하고 2010년 2조 2,000억 원의 매출을 달성하였고 아시아 1위 명품 브랜드만 400여 개 넘게 취급하고 있는 롯데면세점은 1980년 서울 소공동에 국내 첫 종합 면세점(본점)을 개점한 이래 국내 면세쇼핑산업을 이끌어 왔다.

롯데면세점은 2010년 매출액 기준으로 국내뿐 아니라 아시아에서도 1위 면세점으로 등극했다. 롯데면세점의 최대 경쟁력은 전국 최다 점포와 상품 구색이다. 현재 서울 소공동 본점을 비롯해 인천공항점, 잠실 월드점, 코엑스점, 부산점, 제주점 등 전국 10개 점포와 롯데 인터넷 면세점, 롯데 코엑스 인터넷 면세점, 롯데 부산 인터넷 면세점 등 3개 인터넷 면세점을 운영하고 있다. 롯데면세점은 2004년 드라마 '겨울연가'의 주인공 배용준을 모델로 기용하며 '한류스타마케팅'을 시작했다. 이후 일본과 중국, 동남아 등 아시아 관광객을 끌어들이기 위한 한류 관광콘텐츠 개발을 주도해 왔다. 최근에는 한류스타와 관광, 엔터테인먼트를 결합시킨 '엔터투어먼트(Enter-tourment)' 마케팅을 본격 확대하고 있다.

롯데면세점은 국내 기업으로는 가장 많은 21명을 광고모델로 기용하고 있다. 2011년 최지우, 송승헌, 비, JYJ, 빅뱅 등 기존 모델에 이어 최근 신한류스타로 주목받고 있는 현빈과 2PM, 장근석, 김현중 등을 신규 광

고모델로 대거 발탁했다. 롯데면세점은 이들 '모델 군단'과 함께 스타 릴레이 팬미팅을 비롯한 다양한 이벤트를 진행 중이다. 올 초 최지우, JYJ, 빅뱅 등이 팬미팅을 연 데 이어 김현중, 장근석, 2PM 등이 공연, 토크 쇼, 팬들과 함께 만드는 무대 등을 열어 외국인 고객을 유치하였다.

롯데면세점은 2009년 서울 잠실 롯데월드와 소공동 롯데타운에 한류 관광콘텐츠 개발을 목적으로 체험형 한류 복합문화공간인 '스타에비뉴'를 각각 조성했다. 이곳은 최근 '드림하이' '시크릿 가든' 등 TV드라마의 촬영장소로 알려지면서 일본, 중국, 대만, 동남아 등 아시아 관광객들에게 더욱 인기를 끌고 있다. (송태형, 2011)

뮤지컬계의 스타마케팅

요즘 뮤지컬계의 유행이라면 스타마케팅의 적극적인 활용이라고 할 수 있다. 유명 뮤지컬 작품에는 익숙한 이름의 연예인 한두 명쯤 끼는 것이 마치 백반에 등장하는 국과 밥처럼 기본으로 여겨지는 추세다. 더블 또는 트리플 캐스팅 등 주인공이 여럿 등장하는 상업적 프로덕션의 증가도 스타들의 무대 진출에 가속화시키고 있다. 혼자 무대에 서긴 부담스럽고 시간도 허락되지 않으니 구색 맞추기와 관심 끌기의 일환으로 연예인을 슬쩍 끼워 파는 '보너스'와 '덤'의 장삿속이 각광받는 셈이다.

가장 인기를 끄는 직군은 아무래도 가수다. 뮤지컬이고 보니 일단 가창력이 전제돼야 하고, 라이브 무대에도 익숙하면 그만큼 유리하다 보니 나타나게 된 경향이다. 그러나 탤런트나 영화배우의 무대 나들이도 최근 급속히 늘고 있다. 일단 '노래 좀 할 줄 알면' 섭외 1순위로 이름이 오르내

린다. 9월에 막을 올리는 엘비스 프레슬리 음악의 주크박스 뮤지컬 〈올슉업〉에는 인기그룹 GOD 출신의 손호영이 뮤지컬 배우 김진우와 더블 캐스트로 나오고, 역시 우리나라 1980~1990년대 대중음악으로 꾸민 컴필레이션 뮤지컬인 〈젊음의 행진〉에는 TV 탤런트 출신의 김지우가 뮤지컬 배우 이정미와 함께 주인공으로 등장한다. 얼마 전에 막을 내린 창작 뮤지컬 〈형제는 용감했다〉에는 개그맨 정준하와 탤런트 겸 영화배우 김동욱이 형제로 나오는가 하면 뮤지컬 〈42번가〉에는 '핑클' 멤버이던 옥주현, 〈노트르담 드 파리〉에는 SES 출신인 바다가 각각 주연으로 등장해 이목을 집중시켰다. 인기 그룹 '빅뱅'의 승리와 대성을 전면에 내세운 〈샤우팅〉도 여름방학 동안 무대화됐고, 올 가을 개막 예정인 무비컬 〈금발이 너무해〉에는 소녀시대 멤버인 제시카와 미스코리아 출신인 이하늬가 스타마케팅 대열에 합류했다 특히 군제대후 영화배우 조승우는 '조로' '지킬과 하이디' 등 출연하는 뮤지컬마다 대박 행진을 이끌고 있다.

물론 상업 무대가 환상을 주고 재미를 선사해야 한다는 점에는 누구라도 이의를 제기할 수 없다. 그러나 스타마케팅을 단순히 '호객 행위'로만 인식한다면 절반짜리 흥행공식에 불과하다. 영미권에서는 스타라 해도 대부분 공연 기간에는 일체의 여타 연예활동 없이 온전히 무대에만 집중할 뿐 아니라 더블이나 트리플 캐스트는 아예 개념조차 존재하지 않기 때문이다. 스타가 공연을 통해 얻는 돈벌이는 다른 매체에 비해 극히 제한적이시난 관객과 직접 만나 소통하는 무대의 순수함에 더 큰 비중을 두는 경우가 대부분이다. 공연을 통해 업그레이드된 본인의 이미지를 뮤지컬이 종연된 후 다른 활동에서의 부가가치 수단으로 활용하면 충분하다는 인식이 전제돼 있기에 가능한 일이다. 너무 영악하게만 행동하기보다 원칙과 의미를 되새기며 정도를 걷는 것이 오히려 지름길이라는 것은 어디서나 통용되는 '불변의 법칙'인 것 같아 흥미롭다. (원종원, 2009)

다니엘 헤니 효과

광고 모델의 광고 효과에 관한 기존 연구에서는 설득적 커뮤니케이션을 통한 정보 제공 원천으로서 신뢰성(source credibility)과 매력성(source attractiveness)을 들 수 있다. 신뢰성 측면에서 모델의 광고 효과는 모델이 갖고 있는 전문성(expertness)과 진실성(trustworthiness)에 근거한다. 한편 매력성 측면에서는 모델의 유사성(similarity), 친밀성(familiarity), 그리고 호감(likability)에 근거한다.

여기에서 다니엘 헤니라는 배우를 통해서 나타난 광고 모델로 인한 스타마케팅의 성공사례를 살펴보도록 하자. 배우 겸 모델인 다니엘 헤니를 광고 모델로 내세운 제일모직, 태평양 등 패션, 화장품 업체들의 매출

이 급격하게 증가했다.

제일모직의 빈폴은 다니엘 헤니를 광고 모델로 내세우면서 급격한 매출 신장을 얻고 있다. 제일모직에 따르면 8월 중순 광고를 시작한 후 몇 개월 만에 빈폴 매출은 지난해 같은 기간보다 무려 23%나 증가했다. 의류 소비가 지난해보다 전반적으로 회복세이긴 하지만 이를 감안해도 이와 같은 증가세는 주목할 만하다는 것이 업계 대체적인 시각이다.

제일모직은 다니엘 헤니와 기네스 펠트로가 영국 런던 길거리에서 스쳐 지나가면서 호감을 표시했던 1차 '길'편 광고에 이어, 노천카페 재회장면을 담은 2차 '카페'편을 내보내었다. 제일모직측에서는 업그레이드된 빈폴 컬렉션 라인과 두 배우의 고급스런 이미지가 시너지 효과를 거두면서 매출이 크게 증가한 것으로 분석했다.

다니엘 헤니는 지난 드라마 '내 이름은 김삼순'에 출연한 후 잘 생긴 외모와 부드러운 감성으로 많은 여성들로부터 인기를 얻게 되었다. 드라마를 통해 획득된 그의 이미지는 모델 신뢰성을 얻게 되어 광고 효과에 직접적인 영향을 미치게 되는데 여기서 말하는 모델 신뢰성이란 위에서 나타난 것과 같이 진실성과 전문성으로 구분된다.

Hovland, Jams 그리고 Kelly(1953)는 광고 메시지의 효과란 모델이 얼마나 전문성을 가지고 있는가와 얼마나 진실성을 가지고 있는가에 좌우된다고 주장한다. 이 때 광고 모델의 전문성이란 광고 모델이 타당한 주장을 할 수 있는 지식이나 능력을 가지고 있다고 소비자에 의해서 지각되는 것을 말하며, 진실성이란 광고 모델이 주어진 주제나 이슈에 대하여 어떤 편견도 없이 순수한 동기에서 그 자신의 입장, 생각 또는 의견 등을 솔직하게 제시하고 있다고 소비자에 의해서 지각되는 것, 즉 광고 모델의 커뮤니케이션 동기에 대한 순수성 또는 객관성을 말한다.

다니엘 헤니가 모델 출신이라는 것을 잘 아는 소비자들은 그가 의류 브랜드에 어느 정도의 전문성을 가지고 있을 것이라는 생각을 가지게 된다. 또한 드라마에서 나온 다니엘 헤니의 극중 캐릭터의 모습에서 그의 본 모습 또한 진실하고 부드러울 것이라고 믿게 되고 그의 진실성에도 의문을 가지게 되지 않을 것이다.

SNS와 스타마케팅

국내에서도 트위터를 시작으로 SNS 열풍이 거세다. 2009년 김연아 선수의 트위팅으로 국내 언론들이 앞다투어 트위터를 국내에 소개했고, 일부 발빠른 정치인들과 기업들은 벌써 트위터를 통해서 네티즌들과 가감없이 소통하고 있다. 물론 일부 PR업체는 클라이언트를 트위터에 가입시켜서 트위터 마케팅을 하고 있기도 하다. 트위터나 미투데이가 완벽한 소셜미디어라고 할 수는 없지만, 자신의 생각을 쉽게 이야기할 수 있고, 유명한 사람들과 1:1로 이야기하는 듯한 느낌을 주어 더욱 인기가 많은 것 같다.

최근 짧은 기간 동안 'SNS'라는 단어가 사람들의 입에 많이 오르내리고, IT업계에서는 거의 '열풍'이라고 봐야 할 정도로 관심이 뜨겁다. 그러나 국내에서는 싸이월드 이후에 성공한 토종SNS서비스가 나오지 않고 있었다. 그러던 중에 해외에서 날아 온 트위터의 성과는 국내 마이크로 블로그 서비스는 물론이고 다양한 형태로 소셜서비스를 준비하고 있거나 운영해 나가고 있는 회사들에게 큰 용기가 되었다. 소셜네트워크의 매력은 역시 서비스를 사용하는 유저의 숫자가 많을 때 빛을 발한다. 그

런 이유에서 국내에서도 각 SNS 서비스들은 유저를 늘리기 위해서 고군분투했지만 좋은 결과를 낳지 못하였었다.

그나마 NHN이 인수한 미투데이가 나름대로 많은 사용자를 확보해 나가고 있다. 'NHN의 풍부한 자금력과 마케팅 능력으로 스타마케팅을 통해 미투데이를 활성화시키고 있다. 미투데이는 소녀시대의 대항 걸그룹으로 평가받던 2NE1을 이용한 마케팅을 진행하였다. 미투데이에 있어서는 확실히 이전에 없던 강력한 마케팅이다.

인기 스타 등 셀레브리티를 이용한 마케팅은 확실히 SNS서비스에 적합한 마케팅이다. 특히 미투데이나 트위터처럼 유명인과 내가 같은 시공에 위치해서 함께 이야기를 나누고 있다는 느낌을 주는 서비스에게는 아주 좋은 마케팅이다. 어떤 경로로든 사람들을 가입만 많이 시켜 놓으면 그 이후 일어나는 액션은 미투데이 하기 나름이다. 서비스 시범 후, 잠잠하던 트위터도 오바마의 트위터 사용으로 점점 유명해졌고, 과거 싸

그림 11-6 미투데이와 트위터 사용 추세 비교

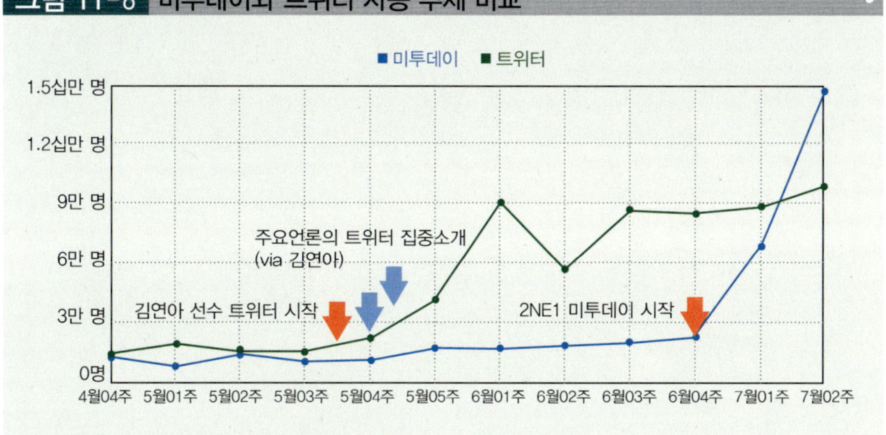

출처: 다음 디렉토리 검색 미투데이, 트위터 UV 2009.

이월드도 지상파를 통해서 연예인들이 열심히 자신의 미니홈피와 도토리에 대해서 설명해 준 덕분에 점점 유명해질 수 있게 되었다. 큰 회사의 경우는 연예인을 섭외하기도 쉽고, 자신들의 서비스를 이용중인 연예인들을 온라인상에서 홍보하기도 쉽겠지만 작은 회사라고 방법이 없는 것은 아니다.

위의 그래프를 보면, 트위터의 사용자는 김연아 열풍으로 2주간 급상승하다가 상승세가 많이 꺾였으나 미투에이는 2NE1 스타마케팅 이후 급상승한 것을 볼 수있다. 이후 트위터도 유력한 정치인, 다양한 스타들이 빠르게 트위터에 가입하고 트위터를 이용한 마케팅을 시작하면서 다시 상승세를 회복하였다. 향후에도 SNS에서 스타를 활용한 마케팅은 더욱 활성화되고 효과를 발휘할 것으로 예상된다.

학습정리

1. 영상, 영화, 음반, 캐릭터, 모바일, 온라인 기업까지, 엔터테인먼트사업은 지속적으로 성장하고 있다. 전통적인 1,2,3차 산업만큼 커지는 것은 물론 그것들을 능가할 만큼 거대 산업화한다. 이러한 엔터테인먼트 산업의 중심에는 스타 연예인이 있다. 광고주들은 광고 모델로 스타를 선호하고 있다. 요즘은 스타 없이 이미지만 내세우는 브랜드는 거의 찾을 수 없는데, 의류뿐만 아니라 여러 브랜드들도 스타들의 이름을 내세워 마케팅을 하고 있다

2. 스타마케팅의 효과는 단순히 유명한 배우가 광고 모델이 되기 때문에 성공하는 것이 아니라 소비자들의 태도 변화와 제품과의 관계에 따라 필연적으로 나타나는 결과이다. 소비자들은 제품에 대한 신념을 그것의 광고로부터 받아들이게 되고, 그러한 신념을 감정으로 태도를 구축하게 되어 결과적으로 구매를 하게 된다. 모델이 되는 스타들은 이러한 이론 속에서 소비자들에게 제품에 대한 신념과 감정을 어떻게 효과적으로 구축시키는가 하는 목적을 가지고 있고, 마케터들은 보다 강력한 소비자들의 태도 완성을 위해서 높은 가격과 위험을 감수하면서 스타들을 광고 모델로 고용하고 있다

3. 스타의 이미지는 소비자들이 제품에 대해서 기대되어지는 이미지와 동일해야 한다. 이것이 적절하다면 스타로 인한 광고는 소비자들의 태도를 여러 가지 이론에 맞추어 변화시켜 결과적으로 구매를 효과적으로 상승시키게 할 수 있다.

   스타마케팅을 사용할 때에는 상대적으로 소비자들에게 고관여되어 있는 제품이 더욱 유리할 수 있다. 그리고 경쟁 제품의 성격이 유사한 산업(핸드폰, 시품류)일수록 스타마케팅의 감성직인 접근이 효과가 있

다. 스타마케팅의 사용을 자제해야 하는 상황 또는 제품에 대해서는 기업 이미지 광고나 공익 광고와 같이 스타의 이미지 변동에 따라 마케팅 결과가 변화할 수 있는 위험성이 있으므로 사용하지 않는 것이 좋다. 그리고 저관여 제품에서는 특히 널리 알려진 제품일 경우에 비슷하나 일반인을 사용하여 제품의 상기, 재인식, 설득 등을 노리는 마케팅전략이 더욱 효과적일 수 있다.

12. 이미지 콘텐츠 마케팅

학습목표, 탐구할 문제

1 이미지 콘텐츠의 정의와 종류

2 이미지 콘텐츠 산업의 현황과 전망

3 이미지 콘텐츠 인터넷광고에서 활용하는 방법

4 이미지 콘텐츠를 활용한 인터넷 광고마케팅 방법과 사례

5 이미지 콘텐츠를 활용한 마케팅의 사례

학습정리

이미지콘텐츠 마케팅

이미지포털 '통로이미지스톡' (도시)홍보영상

학습목표

1. 이미지 콘텐츠를 정의하고 종류를 구분할 수 있다.
2. 이미지 콘텐츠 산업의 현황과 전망을 설명할 수 있다.
3. 이미지 콘텐츠를 인터넷광고에 활용하는 방법을 설명하고 사례를 들 수 있다.
4. 이미지 콘텐츠 마케팅을 사례를 들어 설명할 수 있다

탐구할 문제

1. 우리 주변에서 흔히볼 수 있는 이미지란 생활에 무엇인가?
2. 이미지 콘텐츠 마케팅전략을 수립할 수 있는가?

1 이미지 콘텐츠의 정의와 종류

이미지 콘텐츠의 정의

이미지 콘텐츠란 유무선 전기통신망을 통해 이미지를 디지털방식으로 제작해 처리, 유통하는 내용을 뜻한다. 예를 들어 내가 촬영한 설악산의 풍경사진을 스캔하여 인터넷을 통해 공개하거나 유통하게 되면 디지털미디어를 통한 이미지 콘텐츠로 활용될 수 있는 것이다. 다양한 디지털미디어가 빠르게 발전하면서 그 시장규모와 수요도 빠른 속도로 확대되고 있는 실정이다. 나날이 최신의 화소 수와 콤팩트한 사이즈의 디지털카메라와 한 달이 멀다 하고 신제품이 출시되는 고화소 카메라 탑재의 휴대폰의 공급 및 수동카메라의 장점을 갖추고 디지털화의 장점을 모두 갖춘 DSLR카메라 등의 보급으로 손쉽게 다양한 사람들이 이미지를 창출하고 유통할 수 있는 환경이 만들어진 것이다. 또한 이러한 이미지들이 블로그나 미니홈피, 트위터 및 페이스북 등의 소셜1인미디어를 통해 공개가 가능해짐에 따라 이미지는 더 이상 프로페셔널한 분야가 아닌 누구나 공급이 가능하고 또한 수요하는 입장에 있게 되었다.

이미지를 사전적으로 정의하면 '기억하고 있는 것, 또는 대상이 눈앞에 없을 경우 등에 생각해 내서 다시 표현하는 것'이나 시각적·청각적·촉각적 이미지 등과 같이 '지각대상(知覺對象)이 재생된 직관적인 상(像)'을 뜻하기도 하지만, 이 경우 구체적인 지각상(知覺像)과의 구별이 매우 어렵다. 단 이미지는 지각상보다는 막연하며 어떤 생각·태도·개념 등과 같이 한층 추상적인 뜻으로 쓰이는 경우도 있다. 예를 들면 기업이미지라고 할 때는 기업에 대한 태도·기대 및 전체적인 감정적 인상 등을 뜻한다. 특히 상품이미지의 경우는 소비행동에 대한 준비상태로 태도와는 달리 안정성이 없으며, 의식과도 날라 일관성이 없고 모호하며 정서적이기도 하다. 매우 복잡한 심적 특성의 복합체라고 할 수 있다. 이와 같이 이미지는 구체적·실증적인 지식에 따르기보다 직관적·감정적 인상에 의해서 이루어지는 것으로서, 막연하면서도 행동을 규정하는 힘이 강하다고 할 수 있다. 경험적 가설에 따르면 이미지(상품)로부터 행동(소비)에 대한 예측이 가능하다고 한다.

이미지 콘텐츠는 우리가 주변에서 볼 수 있는 캐릭터나 그림 등 디자인이 되어 있는 어떤 형상을 말한다. 예를 들자면 게임에서 나오는 캐릭터나 대부분의 화면 배경 그림, 사진 등이 이에 속하며 애니메이션에 나오는 많은 그림들이 이에 속한다. 또한 요즘 유행하고 있는 트위터나 미투데이 및 페이스북과 같은 SNS, 그리고 싸이월드 같은 미니홈피나 블로그 등 커뮤니티를 이루는 많은 배경화면이나 소품이미지들이 이에 속한다고 볼 수 있다. 이미지 콘텐츠란 쉽게 말해 그림 정보이다. 더 자세하게 설명하자면 그림이 속해 있는 모든 정보제공요소이다,

이미지라는 것의 정의가 다양한 만큼 다양한 분야에서의 활용이 가능하다. 우리 생활의 모든 분야에서 활용이 가능하다고 봐도 과언이 아닐 정도다. 하지만 이미지라는 말 자체가 단편적인 부분만 해석이 가능한 것이 아니라 보는 사람에 따라, 보여지는 정도에 따라, 환경에 따라 해석이 천차만별이기 때문에 이미지 콘텐츠를 제작하는 디자이너의 역할 또한 중요할 것이다. 정확한 광고의 의미 전달을 위해서는 보편적인 이미지 외에는 전달이 달라질 수 있기 때문에 문구가 중요하다. 그래서 어쩌면 image와 문구는 인터넷 광고뿐만 아니라 모든 광고에서 뗄래야 뗄 수 없는 관계일지도 모른다.

이미지 콘텐츠의 종류

이미지 콘텐츠는 다음과 같이 용도에 따라 다양한 종류가 있다.

❶ 스틸이미지

출판물이나 홈페이지 등에 사용하기 위한 스틸 이미지는 세계 50% 가량의 이미지 콘텐츠를 보유한 미국의 게티이미지(GettyImage)를 필두로 포토알토(PhotoAlto), 포토디스크(PhotoDisk) 등의 제공업체를 통해 제공되어 이미지시디닷컴(www.imagecd.com), 멀티비츠(www.multibits.co.kr)등의 유통사이트를 통해 디자이너 등이 전문적인 이미지를 제공받기도 하고, 일반인이 촬영한 이미지 콘텐츠, 기존 이미지에 포토샵 등의 소프트웨어를 통해 새로운 이미지로 창조된 이미지 콘텐츠, 희화화되고 패러디를 통해 표현된 이미지 콘텐츠도 있다.

❷ 아바타

아바타는 분신(分身)또는 화신(化身)을 뜻하는 말로, 사이버 공간에서 사용자의 역할을 대신하는 애니메이션 캐릭터이다. 원래 아바타는 내려오다, 통과하다라는 의미의 산스크리트어 Ava와, 아래·땅이란 뜻인 Terr의 합성어이다. 땅으로 내려온 신의 화신을 지칭하는 단어가 인터넷 시대가 열리면서 3차원이나 가상현실게임 또는 웹상에서의 채팅 등에서 자기 자신을 나타내는 그래픽 아이콘을 가리키게 되었다. 이러한 아바타는 프리챌, 다음 등 대부분의 포탈사이트와 게임 등에 제공되고 있으며 가상현실 속에서 나를 대신하는 아바타가 나와 하나가 되어 움직이고 공간이동을 하고 친구를 사귀는 등의 역할을 담당하기도 한다. 무료로 제공되는 기본 아바타에 나를 표현하고자 보다 차별화를 부여하고자 옷, 신발, 액세서리, 배경 등을 유료로 제공함으로써 아바타 제공업체는 새로운 콘텐츠 비즈니스의 장을 열었다.

❸ 휴대폰 배경화면

각 이동통신사와 포털사이트, 포털사이트와 연계한 이미지 콘텐츠 제공업체, 최근의 배경화면 스마트폰 어플리케이션들을 통해 유통되는 휴대폰 배경화면도 이미지 콘텐츠의 한 형태이다. 삼성전자 휴대폰 애니콜 유저 사이트인 애니콜랜드(www.anycall.com)는 아마추어 작가들이 그린 배경화면을 판매하는 '오픈마켓' 서비스를 제공한다. 이 서비스는 기존 공급업체가 제작한 배경화면이 아닌 삼성전자에 등록된 아마추어 작가들이 만든 배경화면을 판매하는 서비스이다. 현재 삼성은 스마트폰 '오픈마켓'을 통해 일반인이 자유롭게 이미지 콘텐츠를 등록해 판매하는 공간을 제공하고 있다. 소비자 참여형, 사용자 친화형 콘텐츠 사업이라는 방향성을 구체화하는 시도라는 점에서 추후 방향을 기대해 볼만 하다.

④ 스킨이미지

얼마전까지 도토리라는 단어를 통해 세대간을 구분짓기도 하는데, 이는 싸이월드의 미니홈피를 꾸며주는 다양한 형태의 콘텐츠를 구매하기 위해 현금 대신 사용되는 통화로써의 '도토리'를 아는가 하는 구분인 것이다. 최근엔 트위터, 미투데이, 페이스북 등의 SNS와 미니홈피의 스킨, 배너, 메뉴와 같은 이미지 콘텐츠와 더불어 배경음악과 같은 음악콘텐츠도 유무선 인터넷을 통해 구매할 수 있다.

▲ 캐릭터 개비를 스킨 이미지로 활용한 클린콘텐츠 트위터 페이지

2 이미지 콘텐츠 산업의 현황과 전망

이미지 콘텐츠 산업의 현황

현재 국내 이미지 콘텐츠의 시장 규모는 연간 약 250억 원 정도이다. 이는 일본의 약 10분의 1 정도인데 이와 같은 차이가 나는 것은 한국에서 이미지 도용이 만연해 있기 때문이라고 한다. 대기업의 이미지 콘텐츠를 모방하는 소기업 같은 경우 적지 않은 손해배상이 있음에 많은 주의를 기울이고 있을 것이다. 또한 이미지 검색이 인터넷에서도 활발히 이루어지고 있는 요즘 같은 때에는 자칫 개인 블로그 같은 곳에서 불법 복제하여 개인 홈페이지에 사용하는 경우에 손해배상청구가 이루어지는 경우도 많다. 새로운 것을 창조해 내는 것이 디자인인 만큼 특히 인터넷에서의 이미지는 가장 많은 이가 접할 수 있는 콘텐츠이기 때문에 디자이너의 창의성이 중시된다.

국내 이미지 콘텐츠 산업 상황을 업계별로 살펴보면 다음과 같다.

① 인쇄용 이미지 콘텐츠

충무로에는 40년 넘게 운영해온 인쇄시장이 있다. 국내/외 광고와 인쇄물을 제작해 왔는데, TV와 대기업의 인쇄물을 제작하면서 급격히 성장해서 해외의 유명작가와 회사들의 이미지를 취급하게 되었고, 1990년대 말 인터넷의 성장으로 그 수요는 급격히 하락하였다.

② 인터넷 이미지 콘텐츠

각종 포탈사이트와 대기업들이 홍보를 목적으로 홈페이지를 제작하면서 디자인을 강화한 웹에이전시가 각광받게 된다. 이들은 고품질의 홈페이지를 제작하는 가운데 다양한 이미지 콘텐츠를 개발하게 되는데 모든 소스들은 클라이언트에게 양도하게 되고 가격이 매우 높게 책정되게 된다.

❸ 이미지 라이선스 사업의 확대

비싼 노동력에 의해 개발된 이미지 소스들을 저렴하게 제공하여 홈페이지를 제작하는 기업들과 이미지소스 작가들이 이때 나타나게 되는데 이들이 현재 이미지 라이선스 사업의 근간이 된 것 같다.

❹ 이미지 콘텐츠 시장의 확대

인터넷의 확장에 힘입어 소규모 이미지 소스(콘텐츠)업체들이 보유한 이미지 쇼핑몰의 성장과 함께 최근 인터넷의 중대형 업체들이 이미지 소스(콘텐츠)에 눈을 돌리게 되었지만 시장의 확장 속도가 매우 느려 쉽게 접근하지 못하는데 국내 저작권의 인지도가 급속히 퍼지며 관련 법규에 대한 관심도가 높아지고 있다.

이미지 콘텐츠 산업의 전망

최근 정부는 콘텐츠 식별체계를 확립하기 위해 총력을 다하고 있다. 디지털저작권관리(DRM)를 통해 콘텐츠마다 유통과정을 파악할 수 있게 하여 불법 유통의 뿌리부터 근절하겠다는 의지이다. 정부는 개개의 콘텐츠에 식별번호를 부가하여 전 유통과정을 파악하고 관리관계와 세부정보까지 담아 보다 깊이있고 세분화된 식별체계를 구축하겠다는 계획이다.

현재 온라인으로 콘텐츠를 서비스하는 업체 상당수는 제각각 개별적인 콘텐츠 관리 체계를 도입해왔다. 따라서 콘텐츠 유통에 대한 표준 통계를 집계하거나 거래 표준을 만들어 권리자들에 대한 수익을 정산, 배분하는 것이 거의 불가능한 상황이었다. 따라서 정부가 나서 이런 문제를 해결할 수 있도록 표준 체계를 보급한다는 측면에 대해서 업계들은 환영의 표시를 하고 있다. 이러한 표준체계를 통해 콘텐츠의 신뢰도나 유통관계의 투명성, 콘텐츠 산업의 생산성 향상에도 도움을 줄 수 있을 것이라는 것이 업계의 의견이다.

그러나 이런 식별체계의 도입에는 엄청난 시간과 조정과정이 필요할 것으로 보고 있다. 또한 이러한 정부의 조율이 자사의 콘텐츠 보유숫자, 유통경로, 이용자의 사용횟수가 투명히 드러나는 것을 꺼리는 업체들의 반대도 무시할 수는 없을 것으로 전망된다.

이러한 어려움을 넘어 온라인 유통질서가 제대로 정립되고 콘텐츠 사용자들의 인식이 바르게 정립되어 가면서 이미지 콘텐츠 산업은 큰 폭으로 성장할 것으로 전망된다.

3 이미지 콘텐츠 인터넷광고에서 활용하는 방법

이미지 콘텐츠를 인터넷 광고마케팅에서 다음과 같은 방법으로 활용할 수 있다.

첫째, 디지털카메라와 휴대폰으로 찍은 사진(이미지 콘텐츠)을 활용하여 인터넷에서 이벤트 홍보하기로 개인화가 진행되고 기기보급 확대를 통해 사진 콘테스트 이벤트를 진행, 그 결과로 홍보물을 오픈하고 브랜드를 인지시킬 수 있다.

둘째, 이미지 콘텐츠를 원하는 많은 유저들에게 그 이미지 콘텐츠를 구할 수 있는 매매 소구 즉, 싸이월드의 도토리, 갓피플의 씨앗 등 현금을 대신할 수 있는 상품을 이벤트로 걸고 고객을 유도하기로서 이미 워낙 많은 사람들이 미니 홈피나 블로그 및 SNS 등을 이용하고 있기에 이는 광고효과로 매우 탁월한 반응을 보일 수 있다.

셋째, 이미지 콘텐츠를 활용하여 캐릭터 개발, 이를 영상이나 플래시를 만들어 오픈할 경우 시선의 집중을 구할 수 있다. 인터넷상의 많은 캐릭터스타(예: 우비소녀, 졸라맨, 개비 등)를 활용하여 다양한 볼거리를 제공하며 광고 및 홍보를 할 수 있다.

넷째, 개인의 감성 또는 세대별 원하는 이미지 콘텐츠를 제작하여 무선인터넷이 가능한 시점에 언제 어느 곳에서도 스마트모바일과 컴퓨터에 공급하여 광고 및 홍보를 할 수 있다.

다섯째, 게임에서 보여지는 대부분의 환경은 이미지 콘텐츠로 활용된다. 이 다양한 콘텐츠로 구성된 게임을 이용하는 유저들에게 상품의 홍보 및 브랜드 인지도를 높일 수 있다.

4 이미지 콘텐츠를 활용한 인터넷 광고마케팅 방법과 사례

1) 인터넷 광고에 적용

이미지 콘텐츠를 가장 많이 활용하고있는 것은 인터넷 광고에 적용하는 방법이다. 이에는 배너, 광고메일을 포함한 인터넷 홈페이지(자사) 등 많은 분야에서 활용되고 있다. 특히 광고메일과 배너에서 가장 두드러지게 사용되고 있다.

① 배 너

배너란 사전적 의미로 인기 있는 홈페이지의 한쪽에 특정 웹사이트의 이름이나 내용을 부착하여 홍보하는 그래픽 이미지를 의미한다. 마치 현수막처럼 생겨 배너(banner)란 명칭으로 불린다. 미리 정해진 규격에 동영상 파일 등을 이용하여 광고를 내고 소정의 광고료를 지불하는 형태이다. 광고효과를 분석하기 위해 배너가 사용자들에게 보여진 횟수나 일정 기간 동안 배너 그래픽이 다운로드된 횟수를 세어 광고주에게 알려주기도 한다.

처음에는 사각형 모양에 도메인과 사업내용을 알리는 단순한 형태

▲ 그림 ①-1

▲ 그림 ①-2

로 시작했으나, 요즘에는 동영상을 넣거나 홈페이지를 열면 화면에 고정적으로 배치되는 등으로 다양화되고 있다.

앞서 말한 "움직이는 그림"이 가장 많이 포함되어 있는 배너는 sound와 함께 주를 이루기도 한다. 여기서 배너와 sound란 단지 "관심을 끌기 위한 소리"일 뿐이지 "한 곡의 노래"까지는 아니다. 눈과 귀에 익숙한 CF를 배너로 제작할 때, 공포영화 등의 홍보를 위한 배너를 제작할 때 주로 쓰이지만 스피커를 꺼 두고 컴퓨터 활동을 하는 네티즌에게는 그리 효과적이지 않을 것이다. 그래서 역시 소리가 어떻든 관심을 끌기 좋은 디자인을 통하여 배너를 제공하는 것이 대부분이다.

배너는 주로 검색엔진 사이트(daum, naver 등)와 신문 홈페이지 등에서 많이 볼 수 있다(그림 ①-1). 가장 많이 위치하고 있는 배너의 위치인데, 그림에서와 같이 눈에 잘 들어오는 위치의 배너는 우리가 잘 알고 있는 브랜드의 배너가 많은 편이다. 꼭 타사 광고가 아니라도 자사 홈페이지에 대한 정보를 제공하는 목적으로의 배너도 있다(그림 ①-2). 이는 홈쇼핑 같은 쇼핑 목적의 홈페이지에서 많이 볼 수 있는데, 소비자의 구매욕구를 일으키는 기능을 가지고 있으며, 이벤트 등의 홍보도 많이 있다.

❷ 광고메일

광고메일에 있는 이미지 콘텐츠의 목적은 두 가지이다. 자사 홈페이지에 가입되어 있는 회원들을 위한 이벤트 알림과 비회원들에게 자사를

▲ 그림 ①-3 스크롤이 길지만 지루하지 않게 흥미를 유발

▲ 그림 ①-4 평균적인 요즘 광고메일 크기와 디자인

알리기 위함이다. 광고메일에서 중요한 것은 메일의 디자인보다는 목록에 있는 제목이 더 중요하다. 그래야 메일을 펼쳐보던가 할 것 아닌가. 일단 메일을 펼쳐본다면 마케팅의 반은 성공했다. 그렇지만 나머지 반을 채우려면 처음 반의 기대를 충족시켜 줄 수 있는 내용과 디자인이 중요할 것이다. 한 페이지의 메일 안에 소비자의 관심을 사려는 내용을 골라 배열하기는 많이 어려울 것이다. 특히 쇼핑몰의 세일 알림메일 같은 경우는 더더욱 그럴 것이다. 스크롤이 길 경우 성질 급한 소비자는 지루함 혹은 귀찮음을 느낄 수 있기에 스크롤이 너무 길지 않은 범위 내에서, 혹시 굳이 스크롤이 길어야 한다면 흥미유발을 위한 디자인을 해야 할 것이다(그림 ①-3, 4 참조).

2) 월페이퍼 제공

월페이퍼란 흔히 윈도우의 바탕화면이라고 생각하고 있다. 컴퓨터 사용자가 가장 처음 보는 화면 중에 하나이며 가장 많이 보는 화면 중에 하나이다. 주로 캐릭터를 다루는 인터넷 홈페이지에서 많이 사용하는 방법인데, 단순히 광고적인 부분뿐만 아니라 사용자에게 만족감을 줄 수 있음으로 광고 효과가 높은 방법 중에 하나이다. 디자인이 세련되고 예쁘면 그만큼 다운로드 받아가는 소비자가 늘게 되는 것이고 그 소비자 하나하나가 매일 접하게 되는 만큼 광고 효과가 높아지게 되는 것이다.

월페이퍼도 광고 중의 하나인지라, 아무리 디자인이 멋지고 세련되어도 그 브랜드의 특징이 없다면 광고가 아닌 것이 된다. 디자인 시 해당 기업의 이미지와 디자인적인 가치를 함께 생각한다면 더없이 좋은 광고

▲ **그림 ②-1 삼성생명의 월페이퍼**
단순한 디자인이지만 의미 전달이 잘 되고 있다.

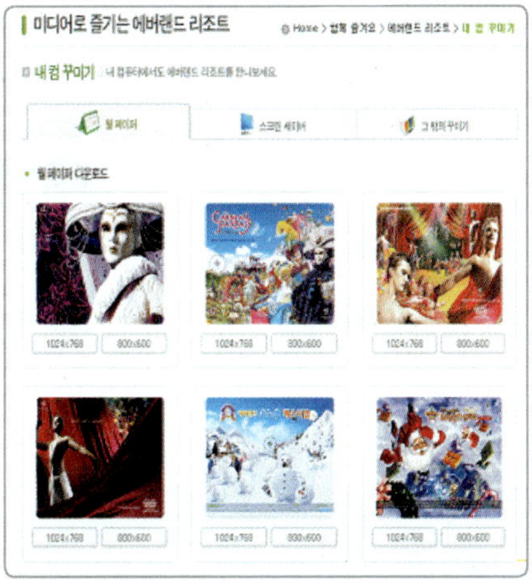

▲ **그림 ②-2 에버랜드의 월페이퍼 페이지 행사에 따라 월페이퍼가 준비되어 있음으로 행사의 광고가 효과적이다.**

▲ **그림 ②-3 프로방스(마을)의 월페이퍼 페이지**
분위기에 맞게 월페이퍼도 클래식하다.

가 될 수 있는 것이다.

예전에는 주로 게임이나 캐릭터 회사의 홈페이지에서 사용하던 image contents 광고였지만 요즘에는 도시를 소개하는 홈페이지, 기업 홈페이지, 놀이동산, 영화 등 디자인과 광고가 결합된 하나의 그림으로, 하나의 광고지로 제공되고 있다.

3) 유료 콘텐츠로의 제공(협찬)

유료 콘텐츠로의 제공(협찬)에는 여러 가지가 있다. 트위터와 미투데이 등 SNS나 블로그 및 미니홈피의 스킨(배경 화면), 예전에 한창 유행했던 프리챌의 아바타와 카트라이더의 자동차 꾸밈 등이 있다. 어린 학생들에게 어쩌면 고가의 품목이 될 수 있는 스킨 꾸미기 부분을 광고와 이미지를 넣어 무료로 제공하는 것은, 소비자의 입장에서는 무료로 자신의 인터넷 활동을 꾸밀 수 있는 기회가 되는 것이고, 기업의 입장에서는

▲ **그림 ③-1 Maxim의 미니홈피 스킨**
광고가 확실히 되며, 맥심 홈페이지 링크도 되어 있다.

▲ **그림 ③-2 카트라이더의 코카콜라 협찬 맵**
자세히 보면 코카콜라의 자동차도 보인다. 게임 유저들이 레이스를 달리는 동안 코카콜라 로고를 계속 보게 되므로 선전 효과가 있다.

광고 효과를 볼 수 있는 것이 된다. 그리고 그냥 무턱대고 무료로 제공하는 것도 아니고 해당 기업의 홈페이지 가입을 통해서나 응모를 통해서 얻어질 수 있기에 고객DB를 확보할 수 있는 기회가 된다.

그렇지만 해당 사이트에게는 그리 달가운 기회만은 아닐 것이다. 어느 정도 적당한 선을 두고 해야 자사가 공급하고 있는 유료의 image contents가 위협을 받지 않을 것이다. 그래서 그런지 제공받는 무료 contents의 경우 오래 쓰기엔 부담스러운 기업 문구가 강조되거나 유료 contents보다는 디자인적인 면에서 그리 뛰어나지 못하다.

경제적으로 부담이 없는 콘텐츠이다보니 타깃도 어린 학생들이 주로 있는 게임 사이트나 개인 홈페이지 관련 사이트 등에서 많이 볼 수 있다. 또한 굳이 유료 콘텐츠가 아니어도 게임의 맵에도 광고이미지를 넣어 제공하는 경우도 있다.

4) 쿠 폰

쿠폰도 하나의 이미지 콘텐츠라 할 수 있다. 쿠폰 자체가 이미지로 인식을 하고 있는 경우가 많기 때문이다. 엄연히 말하자면 이미지 링크겠지만 여하튼 하나로 묶여진 이미지를 클릭해야만 쿠폰을 제공받을 수 있는 것이기에 이미지 콘텐츠라 할 수 있다.

조금 더 생각을 하는 소비자라면 쿠폰을 다운받아서 사용하며 가격을 비교함으로 좀 더 저렴하게 구입하는 일이 더 많을 것이다. 박리다매의 원칙에서 생각해보면 인터넷에서 제공하는 쿠폰이야말로 가장 효과적인 광고마케팅이 되지 않을까라는 생각이 든다. 요즘에는 스마트폰의 쿠폰 어플리케이션이나 광고 메일 자체에 쿠폰이미지를 넣어 보내는 경우가 많다. 특히 인터넷 쇼핑몰에서는 쿠폰을 받아 바로 사용할 수 있으니 굳이 가지고 다녀야 하는 오프라인에서의 쿠폰보다 편리하다. 또한 굳이 오프라인에서 사용해야 한다면 집에서 출력하여 사용할 수도 있다. 할인만큼 좋은 광고는 없지 않을까? 요즘에는 권해주는 할인이 아니라 고객이 직접 많이 찾아봐야 할인을 받을 수 있는지라 무턱대고 할인해주다가 생기는 마진율에 대한 걱정도 줄 것이다.

또한 디자인에 신경을 많이 쓰지 않아도 되는 이점도 있다. 어디까지나 장식 품목이 아니기 때문에 쿠폰의 기능만 잘 파악될 수 있는 디자인이라면 얼마든지 배포가 가능하다.

쿠폰의 경로 또한 다양하다. 최근엔 SNS을 통해서 그리고 광고메일에 함께 보내는 경우와 홈페이지 내에 이벤트 배너를 통한 페이지에서 제공하는 경우와 모바일 쿠폰 전문 어플리케이션에서 다운받는 경우가 가장 대표적이다.

▲ 그림 ④-1 TGIF의 생일 쿠폰

◀ **그림 ④-2 CJ 홈쇼핑의 쿠폰**
바로 주문 시에 사용할 수 있어 혹시 처음 화면의 이벤트화면에서 챙기지 못한 고객을 배려하는 것 같이 보임

5) 이미지 콘텐츠 공모전

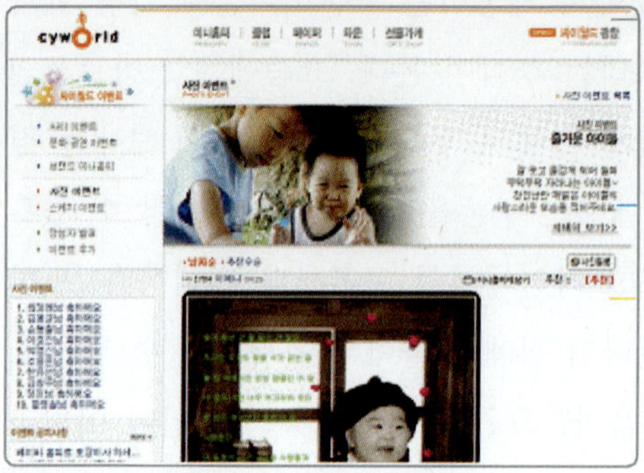

▲ **그림 ⑤-1 싸이월드의 사진 이벤트**
소규모 이벤트이지만 이벤트를 통하여 사진 솜씨도 자랑하고 상품도 받을 수 있다.

이미지 콘텐츠 공모전은 해당 홈페이지의 특성에 맞게 이미지 콘텐츠 대회를 여는 것이다. 인터넷에서 여는 콘텐츠들은 대개 기업의 이미지를 효과적으로 선전하기 위함에 있는 것이다. 그래서 다른 것보다 광고나 캐릭터 제작 등의 대회가 많은 편이다.

많이 보편화되어 있지는 않지만 유명 브랜드나 유명 기업 같은 경우는 회사 입사시험에 가산점을 주거나 유명 브랜드의 상품 제공 등의 작지 않은 선전 때문에 그 분야의 전공자들이 찾는 경우가 많다.

6) 로고 제공

▲ **그림 ⑥-1 TGIF의 로고 다운로드 페이지**
크기와 색상명이 적혀 있다.

로고란 쉽게 말해 기업의 이미지를 나타내는 영상물, 그림 등을 일컬어 말하는 것인데, 많이 보편화되어 있는 image contents의 광고방법은 아니다. 그렇지만 간혹 학생들의 과제 등에 사용되고 있다. 로고 다운로드에 앞서 로고의 콘셉트나 색상 등을 명시함으로써 브랜드의 이미지를 좀 더 잘 알려줄 수 있고, 과제에 대한 발표 등으로 간접적인 광고 효과를 노릴 수 있다.

5 이미지 콘텐츠를 활용한 마케팅의 사례

이미지 콘텐츠를 활용한 스타마케팅 사례

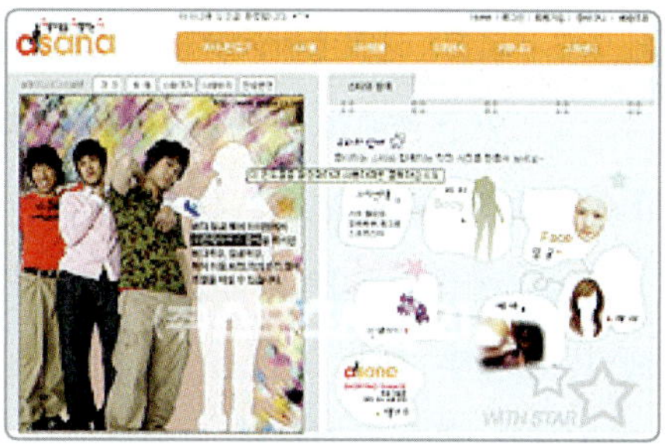

최근 모바일 콘텐츠로서 스타의 화보집은 가장 고수익을 기대할 수 있는 시장으로 인식되고 있다. 또한 이러한 화보집을 통해 스타는 이목을 집중하고 이슈화되는 시너지 효과를 꾀하기도 한다. 또한 최근 한류의 영향으로 스타들의 화보 제작이 더욱 활성화 되고 있는 상황이다. 이런 상황에 유명 스타들과의 기념 사진을 만들 수 있는 이색 서비스가 문을 열였다. 인터넷 콘텐츠 기업 아사나(www.asana.co.kr)와 스포츠 서울이 함께 준비한 '스타몰 서비스'가 2006년 4월 27일 오픈했다. 아사나는 국내를 비롯해 일본, 중국 등 동남아 시장에서 연예인 및 스포츠계 한류스타들의 실사 서비스 및 콘텐츠를 판매하며 스타섭외와 홍보는 스포츠서울이 담당하는 형태를 띠고 있다. '스타몰 서비스'는 아사나가 자체 개발한 '스타메이커' 합성 솔루션을 통해 스타와 함께 사진을 촬영한 것처럼 연출해주는 아이템이다. 완성된 합성사진은 미니 홈피에 저장은 물론이고 원하는 크기로 인화도 가능하며 휴대폰 배경화면으로 사용할 수도 있다. 이러한 '스타몰 서비스'는 일본과 중국 등 한류스타들에게 목말라있는 해외 네티즌들의 관심을 끌 수 있었다.

싸이월드 이미지 콘텐츠의 마케팅 사례

최근 한풀 꺾였지만 여전히 각광받고 있는 것이 미니홈피, 블로그

등과 같은 개인 미디어 서비스가 계속되고 있다. 다양한 미니홈피 유형 가운데 폭발적 호응을 얻었던 것이 바로 싸이월드이다. 싸이월드 미니홈피는 이미 2005년 6월 말 회원수 9백여만 명, 일일 방문자 수 3백 4십여만 명으로 그룹 사이버 문화를 개인 위주로 다시 쓰는 전기를 마련하였다. 이러한 싸이월드 열풍은 웹캠, 디지털 카메라 등과 같은 포토 IT기기의 확산이 큰 몫을 했다. 실제로 최근 국내 모 인터넷 쇼핑몰의 디지털 카메라 매출이 전체 가전제품 매출의 50%를 차지하고 있다. 네티즌은 자신의 일상을 다양한 형태의 이미지 콘텐츠로 미니홈피에 저장하고 기록하는 라이프 캐싱(Life Caching) 트렌드를 형성하고 있다. 이러한 트렌드는 콘텐츠(Contents)세대를 의미하는 C-세대가 대표하고 있으며 이들은 사진, 음악 등의 콘텐츠를 자신이 직접 디지털 기기로 생산하고 타인과 인터넷상에서 공유하는 특징을 보인다.

싸이월드는 개인의 자기표현 욕구를 충족시키기 위해 다양한 콘텐츠를 제공하였다. 투멤여(투데이 멤버 여자)와 같이 싸이월드 전체 회원을 대상으로 자신을 어필하기도 하고 미니미(자신의 캐릭터), 스킨 등과 같이 미니홈피에서 개인을 표출할 수 있는 다양한 수단의 이미지 콘텐츠를 제공하고 있다. 이러한 콘텐츠를 이용하기 위한 사이버머니 '도토리'는 한때 1일 매출이 1억 3천만 원 이상이었다. 개인은 이러한 도토리를 사용해 미니룸을 꾸미기도 하고 스킨이나 메뉴 등의 이미지 콘텐츠를 구매할 수 있고 다른 회원에게 선물하는 것도 가능하여 높은 인기를 얻었었다.

게임캐릭터를 활용한 이미지 콘텐츠의 마케팅 사례

영화나 게임 등 문화콘텐츠 산업이 활성화된 나라의 엔터테인먼트 콘텐츠는 대개 캐릭터에서 시작된다. 다양한 캐릭터 가운데 시장성이 있는 캐릭터를 원소스(One Source)로 하는 멀티 유즈(Multi-Use)상품으로 개발하게 된다. 현재 우리나라 캐릭터 시장의 규모는 미국, 일본의 시장 규모와 비교가 불가능할 정도로 초라하기 이를 데 없다. 하지만 우리나라 온라인게임이 성장하면서 미국이나 일본 업체들과는 달리 게임 자체가 원소스가 되는 산업구조를 형성해가고 있다. 성공한 온라인 게임의 캐릭터가 완구 등의 캐릭터 상품화되거나 도서, 팬시용품, 의류와 식음료에 이르기까지 다양한 형태의 상품으로 개발되는 머천다이징 산업이 일반화되고 있다.

1) 넥슨, 원소스 멀티유즈로 매출 극대화

온라인 게임업체 넥슨(NEXON)은 1위 게임포털 '넥슨닷컴(www.nexon.com)'을 통해, 총 1,800만 명에 달하는 게임 유저를 확보하고 있다. 이를 기반으로 넥슨 2000년 온라인 퀴즈 게임 '퀴즈퀴즈' 캐릭터 상품 출시를 시작으로 2002년 '크레이지 아케이드 비엔비' 캐릭터를 상품화하면서 본격적인 멀티유즈 사업에 나섰다. 게임캐릭터를 이용해 패키지 게임, 디지털 상품, 출판, 완구, 팬시상품 등 다양한 머천다이징 상품을 선보였다. 2004년에는 멀티유즈 사업으로만 총 매출 100억 원을 달성했고 2005년에는 150억 원에 가까운 매출을 올린 것으로 나타났다.

2002년 전국 캐주얼 게임 붐을 일으킨 '비엔비'는 최고 동시접속자 35만 명이라는 대기록을 세웠다. 넥슨은 이 게임 브랜드를 이용하여 학용품과 아동 의류 및 소형 게임기 등 다양한 상품을 개발했다. 의류업체 태창과 '비엔비' 내의를 선보였고 아동용 패키지 게임과 캐릭터 벨소리는 물론 봉제인형, 미니게임기, 팬시용품도 출시했다. 2004년에는 해태제과

▲ 카트라이더 배경화면 이미지

와 손잡고 '비엔비' 아이스크림과 사탕, 껌 등을 선보였고 '비엔비' 소재의 코믹북과 의류까지 제조, 판매하였다.

2003년 공전의 히트를 기록한 '메이플 스토리' 캐릭터를 활용해 선보인 캐릭터 상품은 모바일게임과 도서, 가방, 신발에 이르기까지 1,447종에 이른다.

2004년 출시되어 국민게임으로 부상한 레이싱 게임 '카트라이더' 캐릭터 멀티유즈 사업은 '푸키푸키' 게임 시리즈를 비롯하여 문구, 의류, 식음료는 물론 휴대폰 배경화면 이미지 등에 다양하게 활용되었다.

2) 웹젠, 멀티 플랫폼화로 세계시장 진출

웹젠은 온라인게임의 성공을 모바일 게임으로 이어가는 한편, 최근에는 동종 온라인게임을 X박스360, 플레이스테이션3 등 차세대 콘솔 플랫폼으로의 동시 출시 계획을 추진하면서 국내 온라인게임 업체 가운데 가장 공격적인 멀티플랫폼화 전략을 시행하고 있다. 웹젠은 지난 2002년 3D온라인 게임 '뮤'의 성공 이후 2003년 '뮤'의 시나리오를 바탕으로 한 모바일 게임 '흑기사외전'과 '로랜시아 에피소드'를 선보였다. 이 모바일 게임들은 서비스 1개월 만에 다운로드 순위 5위에 오르기도 했다. 이 같은 성공을 바탕으로 2003년 7월 웹젠은 모바일 게임업체 플럭스를 인수, 본격적인 모바일 게임 개발에 나서고 있다. 웹젠은 이러한 성공 게임의 이미지를 활용한 원소스멀티유저 수익 모델을 개발하고 있다.

이미지 소스와 멀티미디어 콘텐츠 유통

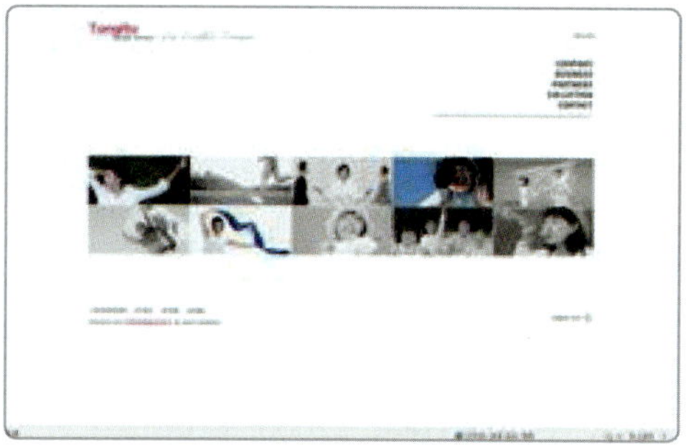

통로이미지스톡(대표 이철집)은 1995년 한국 최초로 스톡 포토(STOCK PHOTO) CD를 발표한 이래 국내 디지털 이미지 콘텐츠 분야 대표기업으로 꾸준히 성장해왔다. 이 회사는 지금까지 490여 종의 포토CD 제품과 고품질 라이선스 이미지, 일러스트레이션 이미지 등 30만 점의 디지털 이미지 콘텐츠를 제작, 보유하고 있다. 통로이미지스톡이 처음 디지털 이미지 콘텐츠 제작을 시작한 1995년은 세계적으로 이미지 콘텐츠가 산업적, 상업적 가치를 인정받기 시작하던 시기였다. 또 국내에서는 매킨토시 보급이 조금씩 활발해지기 시작한 시점이었다. 통로이미지스톡은 1995년 이미지 콘텐츠 1,000장으로 구성된 포토 라이브러리 1000'을 내놓았는데, 당시 매킨토시 컴퓨터를 공급하던 엘렉스컴퓨터를 통해 매킨토시 컴퓨터에 번들로 공급하는 성과를 거뒀다. 몇 년 뒤 IMF로 인해 출판시장이 어려워지면서 이미지 콘텐츠 사업도 침체기를 겪었지만, 김대중 정부가 국가 차원에서 IT에 대한 지원을 강화하고 디지털 콘텐츠에 대한 관심이 높아지면서 통로이미지스톡의 사업도 새로운 전기를 맞게 됐다.

통로이미지의 이철집 대표는 디지털 이미지 콘텐츠 상품을 제대로 개발해 보자는 생각을 했다고 한다. 이철집 대표는 "당시 외국기업이 국내에 디지털 이미지 콘텐츠를 공급하기 시작했고, 학교에도 많이 보급됐는데, 특히 학교에 외국 이미지 콘텐츠가 들어오는 것을 보고 문화 정체성 측면에서 문제가 있다고 생각했다"며 "우리가 우리 것을 만들어 보급해야 한다고 생각하게 돼 1999년 2만 2,000개의 조각그림을 만들어 학교에 보급했다"고 말했다.

◀ 클립아일랜드는 웹, 출판, 디자인의 전문가로부터 비즈니스 오피스맨들 그리고 각급 학교와 교육기관에서 사랑을 받고 있는 제품으로 특히 클립아일랜드II는 제8회 대한민국 멀티미디어 기술대상, 신소프트웨어상품대상(정보통신부장관상, 2001.1), 제3회 대한민국 디지탈 콘텐츠 공모대상을 수상하였다.
변형 및 크기조절이 자유로운 클립아트, 최신 스타일의 아이콘, 다양한 사진, 글꼴, 사운드 등 한국적인 이미지의 종합 꾸러미. 클립아일랜드I을 시작으로 II, III를 출시하여 사랑을 받았다.

당시 통로이미지스톡이 제작한 클립아일랜드 22000' 시리즈는 학교 등에서 인기를 얻었다.

통로이미지스톡은 2001년에 디지털 이미지 콘텐츠의 메인이라고 할 수 있는 사진 콘텐츠 분야에 뛰어들었다. 당시 국내 사진 콘텐츠는 풍경, 행사 등이 일반적이었는데, 통로이미지스톡은 처음으로 영화처럼 콘티를 만들고 적합한 모델과 장소를 물색해 촬영하는 기획사진 콘텐츠를 만들었고, 400여 종의 사진 콘텐츠가 담긴 CD 상품을 만들어 시장에서 좋은 평가를 받았다.

통로이미지스톡은 현재 상업적 가치가 높은 30만 점 이상의 디지털 이미지 콘텐츠를 보유하고 있다. 이 회사는 현재 국내시장에서 글로벌 기업인 게티이미지, 코비스에 이어 3위를 차지하고 있으며, 국내 기업 중에는 단연 선두를 달리고 있다. 글로벌 콘셉트의 이미지 콘텐츠 개발을 지향하고 있는 통로이미지스톡은 한국시장뿐 아니라 세계적인 디지털 이미지 콘텐츠 기업인 게티이미지, 코비스 등에 이미지를 공급하는 네트워크를 실현했다. 또 2005년부터 마이크로소프트의 벤더로서 일러스트 콘텐츠를 공급하고 있다.

학습정리

1. 이미지 콘텐츠란 유무선 전기통신망을 통해 이미지를 디지털방식으로 제작해 처리, 유통하는 내용이나 목차, 요지를 뜻한다. 예를 들어 내가 촬영한 설악산의 풍경사진을 스캔하여 인터넷을 통해 공개하거나 유통하게 되면 디지털미디어를 통한 이미지 콘텐츠로 활용될 수 있는 것이다. 다양한 디지털미디어가 빠르게 발전하면서 그 시장규모와 수요도 빠른 속도로 확대되고 있는 실정이다. 이미지는 어떤 생각·태도·개념 등과 같이 한층 추상적인 뜻으로 쓰이는 경우도 있다. 이미지는 구체적·실증적인 지식에 따르기보다 직관적·감정적 인상에 의해서 이루어지는 것으로서, 막연하면서도 행동을 규정하는 힘이 강하다고 할 수 있다.

2. 이미지 콘텐츠는 디지털카메라와 휴대폰으로 찍은 사진(이미지 콘텐츠)을 활용하여 인터넷에서 이벤트 홍보하기, 개인화가 진행되고 기기보급 확대를 통해 사진 컨테스트 이벤트를 진행, 그 결과로 홍보물을 오픈하고 브랜드를 인지시킬 수 있다. 이미지 콘텐츠를 원하는 많은 유저들에게 그 이미지 콘텐츠를 구할 수 있는 매매 소구 즉, 싸이월드의 도토리, 갓피플의 씨앗 등 캐시를 대신할 수 있는 상품을 이벤트로 걸고 고객을 유도하기. 이미 워낙 많은 사람들이 미니 홈피나 블로그 등을 이용하고 있기에 이는 광고효과로 매우 탁월한 반응을 보일 수 있다. 이미지 콘텐츠를 활용하여 캐릭터 개발, 이를 영상이나 플래시를 만들어 오픈할 경우 시선의 집중을 구할 수 있다. 인터넷상의 많은 캐릭터스타(예: 우비소년, 졸라맨 등)들을 활용하여 다양한 볼거리를 제공하며 광고 및 홍보를 할 수 있다. 개인의 감성 또는 세대별 원하는 이미지 콘텐츠를 제작하여 무선인터넷이 가능한 시점에 언

제 어느 곳에서도 휴대폰과 컴퓨터에 공급하여 광고 및 홍보를 할 수 있다. 게임에서 보여지는 대부분의 환경은 이미지 콘텐츠로 활용된다. 이 다양한 콘텐츠로 구성된 게임을 이용하는 유저들에게 상품의 홍보 및 브랜드 인지도를 높일 수 있다.

3. 이미지 콘텐츠는 최근엔 SNS와 스마트모바일의 스킨, 배너광고, 이메일광고. 월페이퍼, 쿠폰, 이미지 협찬 등으로 활용 영역이 확대되고 있다.

13. 스포츠 콘텐츠 마케팅

학습목표, 탐구할 문제

1 스포츠 콘텐츠 마케팅의 정의와 개념

2 스포츠 마케팅의 전망과 현황

3 스포츠 콘텐츠 마케팅의 전략

4 스포츠 제품의 의의와 유통

5 스포츠 마케팅 국내외 사례

6 스포츠 마케팅 활성화 필요성과 평창 동계올림픽 기대효과 전망

학습정리

스포츠콘텐츠 마케팅

LG 스포츠 스폰서십 홍보영상

학습목표

1. 스포츠 콘텐츠 마케팅을 정의하고 성격과 전망, 현황을 설명할 수 있다.
2. 스포츠 콘텐츠 마케팅의 전략을 수립할 수 있다.
3. 스포츠 마케팅의 사례를 제시할 수 있다.
4. 스포츠 제품의 특성과 유통경로 등을 설명할 수 있다

탐구할 문제

1. 우리 생활에서 스포츠는 무엇인가?
2. 스포츠 마케팅전략을 수립할 수 있는가?

1 스포츠 콘텐츠 마케팅의 정의와 개념

스포츠 콘텐츠 마케팅의 정의

21세기에 들어서면서 우리의 삶에 인터넷이 새로 추가됐다면 문명이 발전한 이래 아직까지도 인간들의 본성을 자극하는 것이 있다면 바로 그것은 스포츠일 것이다.

유비쿼터스 시대가 도래하며 더욱더 삶의 질이 높아갈수록 인간은 여가생활을 즐기고 싶어 한다. 우리의 삶 속에 빼놔서는 안되는 것이 바로 스포츠이다. 스포츠는 21세기에 들어서며 더욱 발전된 형태를 그려나가며 인간의 삶에 충족과 대리만족을 주고 있다.

이에 맞게 발전된 것이 바로 스포츠 콘텐츠 마케팅이다. 스포츠 콘텐츠 마케팅, 스포츠 마케팅이란 팬들이 팀·스타 선수·이벤트에 주는 정서적 애착(emotional attachment)을 활용하는 마케팅 활동으로서, 팀·스타 선수·이벤트를 관리하는 주체는 물론, 이를 활용하는 기업들이 그들의 이미지 및 판매를 향상시키려는 마케팅 활동이다. 그러므로 스포츠 마케팅은 그 활용 주체에 따라 크게 두 가지로 나누어질 수 있다. 즉, 스포츠 팀, 선수, 이벤트 자체를 마케팅하는 경우(스포츠 자체의 마케팅, marketing of sports)와 스포츠 팀, 선수, 이벤트를 활용하여 마케팅하는 경우(스포츠를 이용한 마케팅, marketing through sports)로 구분된다. 따라서 후자의 경우에는 전자와는 달리 스포츠 마케팅은 기업 등이 소기의 마케팅 목표를 달성하기 위해 주로 선수, 단체, 이벤트 등에 돈·물품·노하우 등을 제공하거나 관련 마케팅 활동을 묶어서 통합 관리하는 마케팅 활동이라고 할 수 있다.

스포츠 마케팅은 나이키, 아디다스, 프로스펙스, 르까프 등 스포츠 의류 및 용품 생산업체에게는 매출과 직결되는 마케팅 활동이고, 스포츠

▲ 출처: 아디다스 홈페이지 뮌헨 공항 아디다스 광고(2006).

팀과 경기연맹 등 스포츠 단체에게는 보다 많은 재원을 확보하기 위한 마케팅 활동이며, 일반기업에게는 스포츠를 이용해 기존의 광고 또는 홍보 활동 등을 보조해주는 강력한 마케팅커뮤니케이션 도구라 할 수 있다. 즉, 스포츠 마케팅은 스포츠(자체)의 마케팅(Marketing of Sports)과 스포츠를 이용한 마케팅(Marketing with Sports)의 두 분야를 포괄하는 개념으로 스포츠 마케팅을 집행하는 주체가 누군가에 따라 구별되는 것이다. (드림위즈 레포트, 2007)

1) 스포츠의 마케팅(The Marketing Of Sports)

팬들을 대상으로 하는 스포츠 마케팅으로 많은 관중을 확보하기 위함이다.

먼저 스포츠의 마케팅은 스포츠 경영학의 시각으로 관람 스포츠(주로 프로 스포츠)와 참여 스포츠(레저 스포츠, 스포츠센터 등)에서 많은 관중이나 회원을 확보하기 위한 활동이고, 스포츠 제조업 분야에서 스포츠 용품이나 시설 및 교육 프로그램(골프나 에어로빅의 비디오테이프 등)을 판매하기 위한 마케팅 활동이며, 각종 스포츠 단체가 재원을 확보하기 위해 집행하는 마케팅 활동을 의미한다. 스포츠의 마케팅은 스포츠 자체나 스포츠 관련 상품 서비스에 대한 마케팅으로 다음과 같은 활동이 이에 포함된다.

• 관람 스포츠나 참여 스포츠의 경우 보다 많은 관중이나 회원을 확

보하는 것

- 스포츠 제조 부문에서 스포츠 용품이나 시설 및 프로그램 등을 판매하기 위한 마케팅 활동
- 각종 스포츠 협회나 프로 스포츠 단체에 의해 집행되는 마케팅 활동 스포츠의 마케팅은 각 기업에 의한 프로팀의 운영이라고 할 수 있다.

2) 스포츠를 이용한 마케팅(The Marketing with Sports)

일반 기업이 기업의 이미지를 상승시킬 목적으로 스포츠를 이용하는 것으로 이는 매출 증대의 목적을 가지고 있다.

이것은 경영학의 마케팅 및 기업의 관점으로 그들 입장에서 볼 때 스포츠 마케팅은 엄밀하게 스포츠 스폰서십이라고 해야 한다. 여기서 스포츠 스폰서십은 기업이 현금이나 물품 또는 노하우, 조직적 서비스를 제공함으로써 스포츠 스타, 팀, 연맹 및 협회, 스포츠 행사를 지원하여 마케팅커뮤니케이션의 여러 가지 목표를 달성할 목적으로 기획, 조직, 실행, 통제하는 모든 활동이라고 정의할 수 있다. 스포츠를 이용한 마케팅은 스포츠를 촉진 수단으로 이용하는 마케팅으로 스폰서십은 스포츠를 이용한 마케팅의 범주에 속한다. 스포츠 후원은 상업적 목적을 달성하기 위한 목적으로 스포츠 활동에 재정적 혹은 이에 상응하는 지원을 제공하는 것이라고 정의될 수 있다.

스포츠를 이용한 마케팅이 기업에 의해 이용되는 이유로는 다음과 같은 점을 들 수 있다.

- 독특한 광고 노출효과: 타이틀 스폰서, 유니폼에 상표부착 등–특정 표적시장을 목표로 하는 프로모션 전개에 유리
- 소비자들의 높은 광고 수요성–많은 관중에 도달: 높은 스포츠 중계, 보도 시청률

• 공익추구의 측면을 강조함으로써 기업 이미지의 향상에 유리 – 대중매체의 효과 감소

스포츠를 이용한 마케팅에는 스폰서십을 포함한 다양한 활동이 포함되는데 이러한 활동은 크게 직접사업과 간접사업으로 구분된다.

스포츠 콘텐츠 마케팅의 개념

스포츠 마케팅이란 스포츠를 이용하여 제품판매의 확대를 목표로 하는 마케팅 기법이다.

스포츠 마케팅은 "스포츠라는 매개를 통하여 소비자의 욕구를 충족시키고 여기에서 발생하는 상품을 교환하는 과정"이라고 정의할 수 있다. 따라서 스포츠 마케팅은 "스포츠 자체의 상품화"와 "스포츠를 매개로 한 모든 상품의 마케팅 과정"을 의미하며, 이는 사업영역 면에서 볼 때 "스포츠의 마케팅(marketing of sports)과 스포츠를 이용한 마케팅(marketing through sports)으로 구분할 수 있다. 전자는 스포츠가 마케팅의 대상이 되는 개념이지만, 후자는 스포츠가 마케팅의 수단이 되고 기업의 상품이나 기업자체의 이미지(CI: Corporation Image)가 마케팅의 대상이 된다.

스포츠의 마케팅은 스포츠 자체를 사업화하는 것으로 스포츠 제품이나 서비스에 대한 마케팅을 의미한다. 스포츠 회원 모집, 스포츠 팀의 팬 확보, 스포츠 시설, 용품, 의류, 프로그램 판매 등이 여기에 해당한다. 따라서 일반 대중은 스포츠 소비자가 되며, 상품화된 스포츠를 어떻게 소비자에게 판매할 것인가가 스포츠 마케팅 활동의 목적이 된다.

스포츠를 이용한 마케팅은 스포츠를 상품 판매의 촉진 수단으로 하는 마케팅을 말한다. 즉, 올림픽이나 월드컵 등과 같은 대형 국제 스포츠의 방송 중계권, 삼성이나 FILA와 같은 기업의 스폰서십, 그리고 박찬호나 박세리 등과 같은 유명선수의 광고모델 기용이 여기에 속한다. 따라

서 스포츠를 이용한 마케팅의 소비자는 스포츠를 상품 판매에 활용하려는 기업이 된다. 다시 말하여 스포츠를 이용한 마케팅은 스포츠 상품뿐만 아니라 다른 일반 상품을 스포츠와 연계하여 판매하는 마케팅으로 스포츠를 하나의 판촉수단으로 이용하는 것을 말한다. 스포츠 마케팅은 나이키, 아디다스, 프로스펙스, 르까프 등 스포츠 의류 및 용품 생산업체에게는 매출과 직결되는 마케팅 활동이고, 스포츠팀과 경기연맹 등 스포츠 단체에게는 보다 많은 재원을 확보하기 위한 마케팅 활동이며, 일반기업에게는 스포츠를 이용해 기존의 광고 또는 홍보 활동 등을 보조해주는 강력한 마케팅커뮤니케이션 도구라 할 수 있다.

즉, 스포츠 마케팅은 스포츠(자체)의 마케팅(Marketing of Sports)과 스포츠를 이용한 마케팅(Marketing with Sports)의 두 분야를 포괄하는 개념으로 스포츠 마케팅을 집행하는 주체가 누군가에 따라 구별되는 것이다.

2 스포츠 마케팅의 전망과 현황

스포츠 마케팅의 성격

스포츠 마케팅은 일반 마케팅과 같이 원론적 입장과 관리론적 입장을 갖는다. 즉, 스포츠 산업의 사회·경제적 측면과 일반적 원리를 고려한 스포츠 마케팅원론과 개별경제적 마케팅 활용과 원리의 실제적 적용을 강조한 스포츠 마케팅관리론이 두 가지 입장이다

스포츠 마케팅의 발전은 1810~1891까지 Barnum을 시작으로 발달되기 시작하였는데, 그는 언론매체의 활용과 제품개발전략, 이벤트 흥행전략에 지대한 영향을 미쳤고 Spaliding(1859~1915)은 스포츠 용품 개발에 Vceck, J.(1914~1986)는 오락과 의사소통 환경경영에, Chales(1918~)

는 유니폼 형태의 변형과 경기규칙의 변용을 통해 마케팅의 새로운 전략을 시도하였고, Gary(1934~)는 마케팅 전쟁(신제품의 약점을 찾아 공략하는 마케팅전략)의 개념도입과 스포츠의 시대조류와 소비자의 욕구충족에 대응하는 전략을 제시하였다.

이렇게 스포츠를 이용한 마케팅은 스포츠에 대한 관심의 증가와 언론매체의 보도 증대로 스포츠를 이용한 광고효과가 커짐으로써 스포츠 단체들의 커다란 수익사업으로 증가하였다. 이는 스포츠를 촉진·판매수단으로 이용하는 기업의 입장에서 방송후원(broadcasting sponsorship), 행사후원과 매체상품화(media merchandising) 등의 직접사업광고(advertisting endorsement) 및 제품이서(product endorsement)로 구분되는 형태이다(김치조, 1993).

스포츠를 이용한 마케팅의 발달과정을 살펴보면, 1896년 아테네올림픽의 Kodak 스폰서의 형태, 1920~1930년대의 프로야구, 자동차경주(Standard Oil과 Fir Stone의 자동차경합협찬, 파리스타디움 광고판 등), 1928년 암스테르담의 코카콜라 미국팀 콜라협찬(Official Supplier), 1940년 라디오 중계에 기업광고 시작, 1950년 TV 중계시작, 1964년 동경올림픽의 기업 기부금 효시와 1972년 뮌헨올림픽의 주화복권 발행수입, 1976년 몬트리올 올림픽의 올림픽기업마케팅 효시(752개 기업참여), 대회특허 수익, 1980년 모스크바 올림픽의 복권, 주화, TV중계권, 상품화권 사용, 판촉박람회, 외국 마케팅 Agent선정의 예가 있으며, 1984년 LA올림픽의 소수대기업 선정, 1988년 서울올림픽의 기업 마케팅 도입, 1992년 바르셀로나 올림픽의 TV중계권료 등의 스포츠를 이용한 마케팅이 있었으며, 앞으로 1996년 아틀란타 올림픽이나 월드컵축구대회 등과 같은 대회에 마케팅의 관심과 활용은 더욱 극대화되었다.

스포츠 소비자의 만족은 얻어진 제품혜택에서 구매비용을 뺀 것을 의미하는데, 그 방식은 다음과 같이 도식화할 수 있다.

만 족 (satisfaction) = 얻어진 제품혜택 (received product benefit) − 비 용 (cost)

여러 스포츠 마케팅 연구자들은 관람 스포츠 소비자들이 경기의 승리에 가장 많은 만족감을 느끼며 수요는 경기의 순수한 즐거움이라고 보고하였다. 마케팅믹스의 각 요인은 독립적 형태로 취급될 수 없다. 왜냐하면, 스포츠 소비자들은 제품의 가격을 촉진믹스, 유통경로나 핵심제품 및 주변제품의 가격을 촉진믹스, 유통경로나 핵심제품 및 주변제품의 본질과 무관하게 생각하지 않기 때문이다.

제품은 촉진활동을 수행할 매체 선정에 영향을 미치고 촉진활동믹스는 제품의 위치화에 영향을 미친다. 소비용품 시장에서 촉진활동믹스는 제품의 외양, 주변제품 및 제품계열의 위치화보다 제품의 위치화에 더 큰 영향을 미친다.

우리나라의 많은 관람 스포츠 조직들도 신문, 잡지, 옥외광고 및 교통매체광고를 이용하여 그들의 이미지를 향상시키거나 판매촉진을 효과적으로 수행하고 있는 것을 알 수 있다. 미국의 경우는 더욱 그러한데, 그 한 예는 1969년 리그 우승팀인 뉴욕 닉스 농구팀이 1980년도에 "마술이 돌아왔다"라는 광고 캠페인을 벌인 결과 이 팀 승률이 5%도 안됐음에도 불구하고 관중의 수는 상상외로 증가한 것을 알 수 있었다.

또한 관람스포츠의 경우 특정 팬들의 경기장난동과 참여 스포츠 이용자의 사고들이 부정적 이미지를 형성하게 되는데, 스포츠 마케팅관리자는 이에 특히 유의하여 촉진활동을 해야 한다. 이와 같이 마케팅믹스들은 서로 상호 연결되어 이 모든 것을 통합, 관리, 조정하는 적절한 기능이 필수요건이라 할 수 있다.

스포츠 마케팅의 전망

현대는 스포츠 없이는 생각할 수 없는 스포츠 대중화 시대다. 스포츠가 현대를 살아가는 사람들의 일상생활이 되었다는 뜻이며, 스포츠를 통해 직접 참여하든, 간접적으로 참여해 보고 즐기든 스포츠 인구는 갈수록 늘고 있다. 따라서 소비자와 공감대를 확대해야 상품판매를 늘리고 기업이미지를 제고시킬 수 있는 기업들로서는 스포츠를 기업활동의 새로운 변수로 중시하는 게 당연하게 됐다.

특히 우리나라의 경우 스포츠에 쏟는 사람들의 관심이 남다른 데다, '86아시아게임'과 '88올림픽', '2002월드컵'이라는 초대형 스포츠 이벤트를 치른 뒤 스포츠 생활화 현상이 두드러졌다. 여기에 편승하여 최근에는 스포츠행사를 통합한 기업들의 판촉활동이 어느 때보다도 활발히 전개되고 있다. 그러나 미국이나 유럽, 일본 등 선진국에 비해 기업들이 스포츠를 효과적인 마케팅 수단으로 인식한 시점이 늦고, 또 마케팅의 성공을 가져다 줄만한 스포츠 이벤트들도 최근에 일어난 것들이어서 스포츠 마케팅의 체계적인 접근은 이제부터 본격화되고 있다.

'17조8천7백52억 원' 미국의 스포츠 마케팅그룹이 집계 발표한 2010년 미국기업들이 스포츠 마케팅 분야에 쏟아 부은 금액이다. 도대체 스포츠가 뭐길래 미국기업들은 천문학적 액수의 돈을 아낌없이 스포츠 마케팅 활동에 투자할 수 있는 것일까? 그것은 기업에 있어서 스포츠가 기업활동을 촉진시키는 값진 광고수단이기 때문이다. 사실 스포츠만큼 위력적인 광고매체를 찾아보기도 힘들다. 스포츠는 시간, 지역, 연령, 국적, 관습, 계급 등을 초월한 매스미디어이고 판촉활동의 매개체이다. 스포츠 마케팅이란 바로 스포츠를 하나의 훌륭한 광고 또는 마케팅수단으로 인식하는 데서 출발한다. 그렇다면 기업들은 왜 스포츠 마케팅을 광고수단으로 중시하는 것일까?

그것은 스포츠, 특히 대형 스포츠 이벤트만이 지닌 탁월한 광고효과 특성 때문이다.

첫째, 스포츠 이벤트는 광고활동의 광역화를 기대할 수 있다. 스포츠 이벤트는 대개 TV나 라디오로 중계되며 신문에 게재되고 잡지에 실린다. 올림픽이나 월드컵축구처럼 전 세계적인 이벤트라면 단 한 차례로 전 세계인을 대상으로 광고활동을 전개할 수 있다.

둘째, 스포츠 이벤트는 광고의 반복성을 노릴 수 있다. 대개의 스포츠 이벤트는 지속성을 갖는다. 몇 번 열렸다가 사라지고 마는 대형 스포츠 이벤트는 별로 없다. 이 때문에 TV 등 4대 매체들은 차기 대회가 있기까지 그 스포츠 이벤트를 몇 번이고 반복 보도하는 사례가 많아 매번 광고비 투자가 따르는 4대 매체를 통한 광고집행에 비해 비교적 긴 기간 동안 경제적으로 광고효과를 기대할 수 있다.

셋째, 일반적으로 사람들에게 선의로 받아들여지는 스포츠 이미지를 기업이미지에 실어 동반효과를 얻을 수 있다. 국제적 스포츠 이벤트는 소비자의 애국심을 유발한다. 소비자의 애국심에 기업의 이미지를 실을 수 있어 광고효과를 배가시킬 수 있다.

넷째, 스포츠 이벤트를 통해 소비자의 직접구매의욕을 불어넣을 수 있다. 상품을 스포츠 이벤트의 참가자(특히 우승자)에게 사용케 함으로써, 동일시하고픈 소비자의 구매의욕을 자극하며, 직접적인 상품광고가 아니면서도 상품판매 촉진효과를 거둘 수 있다.

이러한 스포츠 이벤트를 통한 마케팅의 장점 때문에 스포츠 이미지를 광고매체로 대폭 활용하는 기업들의 스포츠 마케팅 활동은 갈수록 활발해지고 있다. 그리고 기업들이 펼치는 스포츠 마케팅 방법은 무척 다양하다. 스포츠 마케팅을 양분한다면 스포츠 자체를 마케팅하는 것과 스포츠를 이용한 마케팅으로 나눌 수 있는데 지금까지 스포츠 마케팅하면 스포츠를 이용한 마케팅이 주종이다. 스포츠를 이용한 마케팅 중 가장 일반화되고 대표적인 것이 바로 기업들이 스포츠 이벤트를 후원하는 것이다.

기업들의 스포츠 이벤트 후원역사가 언제 비롯됐는지 공식문헌으로 정확히 기록된 것은 없지만 스포츠 마케팅 전문가들은 자동차 경주가 이를 선도했을 것으로 추측하고 있다. 자동차가 워낙 고가인데다 자동차 메이커들이 자사 자동차의 우월성을 보이기 위해 모터 스포츠 이벤트에 뛰어들지 않을 수 없었을 것이란 분석 때문이다. 그러나 스포츠 이벤트의 후원자로서 기업들의 스포츠 마케팅은 올림픽에서 찾는 것이 가장 타당할 것 같다. 올림픽이 국가의 중대 행사였던 만큼 기업들의 참여 없이는 생각이 어려운 때문이다. 기업이 마케팅 활동으로 올림픽을 정식으로 이용한 것은 1928년 암스테르담대회에서 코카콜라가 처음이라고 알려지고 있다.

⟨ Coke with Olympic ⟩

미국 코카콜라는 다량의 콜라를 수송하여 각국 선수들에게 무료로 공급, 세계시장 공략에 나섰는데, 그 전까지는 기업들이 상품광고나 기업활동과는 무관한 기부금 납부수준이 고작이었다. 이후 다른 기업들도 마케팅활동 연장선상에서 올림픽 후원에 속속 나서게 되어 스포츠 마케팅이 기업들의 광고전략으로 정착되기 시작했다.

올림픽의 규모가 점점 커지면서 각국 정부가 올림픽을 국제무대에서 위상을 높이는 결정적인 계기로 판단하고, 기업들의 참가를 권유하며 반대급부를 제공하게 됨으로써 스포츠 후원형식의 스포츠 마케팅이 추진돼 64년 도쿄올림픽에서 마침내 기업들의 스포츠 마케팅력이 정부의 행정력을 넘게 되었다. 72년 뮌헨올림픽에선 올림픽 마스코트와 휘장사업이 공식화되어 현대 스포츠 마케팅의 근간이 완성되었다.

뒤늦게 스포츠 마케팅에 눈을 뜬 국내기업들의 발걸음은 어느 나라의 기업들보다 빠르다. 64년 도쿄올림픽의 미즈노와 아식스, 72년 뮌헨의 아디다스, 84년 LA의 캔버스 등이 세계적 브랜드로 단숨에 뛰어오른 것을 기억하는 국내 각 기업들은 80년대 두 차례의 초대형 스포츠 이벤트가 한국에서 열리는 데 결정적인 공헌을 했다. 정부의 스포츠 중시정책이 기업들의 마케팅전략과 맞아떨어지게 되면서 기업들이 보인 스포츠 무대에서의 활동은 사뭇 전투적이었다. 86아시안게임이 서울에서 열리게 됨과 동시에 기업들은 엄청난 광고비를 투입, 스포츠 이벤트에의 참가열정이 지나치다는 비판까지 받을 정도였다.

아시안게임 2년 뒤에 열린 88올림픽은 국내기업들에게 스포츠 마케팅의 더할 나위 없는 기회였다. 마치 광고올림픽이라도 되는 듯 수십억 원의 비용을 아낌없이 던지며 공식후원업체나 공급업체로 참여하고 수백억 원의 광고비 지출에도 인색하지 않았다. 광고판촉에 올림픽휘장이나 마스코트를 사용하는 대가로 지출한 돈만도 1천억 원에 이르렀다. 적게는 50억에서 많이는 2백50억 원까지 집중투입하며 올림픽 마케팅에 나섰던 기업들은 올림픽 마케팅이 자사제품 브랜드를 세계에 알리고 기업이미지를 높이는 훌륭한 계기가 됐으며, 공산권 등 북방시장 개척이 원활해졌고, 기존 해외시장 거래선과의 관계가 더욱 긴밀해졌다고 자체 평가했다. 이러한 스포츠 마케팅에 대한 기업들의 열기는 90년 북경아시안게임 이후에는 국내기업들이 주요 경기장의 펜스나 빌보드 전광판에 주요 스폰서로 등장했다.

아시안게임이나 올림픽처럼 초대형 스포츠 이벤트는 아니었지만, 프로권투 선수의 팬츠에 상표나 기업의 마크 또는 이름을 넣는다든지 경기장에 입간판을 설치하는 등 스폰서로서의 스포츠 마케팅은 TV가 개국한 60년대 초부터 시작되고 있었다. 그러나 보다 현대적 의미의 본격적 스포츠 마케팅이란 기업활동의 영역으로 기업이 직접 스포츠 대회를 조직 운영하거나 후원하며 이를 통해 기업목표를 달성한다는 적극적 개념이 요구된다.

이런 의미의 스포츠 마케팅은 기업이 국내 프로야구나 프로축구 등 스포츠 팀을 발족시킴으로써 본격화되었다. 하지만 기업이 스포츠 팀만 소유했을 뿐이지 과학적인 스포츠 마케팅은 뿌리 내리지 못했다는 점에서 국내 스포츠 마케팅은 90년대 들어 국내기업보다는 국내에 진출한 외국기업들에 의해 먼저 주도됐다고 보는 것이 훨씬 설득력이 있다.

오래 전부터 스포츠 이벤트를 효율적인 기업마케팅으로 활용해온 이들 외국기업들의 적극적인 국내 스포츠 이벤트의 참여로, 국내 스포츠 이벤트가 외국기업과 외국상품의 광고무대가 되지 않을까 우려를 낳기까지 하고 있다.

특히 국내 기업들의 참여부진으로 스포츠 이벤트를 주관하는 기관이나 단체가 외국기업들의 공세에 비교적 순응적인데다, 이들 외국기업들의 경우 국내에서는 소개가 되지 않은 스포츠 이벤트를 도입 보급하면서 판촉활동을 한다는 계획을 세우고 있어 국내기업들의 스포츠 마케팅에 대한 새로운 시각이 요청되고 있는 상태다.

스포츠를 마케팅수단으로 활용하는 기업들의 움직임이 활발해지면서 기업의 마케팅 활동을 수행하는 광고회사들의 스포츠 이벤트 참여 또한 부쩍 늘고 있다. 광고회사의 스포츠 이벤트를 통한 광고행위가 대부분 경기장내 표지판 광고나 유니폼 부착광고 등이 주를 이루고 있지만, 최근 국내 몇몇 광고회사들도 스포츠 이벤트를 직접 계획하고 조직, 운영하면서 적극적인 스포츠 마케팅을 펴는 단계에 근접하고 있다. 광고회사들이 수행해야 할 스포츠 마케팅은 스포츠를 이용한 마케팅 활동도 주요한 활동이지만 스포츠 자체를 마케팅할 수 있는 수준에 도달해야 할 것이다.

선진국의 광고회사처럼 국내 광고회사들도 역사는 비록 일천하지만, 스포츠를 마케팅의 도구로 활용하며, 적지 않은 재미를 보아온 게 사실이다. 그러나 이것은 이미 조직되어 관리되고 있는 스포츠 이벤트에 광고주의 스폰서 활동을 대신했을 뿐이지, 스포츠를 마케팅해서 새로운 광고수요를 창출하고 광고회사의 소득원을 넓히는 영역에로의 보다 진

▲ 600만 관중시대를 맞아 스포츠 마케팅이 활성화되고 있는 국내 프로야구

일보한 스포츠 마케팅과는 다소 거리가 있다는 것 또한 사실이다. 수요의 새로운 창출이 없는 마케팅은 광고회사가 아닌 마케팅 전문가들도 얼마든지 해낼 수 있는 것이다.

2011년 600만 관중을 돌파하며 최근 붐을 이루고 있는 국내 프로야구의 마케팅 활동을 훈련된 마케팅 전문가들을 거느린 광고회사가 대행하여 경기장 운영, 관중동원, 매장관리, 경기장내 광고권의 과학적 배분 등 스포츠 이벤트의 전 분야에 스포츠 전문가가 필요한 역할은 물론 스포츠 전문가에게 맡기는 전문가 시스템이 적용돼야 한다.

스포츠 마케팅이 장기적 안목의 투자가 된다는 관점에서 일시적으로 적자를 감수해야 될는지는 모르지만, 프로스포츠가 기업의 수익활동인 이상 적자의 누증이란 스포츠 마케팅의 부재를 증명하는 것 이외의 다른 것으로 설명할 수 없다. 광고주의 요청에 의해 경기장내 광고물이나 제작하는 등의 스포츠 마케팅은 이미 시대에 뒤졌다는 얘기다.

2010년 미국기업들이 스포츠 마케팅에 투자한 엄청난 금액의 가장 큰 부무은 스폰서십을 얻는 데 지불한 것이 아니라, 스포츠 이벤트를 기획, 조직하는 데 투자한 것이었다.

정부나 경기단체 매체사들이 조직하고 운영하는 스포츠 이벤트에 막연히 후원하는 형식으로 참가하는 것은 한계가 있을 수밖에 없다. 스포츠 이벤트와 스포츠 이벤트가 연출되는 경기장 TV중계 관중들을 스포츠 마케터인 광고회사가 조직화할 수 없다면 과학적인 스포츠 마케팅은 불가능하다.

즉 광고회사의 스포츠 마케팅의 출발은 스포츠 이벤트 현장의 빈 좌석을 메우는 데서부터 역할이 주어져야 하고 또 그것부터 해낼 수 있어야 된다는 것이다.

현대생활에서 스포츠의 역할은 점점 더 커지고 있다. 생활수준의 향상과 건강에 대한 관심이 높아지면서 스포츠활동 인구는 지속적으로 확대되고 있으며 대형 스포츠 이벤트의 수도 더욱 늘어나고 있다. TV나 신문 등 매체들의 스포츠 이벤트에 대한 보도량이 눈에 띄게 확대되고 있으며 뉴스 가치 또한 다른 것에 비해 나날이 커지고 있다.

현대의 스포츠, 특히 스포츠 이벤트는 방송을 중심으로 한 매스미디어, 스포츠단체, 기업, 광고회사 등이 유기적으로 결합해 이루어지는 경향이 농후해졌기 때문이다. 이 유기적 결합을 이루는 연결고리에서 광고회사는 지금까지 광고주의 요청을 받아 수동적으로 움직이는 역할에 만족해왔다.

그러나 최근 스포츠 마케팅이 기업활동의 무시할 수 없는 영역으로 자리잡아가면서, 광고계에선 광고회사들이 스포츠 마케터 전문가로서 전면에 등장해야 한다는 의견이 대두되고 있고 실제로 많은 국내 광고회사들이 이 분야에 눈을 뜨고 있다.

'스포츠로 마케팅하고 스포츠를 마케팅'하는 스포츠 마케팅에서 광고회사의 역할은 지대하고, 스포츠 마케터로서의 역할수행이 시급히 요청되고 있다. 스포츠 이벤트에 잠재된 광고시장이 엄청난 규모라서 스포츠 마케팅 전문가로서 광고회사가 전면에 부상하는 것은 시간문제에 불과하겠지만 그에 앞서 국내 스포츠 마케팅을 체계적으로 정립시키는 작업부터 수행해야 할 것이다.

국내 스포츠 마케팅 현황

국내에서 스포츠 마케팅의 시초라 할 수 있는 미디어를 통한 스포츠 중계는 TV의 보급으로 이루어지고 있었고, 60~70년대 국내 유일의 프로스포츠였고, 인기 절정이었던 프로레슬링, 프로권투 중계 시 국민의 열광이 절정에 달했음에도 불구하고 마케팅에 대한 개념이나 지식이 거의 없었던 그 당시에는 이를 스포츠 마케팅의 장으로 활용하지 못했다. TV와 스포츠의 결합으로 인한 스포츠 마케팅의 가능성은 1982년을 전후하여 탄생한 프로야구, 축구 슈퍼리그, 그리고 86아시안게임, 88서울올림픽을 통해서 그 가능성이 서서히 사회적인 관심을 끌기 시작하였다. 하지만 스포츠와 TV 미디어의 결합은 그 당시의 정치적 상황으로 인하여 부정적인 면이 부각되어 비난의 목소리가 너무도 컸기 때문에 스포츠 산업의 활성화를 위한 매개 연결고리로서의 역할은 이루어지지 못했다고 할 수 있다.

본격적인 스포츠 마케팅은 86년 아시안게임과 88년 서울올림픽을 전후로 국내에 처음 소개되었다고 볼 수 있다. 이후 94년 히로시마 아시안게임에서 아시안 게임 사상 최초로 제일기획이 국내에서 아시안 게임의 로고와 마스코트를 제품에 붙일 수 있는 라이선싱 대행권을 따내면서 국내의 다른 기업들이 스포츠를 이용한 마케팅에 참여하는 계기가 되는 촉매제 역할을 하였다. 이를 계기로 기업들의 스포츠를 이용한 마케팅이 활성화되었다.

삼성경제연구소에 의하면 국내 주요 그룹들이 스포츠 마케팅에 투자하는 금액은 연간 1천여 억 원에 이르는 것으로 추산되고 있으며, 현재 스포츠 마케팅 시장규모는 갈수록 늘어나고 있다. 국내 유수의 기업들이 외국에서 펼치는 스포츠 마케팅 사례를 살펴보면, 나가노 동계올림픽의 파트너로 참여한 바 있는 삼성전자는 방콕 아시안게임에도 전자부문의 공식스폰서로 참여하였고, LG전자가 중남미 4개국을 대상으로 개최했던 COPA LG 98 축구대회도 공략 대상지역을 고려한 종목 선택 등에서 돋보이는 행사였으며, 현대가 파리 세계유도선수권대회에 이어 벨로루시에서 열린 World Cup 유도 단체전 대회에 타이틀 스폰서로 참여하여 전 동구권을 대상으로 효과적인 노출을 기록한 것과 LG전자가 1997년 그리고 현대자동차가 2010년 인도권에서 가장 인기가 높은 크리켓월드컵 스폰서로서 스포츠 마케팅을 펼친 것도 매우 효과적인 스포츠 마케팅의 활용 사례로 손꼽을 수 있다.

그러나 아직까지 국내의 스포츠 마케팅은 초보적인 단계이며, 그 규모에 비해 다양한 마케팅 이론이나 실제적인 적용사례는 미미한 수준이지만, 몇몇 프로구단이나 연맹 그리고 일부 광고 대행사에서는 스포츠 마케팅의 중요성을 인식하고 기법의 개발과 도입에 노력을 기울이고 있는 실정이다.

방송 미디어와 스포츠의 긴밀한 관계는 스포츠와 관련하여 한국 방송계의 저력을 86아시안게임과 88올림픽에서도 다시 한 번 확인할 수 있었다. 서울올림픽은 방송 규모면에서 역대 올림픽 대회와 비교해서 여러 분야에서 최고를 기록했으며 질적인 면에서도 성공적이었다. 167개 회원국 중 161개국이 참가함으로써 가장 많은 회원국이 참가한 올림픽이었던 만큼 TV 방영권도 84년 LA 올림픽 때보다 42%가 증가하였다. 이후 국내의 스포츠 방송 미디어는 방송기술의 발달에 힘입어 국민들에게 사랑받는 매체와 프로그램으로 성장하게 되었다.

1990년대 후반 국내에도 인터

넷의 열풍이 불기 시작하였고 이러한 인터넷의 급속한 보급은 스포츠 산업을 포함한 산업 전 분야에 커다란 변화를 가져오고 있다. 더 이상 인터넷을 배제한 마케팅전략은 구시대적 기법으로 인식되었고 인터넷을 통한 마케팅이 모든 산업의 주류를 이루고 있는 실정이다. 이에 발맞춰 스포츠 마케팅도 더 이상 TV, 라디오, 신문, 잡지 등과 같은 20세기 미디어에만 의존하지 않고 변화의 새 물결인 인터넷과 SNS 및 스마트 모바일을 이용한 마케팅에 눈을 뜨기 시작하였다.

실례로, 21세기에 들어오면서 스포츠팀, 스폰서십, 스포츠 브랜드 이미지 및 자산 관리, 스포츠팬의 소비자 행동 등에 대한 이해가 중요해짐에 따라, 스포츠 마케팅에 대한 관심과 중요성이 더욱 부각되어 가고 있다. 이와 함께 스포츠 마케팅을 효과적으로 활용하여 기업의 가치 및 국가 이미지를 높인 예들과 이 분야에 대한 연구들이 많아지면서, 우리나라에서도 스포츠 마케팅의 중요성이 더욱 커지고 있다.

특히 2002년 월드컵을 앞두고 스포츠 마케팅에 대한 관심이 높아졌었다. 예를 들어, 코카콜라, 후지필름, 마스터카드, 맥도날드 등 우리에

▲ 국내 스포츠 마케팅의 활성화에 불을 붙인 2002 월드컵

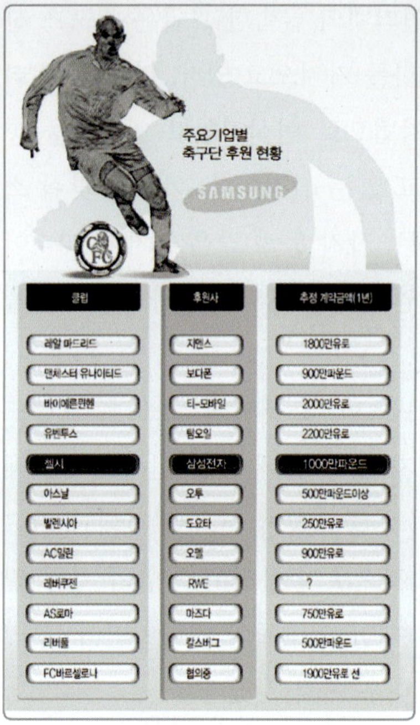

클럽	후원사	추정 계약금액(1년)
레알 마드리드	지멘스	1800만유로
맨체스터 유나이티드	보다폰	900만파운드
바이에른뮌헨	티-모바일	2000만유로
유벤투스	틸오일	2200만유로
첼시	삼성전자	1000만파운드
아스날	오투	500만파운드이상
발렌시아	도요타	250만유로
AC밀란	오펠	900만유로
레버쿠젠	RWE	?
AS로마	마즈다	750만유로
리버풀	칼스버그	500만파운드
FC바르셀로나	협의중	1900만유로 선

게 매우 친숙한 세계적인 대기업 브랜드들이 지속적으로 올림픽이나 월드컵의 스폰서로서 글로벌 톱 브랜드의 이미지를 강화하였으며, 우리나라 기업인 현대자동차와 KTF, 삼성 등도 이러한 스포츠 마케팅의 역할을 인식하고 2002년 월드컵의 스폰서가 되어 글로벌 브랜드로서의 위상을 정립하려고 노력하였었다.

삼성전자와 같은 글로벌 기업들은 올림픽과 영국의 프리미엄리그의 첼시 등의 스폰서십과, 박세리나 박찬호 등 세계적인 스타 선수들을 활용한 스포츠 마케팅을 통한 엄청난 광고 효과를 통하여 세계적인 브랜드의 대열에 끼게 된 것은 대단한 영향력이라고 할 수 있다. 이에 따라 이 행사에 스폰서로 참여하였거나, 혹은 직접 참여하지 않았더라도 그 이벤트를 마케팅전략에 잘 활용한 기업들은 기업 가치 향상에 엄청난 효과를 볼 수 있었다.

3 스포츠 콘텐츠 마케팅의 전략

스포츠 콘텐츠 마케팅 4P전략

미디어가 세분화되면서 하나의 미디어에 자신의 마케팅 비용을 다 쏟아부을 수는 없다. 그 때문에 미국의 슈퍼볼 같이 많은 사람이 지켜보는 경기에 엄청난 비용을 들이면서 광고한다. 이처럼 규모가 큰 경기를 통해 광고가 나가게 되면 텔레비전 시청자의 절반 정도는 이 광고를 보게 되므로 마케팅을 위해서는 이것만큼 완벽한 조건이 없다. 이는 단순히 대중매체를 이용한 광고가 아니기 때문에 그 효과가 크다고 하겠다.

이와 같이 기업이 많은 비용을 들여 세계적인 선수를 만들거나 각종 스포츠 이벤트에 참여하는 이유는 크게 4가지로 나누어 설명할 수 있다.

첫째, 기업은 스포츠를 통해 소비자에게 긍정적인 이미지를 줄 수 있다. 일반대중의 스포츠에 대한 관심이 증가하면서 스포츠에 참가하는 스폰서에 대해 긍정적으로 인식하게 되었다. 올림픽에 가장 먼저 참여한 기업은 코카콜라이다. 코카콜라는 1928년 암스테르담 올림픽에서 자사의 제품을 공급하는 공식업체로 지정되었다. 올림픽 스폰서라는 긍정적인 이미지로 인해 코카콜라는 세계적인 브랜드가 되어, 그 브랜드 자산이 엄청난 액수에 이르고 있다.

둘째, 스포츠는 소비자의 강력한 주의를 끌 수 있다. 미국 LPGA에서 우승한 박세리의 경우가 이를 잘 설명해준다. 아시아에서 온 박세리가 우승하였을 때, 온 국민이 즐거워하고 전 세계가 이를 집중 보도하였다. 특히 박세리의 모자에 새겨진 삼성이라는 로고는 박세리와 함께 전 세계인의 스포트라이트를 받았다.

셋째, 기업은 스포츠를 통해 방송되어 대중에게 노출될 수 있다. 스포츠가 안정적으로 재원을 확보할 수 있게 된 가장 큰 이유는 방송산업 특히 텔레비전의 영향이 가장 컸다고 말할 수 있다. 텔레비전이 오락매체로 부상함에 따라 스포츠의 인기도 높아져, 협찬이나 광고하고 있는 기업도 함께 대중에게 노출될 수밖에 없다.

넷째, 스포츠는 사회, 정치, 경제 및 문화의 장벽을 넘어 전 세계인에게 노출될 수 있다. 스포츠는 특정의 언어를 필요로 하지 않는다. 예를 들면 축구나 야구는 전 세계인 누구나 사랑하는 스포츠 종목이다. 특히 전 세계가 참여하는 올림픽이나 월드컵의 경우 그 열기는 가히 전 세계적이라고 말할 수 있다. 따라서 이러한 이벤트에 참여하는 기업은 전 세계인의 사랑을 받을 수밖에 없다. 그렇다면 인터넷 스포츠 마케팅을 성공하기 위해서는 어떠한 전략이 필요한가? 이는 마케팅의 4P라고 할 수 있는 제품(Product), 가격(Price), 유통(Place) 및 프로모션(Promotion) 등의 체계적이고 합리적인 믹스 전략이 필요하다. 인터넷 스포츠 사이트를 사례로 4P 전략에 대해 살펴보면 다음과 같다. (김경원, 2011)

1) 제품 전략

인터넷 스포츠 마케팅에서 스포츠 사이트는 제품이 된다. 이는 온라인상에 있는 소멸하지 않는 제품이다. 스포츠 사이트 이용자는 자신의 의지에 따라 스포츠 사이트를 언제든지 열어볼 수 있고 닫을 수도 있다. 그러나 이 제품의 단점은 선택의 범위가 지나치게 넓다는 사실이다. 즉 스포츠 사이트를 찾는 수요자보다 공급이 과잉된 시장이라는 점이다. 따라서 그 가치는 하락한다. 스포츠 사이트는 누구나 만들 수 있고 비용도 크게 들지 않기 때문에 제품이 희소성을 갖기 위해서는 다른 사이트와 다른 무엇인가가 있어야 한다. 이는 스포츠 사이트에만 해당되는 일은 아니다. 인터넷에는 정보가 넘쳐흐르고 있고 게다가 대부분의 정보는 무료로 제공된다.

2) 가격 전략

일반 마케팅에서 가격은 프로모션, 즉 할인쿠폰 등의 방법에 따라 통제되고 변동된다. 그러나 인터넷상의 스포츠 사이트는 가격이 없다. 이는 시청자가 수신료를 내지 않고 광고비를 재원으로 방송국을 운영하는 상업방송국과 비슷한 형태를 취하고 있다. 따라서 스포츠 사이트가 지속적으로 운영되기 위해서는 배너광고와 같은 재원이 필요하다. 이를 위해서 스포츠 사이트는 소비자가 원하는 콘텐츠를 채워줄 수 있어야 한다. 이는 스포츠 사이트를 유료화할 경우에도 매우 중요한 전제조건이 된다. 그러면 소비자는 몰려들고 자연히 광고주는 그러한 사이트에 자신의 제품을 광고하고 싶어할 것이다.

3) 유통 전략

일반적인 스포츠 마케팅은 대부분 오프라인상에서 유통이 이루어진다. 그러나 인터넷 스포츠 마케팅은 온라인상에서 유통이 이루어진다. 스포츠 사이트의 유통은 3가지 점을 고려해야 한다.

첫째, 스포츠 사이트에 얼마나 쉽게 접근할 수 있는가이다. 즉 스포츠 사이트에 들어가기는 했지만 사이트맵이 너무 복잡하여 자신이 찾으려는 정보를 쉽게 찾을 수 없다면, 아마 아무도 다시는 그 사이트를 찾지 않을 것이다.

둘째, 시간의 문제이다. 즉 자신이 찾으려는 정보를 빨리 인터넷상에 띄울 수 있는가의 문제이다. 이는 주로 인터넷 이용자의 컴퓨터의 속도를 생각하지 않고, 사이트를 멋지게 꾸미려는 지나친 욕심 때문에 발생한다. 즉 아무리 매력적인 사이트를 가지고 있다 하더라도 이용자가 찾는 정보에 많은 시간을 들여야 한다면 결코 성공하지 못할 것이다.

셋째, 정보제공의 문제이다. 스포츠 사이트 이용자가 원하는 유용하거나 재미있는 정보를 제공할 수 있는가의 문제이다. 아무리 사이트를 잘 만들었다 해도 이용자가 원하는 정보를 줄 수 없다면 그 사이트는 실패할 수밖에 없다.

4) 프로모션 전략

스포츠 사이트의 프로모션은 인터넷 이용자가 방문하도록 하기 위해 동기를 부여해야 한다. 동기부여의 수단에는 여러 가지가 있다. 첫째, 스포츠 사이트 이용자가 원하는 메시지가 있는가? 둘째, 이용자가 재미있어 하는 오락적인 요소가 있는가? 셋째, 이용자가 그 사이트와 상호관계를 맺고 싶은 무엇이 있는가? 이러한 동기부여를 위해서는 소비자의 기호에 맞는 프로모션 전략이 있어야 한다. 이를 위해서는 사이트 이용자에 대한 정보를 축적하여 그에 맞는 프로모션 방법을 개발해야 한다. 예를 들면 달리기에 관심이 많은 사람에게 달리기 용품인 형광조끼의 할인쿠폰을 주었다면, 그는 아마 그 사이트와 지속적인 관계를 맺고자 할 것이다. 이와 같이 한 명의 고객과 관계를 맺고 유지하는 것은 효과적인 통합마케팅커뮤니케이션의 핵심이며, 데이터베이스는 고객과의 관계에 필수적인 요소이다.

위의 4가지 마케팅 요소는 기본적으로 자료에 기초하여 실시된 데이터베이스 마케팅에 근거해야 한다. 이 데이터베이스 마케팅은 사이트 이용자와 지속적인 상호관계를 유지할 수 있다는 점이다. 따라서 개인을 대상으로 한 맞춤서비스가 가능하다. 이는 결국 앞으로 스포츠 사이트가 유료화된다 해도 사이트 이용자를 만족시켜 줄 것이다. (드림위즈 레포트, 2007)

스포츠 마케팅 대행사의 유형

스포츠 마케팅의 업무를 총괄하는 스포츠 마케팅 대행사는 크게 다섯 가지 유형으로 구분된다. 첫째, International Sports Marketing Agency로, 이러한 유형의 대행사는 올림픽이나 월드컵 축구대회 같이 전 세계적인 관심을 끄는 스포츠 이벤트의 마케팅을 대행하는 등 스포츠 마케팅 분야에서 국제적으로 활동하고 있는 대행사이다. 스위스의 ISL(International Sports, Culture & Leisure Marketing AG), 미국의 IMG(International Management Group) 등이 이에 속한다.

두 번째로 Sports Marketing Agency for Sport Player(선수관리 대행사)는 스포츠 단체, 특정 대회의 조직위원회 또는 주최측, 스폰서, 세무담당 관청을 포함한 각종 기관 등에 대해 주고객인 운동선수의 이익을 위해 선수를 대신해서 활동하는 대행사들이다. 이들은 선수들에게 재정적, 법적 분야에서 자문하고 돌봐주는 역할을 한다. 스폰서는 이 경우에 선수가 아닌 대행사를 상대로 협상을 해야 한다. 이 분야에서 가장 크고 전 세계적으로 큰 영향력을 가진 대행사로는 미국의 IMG를 들 수 있다. 이 유형은 국내에서도 앞으로 성장 가능성이 매우 높은 분야이기 때문에 많은 연구가 필요하다고 할 수 있다.

세번째, Special Sports Marketing Agency for Board and Venue Advertising은 경기장 내 입간 판광고 및 펜스광고, 옥외광고의 판매 또는 매매알선을 전문으로 하는 대행사로서, 국내에서는 프로야구장의 펜스 광고권을 매입하여 재판매하는 전홍, 서울스포츠기획 등과 일반 광고 대행사의 SP매체 담당 부서를 꼽을 수 있다.

네 번째로 Special Sports Marketing Agency for Licensing/Merchandising은 스포츠 단체 또는 대회의 로고, 마스코트, 엠블럼 등을 사용하고 상품화할 수 있는 권리를 전문적으로 다루는 대행사들이다. 기업은 로고, 마스코트, 엠블럼 등을 특정제품 광고에 효과적으로 사용할 수 있다. 98프랑스월드컵의 아시아지역 상품화권자인 일본의 Sony CP는 좋은 사례라 할 수 있다.

다섯번째, Sport Marketing Full-Service Agency가 있는데 이러한 대행사는 위에 언급한 네 가지 스포츠 마케팅 업무는 물론, 스포츠 마케팅에 참여하려는 기업 및 스포츠 단체에게 스포츠 마케팅의 기획, 조직, 실행, 통제에 관한 포괄적 자문을 제공하며, 전략 콘셉트를 개발해주기도 하는 등 스포츠 마케팅의 모든 서비스를 대행해주는 업무를 수행한다. 궁극적으로 모든 스포츠 마케팅 대행사들이 추구하는 형태로서 전 세계적으로 볼 때도 이러한 유형의 대행사는 그리 많지 않다.

4 스포츠 제품의 의의와 유통

스포츠 제품의 특성과 구성요소

마케팅에서 제품은 마케팅믹스 요인 중 가장 중요한 기본요소로서의 인간의 필요나 욕구를 충족시켜 주는 효용의 묶음 또는 조합을 의미한다. 제품은 판매를 통하여 영업 이익을 제공해 주며, 소비자에게는 제품소비를 통하여 만족을 제공해 준다. 그러므로 제품은 구입하는 사람에게 효용을 주는 유형제품, 서비스, 사람, 조직체 및 아이디어 등을 포함한다. 이런 제품의 핵심 제품은 제품 구매를 통하여 얻고자 하는 가장 기본적인 서비스나 효용을 의미한다. 제품으로서의 스포츠는 다음과 같은 특성을 지닌다.

① 스포츠 제품은 실체가 없으며 순식간에 이루어지고 경험적·주관적이다.
② 기본적인 스포츠 제품은 생산과 소비가 동시에 이루어진다.
③ 일반적으로 스포츠는 대중적으로 소비되며, 소비자의 만족은 사회적 촉진으로부터 영향을 받는다.
④ 스포츠 제품은 소비할 때마다 항상 일관적이지 않다. 즉 일관성 있게 만들어진 다른 소비재와 달리 스포츠 제품은 항상 다르게 설계된다.
⑤ 스포츠 마케터는 핵심제품의 구성에 대해 통제력이 전혀 없거나, 때로는 제품 확장에 대한 통제력도 제한되어 있다.
⑥ 마케팅은 핵심제품보다 제품 확장을 더 많이 강조해야 한다.
⑦ 스포츠는 산업재이자 소비재이다.
⑧ 스포츠는 보편적인 소구력을 가지며, 삶의 모든 부분을 파고든다.
⑨ 스포츠 제품은 총괄적 포장의 오락 상품이다.

스포츠 제품은 팀, 시설, 클럽 자체, 경기, 행사, 시설, 입장권 및 회원권 등으로 구성되어 있다.

① 팀, 시설, 클럽 자체: 소비자를 만족시키는 가장 중요한 요소 가운데 하나가 충성도이다. 이는 팀이 자기 지역사회에 속하고 있다는 것을 팬들에게 확신시킴으로써 얻어진다. 스포츠 마케팅 담당자는 그러한 충성도를 개발하기 위해 팀이나 시설, 클럽의 지역사회 유대관계를 증

진시키기 위한 충분한 홍보활동을 해야 한다.

② **경기, 행사**: 관람 스포츠의 핵심은 경기이다. 경기와 관련해서 다수의 팬들이 얻고자 하는 혜택은 유명선수나 라이벌 의식을 보이는 것일 수도 있다.

③ **스포츠 자체**: 각 스포츠는 독특한 특성을 지닌다. 예를 들어, 농구는 속도, 민첩성, 신체적 접촉, 근력 및 우아함을 지니며, 아이스하키는 폭력성 및 속도와 함께 스케이팅의 우아한 여성미도 갖고 있다. 따라서 스포츠 마케팅 담당자는 팬이나 참여자가 추구하는 각 스포츠의 독특한 특성을 분석하여 활용하여야 한다.

④ **입장권 및 회원권**: 입장권 및 회원권은 촉진수단으로 활동되고 있다. 또한 스포츠 소비자는 입장권 및 회원권을 통해서 느끼는 대표적인 만족감은 자부심이다.

⑤ **시설**: 시설은 임대되거나 소유되는 것으로 이것 역시 소유기관이나 임대기관이 수입원으로 활용할 수 있다. 즉 기업들에게 광고할 수 있는 장소를 제공함으로써 일정한 수입을 얻을 수 있다. 또한 시설은 스포츠 소비자에게 심리적 혜택을 주며, 편리함과 쾌적함을 제공한다.

스포츠 제품의 유통경로의 특성

유통경로는 제품 및 서비스를 생산자로부터 소비자에게로 유통하는 활동과 관련된 상호의존적인 모든 조직을 의미한다. 스포츠 유통경로의 특성을 살펴보면, 생산과 소비가 동시에 이루어지므로 장소의 이동이 거의 없다. 유통기능은 물적 유통보다는 주로 시설에 의존한다.

1) 유통경로의 구성

❶ 스포츠 시설의 위치

• 접근가능성: 스포츠 시설은 중요 간선도로나 대중교통 수단으로

부터 쉽게 접근이 가능해야 한다. 또한, 경기장이나 참여 스포츠 시설은 신속한 입장과 퇴장이 가능해야 한다. 프로스포츠의 경우 일반적으로 90%의 팬들이 보통 1시간 이내의 교통거리에 위치해 있다.

- 주차: 스포츠 시설은 충분한 공간을 확보해야 한다. 대중교통의 접근이 쉬운 시설인 경우에는 총 좌석수의 25% 정도의 규모로 설치하는 것이 바람직하다. 시설경영자는 재정적 이유, 안전 및 서비스 관점에서 주차시설을 소유하거나 운영해야 한다. 원활한 주차관리를 위한 주차요원을 배치시키거나 유니폼을 입은 주차안전요원이 진행해야 한다.
- 주변지역: 스포츠 시설을 둘러싼 인접지역의 환경이 스포츠 시설 이용에 영향을 미친다. 안전하지 않은 곳이나 공업지대에 위치한 시설의 스포츠 마케팅관리자는 안전을 높이거나 환경에 대비한 마케팅 활동을 수행해야 한다.
- 지리적 위치: 스포츠 시설의 지리적 위치는 시장의 수용에 지대한 영향을 미친다. 지리적 위치에 있어서 중요한 것은 반경지도이다. 이는 지리적 거리에 의해 그려지는 것이 아니라 교통망을 고려한 교통거리에 의해 그려져야 한다. 이 방법이 이용 가능한 스포츠 소비자를 예측하고 세분시장을 결정하는 데 활용된다.

② 시설관리

- 입출입의 안전과 편의성: 재난의 경우에 공포 최소화, 혼잡관리를 극대화해야 한다.
- 부대시설: 식당, 구내매점, 바, 화장실 등은 스포츠 소비자들이 참여하거나 관람하는 곳에 배치되고, 기다리는 사람들이 없도록 충분한 수가 배치되어야 한다. 또한 항상 청결하게 유지, 관리되어야 한다.

- 시설배치: 군중관리와 통제를 고려해서 입구에서의 충분한 입장 검사가 가능하도록 하고 출구의 계단을 최소화해야 한다. 계단 난간의 만곡부나 여러 통로의 경사로는 안전해야 한다.

③ 시설이미지

- 시설에 대한 이미지는 스포츠 소비자의 구매결정 과정과 구매형태에 영향에 미치는 중요한 요인이다. 안전성, 출입의 편리성, 주차문제 및 여러 설비 등의 물리적 문제 외에도 시설의 이미지에 직접적인 영향을 미치는 요인들은 아래와 같다.
- 시설 내외부의 외형적 모습이 시설 이미지에 영향을 미친다.
- 시설의 여러 설비들은 완전해야 하며, 서로 조화를 이뤄야 한다.
- 시설에 대한 인상을 심어주는 주된 요인 중 하나는 시설 내에서 일하는 사람들이다. 경기장 내외 위험요소를 제거하고 사전 예방할 수 있는 경호 안전요원이 필요하다.

5 스포츠 마케팅의 국내외 사례

스포츠 마케팅의 해외 사례

스포츠 마케팅은 미국에서 가장 빠르게 성장하고 있는 마케팅 활동으로 조사된 바 있으며 스포츠관련산업 전체의 규모를 측정하는 GNSP(Gross National Sports Products)가 850억 달러로 조사되었다. 전 세계 스포츠 마케팅 규모는 정확하게 측정되지 않고 있으나 미국이 세계시장의 약 60%를 점유한다고 가정할 경우 약 1,420억 달러(한화환산 약 142조 원)로 추정된다. 미국의 경우 GNSP 1,200억 달러, 스포츠광고 250억 달러의 규모가 예상되는 등 세계 스포츠산업 선두자리를 앞으로도 계속 유지할 것으로 예상되나 유럽과 아시아 지역의 스포츠 마케팅시장의 성장을 감안할 때 미국시장이 세계에서 차지하는 비율은 약 48% 정도로 지금보다는 다소 감소될 것으로 예상된다.

전 세계 스포츠 스폰서십의 규모는 약 130억 달러(한화 환산 약 13조 원)의 규모로 유럽과 아메리카 지역이 전체시장의 72.6%를 차지하고 있으며 아시아지역은 20.4%를 점하고 있다. 이는 77억 달러에서 130억 달러로 4년간 69%의 성장률을 보이고 있다.

미국 시카고의 IEG(International Event Group)에 의하면 1995년 미국의 스폰서십 규모는 54억 달러이며 이 중 65%인 35억 달러가 스포츠 스폰서십에 쓰여졌다고 한다.

스폰서십 규모는 보통 스포츠 후원을 위한 기업의 직접적인 후원금액만을 측정한 것이므로 스폰서십을 통해 발생하는 추가비용(미디어광고, 프로모션) 등을 감안한 실질적 스폰서십 규모는 측정치의 2~3배에 이를 것으로 추정된다.

현재 국내 스포츠 마케팅 규모에 관한 정확한 통계자료는 없다. 선진국의 경우 스포츠 마케팅의 규모를 연간 총 광고비의 8~30% 정도로 잡고 있다. 이를 적용하면 국내 총 광고비 약 5조 6,000억 원의 8~30%인 4,500억 원에서 1조 7,000억 원 사이가 국내 스포츠 마케팅 규모라고 추산해볼 수 있다.

국내 100대 기업 중 50% 이상이 스포츠 스폰서십에 참여하고 있으며 후원종목으로는 축구를 가장 선호하는 것으로 조사되었다. 스폰서십의 목적에 대하여 62%가 기업 홍보효과를 꼽았고, 15%가 제품인지도 향상의 효과를 노리고 있는 것으로 나타났다.

미국과 유럽에서 스포츠 마케팅이 활발한 데 비해 우리나라는 이제 본격적으로 시작하는 수준이다. 그러나 스포츠가 잘만 이용하면 엄청난 효과를 얻을 수 있다는 인식이 기업들 사이에 퍼지면서 국내 스포츠 마케팅도 점점 더 발전할 것으로 보인다.

1) 일본의 J리그 사례

일본에서는 스포츠 마케팅이란 단어가 새롭게 유행하기 시작했다. 아마도 J리그의 영향이 크지 않은가 생각한다. J리그의 급격한 인기상승은 프로화라는 커다란 작업에 사람들을 주목시켰고 나아가 스포츠 마케팅이란 바로 이런 것이다라는 사실을 보여줬다. 덴쯔의 히로세 이치로 스포츠 사업국 기획개발 담당자는 「일본의 스포츠 마케팅」이란 책에서 이렇게 밝히고 있다. 93년에 출범한 일본의 프로축구리그인 J리그가 일본의 성공적인 스포츠 마케팅 사례로 기록되면서 스포츠 마케팅의 새로운 장을 열었다는 평가다.

J리그는 일본 축구를 세계 수준으로 끌어올린다는 목표로 시작됐다. 이런 목표를 위해 일본 축구협회는 89년부터 치밀하게 J리그를 준비했다. 이 때 일본축구협회를 도와 J리그 마케팅전략을 세운 장본인이 일본의 광고대행사인 하쿠호도다.

하쿠호도는 일본 축구협회의 의뢰를 받아 일본의 프로야구와 미국의 프로야구, 분데스리가 프로축구 등 각종 프로리그의 조직과 스폰서 현황, 사업 시책 등을 조사했다. 그러나 하쿠호도의 조사 결과는 일본에서 프로축구는 성공 가능성이 희박하다는 부정적인 것이었다. 가장 큰 문제점으로 지적된 것이 경기장과 시설이 절대적으로 미흡하고 프로축구를 통한 비즈니스 기회가 부족하며 기업에 소속된 팀 체제로는 여러 가지 문제가 발생할 우려가 있다는 것이었다. 물론 긍정적인 측면도 있었는데 일본 축구 선수들이 프로화에 대한 열망을 가지고 있고 소년 축구 붐이 일어나 어린이층을 팬으로 확보하기 쉽다는 점이었다.

일본축구협회는 하쿠호도의 조사를 바탕으로 부정적인 측면을 최소화하면서 J리그를 성공적으로 출범시키기 위해 89년 6월에 프로리그 검토위원회라는 J리그 출범 준비위원회가 만들었다. 이어 그 해 9월에는 소위원회를 조직, 세부적인 개별 마케팅전략을 세웠다. 소위원회에서는 J리그 참가조건을 제시했는데 J리그 참가팀은 모두 법인화해야 한다. 1만 5

천 명 관람객 수용 수준의 경기장을 보유하고 있어야 한다, 1억 5천만 엔의 분담금을 내야 한다 등의 조건을 만족시켜야 했다. J리그에 대한 관심은 의외로 높아서 시민들이 자금을 모아 자기 현의 축구팀을 발족시키기도 했다.

물론 프로축구에 대한 시민들의 호응과 관심이 저절로 생겨난 것은 아니다. 하쿠호도의 치밀한 마케팅전략이 작용했던 덕분이다. 하쿠호도는 90년부터 「프로화에 대한 선수 및 지도자의 의식」, 「프로축구에 대한 팬들의 의식」, 「J리그에 바라는 팬의 소리」, 「J리그에 대한 전국적 의식」 등을 조사, 결과를 언론에 발표하는 한편 마케팅전략 수립에 활용했다. 리서치를 한 번 실시할 때마다 1천 5백만 엔이라는 돈이 들었지만 일본 축구협회는 미래를 위한 투자라고 생각, 리서치 및·마케팅 경비를 아끼지 않았다.

리서치를 바탕으로 하쿠호도는 J리그의 로고를 개발 발표했고 J리그의 탄생을 알리는 광고도 내보냈다. 또 J리그에 대한 팬들의 의견을 접수한다는 광고를 낸 뒤 접수된 의견에 대한 축구협회의 대답을 담은 광고를 팬의 목소리에 대한 대답이라는 제목으로 주요 일간지에 게재했다.

PR(홍보) 시책의 일환으로 수시로 기자간담회를 실시했으며 91년 7월부터 J리그 독자 홍보지를 발간, 전국에 배포했고 각 구단의 유니폼과 캐릭터를 전시하는 행사를 열었다. 개막일에 맞춰 각 팀 우수 선수들의 메시지를 소재로한 광고를 신문에 게재, J리그 개막을 대대적으로 알리기도 했다.

J리그가 성공한 데는 몇 가지 요인이 있다. 우선 참가팀을 프랜차이즈한 것이 주효했다. 참가팀의 프랜차이즈란 스폰서 기업이 팀의 지분을 1백% 소유했다 해도 팀 이름에 그 기업명을 사용하는 것을 금지한 것이다. 팀의 독립적인 운영체제를 보장하기 위해서다. 이와 함께 유니폼에 회사명을 넣고 싶은 기업에는 사용권을 판매, 독립적인 사업으로 발전시켰다.

▲ 일본 J리그 홍보마케팅과 연계된 축구 게임

또 철저한 중앙집중시스템으로 마케팅 수익을 J리그협회에서 공평하게 분배하는 것을 원칙으로 했다. 이것은 미국의 풋볼리그(NFL)가 TV 방영권 수입을 30개팀에 공동으로 분배하는 데서 따온 제도다. 이와 함께 축구 스타를 키워 팬을 확보하고 새로운 응원 스타일을 개발, 흥미를 집중시켰으며 각종 얘깃거리를 만들어 언론에 발신함으로써 J리그 자체가 화제의 주인공이 되게했다.

J리그는 산하 조직으로 홍보위원회과 사업위원회, 상품화위원회를 두고 있다. 홍보위원회와 사업위원회에서는 리그에 스폰서를 유치하고 스폰서료를 챙기며 광고 및 홍보를 담당하는데 하쿠호도가 전체적인 일을 총괄하고 있다. 상품화위원회에서는 J리그 로고와 캐릭터를 상품화하는 일을 하고 있는데 소니 크리에이티브가 J리그에 로열티를 주고 머천다이징권을 획득했다.

결론적으로 J리그는 일본이 월드컵 유치를 위해 치밀하게 계획한 스포츠 마케팅의 전형이다. 축구는 공 하나만 있으면 충분한 간단한 운동이기 때문에 가난한 나라를 비롯해 전 세계 어디서든 사랑받는 운동이다. 일본은 J리그의 성공적인 정착을 통해 스포츠를 통한 국가 및 기업

이미지 제고의 목표를 달성하려 했던 것이다. J리그는 하나의 스포츠를 사업화하고 수익원으로 이용하기 위해 필요한 스포츠 마케팅전략이 무엇인지를 보여주는 사례다. (드림위즈 레포트, 2003)

2) 미국의 NBA와 풋볼리그 사례

마이클 조던과 샤킬 오닐 등 수많은 스타들을 배출하고 전 세계 팬들을 열광시켰던 미국의 프로농구 NBA는 경기 자체가 달러 박스였다. 전성기때 NBA는 1백 59개국의 5억 가구로 중계되는 세계적인 인기 이벤트였다. NBA는 스폰서로 참여하고 있는 다국적기업을 지원하기 위해 호주, 일본, 멕시코, 스위스, 하와이 등에 리그 사무실까지 두고 있을 정도다. NBA 자체가 하나의 커다란 사업이 된 것이다.

NBA는 도대체 얼마만큼의 돈을 벌어들인 것일까. 정확한 수치는 없지만 NBA가 입장권 판매만으로 벌어들인 돈은 30억 달러(약 2조 4천억 원). 마이클 조던이 활약하였던 당시 시카고 불스 홈구장의 경우 2005년 시즌 입장권은 전량 매진된데다가 대기자만 1만 8천여 명이 기다리고 있는 실정이다. 입장권 판매 현황만으로도 NBA의 인기를 짐작할 수 있다.

▲ 마이클 조던이 활동하던 미국 NBA

NBA에 쏟는 기업들의 관심도 남다르다. 네슬레는 NBA의 공식 캔디 공급사로 활동하기로 하고 3년간 계약금으로 1천 5백만 달러를 지불했다. 아메리칸 익스프레스는 NBA의 공식 신용카드 공급업체로 3년간 3천만 달러를 내놓았다. AT&T는 NBA의 공식 원거리 통신 스폰서이며 코카콜라는 NBA의 공식 음료로 연간 5백만 달러 이상을 NBA에 쏟아붓고 있다. 코카콜라는 시즌에 NBA를 주제로 한 스프라이트 광고를 전 세계 1백여 개국에 방영, 인기를 끌기도 했다. NBC는 NBA TV 중계권를 따기 위해 4년간 7억 5천만 달러를 지불하는 계약을 하였다.

미국에서 NBA만큼 인기있는 스포츠가 풋볼이다. 미국 풋볼리그인 NFL은 NBA에 비해 더 체계적으로 스포츠 비즈니스를 벌이고 있다. NFL은 마케팅 및 스포츠 비즈니스를 전담하는 독립 자회사로 NFL 프로퍼티즈를 두고 있다. NFL 프로퍼티즈는 NFL의 스폰서와 TV 방영권 관련 업무를 담당한다. NFL 프로퍼티즈는 스폰서가 NFL을 이용한 독자적인 마케팅 프로그램을 개발할 때 허가를 해주는 권리를 갖고 있으며 NFL을 주제로 한 광고와 NFL 관련 상품 및 출판물에 대한 제반 권리를 행사하고 있다. NFL의 방영권은 폭스사가 16억 달러를 주고 사들였다. (드림위즈 레포트, 2003)

3) 프랑스의 FIA 사례

프랑스 파리에 본부를 두고 있는 자동차 경주 국제기구인 FIA(Federation Internatiole de l' Automobili)도 현재 체계적인 스폰서십 프로그램을 수립하고 있다. FIA는 자동차 경주의 대명사인 포뮬러 원 그랑프리를 주관하면서 이 대회 관련 스포서십을 판매하고 있다. 대회는 일년에 대략 8번 정도 열리는데 각 대회 타이틀 스폰서 금액은 약 8백만 달러. 타이틀 스폰서가 되면 기업명이나 상표가 대회 공식 타이틀에 명시되며 스폰서 기업은 대회 로고와 명칭을 판촉활동에 이용할 수 있게 된다. 대회 출발선 및 결승선에 광고판을 설치할 수도 있다. FIA는 자체 스폰서 프로그램 없이 그 때 그 때마다 대회의 스폰서를 유치하고 있으나 FIA 공식업체를 선정, 스폰서십을 판매하는 방안을 도입하였다. FIA의 스폰서십 판매 및 광고권 판매는 알소프 파커 앤 마르쉬라는 회사가 담당하고 있다. (드림위즈 레포트, 2003)

▲ 2011년 10월 전남 영암에서 개최된 포뮬러1(F1).

스포츠 마케팅의 국내 사례

정홍기(2011)의 '국내기업의 글로벌 스포츠 마케팅 사례' 발표문을 통해 살펴본 국내기업의 글로벌 스포츠 마케팅 사례는 다음과 같다.

1) 삼성 글로벌 스포츠 마케팅

❶ 올림픽 마케팅

삼성은 1988년 서울올림픽에 로컬 스폰서로 처음 참여하였고, 이후

1996년 애틀란타 올림픽에 엠부쉬성의 부분적인 마케팅을 실행하면서 이후 1998년 나가노 동계올림픽에서 무선 통신장비 카테고리로 파트너십을 맺기에 이른다. 이후 2000년 시드니, 2002년 솔트레이트 동계, 2004년 아테네, 2006년 토리노 동계올림픽에 스폰서로 참여해왔다. 2007년에는 IOC와 장기 후원계약을 체결하여 2010년 밴쿠버, 2012년 런던, 2014년 소치 동계올림픽, 그리고 개최지가 아직 확정되지 않은 2016

년 하계올림픽까지 향후 8년간의 올림픽 대회를 후원예정이다. 삼성은 이러한 올림픽 마케팅을 통한 꾸준한 브랜드 가치상승을 이끌어내고 있다.

❷ 유럽축구

삼성은 유럽축구 마케팅 또한 펼쳐 왔다. 전 세계적으로 9,000만 명의 팬을 보유하고 있는 첼시는 2005년부터 2010년까지 5년간 후원계약을 체결했다. 07/08시즌 첼시가 챔피언스리그 결승에 진출하여 삼성은 막대한 홍보 효과를 누리게 된다.

삼성전자는 첼시 선수들이 'SAMSUNG' 로고 유니폼을 입고 챔피언스리그 결승전 90분을 뛰면 단순 광고효과만 약 400억 원으로 추산하고 있다. 단 한 경기로 후원금액의 2배가 넘는 광고효과를 거둔것이다. 독일 시장에서는 첼시 선수 중 미하엘 발라크(독일 국가대표)를 광고 모델로 쓰고, 중동·아프리카 시장을 공략할 때는 디디에 드로그바(코트디부아르 국가대표)를 앞세웠다. 삼성의 첼시 마케팅은 유럽 지역의 각종 '스포츠 마케팅상'을 휩쓸기도 했다.

2) LG 글로벌 스포츠 마케팅

❶ 유럽축구

LG전자는 영국 프리미어리그 풀럼(Fulham FC) 구단과 총 3년간의 후원계약을 맺었다. LG전자는 프리미어리그 아스날(Arsenal)의 모바일 스폰서도 맡고 있어, 풀럼과의 계약으로 런던 연고의 두 개 축구팀을 후원하게 된다.

② 레이싱 경기 F1 지원

LG전자는 2008년부터 5년간 글로벌 파트너 자격으로 F1 대회를 후원한다.

LG전자는 F1 글로벌 파트너로서 대회 TV중계 시 LG로고를 독점적으로 노출하고, 경기 영상물을 제품광고나 프로모션에 활용할 수 있다. F1 경기장 내 브랜드 홍보부스 운영과, 제품과 프로모션에 F1 글로벌 파트너 로고 사용도 가능하다. LG전자는 180여 개국 200여 방송사가 F1 대회를 중계하고 6억 명 이상이 시청하게 돼 수천만 달러의 홍보효과를 예상하고 있다.

▲ 2011년 FI 코리아 그랑프리에서의 LG 마케팅

③ LG 액션스포츠 챔피언십

LG전자는 영국 맨체스터에서 'LG 액션스포츠 챔피언십 2005' 대회를 개최했다.

이번 대회에는 유럽, 중국 등에서 예선을 거쳐 선발된 140여 명이

스케이트보드, 어그레시브 인라인스케이트, BMX 자전거 등 3개 부분에 참가, 총 상금 65만 달러를 놓고 실력을 겨뤘다. LG전자는 대회 기간 중 최근 영국에 선보인 최신 3세대 WCDMA휴대폰(모델명 LG-U8360)을 행사장 내에 전시하기도 했다. LG전자는 "액션스포츠는 LG 휴대폰이 추구하는 혁신적인 이미지와 일치하는 면이 많다"며 "액션스포츠 마케팅을 통해 젊고 도전적인 LG 브랜드 이미지를 전 세계에 심어나가겠다"고 말했다.

④ 쇼트트랙 세계선수권대회

LG전자가 2009년 3월 오스트리아 빈에서 막을 내린 쇼트트랙 세계선수권대회에서 '경기 시청에 강한 LG PDP TV' 홍보 효과를 톡톡히 거뒀다.

LG전자는 대회가 열린 페리 두시카 할렌슈타디온(경기장) 주 출입구와 센터에 10여 대의 50인치 PDP TV 제품을 단독 설치했다. 세계 각국의 VIP 방문객과 기자단, 관람객들에게 주사율 600Hz(1초에 600장의 영상 전송) 기술로 스포츠 경기의 빠른 영상에 강한 LG PDP TV의 장점을 집중 부각했다. 또, 경기장 트랙에는 LG 브랜드 광고를 설치, 세계 각국에 수백만 달러 이상의 브랜드 노출 효과를 거둔 것으로 평가하고 있다.

3) 현대자동차 글로벌 스포츠 마케팅

① 미 프로풋볼리그(NFL) 결승전 슈퍼볼

미국 경제전문지 포브스는 43회 미 프로풋볼리그(NFL) 결승전인 슈퍼볼 경기 방송을 통해 공개된 현대차 광고에 대해 전문가들이 '아이디어가 탁월하다'는 평가를 내렸다고 보도했다. 포브스가 광고전문가 4명에게 슈퍼볼 경기 광고 내용에 대한 분석 및 평가를 의뢰한 결과, 현대차 광고가 좋은 평가를 받았다는 것이다.

현대차는 슈퍼볼 경기에서 고급 세단 '제네시스'의 인기가 치솟자 일본과 독일 자동차회사 임원들이 분개한다는 내용의 '화난 보스', 현대차 구입 후 1년 내 실직하면 환불해 준다는 내용의 '계약'을 타이틀로 한 2개의 광고를 내보냈다. 앞서 지난해 2월 현대차는 한국 기업 최초로 슈퍼볼 중계 때 광고 2편을 내보냈으며, 이후 인터넷 홈페이지 방문자 수가 1,450% 급증하는 효과를 봤다.

② 해외축구

현대자동차는 유로2008 경기 때 공식 후원 차량 530대를 후원했으며, 2010년 월드컵 경기 때도 약 164대의 팀버스를 공급하는 등 스포츠 마케팅에 열을 올리고 있다.

③ 동계 올림픽

현대자동차는 공식 후원하고 있는 김연아 선수 효과를 톡톡히 보고

있다. 기업 광고뿐 아니라, 마케팅 활동에 김연아 선수를 활용해 최대의 홍보 효과를 보고 있는 것이다. 현대자동차는 밴쿠버 동계올림픽 등에서도 김연아 선수를 통해 스포츠 마케팅 효과를 극대화 한다는 계획이다.

4) 기아자동차 글로벌 스포츠 마케팅

① 테니스

2002년부터 '호주오픈 테니스대회'의 메이저 스폰서로 활동하고 있는 기아자동차는 지난해 2013년까지 후원기간을 연장했으며, 특히 세계 테니스 랭킹 1위의 라파엘 나달과의 계약을 2011년까지 연장하는 등 테니스를 통한 스포츠 마케팅에 적극 나서고 있다. 지난 2월 '호주오픈 테니스 대회'에서 생애 최초로 우승을 차지한 라파엘 나달을 통해 약 7,800억 원에 이르는 홍보효과를 본 것으로 자체 집계하고 있다. 기아자동차는 메이저 스폰서 권한으로 경기장 안팎의 네트와 펜스에 기아차 브랜드 로고 및 회사명을 삽입했으며 이는 경기 중계방송과 시상식 사진을 통해 노출돼 기아자동차의 인지도를 높이는 효과를 냈다.

6 스포츠 마케팅 활성화 필요성과 평창 동계올림픽 기대효과 전망

1) 글로벌 스포츠 마케팅의 필요성

국내 기업들은 글로벌화의 역사가 짧고 세계 시장에서의 인지도가 낮은 한계를 극복하기 위한 수단으로 스포츠 마케팅을 활용하고 있다. 이처럼 비즈니스 기회는 확대되고 있지만 글로벌 스포츠 마케팅을 성공적으로 수행할 수 있는 기업은 제한적이다. 인기가 높은 스포츠일수록 막대한 후원 비용이 필요하며 스포츠 마케팅 전문가, 지속적인 지원 시스템, 선수·팀 관리 역량 등을 구비하지 않는 경우 효과적인 마케팅 활동이 어렵기 때문이다.

올림픽, 월드컵과 같은 대형 스포츠 행사는 최단 시간에 최대의 소비자에게 자사 브랜드를 노출시킬 수 있는 절호의 기회다. 2002 한일월드컵은 세계 213개국에 중계, 시청자 수가 연인원 약 600억 명이었고, 일본의 경우 2006 독일월드컵의 경제적 효과가 최대 5,460억 엔에 이르렀다 한다. 이처럼 스포츠 행사에 대한 세계적 관심이 높아짐에 따라 향후 비즈니스 기회는 더욱 확대될 전망이다. 스포츠의 상품 가치를 일찍부터 간파한 글로벌 기업들은 스포츠 마케팅을 기업 마케팅전략의 핵심으로 인식하고 있다. 미국 기업의 3분의 2 이상이 스포츠 마케팅에 적극 참여하고 있고 스포츠 마케팅의 고성장으로 관련 직업만도 200여 개에 이른다. 글로벌 기업들은 대형 스포츠 행사의 독점 후원권을 확보하기 위해 대규모 투자를 단행하고 있다. (정홍기, 2011)

2) 평창 올림픽의 기대 효과

2018년 동계올림픽의 개최지가 강원도 평창으로 선정되었다. 이 평창 동계올림픽의 개최 의의는 국가적, 지역적, 직접적 수익 효과 등으로 많은 기대효과가 예상된다. 이를 다음과 같은 벤쿠버 동계올림픽의 효과를 기초로 평창 동계올림픽의 기대효과를 살펴보면 다음과 같다.

밴쿠버 동계올림픽 상위권 국가는 선진국이었다. 캐나다, 독일, 미국, 노르웨이는 모두 1인당 GDP가 3만 달러 이상인 국가였으며, 한국은 금메달 기준 세계 5위의 빛나는 성과를 거두었다. 이는 경제수준 향상으로 참가규모 확대 및 뛰어난 성과를 달성할 수 있었다.

경제적 효과는 개최효과와 참여효과로 구분할 수 있다. 개최에 따른 경제적 효과는 직접효과, 간접효과, 국위선양효과 등, 참여효과는 이 중 선전효과 중심으로 유발할 수 있다. 특히, 동계올림픽은 국가브랜드 제고 등 선전효과가 압도적이다.

그림 13-1 국내 1인당GDP 7,728 달러(1992), 1만 9,231 달러(2008)

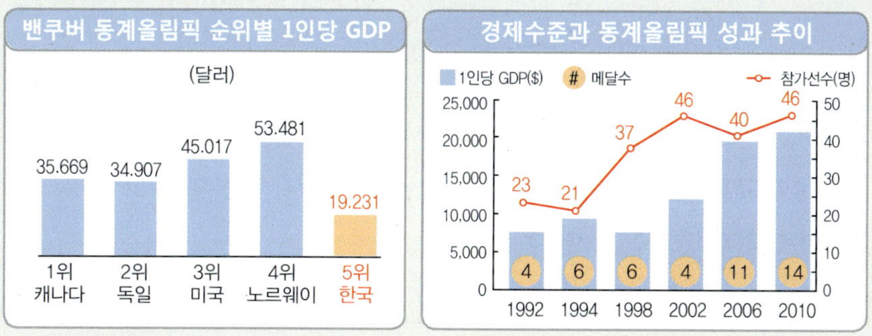

주: 2008년 기준
자료: World Competitiveness online, IMD.

주: 2010년은 추정치
자료: http://www.sports.reference.com/olympics
한국은행, 삼성경제연구소

그림 13-2 스포츠 이벤트의 경제적 효과

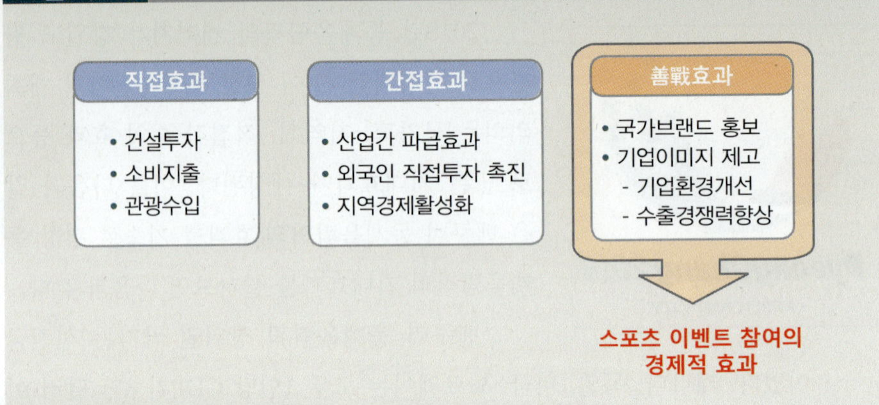

출처: 이찬영 삼성경제연구소, 벤쿠버동계올림픽의 경제적 효과(2010).

❶ 국가홍보 효과

평창 동계올림픽에 대한 대외언론 노출로 1조 2,096억 원의 국가 홍보 효과 유발이 가능하다. 선수들의 선전으로 국가이미지 개선 및 국가브랜드가 상승할 수 있다. 메달 1개당 864억 원(=방송노출시간×방송사 광고비용)에 준하는 광고가치가 발생한다. 지난 벤쿠버 올림픽에서 획득한 금메달은 총 4개로 큰 국가홍보 효과를 거둘 수 있었다.

- 한국 선수단 총 금메달수 4개: 한국의 국가이미지가 1%p 이상 제고된 것으로 추정된다

한 선수가 메달을 획득했을 시 입상 세레모니, 꽃다발증정, 시상식 등 평균노출시간 30분으로 올림픽 주요 방송사의 분당 광고 비용 약 240만 달러의 효과를 누릴 수 있다.

❷ 기업이미지 제고 및 매출증대 효과

그림 13-3 국가홍보 및 기업광고 효과로 매출증대

국가홍보 효과로 국가브랜드 상승

→ 기업이미지 제고 효과 (8,400억 원)

- 국내 글로벌 500대 기업(2009년 현재 14개) 1개사당 약 600억 원의 홍보효과
  - 국가브랜드가 1%p 상승하면서 기업이미지도 동반상승
  - 글로벌기업의 이미지를 1%p 상승시키는데 평균 600억 원의 광고비 소요

→ 기업매출증대 효과 (14조 8,308억 원)

- 8,400억 원의 광고비 투입과 매출액의 광고비탄력성(0.194)*을 적용하여 도출
  - 한국신용평가정보(KISVALUE)의 1998년부터 2008년까지의 상장제조업 자료를 이용하여 탄력성 계산

$$\text{* 매출액의 광고비탄력성 (0.194)} = \frac{\text{매출액변동분 / 2008년 매출액}}{\text{광고비변동분 / 2008년 광고비}}$$

출처: 이찬영 삼성경제연구소, 벤쿠버동계올림픽의 경제적 효과(2010).

❸ 국민 사기진작 효과

평창 동계올림픽 기간 동안 국민이 느낀 즐거움과 만족도를 TV시청 시간에 대한 기회비용으로 정량화했을 시 직장인 근로자가 하루 평균 57분씩 10일 동안 시청한 것으로 간주했을 시 2009 분기 평균 시간당 임금(15,175원)을 적용하여 도출하면 국민사기 진작 등 3조 3천억 원 이상의 효과가 발생한다.

❹ 레저·스포츠 산업의 활성화

스포츠인구 및 시설의 저변 확대가 연관 산업의 성장세를 가속화하며 오락·문화 및 서비스업의 상장된 사업체 및 종사자 수가 2000년대 들어 각각 연평균 8.2%와 9.7% 성장했다.

더불어 미디어(인터넷 포함) 콘텐츠로서 스포츠의 가치가 상승하는 추세이다. 이로 레저·스포츠 산업의 성장세가 탄력을 받을 전망이다. 파

그림 13-4 2010년 레저스포츠 이벤트

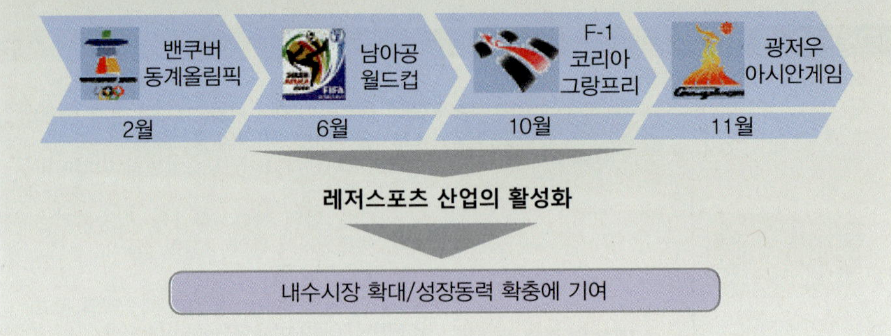

출처: 이찬영 삼성경제연구소, 벤쿠버동계올림픽의 경제적 효과(2010).

급효과가 이후에 개최될 일련의 스포츠 이벤트에서 확산될 가능성 또한 있어 레저·스포츠 산업의 성장세가 탄력을 받을 전망이다.

⑤ 레저·스포츠 및 연관산업 분야의 일자리창출

유소년의 체육클럽 활동 및 생활체육이 활성화되면서 체육지도자, 스포츠 강사 등 사회서비스의 일자리가 증가가 예상된다. 직업선택에 즐거움이 중요한 요소로 부각되면서 레저·스포츠형 일자리가 선호될 것이다.

연관산업인 보건·건강 및 관광산업의 일자리창출 여력도 확충이 가능하다. 이는 스포츠 산업과 연관산업의 활성화로 일자리창출 여력이 배가된다.

그림 13-5 생활체육 지도자 양성 현황

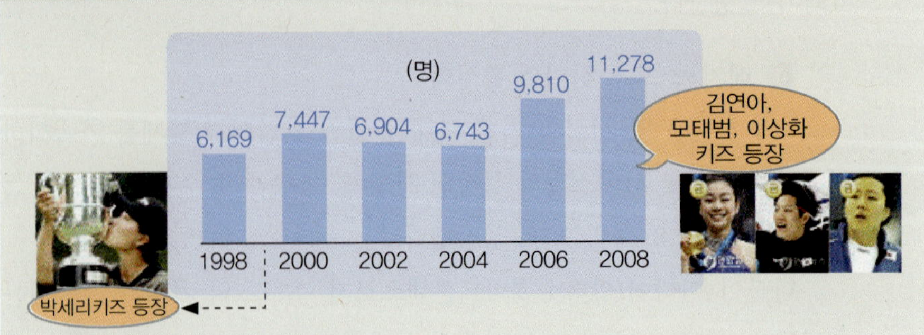

출처: 문화체육관광부, 2005 체육백서.

학습정리

1. 스포츠 콘텐츠 마케팅, 스포츠 마케팅이란 팬들이 팀·스타 선수·이벤트에 주는 정서적 애착(emotional attachment)을 활용하는 마케팅 활동으로서, 팀·스타 선수·이벤트를 관리하는 주체는 물론, 이를 활용하는 기업들이 그들의 이미지 및 판매를 향상시키려는 마케팅 활동이다.

2. 스포츠 마케팅은 "스포츠 자체의 상품화"와 "스포츠를 매개로 한 모든 상품의 마케팅 과정"을 의미하며, 이는 사업영역 면에서 볼 때 "스포츠의 마케팅(marketing of sports)과 스포츠를 이용한 마케팅(marketing through sports)으로 구분할 수 있다. 전자는 스포츠가 마케팅의 대상이 되는 개념이지만, 후자는 스포츠가 마케팅의 수단이 되고 기업의 상품이나 기업 자체의 이미지(CI: Corporation Image)가 마케팅의 대상이 된다. 이는 스포츠 마케팅을 집행하는 주체가 누군가에 따라 구별된다.

3. 제품으로서의 스포츠는 다음과 같은 특성을 지닌다.
   ① 스포츠 제품은 실체가 없으며 순식간에 이루어지고 경험적·주관적이다.
   ② 기본적인 스포츠 제품은 생산과 소비가 동시에 이루어진다.
   ③ 일반적으로 스포츠는 대중적으로 소비되며, 소비자의 만족은 사회적 촉진으로부터 영향을 받는다.
   ④ 스포츠 제품은 소비할 때마다 항상 일관적이지 않다. 즉 일관성 있게 만들어진 다른 소비재와 달리 스포츠 제품은 항상 다르게 설계된다.
   ⑤ 스포츠 마케터는 핵심제품의 구성에 대해 통제력이 전혀 없거나,

때로는 제품 확장에 대한 통제력도 제한되어 있다.

⑥ 마케팅은 핵심제품보다 제품 확장을 더 많이 강조해야 한다.

⑦ 스포츠는 산업재이자 소비재이다.

⑧ 스포츠는 보편적인 소구력을 가지며, 삶의 모든 부분을 파고든다.

⑨ 스포츠 제품은 총괄적 포장의 오락 상품이다.

4. 스포츠 제품은 팀, 시설, 클럽 자체, 경기, 행사, 시설, 입장권 및 회원권 등으로 구성되어 있다.

14. 뉴스콘텐츠 마케팅

학습목표, 탐구할 문제

1 뉴스콘텐츠의 정의

2 뉴스콘텐츠 산업의 현황과 전망

3 뉴스콘텐츠의 마케팅 특성

4 뉴스콘텐츠의 마케팅전략

5 뉴스콘텐츠의 마케팅 활용과 성공사례

학습정리

뉴스콘텐츠 마케팅

뉴스 신디케이션 '이타임즈' 사례

학습목표

1. 뉴스콘텐츠를 정의하고 특징을 설명할 수 있다.
2. 뉴스콘텐츠의 현황과 미래 전망을 이해할 수 있다.
3. 뉴스콘텐츠 마케팅전략을 수립할 수 있다.
4. 뉴스콘텐츠 마케팅의 성공사례를 분석할 수 있다

탐구할 문제

1. 우리의 생활에서 뉴스콘텐츠란 무엇인가?
2. 뉴스도 마케팅이 필요한가?
3. 뉴스를 마케팅에 활용할 수 있는가?

1 뉴스콘텐츠의 정의

온라인상에서 공신력 있는 매체의 사실화된 뉴스를 뉴스콘텐츠라 한다. 일반적으로 검증된 내용이라 할지라도 개인에 의해 쓰여진 내용에 대하여서는 한 방향으로 왜곡되거나 치우치기 쉬우므로, 뉴스를 활용한 콘텐츠는 대중에게 있어 공신력이 있는 사실만이 전달되어야 한다.

그림 14-1 인터넷신문의 뉴스콘텐츠 가치사슬

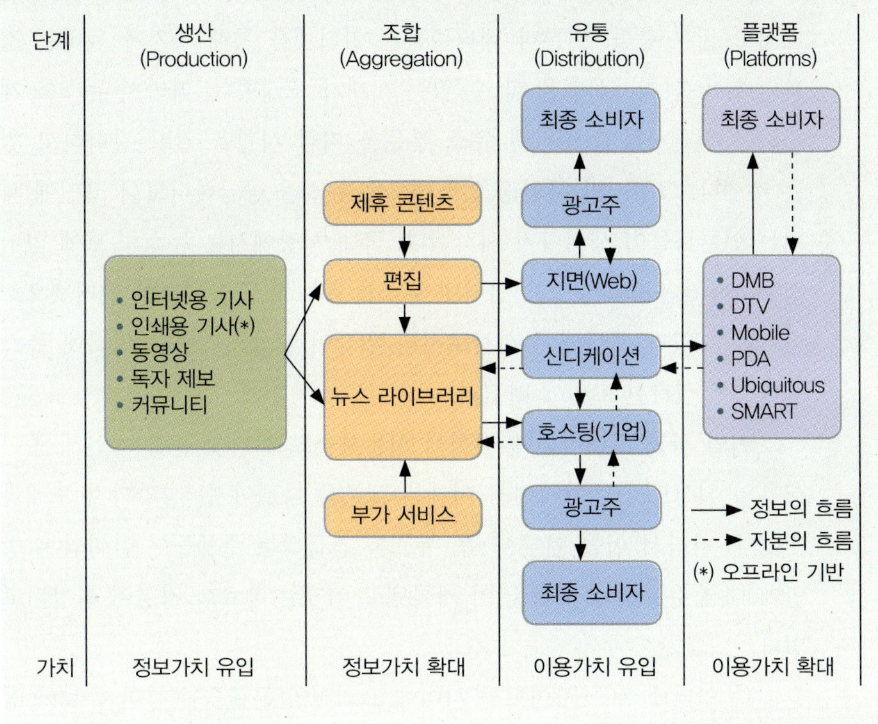

2 뉴스콘텐츠 산업의 현황과 전망

뉴스콘텐츠 산업의 현황

우리나라 뉴스시장도 급격하게 변하고 있다. 예전 수용자들이 일방적으로 받아들이는 뉴스에서 이제 수용자들이 선택할 수 있는 그런 시대가 됐다. 즉 인터넷의 발달로 인해 수용자는 지상파를 통해 뉴스를 접할 수 있거나 케이블, 또는 위성 TV로도 뉴스를 접할 수 있게 됐다. 그 가운데서도 젊은 층들, 이른바 네티즌들은 인터넷을 통해 자기가 원하는 정보와 뉴스를 취사선택을 할 수 있는 시대가 도래했다. 따라서 뉴스를 제공하는 언론사들도 인터넷 뉴스 부문을 지금 사활을 걸고 강화하고 있는 추세다. 그렇지만 무한정 인터넷으로 뉴스를 공급하다보니 고민에 빠지는 언론사들이 생겨나기 시작했다. 국내 시장에서는 뉴스 속보에 있어 선두주자였던 연합뉴스가 인터넷 뉴스를 무료로 제공했지만 인터넷으로 다 볼 수 있기 때문에 통신사로서의 위상이 흔들거리면서 인터넷 뉴스 서비스에 심각한 고민에 빠졌다.

이와 함께 오프라인에 있어서 신문사들도 인터넷 뉴스로 인해 종이신문의 위상도 흔들거리면서 이제는 생존을 다퉈야 할 상황까지 도래한 것이다. 따라서 이들 언론사 즉, 뉴스를 공급하는 주체들이 살아남는 방안에 대해 유료화 문제가 많이 거론됐고 이제는 유료화 경향이 확산되고 있다.

즉 인터넷 뉴스 사이트들 사이에 프리미엄 콘텐츠를 통한 유료화 경향이 확산되고 있는 것이다. 예를 들면 연합뉴스는 일반인들이 접근하는 사이트와 다른 프리미엄 뉴스를 유료로 운영하고 있다. 다른 신문사들도 이 같은 경향은 마찬가지다. 이와 함께 콘텐츠 유료화는 뉴스 사이트뿐만 아니라 검색 사이트 입장에서도 중요한 사안이 되고 있다. 뉴스콘텐츠 유료화에는 많은 어려움이 따르긴 하지만, 뉴스 사이트들이 이용자를 많이 확보하고 있는 네이버 뉴스 등의 뉴스 검색 사이트를 통해 유료 콘텐츠를 홍보하고, 적용 기술, 수익 배분 등 여러 가지 현안들을 해결해 나간다면 성공 가능성이 높다는 주장이 제기되고 있다. 즉, 뉴스와 포털이 손을 잡고 중요 뉴스에 대한 유료화를 서서히 진행해 간다면 뉴스 마케팅이라는 새로운 영역을 창조할 수 있을 것이다..

뉴스산업의 전망

수많은 디지털 콘텐츠 중에서 뉴스콘텐츠는 양과 질적인 측면에서 전형적인 정보 상품이다. 주요 일간지의 경우만 보더라도 하루에 쏟아내는 뉴스콘텐츠의 양은 5천 건 이상이다. 이처럼 다양한 분야의 정보와 지식을 제공함에도 불구하고 뉴스콘텐츠 산업은 시장규모나 발생하는 수익부분에서 다른 디지털 콘텐츠들과 비교해 볼 때 차지하는 비중이 크지 않은 것이 현재의 상황이다. 그렇다면 이와 같은 현상이 발생하는 이유는 무엇일까? 우리 생활에 꼭 필요한 정보상품임에도 불구하고 그 가치는 저평가되어 소비됨으로 인해 디지털 콘텐츠 산업에서 중요한 위치를 차지하지 못하고 있는 것은 아닐까.

2004년 뉴스콘텐츠 독점계약이라는 엄청난 이슈가 미디어 업계에 큰 파란을 일으켰다. 5개 스포츠신문들은 뉴스 에이전시인 웹브라이트를 통해 파란닷컴의 오픈시점과 맞물려 뉴스콘텐츠 가격을 기존 대형 포털 사이트보다 10배 가량 높게 받기로 한 계약을 체결하였다. 각 사당 뉴스콘텐츠 제공의 대가로 2년간 월 1억 원씩 파란닷컴이 지불하기로 한 것이다. 뉴스콘텐츠 생산자 입장에서 볼 때는 그동안 적정한 가치를 인정받지 못하고 지속된 뉴스콘텐츠의 가치하락으로 인해 누적된 경영악화를 탈피하기 위한 마지막 선택이었는지 모른다. 또한 뉴스콘텐츠를 공급받는 입장에서도 '뉴스콘텐츠 제값 주기' 차원이란 명분을 통해 스포츠

뉴스콘텐츠의 독점적인 공급을 노린 전략이었다고도 판단할 수 있다. 그럼에도 불구하고 5개 스포츠신문의 하나인 굿데이는 지속된 경영악화로 인해 결국 파산선고를 받았다. 뉴스콘텐츠를 생산하고 공급하는 신문사들의 경영상황은 점점 더 어려워지고 있는 현실이다. 스포츠신문들이 파란닷컴에 모든 뉴스콘텐츠를 독점적으로 공급계약한 자체는 시장질서의 붕괴의 대표적 사례로 볼 수 있다.

그렇다면 뉴스콘텐츠의 가치는 어떻게 규명할 수 있는 것일까? 뉴스콘텐츠가 가지고 있는 '정보의 가치'에 대해 시장 참여자들조차 발생하거나 감소 또는 소멸하는 원인을 밝히기가 무척 어렵다는 것이 현재 뉴스콘텐츠 시장이 직면한 문제점으로 볼 수 있다. 뉴스콘텐츠는 다른 디지털콘텐츠와 마찬가지로 역동적으로 진화하고 있다. 뉴스콘텐츠가 생성되는 단계부터 쇠퇴되는 단계까지 뉴스콘텐츠가 가지고 있는 정보의 가치도 다양한 형태로 재창출되고 있다. 그러나 현재 뉴스콘텐츠 산업은 점점 한계점을 드러내고 있는 상황이다. 즉, 뉴스콘텐츠 생산자들이 점차 경영상의 수익구조를 극복하기 어려운 시점까지 도달했다는 것이다.

업계에서는 뉴스콘텐츠 산업의 근간이 되는 뉴스콘텐츠를 생산하는 기업들이 소멸되어 가는 과정에 직면해 있거나 현재 소멸단계에 있다고 해도 새로운 뉴스콘텐츠는 계속 생겨날 것이라는 주장도 있다. 그러나 뉴스콘텐츠가 시장에서 선순환되지 못한다면 정보의 가치는 계속해서 하락하게 될 것이고 더 이상 가치로서 존재하지 않을 수도 있을 것이다. 결국 현재 뉴스콘텐츠 산업 발전을 위해 해결해야 할 여러 가지 문제들 중에서 뉴스콘텐츠 시장의 유통구조의 개선을 최우선 과제로 봐야 할 것이다.

뉴스콘텐츠 시장규모

인터넷신문 뉴스콘텐츠 시장은 포털 사이트들이 자사 뉴스 서비스에 사용하기 위해 뉴스콘텐츠를 구매하는 시장과 일반기업들이 자사 홈페이지나 내부 인트라넷 또는 금융 트레이딩시스템에 사용하기 위해 뉴스콘텐츠를 구매하는 신디케이트 및 기사 스크랩용 시장으로 구분해 볼 수 있다. 또한 정당한 비용 지불 없이 무단으로 뉴스콘텐츠를 사용하고 있는 불법 뉴스콘텐츠 시장도 존재하고 있다. 인쇄신문 시장의 규모가 04년 기준으로 대략 2조 5,100억 원 규모로 형성되고 있는 것과는 대조적으로 인터넷신문 뉴스콘텐츠 시장규모는 쉽게 산출하기 어려운 문제점이 있다. 이는 인쇄신문과 달리 인터넷 신문들의 매출만으로는 시장규모를 판단하기 어려운 현실에 있기 때문이다.

그런데 2005년 3월 한국 온라인신문협회 정기 세미나에서 뉴스 신디케이트 업체인 인포캐스트가 발제한 '디지털뉴스콘텐츠 마케팅' 자료에 의하면 사내 인트라넷 및 단위 분서에서 뉴스콘텐츠를 사용하는 시장규모를 약 700억 원 정도로 제시했다. 또한 KT의 비즈메카 뉴스 솔루션

그림 14-2 뉴스콘텐츠를 기반으로 한 스크랩 및 모니터링 시장규모

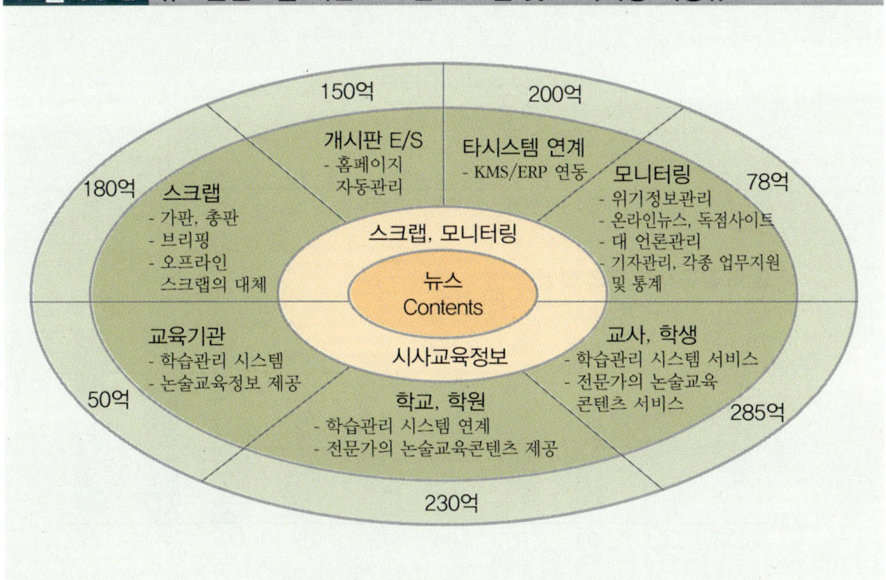

출처: 비플라이소프트, '신문 스크랩 및 뉴스 모니터링 서비스를 위한 언론사 제휴 제안서'(2005).

대행업체인 비플라이소프트의 '신문스크랩 및 뉴스 모니터링 서비스를 위한 언론사 제휴 제안서'에 따르면 신디케이트 및 기사 스크랩 및 기사 스크랩 시장의 규모를 대략 600억 원 정도로 제시했었다.

한편 뉴스콘텐츠의 원천인 신문이라는 매체는 이미 성장을 멈추고 쇠락기에 접어든 것일까? 다양한 미디어들이 출현하면서 신문 산업을 중증 환자에 비유하는 것이 유행이 됐다. 하지만 과학적 조사기법에 기반한 전문가 집단의 연구결과는 최소한 예측 가능한 미래에도 산업으로서의 신문은 성장을 계속하는 것으로 나타났다.

2007년 세계적인 컨설팅 회사인 PWC(Price Waterhouse Coopers)는 '2007~2011년 글로벌 엔터테인먼트·미디어 산업 전망'을 발표했다. TV, 라디오, 비디오게임, 잡지, 출판 등 14개 분야에 걸친 엔터테인먼트와 미디어 산업 가운데 신문산업과 관련, PWC는 "세계 신문시장(유가신

그림 14-3

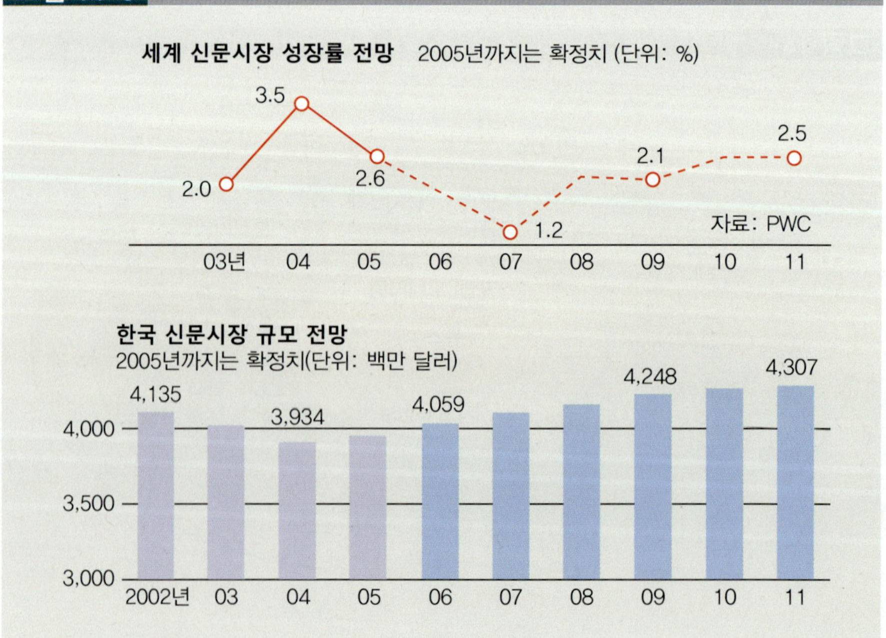

출처: 조선일보, 세계 신문산업, 성장은 계속 된다(2007).

문시장+광고시장)은 2011년까지 앞으로 5년간 연평균 2.1% 성장할 것"이라며 "이에 따라 신문시장 규모는 2006년 1,810억 달러에서 2011년에는 2,007억 달러 규모로 성장할 것"이라고 예측했다.

한국, 중국, 일본, 인도 등이 포함된 아시아·태평양 지역 신문시장은 연평균 3.4%의 성장률의 보이며 시장 규모는 2006년 452억 달러에서 2011년에는 535억 달러로 커질 것이라고 PWC는 전망했다.

한국 신문광고시장은 연 2%씩 성장해 2006년 18억 달러에서 2011년에는 20억 달러 규모로 커진다고 전망했다. 한국의 신문광고시장 성장률은 2003년 −5.3%, 2004년 −6.1%를 기록해 급속한 감소세를 보였지만 2005년에 1.8%로 플러스 성장으로 돌아선 이후 2011년까지는 연평균 2%대의 성장이 예측된다는 것이다. 또한 한국의 유가신문시장 규모도 급속한 위축은 없을 것으로 전망됐다. PWC는 2007~2011년에 걸쳐 한국의 유가신문시장 규모는 연평균 −0.1% 성장률을 기록할 것이라고 예측했다. 따라서 한국 전체 신문시장 규모는 2006년 40억 5,900만 달러에서 2011년 43억 700만 달러로 연평균 1.2%의 성장을 이룰 것이라고 전망되었다.

한국, 중국, 일본, 인도 등 14개 국가가 포함된 아시아·태평양 지역에서 향후 5년간 가장 높은 신문시장 성장률을 보일 것으로 예측된 국가는 인도이다. 인도는 연평균 11.7%의 고성장을 지속할 것으로 예측됐다. 인도 신문시장에는 지난 5년간 무려 400개의 일간지가 새로 진출했고, 같은 기간 신문 발행부수는 2,120만 부나 증가한 것으로 나타났다. 인도에 이어 인도네시아(11.4%), 중국(8.9%) 등이 아시아·태평양 지역의 신문시장 성장세를 이끌 것이라고 PWC는 전망했다.

일본은 지난해 신문시장 규모가 199억 달러로 아시아·태평양 지역 전체 신문시장의 44%를 차지하고 있는 것으로 조사됐다. 그러나 향후 5년간 신문시장 성장률 측면에서는 연평균 −0.3%의 성장률을 기록할 것으로 전망돼, 아시아·태평양 지역 국가 가운데 유일하게 마이너스 성장을 할 것으로 예측됐다. 유가발행부수는 중국이 세계에서 처음으로 1억 부를 넘은 것으로 조사됐다. 뒤이어 인도가 8,400만 부로, 일본이 6,900만 부를 기록해 세계 2위와 3위를 각각 차지했다.

3 뉴스콘텐츠의 마케팅 특성

인터넷을 통해서 유료화된 콘텐츠를 제공하고, 여기서 수익을 얻으려는 온라인 미디어들의 경영 모델은 구체적으로 보면 다양한 형태를 가지고 있지만, 전반적으로 이 모델들이 성공을 거두려면 콘텐츠의 전문성과 유용성이 커야 한다. 그러나 대부분의 온라인 뉴스 미디어들이 연예·오락 등의 가벼운 콘텐츠들에 집중함으로써 비슷한 종류의 서비스를 제공하는 다른 사이트들(특히 포털 사이트)과의 차별성을 두는 데 실패하고 있다. 이 때문에 출범 당시 거창하게 시작했던 온라인 뉴스 미디어들이 지금은 경영에 어려움을 겪고 있다.

NBC Internet Inc.는 이미 전체 직원의 20%를 감원했으며, Salon.com은 수입 감소로 어려움을 겪고 있다. TheStreet.com 역시 5개의 직군을 없애고, 콘텐츠를 일부 축소하였다. 사건·사고 관련 뉴스 서비스를 중심으로 하는 APBnews.com도 140명의 리포터들을 감원하였고, 보안 전문 기업인 SaftyTips.com에 매각된 것으로 알려졌다. 특히, 전문가들은 APBnews.com이 좋은 기사를 많이 제공해 왔음에도 불구하고 경영난에 빠졌기 때문에, 인터넷상에서 뉴스콘텐츠 제공에 기반한 경영 모델이 얼마나 힘든 것인가를 보여 주는 사례라고 보고 있다.

또한 대부분의 사이트들이 유료 서비스 모델을 포기하고 있다. 예를 들어서, TheStreet.com과 Microsoft의 Slate.com의 경우에는 회원제 운영을 포기하였다. 이것은 이 사이트들의 주요 수입원인 광고와 회원제 수익 중 하나를 포기한 것이다. 반면, 인터넷과 첨단 기술에 대한 사회적 관심의 증가에 힘입어 이들 분야에 대한 인쇄매체의 광고 수익은 계속 증가해왔다. 이러한 추세의 가장 큰 수혜자 중에는 [Industry Standard], [Business Week], [Business 2.0] 등이 있다.(연합뉴스, 2000)

온라인 미디어와 오프라인 미디어의 결합

Inside.com의 경우 경영난을 타개하기 위해, 다른 인터넷 관련 기업들의 경영 모델 전략 전환과 비슷한 방향으로 전환하고 있다. 즉, 온라인 서비스와 오프라인 서비스를 병행하는 것이다. Inside.com의 모기업인 Powerful Media는 [The Industry Standard] 잡지와 제휴해서 인터넷 산업 전반을 커버하는 주간 잡지를 만들려고 하였다. 일부 언론은 이를 두고 "뉴 미디어에서 올드 미디어로 옮겨가다"라고 표현하고 있다.

Inside.com의 경우에는 다른 온라인 미디어들과는 다른 경로를 거친 기업이다. 대부분의 온라인 미디어들이 올드 미디어(텔레비전, 잡지 등)를 경영하는 기업들이 사업확장을 해서 인터넷으로 진입하였지만, Inside.com은 인터넷(뉴 미디어)에서 잡지(올드 미디어)로 사업을 확장한 것이다. 즉, 거꾸로 사업방향을 전환한 셈이다. 이것은 두 가지 의미를 갖는다.

첫째, 콘텐츠의 전문화를 꾀하고 있다는 점이다. 특히 인터넷 관련 산업 전반을 주제로 하되, 연예·오락 관련 산업의 디지털화에 초점을 두고 있다는 것은 전문화와 동시에 차별화를 시도하려는 것으로 볼 수 있다.

둘째, 지금까지 대부분의 온라인 기업들이 시도해 온 오프라인과 온라인 서비스의 결합을 온라인 미디어들도 시도하기 시작한 것이다. [The Industry Standard]지를 발행해온 Standard Media International과 Inside.com은 공동 편집과 마케팅 방식을 개발하려고 노력하고 있다. 경영 방식에 있어서도 Standard Media International은 제작과 배포를 맡고, Inside.com은 광고와 마케팅을 담당할 것으로 알려졌다. Inside.com의 책임· 편집자인 마이클 허스천(Michael Hirschorn)은 회원들에게 잡지 구독권 및 웹사이트 콘텐츠 이용권, 컨퍼런스 참가권 등을 제공할 것이라고 밝혔다. 즉 온라인과 오프라인 마케팅을 혼합·실시한 것이다.

4 뉴스콘텐츠의 마케팅전략

앞서 언급한 것처럼 미국의 많은 온라인 미디어들이 경영난에 빠져 문을 닫거나 감원조치를 취하는 것에 대해서 [American Journalism Review]에서는 다음과 같이 9가지 전략을 조언하고 있다. 이것을 간단히 살펴보면 다음과 같다.

① 너무 앞서가지 말 것

업계의 상황을 고려하지 않고 너무 빠르게 경영 모델을 확장하는 것은 사업을 위험에 빠뜨릴 수 있다. 대표적인 예가 APBnews.com이다. APBnews.com은 자체 라디오 방송국을 가지고 있었으며, 최신 시설의 텔레비전 제작 스튜디오와 출판업을 준비하고 있었다. 이러한 과도한 투자 이외에도 초기 사업을 위해 대출 받은 금액의 40%에 해당하는 1,100만 달러를 광고에 쏟아부었다. APBnews.com의 목표는 범죄 관련 뉴스 장르를 선점하는 것이었는데, 이는 지나치게 앞서가는 것이었다. 사건·사고 뉴스 시장이 아직 개척되기도 전에 이루어진 과도한 투자는 이후 광고비와 전자상거래 수입이 크게 늘지 않자 경영이 어려워진 주요 원인으로 작용했던 것이다.

❷ 자리를 잘 잡을 것

미국 실리콘 밸리의 심장부인 산호세 지역에서 발행되는 [Mercury News]지는 인터넷상의 온라인 미디어 개척의 선구자이다. 많은 뉴스 사이트들이 지역 포털 업체와의 연계를 주요 경영방식으로 삼고 있을 때, 이 신문은 자체 지역 포털인 BayArea.com을 출범시켰다.

[Mercury News]지는 자체 자원을 활용하기 위해서 다른 온라인 뉴스 미디어들이 포털 서비스와 제휴하는 가운데, 자체 포털 서비스를 통해서 뉴스 자원을 활용하려 한 것이다. [Mercury News]지는 우선 이 사업을 준비하기 위해 일차적으로 자사의 기업과 기술 관련 정보 사이트인 SiliconValley.com을 2년 동안 활성화하기로 결정했다. 인터넷에서는 다양한 대용량의 정보에 단시간 내에 접근하는 것이 가능하기 때문에, 정보 소비 속도가 빠르다. 그래서 체계적인 서비스 계획을 치밀하게 준비하지 않으면, 콘텐츠의 매력적인 요인들이 그 장점을 금방 잃어버릴 수 있다.

❸ 초첨을 잘 맞출 것

1997년에 미국의 [National Journal]지는 [Washington Post]지, ABC News와의 제휴관계를 청산했다. 이들은 PoliticsNow라는 웹사이트를 만들 계획이었다. [National Journal]지가 정치 관련 분야에서 가지고 있는 권위와 명성, 그리고 ABC News와 [Washington Post]의 높은 브랜드 인지도 등의 장점에도 불구하고 이들의 계획은 무산되고 말았다. 그 이면에는 기본적인 경영전략이 맞지 않았다는 이유가 있다. 특히 타깃 시장에 대한 불일치가 큰 원인이었다. ABC News와 [Washington Post]지는 소비 대상이 폭넓었지만, 반면에 [National Journal]지는 정계와 재계의 전문가 집단을 주요 대상으로 하고 있었다. ABC News와 [Washington Post]지는 폭넓은 소비자를 대상으로 마케팅하고, 이들에게 소구할 수 있는 콘텐츠를 만들려고 했다. 그러나 제한된 계층에 대한 서비스를 고집하는 [National Journal]지와는 맞지 않는 것이어서, 결국 공동 프로젝트가 무산되고 만 것이다.

④ 기존의 성공적 사례를 활용할 것

많은 온라인 미디어 기업 가운데 성공적인 사례는 그리 많지 않다. 특히 이 가운데서 America Online과 Yahoo!, ebay 등을 제외하고 사람들에게 인기를 얻고 있는 MSNBC.com, usatoday.com, nytimes.co 등은 성공의 이유가 확실하다. NBC와 CBS가 1940년대 말 그들의 라디오 네트워크를 확장해서 텔레비전 업계에 진출했던 것처럼, 현재의 인쇄매체와 텔레비전 업계도 오프라인 미디어 시장에서 이미 가지고 있는 위치를 활용해서 인터넷 세계에 진출했다. 이들 기업이 가지고 있는 이미지는 단순히 인터넷 이용자들을 홈페이지로 끌어들이는 친숙한 이름 그 이상의 무엇인가를 가지고 있다. 동시에 이 기업들의 온라인 미디어는 모기업의 수익에 영향을 주지 않는 범위에서 최대한 이루어진다.

⑤ 차별화된 콘텐츠를 갖출 것

온라인 뉴스 미디어의 경우, 단순히 모기업의 뉴스를 그대로 옮겨서는 성공하기 힘들다. latimes.com의 책임 편집자를 맡았던 레리 프로어(Larry Pryor)는 “자신만의 독자적인 뉴스를 갖지 않으면, 뉴스 조직이라고 할 수 없다”라고 말하였다. 온라인 미디어의 고도로 전문화된 콘텐츠(주로 뉴스)는 제한적인 계층을 타깃으로 한다. 예를 들어서 Knight Rider의 신문은 자동차와 주식을 전문으로 하는 콘텐츠를 제공하고 있으며, [Santa Rosa, California, Press Democrat]는 캘리포니아의 포도 재배지역 관련 정보를 다루는 winetoday.com 사이트를 중심으로 콘텐츠 차별화를 꾀하고 있다.

⑥ 업데이트 주기를 적절하게 조절할 것

온라인 미디어가 제공하는 인터넷 뉴스는 이론적으로 일주일 내내 24시간의 사이클을 가지고 있다. 그러나 인터넷 이용자들의 온라인 뉴스 이용행태를 보면, 피크 타임이 있는 것으로 밝혀졌다. 보통 오전 10시에서 오후 5시 사이인 것으로 알려졌다. 이 시간대에는 직장인들이 주식 시장을 체크하고, 뉴스 사이트에 올라온 최신 소식들을 확인한다. 이러한 이유 때문에 washingtonpost.com은 오후 뉴스 버전을 시작했으며, 시장 정보는 오후 1시경에 정기적으로 업데이트했다. 그러나 이러한 정기적 순환 주기를 가지고 온라인 미디어를 운영하는 곳은 많지 않다. 한 전문가는 낮에 사무실에서 인터넷을 이용하는 직장인들은 주로 정보와 뉴스를 선호하지만, 퇴근 이후 집에서는 정보보다는 오락을 더 원한다고 이용자들의 일상 패턴에 따른 콘텐츠 선호 경향을 말하였다. 즉 이러한 생활패턴의 변화를 고려해서 정기적으로 업데이트를 고려하는 것이 필요하다.

⑦ 기업이 생각하는 것과 이용자들이 생각하는 것은 다를 수 있음

온라인 뉴스 미디어들이 제공하는 뉴스 기사가 실제로 이용자들에게는 별로 관심이 없는 것일 수 있다. 즉 많은 출판업자들이 인터넷으로 콘텐츠들을 옮기고 있지만, 모든 것이 인터넷에 적합한 것은 아니라는 것이다. 금융 관련 뉴스 사이트인 CBS MarketWatch의 대표이사인 레리 크레머(Larry Kramer)는 "뉴욕 시민들이 온라인 뉴스 미디어에서 읽기를 원하는 것은 따로 있다. 많은 미디어들이 컴퓨터를 통해서 전달한 뉴스들이 실제로는 뉴욕 시민들이 원하지 않는 것들일 수 있다"고 말했다.

크레머는 미국의 미디어 연구기관인 Pew Research Center for the People & the Press에서 발표한 연구결과를 인용해서, 이용자들이 인터넷에서 관심을 가지고 있는 것은 날씨이고, 그 다음이 과학과 보건, 기술, 비즈니스 뉴스 등이라고 밝혔다. 즉, 온라인 뉴스 미디어가 중요하다고 생각하는 것과 이용자들이 생각하는 것에는 차이가 있다는 점이다.

⑧ 미디어의 역할에 대해 다시 생각할 것

미디어가 하는 일에 대한 생각이 변해야 한다. 작가 겸 온라인 미디어 비평가인 존 카츠(Jon Katz)는 기자라고 불리는 사람들이 정보를 모아서, 패키지화하고, 다시 이것을 이용자들에게 파는 것은 문제가 있다고 지적한다. 그는 전형적인 웹 뉴스를 '폐쇄된(closed)' 사이트라고 불렀다. 대신에 그는 '개방된(open)' 사이트를 제안하고 있다. 예를 들어서, Yahoo!나 CNET.com처럼 뉴스뿐만 아니라, 뉴스에 관련된 주변 정보 및 다양한 관련 콘텐츠들을 이용자에게 제공하는 것이 필요하다고 말한다. Yahoo!의 경우 전통적인 미디어에서는 볼 수 없는 다양한 비미디어적 서비스를 제공한다. 쇼핑과 세금납부, 주식거래, 웹검색 등 이용자의 일상생활에 밀접한 갖가지 정보와 서비스들을 제공한다. 카츠는 "온라인 뉴스 미디어도 사람들에게 웹의 어디든지 가서 원하는 일을 할 수 있도록 서비스를 제공해야 한다. 그들이 어딘가에 가서 자신의 일을 처리한 다음에는 다시 원래 사이트로 돌아올 것이다. 뉴스 사이트는 이 경우에 이용자들의 온라인 홈과도 같게 될 것이다"라고 말하였다.

❾ 제휴를 많이 할 것

온라인 미디어는 콘텐츠의 다양성과 전문성을 바탕으로 하는 차별성이 중요하다고 앞서 언급하였다. 하나의 온라인 뉴스 미디어가 이 모든 역할을 감당할 수는 없다. 더군다나 온라인 뉴스의 주기가 거의 24시간에 가깝고, 외부에서 들어오는 정보의 양이 매우 많기 때문에, 담당자들이 이 모든 것을 자체적으로 해결하기에는 어려움이 많다. 단순히 스트레이트성 정보를 제공하는 것은 어렵지 않겠지만, 전문성과 심층적 정보를 전달해야 한다면, 이것은 문제가 될 수 있다.

이러한 요인을 보완하기 위해서 필요한 것이 외부 콘텐츠 기업과의 제휴이다. 이것은 온라인 뉴스 미디어를 더욱 매력적이고 관심이 가는 것으로 만들 수 있는 좋은 방법이다. 이론적으로 온라인 미디어 간의 콘텐츠 공유는 비용부담을 전체적으로 줄이고, 교차적인 마케팅 성과를 거둘 수 있고, 뉴스 수집역량을 크게 향상시킬 수 있다. CNN.com과 MSNBC, ABC News 등의 방송 미디어들과 유수 신문들이 서로 콘텐츠 공유 협정을 맺는 것도 이러한 이유 때문이다. 이외에도 많은 지역 신문과 방송사들이 한 시장 안에서 뉴스 공유 협정을 맺는 추세이다.

Pew Research Center for the People & the Press에 따르면, 무엇보다도 중요한 것은 미국 성인들의 3분의 1 정도가 1주일에 한 번은 뉴스를 얻고자 인터넷을 이용한다는 점이다. 이것은 나머지 성인들은 온라인 뉴스를 이용하지 않는다는 것을 말한다. 온라인 뉴스 미디어들이 아직도 초기 단계에 머물러 있기 때문에, 변화와 개발의 여지가 매우 많으며, 여기에는 많은 흥망성쇠가 뒤따를 것이라는 점이다.

5 뉴스콘텐츠의 마케팅 활용과 성공사례

신문(각 언론사 웹사이트)

세계일보 SEGYE·com 세계일보 | 비즈
캠퍼스랑 가자! OPINION | 북한 | 국제 | 정치 | 경제
기사크게 기사작게 프린트 돌려보기 블로그에 담기 뒤로

월드컵 꿈 키우는 미니축구장

6일 개방된 경기도 과천 FnC코오롱 본사 로비의 미니축구장에서 어린이들이 축구를 하며 즐거워하고 있다.

황정아 기자

공간적 한계를 지니고 있는 뉴스콘텐츠가 유무선 웹을 기반으로, 공간의 제약이 사라짐으로써 제품이나 특정 기업PR 및 홍보의 경우 DB로 남아 정보를 제공해 주고 있다.

사례 1은 "월드컵 꿈 키우는 미니 축구장"이란 기사가 세계일보에 실린 예이다. FNC KOLON의 경우 이 기사를 통해 기업 PR 및 월드컵 마케팅을 하고 있음을 세계일보 및 여러 신문에 릴리스하고 이 기사를

삼성, 지상파 DMB내장 PMP 출시

[2006-04-04 11:30 입력] 기사제공 : 연합뉴스

삼성전자가 출시한 지상파DMB(이동멀티미디어방송)내장형 PMP(휴대용멀티미디어플레이어,모델명 YM-PD1). (서울=연합뉴스)

스크랩하여 회사 웹사이트에서 링크를 통해 새로운 뉴스콘텐츠로 활용한 방법이다.

사례 2는 삼성이 출시한 지상파 DMB 내장형 PMP 상품이다. 위 경우는 제품을 온라인 뉴스콘텐츠로 하여 제품을 PR하는 전형적인 온라인 마케팅의 방법이라고 할 수 있다.

'뉴스코리아'의 디지털 뉴스 저작권 신탁사업

뉴스코리아는 세계 최초로 성공한 디지털 뉴스 저작권 신탁사업이다. 원소스 멀티유즈(OSMU: one source multi-use)의 표본이며, 협업 비즈니스의 대표적인 성공사례이기도 하다. 사업을 시작한 지 2년 남짓에 불과하지만, 저작권자(언론사)들의 추가적인 비용 부담 없이 연간 100%의 매출 성장세를 유지하고 있다.

성장이 멈춘 신문 산업의 보완재로 그리고 원 포인트 구원투수로서의 가능성도 점차 키워 나가고 있다. 또한 포털의 하청업체로 전락한 저작권자(언론사)의 위상도 이 사업을 통해 점차 되찾아 가고 있으며, 만연돼 있던 저작권 침해 풍토를 개선해 언론사의 자산 자치도 높여가고 있다.

그야말로 무(無)에서 유(有)를 창조하면서 멀티미디어 시대의 신문사들이 어떻게 발상을 바꿔 나가야 할지, OSMU 전략을 어떻게 구사해야 할지, 기자들의 역할은 어떻게 바뀌어야 할지 등에 대해 많은 시사점을 던져 주는 대표적인 사례라 할 수 있다.

'뉴스코리아'는 2006년 4월 21일 설립된 한국디지털뉴스협회(회장

양상우 한겨레 사장) 소속 54개 언론사가 회원사로 참여하고 있는 디지털 뉴스콘텐츠 상품의 브랜드 명칭이다. 이 사업은 저작권자(한국디지털뉴스협회)가 저작권을 한국언론진흥재단에 신탁하고, 언론진흥재단의 관리·감독 아래 마케팅 대행사(한국신용평가정보, 비플라이소프트, 다하미커뮤니케이션, 이미지클릭)들이 이 상품을 판매해 수익을 배분하는 방식으로 이뤄졌다. 언론사 입장에서는 신규 투자나 추가 비용 없이 기존의 콘텐츠를 활용해 신규수익을 창출하고, 언론재단은 언론 산업의 진흥 및 새로운 활로 모색에 크게 기여함으로써 재단의 위상을 높이고, 마케팅 대행사들 역시 신규 수익을 창출하고 있다. 즉 3자 모두 이익이 되는 윈-윈 게임이다.

'뉴스코리아'의 주요 상품으로는 텍스트, PDF, 사진, e-NIE, IPTV 콘텐츠 등이 있으며, 매년 지속적으로 신규 상품을 출시하면서 시장 규모를 키워 가고 있다. 사업 개시 2년차인 2008년의 매출은 17억 원대에 불과했지만, 무(無)에서 유(有)를 창출했다는 점, 매출이 연간 2배씩 증대되고 있다는 점, OSMU 및 신탁사업의 성공 모델이라는 점 등에서 이 사업에 내포된 의미는 작지 않다. 이 사업의 추진 과정을 살펴보면, 2005년 12월 말 사업설명회, 2006년 4월 21일 한국디지털뉴스협회 창립, 2006년 6월 7일 디지털뉴스저작권 신탁사업 허가(당시 한국언론재단), 2006년 10월 신탁계약 및 대리중개 계약 체결 등 10개월간의 준비과정을 거쳐 본격적인 사업에 착수했다.

뉴스코리아는 언론사 콘텐츠 비즈니스의 전제조건인 온라인 기사 콘텐츠는 무료라는 인식 개선을 위한 저작권 캠페인에도 힘을 쏟고 있다.

▲ 출처: 월간 신문과 방송, 2009/3월호 특집

초기 시스템 구축에는 NHN의 지원을 받았다. 언론재단에서는 비즈니스 모델 마련에 주도적인 역할을 했다. 한국디지털뉴스협회에서는 회원사들의 협업·공조를 위한 기구·체제 구축 및 의견 수렴, 정책결정 등의 역할을 했다. 앞으로는 '뉴스코리아'에 NewsML(국제표준뉴스포맷)과 디지털 콘텐츠 식별체계(UCI)를 적용해 유통과정의 투명성과 신뢰성, 효율성도 높여갈 계획이다. NewsML은 디지털 콘텐츠를 빠르고 체계적으로 처리하는 데 도움이 되며, UCI는 디지털 콘텐츠에 주민등록번호나 바코드와 같은 고유번호를 부여하는 개념이어서 콘텐츠의 위·변조나 저작권 침해를 예방하는 데 파수꾼 역할이 가능하다.

성장이 멈춘 신문 산업, 격감하는 신문 독자, 늘어나는 지출, 정체·감소하는 수입 구조, 초고속 성장을 하고 있는 뉴미디어 시장, 원소스 원유즈(one source one use)의 비효율성 등을 종합적으로 감안해 볼 때 과거 아날로그적 패러다임에 갇혀 있는 신문사는 앞으로 살아남기 어렵게 돼 있다. '독자 감소 → 광고매출 감소 → 수익 구조 악화 → 경영난 심화'라는 악순환의 고리를 끊는 방법에는 몇 가지가 있을 수 있다. 대부분의 신문사들은 광고 및 신문판매 이외의 수익사업으로 문화사업(공연·전시·문화행사 등), 출판사업, 체육행사 등을 펼친다. 그러나 이 분야 역시 과열 경쟁과 수익성 악화 때문에 레드 오션(Red Ocean)으로 전락한 지 오래다. 반면 '뉴스코리아'는 비록 아직 그 수익의 규모가 크지는 않지만, 추가 투자비용 없이 신규 수익을 창출하고 있다는 점, OSMU 사업이라는 점, 디지털 뉴스 신탁사업 분야에서 세계 제1호의 성공 모델이라는 점 등에서 블루오션의 대표적인 사례로 꼽을 수 있다. (임영섭, 2009)

아웃도어 인터넷 TV 개발 — 부산일보 터치뉴스

부산일보 '터치뉴스(Touch News)'는 기존 부산일보 종이신문의 기사와 광고를 이미지 파일(PDF) 형태로 50인치 대형 TV 모니터에서 볼 수 있는 미래형 신문이다. 시민들은 길거리에 설치된 터치뉴스의 모니터

▲ 부산 서면 롯데백화점 분수대에 설치된 터치뉴스. 32인치 광고용 스크린이 부착되어 부산일보 지면 콘텐츠뿐만 아니라 주변 환경오염 정도를 자동 측정해 수치로 나타낸다.

를 손가락으로 터치해 부산일보 지면 페이지를 앞뒤로 넘길 수 있으며 원하는 기사를 확대·축소·이동할 수 있어 실제 종이신문을 펼쳐 보는 것과 같은 느낌을 받게 된다. 또 모니터 하단에는 속보와 헤드라인 뉴스가 흐르고, 날씨 및 관광정보와 동영상 광고도 서비스된다.

2007년 2월 첫선을 보인 부산일보 터치뉴스는 사옥의 신문전시대 디지털화를 위해 고안되었다가 보다 많은 시민들에게 보여 주길 바라는 사내 의견이 많아 다중밀집 지역 설치로 사업방향이 전환되었다. 현재 터치뉴스는 부산김해국제공항 국내선과 국제선 청사에 각각 1대씩 설치돼 있으며, 노포동종합터미널, 서면롯데백화점 지하분수대, 부산대학병원, 지하철 환승역사, 부산시청 등 부산 시내 11곳에서 운영 중이다. 부산시청 터치뉴스에서는 주간 단위로 갱신되는 동영상 시정소식을 볼 수 있고, 지하철역에 설치된 터치뉴스에서는 미세먼지와 이산화탄소 농도 등 지하철 역사의 환경오염도를 자동 측정해 수치로 나타내 준다. 지하철의 각종 긴급상황도 알려 준다. 터치뉴스는 인터넷으로 연결된 네트워크를 통해 실시간 뉴스는 물론 설치지역의 특정 정보 표출, 동영상과 CF의 편성기능 등을 담고 있어 신문뉴스 서비스의 멀티미디어화 및 맞춤형 광고마케팅이 가능한 아웃도어용 인터넷 TV(IPTV)라 할 수 있다.

터치 광고유치· 맞춤형 광고마케팅으로 2008년 말 누적수익 2억 원인 터치뉴스 초기 투자비는 기업 광고 등을 유치하여 충당하였으며, 마케팅은 옥외광고기획사와 수익을 배분하는 방식으로 진행하고 있다.

2008년 말 기준으로 비용을 제외한 터치뉴스의 순수익 누적금액은 2억 원 정도이다. 향후 모니터 설치를 지속적으로 확대해 안정적인 수익모델로 발전시켜 나갈 예정이다. 부산일보 터치뉴스는 진화하고 있는 디지털 미디어이다. 매년 9월이 되면 부산 벡스코 전시장에는 'IT 엑스포 부산행사'가 열린다. 터치뉴스는 별도의 독립 부스를 차려 스탠드 단말기를 두 차례 선보여 왔다. 행사기간 중 많은 전문가와 일반인들이 터치뉴스에 관한 의견을 내놓고 제휴를 제안해 왔다. 스탠드 하단의 32인치 광고용 스크린 부착과 이동식 롤러 설치 등은 사용자 의견을 반영한 것이다. 초기 버전을 2010년 새롭게 디자인함으로써 설치와 사용이 더욱 편리해졌다.

비즈니스 제휴도 활발하게 이루어져 국내 굴지의 디스플레이 생산업체와 업무협약을 체결했으며, 터치스크린뿐만 아니라 퍼블릭 디스플레이 사업, 지하철 신문 가판대 리뉴얼 사업, 미용실 등을 대상으로 한 미니터치뉴스, 부산을 찾는 관광객을 위한 관광 안내 터치스크린 사업도 공동으로 추진 중이다. 터치뉴스는 하드웨어인 모니터 부문과 스탠드는 별도의 전문 제작업체가, PDF파일은 TV형 신문 서비스 업체인 비플라이소프트㈜와 업무협약을 체결하여 제공하고 있다. (김용환, 2009)

포털 활용한 콘텐츠 비즈니스 — 한겨레 '노드 프로젝트'

어제와 똑같이 기자들은 오늘의 현안을 부지런히 챙기고, 취재원과 전화하고, 쉴 틈 없이 돌아다닌다. 광고국은 당장 광고매출 유지를 위한 사명을 띠고 발품 하나 더 팔러 돌아다닌다. 누구 하나 바쁘다는 말을 내려놓지 못하는 것이 신문사 사람들의 하소연이다. 뭔가 잘못돼서가 아니라 종이신문 만드는 데 이만한 품은 들여야 하기 때문이다. 신문 만드는 일만큼은 이제 잘한다고 생각했는데, 신문의 매출은 조금씩 빠른 속도로 떨어지고 있다. 무엇인가 바뀌어야 한다. 이제 각자 자기 분야에선 전문가라는 소리를 들을 만큼도 됐다. 생소한 뉴스거리를 찾아서 만들어

▲ 노드 프로젝트로 운영중인 한겨레 조현 종교전문 기자 블로그. 일상에 바쁜 기자 혼자라면 어려웠을 기획 및 기사분류, 댓글관리, 화면편집 등의 블로그 관리 업무를 전담인력이 고정적으로 지원하면서 안정적인 콘텐츠 생산이 이뤄지도록 했다.

오라는 것이 아니라 지금껏 잘해 왔던 자신의 분야에 대해 조금 더 신경을 써서 '콘텐츠'를 만들어 보면 어떨까? 바로 이러한 시도에서 시작된 것이 한겨레 노드 프로젝트이다.

한겨레 노드(node) 프로젝트는 이름 자체만으로도 생소하다. '노드'란 네트워크상의 분기점 또는 단말기의 접속점을 뜻한다. '모든 기자의 멀티미디어 기자화'가 될 수 없다면 소수의 기자부터 적극적인 지원을 토대로 괜찮은 시작점을 만들어 보자는 것이다. 일단 어려운 이야기도 쉽게 쓸 줄 알고, 일반인들이 직접 가보지 못한 오지에도 취재라는 사명으로 다녀온 기자들이 그들만의 고급 콘텐츠를 써내려 갈 수 있게 해 보자는 것이었다. 지금껏 덤핑으로 포털에 기사를 내줘야 했던 언론사의 서러움을 벗고 오히려 질 좋은 콘텐츠를 찾아 다니는 포털에 제값 받고 콘텐츠를 판매하겠다는 전략이었다. 인터넷상에서 언론사 콘텐츠의 생산과 유통 방식을 조금은 새롭게 제시하겠다는 실험적 모델이라고 할 수 있다.

노드 프로젝트의 구상은 콘텐츠의 가치 평가부터 시작됐다. 사용수준이나 이용자 집단의 특성이 전혀 고려되지 않은 채, 신문의 모든 뉴스를 포털에 퍼 나르던 방식과는 전혀 달라야 했다. 어떤 독자를 타깃으로 할 것인지, 어떤 콘텐츠를 주로 생산하고, 다른 언론사의 콘텐츠와는 차별점이 무엇인지 명확히 하고 기자 자신의 분야에 집중할 수 있는 블로그 환경이 필요하다는 것에 의견이 모아졌다. 적극적인 지원도 필요했다. 괜찮은 트래픽을 만들어 주면서 네이버 포털로부터는 좋은 조건으로 콘텐츠를 독점으로 공급하는 계약을 채결했다. 노드 프로젝트는 최초 5개 특화 사이트부터 시작하기로 했다.

최초의 노드 콘텐츠는 조현 종교 전문기자의 휴심정(well.hani.co.kr), 권복기 기자의 공동체(community.hani.co.kr), 조홍섭 기자의 환경(ecotopia.hani.co.kr), 곽윤섭 기자의 사진(photovill.hani.co.kr), 박미향·이병학 기자의 맛과 여행(foodntrip.hani.co.kr) 사이트이다. 중요한 전제조건의 하나는 그동안 온라인 콘텐츠를 만드는 것에서 걸림돌로 작용했던 기획-개발 과정을 기자 혼자가 아닌 지원 전담 인력을 고정적으로 두어 안정적인 콘텐츠 생산이 이뤄지도록 했다는 점이다.

사이트 관리에 필요한 기사 분류, 일부 댓글의 관리, 외부 필진 관리, 동영상 콘텐츠의 제작과 편집 등이 주로 지원됐다. 노드 콘텐츠 기획-생산에만 각 노드 기자들이 업무를 집중할 수 있도록 부서도 노드 콘텐츠팀으로 분류했다. 지면 기사를 위해 고정적으로 투자해야 했던 편집국의 다른 업무들은 최소화시켰다. 한겨레만의 콘텐츠가 사장되는 상황을 막고 더 나아가 신문사의 비즈니스 모델이 될 수 있도록 하는 데 중심을 두겠다는 전략이었다.

정기적으로 기사를 생산하고, 커뮤니티를 운영하는 것만으로는 기대한 만큼의 페이지뷰를 만들기란 쉽지 않다. 노드 콘텐츠 기자들은 각자의 전문 분야 속에서 오프라인 사업 모델을 연계시켜 신뢰를 확보해 가는 전략도 병행했다. 체험 혹은 교육프로그램을 만들어 진행하고, 독자 참여 게시판을 두기도 했다. 파워 블로그처럼 노드 사이트 안에서 자연스러운 교류가 이뤄지도록 관심을 쏟아부었다. 매달 변화된 트래픽을 점검하고 방문자들의 편의성을 높이기 위한 적극적인 사이트 개편도 꾸준히 진행했다. 노드 프로젝트의 아이디어에 공감하는 전문가들은 자신의 칼럼을 연재해 주기도 했다. 공동의 관심사에 대해 전문적이고 질 좋은 콘텐츠만을 모은 사이트를 만드는 것에 외부 필자들도 적극적으로 호응을 보였다.

2009년 1월 현재 '휴심정'은 30만이 넘는 방문자 수를 기록하였다. '환경', '맛과 여행'은 늦게 오픈을 했지만 12월 이후 방문자 수와 페이지 뷰가 3배 이상 급속히 증가하여 20만 페이지뷰를 기록하였다. 노드 사이트의 트래픽 증가와 사업성과는 다른 기자들의 관심도 불러일으켰다. 본인 스스로 자신의 콘텐츠의 경쟁력과 영향력을 증명해 보이면서 특화 사이트로의 개발을 희망하고 나서는 경우도 있고, 심지어 자신의 콘텐츠에 대한 매출을 직접 후원받아 오는 경우도 생겨났다. 신문 불황의 시기라는데 예전의 익숙했던 관성을 조금만 바꾸면 새로운 비즈니스 전략이 눈에 들어오는 법이다. (김수정, 2009)

뉴스콘텐츠 '물류센터' 구축

뉴스 물류센터('뉴스뱅크 시스템')는 언론사와 온라인 서비스 사업자 간의 기사 전송 포맷과 루트를 단순화함으로써 전체적으로 물류비용을 절감하면서, 저작권자와 이용자의 상생 협력모델을 만들 수 있는 가능성을 제공한다. 이를 위해 뉴스뱅크는 국제언론통신평의회(IPTC)가 정한 NewsML(NewsMarkup Language)을 표준 뉴스 포맷으로 수용하여 실제로 적용하였다. 뉴스뱅크의 사업 모델은 '개방형 신디케이션'이라고 설명할 수 있다. '개방형'이라 함은 특정의 단일 기업이 뉴스뱅크 사업을 독점적으로 수행하는 것이 아니라, 각 분야 전문 기업들에 사업의 기회를 개방적으로 제공한다는 뜻이다.

▲ 뉴스뱅크가 서비스중인 '뉴스뱅크 이미지' 사이트. 뉴스뱅크는 사업에 참여하는 언론사들의 사진 140만 컷을 한 곳에 모아 출판사, 광고회사 등에 판매해 수익을 올리고 있다.

즉 누구라도 언론사 뉴스콘텐츠를 이용한 사업 아이디어가 있다면, 뉴스뱅크에 신청하고 참여 언론사들의 승인을 얻어 실제로 사업을 전개할 수 있다. 현재까지 선을 보인 뉴스뱅크 서비스 모델은 모두 다섯 가지이다.

첫째는 언론사들의 보도사진을 모아 통합 관리하면서 판매하는 '뉴스뱅크 이미지'(http://image.newsbank.co.kr)이다. 2007년 3월 사이트가 만들어진 이래 2009년 2월 현재 10여 개 언론사가 제공한 보도사진 140만 컷을 출판사·광고회사 등에 제공하고 있다. 일종의 '보도사진 e마켓플레이스'인데, 인지도가 높아져 매출이 지속적으로 증가하고 있다.

두 번째와 세 번째 모델은 유사한 서비스 성격을 가진 '뉴스뱅크 미니(http://mini.newsbank.co.kr)'와 '뉴스뱅크 RSS(http://rss.newsbank.co.kr)'이다. 이 두 서비스는 웹브라우저가 아닌 간단한 프로그램(미니 어플리케이션)을 통해 보고 싶은 뉴스를 맞춤형으로 이용할 수 있게 한 신개념 뉴스 서비스 모델이다. 예를 들어 원하는 언론사와 원하는 뉴스 분류, 키워드 등을 설정해 놓으면 해당 뉴스가 실시간 속보형태로 전해진다. 미니와 RSS는 각각 ㈜마이글과 ㈜팩시아소프트에 의해 2008년 8월 서비스가 시작됐으며, 다음해부터 실질적으로 광고 매출이 발생하였다.

네 번째 모델은 '뉴스뱅크 POD(http://pod.newsbank.co.kr)'이다. 종이신문의 레이아웃을 그대로 살린 PDF 신문을 기사 단위로 분리하고, 이용자가 온라인에서 기사를 손쉽게 웹스크랩북 형태로 재구성할 수 있을 뿐만 아니라, 웹스크랩북을 실제 종이책으로 인쇄할 수 있도록 한 주문형 서비스이다. '뉴스 인 북(News In Book)'의 신개념 서비스로, ㈜유니닥스가 개발했다.

다섯 번째 모델은 각종 뉴스뱅크 사업모델에 적용하도록 설계된 '뉴스뱅크AD'이다. 뉴스뱅크AD는 클릭당 과금(CPC)와 노출당 과금(CPM) 등 다양한 형식의 광고 상품을 수용할 수 있도록 고안된 광고 플랫폼으로, 뉴스 저작물의 내용과 연관된 온라인 광고를 자동 삽입함으로써 문맥형 광고(Contextual Ad)를 가능하게 했다. 뉴스뱅크는 이런 형태의 광고를 CEA(Contents Embedded Ad)라고 지칭하는데, 한국신문협회가 추진한 '기사 내 광고' 모델이 내용적으로 CEA와 동일하다고 할 수 있다. 뉴스뱅크AD는 ㈜소나무미디어가 1년여의 개발 끝에 완성하여 뉴스뱅크 미니와 RSS에 적용하였다. 뉴스뱅크는 뉴스 저작권자와 온라인 사업자의 윈-윈'을 추구한다. 온라인의 뉴스 이용을 저해하지 않으면서 언론사의 권리를 보호받을 수 있는 서비스 모델을 제시하여 실행함으로써 온라인 뉴스 유통시장을 전체적으로 합리화하는 것이 뉴스뱅크의 목표이다. 또한 '개방성'과 '투명성'을 뉴스뱅크 운영의 절대 원칙으로 삼고 있다. (미디어동향, 2009)

인터넷방송, 오프라인 방송 사이트 활용

동영상의 장점을 활용하는 것이다. 온라인의 경우 동영상은 시간적 제약' 없이 반복적으로 청취가 가능하다는 장점과 신문보다는 훨씬 더 전달력이 강하다는 장점을 가지고 있다.

▲ 포털에 동영상 뉴스로 제공된 사례

첫 번째 사례는 코오롱스포츠가 후원하는 2006년 독일월드컵 성공기원 연예인 히말라야 원정대가 국내 훈련을 시작했다는 동영상 뉴스콘텐츠를 제작하였다. 코오롱스포츠가 진행한 온라인 마케팅의 예로 인기있는 유명 연예인들이 코오롱스포츠 옷을 입고 이번 원정에 함께한다는 영상릴리스를 제공하여 오프라인

▲ 오프라인 방송영상을 활용한 마케팅

으로는 공중파에 방송되고 온라인으로는 코오롱스포츠 웹사이트 및 포털 사이트를 통해 온라인 뉴스콘텐츠로 제공하는 방법이다.

두 번째 사례는 동아TV에서 다루었던 '송선미의 필라티즈'란 코너로 요가와 더불어 필라티즈 열풍이 사회적 이슈로 떠오르면서 필라티즈가 어떠한 운동인가에 대하여 집중적으로 조명되었던 사례이다.

head와 동아TV는 공동 온라인 마케팅을 통해 DVD, VHS를 제작하여 판매함은 물론, head의 경우 공동타이틀로 참여 브랜드의 인지도를 알리고 head 홈페이지에 방문 및 회원으로 가입하는 고객에 한하여 무료로 동영상을 볼 수 있는 온라인 마케팅을 전개하였다.

이 경우는 뉴스콘텐츠로 시작하여 동영상, 연예, 방송영상을 종합한 좋은 온라인 마케팅의 예가 될 것이다.

전문 뉴스콘텐츠 사이트 성공사례

1) IT전문 뉴스콘텐츠 사이트: www.inews24.co.kr

인터넷 등 온라인뉴스 시장에 이용자들이 몰리고 있는 것은 속보성, 오락성, 멀티미디어성, 편이성을 충족시키고 있기 때문으로 보인다. 뉴스가 인터넷으로 제공된 이래 신문기업은 뉴스를 어떻게 하면 효과적으로 서비스할 것인지 고민해왔다. 투자에 비례해서 서비스의 질도 개선됐다. 그러나 신문기업이 상대해보지 않았던 보다 복합적인 기능을 가진 기기들이 뉴스콘텐츠를 담고 이용자들과 만나는 상황에 효과적으로 대응한 것만은 아니다.

사실 시장에서 콘텐츠를 수집하는 대기업들은 신문기업이 생산하는 뉴스가 적정한지에 대해 의문하고 있다. 한 대기업 콘텐츠팀 관계자는 "차별적인 콘텐츠를 확보할 수 없는 상황"이라고 할 정도로 부가가치가 떨어진다.

이에 따라 신문기업이 '혁신'이 필요하다는 것은 절대적인 명제로

받아들여지고 있다. 인터넷 이용자를 중심으로 새로운 뉴스 이용세대의 영향력이 커지고 있다.

국내의 경우 포털 사이트가 뉴스 이용자를 대부분 차지하고 있다. 다시 말해 신문기업은 콘텐츠를 만들기만 했을 뿐이지 영향력 추락은 만회하지 못했다.

하나의 주제로 특화하여 IT 뉴스 전문사이트로 구축한 예로 아이뉴스24가 있다. 아이뉴스24는 1999년 12월 설립된 (주)아이뉴스24가 제공하는 IT전문 인터넷신문이다. 2000년 3월 프리미엄 IT 전문지를 지향하는 '아이뉴스24'를 창간했다. 같은 해인 2000년 10월 〈월간중앙〉으로부터 'IT업계 CEO들이 가장 즐겨 찾는 사이트'로 선정되고, 2001년 4월 온라인신문 가운데 최초로 정부부처(정보통신부) 출입기자로 등록하고 나서, 벤처기업에 지정되었다.

2002년 4월 월간지 〈엠톡(m-talk)〉을 창간하고, 2003년 3월 동영상 서비스 '아이뉴스 라이브'를 송출하기 시작했다. 2003년 8월에는 온라인 지식 커뮤니티 '아이비즈넷(www.i-biznet.com)'을 인수했다. 2004년 5월에는 〈2004 대한민국 모바일 연감〉을 출간했다. 같은 해인 2004년 12월 일본 NTT도코모사에 '조이뉴스24' 모바일 뉴스 서비스를 개시했다.

2005년 8월 단행본 출판시장에 진출했다. 2005년 10월 국내 모든 이동통신사 및 일본 모든 이동통신사(NTT도코모, KDDI, 보다폰 등)에 IT 및 한류 콘텐츠 수출을 시작했다. 2006년 2월 2006 월드컵 공식 취재 인증을 획득했다. 2007년 5월 실시간으로 뉴스를 받아볼 수 있는 'RSS' 기능을 강화했다. 2000년 5월 알렉사 순위 세계 1,000대 웹사이트에 진입한 뒤, 다음달에 《월간조선》의 한국 100대 웹사이트, 10월에 《월간중앙》의 IT업계 CEO(최고경영자)들이 가장 즐겨 찾는 웹사이트에 선정되었다. 이처럼 아이뉴스24는 IT라는 전문 분야의 뉴스콘텐츠를 특화하여 시장을 선점하고 미디어의 영향력을 강화해왔다. 최근 스마트시대의 도래에 따른 IT의 빠른 변화를 뉴스콘텐츠화하고 스마트미디어 콘퍼런스 등을 개최하여 새로운 시대의 변화에 대응하는 지식을 뉴스콘텐츠로 제공하는 등 발빠른 행보를 통해 성공적인 모델을 만들어 가고 있다.

2) 신디케이션 뉴스콘텐츠 사이트: www.etimes.net

콘텐츠 신디케이션(Content Syndication)이란 사이트 콘텐츠의 일부 또는 전체를 다른 서비스에서 이용할 수 있도록 해주는 것을 말한다. 신디케이션된 콘텐츠(또는 feed)는 콘텐츠 자체와 메타데이터로 구성된다. 이러한 feed에는 헤드라인 내용만 있을 수도 있고, 스토리에 대한 링크만 있을 수도 있으며, 사이트의 전체 콘텐츠가 포함될 수도 있다.

다량의 뉴스콘텐츠를 한꺼번에 일괄 판매하는 신디케이션(syndication) 시장이 다양한 분야에서 꽃을 피우고 있다.

국내의 대표적인 뉴스콘텐츠 신디케이션인 이타임즈는 1997년 7월 1일 창간되었다. 연합뉴스를 비롯하여 뉴스아카이브를 구축해 50여 개 언론사 뉴스를 제공하는 사이트로 2006년 12월 20일 온라인신문으로 등록하여 자체 기사도 생산하고 있다.

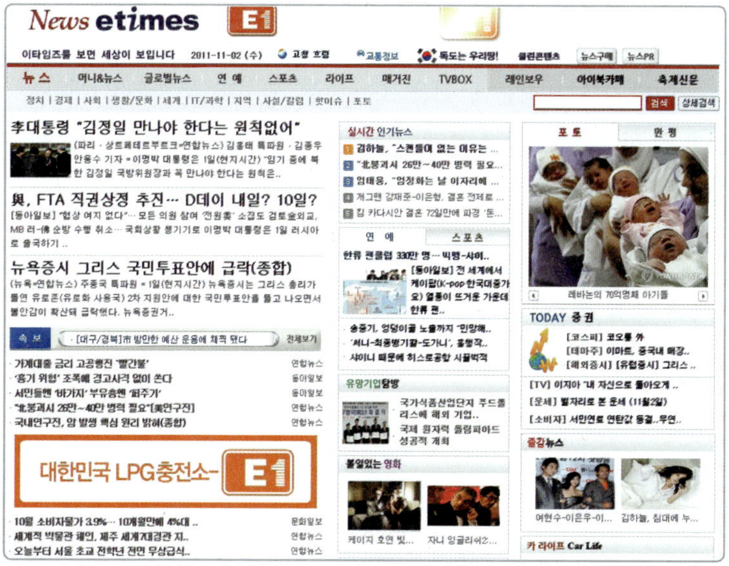

이타임즈는 원하는 뉴스를 고객이 직접 원하는 주제 능동적으로 선택하여 각 고객에게 맞춤 메일링 서비스를 한다. 이처럼 뉴스콘텐츠 신디케이션 시장은 그동안 포털이나 전문사이트 등이 대부분을 차지했으나 최근 금융·유통 관련기업에서 고객마일리지나 포인트를 콘텐츠로 이용하려는 시도가 늘어나는데다 일반기업들도 자사 웹사이트를 주요한 고객서비스 창구로 인식하면서 활기를 띠고 있다.

이타임즈는 '고객맞춤 뉴스콘텐츠 서비스'라는 목표를 두고 △종합뉴스 패키지, △섹션뉴스 패키지, △스패셜뉴스 패키지 등의 구성을 가지고 서비스를 하게 된다. 50여 개 언론사에서 제공받은 뉴스와 콘텐츠를 가지고 주제, 장르, 언론사 등으로 분류, 편집하여 고객이 원하는 뉴스를 선별, 최적화하여 특화된 서비스를 지원한다.

이타임즈의 뉴스 신디케이트 사이트는 원하는 분야의 뉴스를 한눈에 알아보고 고객사의 웹사이트 구성까지 한번에 확인할 수 있으며 맞춤뉴스를 원하는 많은 고객들의 의문점과 뉴스 구매에 대한 사항을 보다 자세하고 세분화해 보여준다. 뉴스 및 콘텐츠를 사용하고자 하는 사람들에게 많은 편리함으로 과거와는 차별화된 뉴스, 콘텐츠 구매 상담을 할 수 있다.

이타임즈는 최근에 책을 소개하는 섹션과 축제를 소개하는 섹션 그리고 클린 콘텐츠를 소개하는 섹션 등 새로운 섹션을 추가하는 등 차별화된 뉴스콘텐츠도 제공하면서 뉴스 가치를 높이고 있다.

학습정리

1. 온라인상에서 공신력 있는 매체의 사실화된 뉴스를 뉴스콘텐츠라 한다. 일반적으로 검증된 내용이라 할지라도 개인에 의해 쓰여진 내용에 대하여서는 한 방향으로 왜곡되거나 치우치기 쉬움으로, 뉴스를 활용한 콘텐츠는 대중에게 있어 공신력이 있는 사실만이 전달되어야 한다.

2. 뉴스콘텐츠의 시장규모

뉴스콘텐츠를 기반으로 한 스크랩 및 모니터링 시장 규모

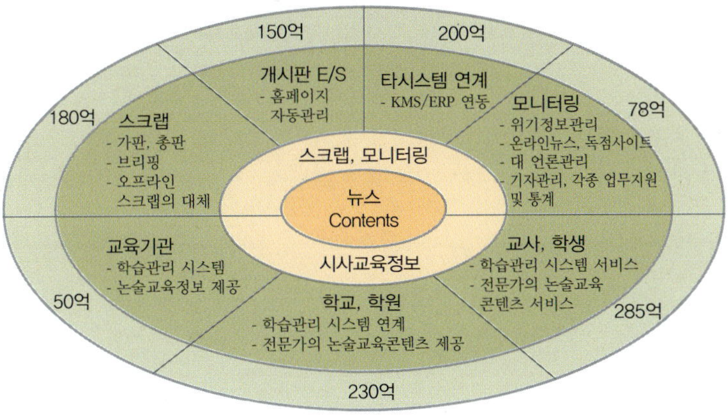

출처: 비플라이소프트, '신문 스크랩 및 뉴스 모니터링 서비스를 위한 언론사 제휴 제안서'(2005. 3).

3. 뉴스콘텐츠 마케팅전략

① 너무 앞서가지 말 것

② 자리를 잘 잡을 것

③ 초점을 잘 맞출 것

④ 기존의 성공적 사례를 활용할 것
⑤ 차별화된 콘텐츠를 갖출 것
⑥ 업데이트 주기를 적절하게 조절할 것
⑦ 기업이 생각하는 것과 이용자들이 생각하는 것은 다를 수 있음
⑧ 미디어의 역할에 대해 다시 생각할 것
⑨ 제휴를 많이 할 것

15. 디지털출판 콘텐츠 마케팅

학습목표, 탐구할 문제

1 디지털출판의 개념 정의와 마케팅 특징

2 국내외 디지털출판시장 분석 및 전망

3 디지털출판 콘텐츠 마케팅의 전략

4 채널에 따른 디지털출판 콘텐츠 마케팅 사례

5 디지털출판 콘텐츠 마케팅 성공사례

학습정리

디지털출판 마케팅

아마존 '킨들'

학습목표

1. 디지털출판, 디지털출판 비즈니스, 디지털출판마케팅을 구분하여 설명할 수 있다.
2. 디지털출판산업의 종류와 디지털출판의 응용분야, 전망 등을 이해할 수 있다.
3. 사용목적별 디지털출판마케팅전략을 수립할 수 있다.
4. 생활주변에서 디지털출판마케팅의 성공사례를 수집하고 설명할 수 있다.
5. 기업에서 디지털출판을 광고마케팅에 활용할 수 있는 전략을 수립할 수 있다

탐구할 문제

1. 디지털출판의 시장활성화를 위한 마케팅적 방안을 제시해 본다면?
2. 다양한 유형의 디지털출판을 마케팅과 접목하려면 어떻게 할까?
3. 아마존의 킨들과 태블릿PC의 e-Book의 향후 전망과 마케팅 활용 방안은?

1 디지털출판의 개념 정의와 마케팅 특징

디지털출판의 개념 정의

그림 15-1 e-Book 진화

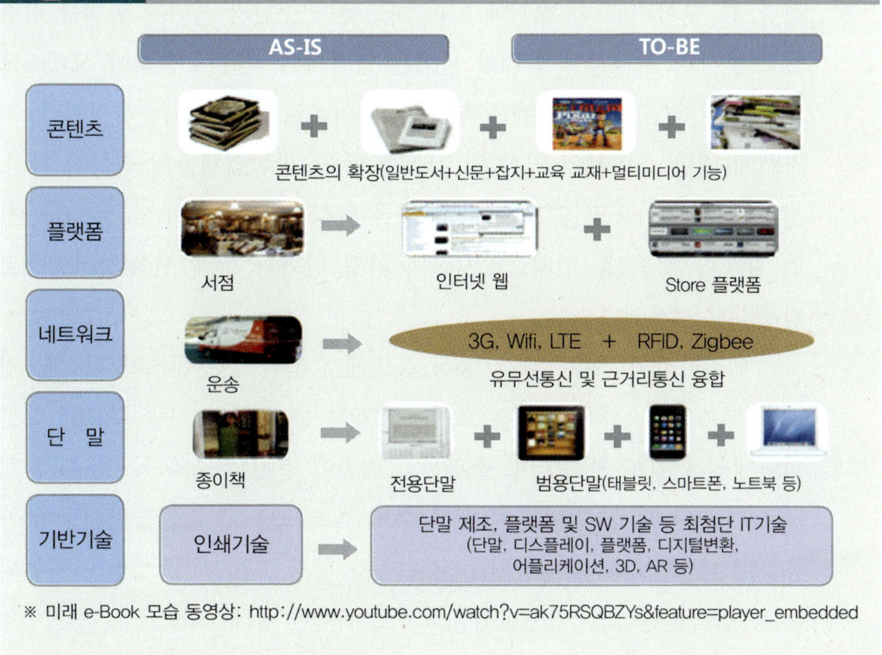

출처: KT종합기술원, E-Book의, 진화(2009).

1) 전자출판의 일반적 개념

전자출판은 유무선 네트워크에서 문자, 부호, 음성, 음향, 이미지, 영상 등의 지식정보 또는 출판 콘텐츠를 디지털 방식으로 제작해, 처리, 유통하는 것이다. 전자출판은 디지털출판보다 큰 개념이나 전자책이 전자출판의 대표적 형태이다. 따라서 전자출판과 전자책을 같은 개념으로 사용해도 무방하다.

전자출판시장은 저작권자(저자), 출판사업자(콘텐츠 제공자), 제작사

업자(콘텐츠 가공 or 솔루션 개발자), 유통사업자(전자책 전문 유통업체), 통신사업자, 단말기 제작업자, 디스플레이 사업자, 이용자(독자) 등 다양한 참여자로 이루어진 생태계로서 관련산업에 대한 파급효과가 뛰어나 참여자 상호 간의 협력과 공조가 절대 필요하다. IT 분야의 기술 발전에 따라 하드웨어 중심의 산업적 논리를 바탕으로 등장한 전자출판에 대한 관심은 단말기의 낮은 효용성과 상대적으로 높은 가격, 그리고 콘텐츠 부족 등의 이유로 초기엔 실패하였지만, 전자책에 대한 소비자의 인식 및 이용률 확대, 관련업체들의 적극적 참여, 전자책 관련 기술의 발전, 콘텐츠 공급 활성화, 각국 정부의 전자출판산업 활성화 정책 등 전자출판시장의 환경 변화와 함께 신 성장산업으로 각광받기 시작했다.

우리나라의 경우, 질적·양적 측면에서 전자책 콘텐츠가 심각할 정도로 부족하고, 전자책 표준 포맷 및 DRM 등 표준화 기술 확보에 대한 산업계의 관심이 부족하며, 출판산업 전반에 걸친 퇴조와 독서문화 침체로 인한 전자책 및 콘텐츠에 대한 수요 저조, 그리고 전자출판시장이 공공분야(디지털도서관) 대상의 B2B 위주로 형성, B2C 시장 성장이 지연되는 등 전자출판산업 기반이 상대적으로 취약한 상태이다.

2) 전자책에 대한 다양한 정의

현재 '전자책'이라는 단어는 명확한 정의를 갖지 못하고 사업 주체에 따라 다른 의미로 사용하고 있다.

다음과 같이 기관에 따라 전자책의 정의가 다양하다.

① IDPF: CD-ROM, PDA, 각종 전자책 Viewer를 통해 디지털화된 포맷으로 전달되는 콘텐츠

② 미국국립표준기술연구소(National Technical Information Service, NTIS): 책을

| 표 15-1 | 전자출판의 분류(국제디지털출판협회)

특 징	주요 내용
전자책(e-Book)	CD-ROM, PDA, 각종 전자책 Viewer를 통해 디지털화된 포맷으로 전달되는 콘텐츠
POD(Print-On-Demand)	주문형 출판, 사용자가 원하는 때, 원하는 부분만 프린트할 수 있음
e-Mail Publishing	전자책 형태의 뉴스레터, HTML, XTML 제작, 전용 S/W나 H/W 없이도 이용 가능
Web-Publishing	e-Mail Publishing과 비슷하나 폐쇄적이 덜한 형태의 전자출판
Web-DB	웹을 통해 사용자에게 제공되는 Digital Content Database로, 인터넷에 연결 어디서든 이용

출처: KOCCA 전자출판산업, 현황과 전망(2010).

보는 것과 유사한 형태로 표시하는 단말 시스템 그 자체, 즉 하드웨어(device)

③ OeBF(Open eBook Forum: IDPF의 전신): 문자 저작물이 포함되어 디지털 형태로 출판되고 열람되는 콘텐츠로서 하나 이상의 고유한 식별자, 메타데이터, 콘텐츠 부문으로 구성된 것 또는 그 디지털출판을 읽기 위해 개발된 하드웨어 디바이스 그 자체(포괄적 정의)

④ 한국전자출판협회(KEPA): 도서로 간행되었거나 또는 도서로 간행될 수 있는 저작물의 내용이 디지털 데이터로 전자적 기록매체, 저장장치에 수록되고 컴퓨터 또는 휴대단말기를 이용해 그 내용을 보고 들을 수 있는 것, 즉 콘텐츠(contents)를 지칭한다.

이들의 정의를 종합하면 전자책은 저작자의 메시지를 전달자에 의해 디지털 형태로 가공(편집, 레이아웃, 디지털로 변화된 자료)하여 전자저장 매체(CD-ROM, CD-I, DVD)에 담거나 또는 전자책 파일의 형태를 유무선 통신망을 이용하여 전송하거나 오프라인으로 유통되어 전자책 전용 뷰어나 전용 소프트웨어를 사용하여 보는 형태와 전자단말기를 통하여 볼 수 있는 새로운 출판물이다.

전자책은 콘텐츠를 볼 수 있는 소프트웨어인 전용 뷰어(viewer)/리더(reader), 그리고 하드웨어인 전자책 단말기(e-Book device) 등을 포함하여 구분 없이 사용하고 있다.

3) 전자책(e-Book)의 형식

전자책은 종이책의 내용을 디지털 정보로 가공하고 저장한 콘텐츠를 통칭한다. 디지털로 처리된 콘텐츠를 컴퓨터, 휴대기기 및 전용단말기에서 볼 수 있으며 저작권 보호를 위해 DRM이 적용된 파일 형태이다. 파일 포맷은 HTML, XML, PDF, ePub 등이 있으나 ePub 포맷이 보편화되어 있고, DRM 적용으로 e-Book 제작 업체의 전용 단말/뷰어로만 Open 가능하다. 전자책(e-Book)은 책, 신문, 잡지 등 텍스트 콘텐츠에서 음성, 동영상 및 증강현실(AR)/3D 기술이 응용된 멀티미디어 콘텐츠까지 포괄하는 개념으로 확대된다. 스마트 모바일의 발전으로 앱(Application)과 함께 AR, 근접센서와 결합된 3D 입체콘텐츠 기반의 디지로그 북으로 발전된 상태이다.

4) 전자책의 특장점

① **휴대 편의성**: 가볍게 휴대, 이동 및 훼손/분실 위험 감소
② **구매 편의성**: 언제, 어디서나 구매 및 콘텐츠 다운 후 열람 가능
③ **가격 경쟁력**: 종이책에 비해 30~70% 값싼 가격
④ **양질 콘텐츠**: 텍스트, 음성, 영상 등 멀티미디어 기반 콘텐츠 생산

디지털출판의 특징

전자출판시장이 본격적으로 확대되기 위해서는 유통사업자들이 독자적 유통 라인을 확보하기 위해 각기 다른 '파일포맷-마켓-단말기'를 제공하여 콘텐츠와 단말기 간 호환성을 저해함으로써 소비자의 불편과 중복투자를 초래하던 폐쇄적 전략을 폐기하는 'open device' 전략이 바

람직하다.

아울러 출판사가 직접 콘텐츠를 제작하고, 보관, 관리할 수 있는 통합 솔루션 지원함으로써 콘텐츠의 제작, 공급력을 높이고, 포맷, DRM, 메타데이터 관련 표준화 추진을 통한 전자책 콘텐츠 및 단말기 보급을 유도하여 소비자 불편 및 중복투자에 따른 고비용을 해소하며, 불법 유통 방지 시스템이나 2차 저작권 관련 가이드라인 등 전자출판 콘텐츠 유통관리 체계를 확립하는 등 전자출판산업 기반 확충을 위한 정부 차원의 육성전략이 필요하다. 전자출판산업 생태계의 선순환 구조 정착에 따른 전자출판시장의 성장 가능성을 살펴보자. 다음 사항들이 전자출판시장의 전망을 밝게 해주고 있다.

① 단말기 제조업자들의 독서 최적 단말기 개발 및 가격 경쟁에 따른 단말기 가격 하락
② 전자출판 사업자들의 표준 포맷과 표준 DRM 채택 확산에 따른 콘텐츠
③ 단말기 간 호환성 증대 및 태블릿PC 등 스마트 모바일 소비자 확대
④ MVNO 사업자의 등장으로 데이터 요금 부담 경감
⑤ 전자책 이용자 증가와 그에 따른 단말기 판매량 증가
⑥ 유통관리시스템 확립과 저작권 보호기술 발전에 따른 콘텐츠 공급량 증가
⑦ 전자출판시장 참여자들의 참여, 공유, 개방 콘셉트 확산으로 인한 다양한 콘텐츠 확보

더불어 디지털출판시장의 가능성을 확인시킨 것은 2000년 3월 온라인상에서만 다운로드 받을 수 있는 형태로 출간된 스티븐 킹(Stephen King)의 66페이지 중편소설 Riding the Bullet이었다. 이 소설은 이틀 만에 40만 번의 다운로드가 이루어짐으로써 디지털출판시장의 잠재성을 보여주었다. 디지털출판은 종이책과 비교할 때 다음과 같은 장점을 가지고 있다.

1) 경비절감

디지털출판은 서버에 원본 파일이 보존되어 있고, 독자가 다운로드하여 보는 것이므로 인쇄비, 원자재비, 재고관리와 물류비용 등 책의 출판과 유지에 드는 비용이 절감된다. 특히 초판에서 2판의 발행과 같이 비슷한 내용의 중복이 많은 경우 모든 부분을 다시 만들어야 할 필요성이 없다. 또한 종이책은 불확실한 판매부수를 예측하여 미리 인쇄하여 놓고 판매하기 때문에 재고가 쌓일 확률이 높지만 디지털출판은 재고부담이 없다. 한편 사용자의 경우에도 종이책에 비해 저렴한 비용으로 책을 구입할 수 있다. 단 전자책 버전 디지털출판의 경우에는 소비자가 초기에는 단말기 구입비를 지출해야 하는 부담이 있다.

2) 가용성

새로 출판된 책을 빨리 받아볼 수 있으며, 절판된 책도 다시 볼 수 있다. 특정 책을 검색하는 것이 쉬우므로 도서관에서 책을 찾기 위해 시간을 허비할 필요도 없다. 그리고 빠른 업데이트가 가능하기 때문에 전문서적이나 교과서, 학습지, 백과사전, 실용서 등과 같이 개정이 빈번한 책의 경우에는 디지털출판은 매우 유용한 수단이 될 수 있다.

3) 휴대가능성

전용단말기 버전의 디지털출판의 경우 여러 권의 책을 하나의 단말기에 담아서 휴대하여 볼 수 있다. 스마트 모바일을 통해 언제 어디서나 다운로드 또는 접속하여 볼 수 있다.

4) 기능성

PC나 전용단말기의 화면 위에서 이용자가 메모를 하거나 밑줄 등을 긋고 다시 지우는 일들이 자유롭고, 책 내용의 검색이나 사전기능을 첨부시킬 수 있다. 검색기능은 전문서적이나 학습지, 교과서 등에서 매우 유용하다. 또한 전자게시판이나 e-mail 등 network를 이용하여 독자의 의견을 듣는 등 인터랙티브 기능을 사용할 수 있다.

5) 다양성

음악, 영상, 애니메이션 등 멀티미디어를 첨가하여 이해를 도울 수 있다. 이것은 교육용 도서의 경우 교육효과의 증진을 기대할 수 있다. 그러나 전자책의 이러한 장점에도 불구하고 단순한 문자의 나열이 아닌 세밀한 편집, 디자인의 종합적으로 결집되어 있는 종이책 또한 많은 장점을 가지고 있기 때문에 디지털출판은 한계가 존재한다. 또한 가독성을 비교하였을 때 연속하여 읽는 경우 모니터 화면이 종이를 읽는 것보다 피로도가 심하며, 안정도에 있어서도 디지털출판은 한계가 있다. 또한 대량 복제 및 유포가 가능하기 때문에 저작권보호에 따른 제반 어려움이 따른다. 더욱이 디지털출판은 인쇄비가 들지 않아 제작비가 종이책보다 저렴한 것으로 알려져 있으나, 이는 물류비용 및 재고부담이 적다는 의미일 뿐 제작비는 종이책과 비교할 때 비슷하거나 멀티미디어를 이용할 경우 제작비용이 더 커진다.

e-Book 산업은 콘텐츠 제작, 콘텐츠 유통, 콘텐츠 소비단계에서 시

그림 15-2 전자책의 가치 사슬

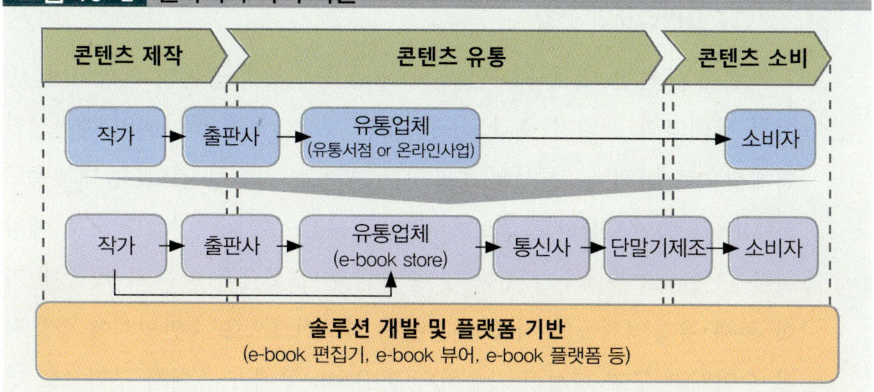

출처: KT 종합기술원, E-book 전쟁 승자 조건은(2008).

장 주체에 따라 저작자, 출판사, 유통업체, 통신사, 단말기제조사, 소비자 등으로 구성된다. 종이책과 달리 통신인프라, 단말기 및 솔루션/플랫폼 산업이 접목되고 콘텐츠 확보를 기반으로 하드웨어와 솔루션 강점 기업들이 주도권 확보 유리하다. 전용/범용 단말 출시, 통신인프라 및 플랫폼 활용으로 e-Book 활용 최적화가 가능하며, e-Book 스토어 등 출판사 및 유통업체를 통하지 않고 저작자와 소비자간 직거래 플랫폼 기반 새로운 산업 구조 형성 및 에코환경 조성이 가능하기도 하다.

한 사업자가 '유통－단말', '유통－단말－통신' 등 산업 내에서 복수 분야 역할 수행으로 비즈니스 영역 확대 가능하다. 유통 사업자인 아마존과 단말제조사 애플은 플랫폼 구축 및 단말기 출시를 통해 '콘텐츠 유통－단말' 연계 산업 분야를 동시 수행 중이다. e-Book 콘텐츠 디지털화로 음성/영상 멀티미디어 기능 제공, 뷰어/편집기 응용 솔루션 출시 및 3D, AR 등 최첨단 IT 기술 접목 가속화, 읽기 중심의 종이책에서 보고, 듣고, 상호 커뮤니케이션이 가능한 IT 기술 적용으로 저작자, 출판사 중심의 콘텐츠 제작 문화에 S/W개발 업체 영역 확대가 가능하다.

디지털출판시장의 현황

1) 출판업계의 현황

현재는 완전 대체가 아닌 E-Book과 종이책의 공존이 예상되며, 종이책 판매와의 시너지 효과도 가능하다. E-Book과 종이책의 불완전한 대체성으로 인해 두 시장은 공존하는 형태가 지속될 것이며, 대체속도도 MP3와 음반시장의 경우보다 훨씬 점진적으로 이루어질 것으로 예상된다. E-Book 판매수익 획득 및 종이책 판매 확대를 통한 수익 증대 기회 존재·유통업체들의 적극적 콘텐츠 확보전략으로 출판업계에 우호적인 수익배분 구조 형성이 가능하다. E-Book 구매가 종이책 구입으로 연결되는 경우가 많고, E-Book을 무료 또는 저가에 제공한 이후 같은 시리즈 또는 작가의 종이책 판매가 증가하는 경우도 있어 E-Book과 종이책 판매의 시너지 효과 창출도 가능하다.

불법복제 리스크가 있으나 음반시장과 같은 급격한 붕괴의 가능성은 낮다. E-Book 역시 디지털 자료의 특성상 복제 및 전송이 용이하고 확산 속도도 빠를 뿐 아니라, 어떠한 보안기술을 적용하더라도 불법복제의 가능성은 존재한다. 그러나 E-Book 시장은 DRM 기술의 적용, 종이책의 절대적 비중과 E-Book의 점진적 성장, 소비패턴의 특수성 등을 고려할 때 과거 음반 및 영상 부문이 겪었던 급격한 붕괴의 가능성은 낮다. MP3, 영상 다운로드 서비스가 처음 출현했던 당시와 비교해 저작권 보호를 위한 DRM 기술이 많이 발전하였고, 현재 출판업계는 철저한 DRM 적용을 고수하고 있어 불법복제의 확산 가능성이 상대적으로 낮다. 종이책의 비중이 절대적이고, 점진적인 대체가 이루어지는 상황에서 E-Book 불법 복제가 출판업계에 미치는 충격이 과거 음반시장의 경우처럼 급격하지 않다. 음악과 영화가 짧은 시간에 가볍게 이용할 수 있는 특성을 갖는 반면, 책은 비교적 오랜 시간에 걸쳐 소비되고 수요자 기반도 음악이나 영화에 비해서는 좁기 때문에 불법복제의 빈도나 확산 속도 역시 더 낮을 것으로 예상된다.

◆ **POD(Publish on Demand) 서비스 등 새로운 수익창출 기회 존재**

E-Book은 에스프레소 북 머신을 통해 책을 즉석에서 제작·판매하거나, 독자가 원하는 특정부분만 프린트 또는 E-Book 형태로 판매하는 등의 POD 서비스를 가능하게 한다. 책의 분량이나 최소시장 규모에 대한 제약이 완화되고, 멀티미디어 기능 활용도 가능해져 출판물의 다양화를 유도할 수 있다. 전자책 직접출판(E-Book Only Publishing)이 증가하나 비중은 크지 않을 전망으로 E-Book으로 제작할 경우 적은 비용으로 간단하게 책을 출간할 수 있게 되어 무명작가 등에 의한 전자책 직접출판

이 증가할 것으로 예상된다. 바로북의 '아이작가', 디지털교보의 '인디라이터 출판' 등을 통해 현재도 이루어지고 있다. 그러나 E-Book 대비 종이책의 비중이 월등하고, E-Book 출판 이후 종이책 출간으로 이어지는 경우도 많아 출판업계에 대한 위협이 크지 않다

2) 출판 및 디지털출판 판촉기법

기존의 판촉기법은 신문사의 리뷰, 베스트셀러 순위 등이다. 최근에는 인터넷서점에서 좋은 자리를 점하기 위한 치열한 경쟁뿐만 아니라 인터넷서점의 광고에 투자한다. 인터넷교보문고, 예스24 등이다. 네이버블로그 마케팅이 대형출판사나 관심이 있는 마케터들을 통해 실행되고 있다.

❶ 언론 리뷰(신문, 잡지)

기사 나오면 고전방식이라도 멋지게 스크랩해서 들고 다닌다. 가능한 많은 서점직원에게 보여준다. 팀장뿐만 아니라 다른 분야 직원과 출판사 마케터들에게도 보여주고 기사를 통해 추가 마케팅한 사례나 아이디어를 물어보면 분명 방법이 있다. 잠시라도 진열 자리 하나라도 더 늘리고 판매부수 체크하고 추가주문을 받는다.

❷ 인터넷서점에서의 마케팅

일주일에 150종 이상의 신간이 나오는데 웬만한 책 가지고 좋은 자리 잡기는 힘들다. 그렇다고 대형서점처럼 신간 자리가 있는 것도 아니고 있어도 아주 잠시다. 물론 약간의 공식적인 인터넷서점 체계를 안다면 신간 자리에 조금이라도 더 오래 있을 수 있는 방법이 있다. 인터넷서점은 전략과 전술을 잘 짜서 접근하지 않으면 잠시 팔린다 해도 오래가긴 힘들다.

효과가 좋은 것 한 가지는 예스24의 채널예스의 인터뷰 코너이다. 기간도 한 달 이상 계속 돌아간다. 회원 전체 메일에서도 가장 상단에 위

치된다. 필자가 쓴 책뿐만 아니라 그 필자가 읽었던 좋은 책을 추천만 해도 판매에 도움이 된다.

초반에 잘 나가지 않으면 인터넷에서 비중있게 끌고 가기는 힘들다. 하지만 인터넷에서 한번에 많이 팔리는 것보다 더 큰 효과를 가지는 것은 꾸준함이다.

③ 블로그 마케팅

돈을 들여 이벤트를 하지 않아도 블로그를 만들어보고 정보를 올려보자. 분명 효과가 있다. 좀 더 자신이 생긴다면 그림도 올려보고 작은 게시판을 만들어 최신 이슈들도 올려본다. 검색을 많이 해보면 왜 블로그에 최신 이슈들이 올라가야 하는지 알게 될 것이다. 관심을 가지고 보면 이런 작은 것들을 건질 수 있다. 좀 더 나간다면 음악도 좀 깔고 폰트도 구매해서 블로그를 꾸며보자. 방문자가 늘어나는 것이 보일 것이다. 좀 더 자신이 붙는다면 이벤트를 해보자. 아무것이나 하지 말고 책을 읽어보고 정말 하고 싶다거나 마케팅 비용을 들여야 하는 경우에 꼭 하자.

담당자에게 메일을 자주 보내고 전화를 자주 하자. 네이버뿐만 아니라 다음에도 카페를 만들어보고, 네이트온에도 미니홈피를, 예스24·교보문고·알라딘에서 블로그를 만드는 것이 좋다.

④ 독자리뷰

출판사가 써서 인터넷서점에 올리는 것은 구식이고 콘텐츠도 좋지 못하다. 블로그를 통해 무료 증정해서 리뷰를 받자. 그들은 무료로 받은 만큼의 대가를 분명 지불한다. 모집한 사람들이 의심스럽다면 여기저기 사이트에 도서 서평을 올린 사람들이 많다. 컨설턴트나 또는 해당 도서의 책을 많이 읽은 사람들을 찾자. 그들에게 리뷰를 청탁하고 올리도록 하자. 블로그에도 같이 올리고 서점 직원들에게도 보여주자. 읽는 순간 나도 모르는 타깃 독자들을 찾게 될 것이다. 그리고 리뷰는 도서 정보보다 더욱 가치있게 서점이나 인터넷에서 활용된다.

❺ 제휴마케팅(릴레이션십 마케팅)

우리 책을 읽을 만한 사람이 많은 집단에 제안서를 보내보자. 그들이 원하는 이벤트를 적정한 수준에서 해주고 타깃 독자들에게 찾아간다. 서점의 광고와 연동이 되면 더욱 힘을 발휘한다. 조선일보·중앙일보의 메이저 신문의 리뷰를 받지 않아도 지금보다 높은 판매효과를 얻을 수 있을 것이다.

2 국내외 디지털출판시장 분석 및 전망

세계 출판시장 규모 분석 및 전망

2010년 세계 출판시장 규모는 약 1,845억 달러로, 전년과 거의 동일한 수준의 규모로 추정되었다. 세계 출판시장은 향후 5년간 연평균 1.9%의 성장을 통해 2015년 2,022억 달러 규모에 이를 것으로 전망된다.

그림 15-3 세계 출판시장 규모 추이 (단위: 백만 달러)

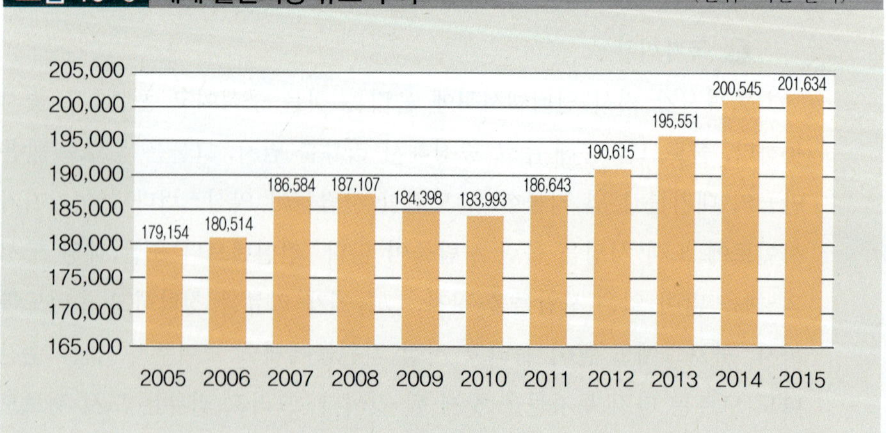

출처: 인터넷미디어종합연구소, 세계 출판시장 규모(2010).

| 표 15-2 | 세계 출판시장 규모 및 전망 (단위: 백만 달러)

구분		2005	2006	2007	2008	2009	2010	2011	2012	2013	2014	2015	'10~'15 CAGR
도서	소계	64,831	65,525	69,846	69,264	68,776	69,348	71,184	73,323	75,963	78,290	77,814	2.3%
	인쇄물	64,670	65,214	69,300	68,443	67,496	67,536	68,276	69,279	70,553	72,033	70,997	1.0%
	디지털	161	311	546	821	1,280	1,812	2,908	4,044	5,410	6,257	6,817	30.3%
잡지	소계	46,354	46,683	47,492	47,613	46,033	45,523	45,913	46,950	48,247	49,693	51,133	2.4%
	인쇄물	46,171	46,159	46,569	45,789	43,902	43,027	42,914	43,260	43,839	44,546	45,253	1.0%
	디지털	183	524	923	1,324	2,181	2,496	2,999	3,690	4,408	5,147	5,885	18.7%
신문	소계	67,818	68,341	69,383	70,595	69,991	69,604	70,020	70,838	71,866	73,122	73,278	1.0%
	인쇄물	66,532	66,401	66,662	67,186	65,394	65,048	64,995	65,338	65,889	66,490	66,424	0.4%
	디지털	1,286	1,940	2,720	3,409	4,097	4,557	5,024	5,449	5,976	6,632	6,854	8.5%
인쇄물 소계		177,373	177,774	182,531	181,418	177,292	175,611	176,135	177,877	180,281	183,069	182,674	0.8%
디지털 소계		1,630	2,775	4,189	6,054	7,559	8,864	10,931	13,234	15,794	18,035	19,556	17.1%
	모바일 소계	81	139	209	303	373	891	1,130	1,424	1,760	2,314	2,869	26.3%
합계		179,154	180,514	186,584	187,107	184,398	183,993	186,643	190,615	195,551	200,545	201,634	1.8%
전년대비성장률			0.8%	3.4%	0.3%	-1.4%	-0.2%	1.4%	2.1%	2.6%	2.6%	0.5%	

출처: 인터넷미디어종합연구소, 세계 출판시장의 동향 및 전망 매출액(2009).

그림 15-4 2010년과 2015년 세계 출판시장 분야별 비중

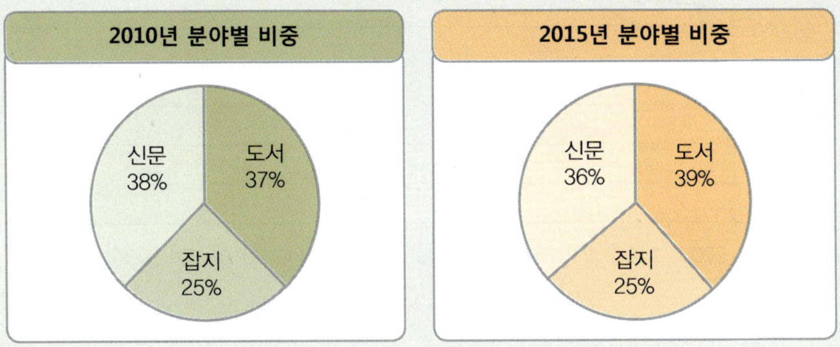

출판시장은 2008년 이후 2010년까지 감소 추세에 있었으나 향후 경기 회복에 의해 2012년경 2007~8년 수준으로 회복될 것으로 전망되며, 디지털시장은 급격한 성장을 보일 것으로 전망된다. 잡지와 도서, 신문시장으로 나누어볼 때 도서시장의 성장폭이 가장 크고 이에 따라 2015년에 이르러서는 3대 부문 중 비중에 있어서 도서시장 비중이 신문의 비중을 넘어설 것으로 전망된다.

출판시장의 세부시장별 규모 순위는 신문>도서>잡지의 순이며, 2010년 신문시장은 696억 400만 달러, 도서시장은 693억 4,800만 달러, 잡지시장은 455억 2,300만 달러 규모로 나타났다. 그러나 2011년부터는 도서시장 규모가 신문시장 규모를 넘어설 것으로 예측된다.

The Bookseller(2010.6)에 의하면, 세계 1위의 출판사는 Pearson이며(2009년 기준), 그 뒤를 따르고 있는 Reed Elsevier가 전년에 비해 10% 이상 매출액 증가를 달성하며 뒤따르고 있다. Pearson의 2008~2009년 매출액 성장률은 4.9%이며, 도서 판매 매출이 53억 유로(약 74억 달러)

그림 15-5 세계 출판시장 분야별 시장규모 추이 (단위: 백만 달러)

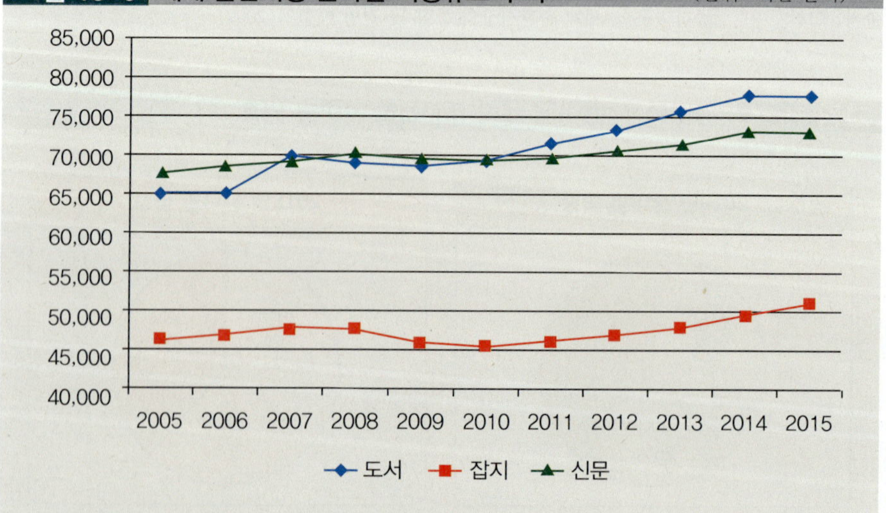

자료원: PWC(2010); Börsenverein des Deutschen Buchhandels; 인터넷미디어종합연구소; Frankfurter Buchmesse; Nielsen Company 외.

그림 15-6 세계 출판시장 인쇄물/디지털 시장별 시장규모 추이 (단위: 백만 달러)

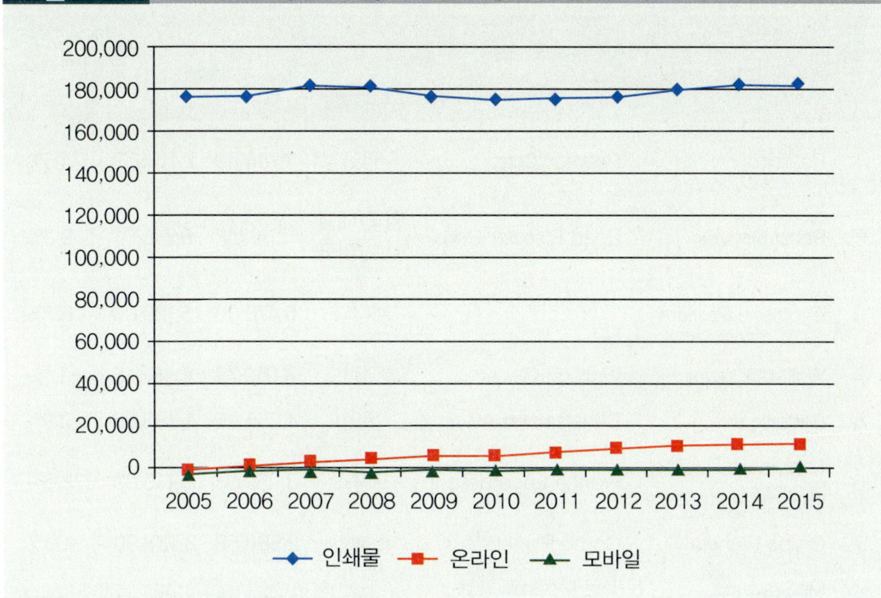

자료원: PWC(2010); Börsenverein des Deutschen Buchhandels; 인터넷미디어종합연구소; Frankfurter Buchmesse; Nielsen Company 외.

다. 2009년에 세계 10대 출판사에 새로이 진입한 업체로는 독일 미디어 그룹 Holtzbrinck(Macmillan의 모기업)를 들 수 있으며, 미국 교육전문 출판사 McGraw-Hill이 순위에서 벗어난 점이 특기할 만하다. 경기 불황이 해소되지 않았음에도 상위의 출판사 대부분은 전년보다 매출액 신장을 기록하였으며, 예외적으로 Bertelsmann과 McGraw-Hill이 매출액 하락세에 놓여 있다.

출판사 순위를 볼 때 출판시장에서 영국, 미국, 독일, 네덜란드 등이 차지하는 비중이 높지만 어느 한 국가가 절대적이지는 않다. 일본은 50위권 안에 드는 출판사가 7개, 한국은 1개이며, 최근 이들 출판사들은 대부분 두 자리 수 이상의 연간 성장률을 기록하고 있다.

출판시장에서 가장 큰 비중을 차지하는 것은 여전히 신문시장이지만, 대부분의 선진국 신문사들은 광고수입과 구독료 양 부문 모두에서 하락세

| 표 15-3 | 세계 10대 출판사

순위	업체명	모회사	국가	2009년 매출액 (백만 달러)	2008년 매출액 (백만 달러)	2008~09 성장률
1	Pearson	Pearson(Corp.)	영국	7,756.40	7,419072	4.5%
2.	Reed Elsevier	Reed Elsevier Corp.	영국/네덜란드/미국	7,367.12	6,746.01	9.2%
3	Thomson Reuters	The Woodbridge Co. Ltd.	캐나다	5,470.00	5,126.00	6.7%
4	Wolters Kluwer	Wolters Kluwer	네덜란드	4,910.77	4,963.15	−1.1%
5	Bertelsmann	Bertelsmann AG	독일	4,256.95	4,383.58	−2.9%
6	Lagardère Publiching/ Hachette Livre	France Lagardère	프랑스	3,259.03	3,175.89	2.6%
7	Grupo Planeta	Grupo Planeta	스페인	2,586.58	2,588.96	−0.1%
8	McGraw-Hill Education	The McGraw−Hill Cos.	미국	2,388.00	2,639.00	−9.5%
9	De Agostini Editore	Gruppo De Agostini	이탈리아	N/A	2,235.29	
10	Holtzbrinck	Verlagsgruppe Georg von Holtzbrinck	독일	N/A	1,962.87	

자료원: Wischenbart(2010).

를 맞이하고 있는 것이 사실이다. 그러나 최근의 OECD 보고서(2010)에 의하면 이러한 현상이 신문의 종말을 예견하는 것이라고 보기는 어렵다.

OECD는 이 보고서에서 파리 소재 조사기관을 통해 실시한 글로벌 신문출판산업 조사 결과를 발표하였는데, 이 조사에 의하면 지난 10년 동안 세계의 신문 발행 종수가 두 배 가까이로 증가했다. OECD 31개국 중 20개국에서 신문 구독이 줄어들었고, 이러한 현상은 특히 젊은 연령층에서 심하게 나타났다. 미국시장의 경우에는 2007년에서 2009년 사이에 30%나 감소했다. 반면에 유럽의 상황은 이보다 나아서, 독일이 10%, 프랑스는 4%, 오스트리아는 2% 감소에 그쳤다. 발행종수 또한 대체로 감소 추세에 있으나, 아일랜드, 터키, 포르투갈 등은 예외였다. 비 OECD 국가들, 그리고 경기회복을 고려하면 이 정도로 신문의 종말을 논하기는 어렵다는 것이 이 보고서의 주장이다.

전 세계 신문출판시장 규모는 1,640억 달러(2009년 기준)로 추정된다. 이는 음반(270억 달러)이나 비디오게임(550억 달러), 영화(850억 달러) 시장보다 훨씬 큰 규모이며, 중국, 인도 등지의 경우가 가장 활황이라 할 수 있다. 세계 최고의 신문 열독 국가는 일본이다. 1,000명당 1일 평균 526개 유료 일간신문이 판매된다. 그 다음으로는 노르웨이(458개), 핀란드(400개), 스웨덴(362개) 순으로 나타났다. 하위권 3개국은 미국(160개), 호주(116개), 이탈리아(90개)다. 일본은 전 세계 판매부수 10위권의 유료 일간신문 중 5개를 보유하고 있다. 1위는 요미우리 신문으로, 1일 1,000만 부가 판매된다. 이 보고서에 따르면 OECD 국가들 중 일부에서는 이미 절반 이상의 신문 독자가 신문을 온라인으로 읽는 것으로 나타났다. 아직은 능동적인 인쇄물 신문 독자들이 웹 신문도 더 많이 읽는다. 하지만 아주 어릴 때부터 인터넷을 접한 세대를 중심으로 해서 온라인으로만 신문을 읽는 독자들이 급속도로 늘어날 것으로 예상된다.

세계 출판시장 권역별 규모 분석

2010년 세계 출판시장의 권역별 규모를 살펴보면 유럽권이 781억 달러, 그 다음으로 아시아권이 530억 달러, 세 번째로 북미권이 420억 달러 규모로 나타났다.

향후 5년간 권역별 시장규모는 전반적으로 성장추세에 놓여 있는 가운데, 오세아니아권(3.5%)과 중남미권 시장(3.2%)이 3% 이상의 가장 높은 연평균 성장률을 보이고 있다. 중국, 인도, 브라질 등 최근 급성장하고 있는 국가들이 포함되어 있는 아시아권, 중남미권, 오세아니아권의 성장률이 북미와 유럽권에 비해 상대적으로 높게 나타나고 있다.

| 표 15-4 | 권역별 출판시장규모 및 전망 (단위: 백만 달러)

구 분	2005	2006	2007	2008	2009	2010	2011	2012	2013	2014	2015	'10~'15 CAGR
북미권	44,140	42,993	44,679	43,391	42,342	41,959	42,641	43,754	45,262	46,365	47,559	2.5%
유럽권	78,020	78,478	80,442	79,771	78,277	77,543	78,037	79,223	80,662	82,425	82,737	1.3%
아시아권	46,026	47,591	49,318	51,381	51,271	51,893	53,043	54,386	55,920	57,534	56,555	1.7%
중남미권	3,134	3,212	3,246	3,295	3,275	3,231	3,342	3,433	3,549	3,693	3,836	3.2%
오세아니아권	4,566	4,838	5,186	5,413	5,451	5,550	5,698	5,903	6,125	6,363	6,602	3.5%
중동아프리카권	3,268	3,402	3,713	3,856	3,782	3,768	3,833	3,917	4,033	4,164	4,298	2.7%
합계	179,154	180,514	186,584	187,107	184,393	188,993	186,643	190,615	195,551	200,545	201,634	1.8%

출처: 인터넷 미디어 종합연구소, 세계출판시장백서(2010).

2010년 세계 출판시장의 권역별 비중을 살펴보면 북미권이 43.3%의 가장 큰 비중을 차지하고 있는 것으로 나타나며, 유럽권이 28.1%, 아시아권이 21.6%로 북미권과 유럽권이 세계시장의 반 이상을 차지하고 있는 것으로 나타난다. 2015년에는 북미권과 유럽권의 비중이 각각 41.8%, 27.2%로 2010년과 비교해서 다소 감소할 것으로 전망되는데, 이는 아시아권, 오세아니아권, 중남미권 시장이 성장함에 따른 변화로 분석된다

그림 15-7 2010년과 2015년 세계 출판시장 권역별 비중

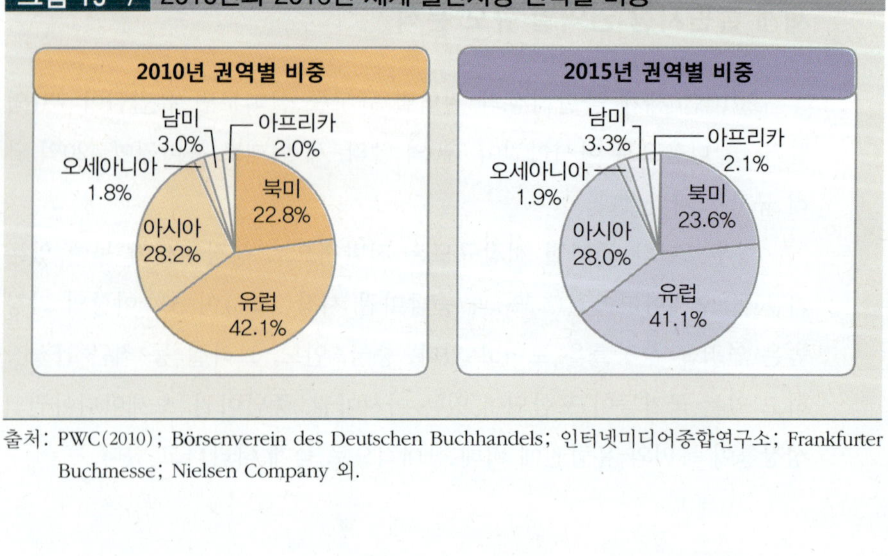

출처: PWC(2010); Börsenverein des Deutschen Buchhandels; 인터넷미디어종합연구소; Frankfurter Buchmesse; Nielsen Company 외.

국내 출판시장 규모 현황

| 표 15-5 | 출판산업 분류

중분류	소분류	분류체계 정의
출판업	서적출판업	신문 및 잡지, 교과서(학습서적), 정기 간행물을 제외한 각종 서적과 서적 성격의 팸플릿을 출판하는 사업체
	교과서 및 학습서적 출판업	초, 중, 고, 대학교 교과서 및 어린이 학습지 등의 서적 출판을 하는 사업체
	신문발행업	사회 전반을 다루는 것을 말하지만, 일간, 주간, 순간, 월간으로 발행(기관지, 전문지, 일반상업자)하는 사업체
	잡지 및 정기 간행물 발행업	전문 또는 일반적인 내용에 관한 주간, 순간, 월간, 계간, 연간 등의 정기 간행물, 잡지 등을 발행하는 사업체
	정기광고 간행물 발행업	부동산, 중고품 등 각종 상품 거래, 산업활동안내, 구인·구직 등에 관한 광고간행물을 정기적으로 발행하는 사업체
	기타인쇄물 출판업	위의 소분류에 해당되지 않는 서적 또는 인쇄물을 출판하는 사업체
인쇄업		외부자료 인용(사업체기초통계 및 광업·제조업통계)
출판 도소매업	서적 및 잡지류 도매업	각종 서적 및 잡지류를 도매하는 사업체
	서적 및 잡지류 소매업	각종 서적 및 잡지류를 소매하는 사업체
	계약배달 판매업(신문배달판매)	외부자료 인용(사업체기초통계)
온라인 출판 유통업	인터넷/모바일 전자출판제작업	단행본, 간행물, 전자출판물을 별도의 뷰어 혹은 플레이어를 설치 또는 실행하여 볼 수 있도록 제작하는 사업체(e-book 제작 등)
	인터넷/모바일 전자출판서비스업	출판물을 전산화하여 제작된 전자출판물을 서비스하는 사업체
	인터넷서점(만화 제외)	외부자료 인용(사이버쇼핑몰통계)
출판 임대업	서적임대(만화 제외)	각종 서적, 정기 간행물, 잡지 등 인쇄기록물을 임대하는 사업체

출처: KOCCA 출판산업 분류, 출판산업통계 요약(2009).

2009년 국내 출판산업의 업체 수는 28,474개이며, 종사자는 20만 6,926명으로 나타났다. 매출액은 20조 6,091억 원이며 부가가치는 8조 7,362억 원이었고, 부가가치율은 42.39%인 것으로 조사되었다.

수출액은 2억 5,076만 달러이며 수입액은 그보다 높은 3억 4,833만 달러인 것으로 조사되었다.

출판산업은 2005년 약 33,909개 사업체에서 2009년 약 28,474개 사업체로 연평균 4.3% 감소하였으며, 종사자수도 연평균 0.9% 감소한 것으로 분석되었다. 가장 큰 성장을 한 부분은 부가가치액 부분이며 연평균증감률이 약 5.9% 증가한 것으로 나타났다. 수출액은 2006년 이후 증가하다가 2009년에는 소폭 감소한 것으로 나타났다.

2009년에도 출판산업 오프라인 도·소매업은 침체를 벗어나지 못하고 있는 실정이며, 반면 온라인 도·소매업은 지속적인 성장을 하고 있는 상황이다. 이로 인해 오프라인 도·소매업에 종사하는 종사자수가 지속적으로 감소하고 있으며, 사업체 또한 감소하고 있는 것으로 나타났다. 특별한 조치가 없는 한 이러한 현상은 지속적으로 이루어질 것으로 생각된

| 표 15-6 | 국내 출판산업 총괄 (단위: 개, 명, 백만 원, %, 천 달러)

구분	사업체수 (개)	종사자 (명)	매출액 (백만 원)	부가가치 (백만 원)	부가가치율 (%)	수출액 (천 달러)	수입액 (천 달러)
2005년	33,909	214,904	19,392,156	6,945,633	35.82	191,346	231,741
2006년	30,353	218,377	19,879,255	6,337,507	31.88	184,867	307,184
2007년	30,237	225,347	21,595,539	8,949,107	41.44	213,100	354,404
2008년	29,255	210,084	21,052,936	8,972,761	42.62	260,010	368,536
2009년	28,474	206,926	20,609,123	8,736,207	42.39	250,764	348,336
전년대비 증감률(%)	▽2.7	▽1.5	▽2.1	▽2.6	▽0.5	▽3.6	▽5.5
연평균증감률(%)	▽4.3	▽0.9	1.5	5.9	4.3	7.0	10.7

출처: KOCCA 출판산업통계(2009).

| 표 15-7 | 국내 출판산업 업체별 평균매출액 및 종사자별 평균매출액 현황

(단위: 개, 백만 원, 명)

구분		사업체수	매출액	종사자수*	사업체당 평균매출액	1인당 평균 매출액
출판업	서적출판업	2,032	1,429,598	10,057	704	142
	교과서 및 학습 서적 출판업	659	2,352,449	13,038	3,570	180
	신문발행업	387	2,589,128	16,937	6,690	153
	잡지 및 정기 간행물 발행업	1,088	1,006,885	9,425	925	107
	정기광고 간행물 발행업	367	420,268	5,526	1,177	76
	기타인쇄물 출판업	221	232,346	1,178	1,051	197
	출판업 합계	4,744	8,030,674	56,161	1,693	143
인쇄업		13,532	4,073,941	53,816	301	76
출판 도소매업	서적 및 잡지류 도매업	1,899	3,156,547	11,327	1,662	279
	서적 및 잡지류 소매업	5,221	4,149,611	21,054	795	197
	출판도소매업 합계	7,120	7,306,158	32,381	1,026	226
온라인 출판 유통업	인터넷/모바일 전자출판제작업	136	97,829	1,165	719	84
	인터넷/모바일 전자출판서비스업**	38	68,212	319	1,795	214
	인터넷서점 (만화 제외)	–	983,440	8,917	–	110
	온라인출판 유통업 합계	174	1,149,481	10,401	954	111
출판 임대업	서적임대 (만화 제외)	2,904	48,869	2,198	17	22
	출판임대업 합계	2,904	48,869	2,198	18	22
전체 평균		28,474	20,609,123	154,957	724***	133

* 계약배달직 종사자수 제외
** 전자출판산업규모 중 전자책 서비스 매출액 규모만 산출함
*** 인터넷서점(만화 제외) 매출액 제외 평균값
출처: KOCCA 출판산업 총괄, 출판산업통계 요약(2009).

다. 또한 e-book산업은 생각보다 큰 폭으로 증가하고 있지 않다. 이는 저작권을 소유한 출판사들과 유통업체 간의 이익에 따른 배분과 제작에 따른 수익성이 담보되고 있지 않기 때문인 것으로 판단된다. 출판산업은 당분간 이러한 과도기적 성격(오프라인 도소매·온라인 도소매, e-book산업 소폭 증가)의 상황이 언제까지 지속될 것인가가 관건이며, 이에 따른 오프라인 도·소매업 정체 또는 하락을 맞을 수 있는 극복방안(불법복제 근절)과 e-book산업의 활성화를 위한 정책적 지원이 지속되어야 할 것으로 생각된다.

출판산업의 1인당 평균 매출액은 1억 3천 3백만 원이며, 사업체당 평균 매출액은 7억 2천 4백만 원으로 나타났다. 서적출판업 1인당 평균 매출액은 1억 4천 2백만 원이며, 교과서 및 학습서적 출판업은 1억 8천만 원으로 나타났다. 출판산업 사업체당 평균 매출액 중 신문 발행업이 약 66억 원으로 가장 높은 매출을 올리고 있으며, 다음으로 교과서 및 학습서적 출판업이 35억 7천만 원인 것으로 나타났다. 인터넷/모바일 전자출판서비스업은 약 17억 원으로 분석되었다. 출판산업 서적임대업의 사업체당 평균 매출액과 1인당 평균 매출액에서 만화를 제외하고 살펴보면, 사업체당 평균 매출액은 1천 7백만 원이며, 1인당 평균 매출액은 2천 2백만 원으로 전년도대비 사업체당 평균 매출액은 약 7천만 원 증가하였으며 1인당 평균 매출액은 약 1백만 원이 증가한 것으로 나타났다.

2009년 온라인출판유통업 매출액은 1조 1,494억 원으로 전년대비 20.4% 증가하였으며, 연평균 증감률은 19.0% 증가하였다. 연도별 매출액 추이를 보면 2007년에 8,121억 원, 2008년에 9,546억 원, 그리고 2009년에 1조 1,494억 원으로 해가 지날수록 큰 폭의 성장을 이루고 있다.

매출액 구성을 보면 인터넷서점(만화 제외)이 9,834억 원(85.6%)으로 가장 큰 비중을 차지하고 있다. 인터넷/모바일 전자출판제작업은 978억 원(8.5%)이었으며, 인터넷/모바일 전자출판 서비스는 682억 원(5.9%)으로 나타났다. 연도별로 보면 인터넷/모바일 전자출판 제작 및 서비스업이 가파른 성장세를 보이고 있다. 2007년에 1,014억 원에서 2008년에 1,188억 원으로 성장하였고 2009년에는 1,660억 원에 이르렀다. 이는 전년대비 37.4% 증가하였고, 연평균 또한 27.9% 증가한 수치이다. 인터넷서점(만화 제외)은 2007년에 7,107억 원에서 2008년에 8,357억 원으로 증가하였으며 2009년에 다시 9,834억 원으로 증가하여 전년대비 17.7%, 연평균 17.6%의 증가율을 기록하였다. 출판임대업의 서적임대(만화 제외)는 488억 원으로 전년대비 1.2% 증가하였으며, 연평균 0.7% 증가하였다. 이를 연도별로 보면 2007년에 482억 원, 2008년에 483억 원, 2009년에 488억 원으로 나타나 2007년부터 2009년까지 매우 미미한 성장 혹은 유지하고 있는 것으로 보인다.

온라인출판유통업은 매년 증가를 거듭하고 있으나 현재까지는 시장의 안정기단계에 들어서지 않았기 때문에 안정적인 성장을 위한 노력이 필요하다. 추정된 수치에서 보여주듯이 인터넷서점 역시 비교적 안정적으로 성장하고 있는 것으로 보인다. 인터넷서점은 가격적인 면에서 경쟁

| 표 15-8 | 온라인출판유통업 및 출판임대업 소분류별 매출액 현황 (단위: 백만 원, %)

구분		2007 (백만 원)	2008년 (백만 원)	2009년 (백만 원)	구성비 (%)	전년대비 증감률(%)	연평균 증감률(%)
온라인 출판 유통업	인터넷/모바일 전자출판제작업	101,456	71,175	97,829	8.5	37.4	27.9
	인터넷/모바일 전자출판서비스업*		47,702	68,212	5.9		
	인터넷서점 (만화 제외)	710,718	835,777	983,440	85.6	17.7	17.6
	온라인출판 유통업 합계	812,184	954,664	1,149,481	100.0	20.4	19.0
출판 임대업	서적임대 (만화 제외)	48,219	48,311	48,869	100.0	1.2	0.7
	출판임대업 합계	48,219	48,311	48,869	100.0	1.2	0.7

출처: KOCCA 출판산업 통계(2009).

그림 15-8 온라인출판유통업 및 출판임대업 소분류별 매출액 현황 (단위: 백만 원)

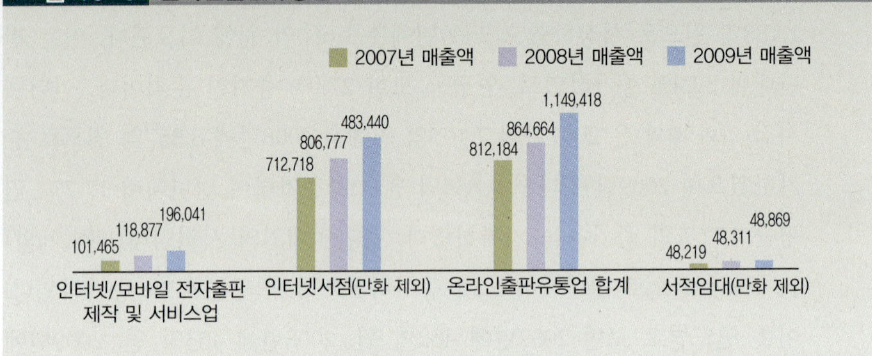

출처: KOCCA, 온라인출판유통업 및 출판 임대업 매출 현황(2009).

그림 15-9 온라인출판유통업 소분류별 전년대비증감률 및 연평균증감률 (단위: %)

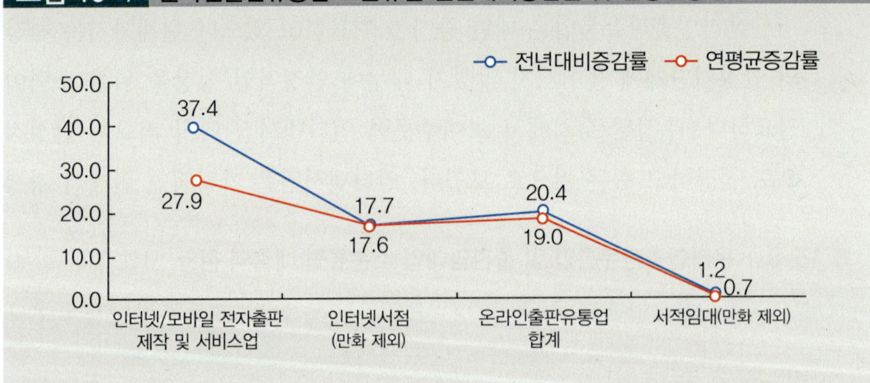

출처: KOCCA, 온라인출판유통업 및 출판 임대업 매출 현황(2009).

우위를 점하고 있으며, 편리함 등 여러 가지 이점 때문에 해가 지날수록 출판산업에서 영향력이 매우 커지고 있다. 이러한 현상은 향후에도 지속될 것으로 전망된다.

국내 출판시장 규모 전망

한동안 단말기 보급이 더뎌 성장세가 미미했던 전자책 시장이 스마트 기기의 확산으로 콘텐츠와 단말기 분야 모두 가파르게 성장하고 있다. 특히 2015년부터 디지털 교과서가 보급돼 교사와 학생 모두 태블릿 PC 등 기기들을 이용해 수업을 하게 되면서 관련 시장을 선점하려는 업체들의 움직임이 활발해지고 있다.

1) 급속히 커져가는 콘텐츠 시장

교보문고는 2011년 1월부터 7월까지 전자책 다운로드가 127만 건에 달했다. 지난해 같은 기간에 비해 730% 넘게 커졌다. 2006년부터 지난해까지 판매된 전자책이 138만 권에 불과했던 점을 감안하면 지난 7개월간의 판매량이 이전 5년간의 총량과 맞먹는 초고속 성장세를 보인 것이다. 스마트폰과 태블릿PC 등 전자책을 내려받을 수 있는 기기들이 많아지면서 자연스럽게 콘텐츠가 늘어 판매량이 늘었다고 회사 측은 설명했다. 여기에 교육과학기술부가 추진 중인 디지털교과서 사업이 e북 콘텐츠 시장에서 '태풍의 눈'으로 떠오르고 있다. 지난달 교육과학기술부는 스마트교육 활성화를 위해 2015년까지 모두 2조 2,280억 원을 투입하기로 했다. 이 가운데 5,700억 원은 디지털교과서 사업에 쓰인다.

디지털교과서는 클라우드 컴퓨팅(초대형 서버에 저장된 자료를 개인용 단말기로 불러와 사용) 방식을 통해 교과서 내용뿐 아니라 참고서, 문제집, 사전, 멀티미디어 자료 등 다양한 콘텐츠를 이용할 수 있다. 사용자와 교과서가 상호 소통해 1대1 맞춤식 학습이 가능하고, 무거운 책들을 들고 다닐 필요도 없어져 학습 방식을 근본적으로 바꿔놓을 전망이다. 이에 따라 두산동아, 능률교육, 비상교육 등 교과서 업체들도 별도 조직을 신설해 디지털교과서 업무를 전담토록 하는 등 시장 흐름에 발빠르게 대응하고 있다.

2) 4G망 기대에 기기 시장도 강세

전자책 시장의 또 다른 축인 디지털 기기 시장 역시 콘텐츠 시장과 맞물려 성장세가 두드러지고 있다. 특히 4세대(4G) 롱텀에볼루션(LTE)

의 구축이 완료되면 태블릿PC 등 기기 판매가 늘 것으로 전망되면서 업체들도 신제품 출시에 나서고 있다. 아이리버는 최근 업계 최초로 구글의 전자책인 '구글 e북' 전용 단말기인 '스토리 HD'(6인치)를 미국 시장에 내놓았다. 지난해 아이리버와 LG 디스플레이가 합작해 중국에 세운 'L&I 일렉트로닉 테크놀로지'의 첫 양산품으로, 가격이 139.99달러에 불과해 경쟁 제품보다 저렴하다.

중소업체인 엔스퍼트도 교과부의 스마트교육 추진 방침에 맞춰 구글의 안드로이드 운영체제(OS)를 활용한 '한국형 스마트 교과서' 사업에 착수했다. 이를 위해 주요 교육콘텐츠 사업자들과 제휴를 추진하고 있으며, 보급형 7인치 전략제품을 내놓아 스마트 교과서 시장을 주도한다는 계획이다. 업계 관계자는 "미국의 경우 굴지의 오프라인 서점인 보더스가 파산한 반면 온라인 서점인 아마존은 전자책 성장에 힘입어 2분기 매출이 지난해 같은 기간보다 51%나 늘었다"면서 "우리나라에서도 전자책 시장이 기존 종이책 시장을 대체하는 것은 시간문제"라고 설명했다.

종이책 출판산업의 전반적인 부진에도 불구하고, 디지털출판시장은 지속적인 성장이 예측되고 있다. PWC는 세계 디지털출판시장 규모가 2009년 24억 달러에서 2014년 82억 달러로 연평균 27.2% 성장할 것으로 전망하였고, 종이책 대비 디지털출판의 비중은 2008년 1.89%에서 2013년 5%대로 확대될 것으로 예상하고 있다. 그러나 2009년 디지털출판시장이 예상보다 훨씬 큰 폭으로 성장했다는 점을 감안하면, 2010년 이후의 디지털출판시장에 대한 전망은 대폭 수정되어야 할지도 모른다.

지속적인 e-Book 콘텐츠의 증가는 향후 e-Book 시장의 선순환 구조 형성을 기대하게 한다. 2000년 당시와 비교해 이용 가능한 e-Book 콘텐츠의 수가 수백 배 이상 확대되었으며, 신간의 e-Book 출판이 늘어나 질적으로도 개선되고 있다. 아마존은 2007년 11월 킨들 출시 당시 8만 8천 종의 e-Book을 보유하고 있었으나, 2년이 지난 2009년 11월 현재 31만 권으로 증가했다. 2009년 베스트셀러 25권 중 10권을 e-Book 형태로도 제공

그림 15-10 미국 종이책과 전자책 추이 (단위: 달러)

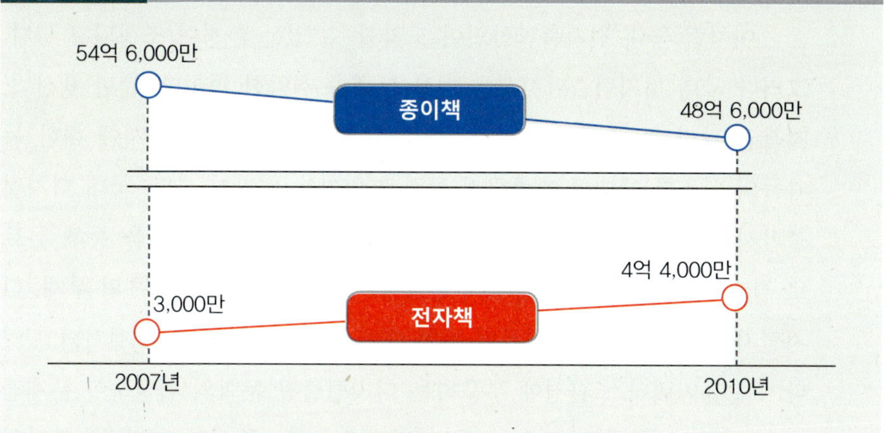

자료: 류지영, 서울신문, 미국 종이책과 전자책 추이(2011.8.1).

하고 있는 등 과거에 비해 신간의 e-Book 출판이 활성화되고 있다. 대형 출판사인 랜덤하우스와 펭귄(Penguin)은 2009년부터 자사에서 발간되는 모든 도서를 종이책과 디지털출판 2가지 형태로 출판하고 있다.

국내 디지털출판시장 역시 도약을 준비하고 있다. 4,000억 원 규모로 추정되는 2009년 디지털출판시장은 2002년에 비해 4배 이상 성장했으며, B2C 시장이 살아난다면 엄청난 성장력을 보일 것으로 예상된다. 2009년부터 국내에도 디지털출판 전용단말기가 나오기 시작했고, 2011년부터는 전자교과서가 본격적으로 사용될 예정이기에 국내 디지털출판 시장의 성장은 시간문제인 것으로 보는 경향이 많다. 교보문고, 한국이퍼브, 한국출판콘텐츠 등을 중심으로 콘텐츠 확충을 추진 중이며, 콘텐츠 확대 열쇠를 쥐고 있는 출판사들 다수가 참여를 꾀하고 있기 때문에 2010년은 콘텐츠 확대의 기점이 될 것으로 기대된다. 유통회사들의 디지털출판 참여도 활발해지고 있어, 교보문고는 2010년 현재 6만 5,160개의 디지털출판 콘텐츠를 보유하고 있고, 예스24는 한국이퍼브에 참여하고 있다. 인터파크 도서는 2010년 3월 단말기 출시와 함께 디지털출판 서비스 '비스킷(biscuit)'을 시작했다.

3) 디지털출판시장의 지속성장 전략, 어플리케이션 생태계 구축

이처럼 국내 전자출판산업이 도약할 수 있는 환경이 조성되고 있다. 그러나 국내 디지털출판시장은 기본 토대가 취약한 편이다. 출판 생산력, 저작권 관리 등 총체적인 문제점을 노정하고 있다. 신간 도서에 대한 독자들의 니즈를 제대로 충족하지 못하고 있다는 비판이 크다. 국내 디지털출판시장은 일반적인 디지털출판이 아니라 인터넷 포털 등을 통해 유료로 결제되는 만화 콘텐츠가 대부분이다. 전용단말기 및 콘텐츠의 부재, 디지털저작관리(DRM), 수익분배 등에 대한 문제도 지속적으로 제기되고 있다. 또, 유비쿼터스 환경에 부응하는 디지털출판 문화의 미성숙이 문제점으로 지적된다. 학교·도서관 등 기관수요(B2B) 중심의 디지털출판산업 발전으로 개인구매(B2C)에 의한 대중적인 소비기반이 취약하다.

무엇보다 콘텐츠 부족은 국내 디지털출판시장 확대의 가장 큰 장애요인이다. 이런 이유로 기술적 문제점보다는 콘텐츠 부족 현상이 향후 디지털출판시장의 성장에 가장 큰 중요한 변수로 작용할 것으로 보인다. 아마존의 e-Book 사업의 경우에도 언론사와 통신사들이 사업에 함께 참여했지만 핵심 콘텐츠를 유통할 수 있는 아마존이 주도적으로 시장을 이끌었기 때문에 성공한 바 있다. 킨들(아마존), 아이패드(아이북) 등 국제적으로 전용단말기와 콘텐츠 서비스가 융합되어 판매되는 경향이 강화되고 있어 국내 단말-유통-통신 업계 간의 협력 모델 발굴이 절실하다. 콘텐츠의 개방형 유통 환경 구축을 통한 선순환 구조 구축이 요구된다.

특히 스마트폰이 확산되면서 이동통신 산업 패러다임이 '커뮤니케이션'에서 '어플리케이션'으로 전환하고 있다. 통신사업자가 시장을 주도하는 중앙집중형 산업구조에서 사업자와 무관하게 다양한 서비스 제공이 가능한 분산형 비즈니스 구조가 형성되고 있다. 그에 따라 경쟁의 원천도 개별적인 경쟁우위 요소에서 어플리케이션 생태계 구축 역량으로 이동하고 있다. 단말기 성능은 물론 운영체제(OS), 어플리케이션 스토어 등 어플리케이션 개발·소비의 장을 구축하고 활성화시키는 것이 중요하다. 따라서 소비자 중심의 서비스 개발, 내 외부 역량의 결집 등을 통한 경쟁력 확보가 요구된다. 단말기, 소프트웨어, 서비스(콘텐츠)를 아우르는 총체적인 서비스 경험을 제공하기 위한 방안을 모색하고, 외부의 자원과 역량을 흡수하여 빠르게 혁신할 수 있는 시스템을 구축하고 폭넓은 파트너 십을 통해 경쟁력을 강화해야 한다. 이러한 상생협력 시스템에 기반한 에코 생태계 환경이라야 디지털출판시장의 지속성장은 가능한 것이다.

3 디지털출판 콘텐츠 마케팅의 전략

디지털출판 콘텐츠 마케팅이란

1) 디지털출판 콘텐츠 마케팅

출판마케팅은 출판사가 출판시장에 대응하는 일련의 활동이다. 일련의 활동이란 출판물이 독자의 손에 가기까지 행해지는 모든 활동, 즉 아이디어 생산, 기획, 편집 제작, 판촉 활동을 말한다. 출판시장이란 출판물이 독자의 손에 가기까지 형성되는 시장, 즉 콘텐츠를 만들어내는 원자재시장, 출판물을 중개하는 중개시장, 출판물을 소비하는 독자시장을 말한다.

출판마케팅은 '인문적 교양'과 같은 '공공재'가 탄생하기 어려울 정도로 시장이 악화되는 현실에서, 책이 기획되고 판매되기까지 일련의 과정을 제대로 수행해 오히려 그런 책이 나올 수 있는 환경을 조성하자는 것이다. 광고나 홍보 등을 잘 해 상업적 이익만 추구하자는 것은 아니다.

21세기 들어 인터넷에서 '무료'의 형태로 떠도는 엄청난 양의 e-콘텐츠로 말미암아 책시장은 새로운 기회와 위기를 동시에 맞이하고 있다. 이제 책은 존재이유를 새롭게 묻고 새로운 형태로 탄생되어야 하고 새로운 시스템에 맞는 마케팅을 할 수 있어야 한다. 출판마케팅은 기업이 출판물을 도구로 활용한 마케팅 기법이기도 하다.

2) 출판마케팅 프로세스

출판마케팅이란 출판의 모든 과정이다. 책을 잘 팔기 위해서는 영업력만으로는 부족하다. 여기에서 영업력 외의 출판마케팅 과정을 (주)위즈덤하우스의 출판마케팅 프로세스로 살펴보자

특별한 경우를 제외하면 프로세스에서 회의는 의사결정을 위한 수단이다. 의사결정을 위해서는 회의 자료가 필요하고 회의 결정 사안에 대한 기안서든 품의서든 문서가 필요하다. 회의와 미팅은 구분하여 활용하는데, 미팅은 대략 마케팅의 일상 점검 형태로 활용하고, 회의는 아이디어를 구하고 실행할 사안들을 결정하기 위해 활용된다.

회의를 위한 페이퍼 준비과정이 결국 마케팅의 모든 과정을 함축한다. 즉 기획회의를 위해서는 시장조사와 환경분석, 그리고 경쟁도서와의 출간예정 도서의 장단점들이 정리되어야 하고 기획편집회의에서는 출판의 상품전략과 가격이 결정된다. 마케팅 회의에서는 프로모션 전략과 유통전략이 수립된다.

출판마케팅을 이해하기 위해서는 먼저 출판시장 규모에 대한 이해가 필요하다. 출판마케팅을 하고자 하는 책의 시장 규모를 인식하는 것이 시작이다. 출판시장의 규모에 대해서는 정확한 자료가 없어 여러 다른 의견들이 많다. 출판을 어디까지 정의하느냐의 문제도 복잡하다. 출판을 '종이매체에 활자로 인쇄한 것'으로 한다면 신문과 잡지를 포함한 거대시장이 된다.

3) 출판저작권 수출

국내 출판저작권의 해외 수출 활성화 사업이 직접적인 출판 지원 대신 초록 샘플번역 지원과 해외 출판시장 정보제공 등의 간접지원을 중심

으로 확대된다. 문화체육관광부는 내수시장 한계 등 당면한 출판계 위기에 대처하기 위해 과도한 수입역조와 언어권의 한계, 경쟁력 있는 콘텐츠의 부족 등 취약한 해외출판 환경을 극복해 장기적인 활로 모색이 필요하다는 인식에 따라 산하 한국문학번역원을 통해 2008년부터 진행해온 출판저작권 수출 활성화 사업의 성과를 점검, 전략적인 해외진출 지원 체계를 구축할 예정이다. 그동안 출판사와 에이전시들의 해외수출실적에 따라 사후 지급하던 인센티브 제도는 효율성을 감안해 폐지되고 해외 출판사를 대상으로 한 해외출판 지원금, 해외 출판마케팅 지원 등은 차등 지급된다. 국내 출판사 및 에이전시를 대상으로 저작권 수출을 희망하는 도서의 초록(600여 건)과 샘플원고(400여 건) 번역, PDF 제작(500여 건) 지원을 확대하고 제안서 번역지원 확대와 서지정보, 작가 작품 소개, 마케팅정보 등이 수록된 초록번역과 도서의 일부를 발췌 번역하는 샘플원고 번역 지원으로 개별 출판사가 부담해야 하는 초기비용 부담을 덜어 준다.

해외출판마케팅 지원을 위해 저작권 거래실적이 뛰어난 볼로냐아동도서전(3월), 프랑크푸르트도서전(10월), 과달라하라도서전(11월)에 참가해 한국도서의 차별적이고 전략적인 도서기획전 행사를 개최한다. 저작권 수출에 관심 있는 출판사를 대상으로 해외 수출업무의 기본 정보와 전문지식을 제공하는 가이드북을 배포하고, 해외에서 번역 출간된 국내도서의 출판기념회 등 홍보행사를 지원한다. 해외 출판업계와 에이전시를 대상으로 국내출판현황과 도서에 대한 정보제공 기능을 한층 강화해 국내 출판현황을 해외에 소개하는 오프라인 영·중문 계간지(list Books from Korea)를 연 4회 제작, 100여 개국에 6,000여 건 발송할 예정이며, 온라인 격주간 뉴스레터 제작도 확대하여 100여 개국 9,000여 개사에 배포하는 등 온·오프라인 정보지 발행으로 국내출판 정보제공 기능을 강화한다.

4) 출판저작권의 새로운 유통채널

전자책이 출판저작권의 새로운 유통채널로 부상하고 있다. 전자책 단말기와 책 콘텐츠를 공동 유통하는 전자책 공동체가 2010년 4월 결성된다.

전자책 공동체 한국이퍼브의 강점은 여러 대형 서점들이 제공하는 전자책을 다양한 단말기에서 자유롭게 이용할 수 있다는 점이다. 고객은 취향에 맞는 전자책 단말기를 사고, 한국이퍼브에서 제공하는 콘텐츠에서 읽고픈 책만 고르면 된다. 특정 서점이 아닌, 여러 온·오프라인 서점에서 전자책을 살 수 있는 점도 편리하다.

한국이퍼브는 우선 삼성전자 'SNE-60'과 넥스트 파피루스 '페이지원'을 시작으로 상반기 안에 5종의 단말기를 전국 40여 곳 매장과 인터넷 서점을 통해 차례로 판매할 계획이다. 보급형 단말기부터 와이파이(Wi-Fi)가 지원되는 고급형 기기까지 다양하게 제공해 소비자 선택폭을 넓힌다. 첫 판매를 시작할 페이지원은 20만 원대 초반 가격에 내놓아 전자책 단말기 보급 확대를 유도할 계획이다.

스마트폰인 아이폰과 안드로이드폰용 응용프로그램도 선보인다. 정식 서비스가 예정된 시기까지는 베스트셀러와 스테디셀러를 포함한 2만여 종의 전자책을 우선 제공한다.

전자책시장의 진정한 성장동력은 양질의 콘텐츠와 고객의 편의성이다. 한국이퍼브는 국내 출판계의 주요 업체들이 모여 각사 이익보다는 출판계와 독자 모두에게 이익이 되는 생태계를 만들기 위해 오랜 시간 준비해왔으며, 전자책 사업에 참여하고자 하는 출판사와 IT업계를 모두 수용하는 게 목표이다. 한국이퍼브는 리브로, 반디앤루니스, 영풍문고, 알라딘, 예

▲ 한국이퍼브의 전자책 단말기

스24 등 5개 서점, 북21, 북센, 민음사, 한길사 등 출판사, 언론사인 중앙일보가 공동 투자한 회사다.

디지털출판마케팅 관련 업체

국내 주요 업체의 분류는 유통, 유통+단말기, 단말기, E-paper, 통신사, 솔루션으로 나뉘며 위와 같은 사업체들을 확인할 수 있다. 각 업체의 분류에 따라 마케팅전략과 규모가 다르며 아직 디지털출판업계 마케팅시장은 아직은 미미하여 초기 시장으로 볼 수 있는 단계이다.

출판 콘텐츠 사업에는 한국이퍼브, 한국출판콘텐츠, 교보문고, 인터파크 등 유통업체들은 단말기 제조사들과 제휴 또는 자체 단말기 출시를 통해 E-Book 사업을 주도적으로 추진하고 있다. 한국이퍼브와 한국출판콘텐츠에는 콘텐츠 확대의 열쇠를 쥐고 있는 주요 출판사 및 언론사들이 참여하고 있다는 점에서 E-Book 콘텐츠의 원활한 확충에 주도적 역할 수행이 예상된다. 6만 종의 콘텐츠를 보유한 디지털교보문고는 'eBook 출간 요청란'을 통해 독자들로부터 E-Book 출간 요청을 받은 후 출판사 및 작가와 협의하여 제공하고 있으며, 매월 1,000여 종이 신규 등록되고 있다.

| 표 15-9 | 한국이퍼브와 한국출판콘텐츠

업체명	참여업체	사업내용
한국이퍼브	예스24, 알라딘, 영풍문고, 한길사, 비룡소, 북센, 북21, 중앙일보 등 서점, 출판사, 언론사 연합	• 출판사 및 유통업체 간 권리분배, E-Book 제작, E-Book 유통 등 • 2010년 1월 5천 권으로 서비스를 시작한 후 3년 뒤 4~5만 권으로 확대 계획
한국출판콘텐츠	김영사, 돌베게, 뜨인돌, 시공사, 사계절출판사, 푸른숲, 해냄출판사 등 50여 개 출판사	• 출판업계의 영향력 확보를 위해 설립된 출판사 주도의 E-Book 제작 및 유통업체 • 향후 출판콘텐츠 관리, E-Book을 비롯한 2차적 이용 등에 관한 업무를 담당 • 주요 유통업체인 인터파크에 E-Book 공급

자료: 예스24(2010).

| 표 15-10 | 국내 E-book 주요 업체

사업영역	업체명	주요 내용
유통	교보문고	• 국내 최다인 6만 종의 E-Book 콘텐츠를 보유하고 있으며, 매월 1,000여 종이 신규등록되고 있음 • 삼성전자, 아이리버, KT 등과 제휴하여 E-Book 사업 추진중
	YES24	• 점유율 39%의 인터넷서점 1위 업체 • 2009년 9월 설립된 (주)한국이퍼브의 지분 29.8% 확보 • 한국이퍼브를 통한 콘텐츠 확보 능력과 인터넷 도서시장의 지배력을 이용해 E-Book 시장에서 주도적 역할 기대
유통 + 단말기	인터파크	• 인터넷 종합쇼핑몰, 인터넷서점 부문 2위 • 2010년 2월 자체 단말기를 출시 계획 • 한국출판콘텐츠(KCP)와 이외 출판사들로부터 콘텐츠를 확보할 예정이며, 무선통신기능 제공을 위해 LG텔레콤과 제휴
단말기	삼성전자	• 콜레스테릭액정 및 전자잉크 기술방식의 E-Paper 개발 • 2009년 2월 교보문고와 E-Book 사업 공동추진을 위한 MOU 체결 • 2009년 7월 '파피루스'를 출시하여 E-Book 단말기 시장 진출
	아이리버	• MP3, PMP 등 휴대 멀티미디어기기 전문업체 • 2009년 9월 E-Book 전용단말기 'Story' 출시 • 국내 예약 판매물량 2,000대가 이틀 만에 매진 • 해외 E-Book 업체들과 제휴를 통한 해외시장 진출 계획
E-Paper	LGD	• 콜레스테릭액정 및 전자잉크 기술방식의 E-Paper 개발 • 태양전지를 탑재한 'Solar E-Book' 개발
	아이 컴포넌트	• 디스플레이용 광학필름 및 인쇄회로기판 제조업체 • E-Paper Display용 플라스틱 기판 코팅 기술 보유 • Flexible LCD 플라스틱 기판을 개발, 삼성전자에 시제품 공급 중이며, 2010년 하반기 양산 계획
통신사	SKT	• SK케미칼, 네오룩스와 협력하여 순수 국내기술로 E-Paper 개발에 성공, 2011년 상용화 계획 • MVNO사업을 통한 E-Book 시장 참여 예상 • T-Store 등을 활용하여 E-Book 유통에도 나설 가능성
	KT	• 2009년 9월 교보문고와 망 제공 등 E-Book사업 공동추진을 위한 MOU 체결 • 북토피아, 지니소프트, 인터파크 모바일 등을 CP로 확보하고 있으며, 쇼앱스토어를 통한 직접유통도 가능해 향후 E-Book 사업 확장 가능
솔루션	유니닥스	• PDF 솔루션 전문업체로서 콘텐츠의 수집, 가공 및 유통 등을 위해 교보문고, 신문사, 잡지사 등과 제휴 • 국립중앙도서관 '국립디지털도서관 구축사업', 삼성전자 'e-Manual 시스템 구축사업', 교보문고 '전자책 서비스 사이트 구축사업' 등 수행
	인큐브테크	• 출판, 인쇄, 편집 및 E-Book 변환 솔루션 전문업체로서, 전자출판(E-Book 제외) 솔루션 부문 국내 시장점유율 95% • 한국이퍼브와 E-Book 서비스를 위한 토털 솔루션 공급 계약 체결 • 출판사들과 계약을 통해 E-Book 제작, 관리, 판매대행 등도 수행

출처: 산은경제연구소, E-book의 재부상과 관련산업에 대한 영향 전망(2009.12).

4 채널에 따른 디지털출판 콘텐츠 마케팅 사례

독립출판과 마케팅 사례

독립출판은 기성 출판사 주도의 책 제작 방식에서 벗어나 개인이나 소수 그룹이 기획과 편집, 때로는 인쇄까지 해서 출판하는 것이다. 최근 독립출판 방식으로 책을 내는 사람들이 늘고, 독립출판물을 소개하는 유통채널도 다양화되고 있다. 프리랜서 사진작가 구창욱 씨는 독립출판 잡지 월플라워(wallflower)를 창간했다. 그는 이 잡지의 발행인이자 기획·편집자이며, 필진이자 디자이너이기도 하다. 완성된 편집본을 집에 있는 프린터기로 인쇄하고, 제본도 혼자 한다. 예술 작품집과 유사한 구 씨의 잡지에는 그가 선정한 다양한 작가들이 함께 참여한다. 1999년 창간한 격월간지 싱클레어도 독립출판물이다.

다섯 명의 편집자가 만드는 이 잡지는 다양한 사람들이 기고한 글과 그림, 사진과 음악을 소개한다. 잡지 가격은 4,000원. 종이가격과 인쇄비로 빠듯하지만 따로 광고를 받진 않는다. 원가절약을 위해, 정기독자 1,000여 명에게 잡지를 부치는 것도 직접 해결한다. 해외에서 서브컬쳐의 하나로 자리잡은 독립출판 문화는 문서 편집이 가능한 개인 PC와 레이저프린터의 발전과 함께 확대됐다.

우리나라에서도 최근 1~2년 새 독립출판물을 내는 작가들이 늘고, 유통채널도 다양해지고 있다. 독립출판물만을 따로 유통하는 온오프라인 서점이 늘어난 것은 물론, 독립출판을 할 수 있도록 돕는 교육 강좌도 생겼다. 독립출판물을 소개하는 독립출판 페어도 열린다. 알려지지 않은 작가들이 자신의 작품을 알리고, 독자들은 다양한 문화를 접할 수 있다는 점이 독립출판의 매력이다.

현재 국내에 유통되고 있는 독립출판물은 200~300여 종 정도이다.

다양한 생각, 다채로운 문화를 소개하는 독립출판물은 앞으로도 계속 증가할 것으로 보인다.(동아일보, 2010)

포털의 출판 만화시장 진출 사례

포털 사이트 '다음' 등을 운영하는 다음커뮤니케이션은 사업 목적에 만화 출판을 추가할 것이다. 만화 출판은 현재 '미디어다음 만화속세상'을 통해 서비스하고 있는 웹툰의 출판화를 위한 것이다.

다음커뮤니케이션의 출판 만화시장 진출로 일부 만화가들은 만화시장의 변화에 기대를 걸고 있다. 물론 다음커뮤니케이션은 한국 웹툰 시장에서 네이버·야후코리아와 호각세를 겨루고 있는 입장이고, 국내 가장 많은 종수의 만화를 펴내고 있는 대원씨아이와 당기순이익을 비교해 볼 때 다음커뮤니케이션은 459억 3,385만 6천 원 이익, 대원씨아이는 1억 7,957만 7,229원 손해로 확연한 자본 강세를 보이고 있다.

다음커뮤니케이션은 웹툰과 출판 만화는 시장·형식적인 면에서 전혀 다르다. 이미 기존 웹툰의 단행본 판매 시장은 어느 정도 구축되어 있으나 강풀·강도하 등의 인기 작가를 제외하고는 수지타산을 맞추지 못하고 있다. 대부분의 웹툰은 무료라는 사실이 웹툰 단행본의 낮은 판매량에 기여한다. 몇몇 만화의 경우 계약에 의거해 출판과 동시에 인터넷 게재를 중단하나, 대부분은 페이지뷰 수익 문제 등으로 인해 게재를 중단하지 않고 설사 게재를 중단하더라도 블로그/미니홈피를 통한 불법 복제로 인해 독자들이 속속 빠져나간다. 이전에 완결된 허영만 화백의 「식객」이나 강도하의 작품들처럼 단행본을 위한 추가 요소를 넣거나, 단행본용으로 완벽하게 재편성하지 않으면 높은 판매량을 달성하는 것은 어렵다.

다음커뮤니케이션은 Hun의 「데자뷰」, 캐러맬의 「남아돌아」, 김상수의 「박대리는 사회부적응자」를 콘텐츠 관리 전문 자회사 '콘텐츠플러그'에서 한정판을 예약하되, 300부를 넘어야지만 실제로 출간하는 형식으로 판매를 시도한 적이 있다. 웹툰 단행본 시장에서는 흔치 않은 '예약 한정판매'이다. 결과는 홍보 부족 등의 이유가 있었지만 세 웹툰 모두 예약 150부를 넘지 못해 출간은 성사되지 못했다. 만화 출판시장에 어울리는 마케팅, 출판 만화시장에 어울리는 콘텐츠 개발·확보가 선행되지 않으면 이번 다음커뮤니케이션의 출판 만화시장 진출은 좋은 결과를 낳기는 어려울 것이다.

입소문 마케팅 사례

2002년 여름 펭귄 그룹은 Adam Davies라는 신인 작가가 쓴 『The Frog King』이라는 소설의 출간을 준비하고 있었다. 뉴욕의 출판사에서 박봉의 말단 직원으로 근무하는 한 남자의 이야기를 재미나게 그린 이 소설은 신인 작가의 데뷰 소설 치고는 상당한 성공을 기대해 볼 만한 작품이었다. 그러나 문제는 책정된 부족한 광고 예산이었다. 더욱이 신간들이 쏟아져 나오는 8월로 출간 예정일이 잡혀 있었기 때문에 상황은 엎친 데 덮친 격이라고 할 수 있었다.

이런 상황을 타개하기 위해 펭귄 그룹은 신생 마케팅 에이전시 버즈에이전트(BzzAgent)에 입소문 마케팅 캠페인을 의뢰하기로 결정한다. 버즈에이전트는 2002년 3월에 설립된, 보스턴 소재의 입소문 마케팅 전문 대행사로서 그때까지 별다른 캠페인 수행 경험이 없는 상태에서 자신들이 개발한 입소문 마케팅 서비스를 공동으로 실험할 초기 고객사를 찾고 있는 중이었다. 『The Frog King』의 예정 출간일로부터 2주일의 시간밖에 주어지지 않은 조건에서, 버즈에이전트는 입소문 전파력이 뛰어난 잠재 독자들의 손에 이 책을 전달하기 위해 조직적인 입소문 마케팅 캠페인을 기획한다.

열성적 전파자 역할을 할 만한 독자들에게 『The Frog King』 '체험' 기회를 주는 일이야말로 타깃 독자들 사이에 입소문이 퍼지는 결정적인 열쇠라고 확신했기 때문이다.

버즈에이전트(www.bzzagent.com)는 『The Frog King』에 대한 분석을 통해, 이 책이 크게 어필할 타깃 독자는 뉴욕에 거주하는 18세에서 34세 사이의 성인 남녀라고 결론을 내리고, 이러한 조건에 맞는 잠재 독자들을 집중적으로 캠페인에 참가시킨다. 버즈에이전트가 이른바 스니저(sneezer) 성향의 잠재 독자들에게 달랑 책 한 권만 주면서 입소문을 내 달라고 부탁한 것은 아니었다. 버즈에이전트는 개별 캠페인 참가자들에게 '버즈키트(BzzKit)'라고 불리는 입소문 캠페인 패키지를 배송했다. 버즈키트는 『The Frog King』에 대한 상세한 소개를 담은 캠페인 안내서, 입소문 캠페인 참가자로서 준수해야 할 사항을 담은 행동 규범(code of conduct), 권장 입소문 활동이 상세하게 정리된 목록(activity list) 등으로 구성된 매우 인상적인 선물 세트 같은 것이었다. 이러한 키트를 받은 캠페인 참가자들은 자발적으로 다양한 입소문 활동을 전개했다. 이들이 수행한 입소문 활동에는 주변 친구나 동료, 지인 등에게 『The Frog King』을 소개하고 추천하는 일부터 Amazon.com이나 자기가 활동하는 온라인 커뮤니티에 서평을 올리는 일, 그리고 동네 서점 직원에게 『The Frog King』에 대해 문의하는 활동까지 갖가지 입소문 활동이 포함돼 있었다.

이러한 내용만 놓고 보자면, 출판사들이 오피니언 리더급 인사들에게 신간 도서를 증정하며 입소문이 '우발적으로' 퍼지기를 기대하는 것과 버즈에이전트의 입소문 마케팅 캠페인 사이에 별다른 차이가 없어 보일지도 모른다. 그러나 버즈에이전트는 캠페인 참가자들의 발굴과 선발에서부터 캠페인 참가자 교육, 입소문 활동의 보고, 활동 보고서에 대한 피드백, 열성 참가자에 대한 보상, 그리고 전체 입소문 활동에 대한 측정 및 결과 분석에 이르기까지 전 과정을 버즈에이전트 웹사이트를 통해 체계화하고 자동화했다는 점에서 결정적인 차이가 있다. (콜레오마케팅그룹 이주형, 2004)

iPad와 신문/잡지 마케팅

애플은 이미 뮤직스토어와 앱스토어를 통해서 수익을 거두고 있으며, 전자책에도 관심을 가지고 있다. 아이팟은 음악의 유통채널인 뮤직스토어, 아이폰은 응용프로그램의 유통채널인 앱스토어로 성공했다. 아이패드는 전자책의 유통채널이 될 것이다. 전 세계의 출판사뿐만 아니라 최근 인터넷으로 어려움을 겪고 있는 신문과 잡지사는 구독료를 받을 수 있는 아이패드에 큰 기대를 걸고 있다.

아마존의 킨들은 전자책 전용 리더이며 책을 읽는 데 최적화되어 있다. 킨들에 들어간 E-INK 기술은 실제 책을 읽는 것처럼 눈에 편안함을 준다. 그래서 과거 종이책만을 고집했던 사람들에게도 전자책을 읽는 데서 느끼는 이질감을 최소화했다. 오직 책 읽는 데 초점을 맞춘 킨들은 그래서 액정이 흑백이고 다른 부수적인 기능이 거의 없다. 이에 비해서 아이패드는 컬러이며 음악과 영화감상은 물론이거니와 게임과 같은 멀티미디어 기능이 강화되어 있다. 아마존의 킨들과는 완전히 다른 방향으로 접근하고 있다.

1) iPad에서의 신문구독

아이패드(iPad)가 전 세계 시장에 출시하면서 미국 신문업계를 뜨겁게 달구었다. 종이 신문의 한계를 벗어나 모바일 미디어 시대 주도권을 선점하려는 유력 신문사들의 치열한 경쟁 때문이다. 모바일 미디어 시대를 주도할 아이패드를 얼마나 잘 활용하느냐가 각 신문사의 명운을 가를 것이다.

미국 모바일 광고업체 애드몹에 따르면 스마트폰의 인터넷 사용량은 2011년 한해 사이 193%, 아이팟터치과 비슷한 다른 모바일 기기의 사용량도 무려 4배 이상 증가했다.

미국을 대표하는 뉴욕타임스(NYT)와 월스트리드저닐(WSJ)도 모바일 미디어 시대의 도래 앞에서 잔뜩 긴장하고 있다.

뉴욕타임스(NYT) 수석 편집장 빌 켈러는 'NYT는 앞으로 단순한 신문사이기보다는 첨단 기술을 다루는 회사가 될 것'이라고 강조했다. 아이패드 등 첨단 모바일 기기에 대비한 준비에 만전을 기하고 있다는 뜻이다. 아이패드 시연회에서 아이패드로 뉴욕타임스를 구독할 수 있는 어플리케이션을 직접 설명했다.

미디어 시장의 패권을 두고 뉴욕타임스(NYT)와 결전에 들어간 루퍼드 머독의 월스트리트저널(WSJ) 역시 아이패드 출시에 맞춰 특화된 모바일 전용신문을 새로 선보일 예정이다. WSJ는 지면을 통해 '아이패드용 모바일 신문 구독료를 종이 신문(월 29달러)보다 약 11달러 저렴한 한 달에 17.99달러(2만 원 상당)로 책정할 것'이라고 발표했다.

이 같은 미국 신문업계의 움직임에는 광고시장의 흐름 변화도 결정적 작용을 하고 있다. 대기업 등 대형 광고주들은 유력 신문의 아이패드 어플리케이션에 실을 자사 광고의 공간을 대거 입도선매하는 등 모바일 미디어 시대에 기민하게 대응하고 있다.

신용카드사 체이스 사파이어가 아이패드용 NYT 광고를 60일치나 사들였다. 물류기업 페덱스는 WSJ와 뉴스위크 등의 광고면을, 대한항공 유니레버 도요타 피델리티는 시사주간지 타임에 광고면을 확정해 뒀다. WSJ 아이패드에는 코카콜라, 페덱스 등 6개 기업이 4개월치 광고패키지를 40만 달러(약 4억 5,000만 원)에 계약했다.

미국신문협회(NAA)따르면 미국 종이 신문들의 광고수입은 2008년 378억 4,000만 달러에서 2009년 275억 6,000만 달러로 27.2% 급감했다.

구글이나 야후 등 온라인 검색. 포탈에 뉴스콘텐츠를 헐값에 넘겼던 신문들로서는 앞으로 모바일 미디어 시대에 똑같은 실수를 반복하지 않겠다는 결의를 다지고 있다. 특히 모바일 미디어의 유료화가 기존 온라인 미디어에 비해 기술적으로 유리할 수 있다는 전망이 신문업계가 모바일 미디어에 사활을 거는 가장 큰 이유가 되고 있다.

2) 잡지구독

콘데나스트(Conde Nast)는 미국·프랑스·한국·중국 등 전 세계 24개국에서 125종의 잡지를 출간하는 세계적인 잡지사다. 보그(Vogue)·글래머(Glamour)·지큐(GQ)·뉴요커(The New Yorker) 등 패션지와 여성지, 남성지 등을 보유하고 있다. 콘데나스트의 디지털 콘텐츠 사업을 담당하는 콘데나스트 디지털의 사라 첩(Sarah Chubb) 사장은 '콘데나스트의 잡지를 읽고 싶어하는 독자들이 언제 어디에서든지 읽을 수 있도록 하는 게 우리의 전략'이라고 했다. 첩 사장은 "앞으로 6개월 내 애플의 태블릿 PC '아이패드(iPad)'에 GQ·글래머·뉴요커 등 5개 잡지를 공급할 계획"이다.

아이패드와 같은 모바일 기기들은 독자들이 어디에 있든 잡지 콘텐츠를 읽을 수 있도록 해 주기 때문에 콘데나스트는 적극적으로 이런 모바일 기기에 콘텐츠 공급을 추진하고 있다. 이미 애플의 스마트폰 '아이폰'에 GQ의 유료 판매를 시작했다. 아이패드(화면 크기 9.7인치)는 아이폰보다 화면이 더 크기 때문에 실제 잡지를 읽는 느낌이 난다. GQ 아이폰 버전은 2010년 12월호 7,000부, 2011년 1월호가 1만 5,000부 팔렸다. 잡지의 일부가 온라인에 노출돼 공짜로 읽을 수는 있다. 하지만 그것은 일부이다. 애플의 아이폰에서 GQ를 팔면서, 독자들은 모바일 기기에서 전체 콘텐츠 패키지(잡지 한 권)를 볼 수 있다면 기꺼이 돈을 낸다. 아이패드·전자책 단말기 등의 강점은 '편집된 기사'를 볼 수 있다는 점이다. 인터넷은 사람들이 정보를 소비하는 데 최고의 매체였다. 하지만 꼭 필요한 정보를 잘 모아서 아름답고 사려 깊게 편집해 전달한다는 점에서는 별로였다. 새롭게 등장한 모바일 기기들은 인터넷과 달리, 독자들이 '린-백(lean-back·소파에 앉아 콘텐츠를 즐기는 것)' 방식으로 잘 정돈된 정보를 편하게 소비하도록 해줄 것이다.

소비자들이 직접 기사를 검색하게 되면서, 신문·잡지의 브랜드나 기사 신뢰도를 신경 쓰지 않게 됐다고 한다. 많은 이들이 검색 엔진을 통해 잡지 콘텐츠를 찾아 읽고 있다. 검색 엔진을 통해 잡지 콘텐츠를 우연히 본 소비자를 탁월한 콘텐츠 품질과 브랜드 파워로 구독자로 만드는 것이 마케팅의 역할이다. 예전엔 길거리의 가판대에서 잠깐 잡지 표지를 보고 구매한 소비자들을 정기 구독자로 바꾸는 게 잡지사의 비즈니스 능력이었다. 모바일에서도 마찬가지 방식으로 디지털 구독자를 늘려나가야 한다.

인터넷방송 활용 출판마케팅, 나우콤 — 북21

나우콤(대표 문용식)은 '북이십일'과 제휴를 맺고 인터넷방송 '아프리카TV'를 활용한 온라인 출판마케팅을 진행하였다. 이번 온라인 출판마케팅은 북이십일의 '모질게토익' 시리즈를 시작으로 순차적으로 진행된다. 이번 제휴로 나우콤은 아프리카TV(www.afreeca.com)를 통해 네티즌과 저자와의 만남을 진행하고, 저자의 특강 생방송도 무료로 제공할 계획이다. 또 생방송을 시청하기 어려운 네티즌을 위해 '다시보기' 서비스도 제공한다.

나우콤 관계자는 "이번 생방송에는 오프라인 행사를 온라인으로 생중계하는 기업용 서비스인 '오픈TV' 솔루션이 사용된다"고 설명했다. 이 관계자는 이어 "저자와의 만남은 대부분 오프라인으로 진행돼 시간과 공간의 제약이 많았다"며 "인터넷방송을 활용한 이번 온라인 출판마케팅은 언제 어디서나 저자와 만날 수 있고, 강의까지 들을 수 있어 1석2조의 효과가 있다"고 말했다. (아시아경제, 2010)

5 디지털출판 콘텐츠 마케팅 성공사례

아마존 Kindle의 성공을 통해 본 전자책 사업

1) 전 세계 전자책 열풍

전 세계적인 경기불황에도 불구하고 미국 내의 전자책에 대한 관심은 가히 폭발적이다. 전자책 업계의 선두주자인 아마존의 Kindle 단말은 2010년 12월부터 재고가 바닥나는 등, 인기를 이어가고 있다. 최근에는 스마트폰 등 휴대전화 단말이 e-Book시장의 확산을 이끌고 있으며, 닌텐도 등 게임업체의 e-Book시장 진입도 가시화되고 있다.

향후 혁신적 기술과 저렴한 가격으로 무장한 새로운 단말의 출시가 이어질 것으로 기대된다. 이러한 시장 흐름 속에 국내외 e-Book시장의 현황과 Kindle의 성공 요인을 살펴보고, 최근 가시화되고 있는 해외 이통사 중심의 전자책의 생태계 조성 움직임과 국내 e-Book시장의 사업자들의 전략을 통해 국내 e-Book시장의 기회를 진단해 보고자 한다.

그림 15-11 모바일 생태계 진화 관점에서 본 E-Book 사업

• 고속 데이터 전송이 가능하고, 플랫폼이 개방화된 모바일 생태계에서 참여, 개방, 공유를 기반으로 한 E-Book은 UGC 등 다양한 콘텐츠 확보를 통해 성장 중

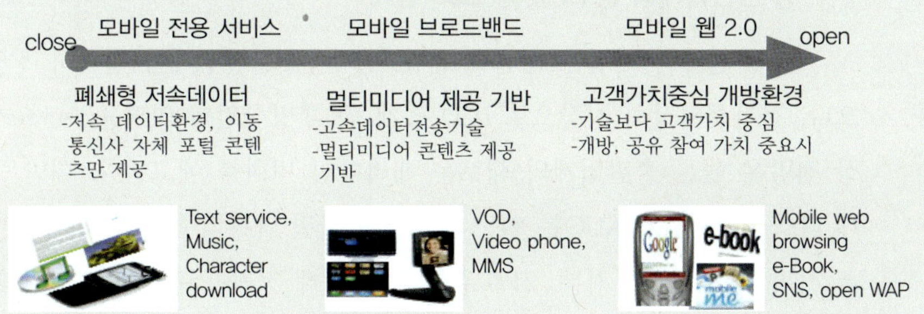

출처: KT경제경영연구소 최윤정·김영애, 아마존 Kindle의 성공을 통해 본 전자책 사업(2009).

2) 아마존 Kindle로 본 전자책시장의 가능성

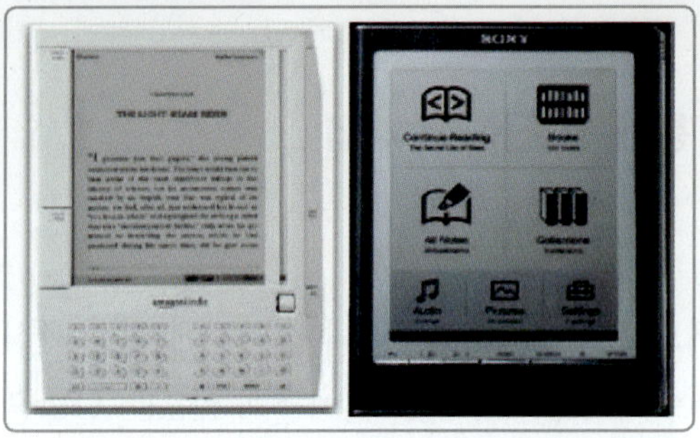

▲ [Amazon의 kindle]과
[Sony Reader PRS 700]
자료: Amazon 및 Sony의 공식 웹사이트

아마존은 2007년 11월 Kindle이라는 전자책 전용 단말 개발을 통해 오프라인 서적의 디지털화와 대중의 온라인 콘텐츠 소비를 촉진시킴으로써 미국 내 핫 트렌드를 만들어 냈다. 2008년 전자책 열풍에 전 산업계가 전자책시장을 주목하고 있다. 미국을 중심으로 한 전세계의 전자책 Fever는 2008년 미국 10대 히트 상품으로 선정되었다. 모바일 데이터에서 모바일 웹으로 특화된 모바일 생태계의 진화 속에 전자책 이 등장하여 큰 반향을 일으켰다. Kindle은 2008년 한해 50만 대 이상 판매되면서 아마존 주가는 Kindle 열풍의 효과로 연일 강세를 보이고 있으며, 일본의 소니는 2006년 Reader 단말 출시 이후 3rd Party에 콘텐츠 이용 개방 등을 통해 경쟁력 확보를 위해 노력하고 있다. 2009년 3월 미국 최대 서적/음반 판매업체인 반즈앤노블은 RIM 블랙베리 사용자를 위한 무료 전자책 어플리케이션 제공하였다.

3) 관련업계의 행보: 단말, LCD 업계

현재 전자책 사업은 콘텐츠 유통, 솔루션, 단말업체가 협력하고 있으나, 전자책시장의 성장으로 LCD 업계 등 후방산업의 연평균 143% 성장 전망은 물론 출판업계의 새로운 패러다임 변화를 예고한다. 대만 최대 디스플레이업체 AUO는 최근 전자종이 관련 다량의 특허를 확보한 미국 시픽스 이미징의 지분 21% 취득 등을 통해 전자책 관련 사업역량 확장을 모색 중이다. 성장정체에 빠진 출판업계의 신 수익원으로 등장, 출판업계의 패러다임 변화를 예고한다.

그림 15-12 2008년 e-book 열풍에 全 산업계가 e-book시장을 주목

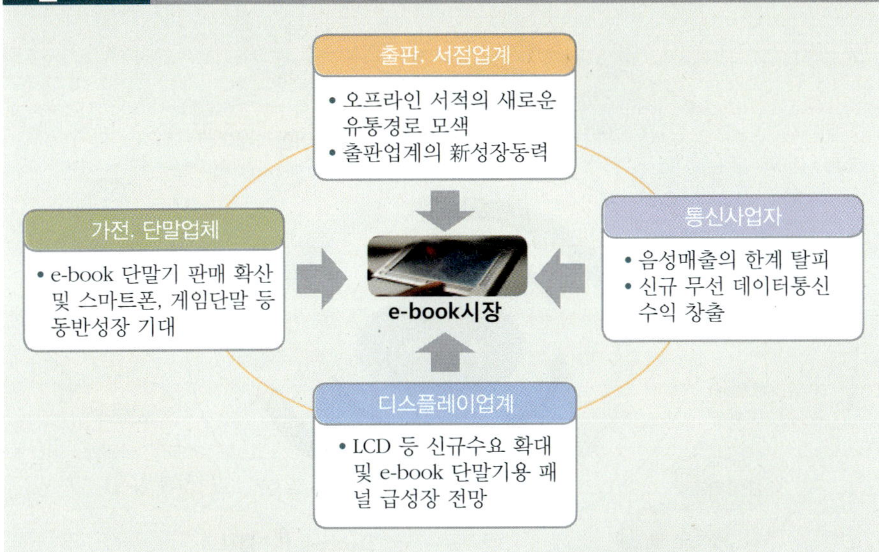

출처: KT경제경영연구소 최윤정·김영애, 아마존 Kindle의 성공을 통해 본 전자책 사업(2009).

4) 아마존 중심의 전자책 생태계 구축

아마존은 콘텐츠 유통 사업자로 강력한 전자책 생태계를 구축하고 있으며, Sprint와의 협력을 통해 Kindle에 네트워크 기능을 탑재함으로써 전자책 시장우위를 선점했다. Kindle은 아마존이 가지고 있던 유통파워와의 시너지 극대화를 통해 모바일 퍼블리싱 플랫폼으로 포지셔닝하고자 한다. 평범해 보이던 전자책시장에서 Disruptive Innovation 기회 발굴 및 사업 영역 확장으로 아마존 중심의 생태계 구축에 성공했다. 기존 소니 Reader 단말과 차별화하여 다른 고객 세그먼트를 겨냥(전자책 다운로딩을 선호하지 않은 새로운 고객층을 타깃으로 함) 2008년 오디오북 업체 Audible, 도서판매 SNS Shelfare 인수를 통해 전자책 사용자 저변 확대를 위한 아마존 중심 전자책 생태계 조성이 가능하다. 아마존닷컴의 사장 제프 베조스는 Kindle을 서적업계의 IPod이 될 것이라 정의하고 있다.

그림 15-13 Amazon 중심의 e-book 생태계 구축

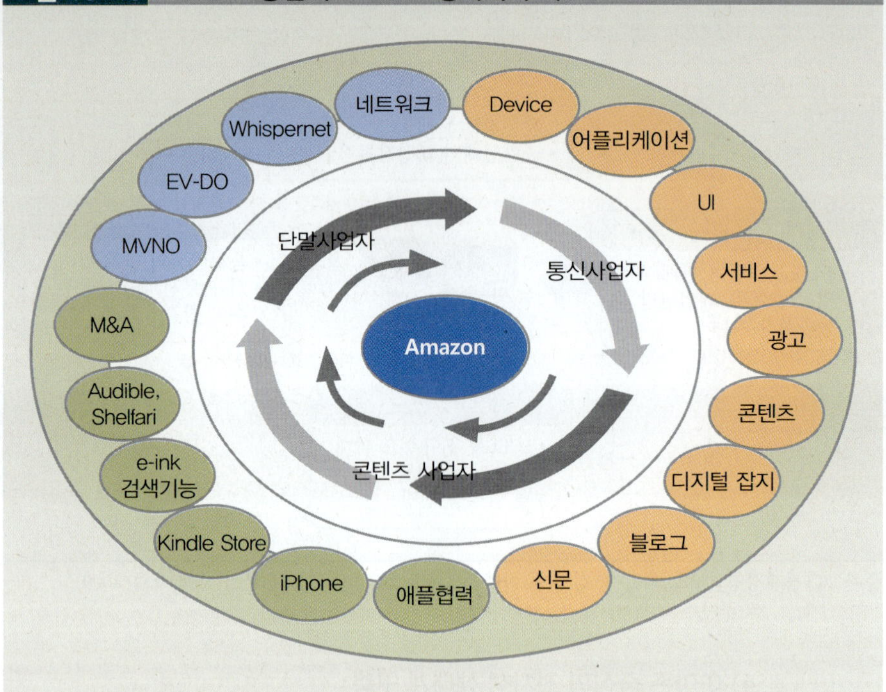

출처: KT경제경영연구소 최윤정·김영애, 아마존 Kindle의 성공을 통해 본 전자책 사업(2009).

5) 아마존 Kindle의 주요 성공 요인

아마존 Kindle은 이동통신과의 접목을 통한 온라인 콘텐츠 제공이 성공의 핵심이라 할 수 있으며, 휴대성과 e-ink 방식의 기술력, 24만 종의 콘텐츠 확보, 혁신적인 UI 등으로 고객의 이용편의성 극대화하였다. Kindle의 가장 차별화 포인트는 초고속 이동통신 네트워크를 통한 전자책, 신문, 잡지 등의 다양한 콘텐츠 구입 및 다운로드가 자유롭다는 것이다. 본체에 탑재된 Whispernet을 통해 EV-DO 네트워크 접속을 통해 서적 등의 콘텐츠 직접 다운로드 가능하다.

아마존 Kindle은 단순한 디바이스가 아닌 아마존 스토어의 확장이라는 전략적 의미도 내포하고 있다. 아마존 Kindle은 터미널 어플리케이

션 플랫폼 구축을 통해 전자책시장 석권 목표 단말과 콘텐츠 판매를 포함한 2008년 말 1억 1,146달러 매출에서 콘텐츠 매출은 1/3(45백만 달러) 비중을 차지했다.

| 표 15-11 | Kindle 판매대수 및 매출규모 추이 (단위: 천 대, 1,000달러)

Kindle Unit Sales	2008E	2009E	2010E
Unit Sold	378	794	3,312
Price	$350	$296	$253
Cash Revenue	$132,300	$236,185	$837,522
Recognized Unit Revenue	$66,150	$184,243	$536,854
Kindle Book Sales	**2008E**	**2009E**	**2010E**
Unit in Circulation	378	1,172	4,484
Price Per Book	$9.99		
Book Sale Revenue	$45,315	$140,487	$537,530
Total Revenue	$111,455	$324,730	$1,074,384
Curent Est. AMZN Revenue	$19,704,899	$2,4084,671	$2,8504,125
Kindle As% of Est. AMZN Revenue	0.6%	1.3%	3.8%

자료: CITI 그룹 전망. Strabase(2008.8.29).

| 표 15-12 | Kindle의 인기비결

구 분	주요 내용
휴대성	• 집, 버스, 길거리에서 책, 신문 다운로드 가능 • 베스트셀러 포함 24만 원 이상의 콘텐츠 지원 • 신문, 잡지도 구독 가능
경제성	• 종이책보다 50% 이상 저렴한 전자책 • LCD 절반 이하의 전력소비
기술력	• 종이책과 비슷한 느낌의 편안함(e-잉크 방식) • 한눈에 읽히는 15cm 화면(6인치) • Amazon.com과 동일한 쉬운 구매 프로세스

• 온라인 콘텐츠 성공BM인 Apple의 iTunes-iPod 연계모델 도입.

6) 아마존의 향후 전략방향

아마존은 최근 Kindle for iPhone이라는 무료 소프트웨어 제공을 통한 단말 확장 및 Audible, Shelfari 등 도서업체 인수를 통한 대학 교과서 시장 진출 등의 사업 다각화 추진 중이다.

❶ 애플과의 제휴를 통한 단말 확장전략

▲ Amazon의 iPhone용 e-Book Apps

2009년 3월 무료 Kindle for iPhone 출시, 아이폰과 아이패드를 통해 스토어의 전자책 콘텐츠 이용가능, 소비자 호응을 얻더라도 아이폰 자체의 불편으로 인해 Kindle 수요가 오히려 촉진될 개연성도 존재한다. 이는 스마트폰 사업자의 시장진입에 따른 견제 전략, 블랙베리, 안드로이드폰 등의 전자책 프로젝트에 대항, 반즈앤노블은 RIM 블랙베리 사용자용 무료 어플리케이션을 제공한다.

❷ 교과서 전자책시장 진출 등 사업다각화

▲ Amazon이 인수한 Shelfari 화면
자료: www.shelfari.com

2008년 1월 오디오 북 파일을 제공하는 Audible 인수, 2008년 8월 도서판매 SNS인 Shelfari 인수를 통해 대학교과서 시장 진출 시도, Kindle 중심의 전자책 키우기 전략 수립, 이러한 M&A는 Kindle 보급 확대를 위한 사용자 저변확보의 일환, 학습용 Kindle 등 맞춤형 단말개발 등 다양한 후속모델을 출시하고 있다.

7) Sony, Google 등 경쟁사업자의 전략

소니의 전자책 단말은 네트워크 기능 미비 및 콘텐츠 다양화 부족으로 경쟁 열위였으나, 최근 구글과의 협력을 통해 60만 권의 콘텐츠 확보 등으로 아마존의 강력한 라이벌로 부상했다.

❶ 소니의 전자책 사업전략: 전자책 콘텐츠 개방

- 2008년 7월 자사 전자책 Reader 사용자에 콘텐츠 이용 개방을 통한 아마존 Kindle 대비 경쟁력 강화
- 타 온라인 서점을 통해서도 콘텐츠 다운로드 가능한 소프트웨어 업그레이드 계획(전용 온라인 서점은 Connect e-Book Store)
- 3rd party e-book store, 웹사이트 공공도서관의 무료 e-book 콘텐츠 다운로드 가능
- 2009년 3월 구글과의 협력을 통해 구글이 보유한 공공도서 50만 권을 소니 단말에 서비스함으로써 총 60만 권의 콘텐츠로 Kindle 시리즈 견제가 가능했다. 아마존이 다수 출판사들과의 기존 제휴망을 바탕으로 24만 5천 권의 콘텐츠 서비스에 2배에 달하는 규모임

❷ 구글 북 서치: 디지털 도서관의 새로운 지평

- 미국 등 세계 유명 대학도서관 및 공공기관, 출판업체와의 제휴를 통해 700만 권 이상 도서본문 검색서비스 제공, 2008년 10월 미국 작가협회, 출판협회 등 5개 대형 출판업체와의 저작권 분쟁 합의 완료

| 표 15-13 | Google Book Search 제휴 도서관 및 기관

구분		
대 학	University of Michigan Harvard University Library Stanford(Green Library) Oxford(Bodleian Library) Columbia University 외 다수	Keio University Princeton University University of California University of Virginia University of Texas 등
공공도서관 및 기관	New York Public Library Bavarian State Library	Committee on Institutional Cooperation National Library of Catalonia

출처: KT경제경영연구소 최윤정·김영애, 아마존 Kindle의 성공을 통해 본 전자책 사업(2009).

- 광고, 온라인 도서 판매 수익의 63%는 출판등록권, 전체 수익의 37%만 구글 차지
- 이를 통해 Google의 검색파워 강화 및 광고 수익 증대 기대
- 2009년 2월 G1(T-mobile)과 iPhone(AT&T)에 콘텐츠 제공 예정

각종 북 스토어, 북 어플, 전자책 사례

요즘의 출근, 등굣길의 지하철/버스 안을 떠올려보자. 또는 병원이나 은행, 잠시 대기해야 하는 일이 있는 공공장소를 떠올려보면 스마트폰으로 노래를 듣는 사람, 스마트폰으로 인터넷을 하고 있는 사람, 스마트폰으로 카카오톡을 하고 있는 사람을 쉽게 볼 수 있다.

2011년 11월 대한민국은 스마트폰 사용자 2,000만 명을 돌파하였다. 1년 만에 무려 전체 인구의 40%가 스마트폰을 사용하게 된 것이다. '일반폰 쓰던 사람은 스마트폰 없이 살아갈 수 있지만, 스마트폰을 사용하던 사람들은 일반폰으로 갈아타지 못할 정도로 스마트폰의 편리함은 크다. 하지만 스마트폰이 처음 대한민국에 상륙하던 때, 많은 이들은 스마트폰의 파급력과 그 파장에 대한 많은 걱정들이 쏟아졌다. 그 중심에 종이책이 있었다. 스마트폰, 태블릿PC의 등장으로 종이책이 사라지고 독서량이 떨어질 것이라는 예측들이었다.

그런데 2009년도보다 독서량이 4배나 증가하였다. 그 동력은 바로 스마트 모바일의 독서 관련 어플리케이션의 활용이었다. 스마트폰으로 책을 읽을 수 있음은 물론, 내 손 위에 서점!! 각종 어플로 스마트폰을 통하여 책을 구매한다는 것이 그 이유에서였다. 이처럼 변화의 시대에 각

도서 관련 어플리케이션을 알아보자.

❶ 온라인 서점 어플

이제는 많은 분들이 오프라인 서점보다는 온라인 서점을 선호하고 있다. 서점까지 갈 시간이 없는 바쁜 직장인들을 위해 집까지 주문한 책을 빠르게 배송해주고, 오프라인 서점보다 저렴한 가격으로 제공해주기 때문에 많은 분들이 애용하고 있다. 교보문고, 예스24, 인터파크, 알라딘, 반디앤루이스 등등. 거의 대부분의 온라인 서점들은 스마트폰 어플들을 제공해주고 있다.

앱스토어는 물론, 안드로이드에도 구비되어 있는 착한 어플들이다. 특히 예스24 어플 같은 경우에는 온라인 서점 어플 중에 최초로 선보인 스마트폰 어플이고, 교보문고 어플은 교보문고 서점 어플과 e-Book 어플이 분리되어 있다. 대부분의 서점 어플 기능이 비슷한데, 간략하게 설명

▲ 온라인 서점의 스마트 모바일 어플(각종 온리인 시점 어플들)

하면 휴대폰과 무통장입금, 신용카드 결제는 물론, 각종 온라인 서점의 콘텐츠 열람이 가능하고, E-book 기능까지 겸하고 있는 매우 스마트한 어플이다. 온라인 서점을 애용하시는 분들이라면 필수적으로 깔아야 할 유용한 어플이 아닐까 싶다.

② 전자책 어플리케이션

말 그대로 전자책을 읽을 수 있도록 도와주는 매개체 어플이다. 어플상에서 무료 전자책을 다운 받아 볼 수도 있고, 구매하여 볼 수도 있고 더불어 본인이 가지고 있는 텍스트 파일을 스마트폰에 저장시키거나, 인터넷으로 동기화시켜 읽을 수도 있다.

먼저 리디북스는 E-Book시장에서 가장 큰 점유율을 가지고 있는 어플이다. 무료 이북만 해도 무려 6,000권에 달하고 구매와 열람이 동시에 가능하다는 점에서 매우 편리하다. 정액제로 이용도 가능하며 북큐브 어플은 확보한 전자책 이외에도 제휴되어 있는 기관 도서관의 전자책을 대여 형태도 볼 수 있다는 게 특이한 점이다. 책뷰 어플은 텍스트 파일은 물론 압출된 파일(.zip)도 읽을 수 있다는 강점을 지니고 있다. 이 모든 어플들이 무료이니까 다운 받아서 한 번씩 사용해보고 가장 좋은 것을 남겨두면 좋을 것 같다.

▲ 각종 전자책의 스마트 모바일 어플

③ 독서 보조 어플리케이션

그 밖에 독서를 돕는 독서 보조 어플들이 있다. 아래에 있는 문장배달 어플은 이메일로만 받아보던 좋은 문장과 시 배달을 아이폰에서도 볼 수 있도록 도와주는 어플이다. 과거의 작가 배달부의 작품들도 볼 수 있고, 작가별, 작품별 검색도 가능하다. 책읽기를 좋아하시는 분들은 매우 좋아할 어플이 될 것이다. 아래의 부엉이 두 마리, 리브로피아 어플은 도서관을 찾아주는 어플이다. 위치 정보를 설정해두면 자신과 가까운 곳에 있는 도서관을 알려주고, 자주 가는 도서관을 등록해두면 자신의 대출현황이나 신간도서 소식 등을 손쉽게 얻을 수 있다는 장점이 있다.

마지막 iReaditnow 어플은 독서가 생활화되어 있는 분들에게 유용한 어플이다. 오늘 내가 읽은 책, 언제부터 언제까지 읽었는지, 별점도 줄 수 있는 책 기록장 어플이다. 웹에서 책 이미지를 불러올 수 있는 건 물론이고, 월별 통계, 책 속 인상 깊은 문장 정리까지 모두 가능하다. 요즘 독서기록장 어플이 많이 쏟아지고 있는데 그 원조격인 어플이라고 볼 수 있다. 위에 나온 어플들은 시중에 나와있는 것들의 일부일 뿐이다. 돕고 있는 다양한 책 관련 어플들이 점점 더 발전하고 있다.

▲ 각종 독서 보조 어플

학습정리

1. 전자책은 저작자의 메시지를 전달자에 의해 디지털 형태로 가공(편집, 레이아웃, 디지털로 변화된 자료)하여 전자저장 매체(CD-ROM, CD-I, DVD)에 담거나 또는 전자책 파일의 형태를 유무선 통신망을 이용하여 전송하거나 오프라인으로 유통되어 전자책 전용 뷰어나 전용 소프트웨어를 사용하여 보는 형태와 전자단말기를 통하여 볼 수 있는 새로운 출판물이다.

2. 출판 및 디지털출판의 판촉기법은 다음과 같은 방법이 사용된다.
   ① 언론 리뷰(신문, 잡지) ② 인터넷 서점에서의 마케팅
   ③ 블로그 마케팅 ④ 독자리뷰
   ⑤ 제휴마케팅(릴레이션십 마케팅)

3. 국내 주요 업체의 분류는 유통, 유통+단말기, 단말기, E-paper, 통신사, 솔루션으로 나뉘며 위와 같은 사업체들을 확인할 수 있다. 각 업체의 분류에 따라 마케팅전략과 규모가 다르다.

| 한국이퍼브와 한국출판콘텐츠 |

업체명	참여업체	사업내용
한국 이퍼브	예스24, 알라딘, 영풍문고, 한길사, 비룡소, 북센, 북21, 중앙일보 등 서점, 출판사, 언론사 연합	• 출판사 및 유통업체 간 권리분배, E-Book 제작, E-Book 유통 등 • 2010년 1월 5천 권으로 서비스를 시작한 후 3년 뒤 4~5만 권으로 확대 계획
한국출판 콘텐츠	김영사, 돌베게, 뜨인돌, 시공사, 사계절출판사, 푸른숲, 해냄출판사 등 50여 개 출판사	• 출판업계의 영향력 확보를 위해 설립된 출판사 주도의 E-Book 제작 및 유통업체 • 향후 출판콘텐츠 관리, E-Book을 비롯한 2차적 이용 등에 관한 업무를 담당 • 주요 유통업체인 인터파크에 E-Book 공급

출처: 예스24(2010).

4. 전 세계적인 경기불황에도 불구하고 미국내의 전자책에 대한 관심은 가히 폭발적이다. 전자책 업계의 선두주자인 아마존의 Kindle 단말은 2010년 12월부터 재고가 바닥나는 등, 인기를 이어가고 있다. 최근에는 스마트폰 등 휴대전화 단말이 e-Book시장의 확산을 이끌고 있으며, 닌텐도 등 게임업체의 e-Book시장 진입도 가시화되고 있다.

참고문헌

국내문헌

강승구, "마케팅 PR과 영화의 관계 연구: 영화 '쉬리'를 중심으로," 『홍보학연구』, 2000년 제4호.

고정민, 삼성경제연구소, "애니메이션 비즈니스 사례와 성공전략," 2004.

고정민·민동원, 2003 국내 음반산업의 주요이슈와 대응방안.

곽한주, "영화," 강상현·채백 편, 『대중매체의 이해와 활용』, 서울: 한나래, 1999.

권의웅, "문화콘텐츠 비즈니스의 발전방안에 관한 연구," 『인적자원관리연구』, 제8집, 2004.

김경원, 스포츠마케팅 보고서, 스마터 2기, 2011.

김기태, 영화 흥행을 위한 마케팅, 서울: 삶과 꿈, 1999.

김도균, 〈스포츠 마케팅〉, 도서출판 오래, 2011.

김민수, 캐릭터&애니메이션-마시마로·내친구 드래곤·뿌까·고미, 전자신문, 2005.9.23.

김민주 외, 『컬덕 시대의 문화마케팅』, 서울: 미래의창, 2005.

김병록, "만화영화산업연구: 캐릭터 개발로 하청국가 벗어난다," 『뉴미디어저널』, Vol.2, 1995, p.19.

김숙정, 한겨레 노조프로젝트, 〈신문과 방송〉, 2009년 3월.

김영섭, 디지털뉴스 저작권 신탁사업 뉴스코리아, 〈신문과 방송〉, 2009년 3월.

김요한, "광고매체별 광고회피 수준 및 광고회피 결정요인에 관한 연구," 중앙대학교 대학원 박사학위논문, 2003.

김용환, 부산일보 터치뉴스, 〈신문과 방송〉, 2009년 3월.

김우정, "문화공연 성공의 법칙5," http://www.lurain.com

김원제, e-book 시장의 현황과 전망, 통신연합, 2010년 봄호.

김정희, "2004년도 양악 분야 현황분석", 한국문화예술위원회 편, 2005 문예연감 http://www.artsonline.or.kr/yearbook/2005/play/index.htm

김종의·김숙응·한동여·이희정, 『마케팅이론의 응용 및 특수 마케팅』, 서울: 형설, 2004.

김혜원, 「마케팅 없는 영화없다」, 시아출판사, 2009.

김혜원, 다양성 영화의 활성화를 위한 온라인 구전 마케팅 활용방안 연구, 문화산업연구, 2010.

김혜원, 저예산 영화 마케팅에서의 트위터 활용방안, 문화산업연구, 2011.

김휴종, "문화콘텐츠산업 동향분석 및 예측모델 연구," 한국문화콘텐츠진흥원, 2004.

김희경, 『흥행의 재구성』, 서울: 지안, 2005.

동아일보, [문화칼럼: 선도윤] "문화산업의 '주역으로 떠오른 뮤지컬'," 2005년 11월 15일.

동아일보, 독립출판 날개달다, 동아닷컴, 2010년 3월 26일.

문화체육관광부, 문화관광축제 평가보고서, 2011.

문화관광부, 문화산업백서, 2007.

문화관광부, 문화미디어산업백서, 2007.

문화관광부, 『새예술정책보고서』, 2004년 6월.

미디어동향, 뉴스콘텐츠 물류센터 구축, 〈신문과 방송〉, 2009년 3월.

미디어동향, 한겨레 노조 프로젝트의 시작과 성과, 〈신문과 방송〉 2009년 3월.

박기순 외, PR 캠페인, 서울: 한울, 2001.

박명진, "애니메이션 산업 대해부; 프로덕션 육성만이 살길이다," 『뉴미디어저널』, Vol. 7, 1996, pp.22-25.

박장순, 『문화콘텐츠 해외마케팅』, 서울: 커뮤니케이션북스, 2005.

방송위원회, 『2002년 방송산업 실태조사 보고서』.

방송위원회, 『2004년 방송산업 실태조사 보고서』.

방송위원회, "국내방송영상물의 해외 시장 진출전략," 『방송21』, 2001년 9월호, p.32.

백영균, 〈에듀테인먼트의 이해와 활용〉, 정일북스, 2005.

백종국, "소비자의 귀를 잡아라, 음악마케팅 인기," 스포츠서울, 2004년 4월 7일.

부산일보, 언제 어디서나 내 손안의 터치, 2010년 11월 2일.

삼성경제연구소, "산업화에 접어든 공연예술," Issue Paper, 2003년 5월 28일.

서병문, "문화콘텐츠산업의 중요성과 대학의 역할-대학에서의 교육과정과 관련하여," 영상산업의 현황과 발전 방향 세미나 발제논문, 2002.

서울경제, 콘텐츠가 블루오션, 서울경제신문, 2006년 4월 18일.

선정우, "애니메이션 2004년 한국 애니메이션 주목할 변화들," 한국문화예술위원회 편, 2005 『문예연감』; http://www.artsonline.or.kr/yearbook/2005/llban/index.htm

손태형, 롯데면세점 한류스타마케팅, 한국경제, 2011년 4월 14일.

스포츠 레포트, 스포츠마케팅 현황과 스포츠마케팅전략분석, repport.dreamwiz.com/view/4568196, 2007.

스포츠 레포트, 스포츠 마케팅의 현황과 기범, repport.dreamwiz.com/view/1177374, 2003.

신승훈, 미래형 마케팅 패러다임 홀리스틱 마케팅, 경영인신문, 2004.

신우성, 관광자원의 이해, 기문사, 2004.

신현암·강원·김은환, 『브랜드가 모든 것을 결정한다』, 서울: SERI, 2000.

심리마케팅 연구회 편, 『고객을 유혹하고 판매를 촉진하는 비하인드 마케팅』, 서울: 거송미디어, 2001.

아시아경제, 나우콤-북21, 인터넷방송 출판마케팅, 아시아경제, 2010년 1월 3일.

안성혜·송수미, 〈에듀테인먼트 콘텐츠 기획〉, 커뮤니케이션북스, 2011.
안종배, 나비효과 디지털 마케팅, 미래의 창, 2005.
안종배, 나비효과 콘텐츠 마케팅, 미래의 창, 2008.
안종배, 나비효과 블루오션 마케팅, 미래의 창, 2006.
안종배, 클린UCC 및 건강한 SNS 사용법, 진한 M&B, 2011.
안종배, 스마트미디어시대 양방향방송광고 기획 제작론, 학현사, 2011.
안종배, 스마트시대 방송 통신 정책과 기술의 미래, 진한 M&B, 2012.
양종회·권숙인·김우식, 『영국의 문화산업체계』, 서울: 지식마당, 2003.
연합뉴스, 애니메이션으로 부활한 대장금 '장금이 꿈', 2005년 10월 11일.
연합뉴스, 미국뉴스닷컴 구조조정 본격화, 2000년 6월 8일.
영화진흥위원회, "영화연감통계," http://www.kofic.or.kr/view5tat.asp
영화진흥위원회, 〈2005년 영화관객 성향조사〉, 커뮤니케이션북스, 2005.
영화진흥위원회, 『2005 한국영화연감』; http://www.kofic.or.kr
영화진흥위원회, 2011년 영화산업전망, KOFIC Issue Report, 2011.
와다 미츠오 저, 오현전 역 , 『열성 팬 창조와 유지의 구조』, 서울: 울력, 2005.
우경식, 〈관광마케팅〉, 기문사, 2005.
원종원, 뮤지컬 통합공식 스타마케팅, 주간경향, 2009년 9월 22일.
유용재, 〈여행산업과 인터넷 비즈니스〉, 통원대, 2012.
유주연, 레포츠 마케팅이 뜬다, 매일경제, 2005년 9월 27일.
유주연, 전자책+MP3.휴대폰+영어자막, '에듀테인먼트'시대, 매일경제, 2005년 3월 21일.
유지은, 21세기의 감성 키워드, 캐릭터, 2004.
유지은, 〈Hi 캐릭터, Hello 마케팅〉, 미래의 창, 2005.
유진룡, 엔터테인먼트산업의 이해, 넥서스비즈, 2009.
유형렬·김근철, 영화만들고 협찬 PPL 마케팅 후끈, 경향신문, 2005년 3월 9일.
이덕규, 게임세상 스타마케팅, 한겨레신문, 2010년 5월 17일.
이상훈, 스타마케팅 쏟아지네, 서울경제, 2011년 4월 17일.
이세화, 테마파크 산업의 성장, LG주간경제, 2005년 5월호.
이수한, 아동용 게임은 블루오션, 스포츠한국, 2005년 10월 4일.
이수범, 『영화 마케팅 PR론』, 서울: 나남, 2005.
이영두, "한국 엔터테인먼트산업의 시장전망과 발전방안에 관한 연구," 『관광레저연구』, Vol. 13(2), 2011.
이윤선, 영화 방송 통신의 시너지 알고리즘, 2010.
이정준, 『매스미디어 효과이론』, 서울: 나남, 1994.
이주형, 미국 펭귄출판사의 입소문마케팅, 콜레오마케팅2, 2004.

이준임·금동호·김영식, 『영상매체학개론』, 서울: 커뮤니케이션북스, 2003.
임상오, 『문화경제학 만나기』, 2001.
임종원·김재일·홍성태·이유재, 『소비자 행동론』, 서울: 경문사, 1996.
임학순, "문화산업영역과 예술영역에 대한 정책목표들 양립 가능성 연구," 『문화정책논총』, Vol.13, 2001.
장규수, 연예 매니지먼트시스템의 선진화 방안에 관한 연구, 한국외국어대학교 박사학위 논문, 2011.
장광열, "2004년도 무용 분야 현황분석", 한국문화예술위원회 편, 『2005 문예연감』; http://www.artsonline.or.kr/yearbook/2005/muyong/index.htm
전병준, 음원의 디지털화에 따른 음악시장의 변화에 관한 연구, 통상정보연구 7(4)3-21, 한국통상정보학회.
장용호, 탤런트 노동시장연구, 〈한국언론학보〉, 제30호 가을, 1993.
전지영, "2004년도 국악 분야 현황분석," 한국문화예술위원회 편, 『2005 문예연감』; http://www.artsonline.or.kr/yearbook/2005/kukak/index.htm
정인태, 『PR 캠페인 기획과 실무』, 서울: 커뮤니케이션북스, 2005.
정준영, "만화," 강상현·채백 편, 『대중매체의 이해와 활용』, 서울: 한나래, 1999.
정해동·박기철, 『광고보다 빠른 세일즈 프로모션』, 서울: 커뮤니케이션북스, 2001.
정해동·박기철, 『MPR, 광고보다 강한 PR』, 서울: 커뮤니케이션북스, 2000.
정홍기, 국내기업의 글로벌 스포츠마케팅 사례, CNM, 2011.
조도형, 스타시스템의 컨버전스화에 관한 연구, 한국외국어대학교 석사학위 논문, 2010.
조재영, "영화홍보에 있어 구전 커뮤니케이션의 효과," 『한국광고홍보학보』, 7-4호, 2005.
채윤희·김미희·심재명·이미연, 『영화 프로듀싱과 홍보마케팅 입문』, 서울: 소도, 2002.
최봉현 외, 『영화산업의 경쟁력과 경제적 파급효과』, 서울: 커뮤니케이션북스, 2005.
최윤정·김영애, 아마존의 Kindle 성공을 통해본 e-book 사업, KT, 2009.
최윤희, 『현대 PR론』, 서울: 나남, 1998.
최재완, 『이벤트의 이론과 실제』, 서울: 커뮤니케이션북스, 2001.
최창섭, 새로운 세상을 위한 디지털 패러다임, 2007.
최현주, "무용공연시장의 관객개발을 위한 마케팅 전략 연구," 『한국여성체육학회지』, 제15권 2호, 2001.
한국게임산업개발원, 『2004 대한민국 게임백서』.
한국관광공사, 『외래여행객실태조사』, 2004.
한국관광공사, 『한류관광마케팅의 파급효과분석 및 향후 발전방향』, 2004년 12월.
한국관광공사, 『한류관광지 수용태세조사 결과보고 - 남이섬 방문 외국인을 중심으로』, 2004년 11월.

한국광고단체연합회, 『광고재동향』, 2005년 9월호.
한국무역협회, “한국무역통계 품목별 수출입” http://stat.kita.net/main/stat/main.isp
한국문화콘텐츠진흥원, 『2004 대한민국 캐릭터산업백서』, 2005.
한국방송영상진흥원, “국내애니메이션산업 발전방안연구,” 2001.
한국콘텐츠진흥원, 콘텐츠산업백서, 2011.
한국콘텐츠진흥원, 문화정책백서, 2011.
한국콘텐츠진흥원. 캐릭터산업백서, 2011.
한국콘텐츠진흥원, 애니메이션산업백서, 2011.
한국콘텐츠진흥원, 음악산업백서, 2011.
한국콘텐츠진흥원, 콘텐츠산업통계조사, 2011.
한국콘텐츠진흥원, 라이센싱에 대한 기초 이해와 실무, 2011.
한국콘텐츠진흥원, 콘텐츠산업 동향과 분석, 2011.
한국콘텐츠진흥원, KOCCA 포커스, 2010-2012.
한국콘텐츠진흥원, 출판산업 통계, 2011.
한창완, 『애니메이션 경제학』, 서울: 커뮤니케이션북스, 1998.
한창완, 『한국 만화 산업 연구』, 서울: 글논그림, 1995.
허행량, 스타덤 경로모델, 〈언론과 사회〉, 제21집, 1998.
홍미경, 빈폴 신세대와 통한다, 아이뉴스24, 2011년 5월 4일.
황선길, “애니메이션 산업 대해부: 만화책에서 애니메이션으로,” 『뉴미디어저널』, Vol.7, 1996.
황의록·김창호, “구전 커뮤니케이션에 관한 문헌연구,” 『광고연구』, 1995년 봄호.

국외문헌

Al Ries, Laura Ries 공저, 이종혁, 심현식 공역, 『마케팅 반란』, 서울: 청림, 2003.
Arens, William F. 저, 리대룡 김봉현, 김대용 공역, 『현대광고론』, 서울: 한경사, 2002.
Assnel, Henry, Consumer Behavior and Marketing Action, 5th ed., Cincinnati: South-Western College Publishing, 1995.
Batra, Rajeev, John G. Myers and Davld A. Aaker, Advertising Management 5th eds, Upset Saddle River, NJ: Prentice Hall, 1996.
Bayus, Barry L., “Word of Mouth The Indirect Effects of Marketing Efforts,” Journal of Advertising Research, Vol. 25, No. 3, 1985, pp.31-39.

Black, Sam, Practical Public Relations, 4th ed, London: Pitman, 1976.

Broom, G. M. and M. M. Lauzen and K. Tucker, "Public Relations and Marketing: Dividing the Conceptual Domain and Operational Turf," Public Relations Review, Vol. 17(3), 1991, pp.219-255.

Cytlip, Scott M., Alien H. Center and Glen M. Broom, Effective Public Relations, 8th eds, Upper Saddle River, NJ; Prentice Hall, Inc., 2000.

Grunlg, James E. and Todd Hunt, Managing Public Relations, New York: Hokt.

Harrison, Randall P. 저, 하종원 역, 『만화와 커뮤니케이션』, 서울: 이론과 실천, 1989.

Holmes, John H. and John D. Lett, "Product Sampling and Word-of-Mouth," Journal of Advertising Research, Vol. 17, 1977, pp.35-40.

Horkheimer, M. and T. W. Adomo, Dialectic of Enlightenment, NY: Herder & Herder, 1973.

http://100.naver.com/100.php?id/65967

http://ad.joins.com/article.asp?key=2005100715263620002000

http://news.naver.com/news/read.php?mode=LSD&office_id=108&arti

KoTRA, "일본 바이어에게 듣는 한류," 오사카무역관 설문조사, 2005년 3월 22일.

Loster, P. M. 저, 금동호, 김성민 역, 『비주얼 커뮤니케이션』, 서울: 나남, 1996.

Mark Hughes 저, 구자룡 역, 버즈, 『어메이징 스토리』, 서울: 책바치, 2005.

McCloud, Scott 저, 고재경, 이무연 역, 『만화의 이해』, 서울: 아름드리, 1995

Mizerski, Richard W, "An Attribution Explanation of the Disproportionate Influence of Uneavorable Information," Journal of Consumer Research, Vol.9, 1982, pp.301-310.

Murray, Keith B., A Test of Services Marketing Theory Consumer.

Ogilvy, David 저, 최경남 역, 『광고 불변의 법칙』, 서울: 거름, 2004.

Schmitt, Bernd H. 저, 박성연, 윤성준, 홍성태 공역, 체험 마케팅, 서울: 세종서적, 2002.

Schultz, Don E., Stanley I. Tannenbaum, Robert F. Lauterborn 공저, 문영숙, 이혜갑, 김광수 공역, 『통합적 마케팅 커뮤니케이션』, 서울: 법우사, 1993.

Straubhaar, J., "Beyond Media Imperialism: Asymmetrical Inter-Dependence and Cultural Proximity," Critical Studies in Mass Communication, Vol.8, 1991, pp.39-59.

색 인

ㄱ

가루 75
가상학습 385
가수 433
가치사슬(Value Chain) 67
감성마케팅(emotional marketing) 66, 309, 311
개방적 네트워크 188
개방형 신디케이션 569
개별화 수업 382
개인 매니저 449
개인의 취향 163
개인화 미디어 33
거점 콘텐츠 68
건담 276
게임 171
게임내광고 197
게임대회 199
게임리그 199
게임배너 198
게임산업 171
게임의 분류 172
게임이벤트 198
게임 제작 186
게임 제휴마케팅 193
게임콘텐츠 171
게임콘텐츠 마케팅 190
게티이미지 477, 494
겨울연가 22, 431
경기 523
고용노동부 263
골프게임 배너 198
공유(sharing) 101, 211
과달라하라도서전 611
관계마케팅 44
관계 맺기 211
관광마케팅 339, 340, 341
관광산업 339
관광 인터넷 사이트 350
관광콘텐츠 339, 345, 358
관람 스포츠 500
광고(advertising) 12, 30
광고게임 197
광고매체 91
광고메일 483
광고 및 프로모션 캐릭터 234
광고음악 328
광수생각 284
광안리 사태 174
괴물 96, 118
교과내용 380
교보문고 591, 631
교원그룹 417
교육목적 379
교육콘텐츠 379, 382, 404
교통광고 107
구글 138
구글 e북 606
구글TV 154
구름빵 272
구전 효과(word of mouth) 43
국가홍보 540, 541
국내 게임시장 시장 규모 175
국내 출판시장 599
국제디지털출판협회 583
국제마켓플레이스 154

국제언론통신평의회(IPTC) 569
그라비아 화보 459
글래머(Glamour) 621
글로벌 스포츠 마케팅 532
글로벌 온라인 게임시장 189
금발이 너무해 465
금산인삼축제 361
기네스 펠트로 467
기아자동차 537
기업교육시장 410
기업이미지 541
김동욱 465
김수로 458
김연아 468, 537
김종국 458
김진우 465
김현중 464
깜찍이 소다 261

ㄴ

나가노 동계올림픽 514
나우콤 622
내 이름은 김삼순 467
네버엔딩 스토리 21
네슬레 530
네이버 591
네트워크게임 173, 209
네티즌 548
넥슨 491
넥슨닷컴 491
넷마블 211
노드 프로젝트 566
노이즈(noise) 마케팅 120
노키아 24
노트르담 드 파리 465
뉴스 물류센터 569
뉴스뱅크 AD 570
뉴스뱅크 POD 570
뉴스뱅크 RSS 570
뉴스뱅크 미니 570
뉴스뱅크 시스템 569
뉴스뱅크 이미지 570
뉴스산업 549
뉴스시장 548
뉴스 에이전시 549
뉴스 인 북 570
뉴스제보(news release) 30
뉴스코리아 562
뉴스콘텐츠 547
뉴스콘텐츠 산업 548
뉴스콘텐츠 시장 550
뉴요커(The New Yorker) 621
뉴욕 닉스 505
뉴욕타임스 619
니조랄(NIZORAL) 43
니치(niche) 마케팅 120
닌텐도 게임 455

ㄷ

다니엘 헤니 466, 467
다니엘 헤니 효과 466
다양한 접점(Contact Points) 39
다이노맘 272
당신은 골프왕 194
대교 419
대성 465
대우건설 262
대인판매활동(personal selling) 30
대작영화 93
대장금 158
대중가요 317
대학교육시장 409
던전&파이터즈 200
도라에몽 276
도토리 478
독립출판 615

독립출판 페어 615
동경올림픽 504
동아TV 572
둘리나라 288
드로잉 애니메이션 광고 299
드림걸즈 22
드림케팅(Dreamketing) 14, 15
드림하이 464
디디에 드로그바 533
디지털 381
디지털교과서 605
디지털교보문고 590, 613
디지털 마케팅(Digital Marketing) 109
디지털믹싱 309
디지털방송 129
디지털저작권관리(DRM) 480
디지털출판 581
디지털출판시장 588
디지털 컨버전스(Digital Convergence) 52
디지털콘텐츠 사업 227
디지털콘텐츠 식별체계(UCI) 564
디지털 콜레버레이션 386

ㄹ

라이선스 로열티 76
라이선스 마케팅 62
라이선싱 대행권 513
라이온 킹 276
라이프 캐싱 490
라파엘 나달 537
랜덤하우스 607
레고 홈스쿨 401
레이디 가가 324
레저·스포츠 542
로고 488
로고 송 310
로드매니저 450
로리 윈트햄 412
로만손 24
로보카 폴리 302
로보카폴리 273
롤프 옌센(Rolf Jensen) 15
롤플레잉게임 173
롯데면세점 463
롯데월드 372
롱텀에볼루션(LTE) 605
류희 461
르페(Lefee) 42
리브로피아 어플 633
린-백 621

ㅁ

마당에서 나온 암탉 272
마법천자문 22
마스코트 509
마시마로 238
마이스페이스 203, 210
마이크로 블로그 101
마이클 조던 530
마케팅 3
마케팅PR 99
마케팅관리 3
마케팅관리 과정 5
마케팅 믹스 6
마케팅커뮤니케이션(marketing communication) 29
마파도 95
만능 엔터테이너 433
만화 269
만화영화 269
말아톤 196
맘마미아 98
매니지먼트사 434
매력타점(Sweet Spot) 17
매복 마케팅 66
매체상품화 504

맥도날드 18
맥클로스키 16
멀티미디어 380
멀티비츠 477
멀티플렉스 86, 90
메가스터디 409, 414
메이저 음반사 449
메이크업 아티스트 450
메이플스토리 455
메타미디어리(Metamediary) 357
모델 433
모바일게임 173
모바일 마케팅 33, 110
모바일 어플 632
모션 픽쳐(motion picture) 82
모스크바 올림픽 504
모질게토익 622
모터 스포츠 508
몬트리올 올림픽 504
무대리 263
무비(movie) 82
문화산업 52, 54
문화산업의 분류 53
문화상품 440
문화적 할인율(cultural discount) 276
문화콘텐츠 50
문화콘텐츠 기술 50
문화콘텐츠 산업 54
뮌헨올림픽 504
뮤 492
뮤직마케팅 311
뮤직 서비스 322
미국 LPGA 517
미국국립표준기술연구소 582
미국드라마 159
미국신문협회 620
미국팝음악 317
미녀는 괴로워 121
미니홈피 485
미디어의 확장 33
미키마우스 72, 276
미키마우스 사업 73
미키헌법 74
미투데이 469
미하엘 발라크 533
믹싱 309

ㅂ

바다 465
바로북 590
바로타 360
바르셀로나 올림픽 504
바이럴 마케팅(Viral Marketing) 109
박가부대찌개두루치기 457
박세리 516
박찬호 516
반디앤루이스 631
반즈앤노블 624
방송 129
방송사 439
방송송출의 플랫폼 135
방송영상 콘텐츠 143
방송영상 콘텐츠 가치사슬 149
방송의 다채널화 131
방송인 433
방송저작권 143
방송콘텐츠 132
방송콘텐츠 시장 134
방송후원 504
배경음악 310
배경화면 476, 477
배급업체 186
배너 482
배누리 461
밴쿠버 532
밴쿠버 동계올림픽 539
버거킹 19

버즈에이전트 618
버즈키트(BzzKit) 618
베이비복스 431
벨연구소 308
보그(Vogue) 621
보도사진 e마켓 플레이스 570
보스턴 레드삭스 28
볼로냐아동도서전 611
부산일보 564
북경아시안게임 509
북 스토어 630
북 어플 630
북이십일 622
불가리 커넥션 26
브랜드 스토리 19
브랜드 캐릭터 233
블로그 35, 100
블로그 마케팅 110, 591
블리자드(Blizzard) 198
비디오게임 173, 180
비보이를 사랑한 발레리나 28
비비안 460
비스킷(biscuit) 607
비엔비 491
비주얼 콘셉트 95
비 캐릭터 456
비틀즈 308
비플라이소프트 552
빅뱅 456, 464
빈폴 461
뽀로로 245, 273
뽀로로 마케팅전략 248
뿌까 75

ㅅ

사라 첩(Sarah Chubb) 621
사전 제작 단계 98
산도깨비 259
산청 한방약초축제 365
산타페 333
삼성 138, 532
삼성전자 514
상호작용(Interaction) 101
새우깡 334
샤또 딸보 27
샤또 마고 27
샤우팅 465
서울랜드 373
서울올림픽 504
선댄스영화제 115
설득 커뮤니케이션 29
세계 게임시장 규모 179
세계유도선수권대회 514
세계 출판시장 592
셀룰러(Cellular) 23
셀링 포인트(selling point) 96, 97
셀 애니메이션 광고 297
소녀시대 432, 455
소니 629
소비(Consumption) 66
소비자 혁명 52
소셜게임 160
소셜 네트워크 게임 203
소셜미디어 33, 203
소셜미디어 마케팅(Social Media Marketing) 32, 111
소셜커뮤니티 407
소치 동계올림픽 532
소품이미지 476
손담비 456
손호영 465
솔트레이트 532
송선미의 필라티즈 572
송혜교 455
쇼트트랙 535
수요(demand) 5
쉬리 85

슈렉 289
슈팅게임 173
슈퍼볼 536
스마트 life 56
스마트TV 55, 110, 136
스마트TV 시장 140
스마트 교과서 606
스마트모바일 101, 398
스마트사회(Smart Society) 52
스마트 전자상거래 56
스마트폰 33, 55, 101, 204, 605, 630
스마트폰앱 마케팅 34
스마트혁명 56
스카이웍스 197
스케이트보드 535
스크린 수 95
스킨 485
스킨이미지 478
스타 435, 436
스타관리 449
스타마케팅 455
스타메이커 489
스타몰 서비스 489
스타시스템 440, 441
스타일 매니지먼트 450
스타크래프트 198
스타화보 459
스토리 16
스토리 HD 606
스토리라인 95
스토리 문화 20
스토리텔링 13, 272
스토리텔링 마케팅 13
스톡 포토 493
스톱모션 애니메이션 광고 297
스티븐 킹 585
스틸이미지 477
스포츠 502
스포츠게임 173
스포츠를 이용한 마케팅 499, 501
스포츠 마케터 522
스포츠 마케팅 500, 511, 525
스포츠 마케팅관리 505
스포츠 마케팅의 발전 503
스포츠 스폰서십 501, 526
스포츠 시설 523
스포츠의 마케팅 500
스포츠 이벤트 507, 512
스포츠 자체의 마케팅 499
스포츠 제품 522
스포츠 콘텐츠 마케팅 499
스포츠팬 515
슬리퍼 히트 121
승리 465
시공미디어 420
시나리오 95
시네마(cinema) 82
시드니 532
시매쓰 클럽 401
시뮬레이션게임 173
시카고 불스 530
시크릿 457
시크릿 가든 161, 464
시티레이서 196
신디케이션 뉴스콘텐츠 575
신문 산업 552
신세경 460
신의 물방울 27
신짱 261
신한류 431
실미도 93
실사합성 애니메이션 301
실시간성 32
실시간 확산(Real Time) 101
싸이월드 323
써니(Sunny) 112

ㅇ

아기공룡 둘리 276
아르키메데스 57
아마존 606, 623, 624
아메리칸 익스프레스 530
아바타 83, 477
아사나 489
아스날 533
아우라 15
아이뉴스24 574
아이뉴스 라이브 574
아이돌 그룹 432
아이비즈넷 574
아이스크림(i-scream) 420
아이작가 590
아이팟 321
아이패드(아이북) 608
아이폰녀 326
아케이드게임 173, 179
아테나: 전쟁의 여신 164
아테네 532
아틀란타 올림픽 504
아티스트 307
아프리카TV 622
알라딘 591, 631
애니메이션 269
애니메이션과 광고 283
애니메이션과 프로모션 287
애니메이션 광고 296
애니메이션 산업 270, 274
애니메이션 유통구조 282
애니메이션 장르 277
애니메이션 캐릭터 개발 285
애니메이션 콘텐츠 마케팅 280
애니콜랜드 478
애드무비(Ad-Movie) 20
애드버게이밍(Advergaming) 197
애프터스쿨 456
애플 138
애플TV 154
액션게임 173
액션스포츠 535
앱 마케팅 34
앱솔루트 보드카 18
앱스토어 619
양방향적(interactive) 384
어니스트 헤밍웨이 27
어드벤처게임 173
어플리케이션 137, 608
어필 포인트(appeal point) 97
언론사 548
언론사 웹사이트 561
언론진흥재단 563
에듀넷 398
에듀테인먼트 393, 395
에듀테인먼트의 마케팅 395
에듀테인먼트 콘텐츠 393, 396
에디슨 308
에버랜드 369
에이전시 434, 447
엔젤러브 온라인 456
엔지모코(ngmoco) 209
엔타즈(Entaz) 208
엔터테이너 434
엔터테인먼트 321
엠톡(m-talk) 574
여행사 356
여행산업 352
여행서비스 상품 353
연결성 32
연기자 430
연예 427
연예기획사 430
연예매니지먼트사 429, 449
연예매니지먼트시장 430
연예산업 431
연예인 427, 428

연예콘텐츠 428
연합뉴스 575
엽기토끼 239
영화 81
영화 관람 과정 102
영화마케터 91
영화사 439
영화산업 82
영화예고편 광고 104
영화콘텐츠 81
영화콘텐츠 마케팅 84
예스24 590, 591, 631
오스틴 102
오픈TV 622
오픈마켓 460
옥주현 465
온라인게임 173
온라인 뉴스 미디어 554
온라인신문 575
온라인신문협회 551
온라인 애니메이션 274
온라인출판유통업 603
올드팝 329
올림픽 538
올림픽기업마케팅 504
올림픽 마스코트 508
올림픽 마케팅 509, 532
올림픽휘장 509
와이드 릴리즈(Wide Release) 89, 90
와이브로 309
외국어교육시장 411
요미요미 401
욕구(want) 5
우리들의 행복한 시간 123
워낭소리 100, 115
원더걸스 327, 456
원빈 455
원소스 멀티유즈(OSMU: One Source-Multi Use) 54, 274
원천 콘텐츠 68
원투원 마케팅 33
월드컵 515, 538
월드컵축구대회 504
월스트리트저널 619
월페이퍼 484
월플라워(wallflower) 615
웹2.0 100
웹3.0 100
웹게임 206
웹젠 492
웹툰 616
위즈아일랜드 400
윈도우 68
유가신문시장 553
유니폼 부착광고 510
유럽축구 533
유레카 57
유로2008 536
유비쿼터스사회 52
유이 456
유통채널 68
유통 프로세스 68
유튜브 325
육성시뮬레이션 205, 209
융합(Convergence) 67
음반 308
음반 제작사 439
음반 프로모션 329
음악 307
음악 마케팅 309
음악 사업형태 312
음악사이트 321
음악산업 307, 312
음악제작업 315
음악콘텐츠 318
음악콘텐츠 시장 319
음악 페스티벌 323
음악포털 322

음향 마케팅 309
이나영 455
이동성 33
이미지 475
이미지 라이선스 480
이미지시디닷컴 477
이미지 콘텐츠 475, 479, 481
이미지 콘텐츠 공모전 488
이미지 콘텐츠 산업 480
이미지 콘텐츠 시장 480
이벤트 캐릭터 233
이슈마케팅 92
이타임즈 575, 576
이하늬 465
인디라이터 출판 590
인라인스케이트 535
인류사회의 변화 52
인류욕구변화 52
인쇄용 이미지 479
인적판매(Personal Sales) 12
인터넷 381
인터넷 광고마케팅 481
인터넷 뉴스 548
인터넷 뉴스 사이트 548
인터넷 마케팅 31, 109
인터넷서점 602
인터넷신문 547
인터넷 이미지 479
인터파크 607, 631
인포캐스트 551
인형 애니메이션 광고 298
일본축구협회 527
일본팝음악 317
입간판 107
입소문(word of mouth) 마케팅 76, 109, 115
입장권 523

ㅈ

자발성 32
작품 콘셉트 95
장근석 464
장금이의 꿈 158, 293
장동건 455
재미 19
재즈장르 329
저작권 145
전달통로(Conduit) 66
전략적 제휴 407
전문 뉴스콘텐츠 573
전자책 582, 630
전자책 Reader 629
전자책 표준 582
전자출판 581
전축 308
젊음의 행진 465
점송(personal casting) 130
점프스퀘어 211
정대우 261
정준하 465
정형돈 460
제네시스 536
제시카 465
제이에스티나 24
제일모직 467
제작 단계 98
제작보고회 99
제작 후 단계 98
제품이서 504
제휴마케팅 109, 191
조로 465
조사(research) 5
조승우 465
조앤 K. 롤링 69
종이 애니메이션 광고 299
주크박스 308

쥬디 261
증기선 윌리 72
지각대상 475
지각상 475
지드래곤 461
지식정보산업 389
지역축제 360
지큐(GQ) 621
지킬과 하이디 465
지평선축제 363
직접사업광고 504
집단지성(Collective intelligence) 101
징가(Zynga) 208
징글 331

ㅊ

참여 211
참여 스포츠 500
창조본능 58
창조성 57
채널예스 590
척(chuck) 159
체험 마케팅 66
첼시 533
초중고등 교육시장 408
최강합체 믹스마스터 273
최지우 464
추노 164
축구 슈퍼리그 513
춘천마임축제 362
출판마케팅 609
출판마케팅 프로세스 610
출판 만화 616
출판산업 분류 599
출판저작권 610

ㅋ

카트라이더 193, 195, 492
카트 효과 195
카페베네 457
카피 95
캐니멀 273
캐릭터 217
캐릭터 기획 226
캐릭터 디자인 231
캐릭터 라이선싱 사업 226
캐릭터 마케팅 219, 220
캐릭터 머천다이징 사업 227
캐릭터 비즈니스 218
캐릭터산업 222, 224
캐릭터산업의 응용분야 227
캐릭터스타 481
캐릭터 애니메이션 301
캐릭터 유통 사업 227
캐릭터콘셉트 95, 231
캐릭터콘텐츠 마케팅전략 228
캐릭터콘텐츠 산업 226
캠페인 캐릭터 233
커넥티드TV 137
컬러링 322
컴퓨터 기반 교육 385
컴퓨터보조수업 382
컴퓨터 애니메이션 광고 299
코디네이션 450
코로코로 코믹 241
코미디 433
코비스 494
코오롱스포츠 571
코카콜라 508, 517
코크플레이 193
코퍼레이트 캐릭터 235
콘데나스트(Conde Nast) 621
콘솔게임 179
콘솔 시스템 189

콘텐츠(Contents) 49, 58, 66
콘텐츠 마케팅 59, 65
콘텐츠 마케팅관리 64
콘텐츠의 분류 49
쿠우 261
쿠폰 487
쿠폰 어플리케이션 487
쿵푸팬더2 113
퀴즈퀴즈 491
크리켓월드컵 514
클라우드 컴퓨팅 605
클래식 317
클레이메이션 광고 298
클론 431
클릭 앤 모르타르 413
클립아일랜드 494
키플링(Kipling) 25
킨들(아마존) 608

ㅌ

타깃 98
타이틀 스폰서 514
타짜 119
태그 95
태그라인 96
태극기 휘날리며 93
태백산 눈축제 366
태블릿PC 101, 605, 630
터치뉴스 564
테니스 537
테마파크 367
테트리스게임 211
토리노 532
토이 스토리 276
통로이미지스톡 493
통합 마케팅커뮤니케이션의 방법 38
투사부일체 117
투엔이원 456
트위터 33, 210, 470
티아라 456

ㅍ

판매촉진활동(sales promotion) 31
팡야 193
팩션 22
팬돌이 261
팬시 캐릭터 234
퍼블리시티 활동(publicity) 30
페라가모 16
페이스북 101, 203, 210
펭귄(Penguin) 607
평창 동계올림픽 539
포지셔닝(positioning) 97
포켓몬 빵 243
포켓몬스터 240, 291
포토CD 493
포토디스크 477
포토알토 477
폭스사 531
표지판 광고 510
풀럼 533
풋볼리그 530
프랑크푸르트도서전 611
프로권투 513
프로레슬링 513
프로슈머 35
프로스포츠 511
프로야구 509, 511, 513
프로축구 509
프리미어리그 533
피파(FIFA) 196
필름(film) 82
필립 코틀러 5
필요(need) 4

ㅎ

하이마트 333
한게임 211
한겨레 566
한국e-Sports협회 199
한국관광공사 359
한국드라마 157
한국디지털뉴스협회 562
한국이퍼브 612, 613
한국전자출판협회 583
한국출판콘텐츠 613
한류(Korean Wave, 韓流) 55, 431
한류스타마케팅 463
한류열풍 326
한솔교육 416
한예슬 커피 457
할렌슈타디온 535
할리데이비슨 20, 21
할리우드 스타 439
해리포터 69
해운대 83
허니레몬 261
헤어디자이너 450
헬로 키티 243
현대 514
현대자동차 302, 514, 536
현지화 전략 242
협송(narrow-casting) 130
형제는 용감했다 465
호주오픈 537
홀리스틱(HMC) 63
홍보(Publicity) 12, 30
화이트 엔젤 261
회원권 523
훌릴라 458
휘장사업 508
휴대성 33
휴심정 568
힙합 324

기타

2NE1 460, 469
2PM 464
2% 부족할 때 335
2주 마케팅 92
2중 시장구조 434
3D입체영상 271
3P 87
4C 66
4C 믹스 66
4C이론 9
4E이론 9
4P 8
4세대(4G) 605
7P 믹스 87
8P 346
42번가 465
86아시아게임 506, 513
88년 서울올림픽 506, 513
2002월드컵 506
ABC News 560
Adam Davies 617
American Journalism Review 556
America Online 558
Angry Birds 210
AT&T 530
Audible 628
Background music 310
Barnum 503
BGM: Background Music 322, 330, 331
BMX 535
CD 309
CEA(Contents Embedded Ad) 571
CG 애니메이션 광고 300
Chales 503
Click & Mortar 413

CNET.com 560
CNN.com 560
computer assisted instruction 382
Content Aggregator 139
Content Provider 139
COPE 61
COVER VERSION 331
CPR(consumer profile research) 43
Culture Technology: CT 50
C-세대 153, 490
DMB 136
DRM 582
DSLR카메라 475
EA 180
e-Book 584, 587
E-book 주요 업체 614
EBS 400, 409
e-business 381
eco-system 138
Edu-contents 379
E-INK 619
e-learning 379
E-mail 408
e-러닝 379, 384, 388
e-러닝의 학습 모델 387
e북 콘텐츠 605
e스포츠 174
F1 534
Farmville 204
FC창업코리아 457
FIA 531
FULL SONG 332
f(x) 461
Gary 504
GNSP 525
Go Go Giggles 400
Hardware Interface 172
HD 콘솔 기기 188
HOG(Harley Owners Group) 21
Holtzbrinck 595
H.O.T 431
IDPF 582
IEG 526
IMC(Integrated Marketing Communications) 35, 36, 37
IMG 520
individualized instruction 382
inews24 573
Inside.com 555
International Sports Marketing Agency 520
iPad 619
IPod 625
IPTV 110, 136
iReaditnow 어플 633
IR(investor relations) 71
ISL 520
IT전문 뉴스콘텐츠 573
Jovanna(조반나) 24
JYJ 464
JYP 327
J리그 527, 529
Kindle 623, 624, 625
Kindle for iPhone 628
K-POP 326, 432
LA올림픽 504
LG 139, 533
LG 액션스포츠 챔피언십 534
LG전자 514, 533, 534
LOGO SONG(징글) 331
LP 308
McGraw-Hill 595
Mercury News 557
MMOGs 189
MP3 307
MSNBC 560
m-러닝 398
National Journal 557
NBA 196, 530

NBC 554
NewsML 569
NFL 531, 536
NHN 469
Nintendo Wii 190
OeBF 583
OECD 보고서 596
OSMU 60
OST 122, 317
Packaging 348
P&A(Print & Advertising)비용 89
Partnership 349
PC게임 173
PC방 187
Pearson 594
People(사람) 87, 348
PI(president image) 70
Place 8, 11
PMP 398
POD 589
Post PC 55
PPL 광고 148, 192
PR 30
Price 8, 11
Process(과정) 88
Product 8, 9
Programming 348
Promotion 8, 12
PR(public relations) 71
PS3 180
PWC 552
Pysical evidence(물리적 증거) 88
QoS(Quality of Service) 133
Reed Elsevier 594
RF온라인 194
Riding the Bullet 585
ROI(Return on Investment) 274
Saturn 40
Scott Ross 51
Shelfari 628
SM엔터테인먼트 432
SM타운 326
SNG 203, 204, 207, 208
SNS 100, 101, 111, 203, 468
SOHO(Small Office Home Office) 56
Sony PlayStation 3 190
SOUND DESIGN 332
Spaliding 503
Special Sports Marketing Agency 521
Sports Marketing Agency for Sport Player 520
Sprint 625
STP 5
SWOT 94
The Bookseller 594
The Frog King 617
The Next Wave 51
TV2.0 153
TV광고 애니메이션 295
TV방송의 진화 133
Tweens 세대 10
UA 41
UCC 101
UDTV 152
Veeck, J. 503
VOD 143
WEB 기반 교육 385
Wii 180
washingtonpost.com 559
Xbox 190
Xerox 39
YG 가수 326

저자: **안종배**(安鍾陪)교수 daniel@hansei.ac.kr

현직: 한세대 미디어영상학부 교수
(사)유비쿼터스미디어콘텐츠연합 대표
국제미래학회 미래정책연구원장
(민)클린콘텐츠국민운동본부 회장
(사)한국방송학회 모바일연구회장
국회 스마트컨버전스연구회 운영위원장
국제미래학회 학술위원장
한국콘텐츠진흥원 콘텐츠마케팅 강좌 지도교수

주요저서:
『미래가 보인다, 글로벌 미래 2030』, 2013
『스마트시대 방송·통신 정책과 기술의 미래』, 2012
『클린UCC 제작 및 건강한 SNS 사용법』, 2011
『스마트시대 양방향방송광고 기획·제작론』, 2011
『나비효과 콘텐츠 마케팅』, 2008
『나비효과 블루오션 마케팅』, 2006
『나비효과 디지털 마케팅』, 2004

안종배 교수는 디지털마케팅과 콘텐츠마케팅 부문에서 이론과 실무를 겸비한 국내 최고의 전문가로 손꼽힌다. 필자에게는 유난히 최초라는 수식어가 많이 붙어 있다. 서울대와 연세대 언론홍보대학원(1기), 경기대 대학원 및 미시건주립대 대학원에서 국제 광고와 디지털마케팅을 전공하여 국내 최초로 국제인증 국제광고전문인(IAA 뉴욕본부) 자격증과 디지털마케팅 박사학위를 취득하였다.

1995년 국내 최초로 전 세계 100여 개국을 상대로 글로벌캠페인을 기획·제작·집행을 총괄하여 브랜드 역사상 가장 성공적인 브랜드 교체(GOLD STAR → LG) 캠페인 사례를 남겼다. 2000년엔 SBS와 함께 국내 최초로 양방향방송 프로그램(토커넷쇼)을 1년 동안 기획 제작하였고 이때부터 양방향방송 광고마케팅 및 콘텐츠 마케팅 방안을 연구 개발하여 실무에도 접목시키고 있다.

현재 한세대 미디어영상학부 교수로 스마트미디어 광고마케팅 및 양방향방송광고와 콘텐츠 마케팅 등 디지털 광고마케팅 교육과정을 국내 최초로 개설·운영하고 있으며 (사)유비쿼터스미디어콘텐츠연합 대표, (민)클린콘텐츠국민운동본부 회장, 국회 스마트컨버전스연구회 운영위원장, 한국방송학회 모바일연구회장, 한국방송통신학회 부회장, 한국미디어콘텐츠학술연합 부회장, 국제미래학회 학술위원장, 미래방송연구회 부회장, 중소기업중앙회 벤처위원으로 활동하고 있다.

안종배 교수는 디지털미디어와 콘텐츠를 활용한 디지털마케팅의 선구자로서 17년 전부터 국내에 인터넷마케팅, 모바일마케팅, 양방향방송마케팅, 블루오션 마케팅, 콘텐츠마케팅, 소셜미디어 마케팅 등을 소개하여 왔다. 이로 인해 그는 일명 '디지털 교수'로 불리고 있다.

안종배 교수는 코래드, LG애드 광고회사에서의 실전 경험 및 국내 최초의 디지털마케팅 연구소 설립 운영 등 15여 년간의 풍부한 현장 경험과 호서대 벤처대학원 및 현재 한세대 미디어영상학부 교수로서 지난 12년간 디지털미디어와 콘텐츠를 활용한 디지털마케팅에 대한 연구 경험을 바탕으로 전문가뿐만 아니라 일반인들도 쉽게 디지털마케팅과 콘텐츠마케팅을 이해하고 활용할 수 있도록 저술과 강의를 계속하고 있다.

스마트시대 콘텐츠 마케팅론

2012년 2월 10일 초판발행
2017년 2월 20일 중판발행

저 자 안 종 배
발행인 안 종 만
발행처 (주) 박영사
서울특별시 종로구 새문안로3길 36, 1601
전화 (733)6771 FAX (736)4818
등록 1959. 3. 11. 제300-1959-1호(倫)

www.pybook.co.kr e-mail: pys@pybook.co.kr

저자와 협의하여 인지를 생략함

정 가 38,000원 ISBN 978-89-6454-206-4